GESCHICHTE UND GESCHEHEN

Michael Epkenhans
Ursula Fries
Gerhard Henke-Bockschatz
Reinhard Ilg
Bärbel Kuhn
Elisabeth Lamparter
Georg Langen
Gerhild Löffler
Heinz Niggemann
Michael Sauer
Helge Schröder
Martin Thunich
Susanne Thimann-Verhey

Ernst Klett Schulbuchverlage
Stuttgart Leipzig

Titelbild: Ein Freiheitsbaum wird gepflanzt.
Malerei der Brüder Lesueur, um 1790.

1. Auflage   1 5 4 3 2 1 | 2009 2008 2007 2006 2005
Alle Drucke dieser Auflage sind unverändert und können im Unterricht nebeneinander verwendet werden. Die letzten Zahlen bezeichnen jeweils die Auflage und das Jahr des Druckes.
Das Werk und seine Teile sind urheberrechtlich geschützt. Jede Nutzung in anderen als den gesetzlich zugelassenen Fällen bedarf der vorherigen schriftlichen Einwilligung des Verlags. Hinweis zu § 52a UrhG: Weder das Werk noch seine Teile dürfen ohne eine solche Einwilligung eingescannt und in ein Netzwerk eingestellt werden. Dies gilt auch für Intranets von Schulen und sonstigen Bildungseinrichtungen.
Fotomechanische Wiedergabe nur mit Genehmigung des Verlages.
© Ernst Klett Schulbuchverlag Leipzig GmbH, Leipzig 2005.
Alle Rechte vorbehalten.
Internetadresse: www.klett.de

Autoren: PD Dr. Michael Epkenhans: S. 214–225, 230–249, 253–261; Dr. Ursula Fries: S. 39, 42–47, 68–76, 81–85; Prof. Dr. Gerhard Henke-Bockschatz: S. 10, 20–37, 86–96, 99–103, 106–108, 110–121, 130–132; PD Dr. Bärbel Kuhn: S.135, 150–157, 160–161, 166-171; Georg Langen: S. 40; Dr. Heinz Niggemann: S. 38, 48–67; Prof. Dr. Michael Sauer: S. 182–197, 202–213; Dr. Helge Schröder: S. 134, 136–149, 172–177, 180–181; Dr. Susanne Thimann-Verhey: S.11–22; Martin Thunich: S. 262–291.
Autoren der Regionalausgabe: Reinhard Ilg: S. 40–42, 47, 55–57, 65, 74, 77–80, 294, 300–301; Elisabeth Lamparter: S. 16, 19, 22, 25, 31,145, 151, 154, 155, 157–165, 171, 174–175, 178–179, 296, 304–305; Gerhild Löffler: 86, 88, 91, 94–98, 101, 104–113, 115, 117, 122–129, 131–133, 182, 184–191, 193–201, 205, 208–210, 212, 214, 216–219, 222, 225–229, 232, 238, 241, 249–257, 260, 295, 297–299, 302–303, 306–311.
Berater: Prof. Hans Woidt

Grafiken: Lutz-Erich Müller, Leipzig
Gesamtgestaltung: Krause Büro, Leipzig
Kartenbearbeitung: Kartografisches Büro Borleis & Weis, Leipzig
Auftaktdoppelseiten: SCHRÖDER DESIGN Leipzig, Designerin Karen Engelmann

Redaktion: Dr. Gabriele Möhring, Maren Tribukait
Herstellung: Kerstin Heisch
Reproduktion: Meyle + Müller, Medien-Management, Pforzheim
Druck: Aprinta, Wemding

Printed in Germany

ISBN-13: 978-3-12-411270-5
ISBN-10: 3-12-411270-9

Liebe Schülerin, lieber Schüler,

nun hältst du einen weiteren Band von „Geschichte und Geschehen" in deinen Händen. Er führt dich in eine Zeit, die Historiker oft als „das lange 19. Jahrhundert" bezeichnen. Wenn du genau hinschaust, wirst du aber schnell bemerken, dass die damit gemeinte Zeitspanne weit mehr als hundert Jahre umfasst. Die Bezeichnung wurde deswegen gewählt, weil sich im Laufe des 19. Jahrhunderts große Teile der Welt in einem bis dahin nicht gekannten Ausmaß veränderten. Das Ergebnis all dieser Veränderungen war eine Gesellschaft, die in ihren Grundzügen bis in die Gegenwart Bestand hat. Man sagt deswegen auch, dass sich in dieser Zeit die Moderne durchgesetzt hat. Dieser Übergang in die moderne Zeit kündigte sich aber bereits im 18. Jahrhundert an und war erst im ersten Viertel des 20. Jahrhunderts abgeschlossen.

Mit deinem „Geschichte und Geschehen" kannst du den Spuren dieser Entwicklung folgen. Dabei kannst du erkennen, warum und wie die Jahrhunderte währende Herrschaft des Adels gebrochen wurde und wann und wo erstmals Menschen- und Bürgerrechte, die für alle gelten sollten, formuliert wurden. Du kannst untersuchen, wer in den ersten modernen Demokratien Mitbestimmungsrechte besaß, wer davon ausgeschlossen war, wie die Machtlosen für ihre Rechte kämpften und was sie erreichten. Und schließlich kannst du der Frage nachgehen, wie die Deutschen um einen Nationalstaat rangen und welchen Charakter das 1871 gegründete Deutsche Kaiserreich trug.

Zum „langen 19. Jahrhundert" gehört auch ein vollständiger Umbruch der Arbeitswelt und der Wirtschaft durch die industrielle Revolution. Welche Neuerungen sie hervorbrachte und wie diese sich auf das Leben von Frauen, Männern, Kindern und Jugendlichen auswirkten, wie die Menschen darüber dachten und wie sie mit den vielen Veränderungen fertig wurden – all das kannst du in diesem Buch entdecken.

Der Weg in die Moderne war keineswegs eine friedliche Zeit. Die Kriege Napoleons stehen dafür genauso wie der Deutsch-Französische Krieg, wie die gewaltsame Eroberung von Kolonien und schließlich der Erste Weltkrieg. Mithilfe der Materialien im Buch kannst du die Ursachen für diese Auseinandersetzungen erkennen und dir eigene Meinungen dazu bilden.

Natürlich wirst du auch in diesem Band wieder mit Methoden vertraut gemacht, die dir das Lernen erleichtern und du erhältst Anregungen zum Üben und selbstständigen Weiterarbeiten. Im Anhang findest du Zusammenfassungen und Seiten, auf denen du dein Wissen anwenden kannst.

Als Ergänzung und eng abgestimmt auf die Kapitel in diesem Buch gibt es wie auch zu den vorangegangenen Bänden eine CD-ROM mit Videos, Spielen, Rundgängen und vielem anderen mehr.

Viel Spaß beim Entdecken einer ereignisreichen und spannenden Zeit wünschen dir

die Autorinnen und Autoren

Inhaltsverzeichnis

So arbeitest du mit diesem Buch   8

Auf dem Weg zur Demokratie: England und die USA*   10

1. England im 17. Jahrhundert:
   König und Parlament ringen um die Vorherrschaft*   12
2. England wird zur bedeutendsten Seemacht*   17
3. Englands Kolonien in der Neuen Welt*   20
4. Der Weg in die Unabhängigkeit*   23
5. Verfassungen regeln die Herrschaft des Volkes*   26
   Gewusst wie: Verfassungsschaubilder auswerten*   28
6. Die junge Demokratie zwischen Expansion und Bürgerkrieg*   32
   Lernen lernen: Eine Materialsammlung anlegen   37

Die Französische Revolution – Aufbruch in die moderne Gesellschaft   38

1. Aufklärung: Die Welt wird neu erklärt   40
2. Frankreich in der Krise   42
3. „Freiheit, Gleichheit, Brüderlichkeit!" –
   Das alte Regime wird gestürzt   48
   Werkstatt: Menschenrechte heute   56
4. Der „Despotismus der Freiheit": Die Schreckensherrschaft   58
   Gewusst wie: Kontroversen in der Fachliteratur   66
5. Napoleon beendet die Revolution   68
6. Deutschland unter Napoleon: Besatzung oder Befreiung?   72
7. Zwei moderne Staaten entstehen: Baden und Württemberg   77
8. Wird Europa französisch?   81
   Lernen lernen: Eine „Fieberkurve" der Revolution   85

Industrialisierung und soziale Frage   86

1. England – Werkstatt der Welt   88
2. Gründe der englischen Industrialisierung   92
   Gewusst wie: Arbeiten mit Statistiken   96
3. Deutschland auf dem Weg zur Industriegesellschaft   99
   Werkstatt: Die zweite industrielle Revolution   104
4. Unternehmer – die Väter der Industrialisierung?   106
5. Das Leben der Arbeiter   110

6. Wie soll die soziale Frage gelöst werden?	114
7. Arbeiter organisieren sich	118
8. Vom Leinentuch zum Zeppelin – Industrialisierung in Südwestdeutschland	122
Werkstatt: Die moderne Stadt entsteht	126
9. Folgen für die Umwelt	130
Lernen lernen: Fachlexika benutzen	133

Deutsche streben nach Freiheit und Einheit — 134

1. Die Neuordnung Europas: Der Wiener Kongress	136
2. Bürger fordern Freiheit und Einheit	140
Gewusst wie: Karikaturen verstehen und deuten	142
3. Vor der Explosion? Julirevolution und Vormärz	146
4. Revolution in Deutschland	150
5. Revolution ist nicht nur Männersache*	155
6. Eine Verfassung für ganz Deutschland	157
Werkstatt: Debatten in der Paulskirche	158
7. Revolution in Baden	162
Gewusst wie: Ein Lied als historische Quelle	166
8. Das Ende der Revolution: Bilanz und Ausblick	168
9. Preußen erringt die Vorherrschaft in Deutschland	172
10. Der Deutsch-Französische Krieg und die Gründung des Deutschen Reiches	176
Werkstatt: Otto von Bismarck	178
Lernen lernen: Eine Zeitleiste zur deutschen Einigung	181

Leben im Deutschen Kaiserreich — 182

1. Verfassung und Herrschaft	184
Gewusst wie: Historienbilder untersuchen	186
2. Die Gesellschaft – Wandel und Beharrung	190
3. Nationalismus und Militarismus	194
Werkstatt: Denkmäler erkunden	198
4. Vom Umgang mit Minderheiten und Andersdenkenden	202
5. Frauen im Kaiserreich – der lange Weg zur Gleichberechtigung	206
6. Aufbruch in die Moderne	209
Lernen lernen: Eine Geschichtszeitung zur Kaiserzeit	213

Imperialismus und Erster Weltkrieg — 214

1. Die Vorherrschaft Europas in der Welt — 216
2. Interessen der Europäer – Folgen für die Einheimischen — 218
3. „Kein Sonnenuntergang in unserem Reich" –
   das Deutsche Reich als Kolonialmacht — 223
   Werkstatt: Sensationen aus Übersee — 226
4. Konkurrenz in der Welt –
   Frieden in Europa: Bismarcks Außenpolitik — 230
5. Das Weltmachtstreben Wilhelms II. –
   Die deutsche Außenpolitik verändert Europa — 233
6. Der Balkan – ein „Pulverfass" für Europa? — 239
7. Europa im „Juli 1914" – Wie ein „Weltbrand" entsteht — 242
8. Von der Kriegsbegeisterung zum Massentod — 246
   Gewusst wie: Feldpost auswerten — 250
9. Totaler Krieg und gesellschaftlicher Wandel — 252
   Werkstatt: Überleben an der Heimatfront — 254
10. Der lange Weg zum Frieden — 256
    Lernen lernen: Eine Ausstellung gestalten — 261

Vom Zarenreich zur Sowjetunion — 262

1. Russland zwischen Erstarrung und Reform — 264
2. 1917 – ein Jahr, zwei Revolutionen — 269
3. Die Bolschewisten sichern ihre Macht — 275
   Gewusst wie: Fotografien als historische Quelle — 278
4. Die Diktatur Stalins* — 283
   Werkstatt: Kunst in der Diktatur* — 286
   Lernen lernen: Ein Rollenspiel entwerfen — 291

6

Zeittafel	292
Zusammenfassung: Die Französische Revolution	294
Zusammenfassung: Die Industrialisierung	295
Zusammenfassung: Die Revolution von 1848/1849	296
Zusammenfassung: Das Deutsche Kaiserreich	297
Zusammenfassung: Imperialismus und Erster Weltkrieg	298
Zusammenfassung: Die Russische Revolution	299
Wende dein Wissen an: Die Französische Revolution	300
Wende dein Wissen an: Die Industrialisierung	302
Wende dein Wissen an: Die Revolution von 1848/1849	304
Wende dein Wissen an: Das Deutsche Kaiserreich	306
Wende dein Wissen an: Imperialismus und Erster Weltkrieg	308
Wende dein Wissen an: Die Russische Revolution	310
Methodenglossar	312
Verzeichnis der Namen, Sachen und Begriffe	320
Bildnachweis	328

Fakultative Inhalte sind im Inhaltsverzeichnis mit einem * gekennzeichnet.

SO ARBEITEST DU MIT DIESEM BUCH

Liebe Schülerin, lieber Schüler,

„Geschichte und Geschehen" stellt zahlreiche unterschiedliche Materialien bereit, die dir interessante Einblicke in die Geschichte gewähren und dir zugleich ermöglichen, dir ein eigenes Bild von Geschichte zu machen sowie selbstständig Urteile zu bilden. Die Autorinnen und Autoren haben das Material auf vielfältige Weise für dich aufbereitet und zusammengestellt.

Verschiedenartige Seiten und Elemente verweisen auf unterschiedliche Zugänge und Methoden, mit denen du dir die Geschichte erschließen und deine Kenntnisse anwenden kannst. Damit du dich jederzeit gut zurechtfindest und der Überblick nie verloren geht, erfolgt hier eine kurze Einführung in das Buch und eine Erläuterung der verschiedenen Elemente.

Dieses Buch umfasst acht Themeneinheiten. Jede beginnt mit zwei besonders gestalteten Seiten, den Auftaktdoppelseiten (ADS). Bilder, Karten, Texte oder Grafiken geben dir Hinweise auf den Inhalt der nachfolgenden Kapitel. Sicher wecken diese Materialien dein Interesse an historischen Ereignissen, vielleicht werfen sie auch Fragen auf oder versetzen dich in Erstaunen. Auf jeden Fall sollen sie dich anregen, gemeinsam mit deiner Lehrerin oder deinem Lehrer darüber nachzudenken, womit ihr euch im Unterricht ganz besonders befassen möchtet.

Jede Themeneinheit ist in Kapitel eingeteilt. Einige Kapitel beginnen mit einer Zeittafel. Hier findest du die wichtigsten Daten zum Kapitel auf einen Blick. Geschichte hat ja etwas mit Zeit zu tun. Deshalb braucht man auch die Daten, um zu wissen, was vorher und was danach war und wie geschichtliche Ereignisse miteinander zusammenhängen. Verfassertexte (VT) informieren zusammenhängend über geschichtliche Sachverhalte und werden am Rand durch Marginalien gegliedert. Diese Texte wurden von verschiedenen Autorinnen und Autoren – meist Lehrerinnen und Lehrer – verfasst, deswegen kann auch der Stil unterschiedlich sein. Daran kannst du auch erkennen, wie verschieden Geschichte dargestellt werden kann.

Die Autorinnen und Autoren haben für dich unterschiedliche Materialien zusammengestellt. Mit einem Q sind Quellen (z. B. Texte und Abbildungen) gekennzeichnet, die uns unmittelbar aus der Vergangenheit überliefert sind bzw. bei denen Menschen aus längst vergangenen Zeiten selbst zu Wort kommen. Ein D steht für Darstellungen (z. B. Texte, Schaubilder, Karten), die von heute lebenden Historikern oder von den Autorinnen und Autoren dieses Buches stammen. Zur besseren Orientierung sind die Quellen und Darstellungen in jedem Kapitel durchnummeriert.

8

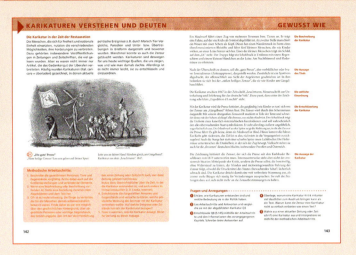

Wenn eine Seite die Überschrift „Gewusst wie" trägt und oben durch einen breiten, farbigen Balken gekennzeichnet ist, weißt du sofort, hier wird eine Methode vorgestellt. Auf diesen Seiten wird gezeigt, wie du an ein bestimmtes Material (Texte, Schaubilder, Karten, Karikaturen usw.) herangehst, um ihm Informationen zu entlocken. Natürlich kannst du diese Methode gleich anwenden und selbst probieren.

Ebenfalls einen breiten Farbbalken am oberen Seitenrand haben die Werkstattseiten. Dort kannst du, von den Autoren angeleitet, interessante Themen zur Vergangenheit selbst erkunden und erklären. Es bietet sich häufig an, dass ihr die Aufgaben in kleinen Gruppen bearbeitet und löst.

Jede Themeneinheit endet mit einer Seite, die mit „Lernen lernen" überschrieben ist. Hier bekommst du Tipps, wie du erfolgreich historisches Wissen anwenden und dir einprägen kannst.

Kleine Symbole sollen dir helfen, dich in dem Buch leichter zurechtzufinden:

Über historische Sachverhalte gibt es immer auch voneinander abweichende Auffassungen. Dies kommt besonders in Texten zum Ausdruck, die mit „Kontrovers" gekennzeichnet sind.

Besondere historische Grundbegriffe sind in einem Kasten erklärt. Du findest sie auch, indem du am Ende des Buches im Verzeichnis der Personen, Sachen und Begriffe nachschlägst. Dort sind sie durch fette Buchstaben besonders hervorgehoben.

Das Buch bietet dir Literaturtipps sowie Ideen und Anleitungen für kleine Projekte an.

Zusätzlich gibt es Empfehlungen für die Nutzung des Internets. Auf der Website http://www.klett.de/extra haben wir weitere Angebote für dich aufbereitet (z. B. Anregungen zum Bauen und Basteln, Linktipps).

Zu welchen Themen es Module auf der Software gibt, erkennst du an der kleinen CD-ROM bei den „Fragen und Anregungen".

AUF DEM WEG ZUR DEMOKRATIE: ENGLAND UND DIE USA

Jahrhunderte schien es keinen Zweifel daran zu geben, dass Kaiser, Könige und Fürsten ihre Untertanen beherrschten. Das sollte auch so bleiben – so dachten es zumindest die Herrscher. Doch es sollte anders kommen: In England wurde die Königsmacht auf Dauer von einem Parlament eingeschränkt. In Amerika gründete man gar einen ganz neuen Staat ohne Vorrechte für eine adlige Oberschicht, dafür aber mit einer Verfassung, die die Rechte der Bürger festschrieb. Der Anfang für eine moderne Demokratie war gemacht …

Sezession und Sklavenfrage
Lithografie aus der Zeitschrift „Punch", 1856.

Unabhängigkeitserklärung der Vereinigten Staaten von Amerika

Ein Ausschuss unter der Leitung von Thomas Jefferson übergibt am 4. Juli 1776 den Entwurf der Unabhängigkeitserklärung dem Kontinentalkongress in Philadelphia zur Unterschrift
Gemälde von John Trumbull, 1786–1797.

„Das Vertrauen in die Verfassung"
Kolorierter Stich, Ende des 18. Jahrhunderts.

Cromwell im englischen Parlament
Darstellung auf dem Großsiegel von England, 1651.

Parlamentsgebäude in London heute

König Wilhelm III. und Königin Maria II. von Oranien empfangen die englischen Königskronen
Kupferstich, 1790.

König Jakob I. im englischen Parlament Q1
Der Druck aus dem Jahr 1620 ist eine der ältesten Darstellungen des Parlaments.

1. England im 17. Jahrhundert: König und Parlament ringen um die Vorherrschaft

1628	In der „Petition of Right" wird jede Geldforderung der Krone ohne Parlamentszustimmung für gesetzwidrig erklärt.
1642–1648	Im Bürgerkrieg kämpfen oppositionelle Kräfte gegen die Anhänger des Königs.
1649	König Karl I. wird enthauptet. Die Republik wird eingerichtet.
1654–1658	Oliver Cromwell regiert ohne Parlament als Militärdiktator.
1660	Großbritannien wird erneut Monarchie.
1679	Die Habeas-Corpus-Akte sichert den Schutz vor willkürlicher Verhaftung.
1688/1689	„Glorreiche Revolution": Wilhelm III. und Maria II. von Oranien werden als Königspaar eingesetzt, müssen aber die „Bill of Rights" anerkennen.

Das Parlament schränkt die Macht des Königs ein

Im Gegensatz zu den meisten anderen europäischen Staaten konnte sich in England der Absolutismus als Staatsform nicht durchsetzen. Dass die Macht der Könige Beschränkungen unterworfen wurde, hatte in England eine lange Tradition. Bereits 1215 hatte ein Adelsrat dem damaligen König mit der „Magna Charta Libertatum" (Großer Freiheitsbrief) Mitbestimmungsrechte abgetrotzt. Insbesondere wenn es um die Bewilligung von Steuern oder Sonderzahlungen für Kriege ging, mussten die Könige die Zustimmung dieses Gremiums einholen. Dieser Adelsrat wurde später Parlament genannt. Das kommt vom lateinischen Wort „parlare" (sprechen). Das Parlament bestand aus dem Oberhaus („House of Lords") und dem Unterhaus („House of Commons"). Dem Oberhaus gehörten die Mitglieder des Hochadels und der hohen Geistlichkeit – die Lords – an. Ihre Sitze erbten sie. Ins Unterhaus wurden Vertreter des niederen Adels aus den Grafschaften sowie reiche Bürger, vor allem Kaufleute aus den Städten, gewählt. Allerdings waren nur Männer mit einem bestimmten Mindestvermögen wahlberechtigt. Während das Oberhaus im Wesentlichen die Funktion eines Obersten Gerichts ausübte, war das Unterhaus für die Steuerbewilligung zuständig. Bis heute besteht das englische Parlament aus den beiden Kammern des Ober- und Unterhauses.

Das englische Parlament
Königin Elisabeth II. eröffnet am 6. November 1984 das Parlament. Diese Zeremonie im britischen Oberhaus, an der alle Parlamentarier von Ober- und Unterhaus teilnehmen, hat mittlerweile eine 700-jährige Tradition.

Im Ringen um die politische Vorherrschaft spielte auch der Einfluss verschiedener religiöser Gruppierungen eine wichtige Rolle. Nach der Reformation gründete König Heinrich VIII. die anglikanische Staatskirche und machte sich zum Kirchenoberhaupt. Auch in Schottland setzte sich mit der presbyterianischen Staatskirche die Reformation durch. Nur Irland war überwiegend katholisch geblieben. Daneben gab es noch weitere Glaubensgemeinschaften. Besonders erwähnenswert sind zwei Gruppen, die sowohl in England als auch später in Amerika eine wichtige Rolle spielten: die Puritaner und die Quäker. Beide waren stark in Handel und Handwerk vertreten, gaben aber auch den Wissenschaften und Künsten neue Impulse. Von den Quäkern ging ein wichtiger Einfluss auf das politische Denken und das öffentliche Leben aus. Bereits 1661 formulierten sie ausdrücklich: Alle Männer und Frauen sind gleich. Bei ihnen traten auch Frauen öffentlich als Rednerinnen auf. Vor allem zeichneten sich die Quäker durch ihre Einstellung zum Frieden aus: Sie erklärten alle Kriege als falsches Mittel zur Durchsetzung politischer Interessen.

Diese Glaubensvielfalt führte zu häufigen Spannungen, immer wieder kam es zur Verfolgung Andersdenkender. Viele Engländer verließen deshalb ihre Heimat und wanderten nach Amerika aus, wo sie ihre Religion frei ausüben konnten (vgl. S. 21).

Einfluss religiöser Strömungen

Versuche der englischen Könige, ihre Vorherrschaft auszubauen, und das selbstbewusste Auftreten des Parlaments führten immer wieder zu Konflikten. Einen Höhepunkt erlebten diese unter Karl I. Zum einen versuchte er den Katholizismus zu stärken, was dem zunehmend mit Puritanern besetzten Parlament keinesfalls recht sein konnte. Zum anderen hatte ihm das Parlament 1627 Steuern bewilligt, die er nach Ablauf einer einjährigen Frist ohne eine erneute Befragung des Parlaments unrechtmäßig weiter erhob. 1628 legte ihm das Parlament daraufhin eine „Petition of Right" vor, in der es an sein althergebrachtes Mitspracherecht erinnerte. Doch Karl I. fühlte sich in seiner Königsmacht so gefestigt, dass er 1629 das Ober- und Unterhaus auflöste und die folgenden elf Jahre allein weiterregierte. Erst 1640 musste er das Parlament wieder einberufen, da er für einen Feldzug gegen die aus Glaubensgründen aufständischen Schotten Geld brauchte. Als 1641 auch noch in Irland Unruhen ausbrachen, kam es über die Frage, wer den Oberbefehl über die Truppen des Königs und die des Parlaments innehaben sollte, zum Streit, der sich 1642 zum offenen Bürgerkrieg ausweitete.

Konflikte zwischen König und Parlament führen zum Bürgerkrieg

13

England unter Oliver Cromwell

Das Parlamentsheer wurde vom puritanischen Landedelmann Oliver Cromwell geführt. Nachdem er die Organisation und Ausrüstung seiner Truppen verbessert hatte, konnte er den Bürgerkrieg 1648 schließlich gewinnen.

Innerhalb der Parlamentsseite gab es allerdings Spannungen zwischen radikalen Königsgegnern und Abgeordneten, die zu Kompromissen mit dem König bereit waren. Cromwell nutzte diese Situation aus, um mit Hilfe der ihm nahe stehenden radikalen Minderheit die kompromissbereite Mehrheit aus dem Parlament zu vertreiben. Er bemächtigte sich des gefangen gesetzten Königs, um ihm den Prozess zu machen. Am 30. Januar 1649 wurde Karl I. in London öffentlich enthauptet. Damit endete zunächst die Monarchie.

Gestützt auf sein schlagkräftiges Heer und das nach seinem Willen geformte Parlament bekämpfte Cromwell Aufstände der presbyterianischen Schotten und der katholischen Iren siegreich und vereinigte Schottland und Irland mit England zu einer Republik, „Commonwealth" genannt. Die Staatsform der Republik hatte jedoch nicht lange Bestand: Cromwell riss die Macht an sich und regierte nach Auflösung des verbliebenen Rumpfparlaments diktatorisch. Er sah sich gleichfalls, wie die englischen Könige, als von Gott eingesetzt und übte als „Lord Protector" die höchste gesetzgebende Gewalt aus. Als Oliver Cromwell 1658 starb, wurde deutlich, dass sein Militärregiment nur durch seine starke Persönlichkeit bestehen konnte. Sein Sohn Richard scheiterte nach weniger als einem Jahr.

Oliver Cromwell Q3

England wird erneut Monarchie

1660 entschloss sich das Parlament, die Monarchie wiederherzustellen. Der Sohn des enthaupteten Karls I. wurde vom Hof Ludwigs XIV. in Versailles zurückgeholt und zum König Karl II. ausgerufen. Mit der Habeas-Corpus-Akte gelang es dem Parlament jedoch, dem König ein wichtiges Grundrecht auf persönliche Freiheit, nämlich den Schutz vor willkürlicher Verhaftung, abzuringen. Unter der Herrschaft Karls II. versuchte die anglikanische Staatskirche, einen Mittelweg zwischen Katholiken und Puritanern zu finden, und unterstützte den König. Das Parlament wachte darüber, dass er nicht die Gewalt über ein stehendes Heer erhielt. Kurz vor seinem Tode trat Karl II. der katholischen Kirche bei.

Die „Glorreiche Revolution"

Sein Bruder und Nachfolger Jakob II. war ebenfalls Katholik. Als ihm ein Sohn geboren wurde, fürchtete das protestantisch geprägte Parlament das Aufkommen eines neuen katholischen Erbkönigtums. Um dies zu verhindern, boten einflussreiche Parlamentarier Wilhelm III. von Oranien, dem protestantischen Erbstatthalter der Niederlande, und seiner Gemahlin Maria die Königswürde an. Wunschgemäß kam Wilhelm III. mit einem starken Heer über den Ärmelkanal und wurde freudig empfangen. Durch die Flucht nach Frankreich entzog sich Jakob II. jeglicher Auseinandersetzung.

Dem Parlament war es gelungen, unblutig einen Wechsel zu einem neuen Herrscher zu erreichen und die Gefahr abzuwenden, dass England wieder katholisch würde. Dieser Vorgang wird als die „Glorreiche Revolution" in England bezeichnet.

England wird konstitutionelle Monarchie

Wilhelm III. von Oranien und Maria II. bestiegen 1689 gemeinsam als König und Königin den englischen Thron. Zuvor mussten sie jedoch einen vom Parlament vorgelegten Grundrechte-Katalog, die „Bill of Rights", anerkennen. Mit diesem Dokument gelang es dem Parlament, die Garantie seiner Rechte und Freiheiten sicherzustellen und die Machtbefugnisse des Königspaares durch eine Staatsverfassung zu begrenzen. Parlament und König waren von nun an die beiden die Politik bestimmenden Verfassungsorgane. England wurde damit eine so genannte konstitutionelle Monarchie.

Q4 Die Rechte des Parlaments

Aus einem Schreiben des Unterhauses an den König aus dem Jahre 1604:

[Wir] bestätigen (…) mit allem demütigen und schuldigen Respekt gegen Eure Majestät als unseren obersten Herrn und unser Oberhaupt (…):

1. Unsere Privilegien und Freiheiten sind unser wirkliches, ererbtes Recht, nicht anders als unsere Länder und Güter.

2. Sie können uns nicht entzogen, aberkannt oder geschmälert werden, es sei denn mit offenbarem Unrecht gegenüber dem ganzen Königreich. (…)

4. Wir erklären feierlich, dass unser Haus ein Gerichtshof mit dem Recht der Zeugenvernehmung ist und immer als solcher gegolten hat.

5. Es gibt keinen höchsten Gerichtshof in diesem Lande, der sich nach Rang und Autorität mit diesem hohen Gerichtshof, dem Parlament, vergleichen könnte. (…)

6. (…) Wir erklären, dass das Unterhaus der einzige zuständige Richter über das Wahlverfahren und die Wahl seiner Mitglieder ist. (…)

Die Rechte und Freiheiten der Gemeinden von England bestehen vor allem in diesen drei Dingen:

1. dass die Grafschaften, Städte und Flecken von England, durch ihre Vertreter repräsentiert, das Recht auf freie Wahl solcher Persönlichkeiten haben, zu denen sie das Vertrauen hegen, dass sie sie vertreten werden;

2. dass die gewählten Personen während der Session [Versammlung] des Parlaments wie auch auf dem Hin- und Rückwege vor Beschränkung, Verhaftung und Einkerkerung sicher sind;

3. dass sie im Parlament frei nach ihrem Gewissen reden dürfen, ohne Hindernis und Kontrolle, solange sie das mit dem schuldigen Respekt gegenüber (…) Eurer Majestät und beiden Häusern [des Parlaments] tun (…).

Zit. nach: W. Lautemann/M. Schlenke, Geschichte in Quellen, Bd. 3. München 1982, S. 355f.

Q5 Sind Könige Götter?

Als sich das Parlament darüber beklagte, dass der König gegen die grundlegenden Rechte und Freiheiten des Parlaments und aller Bürger Englands verstoße, antwortete König Jakob I. 1609:

Könige werden mit Recht Götter genannt; denn sie üben auf Erden eine gottähnliche Macht aus. Wenn man die Attribute Gottes betrachtet, sieht man, wie sehr sie auf die Person des Königs zutreffen. Gott hat die Macht zu schaffen und zu zerstören, nach seinem Belieben zu bilden und zu vernichten, Leben und Tod zu geben, alle zu richten und niemandem verantwortlich zu sein. Und die gleiche Macht haben die Könige. Sie bilden und vernichten ihre Untertanen, sie haben die Macht zu erhöhen und zu stürzen, die Macht von Leben und Tod, Richter über alle ihre Untertanen und in allen Fällen, doch niemandem als Gott verantwortlich. Sie haben die Macht, über ihre Untertanen wie über Schachfiguren zu verfügen.

Zit. nach: M. Fuhs, Herrschaftsformen der frühen Neuzeit. PLOETZ Arbeitsmaterialien, Freiburg/Würzburg 1978, S. 67f.

Q6 Das Steuerbewilligungsrecht des Parlaments

Aus einer Parlamentsdebatte vom Juni 1610:

So sehen wir also, dass Besteuerungs- und Gesetzgebungsrecht (…) [auswechselbar und vertretbar] sind: Was das eine tun (…) kann, kann auch das andere tun. Der König hat seine höchste Gewalt nur im Parlament, unterstützt und getragen von der Zustimmung des ganzen Königreiches, und deshalb kann er diese Befugnisse nur im Parlament ausüben. In anderen Ländern lässt man den [Rechtsgrundsatz] gelten: (…) [Was der Fürst beschlossen hat, besitzt Gesetzeskraft], denn dort haben die Fürsten absolute Gewalt, Gesetze zu geben und daher auch das Recht der Besteuerung, denn das heißt, Eigentum übertragen und hat damit die zwingende Gewalt eines Gesetzes. (…) Würde das Besteuerungsrecht stillschweigend unseren Königen überlassen und bedenkt man dabei, zu welchem Hauptzwecke sie die Parlamente einberufen, nämlich um sich Geld zu verschaffen, so habe ich keine große Hoffnung, dass wir uns noch sehr häufig so wie jetzt versammeln könnten, denn dann würden sie sich eben auf die erwähnte andere Weise zu helfen wissen.

Zit. nach: W. Lautemann/M. Schlenke, Geschichte in Quellen, Bd. 3. München 1982, S. 359.

Q7 Ist das Parlament überflüssig?

Mit den folgenden Worten löste Oliver Cromwell am 22. Januar 1655 das Parlament auf:

Ich habe euch mit einer langen Rede behelligt und ich vermute, nicht alle haben sie aufgenommen, wie es vielleicht bei einigen der Fall war. Aber ich weiß das nicht und überlasse es darum Gott und schließe: Ich halte es für meine Aufgabe, durch meine Pflicht gegenüber Gott und diesem Volk, um seiner Sicherheit und seines Wohles willen, euch mitzuteilen, dass es diesem Reich nicht zum Nutzen und den öffentlichen Angelegenheiten nicht zum Wohle gereicht, dass ihr länger versammelt seid, und darum erkläre ich euch, dass ich dieses Parlament auflöse!

Zit. nach: Reden, die die Welt bewegten. Essen o. J., S. 35.

15

Cromwell löst das Parlament auf Q8
Zeitgenössische niederländische Karikatur. Cromwell (links vorne am Tisch); der Text in Höhe seiner Arme lautet auf Deutsch: „Hinaus, ihr Schurken, ihr habt lange genug gesessen!" An den Seitenwänden des Saales steht geschrieben: „Dieses Haus ist zu vermieten" (englisch rechts, holländisch links).

Q9 Rechte für das Volk
Aus der „Bill of Rights", dem Gesetz zur Erklärung der Rechte und Freiheiten der Untertanen, dem englischen Staatsgrundgesetz, vom 23. Oktober 1689:

1. (…) dass die angemaßte Befugnis, kraft königlicher Autorität und ohne die Zustimmung des Parlaments Gesetze vorübergehend außer Kraft zu setzen oder ihre Vollstreckung auszusetzen, ungesetzlich ist;
4. (…) dass die Erhebung von Geldern für und zum Nutzen der Krone unter dem Vorwand königlicher Vorrechte und ohne Zustimmung des Parlaments (…) ungesetzlich ist;
6. (…) dass die ohne die Zustimmung des Parlaments in Friedenszeiten erfolgende Aushebung oder Unterhaltung eines stehenden Heeres innerhalb des Königreiches unrechtmäßig ist;
7. (…), dass die Untertanen protestantischen Glaubens, ihrer Stellung gemäß und soweit das Gesetz es erlaubt, Waffen zu ihrer Verteidigung besitzen dürfen;
8. (…) dass die Wahl der Parlamentsmitglieder frei sein solle;
9. (…) dass die Freiheit der Rede sowie der Inhalt von Debatten oder Verhandlungen im Parlament an keinem anderen Gerichtshof oder Orten außerhalb des Parlaments unter Anklage oder infrage gestellt werden solle; (…)

Zit. nach: H. Schulze/J.-U. Paul (Hg.), Europäische Geschichte, Band VII. München 1994, S. 489.

Fragen und Anregungen

1. Fasse die politische Entwicklung Englands im 17. Jahrhundert zusammen, indem du eine Zeitleiste mit den wichtigsten Ereignissen erstellst (VT). Markiere darin mit unterschiedlichen Farben, zu welchen Zeiten der König die wichtigste politische Macht war und zu welchen das Parlament.
2. Erkläre am Beispiel Jakob I. (Q1, Q5) das Herrschaftsverständnis eines absoluten Königs.
3. Zeige die Unterschiede zwischen einer absoluten und einer konstitutionellen Monarchie. Erstelle dazu eine Tabelle (VT, Q4–Q6, Q9).
4. Beschreibe den Herrschaftsstil Oliver Cromwells (VT, Q7, Q8). Kennst du aktuelle Beispiele dieser Herrschaftsweise?
5. Vergleiche die Parlamentsdarstellungen auf der ADS sowie Q1 und Q2. Welche Elemente sind im Laufe der Zeit gleich geblieben, welche haben sich geändert?
6. Liste auf, welche Grundrechte die „Bill of Rights" den Engländern garantiert (Q9).
7. Verfasse einen kurzen Lexikontext zum Begriff Parlament.

2. England wird zur bedeutendsten Seemacht

Die Insellage und die Nichteinmischung in die Wirren des Dreißigjährigen Krieges auf dem Kontinent ermöglichten England den Aufstieg zur bedeutendsten Welthandelsmacht. Bereits im Jahr 1600 hatten sich englische Kaufleute zur Sicherung und Abwicklung ihrer Handelsinteressen in der Britischen Ostindienkompanie, einer Aktiengesellschaft, zusammengeschlossen. Nur zwei Jahre später taten es ihnen die Holländer gleich und gründeten die Niederländische Ostindien-Gesellschaft. In beiden Ländern wurden damals auch die größten Banken, die Bank of Amsterdam und die Bank of England, für Wirtschafts- und Finanzgeschäfte ins Leben gerufen.

England und Holland als Konkurrenten auf den Meeren

England und Holland lösten im 17. Jahrhundert die katholischen Länder Spanien und Portugal als führende Seemächte ab. Hauptgrund für diese Veränderung war die neue Art Handelsgeschäfte zu führen, die ihren Ursprung im protestantischen Glauben hatte. Wirtschaftlicher Erfolg galt als ein Zeichen göttlicher Gnade, daher betrieben viele Kaufleute ihre Geschäfte mit großem Ehrgeiz. Englische Kaufleute, die sich durch ihren Wagemut und ihre Risikobereitschaft auszeichneten, waren aber nicht nur auf wirtschaftlicher Ebene erfolgreich. Es gelang ihnen zum Teil auch, politischen Einfluss zu gewinnen und bis in hohe Wirtschafts- und Staatsämter aufzusteigen. Diese Männer trugen dank ihres weltumspannenden Seehandels dazu bei, dass England sein Kolonialreich – besonders in Nordamerika – stetig ausbauen konnte.

Auch in den Jahren der Militärdiktatur unter Oliver Cromwell blieb England seiner Wirtschaftslinie treu, auch er hatte die große Bedeutung des Überseehandels für England erkannt und forcierte daher den Schiffsbau. 1651 sicherte er mit der „Ersten Navigationsakte" den Kaufleuten und Reedern geschützte Handelsbedingungen zu. Am Ende des 17. Jahrhunderts war es England somit dank seiner starken Handels- und Kriegsflotte gelungen die Niederländer zu verdrängen. Deren Kolonie New Netherlands mit der größten Ansiedlung Neu-Amsterdam eroberten sie 1664. Seither heißen beide Gebiete, Staat und Stadt, „New York". England übernahm den nun unangefochtenen Platz als die beherrschende Seemacht, es galt: „England rules the seas!"

England wird See- und Handelsmacht Nummer eins

Q1 Das Großsiegel von England, 1651

Durch den Seehandel verdiente insbesondere die aufstrebende Schicht der Gentry viel Geld und gewann an Einfluss. Die Gentry waren ursprünglich waffenberechtigte Männer des niederen Adels. Im 17. Jahrhundert wurden sie zum Vorbild eines gesellschaftlich wie privat geachteten Menschen mit Bildung und Benehmen, ehrenhaftem Charakter und guter Lebensführung, kurz: eines „Gentleman". Nach diesem Gentleman-Ideal wurden Generationen von Schülern an englischen Public Schools erzogen. John Locke, zeitgenössischer Philosoph und Staatstheoretiker, schrieb dazu in seinem Werk „Gedanken zur Erziehung": „Das, was jeder Gentleman, der auf Erziehung achtet, für seinen Sohn wünscht – neben dem Erbe des Landes, das er ihm hinterlässt –, ist in den vier Leitideen Tugendhaftigkeit, Weisheit, gutes Benehmen und Gelehrsamkeit enthalten." Nicht mehr nur die Herkunft bestimmte fortan die gesellschaftliche Stellung eines Mannes, sondern auch seine Fähigkeiten, dem Leitbild eines Gentleman zu entsprechen. So entstand eine neue Oberschicht, die die englische Gesellschaft noch lange Zeit prägen sollte und deren Selbstverständnis auch auf andere Länder ausstrahlte. Bereits 1709 wurde der Begriff des „Gentleman" ins Deutsche übernommen.

Die englische Gesellschaft verändert sich

Seeschlacht Q2 zwischen englischer und holländischer Kriegsflotte bei Chatham, südöstlich von London. Ausschnitt aus einem zeitgenössischen Gemälde von Adriaen Pieters van de Velde, 1667. England und die Niederlande führten zwei Seekriege gegeneinander. Der erste, von 1652–1654, wurde durch die englische Navigationsakte ausgelöst. Der zweite fand 1665–1667 statt.

Q3 Handelsbestimmungen für England

Aus der Navigationsakte, die das englische Parlament 1651 verabschiedete:

Zur Vergrößerung des Schiffsbestandes und zur Förderung der Schifffahrt Englands (…) wird (…) beschlossen, dass vom 1. Dezember 1651 an Güter oder Erzeugnisse jeder Art aus Asien, Afrika oder Amerika nach England,
5 Irland oder irgendwelchen dazugehörigen Ländern, Inseln oder Kolonien nur noch auf Schiffen eingeführt werden dürfen, die einwandfrei Leuten unseres Volkes gehören und deren Kapitäne und Matrosen zum größten Teil Leute unseres Landes sind, bei Strafe des
10 Verlustes sowohl der Ware als auch des Schiffes.

Und es ist ferner durch Beschluss des gegenwärtigen Parlamentes verboten, nach dem 1. Dezember 1651 Güter oder Erzeugnisse irgendwelcher Art, die in Europa gewachsen sind oder dort erzeugt oder auf ge-
15 werbliche Weise hergestellt wurden, in England oder Irland oder den dazugehörigen Gebieten auf anderen Schiffen einzuführen als auf solchen, die entweder einwandfrei Leuten unseres Volkes oder dann Angehörigen derjenigen Länder und Orte zu eigen sind, in
20 denen die besagten Güter gewachsen sind, erzeugt oder hergestellt wurden oder aus Häfen stammen, in denen die erwähnten Güter ausschließlich oder üblicherweise verschifft werden.

Es ist ferner untersagt, von nun an nach England, Ir-
25 land oder den dazugehörigen Gebieten einzuführen jegliche Art von Kabeljau, Leng (eine Art Schellfisch), Hering oder Sardinen sowie jegliche Art eingepökelter Fische, wie sie gewöhnlich von den Bewohnern unseres Landes gefangen werden, (…) außer Ware, die auf Schiffen gefangen wird, die einwandfrei Leuten unse- 30
res Volkes gehören. (…) Und es ist ferner untersagt, irgendwelche Arten von (…) Fischen, die von Leuten unseres Landes gefangen und eingesalzen werden, nach dem 1. Februar 1653 von irgendwelchen Orten dieser unserer Republik in anderen Schiffen auszuführen als 35
in solchen, die Leuten unseres Landes gehören.

Zit. nach: W. Lautemann / M. Schlenke (Hg.), Geschichte in Quellen, Bd. 3. München 1966, S. 417 f.

Q4 Großbritannien – die führende Handelsnation

John Chamberlayne schrieb 1729 in dem Buch „Angliae Notitia":

In einem Wort, zu Recht kann Großbritannien als die führende Handelsnation der ganzen Welt bezeichnet werden, und es besitzt in der Tat dafür die besten Voraussetzungen: Es ist eine Insel, die über zahlreiche bequeme und natürliche Häfen verfügt, eine blühende 5
Landwirtschaft sowie bedeutsame Manufakturen besitzt. Der Staat fördert die Wirtschaft durch Zölle und Abgaben, die Schifffahrt wächst, zahlreiche Seeleute werden ausgebildet; hier herrscht Religionsfreiheit, das Klima ist angenehm und gesund, die Regierung 10
sorgt für Ruhe und Ordnung: All das wirkt sich positiv

Q5 Zollabfertigung von Waren aus den englischen Kolonien am Old Custom's House Quay an der Themse in London. Gemälde von Samuel Scott, Mitte des 18. Jahrhunderts, London, Victoria and Albert Museum.

auf unseren Seehandel aus. Und für den Binnenhandel besitzen wir ähnlich günstige Voraussetzungen. Das Bürgerrecht ist leicht zu erwerben; außer den Sonn-
15 tagen haben wir nur wenige Feiertage, an denen die Armen nicht arbeiten.

Zit. nach: P. Wende, England als Vorbild Europas. Stuttgart 1988, S. 42 f.

Q6 Die englische Gesellschaft verändert sich

Der Journalist und Schriftsteller Daniel Defoe, der uns heute vor allem als Autor des Buches „Robinson Crusoe" bekannt ist, schrieb 1726:

Zweifellos ist der Reichtum der Nation bei dem Handel treibenden Teil der Bevölkerung konzentriert. (…) Wie viele Herrensitze, glanzvoller als die Paläste souveräner Fürsten mancher Länder, sehen wir in der näheren
5 Umgebung der Hauptstadt von Kaufleuten bzw. deren Söhnen erbaut, während die Stammsitze und Burgen des alten Adels baufällig ausschauen und wie deren Familien verfallen. (…)

Angesichts dieser besonderen englischen Situation und auf Grund der Tatsache, dass unser Handel so außer- 10 ordentlich umfangreich ist, verwundert es nicht, dass Kaufleute die Listen unseres hohen und niederen Adels auffüllen; kein Wunder, dass Gentlemen aus den besten Familien die Töchter von Kaufleuten heiraten (…).

Weit davon entfernt, unvereinbar mit dem Status eines 15 Gentleman zu sein, ist es in England vielmehr gerade der Handel, der Gentlemen macht und diese Nation mit Gentlemen bevölkert hat. Denn nach ein oder zwei Generationen sind die Kinder oder zumindest die Enkel der Kaufleute genauso gute Gentlemen, Staatsmänner, Par- 20 lamentsabgeordnete, königliche Räte, Bischöfe und adelige Würdenträger wie diejenigen aus den altadeligen Familien – ihrem Aufstieg sind keine Grenzen gesetzt.

Zit. nach: Ebenda. S. 50 f.

Fragen und Anregungen

1 Nenne Gründe für den Aufstieg der englischen Kaufleute (VT, Q1–Q4).

2 Erkläre, in welchem Zusammenhang die gesellschaftliche Entwicklung und die politischen Machtverhältnisse stehen (VT, Q4, Q6).

3 Beschreibe das Gentleman-Ideal und zeige seinen Einfluss auf das gesellschaftliche Zusammenleben damals und heute (Q6).

4 Das Bild Q5 zeigt die Zollabfertigung von Waren aus den englischen Kolonien. Bringe die Personen zum Sprechen, indem du einen Dialog schreibst. Beachte dabei auch die besonderen Warenbestimmungen (Q3).

3. Englands Kolonien in der Neuen Welt

1568	Spanien errichtet in Florida das Küstenfort St. Augustin.
1608	Französische Pelzhändler gründen am St.-Lorenz-Strom die Stadt Quebec.
1620	Eine Gruppe englischer Puritaner, die Pilgrim Fathers, gründet in Neuengland an der Massachusetts Bay die Stadt Plymouth.

Die Besiedelung Nordamerikas durch Europäer

Gegen Ende des 16. Jahrhunderts setzte allmählich die dauerhafte Inbesitznahme und Besiedelung Nordamerikas durch reiche europäische Seemächte ein. Neben England waren es vor allem Spanien und Frankreich, die in Konkurrenz gegeneinander immer größere Gebiete für sich beanspruchten. England war hierin am erfolgreichsten.

Das Verhältnis der englischen Kolonien zum Mutterland

Unter englischer Hoheit entstanden bis 1733 an der nordamerikanischen Ostküste insgesamt 13 Kolonien. In ihnen lebten ungefähr 1,5 Millionen Siedler, die meistens aus England, aber auch aus Holland, Deutschland, Schweden und anderen Ländern stammten.

An der Spitze einer Kolonie stand im Allgemeinen ein Gouverneur, der von einem Rat unterstützt wurde. Gouverneur und Ratsmitglieder wurden von London eingesetzt. Den Kolonien wurden allerdings beträchtliche Selbstbestimmungsrechte eingeräumt, um den Zuzug für Siedler aus Europa attraktiver zu machen. Gemeinden wurde gestattet, sich weitgehend selbst zu verwalten. In den einzelnen Kolonien wurden in Anlehnung an das parlamentarische System des englischen Mutterlandes Abgeordnetenhäuser eingerichtet, in denen über die internen Belange beraten und mitentschieden wurde. Das politische Gewicht dieser Parlamente nahm während des 18. Jahrhunderts gegenüber den königlichen Gouverneuren zu. Die englische Herrschaft machte sich für die Siedler vor allem wirtschaftlich bemerkbar. Zwar wurden die Kolonien durch niedrigere Steuersätze als im Mutterland privilegiert, jedoch legte die britische Krone viel Wert darauf, dass an der Wareneinfuhr und -ausfuhr der Kolonien vor allem englische Geschäftsleute verdienten. So durften zum Beispiel Waren aus den und in die Kolonien nur auf englischen Schiffen transportiert werden. Viele Produkte der Kolonien wie z. B. Tabak, der Textilfarbstoff Indigo oder Biberpelze durften nur nach England oder in andere englische Kolonien ausgeführt werden. Und nicht-englische Produkte durften die Kolonien oftmals nur über den englischen Zwischenhandel beziehen. Die Siedler nahmen diese Vorschriften hin, weil sie auf den militärischen Schutz durch die Engländer angewiesen waren.

Siegel der Gesellschaft der Massachusetts Bay Q1
Holzschnitt, 1676. Spruchband im Bild: „Come over and help."

Gründe für die Auswanderung aus Europa

Die ersten Siedler setzten sich großen Gefahren und Risiken aus. Sie nahmen die teure, anstrengende und gefährliche Überfahrt in Kauf, während der viele Passagiere erkrankten oder sogar starben. Wer die Überfahrt überlebte, stand vor neuen Bedrohungen. Beispielsweise waren von den 105 ersten Siedlern, die am 24. Mai 1607 in Virginia an Land gingen, im Januar 1608, als erstmals wieder Nachschub herangebracht wurde, nur noch 38 am Leben. Die übrigen waren an Unterernährung, Malaria und anderen Krankheiten zu Grunde gegangen. Oft dauerte es Jahrzehnte, bis die dauerhafte Lebensfähigkeit der Siedlungen gesichert war.

Was trieb Menschen aus Europa dazu, solche Strapazen auf sich zu nehmen? Oft flohen sie vor den schlechten Lebensverhältnissen oder der Unterdrückung in ihren absolutistischen Heimatländern. Es kam auch vor, dass Bettler, Diebe,

20

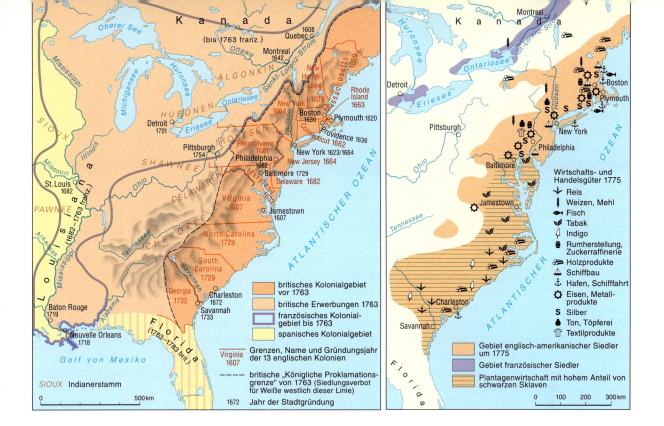

D1 Die 13 englischen Kolonien 1607–1775

Räuber, Prostituierte gegen ihren Willen in die Kolonien abgeschoben wurden. Aber auch vermögendere und risikobereite Personen wanderten aus, weil sie hofften, durch den Handel mit den natürlichen Reichtümern der Neuen Welt schnell wohlhabend zu werden. Eine sehr wichtige Rolle spielten die europäischen Religionskriege des 17. Jahrhunderts. Viele verfolgte christliche Glaubensgemeinschaften hofften, jenseits des Atlantik ihrem Glauben ungestört nachgehen zu können. So gehörten beispielsweise die Pilgrim Fathers, die 1620 Plymouth gründeten, zu den Puritanern, die in England wegen ihrer Kritik an der anglikanischen Kirche verfolgt wurden.

Die Besiedelung eines Landstrichs ging meistens von einem befestigten Stützpunkt aus. Von dort aus drangen einzelne wagemutige Pelztierjäger in die Wildnis vor und kamen dabei in Kontakt mit den Ureinwohnern, den Indianern. In einem nächsten Schritt wurde allmählich das umliegende Land als Eigentum an Siedler vergeben, die es rodeten und Farmen errichteten. Den Indianern wurde damit der angestammte Lebensraum nach und nach entzogen. Aufgrund der unterschiedlichen klimatischen Verhältnisse bildeten sich schon bald verschiedene Wirtschaftsformen heraus: In den nördlichen und mittleren Kolonien überwogen zunächst kleinere Farmen, rasch spielten aber auch Handel- und Gewerbetreibende eine immer wichtigere Rolle. In den südlichen Kolonien hingegen entstanden große Plantagen, die zunächst hauptsächlich Tabak und Indigo, später auch Baumwolle für die Ausfuhr nach Europa herstellten. Weil Arbeitskräfte fehlten, gingen viele Farmer und Handwerker dazu über, Zuwanderungswilligen aus Europa die Schiffsüberfahrt zu bezahlen. Als Gegenleistung mussten die Einwanderer sich dann vertraglich auf mehrere Jahre zur Arbeit verpflichten. Als solche „Vertragssklaven" kamen auch die ersten Schwarzafrikaner nach Nordamerika. Ab den 1690er-Jahren wurde aber dazu übergegangen, sie zwangsweise nach Amerika zu bringen und als reine Sklaven zu verwenden.

Unterschiedliche Wirtschaftszweige kennzeichnen die Kolonien

21

Q2 Leben wie ein König

Der schwedische Naturforscher Pehr Kalm, der 1753 bis 1761 die englischen Kolonien bereiste, schrieb:

Die Menschen vermehren sich hier schneller als in Europa. Und es scheint auch nicht schwierig, dafür Gründe zu finden. Sobald man alt genug ist, kann man ohne Furcht vor Armut heiraten. Es gibt so viel gutes Land, das noch
5 unbestellt ist, dass ein jungverheirateter Mann ohne Schwierigkeiten ein Stück Grund und Boden erwerben kann, auf dem er mit Frau und Kindern ein zufrieden stellendes Auskommen hat. Die Steuern sind so niedrig, dass er sich darum keine Sorgen machen muss. Die Frei-
10 heiten, die er genießt, sind so groß, dass er sich wie ein Fürst auf seinen Besitzungen fühlen kann. Jeder, der Gott als den Schöpfer, Erhalter und Herrscher aller Dinge anerkennt und nichts gegen den Staat oder gegen den allgemeinen Frieden lehrt oder unternimmt, kann sich
15 hier frei niederlassen, kann bleiben und seinem Gewerbe nachgehen, auch wenn seine religiösen Grundsätze noch so merkwürdig sind. Niemand wird hier wegen irriger Lehren, denen er nachhängt, belästigt, wenn er die oben genannten Grenzen nicht überschreitet. Und er
20 wird durch die Gesetze so in seiner Person und seinem Eigentum geschützt und genießt solche Freiheiten, dass man von einem Bürger hier geradezu sagen kann, er lebe in seinem Haus wie ein König. Es würde schwer fallen, jemand zu finden, (…) der in größerer Freiheit leben
25 kann. Wenn man das eben Gesagte sorgfältig prüft, fällt es leicht, einzusehen, warum eine Stadt wie Philadelphia so plötzlich aus dem Nichts zu Größe und Vollkommenheit aufsteigen konnte, ohne dass ein mächtiger Monarch daran mitwirkte, indem er die Bösen bestrafte
30 oder große Summen Geldes dazu beisteuerte. Und trotzdem ist diese Stadt mit (…) ihren guten Gesetzen, (…) ihrem Reichtum und ihrer Macht keiner, nicht einmal einer der ältesten Städte Europas unterlegen.

Zit. nach: W. P. Adams/A. Meurer Adams (Hg.), Die Amerikanische Revolution in Augenzeugenberichten. München 1976, S. 19 f.

Q3 Vertragssklaven

Der Lehrer Gottlieb Mittelberger berichtet in seiner 1756 veröffentlichten Reisebeschreibung:

Wenn die Schiffe nach ihrer langen Reise in Philadelphia landen, dann darf sie niemand verlassen außer denen, die ihre Überfahrt bezahlt haben oder hinreichende Bürgschaft (durch einen vor der Abreise abgeschlossenen Vertrag) leisten; die anderen müssen an Bord der 5
Schiffe bleiben, bis sie jemand gekauft hat.
Der Verkauf menschlicher Wesen auf dem Markt an Bord der Schiffe spielt sich so ab: Jeden Tag kommen Engländer, Holländer und Deutsche aus der Stadt Philadelphia und aus anderen Orten und suchen sich 10
unter den gesunden Personen einen solchen aus, wie er ihnen für ihr Geschäft brauchbar zu sein scheint, und handeln mit ihm aus, wie lange er für seinen Fahrpreis dienen muss. Wenn sie sich geeinigt haben, dann geschieht es, dass sich die erwachsenen Personen 15
selbst schriftlich verpflichten für den Betrag, den sie schulden, 3, 4, 5 oder 6 Jahre zu dienen, je nach ihrem Alter und ihrer Kraft.
Manche Eltern müssen ihre Kinder verkaufen und verschachern sie wie Vieh; denn wenn die Kinder die 20
Schulden übernehmen, dann können die Eltern frei und ungehindert das Schiff verlassen. Es kommt oft vor, dass ganze Familien, Mann, Frau und Kinder, getrennt werden, weil sie von verschiedenen Käufern erworben werden, besonders wenn sie überhaupt 25
nichts von ihrem Passagiergeld bezahlt haben. Wenn ein Mann oder eine Frau auf See stirbt, wenn das Schiff schon mehr als die Hälfte des Weges zurückgelegt hat, dann muss der Überlebende nicht nur für sich selbst zahlen oder dienen, sondern auch für 30
den Verstorbenen. Wenn beide Eltern sterben nach mehr als der Hälfte des Weges auf See, dann müssen die Kinder dienen, bis sie 21 Jahre alt sind.

Zit. nach: W. Lautemann/M. Schlenke (Hg.), Geschichte in Quellen, Bd. 3. München 1976, S. 43 f.

Fragen und Anregungen

1. Beschreibe das Verhältnis zwischen Mutterland und Kolonien. Gehe insbesondere auf die Rechte und Pflichten der Siedler ein (VT, Q2).

2. Erläutere anhand der Karte D1, wie sich das britische Kolonialgebiet in Nordamerika bis 1763 entwickelte.

3. Nenne Gründe für die unterschiedliche Entwicklung der nördlichen und südlichen Kolonien (VT, D1).

4. Erläutere den Begriff „Vertragsknecht". Zeige die Ursachen auf, die Auswanderer zu „Vertragsknechten" werden ließen (VT, Q3).

5. Viele Menschen in Europa spielten mit dem Gedanken, nach Amerika auszuwandern. Der Verfassertext, Q2 und Q3 liefern dir eine Reihe von Argumenten, die für bzw. gegen eine Auswanderung sprechen. Bereite mit deinen Mitschülern eine Fish-Bowl-Diskussion vor, in der ihr versucht, einen noch „Unentschlossenen" von eurer Meinung zu überzeugen. Überlegt auch, welche Nachfragen gestellt werden.

Q1 Ein Ausschuss unter der Leitung von Thomas Jefferson übergibt am 4. Juli 1776 den Entwurf der Unabhängigkeitserklärung dem Kontinentalkongress in Philadelphia zur Unterschrift. Gemälde von John Trumbull, 1786–1797.

4. Der Weg in die Unabhängigkeit

1763	Durch den Sieg im French and Indian War wird England zur wichtigsten Kolonialmacht auf dem nordamerikanischen Kontinent.
1776	Am 4. Juli erklären die 13 englischen Kolonien ihre Unabhängigkeit.
1783	Nach dem Krieg gegen die Siedler erkennt England die Unabhängigkeit an.
1789	Die Verfassung der USA tritt in Kraft.

Im French and Indian War von 1756 bis 1763 gelang es England, seinen Hauptkonkurrenten Frankreich um die Vormacht auf dem nordamerikanischen Kontinent auszuschalten. England erlangte die Kontrolle über alle Gebiete östlich des Mississippi und über Kanada. Der Krieg hatte England viel Geld gekostet. Auf der Suche nach Einkommensquellen forderte das Mutterland von den Kolonisten deshalb eine striktere Einhaltung der bestehenden, oft nur halbherzig befolgten Steuergesetze. Gleichzeitig beschloss England neue Gesetze zur Steigerung der Steuereinnahmen. Für eine Reihe von Waren sollten erheblich höhere Ein- und Ausfuhrzölle entrichtet werden, wodurch sich die Preise für die Verbraucher erhöhten und die Gewinne für die Exporteure verringerten. Besonders verärgert waren die Siedler über den „stamp act": Viele Schriftstücke und Druckerzeugnisse durften nur noch mit einem Stempelaufdruck verwendet werden, der bewies, dass auf sie eine Steuer entrichtet worden war.

Die Gegensätze zwischen Mutterland und Kolonien verschärfen sich

Viele Kolonisten sahen in den englischen Maßnahmen einen unzulässigen Eingriff in die Selbstverwaltungsrechte, die ihnen zugestanden worden waren und an die sie sich gewöhnt hatten. Mit der Begründung, dass neue Steuergesetze ohne eine

Widerstand der Kolonien

Die Boston Tea Party
Im Hafen von Boston stürmten am 16. Dezember 1773 ungefähr 30 als Indianer verkleidete Bürger ein Schiff und warfen 342 Teekisten über Bord. Der englischen Ostindien-Kompagnie, der das alleinige Recht auf den zollfreien Import von Tee zugesprochen worden war, entging damit ein Geschäft. Lithografie von 1846.

Vertretung der Kolonien im englischen Parlament nicht rechtens seien („Notaxation without representation!"), wehrten sie sich gegen die Steuern. Gleichzeitig beschwerten sie sich, dass die Ausfuhr amerikanischer Waren nach England stärker behindert würde als die Ausfuhr englischer Waren nach Nordamerika. Englische Steuer-, Zoll- und Verwaltungsbeamte mussten vielerorts mit Prügel rechnen, englische Soldaten wurden verspottet und englische Waren blieben Ladenhüter, weil sie boykottiert und durch Schmuggelgüter ersetzt wurden. Die Regierung in London zog daraufhin zwar einige der Steuergesetze zurück, bestand aber weiterhin auf dem grundsätzlichen Recht zur Besteuerung ihrer Untertanen in den Kolonien. Unter den Kolonisten mehrten sich nun diejenigen Stimmen, denen es gar nicht mehr auf die Rücknahme einzelner Steuergesetze, sondern auf die vollständige Loslösung vom Mutterland ankam.

Der Unabhängigkeitskrieg 1776–1783
In den nächsten Jahren nahmen die Spannungen und Gewalttätigkeiten zwischen den Kolonisten und England stetig zu. Durch provokative Aktionen wie die Boston Tea Party wurde der Konflikt verschärft. London reagierte mit harten Gesetzen: Der Hafen von Boston wurde geschlossen, Gemeindeversammlungen mussten vom Gouverneur genehmigt, Privathäuser englischen Soldaten als Quartier zur Verfügung gestellt werden. Daraufhin trafen sich im Herbst 1774 Vertreter der Kolonien in Philadelphia auf dem 1. Kontinental-Kongress. Sie verurteilten die Zwangsmaßnahmen und riefen zum Einfuhrstopp britischer Waren auf. In den beiden nächsten Jahren kam es zu ersten militärischen Konfrontationen zwischen den Kolonisten und den britischen Truppen. Siedler, die sich loyal zu England und dem König verhielten, wurden eingeschüchtert, bedroht und ohne Entschädigung ins Ausland getrieben. Als die Kolonien am 2. Juli 1776 ihre Unabhängigkeit erklärten, war der Krieg mit dem englischen Mutterland bereits im vollen Gange.

Die Vereinigten Staaten von Amerika entstehen
Für den Krieg hatten die Kolonisten eine eigene Armee aufgebaut, deren Oberbefehl an George Washington vergeben wurde. Führungs- und Ausbildungsaufgaben wurden erfahrenen Offizieren aus Europa übertragen. Gegen den scheinbar übermächtigen Feind wurde eine Strategie des Ausweichens, Hinhaltens und der Guerillataktik angewendet. Die Kolonien wurden von Frankreich und Spanien mit Geld und Kriegsmaterialien unterstützt. 1781 musste die englische Hauptarmee kapitulieren, zwei Jahre später erkannte England offiziell die Vereinigten Staaten als freien und unabhängigen Staat an.

Q3 Den Unruhen ein Ende bereiten

Der englische König George III. nahm am 26. Oktober 1775 vor dem Unterhaus zu den Vorgängen in den nord-amerikanischen Kolonien Stellung:

Diejenigen, die seit langem erfolgreich versuchen, mein Volk in Amerika durch irrige Erklärungen aufzuwiegeln und ihm ein System von Meinungen einzuprägen, die der wahren Verfassung und dem Groß-
5 britannien untergeordneten Verhältnis der Kolonien widersprechen, gestehen nun ihre Revolte, Feindseligkeit und Rebellion offen ein. Sie haben Truppen ausgehoben und bauen eine Seestreitmacht auf. Sie haben die öffentlichen Steuergelder an sich genommen und
10 sich legislative, exekutive und richterliche Gewalt angemaßt und sie bereits in willkürlicher Weise gegen Personen und Besitz ihrer Mituntertanen eingesetzt. Viele dieser unglücklichen Menschen mögen ihre Loyalität bewahrt haben. (…) Der Strom der Gewaltta-
15 ten jedoch hat sie zum Schweigen gebracht, bis eine hinreichende bewaffnete Macht erscheint, um sie zu unterstützen. (…)

Der Krieg der Rebellen hat sich ausgeweitet. Er wird offensichtlich geführt, um einen unabhängigen Staat
20 zu schaffen. Die verheerenden Auswirkungen des Gelingens eines solchen Planes brauche ich nicht zu beschreiben. Das Objekt ist zu wichtig, der Kampfgeist der britischen Nation zu groß und die Mittel, mit denen Gott sie gesegnet hat, sind zu vielseitig, als dass
25 sie so viele Kolonien aufgäbe, die sie mit großem Fleiß besiedelt und großer Sorge umhegt hat, die sie durch viele Handelsprivilegien unterstützt und die sie mit hohen Kosten an Blut und Gütern beschützt und verteidigt hat. Es ist nun ein Gebot der Klugheit und der
30 Güte, diesen Unruhen mit den entschlossensten Maßnahmen ein schnelles Ende zu bereiten.

Zit. nach: W. P. Adams/A. Meurer Adams (Hg.), Die amerikanische Revolution in Augenzeugenberichten. München 1976, S. 160f.

Q4 Die Unabhängigkeitserklärung von 1776

Unter der Leitung von Thomas Jefferson, Rechtsanwalt und wohlhabender Pflanzer, Präsident der USA von 1801 bis 1809, arbeitete ein fünfköpfiges Komitee die Unabhängigkeitserklärung der Kolonien aus:

Wenn es im Laufe der geschichtlichen Ereignisse für ein Volk notwendig wird, die politischen Bande zu lösen, die es mit anderen verknüpft hat, (…) so erfordert eine geziemende Achtung vor der Meinung der Welt, dass es die Gründe angibt, die es zur Trennung zwingen.
5 Wir halten diese Wahrheiten für in sich einleuchtend: dass alle Menschen gleich geschaffen sind; dass sie vom Schöpfer mit gewissen unveräußerlichen Rechten ausgestattet sind, darunter Leben, Freiheit und Streben nach Glück; dass zur Sicherung dieser Rechte Regierungen
10 unter Menschen eingesetzt sind, die ihre gerechten Vollmachten von der Einwilligung der Regierten herleiten; dass, wenn immer eine Regierungsform diesen Zielen zum Schaden gereicht, es das Recht des Volkes ist, sie zu ändern oder abzuschaffen und eine neue Regierung ein-
15 zusetzen. In der Tat wird die Klugheit gebieten, dass seit langem bestehende Regierungsformen nicht aus geringfügigen und vorübergehenden Ursachen geändert werden sollten. Aber wenn eine lange Kette von Missbräuchen und Anmaßungen, stets das gleiche Ziel verfolgend,
20 die Absicht enthüllt, ein Volk unter die unbeschränkte Gewaltherrschaft zu beugen, so ist es sein Recht, ist es seine Pflicht, eine solche Herrschaft abzuschütteln. Solcherart ist das geduldige Leiden dieser Kolonien gewesen und so zwingt sie jetzt die Notwendigkeit ihr früheres
25 Regierungssystem zu ändern. Die Geschichte des gegenwärtigen Königs von Großbritannien ist die Geschichte wiederholter Beleidigungen und Anmaßungen, die alle das direkte Ziel verfolgten eine unbeschränkte Tyrannei über diese Staaten aufzurichten.
30

Zit. nach: W. Lautemann/M. Schlenke (Hg.), Geschichte in Quellen, Bd. 4. München 1981, S. 90f.

Fragen und Anregungen

1. Fasse zusammen, welche Vorwürfe der König gegen die Kolonien erhebt und wie er begründet, dass England die Kolonien nicht aufgeben kann (Q3).

2. Vergleiche die Aussagen Thomas Jeffersons über die britischen Kolonien in Nordamerika und deren Bewohner mit dem, was du bisher über die Entstehung der USA erfahren hast (Q4).

3. Schreibe einen kurzen Bericht zu den auf dem Bild Q2 dargestellten Ereignis. Finde heraus, für welche Seite der Künstler Partei ergriff.

4. Fasse Jeffersons Argumente (Q4) für die Unabhängigkeit mit eigenen Worten zusammen. Stelle Vermutungen darüber an, warum Jefferson gerade solche Begründungen wählte.

5. Stell dir vor, du warst als Reporter bei der Übergabe des Entwurfes der Unabhängigkeitserklärung am 4. Juli 1776 (Q1) dabei. Gestalte nun eine Zeitungsseite zu diesem Thema. Erkläre deinen Lesern dabei, wie die Vereinigten Staaten von Amerika entstanden (VT, Q1–Q4) und hebe die Besonderheit der Unabhängigkeitserklärung hervor.

5. Verfassungen regeln die Herrschaft des Volkes

Die Macht geht von den Bürgern aus

Der Sieg der amerikanischen Kolonien über das englische Mutterland hatte neben deren Unabhängigkeit noch wesentlich weitreichendere Folgen. Die einstigen Kolonien gaben sich nun nämlich eine Herrschaftsform, die radikal mit den europäischen Traditionen brach. Die Amerikaner wollten nicht mehr von einem König und einer privilegierten Adelsschicht regiert werden. Vielmehr sollte die Macht von den Bürgern selbst ausgehen. Diese Idee nennt man Volkssouveränität (s. S. 40). Auf dieser Grundlage legten die Kolonien in den nächsten Jahren in Verfassungen fest, wie die Herrschaft sowohl auf der Ebene der einzelnen Staaten als auch auf der Ebene des Bündnisses ihrer Staaten organisiert werden sollte. Diese Verfassungen wurden für lange Zeit zum Anstoß und Vorbild für die Entwicklung weiterer Demokratien in anderen Ländern.

Verfassungen regeln das politische Leben

Zwischen 1776 und 1780 wurden zunächst die Verfassungen der einzelnen Staaten verabschiedet. Gewählte Abgeordnete sollten in regelmäßigen Abständen Regierungen einsetzen und deren Tätigkeit laufend kontrollieren. Gesetze, die die Regierungen ausarbeiteten, mussten von den Abgeordneten gebilligt werden. Das Recht, zu wählen und gewählt zu werden, war allerdings zunächst nur weißen Männern mit einem bestimmten Mindestvermögen vorbehalten. Es wurde zudem befürchtet, die Vertretung der Bevölkerung durch Abgeordnete könne dazu führen, dass sich politische Entscheidungen zu sehr nach den Städten mit ihrer großen Bevölkerungszahl richten und bevölkerungsarme ländliche Gebiete zu kurz kommen würden. Dies sollte durch eine zweite Parlamentskammer verhindert werden, in der die Abgeordneten bestimmte Verwaltungseinheiten wie Städte, Gemeinden oder Bezirke vertraten – unabhängig von deren Bevölkerungszahl.

Bundesstaat oder Staatenbund?

Die Frage der Zusammenarbeit zwischen den Kolonien wurde zunächst 1781 so gelöst, dass sich die 13 Staaten zu einem Staatenbund mit dem Namen „United States of America" zusammenschlossen. Im Kongress, in dem jeder Staat eine Stimme hatte, wurde über gemeinsame Belange beraten und entschieden, z. B. über Kriegserklärungen, Militärbündnisse oder die Finanzierung gemeinsamer Vorhaben. Allen wichtigen Entscheidungen mussten mindestens neun der dreizehn Staaten zustimmen. Grundsätzliche Änderungen an der Verfassung des Staatenbundes konnten nur einstimmig erfolgen. Gegenüber den Einzelstaaten besaß der Bund nur geringe Machtbefugnisse. So konnte er etwa keine Gesetze erlassen und keine eigene Armee aufstellen. Eine entscheidende Schwäche trat

„Der neunte Pfeiler ist errichtet" Q1
Abbildung in einer Bostoner Zeitung. New Hamphire hatte am 21. Mai 1788 die Zustimmung zur Verfassung gegeben. Zu ihrer Inkraftsetzung (Ratifizierung) war eine Zweidrittelmehrheit aller Bundesstaaten erforderlich.

in der Nachkriegszeit immer deutlicher hervor: Weil der Kongress über keine eigenen Steuereinnahmen verfügte, war er finanziell davon abhängig, wie viel die Staaten ihm von ihren Steuereinnahmen abzutreten bereit waren. Der Kongress brauchte aber dringend Geld – nicht nur zur Abzahlung der hohen Kriegsschulden, sondern auch zur Erfüllung seiner laufenden Aufgaben, zum Beispiel zur Bekämpfung von Piraten, die den amerikanischen Handel störten, zur Bezahlung seiner Diplomaten, zum Unterhalt der Forts an den Grenzen im Westen und vieles andere mehr.

Angesichts dieser Auseinandersetzungen drohte der Staatenbund in Einzelstaaten zu zerfallen. Deshalb trafen sich 1787 in Philadelphia Vertreter der Staaten, um über den Aufbau eines stärkeren Bundesstaates zu beraten. Die wichtigste Frage lautete: Wie soll die Macht zwischen den Vertretern der Bevölkerung, den Einzelstaaten und der von einem Präsidenten geleiteten Bundesregierung verteilt und kontrolliert werden? Nach heftigen Diskussionen entstand der Entwurf einer Bundesverfassung, die in vielen Punkten den Verfassungen der Einzelstaaten ähnelte. Der Verfassungsentwurf wurde in den Einzelstaaten intensiv und kontrovers diskutiert. Gerade die größeren Staaten übten Kritik an den vorgesehenen Rechten des Bundesstaates und des Präsidenten. Schließlich stimmten die Einzelstaaten dem Verfassungsentwurf aber doch zu, sodass die Verfassung 1789 in Kraft treten konnte. Sie gilt als die erste moderne demokratische Verfassung der Welt und ist – mit 27 Zusätzen versehen – bis heute gültig. Erster Präsident der USA wurde George Washington. Nach ihm wurde die wenig später neu gegründete Hauptstadt benannt.

Q2 Das Urteil des Volkes oder die Verkündung des Wahlergebnisses. Ölgemälde von George Caleb Bingham, 1854/55.

Die Bundesverfassung wird angenommen

Q3 George Washington

VERFASSUNGSSCHAUBILDER AUSWERTEN

Die Verfassung der Vereinigten Staaten von Amerika

Um einen schnellen Überblick über den Aufbau moderner Demokratien zu vermitteln, wird deren Verfassung häufig in Schaubildern dargestellt. Solche Schemata sind oft nur schwer zu verstehen, weil sie das, was in einer Verfassung in vielen Paragraphen ausgeführt wird, mit einigen Pfeilen, Kästchen und Farben veranschaulichen wollen. Ein solches Schema muss also erst zum Sprechen gebracht werden. Dabei stellt sich allerdings auch schnell heraus, wie unvollkommen und verkürzt das Schema die Verhältnisse wiedergibt. Dennoch gibt es wichtige Anhaltspunkte dafür, wie die Verfassung funktioniert. Am Beispiel der USA-Verfassung soll dies erläutert werden.

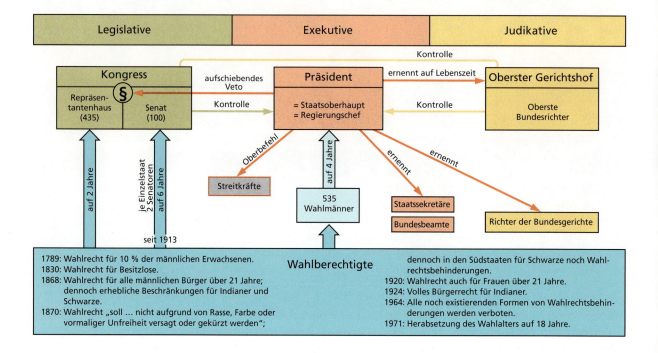

Methodische Arbeitsschritte:

1. Stelle fest, wer wählen und wer gewählt werden darf und wie oft Wahlen erfolgen.
2. Finde heraus, wie die drei staatlichen Teilgewalten jeweils aufgebaut sind.
3. Beschreibe, welche Beziehungen zwischen dem Volk und den Teilgewalten sowie unter den Teilgewalten selber bestehen.
4. Erfasse, worüber das Schema keine Auskunft gibt.

Wer darf wählen und gewählt werden?

Der untere blaue Kasten des Schemas zeigt, wer überhaupt zur Wahl der Abgeordneten und des Präsidenten berechtigt war. Die Angaben in dem Kasten machen deutlich, wie wenige Personen früher wahlberechtigt waren und dass erst im Laufe der Jahrzehnte und Jahrhunderte das Wahlrecht erweitert wurde. Eine Besonderheit des amerikanischen Staatsaufbaus besteht darin, dass der Präsident weder vom Kongress noch direkt vom Volk, sondern indirekt von 535 Wahlmännern gewählt wird. Sie stellen eine weitere Volksrepräsentation dar, die ausschließlich für die Präsidentenwahl einberufen wird. Diese Art der Wahl spiegelt wider, dass der Präsident sich gegenüber den anderen Gewalten auf das Volk berufen können sollte.

GEWUSST WIE

Über den Wahlberechtigten sind die drei Bereiche der staatlichen Gewaltenteilung eingetragen: Die Legislative (gesetzgebende Gewalt) grün; die Exekutive (ausführende Gewalt) rot; die Judikative (Recht sprechende Gewalt) gelb. Die Legislative besteht aus zwei „Kammern" oder „Häusern": dem Repräsentantenhaus und dem Senat. An der Spitze der Exekutive steht der Präsident. Im Falle der USA übt er gleichzeitig die Funktionen eines Staatsoberhauptes und eines Regierungschefs aus. In anderen Staaten wird die Funktion des Regierungschefs oftmals vom Amt des Staatsoberhauptes getrennt, z. B. in Deutschland durch den Bundeskanzler und den Bundespräsidenten. Zur Exekutive zählen auch die Staatssekretäre, die Chefs der Ministerien sowie alle Beamten, die für den Bund tätig sind. Die Judikative wird vom Obersten Gerichtshof, dem die Obersten Bundesrichter angehören, und von den Richtern der Bundesgerichte gebildet.

Wie sind die drei staatlichen Teilgewalten jeweils aufgebaut?

Die wichtigsten Beziehungen zwischen Wahlberechtigten, Legislative, Exekutive und Judikative werden durch beschriftete Pfeile in den jeweiligen Farben ausgedrückt. Diese Pfeile zeigen, wie die Wähler auf den Staat und wie die drei Gewalten aufeinander Einfluss nehmen. Insbesondere geben sie darüber Auskunft, wie sich die Gewalten gegenseitig kontrollieren und welche Personalentscheidungen sie treffen dürfen. Entsprechend neueren philosophischen und juristischen Theorien der Gewaltenteilung sollen die verschiedenen Staatsorgane des Bundes weitgehend unabhängig voneinander wirken und sich gegenseitig kontrollieren („checks and balances"). Eine Besonderheit der amerikanischen Verfassung besteht in dem aufschiebenden Veto, d. h. dass der Präsident gegen Gesetze, die vom Kongress verabschiedet wurden, Widerspruch einlegen kann, solange sich weniger als zwei Drittel der Abgeordneten für sie aussprechen. Dann muss erneut darüber verhandelt werden.

Welche Beziehungen bestehen zwischen dem Volk und den Teilgewalten sowie unter den Teilgewalten selber?

Über die folgende Fragen sagt das Schema z. B. nichts aus, darüber musst du dich in anderen Quellen informieren:
– Wie wurde die Zahl der Abgeordneten im Repräsentantenhaus festgesetzt? (Für je 30 000 Einwohner wurde ein Abgeordneter gewählt.)
– Wurden die Sklaven auch als Einwohner gezählt? (Je fünf Sklaven wurden als drei freie Einwohner gezählt.)
– Welche Zuständigkeiten verblieben bei den Einzelstaaten und welche Zuständigkeiten gingen an den Bundesstaat über? (Der Kongress konnte mit Zustimmung des Präsidenten Steuern erheben, Soldaten einberufen und Gesetze für die Bereiche Verteidigung, Währung, Außenpolitik und Welthandel beschließen. Bei den Staaten verblieb die Gesetzgebung für Verkehr, Wirtschaft, Erziehung, Justiz.)
– Was passiert, wenn bei den Kontrollen Unregelmäßigkeiten oder Gesetzesverstöße festgestellt werden? Kann der Präsident abgesetzt werden und wie geschieht das?
– Wie ist das Verhältnis zwischen Repräsentantenhaus und Senat beschaffen? Sind die beiden Kammern gleichberechtigt? Haben sie das gleiche politische Gewicht?
– Warum werden die Obersten Bundesrichter vom Präsidenten auf Lebenszeit ernannt?

Worüber gibt das Schaubild keine Auskunft?

Fragen und Anregungen

1 Verfasse vier kurze Texte dazu, wie jeweils ein Abgeordneter im Repräsentantenhaus, ein Senator, der Präsident und ein Oberster Bundesrichter ihre jeweiligen Tätigkeiten und ihr Verhältnis zueinander beschreiben würden.

2 Informiere dich über die deutsche Verfassung und versuche (eventuell mit Hilfe deines Lehrers) ein ähnliches Schaubild für den Staatsaufbau Deutschlands zu entwerfen. Welche Unterschiede zwischen den beiden Verfassungen fallen dir auf?

29

Q4 Kritik am Verfassungsentwurf

George Mason, Vertreter von Virginia im Kongress, übte 1788 Kritik an dem Verfassungsentwurf:

Der Senat ist bevollmächtigt, alle Finanzvorlagen abzuändern und gemeinsam mit dem Präsidenten der Vereinigten Staaten die Verwendung der Gelder und
5 die Gehälter der von ihm selbst aufgestellten Beamten zu bestimmen, obwohl er weder der Volksvertretung noch dem Volk verantwortlich ist. Dazu kommen noch seine anderen großen Vollmachten (...) sowie seine Amtsdauer und seine Eigenschaft als ununterbrochen
10 bestehende Körperschaft, die fast ununterbrochen tagt; zudem bildet er einen vollständigen Zweig der gesetzgebenden Gewalt. All dies muss dazu führen, das Gleichgewicht in der Regierung völlig zu zerstören und dem Senat die Möglichkeit zu geben, beliebige
15 Anschläge auf die Rechte und Freiheiten des Volkes zu verüben. Die richterliche Gewalt der Vereinigten Staaten ist derart eingerichtet und ausgedehnt, dass sie die Rechtsgewalt der Einzelstaaten aufhebt und vernichtet, (...) auch wird der Reiche so instand gesetzt, den
20 Armen zu unterdrücken und zugrunde zu richten. (...) Da man für alle Handels- und Schifffahrtsgesetze bloß einfache Mehrheit fordert, können die fünf Südstaaten, deren Erzeugnisse und Verhältnisse von den acht Nord- und Oststaaten völlig verschieden sind, zugrunde ge-
25 richtet werden, denn es können starre und voreilige Maßnahmen getroffen werden, mittels deren die Kaufleute der Nord- und Oststaaten nicht nur übermäßige Frachtgelder verlangen, sondern auch ein Preismonopol für den Wareneinkauf errichten können, und zwar auf
30 Jahre hinaus, zum schweren Schaden für die Landinteressen und zur Verarmung des Volkes. Es findet sich nicht die geringste Erklärung zum Schutz der Pressefreiheit oder der Geschworenengerichtsbarkeit im Zivilrecht, ebenso wenig gegen die Gefahr stehender Heere
35 in Friedenszeiten. Die Einzellandtage dürfen keine Ausfuhrzölle auf ihre eigenen Erzeugnisse legen.

Zit. nach: F. Wagner (Hg.), USA. Geburt und Aufstieg der Neuen Welt. Geschichte in Zeitdokumenten 1607 bis 1865. München 1947, S. 128 ff.

Q5 Befürwortung der Verfassung

James Wilson, ein aus Schottland eingewanderter Rechtsanwalt, äußerte sich auf dem Konvent in Pensylvania 1787 zum Verfassungsentwurf:

Die Nachrichten, die uns mit jedem Schiff aus Europa erreichen, besagen, dass in den Häfen und Waffenlagern der wichtigsten Seemächte höchste Aktivität herrscht; doch was immer das für Folgen haben mag,
5 sollen wir gleichgültig abwarten? Wir wissen, dass wir (...) außer Stande sind, (Verteidigungs-)Anstrengun-

Q6 „Libertas Americana"

Relief von Claude Michel Clodion, 1783. Die Vorlage zeichnete Benjamin Franklin, einer der Unterzeichner der Verfassung und späterer Präsident der USA. Die rechte Figur symbolisiert Frankreich, der Löwe steht für England und der kleine Herkules versinnbildlicht die USA.
Formuliere, was mit der Darstellung ausgesagt wird.

gen zu unternehmen. Sollten wir so weitermachen, bis unserem Handel ein Schlag versetzt wird oder wir mit ansehen müssen, wie ein feindliches Heer an unserer
10 unbefestigten Küste landet? Wer garantiert uns dann, dass unser Eigentum nicht verwüstet wird (...)? Mit welchem Recht können wir erwarten, dass man unsere Flagge respektiert, wenn wir keine einzige Kanone zu ihrem Schutz abfeuern können?
15 Können wir wirklich Reformen im Innern durchführen oder auch nur eine der großen nationalen Aufgaben lösen, die ich oben erwähnt habe, wenn wir nicht das Geld beschaffen können, um einen einzigen Felsblock aus dem Fluss zu holen?
20 Dieses System, Herr Präsident, wird uns zumindest zu einer Nation machen und der Union die Macht geben, als solche zu handeln. Jede andere Nation auf Erden wird uns als solche betrachten. Wir werden das Vertrauen unserer Bürger wiedergewinnen und den Re-
25 spekt fremder Bürger erlangen. (...)
Wenn wir dieses Regierungssystem annehmen, dann können wir den Einzelstaatenregierungen Sicherheit, Stabilität und Ruhe im Innern versprechen. Sie würden mit der Gefahr konkurrierender Gebietsansprüche
30 oder anderen Problemen nicht mehr konfrontiert sein,

durch die sie bisher in Unruhe versetzt wurden. Es wird ein Gericht konstituiert [eingerichtet], das gerecht und ruhig über sich überschneidende Gebietsansprüche entscheiden wird. (…)

35 Die Herren mögen die erstaunlichen Konsequenzen betrachten, die dieses Prinzip in diesem weiträumigen Land haben wird – die verschiedenen Staaten können nicht gegeneinander Krieg führen, die Bundesregierung ist der große Schiedsrichter in allen Auseinandersetzungen zwischen ihnen und die vereinte Macht der
40 Union kann aufgeboten werden, um einen Angreifer zur Räson zu bringen. Was für ein einmaliger Tausch im Vergleich zu den aus den Fugen geratenen, streitsüchtigen Einzelstaatssouveränen!

Zit. nach: A. Adams / W. P. Adams (Hg.), Die Amerikanische Revolution und die Verfassung 1754–1791. München 1987, S. 354 ff.

Q7 Bill of Rights (1791)

Die Südstaaten hatten ihre Zustimmung zu der Verfassung von der Verabschiedung eines Grundrechtekatalogs abhängig gemacht. Die „Bill of Rights" wirkte stark auf europäische Verfassungen ab 1789 ein:

Art. 1. Der Kongress soll kein Gesetz erlassen, das eine Einrichtung einer Religion zum Gegenstand hat oder deren freie Ausübung beschränkt oder eines, das Rede- und Pressefreiheit oder das Recht des Volkes, sich fried-
5 lich zu versammeln und an die Regierung eine Petition zur Abstellung von Missständen zu richten verkürzt.

Art. 2. Da eine wohl geordnete Miliz [Bürgerwehr] für die Sicherheit eines freien Staates notwendig ist, soll das Recht des Volkes Waffen zu besitzen und zu tragen
10 nicht verkürzt werden.

Art. 4. Das Recht des Volkes auf Sicherheit der Person, des Hauses, der Papiere und der Habe vor ungerechtfertigter Nachsuchung und Beschlagnahme soll nicht verletzt werden.

Q8 „Das Vertrauen in die Verfassung"

Kolorierter Stich eines unbekannten Künstlers, Ende des 18. Jahrhunderts.

Entschlüssele die Worte und Symbole dieser Darstellung und formuliere eine entsprechende Bildaussage.

Art. 5. Niemand soll wegen eines todeswürdigen oder 15 sonstigen schimpflichen Verbrechens zur Verantwortung gezogen werden, es sei denn aufgrund der Anschuldigung oder Anklage seitens eines großen Geschworenengerichts, noch soll jemandem Leben, Freiheit oder Eigentum genommen werden, außer im ordentlichen 20 Gerichtsverfahren und nach Recht und Gesetz.

Art. 9. Die Aufzählung bestimmter Rechte in der Verfassung soll nicht so ausgelegt werden, dass andere Rechte, die dem Volk geblieben sind, dadurch verneint oder geschmälert werden. 25

Zit. nach: G. Franz, Staatsverfassungen. Darmstadt 1964, S. 37 ff.

Fragen und Anregungen

1 Erläutere die Aussage der Abbildung Q1.

2 Die Nachricht von der Annahme der Unabhängigkeitserklärung verbreitete sich rasch. Häufig wurde der Wortlaut in feierlichen Zeremonien verlesen. Auf dem Ölgemälde von G. C. Bingham (Q2) kannst du unterschiedliche Reaktionen erkennen. Wähle eine Person aus und schreibe aus ihrer Sicht einen Tagebucheintrag, wie sie die Verkündigung des Wahlergebnisses erlebte.

3 Die Befürworter und Gegner diskutierten heftig über die neue Verfassung. Teilt euch in zwei Gruppen und sammelt jeweils Argumente für bzw. gegen den Entwurf (Q4, Q5). Überlegt auch, wie ihr Gegenargumente entkräften könnt. Spielt anschließend die Diskussion nach.

4 Fasse die Rechte zusammen, die nach der „Bill of Rights" von dem Bundesstaat nicht angetastet werden durften (Q7). Überlege, warum ausgerechnet die Südstaaten auf diese Rechte pochten.

5 Vergleiche die englische „Bill of Rights" von 1689 (Kap. 1, Q9) mit der amerikanischen „Bill of Rights" von 1791 (Q7). Welche Gemeinsamkeiten bzw. Unterschiede fallen auf?

31

6. Die junge Demokratie zwischen Expansion und Bürgerkrieg

1790–1890	Die Pionierzeit: Nach der Ausdehnung bis zum Mississippi wird das Gebiet bis zum Pazifik besiedelt.
1861–1865	Bürgerkrieg: Der Sieg der Nordstaaten bringt die Abschaffung der Sklaverei und sichert die Einheit der USA.

Die Ausdehnung der USA bis zur Pazifikküste

Von Beginn an begriff die junge amerikanische Demokratie es als ihre besondere Chance, ihr Territorium über den gesamten Kontinent auszudehnen. Im Laufe des 19. Jahrhunderts wurde das riesige Gebiet von den Appalachen über die Prärien und die Rocky Mountains bis an die Pazifikküste nach und nach von den USA in Besitz genommen und besiedelt. Teilweise wurden die Gebiete anderen Ländern abgekauft, teilweise wurden sie kriegerisch erobert. Die Besiedelung ging rasch vonstatten. Hatten sich mindestens 60 000 freie Siedler in einem Gebiet niedergelassen, durften sie einen eigenen Staat gründen und ihre Aufnahme in die USA beantragen.

Farmer und Goldgräber besiedeln das Land

Bei den Menschen, die sich mit ein paar Habseligkeiten auf den Weg nach Westen machten, um sich in der Wildnis eine neue Existenz aufzubauen, handelte es sich meistens um Personen, die sich schon länger in den USA aufhielten. Sie wussten bereits einiges über Land und Leute, hatten oft schon Grund und Boden besessen und hofften, durch das Weiterwandern ihre Lebenssituation zu verbessern. Im Allgemeinen träumten die Siedler davon, ein fruchtbares Stück Land zu finden und auf ihm eine Farm einzurichten. Eine weitere Gruppe von Pionieren, die oftmals in Windeseile und in großer Zahl in ein Gebiet einfielen, waren Goldgräber. Nachdem zum Beispiel 1848 in der Nähe des kleinen Dorfes San Francisco Gold gefunden worden war, wuchs die Bevölkerung innerhalb eines Jahres auf 25 000 Einwohner.

Eisenbahnen beschleunigen die Besiedlung

Für ihren Weg nach Westen benutzten die Siedler zunächst die Wasserwege, insbesondere die großen Flüsse Mississippi, Missouri und Ohio. Danach ging es dann nur noch in Planwagen voran, die zu großen Trecks zusammengeschlossen wurden. Berühmt wurde der Oregon-Trail: Eine 3 000 Meilen lange Strecke vom Missouri über die Rocky Mountains nach Oregon oder Kalifornien, die durchschnittlich in 130 Tagen bewältigt wurde. Die erste Eisenbahnlinie, die die Rocky Mountains überwand, wurde 1869 zwischen San Francisco und Omaha am Missouri fertig gestellt. Damit beschleunigte sich die Besiedlung erheblich.

Die Ureinwohner werden verdrängt

Für die Ureinwohner, die Indianer, bedeutete die Besiedelung des Kontinents durch die Weißen den endgültigen Verlust ihrer bisherigen Lebensgrundlagen. Die Stämme mussten sich immer weiter zurückziehen. Unter mehr oder weniger großem militärischen Druck wurden sie zu immer neuen Landabtretungsverträgen gezwungen. Diese Verträge wurden regelmäßig wieder gebrochen, weil die Siedler schon bald auch die Gebiete beanspruchten, die den Indianern zugesagt worden waren. Ab 1830 wurden die Stämme, die noch östlich des Mississippi lebten, mit Zwang in Regionen westlich des Flusses umgesiedelt. Doch auch von dort wurden sie bald wieder vertrieben. Gegen Ende der Pionierzeit lebten in Nordamerika von den ursprünglich auf mehrere Millionen geschätzten Ureinwohnern nur noch ungefähr 200 000 in 250 Reservaten.

32

 Amerikanischer Fortschritt. Gemälde von John Gast, 1873.

Während die USA sich im Laufe des 19. Jahrhunderts sehr erfolgreich über den Kontinent ausdehnten, spitzte sich innenpolitisch eine Auseinandersetzung immer stärker zu, die schon während der Verfassungsdiskussionen eine wichtige Rolle gespielt hatte: die gegensätzlichen Auffassungen der Nord- und der Südstaaten über die Sklaverei. Im stärker industrialisierten Norden wurde die Sklaverei zunehmend abgelehnt. Unternehmen und Haushalte sollten freie Lohnarbeiter verwenden. Die Südstaaten hingegen glaubten, für ihre sehr arbeitsintensive Landwirtschaft auf Sklaven nicht verzichten zu können. Dies galt insbesondere für den Anbau von Baumwolle, die um 1850 gut die Hälfte des amerikanischen Exports ausmachte. Jedes Mal, wenn ein neuer Staat um Aufnahme in die USA nachsuchte, kam es im Kongress zu erbitterten Kontroversen darüber, ob bei ihm die Sklaverei zugelassen sein sollte oder nicht.

Auseinandersetzungen um die Sklaverei

Bei der Präsidentschaftswahl von 1860 siegte mit Abraham Lincoln der Kandidat der 1854 neu gegründeten Republikanischen Partei, die in den Nordstaaten ihre Basis hatte und mit Nachdruck für das Ende der Sklaverei eintrat. Daraufhin erklärten elf Südstaaten ihren Austritt aus der Union, schlossen sich zu den „Konföderierten Staaten von Amerika" zusammen und wählten einen eigenen Präsidenten. Diese Abspaltung wollten die Nordstaaten nicht hinnehmen. Da alle politischen Vermittlungsversuche scheiterten, begann ein Bürgerkrieg, der vier Jahre lang dauerte. 600 000 Menschen kamen ums Leben, noch mehr wurden verwundet und weite Landstriche im Süden verwüstet. 1865 mussten die Konföderierten kapitulieren, weil sie beim Nachschub an Kriegsmaterial und Soldaten dem Norden unterlegen waren. Mit dem Sieg der Nordstaaten war die nationale Einheit der USA wiederhergestellt und auf Dauer gesichert. Wenige Tage nach dem Ende des Bürgerkriegs wurde Lincoln von einem Anhänger der Sklaverei ermordet. Obwohl die Sklaverei nun offiziell abgeschafft wurde und die Schwarzen das Wahlrecht erhielten, blieben die Afroamerikaner in den USA noch für lange Zeit eine benachteiligte und materiell schlechter gestellte Minderheit.

Bürgerkrieg zwischen dem Norden und dem Süden

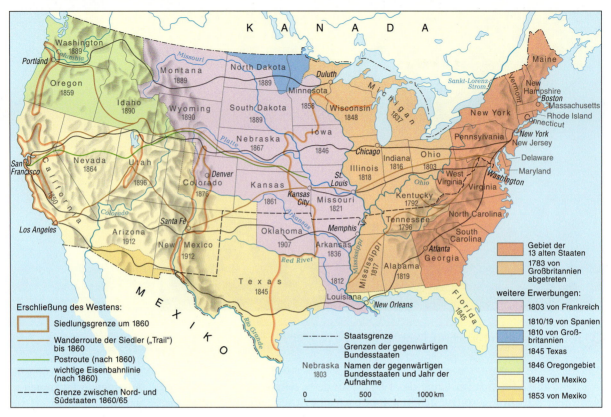

D1 Die territoriale Entwicklung der USA bis 1866

Q2 Unser Anspruch ist begründet
John Q. Adams, von 1825 bis 1829 amerikanischer Präsident, äußerte sich 1819 in einer Kabinettssitzung zu dem Grund, weshalb die USA ihre Herrschaft über den ganzen Kontinent ausdehnen müssten:
Die Welt muss sich an den Gedanken gewöhnen, dass der uns zustehende Herrschaftsbereich der nordamerikanische Kontinent ist. Seit wir unabhängig wurden, ist dieser Anspruch ebenso ein Naturgesetz wie die Tatsache, dass der Mississippi ins Meer fließt. Spanien besaß südlich und Großbritannien besaß nördlich unserer Grenzen Gebiete. Es war einfach unmöglich, dass Jahrhunderte vergehen sollten, ohne sie von den Vereinigten Staaten annektiert zu sehen. Weder eine expansionistische Gesinnung noch Ehrgeiz machen dies notwendig. Aber es erscheint geografisch, moralisch und politisch absurd, dass einzelne Gebiete, die für ihre Herrscher, die sich 1 500 Meilen entfernt auf der anderen Seite des Ozeans befinden, wertlos und lästig sind, dauerhaft neben einer großen, mächtigen, aktiven und schnell wachsenden Nation bestehen können.

Zit. nach: A. K. Weinberg, Manifest Destiny. A Study of Nationalist Expansionism in American History. Chicago 1963, S. 61. Übers. d. Verf.

Q3 Wellen der Besiedelung
In einem weit verbreiteten „Reiseführer" über die USA wurde 1837 geschildert, wie sich die Besiedelung der westlichen Gebiete im Allgemeinen vollzog:
Die meisten Ansiedlungen im Westen haben drei Klassen von Siedlern erlebt, die, wie die Wellen des Ozeans, eine nach der anderen herangerollt sind. Zuerst kommt der Pionier, der seine Familie in der Hauptsache mit der natürlichen Vegetation und seiner Jagdbeute ernährt. Er benutzt primitive, meist selbst hergestellte Ackergeräte und Werkzeuge und legt nur ein Maisfeld und einen Küchengarten an. (…) Er baut sein rohes Blockhaus (…) und wohnt hier, bis er sein Land einigermaßen kultiviert hat und das Wild knapper wird. (…) Die nächste Klasse der Neusiedler kauft das Land, fügt ein Feld nach dem anderen hinzu, legt Wege an und baut primitive Brücken über die Flüsse, errichtet Häuser aus behauenen Baumstämmen mit verglasten Fenstern und Ziegel- oder Steinschornsteinen, legt hier und da Obstgärten an, baut Mühlen, Schulen, Gerichtsgebäude usw. und zeigt dabei das äußere Bild und die Formen eines schlichten, bescheidenen zivilisierten Lebens. Dann kommt eine neue Welle: die Leute mit

Q6 Bisonjagd
Teil aus einem Gemälde von George Catlin, 1844. Die Bisonjagd war Lebensgrundlage vieler Indianerstämme. Mit der Ausrottung der Bisons durch die Siedler wurden die Indianer dieser Grundlage beraubt.

Kapital und Sinn für organisierte Unternehmen (…). Aus dem kleinen Dorf wird eine ansehnliche Gemeinde oder eine Stadt. Man errichtet große Häuser aus Ziegelsteinen, bearbeitet große Felder, Obstplantagen und Gärten, richtet Colleges ein und baut Kirchen. Feine Wollstoffe, Seide, Strohhüte, Schleifen und alle anderen Luxusartikel, Frivolitäten und Moden halten ihren Einzug.

Zit. nach: W. P. Adams (Hg.), Die Vereinigten Staaten von Amerika. Frankfurt a. M. 1977, S. 149 f.

Q4 Wie sollen Sklaven behandelt werden?
Anweisung für den Verwalter einer Tabakplantage in Virginia, 1759:
Erstens: Die Sorge um die Neger ist die erste (Aufgabe), die euch ans Herz zu legen ist; Ihr habt mir rechtzeitig ihre Bedürfnisse zu melden, damit sie mit allem Notwendigen versorgt werden. Ihr habt den Aufsehern Anweisung zu geben, ganz besonders gegenüber den gebärfähigen Frauen freundlich und nachsichtig zu sein und sie, wenn sie ein Kind austragen, nicht zu einer Arbeit oder einer mühseligen Tätigkeit zu zwingen, die für sie schädlich wäre. Sie sollen, wenn sie in anderen Umständen sind, alles haben, was sie brauchen. Für die Kinder soll gut gesorgt werden, (…)

Zit. nach: P. C. Emmer u. a. (Hg.), Wirtschaft und Handel der Kolonialreiche. München 1988, S. 547.

Q5 Sklavenverkauf
Der ehemalige Sklave Solomon Northrup berichtet darüber, was er um 1860 auf dem Sklavenmarkt von New Orleans erlebte:
David und Caroline kamen zusammen zu einem Pflanzer nach Natchez. Sie verließen uns lachend und vollkommen glücklich über die Tatsache, dass sie sich nicht zu trennen brauchten. Lethe wurde an einen Pflanzer in Baton Rouge verkauft. Als man sie fortführte, glühten ihre Augen vor Zorn. Der gleiche Mann kaufte auch Randall. Der kleine Bursche musste herumspringen und durch den Saal laufen und noch tausend andere Dinge tun, um seine Geschicklichkeit und seine gute Form zu beweisen. Während dieser ganzen Verhandlung weinte Eliza laut und rang die Hände. Sie bat den Mann, ihn nicht zu kaufen, wenn er nicht auch sie selbst und Emily kaufen würde. Für diesen Fall versprach sie, die treueste Sklavin zu sein, die es je gegeben habe. Der Mann antwortete, dass er dazu nicht in der Lage sei, worauf Eliza schreiend und weinend ihrem Schmerz freien Lauf ließ. Freeman drehte sich mit erhobener Peitsche wütend zu ihr um und befahl ihr, mit dem Lärm aufzuhören, oder er würde sie auspeitschen. (…) Eliza warf sich vor ihm auf den Boden (…), aber es war alles vergebens. (…) Randall musste allein gehen. Eliza lief zu ihm hin, umarmte ihn leidenschaftlich, küsste ihn wieder und wieder und bat ihn, sie nicht zu vergessen – während ihre Tränen wie Regen auf das Gesicht ihres Jungen fielen.

Zit. nach: V. Austin (Hg.), Der amerikanische Bürgerkrieg in Augenzeugenberichten. Düsseldorf 1963, S. 49 f.

Q7 Soll die Sklaverei abgeschafft werden?
Der amerikanische Präsident Abraham Lincoln äußerte sich gegenüber dem Herausgeber der New Yorker Zeitung Tribune, Horace Greeley, über das Ziel, das er mit dem Krieg gegen die Südstaaten verfolgte:
Mein höchstes Ziel in diesem Ringen ist die Rettung der Nation, nicht die Bewahrung oder Abschaffung der Sklaverei. Wenn ich die Union retten könnte, ohne einen einzigen Sklaven zu befreien, dann würde ich es tun; und wenn ich sie dadurch retten könnte, dass ich alle Sklaven befreite, dann würde ich es tun; und wenn ich sie retten könnte, indem ich einige Sklaven befreite und andere nicht, dann würde ich auch das tun.

Zit. nach: W. P. Adams (Hg.), a. a. O., S. 113.

Schwester in einem Militärhospital Q9

Frauen mussten nicht nur zu Hause die Arbeit der Männer, die im Krieg waren, erledigen, hunderte arbeiteten auch freiwillig in den Militärkrankenhäusern. Nach dem Krieg wurde Krankenpflege zu einem anerkannten Beruf für Frauen.

Q8 Das Ende des Bürgerkriegs

Lincoln besuchte im März 1865 die Stadt Richmond, die von den Soldaten der Nordstaaten eingenommen worden war. Admiral David Porter, der ihn begleitete, schrieb:

Die Uferstraßen waren so menschenleer, als ob der Tod die ganze Stadt heimgesucht hätte. Die Truppen hatten sie bereits seit einigen Stunden besetzt, aber nicht ein Soldat war zu sehen. (…)
5 An der Anlegestelle stand ein kleines Haus, hinter dem etwa zwölf Neger mit Spaten gruben. Ihr Anführer war ein sechzigjähriger Alter, der sich, als wir landeten, aufrichtete und eine Hand über die Augen legte. Dann ließ er seinen Spaten fallen und sprang auf uns
10 zu. „Gesegnet sei Gott", rief er. „Da kommt der große Messias. Ich ihn sofort erkennen, er schon in meinem Herzen lebt lange Jahre. Und nun er ist gekommen, um zu befreien seine Kinder aus der Knechtschaft." Er fiel vor dem Präsidenten auf die Knie und küsste ihm
15 die Füße. Die anderen folgten seinem Beispiel und in einer Minute war Mr. Lincoln von diesen Leuten umringt, die sein Bild, das sie von Fotografien kannten, in ihrem Herzen getragen hatten und seit Jahren nach ihm ausschauten als ihrem Retter, der sie aus ihrer Ge-
20 fangenschaft befreien würde. Es dauerte einige Minuten, bis ich die Neger bewegen konnte, sich zu erheben und den Präsidenten weitergehen zu lassen. Die Szene war so rührend, dass ich sie nur ungern zerstörte, aber wir konnten ja nicht den ganzen Tag hier stehen bleiben; wir mussten wei- 25 ter, weshalb ich den Alten veranlasste, sich mit seinen Kameraden zurückzuziehen und uns vorbeizulassen. Aber wir kamen nur langsam vorwärts, die Menschenmenge wuchs zusehends. In dem Gedränge bemerkten wir jetzt auch viele arme Weiße. 30

Zit. nach: V. Austin (Hg.), Der Amerikanische Bürgerkrieg in Augenzeugenberichten. München 1973, S. 310 f.

Fragen und Anregungen

1. Verfasse einen Brief vom Standpunkt eines Bewohners der spanischen oder englischen Gebiete, der gegen Adams Behauptungen argumentiert (Q2).
2. Beschreibe die verschiedenen Personengruppen und Fortbewegungsmittel auf dem Bild Q1. Welche Auffassung über die amerikanische Pionierzeit soll durch das Bild vermittelt werden? Bedenke dabei, dass die schwebende Frau in der Bildmitte die Göttin des Fortschritts sein soll, die ein Buch und eine Rolle mit Telegrafendraht trägt.
3. Erläutere anhand der Karte D1 die Phasen der Westexpansion der USA.
4. Fertige eine Tabelle an und trage jeweils ein, durch welche wirtschaftlichen Aktivitäten sich die drei Besiedelungswellen auszeichneten (Q3).
5. Erkundige dich, welche Bedeutung die Bisonherden für das Leben der Prärieindianer hatten. Setze dich mit der Praxis der weißen Siedler auseinander, die Bisons massenhaft abzuschießen (Q6).
6. Vergleiche Q4 und Q5. Finde eine Erklärung für die unterschiedliche Behandlung der Sklaven.
7. Diskutiert, ob die Abschaffung der Sklaverei oder der Erhalt des Gesamtstaates für die Entscheidung zum Krieg ausschlaggebend war (VT, Q7).
8. Vergleiche Q7 und Q8. Vermute, was die Schwarzen zu dem Brief Lincolns (Q7) sagen würden.
9. Beschreibe das Bild Q9. Verfasse einen Brief, den eine Krankenschwester nach Hause schreibt.

36

Eine Materialsammlung anlegen

In diesem Kapitel hast du gelernt, wie sich seit dem 17. Jahrhundert moderne Demokratien in England und den USA herausbildeten. Auch in den folgenden Kapiteln wird dir die Frage, wie Menschen um demokratische Mitbestimmung kämpften, wieder begegnen. Das ist ein wichtiges Thema, denn auch du lebst in einer Demokratie. Dir ist sicher auch klar, dass demokratische Strukturen nichts ein für allemal Festgelegtes sind, sondern sich im Laufe der Zeit entwickeln. So können z. B. Verfassungen ergänzt, verändert oder ganz neu geschrieben werden. Wie soll man da noch den Überblick behalten?

Bei solchen Themen, die von besonderer Wichtigkeit sind und die möglicherweise in Prüfungen eine Rolle spielen werden, empfiehlt es sich, eine Materialsammlung anzulegen, die im Laufe der Zeit immer weiter ergänzt werden kann.

Zunächst solltest du dir überlegen, wie du deine Materialsammlung gliedern kannst. Dabei kann dir eine Mind Map helfen. Wie die entwickelt wird, hast du bereits gelernt. Hast du dich für eine Gliederung entschieden, legst du dir einen Ordner an. Registereinlagen und farbige Trennblätter helfen dir die Übersicht zu behalten. Außerdem kann man auf diese Weise später schnell und problemlos zusätzliche Gliederungspunkte aufnehmen, wenn man das möchte.

Was gehört in die Materialsammlung?
In deine Materialsammlung kannst du grundsätzlich alles aufnehmen, was dir wichtig erscheint. Aber Vorsicht, wer nichts wegwerfen kann, erstickt bald in einer unübersichtlichen Materialfülle. Hier eine kleine Übersicht, wo es sich zu sammeln lohnt:

– Oft werden im Unterricht Kopien oder Arbeitsblätter ausgegeben, die man aufheben sollte.
– In Tageszeitungen, Zeitschriften oder Magazinen findet man – oft ganz zufällig – Beiträge oder Schaubilder, die man ausschneiden oder kopieren kann.
– Bei einem Besuch von Ausstellungen und Messen kann man häufig Informationsmaterial zum Thema Demokratie erhalten.
– Bei einem Besuch im Internet wird man in der Regel auch fündig.

Der Lernerfolg stellt sich häufig schon beim Sammeln und Sortieren ein, denn du beschäftigst dich intensiv mit dem Thema, wiederholst und ordnest zu. Für das Erstellen einer Hausarbeit, eines Referats oder für die Prüfungsvorbereitung hilft dir dann ein Griff ins Regal schnell weiter.

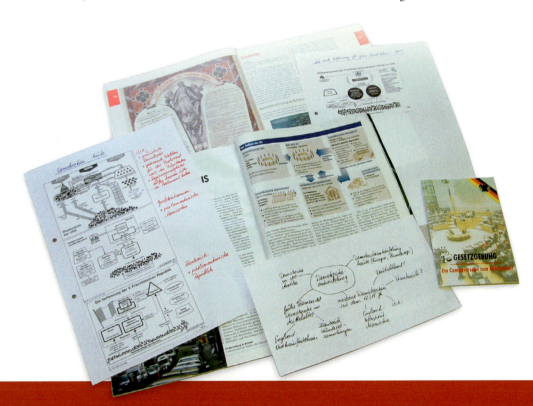

LERNEN LERNEN

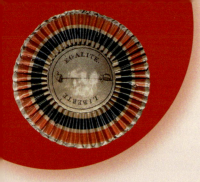

DIE FRANZÖSISCHE REVOLUTION – AUFBRUCH IN DIE MODERNE GESELLSCHAFT

1789 begann in Frankreich eine große Revolution. Die Bastille, ein bekanntes Gefängnis, wurde gestürmt und zerstört, die Vorrechte des Adels und des Klerus wurden abgeschafft und der König wurde gestürzt und hingerichtet. Unter der Parole „Freiheit, Gleichheit, Brüderlichkeit" wollten die Revolutionäre den Aufbruch in eine neue Zeit beginnen. Tatsächlich hat die Französische Revolution die Welt verändert, und bis heute feiern die Franzosen den 14. Juli, den Tag der Erstürmung der Bastille, als Nationalfeiertag.

Patriotischer Frauenclub
Zeichnung der Brüder Lesueur, um 1792.

Paris 14. Juli. Zeichnung von Raoul Dufy (1877–1953)

Feierlichkeiten am 14. Juli, dem französischen Nationalfeiertag in Paris

Hintergrund: Paris zur Zeit der Französischen Revolution
Plan von Turgot (Ausschnitt).

liberté

Der Abriss der Bastille
Gemälde von Jean Pierre Houel, ca. 1789.

Napoleon
Ausschnitt aus einem Gemälde von Jacques-Louis David, 1799.

1789
égalité, fraternité

Die Erklärung der Menschen- und Bürgerrechte
Gemälde von Le Barbier, ca 1790.

1. Aufklärung: Die Welt wird neu erklärt

Aufklärung – der neue Glaube an die Vernunft

Die absolutistische Herrschaft vieler europäischer Monarchen stieß im 17. und 18. Jahrhundert zunehmend auf Kritik. Philosophen und Schriftsteller bestritten, dass die Macht der Könige und das Schicksal ihrer Untertanen gottgewollt und daher unveränderlich sei. Sie waren der Meinung, dass jeder Mensch – gleich welcher Herkunft – in der Lage sei, sein Leben selbst zu bestimmen. Richtschnur für menschliches Handeln sollten nicht königliche Anordnungen oder kirchliche Lehren sein, sondern allein die Vernunft (lat. ratio). Der deutsche Philosoph Immanuel Kant hat das Denken der Aufklärung treffend in folgender Aufforderung zusammengefasst: „Habe den Mut, dich deines eigenen Verstandes zu bedienen!"

„Beweisen statt glauben!"

Seit dem 15. und 16. Jahrhundert begannen Forscher, allen voran Astronomen, natürliche Vorgänge durch Beobachtung und Experimente sehr genau zu erfassen. Diese „empirische Vorgehensweise" führte im 17. Jahrhundert zu einer starken Zunahme naturwissenschaftlicher Kenntnisse – über das Weltall, die Erde und den Menschen selbst. Die neue naturwissenschaftliche Denkweise („Beweisen statt glauben!") beeinflusste auch Erziehung, Philosophie und Politik. Viele Gebildete waren davon überzeugt, dass die Lebensumstände der Menschen und ihr Verhältnis zueinander durch das Licht der Vernunft verbessert werden könnten. Vernünftiges Denken z. B. in der Politik bedeutete für sie, die Gleichberechtigung aller Menschen anzuerkennen. Statt ererbter Vorrechte sollte die persönliche Leistung über den Platz eines Menschen in der Gesellschaft entscheiden.

Grundlagen des aufgeklärten Staates

Wie müsste also ein aufgeklärter Staat aussehen, der nach den Regeln der Vernunft funktioniert? Darüber haben sich viele Aufklärungsphilosophen Gedanken gemacht. Zu den Grundlagen des aufgeklärten Staates sollte gehören, dass niemand ohne die Zustimmung des Volkes regieren darf (Volkssouveränität). Ebenso fundamental ist die Forderung, dass die Hauptaufgaben des Staates in drei Gewalten aufgeteilt werden (Gewaltenteilung). Denn nur wenn Gesetzgebung, Regierung und Rechtsprechung voneinander unabhängig sind und sich gegenseitig kontrollieren, kann eine Willkürherrschaft vermieden werden.

Diese Gedanken standen im Widerspruch zum unbedingten Herrschaftsanspruch der absolutistischen Monarchen, die von der vollständigen Unterwerfung des Volkes ausgingen und nur gegenüber Gott eine Verantwortlichkeit einräumten. Was würde passieren, wenn die Untertanen den Mut hätten, sich ihres eigenen Verstandes zu bedienen?

Q1 Aufklärung
Kupferstich von Daniel Chodowiecki (1726–1801).

Q2 Schulstunde
Gemälde von G. M. Kraus, um 1770.

Q3 Dorfschule 1848
Gemälde von Albert Anker, 1896.

Q4 „Vom Geist der Gesetze"
In seiner Schrift von 1748 äußert sich der französische Aufklärer Montesquieu:
Die politische Freiheit ist nur unter maßvollen Regierungen anzutreffen. Indes besteht sie selbst in maßvollen Staaten nicht immer, sondern nur dann, wenn man die Macht nicht missbraucht. Eine ewige Erfahrung lehrt jedoch, dass jeder Mensch, der Macht hat, dazu getrieben wird, sie zu missbrauchen. Er geht immer weiter, bis er an die Grenzen stößt. (…)
Alles wäre verloren, wenn ein und derselbe Mann beziehungsweise die gleiche Körperschaft (…) folgende drei Machtvollkommenheiten ausübte: Gesetze erlassen, öffentliche Beschlüsse in die Tat umsetzen, Verbrechen und private Streitfälle aburteilen.

Ch. Montesquieu: Vom Geist der Gesetze. Stuttgart 1965, S. 210 ff.

Q5 Wie soll man Kinder unterrichten?
In seinem Roman „Emile oder Über die Erziehung" schreibt Jean-Jacques Rousseau 1762:
Nie aber darf Zwang, sondern immer nur die Lust oder das Verlangen (am Lernen) die Aufmerksamkeit (des Schülers) hervorbringen. Seid also stets auf der Hut und hört auf, bevor die Langeweile eintritt; denn es ist bei weitem nicht so wichtig, dass das Kind etwas lerne, als es wichtig ist, dass es nichts ungern tue.
Dringt das Kind selbst mit Fragen in euch, so antwortet ihm so viel, als es nötig ist, seine Wissbegier zu unterhalten, nicht aber, dass sie befriedigt wird: Stellt die Fragen seiner Fähigkeit gemäß! Es soll nicht dadurch Kenntnisse besitzen, dass ihr sie mitgeteilt habt, sondern dadurch, dass es sie selbst aufgefunden hat.

J.-J. Rousseau: Emile oder Über die Erziehung. Leipzig 1854, S. 279 ff.

> **Aufklärung**
>
> Die im 18. Jahrhundert in Europa, besonders in Frankreich, England und Deutschland verbreitete Denkrichtung machte die Vernunft zum Maßstab allen Denkens und Urteilens. Althergebrachte Vorstellungen über die Natur und die Welt wurde ebenso in Frage gestellt wie Werte, Normen und Institutionen. Die Philosophen ermutigten die Menschen, ihren eigenen Verstand einzusetzen und so zu einem selbstbestimmten Leben und einer besseren Zukunft zu finden.

Fragen und Anregungen

1. Blicke zurück: Schon in der Renaissance (um 1500) hinterfragten die Menschen die alte Ordnung und wollten in eine neue Zeit aufbrechen. Nenne die Gründe für die „Aufbruchstimmung" der Renaissancezeit. Zeige an einigen Entdeckungen und Erfindungen, wie sich das Bild vom Menschen und der Welt bereits damals zu wandeln begann.

2. Erkläre, warum das Zeitalter der Aufklärung auf Französisch „siècle des lumières", auf Englisch „age of enlightenment" heißt (Q1).

3. Stell dir vor, Rousseau hätte beide Unterrichtssituationen beobachtet. Verfasse aus seiner Sicht ein Gutachten, mit dem er den Erziehungsstil der beiden Lehrer beurteilt (Q2, Q3, Q5).

4. Erläutere am Beispiel Montesquieus, inwiefern die politische Aufklärung eine Abrechnung mit dem Absolutismus vornimmt (Q4). Vergleiche die Position Montesquieus mit dem absolutistischen Herrschaftsverständnis (s. dazu die Position Bossuets in Band 2, S. 241, Q9).

41

2. Frankreich in der Krise

1788	Wegen drohenden Staatsbankrotts werden die Generalstände einberufen.
Februar–April 1789	Die Abgeordneten für die Generalstände werden gewählt.
5. Mai 1789	Der König eröffnet die Versammlung der Generalstände in Versailles.

Die Monarchie Ludwigs XVI.
1774 wurde der junge Ludwig XVI. in einer prunkvollen Zeremonie zum König von Frankreich gekrönt, eine begeisterte Menge jubelte ihm dabei zu. Der König war beliebt und seine Macht schien unangefochten zu sein. Hinter der prachtvollen Fassade sah es allerdings anders aus: Frankreich war bankrott und die Unzufriedenheit mit dem bestehenden System, dem Absolutismus, wuchs.

Unzufriedenheit des Adels
Zu den Gegnern des Absolutismus gehörten seit langer Zeit die Adligen. Sie waren der Zweite Stand in der Ständeordnung des Ancien Régime, d.h. der „alten Regierungsform", wie die Franzosen den Absolutismus später nannten. Gemeinsam mit dem Ersten Stand, dem Klerus, genossen sie zahlreiche Privilegien, Ausnahme- und Sonderrechte. Vor allem mussten sie kaum Steuern und Abgaben zahlen. Trotz dieser gewaltigen wirtschaftlichen Bevorzugung waren die Adligen mit ihrer Rolle im Staat zunehmend unzufrieden: Sie wollten die absolute Königsgewalt abschaffen und selbst einen erheblich größeren Anteil an der politischen Macht haben.

Kritik des Dritten Standes
Die entschiedenste Kritik am Regime kam aus dem Dritten Stand; hier entstand eine schnell anwachsende Opposition. Zum Dritten Stand gehörten rund 98 % der Bevölkerung: erfolgreiche Unternehmer und Großkaufleute, Ärzte und Handwerker, aber auch Transportarbeiter, Handlanger und vor allem Bauern und Landarbeiter ohne eigenen Boden. Etwa 85 % der Bevölkerung lebten um 1780 noch auf dem Land; rund die Hälfte besaß eigenen Grund und Boden, meist jedoch sehr wenig. All diesen höchst verschiedenen Gruppen von Menschen war gemeinsam, dass sie als Steuerzahler zwar den Staat finanzierten, doch keinerlei politisches Mitspracherecht hatten. Der Zugang zu den höheren Staatsämtern war ihnen verwehrt.

Q1 Ludwig XVI. (1774–1792)
Der letzte französische Monarch der alten Ordnung war beim Volk beliebt. Dass er dem pompösen Hofleben in Versailles wenig abgewinnen konnte und lieber einfach und zurückgezogen gelebt hätte, machte ihn aus der Sicht vieler einfacher Menschen sympathisch. Tatsächlich werden ihm menschliche Qualitäten nachgesagt. Allerdings fehlten Ludwig XVI. staatsmännische Begabung und politisches Geschick. Gemälde von Antoine Callet, 1785.

Interessen des Dritten Standes

Der Dritte Stand war in sich uneinheitlich; entsprechend vielfältig waren seine Interessen und Vorstellungen von einer besseren Zukunft. Die wohlhabenden Bürger (Bourgeoisie) hatten in den letzten Jahrzehnten durch verbesserte Produktionsmethoden und einen erweiterten Handel zur See viel Geld erworben. Das stärkte ihr Selbstbewusstsein und so forderten sie politische Mitspracherechte. Um wirtschaftlich erfolgreich bleiben zu können, brauchten sie nämlich mehr Freiheit als die Ständegesellschaft zuließ. Ihr Ziel war eine Gesellschaft, in der die persönliche Leistung zählen sollte. Die Privilegien des Klerus und des Adels empfanden sie als überflüssig und ungerecht.

Für andere Gruppen, die zum Dritten Stand gehörten, waren andere Probleme drängender: Die Handwerker fürchteten die Konkurrenz der Manufakturen, die der Merkantilismus gefördert hatte, die städtischen Lohnarbeiter forderten mehr Lohn. Die Unterschichten wollten ihre elende soziale Lage verbessern und die Bauern lehnten sich gegen die drückenden Feudalabgaben auf. Viele der Gebildeten dagegen waren beeinflusst von den Schriften der Aufklärungsphilosophen Locke, Montesquieu, Rousseau und Voltaire. Sie begeisterten sich für deren Ideen – Freiheit, Vernunftprinzip, Menschenrechte und Toleranz – und wollten sie in die Praxis umsetzen. Dabei galt ihnen vor allem Amerika als Vorbild. Diesen politischen Ideen schlossen sich auch viele Adlige an.

Staatsbankrott

Die Kritik am Absolutismus erhielt Auftrieb durch die katastrophale finanzielle Situation, in der sich der Staat befand. Die ständige Geldnot ließ das Ansehen und die Autorität des Königs rasch schwinden. Wie konnte es dazu kommen, wo doch Frankreich im Vergleich mit anderen europäischen Ländern eigentlich recht wohlhabend war? Es gab mehrere Gründe: Die Franzosen hatten einige kostspielige Kriege in Europa geführt und verloren, in Amerika hatten sie die Kolonien im Unabhängigkeitskrieg gegen England unterstützt. Um das alles zu finanzieren, hatte der Staat enorme Schulden gemacht. Außerdem verschlang auch das verschwenderische Leben des Hofes in Versailles eine Menge Geld. Das wichtigste Hindernis für die Lösung der finanziellen Krise war die ungerechte Verteilung der Steuerabgaben, d.h. die Steuerfreiheit für den Ersten und Zweiten Stand.

„Man muss hoffen, dass dies Spiel bald ein Ende hat" Q2
Eine von zahlreichen anonymen Karikaturen aus dem Jahr 1789. Auf dem Säbel steht: Gerötet vom Blut. Auf der Hacke: Mit Tränen getränkt. Auf den Zetteln werden Steuern, Dienste, Abgaben und Adelstitel genannt. Zu den Tieren s. die Erklärung des Grundbegriffs „Privilegien".

Reformversuche

Bereits kurz nach seiner Krönung versuchte Ludwig XVI. die Finanzprobleme anzugehen und ernannte einen angesehenen Aufklärer, Turgot, zum Finanzminister. Turgot erarbeitete ein Reformprogramm, das unter anderem eine Besteuerung der ersten beiden Stände vorsah. Die Empörung bei Adel und Klerus war aber so groß, dass Ludwig seinen Minister schleunigst entlassen musste. Den folgenden Ministern erging es nicht besser: Reformvorhaben scheiterten an der sturen Haltung der privilegierten Stände.

Einberufung der Generalstände

1788 verschärften sich Verschuldung und Zahlungsunfähigkeit des Staates zu einer umfassenden Krise. Schlechte Ernten trieben den Brotpreis in die Höhe; es kam zu Versorgungsengpässen. Die Zahl der Bettler und der Hungernden stieg an, die Unzufriedenheit im Volk wuchs. Der König und seine Minister konnten die Krise unmöglich allein bewältigen. So entschloss man sich, die Generalstände einzuberufen, eine Versammlung aus Vertretern aller drei Stände, die den König beraten sollte. Damit kehrte man in der Not zu einer sehr alten Institution aus der Zeit vor dem Absolutismus zurück. Seit 1614 hatten die Generalstände nicht mehr getagt.

Die Wahlen für die Vertreter der drei Stände fanden überall in Frankreich statt; wahlberechtigt waren alle männlichen Franzosen über 25 Jahre, die Steuern zahlten und einen festen Wohnsitz hatten. Bei den Wahlversammlungen wurden in nahezu jedem Dorf Beschwerdehefte angelegt, in denen die Männer und auch Frauen ihre Not schilderten, auf Ungerechtigkeiten aufmerksam machten und Vorschläge zur Abhilfe unterbreiteten. Die Beschwerdehefte sollten zur Versammlung der Generalstände mitgenommen werden und dort Grundlage der Beratungen sein. Es war eine der größten Volksbefragungen der Geschichte. Noch heute sind über 40 000 dieser Hefte erhalten.

Im Mai 1789 begrüßte der König feierlich die Generalstände auf seinem Schloss in Versailles. Der Dritte Stand hatte zwar 578 Vertreter wählen dürfen, der Adel war mit 270 und der Klerus mit 291 Abgeordneten vertreten, abgestimmt werden sollte aber nach Ständen, d.h. jeder Stand sollte eine Stimme haben. Damit waren die Vertreter des Dritten Standes jedoch nicht einverstanden, da sie befürchteten, in allen Entscheidungen mit 2:1 überstimmt zu werden. Sie wollten „nach Köpfen" abstimmen, d.h. jeder Abgeordnete sollte eine Stimme haben. Bis zum Juni gab es darüber keine Einigung, und der Dritte Stand erkannte, dass er seine Interessen nur im Konflikt mit den beiden anderen Ständen und dem König durchsetzen konnte.

Q3 Beschwerdeschriften („cahiers de doléances")

Privilegien

Als Privilegien bezeichnet man Sonder- oder Ausnahmerechte, die entweder einzelnen Personen oder aber bestimmten Personengruppen gewährt werden. Privilegien gab es in vielen Gesellschaften. Sie schreiben soziale und politische Ungleichheit fest. Zumeist ging es bei Privilegien um die Befreiung von Steuern oder Zöllen, aber auch um die Genehmigung sonst verbotener Tätigkeiten, z.B. Fischfang und Jagd.

Q4 **Die Eröffnung der Generalstände in Versailles am 5. Mai 1789.** Gemälde von Auguste Couder, um 1840.

Q5 **Das französische Volk formuliert seine Interessen**
In den Beschwerdebriefen formulierten Mitglieder aller drei Stände ihre Einschätzung der Situation in Frankreich. So erfahren wir aus dieser wichtigen Geschichtsquelle die Wünsche und Bedürfnisse eines ganzen Volkes:
a) Die Einwohner des Dorfes Guyancourt forderten:
1. dass alle Steuern von den drei Ständen ohne irgendwelche Ausnahme gezahlt werden, von jedem Stand gemäß seinen Kräften;
2. das gleiche Gesetz und Recht im ganzen Königreich; (…)
5. die völlige Beseitigung jeglicher Art von Zehnten in Naturalien; (…)
8. dass die Eigentumsrechte heilig und unverletzlich sind;
9. dass rascher und mit weniger Parteilichkeit Recht gesprochen wird;
10. dass alle Frondienste, welcher Art sie auch sein mögen, beseitigt werden;
11. dass die Einziehung zum Heeresdienst nur in den dringenden Fällen erfolgt; (…)
17. dass alle Pfarrer verpflichtet sind, alle ihre Amtspflichten zu erfüllen ohne dafür irgendwelche Bezahlung zu fordern; (…)

Zit. nach: I. u. P. Hartig, Die Französische Revolution. Stuttgart 1985, S. 34 f.

b) Aus der Beschwerdeschrift der Gemeinde Colmare:
1. Wenn der Klerus und Adel so wie wir zahlten, dann würde das den Staat erheblich stärken, wodurch er imstande wäre, dem unterdrückten Volk Erleichterung zu verschaffen.
2. Wir erbitten die Abschaffung der indirekten Steuern und der Salzsteuer. (…)
6. Es sollte das Wild, wie Hasen, Kaninchen und andere wilde Tiere, die den Bauern großen Schaden verursachen, getötet werden. (…)
8. Wir fühlen uns auch berechtigt, eine Bemerkung zum Frondienst auf den großen Straßen zu machen. Wir halten es für natürlicher, dass diejenigen für Kosten und Unterhalt aufkommen, die sie beschädigen, aber ohne Behinderung des Handels. (…)
10. Wir bitten um Abschaffung überflüssiger Mönche und Nonnen.
11. Wir bitten, dass Gemeindeland und leere Flächen zum Vorteil des Staates bestellt werden.
12. Wir bitten, dass alle Maschinen jeder Art, wie die zum Baumwollspinnen, abgeschafft werden, da sie der Bevölkerung Schaden zufügen.
13. Wir bitten, dass der Mühlenzwang im Land abgeschafft wird. (…)

Zit. nach: W. Lautemann / M. Schlenke (Hg.), Geschichte in Quellen, Bd. 5. München 1981, S. 150 f.

Q6 Der „Dritte Stand des Dritten Standes"?

Der „Dritte Stand des Dritten Standes" seien die Frauen, beklagte sich eine Französin in einem der Beschwerdebriefe. Frauen waren in allen Bereichen benachteiligt: Wenn sie – wie zumeist – erwerbstätig waren, weil der Verdienst ihrer Männer nicht ausreichte, bekamen sie viel weniger Lohn als ein vergleichbarer Arbeiter. Schul- und Berufsbildung gab es für Mädchen nicht, sodass ihnen die besser bezahlten Berufe verschlossen blieben. Nur gut ein Viertel der Frauen konnte etwas lesen und schreiben, bei den Männern war es immerhin knapp die Hälfte. Als besonders ungerecht empfanden viele Frauen die Ehegesetze: Der Mann durfte z. B. allein über die Finanzen entscheiden und er konnte die Frau verlassen, ohne ihr Unterhalt zahlen zu müssen. Eine Scheidung war allgemein nicht möglich. Das Eherecht galt auch für adlige Frauen, deren Lebensumstände allerdings zumeist erheblich besser waren. Manche Frauen aus dem Adel waren hoch gebildet und hatten – wenn auch indirekt – durchaus Einfluss auf das gesellschaftliche und politische Leben des Ancien Régime.

Aus Bittschriften von Frauen des Dritten Standes:
In einer Zeit, da ein jeder bemüht ist, seine Ansprüche und Rechte geltend zu machen (…) sollte es da nicht auch den Frauen möglich sein, ihre Stimme Gehör zu verschaffen? (…) Die Frauen des Dritten Standes wer-
5 den fast alle ohne Reichtümer geboren; ihre Erziehung wird sehr vernachlässigt. (…)
Wir bitten um Ausbildung und Beruf, nicht um uns die Befugnisse der Männer anzuzeigen, sondern um höher von ihnen geachtet zu werden und damit wir im
10 Stande sind, vor dem Elend geschützt zu leben. (…)
Wir bitten Euch inständig, Sire, kostenlose Schulen einzurichten, wo wir unsere Sprache von Grund auf erlernen können, die Religion und die geistigen und sittlichen Werte; eins wie das andere soll uns in seinem
15 ganzen Umfang dargeboten werden (…).
Ebenso [ist] es nur gerecht, ihre [der Frauen] Stimmen zu zählen, da sie doch wie die Männer dazu verpflichtet sind, die königlichen Abgaben zu zahlen und den Verpflichtungen des Handels nachzukommen.
20 Man wird eventuell vorbringen, alles, was man ihnen gewähren könne, sei ihnen zu gestatten sich durch Bevollmächtigte in den Generalständen vertreten zu lassen. Man könnte dem entgegnen, es sei mit Fug und Recht erwiesen, dass weder ein Adeliger einen Nicht-
25 adeligen vertreten kann noch dieser einen Adeligen, ebenso kann (…) kein Mann eine Frau vertreten (…) können Frauen nur von Frauen vertreten werden.

Zit. nach: Landesregierung NRW (Hg.), Geschichte auch für Mädchen. o. O. 1989, S. 20f.

Q7 „Die Bäuerin in der Fron"
Anonymer Kupferstich, koloriert, Paris 1789.

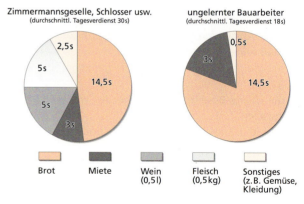

Zimmermannsgeselle, Schlosser usw. (durchschnittl. Tagesverdienst 30s)
ungelernter Bauarbeiter (durchschnittl. Tagesverdienst 18s)

Brot | Miete | Wein (0,5l) | Fleisch (0,5kg) | Sonstiges (z. B. Gemüse, Kleidung)

s = sou, die kleinste Geldeinheit; 20s = 1 livre

D1 Lebenshaltungskosten in Paris im Februar 1789

Es lässt sich leicht ausrechnen, welche Folgen eine Erhöhung des Brotpreises für die ärmeren Bevölkerungsschichten hatte. Bei ihnen war „Brot" das Hauptthema des Jahres 1789.

Q8 „Das Defizit"
Rechts steht der König, in der Mitte der Finanzminister. Links verlassen ein Adliger und ein Geistlicher den Raum. Englischer kolorierter Kupferstich, August 1788.

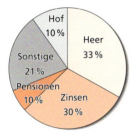

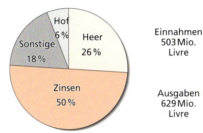

D2 Staatshaushalt 1774
Bereits 1774, im Krönungsjahr Ludwig XVI., hatte der Haushalt ein Defizit von 5 %, d. h. es wurde mehr ausgegeben als eingenommen.

Fragen und Anregungen

1. Beschreibe und interpretiere das Herrscherbild (Q1) mithilfe der methodischen Arbeitsschritte (s. Glossar). Erinnere dich, wie sich Ludwig XIV. darstellen ließ, und vergleiche dies mit Ludwig XVI.

2. Erläutere, wie die französische Gesellschaft in der Karikatur Q2 dargestellt wird.

3. Erläutere, welche Personen und -gruppen man auf dem Bild Q4 unterscheiden kann. Benenne die jeweiligen Gruppenmerkmale. Zeige, dass der Maler mit einer bestimmten Gruppe sympathisierte.

4. Frankreich hatte ca. 25 Millionen Einwohner. Der Erste Stand umfasste ca. 0,5 %, der Zweite Stand ca. 1,5 % und der Dritte Stand ca. 98 % der Gesamtbevölkerung. Errechne, wie viele Angehörige seines Standes ein Abgeordneter der Generalstände jeweils vertritt (VT).

5. Erkläre, welche Abstimmungsweisen bei der Versammlung der Generalstände denkbar waren und diskutiert wurden (VT).

6. Erläutere mithilfe der Grafik D1 die Lebenslage von Handwerkern und ungelernten Arbeitern.

7. Untersuche anhand der Grafik D2, in welchem wirtschaftlichen Zustand sich der französische Staat 1788 befand.

8. Beschreibe und erkläre die Karikatur Q8. Formuliere passende Aussprüche und ordne sie den dargestellten Personen zu.

9. Liste die in den Beschwerdebriefen formulierten Forderungen auf. Erkläre, auf welche Zustände im Ancien Régime die Forderungen Bezug nehmen. Zeige, dass die Untertanen von den Ideen der Aufklärung beeinflusst waren. Untersuche, ob hier eine Revolution gefordert wird (Q5, Q6).

3. „Freiheit, Gleichheit, Brüderlichkeit!" – Das alte Regime wird gestürzt

17. Juni 1789	Die Vertreter des Dritten Standes erklären sich zur Nationalversammlung. Viele Landpfarrer und einige Adlige schließen sich an.
14. Juli 1789	Eine Menschenmenge in Paris stürmt das Staatsgefängnis, die „Bastille", befreit die (wenigen) Gefangenen und verschafft sich Munition.
26. August 1789	Die Nationalversammlung beschließt die Erklärung der Menschen- und Bürgerrechte.
3. September 1791	Die Nationalversammlung beschließt eine neue Verfassung. Frankreich wird konstitutionelle Monarchie.
21. September 1792	Der König wird abgesetzt. Frankreich wird eine Republik.
17. Januar 1793	König Ludwig XVI. wird zum Tode verurteilt.

„La grande peur" (Die große Angst) Q1
Angriffe der Bauern auf Herrschaftssitze, anonymer Kupferstich, um 1789.

Die „Große Revolution"

Im Juni 1789 hatten die Generalstände bereits einen Monat lang getagt, ohne dass sich ein Ergebnis gezeigt hätte. Dann überschlugen sich die Ereignisse. In der Zeittafel oben werden sechs wichtige Ereignisse aus der ersten Phase der Revolution genannt, die das alte Regime hinwegfegten. Rechtfertigen sie den häufig verwendeten Begriff von der „Großen Französischen Revolution"?

Le Serment du Jeu de Paume Q2
(Der Ballhausschwur) am 20. Juni 1789. Federzeichnung von Jacques-Louis David aus dem Jahre 1791.

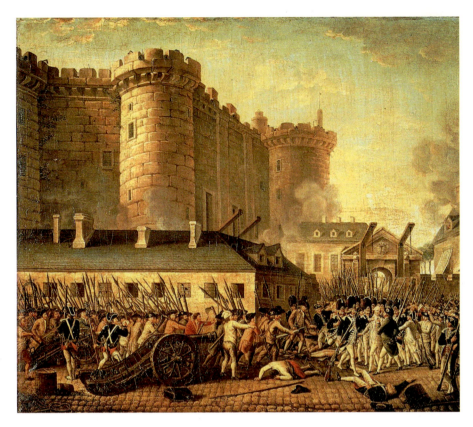

Q3 Die Erstürmung der Bastille am 14. Juli 1789. Die Angreifer führten den Kommandeur aus der Bastille, um ihn wenig später hinzurichten. Zeitgenössisches Gemälde.

Am 17. Juni 1789 formulierten die Abgeordneten des Dritten Standes den Anspruch, die gesamte Nation zu vertreten, und nannten sich „Nationalversammlung"; damit wandten sie sich gegen den Adel und den Klerus. Als der König den Versammlungsraum der Nationalversammlung schließen ließ, trafen sich die Abgeordneten im Ballhaus (ein Ballspielhaus) von Versailles und schworen, nicht eher auseinander zu gehen, bis sie Frankreich eine Verfassung gegeben hatten. Damit war ein klares Signal gegeben, dass man es mit der Auflehnung gegen das System des Absolutismus ernst meinte.

Der Ballhausschwur

In Paris, der bei weitem größten und wichtigsten Stadt Frankreichs, zeigte sich die Krise besonders deutlich. Die Menschen dort waren wegen der hohen Arbeitslosigkeit und der hohen Brotpreise unzufrieden und unruhig. Der König in Versailles erkannte, dass ihm immer weniger Spielraum blieb, die Ruhe aufrecht zu erhalten. Einerseits empfahl er den Vertretern des Ersten und Zweiten Standes, sich der Nationalversammlung anzuschließen. Damit erkannte er diese neue Institution an. Anderseits aber ließ er Truppen zusammenziehen. Als sich diese Nachricht verbreitete, bildeten die Bürger von Paris so genannte Nationalgarden, bewaffneten sich und stürmten die Bastille, ein berüchtigtes Gefängnis. Obwohl in dieser Festung nur noch wenige Gefangene saßen, wurde dieses Ereignis zum Symbol der Revolution. Der 14. Juli ist bis heute französischer Nationalfeiertag.

Der Sturm auf die Bastille

Ende Juli griff die Revolution auf das Land über. Bauern bewaffneten sich und vertrieben die adligen Grundherren, zündeten Schlösser und Klöster an und vernichteten die Urkunden, in denen Frondienste und Abgaben festgelegt waren. Auf dem Lande herrschte „la grande peur" – die „große Angst". Viele Adlige flüchteten jetzt ins Ausland, um ihr Leben zu retten.

Die „große Angst"

49

„Freiheit, Gleichheit, Brüderlichkeit"

Die Forderung nach „liberté, égalité, fraternité" wurde zur berühmtesten Losung der französischen Revolutionäre, und die Nationalversammlung in Versailles verabschiedete wichtige Beschlüsse, um sie in die Tat umzusetzen: In der Nachtsitzung vom 4. auf den 5. August schaffte sie die Leibeigenschaft und alle Privilegien ab, und am 26. August veröffentlichte sie die Erklärung der Menschen- und Bürgerrechte.

Die Beschlüsse vom August 1789 bedeuteten einen Bruch mit dem Feudalismus und das Ende des Ancien Régime. Doch an Freiheit und Gleichheit auch für die Frauen dachten die Revolutionäre nicht. Deshalb verfasste die Frauenrechtlerin Olympe de Gouges eine „Erklärung der Rechte der Frau und Bürgerin", ohne allerdings Gehör bei der Nationalversammlung zu finden.

Eine neue Verfassung

Noch hatte die Nationalversammlung keine Verfassung erarbeitet. Erst nach langen Beratungen trat sie am 3. September 1791 in Kraft. Damit war Frankreich eine konstitutionelle Monarchie geworden. Darunter versteht man eine Regierungsform, in der die Staatsgewalt des Monarchen durch eine Verfassung (Konstitution) eingeschränkt wird (vgl. S. 14). Viele waren mit dieser Lösung zufrieden und dachten, mit dieser schriftlichen Festlegung der neuen Staatsordnung sei die Revolution beendet und für Stabilität gesorgt. Andere hingegen hielten die neue Verfassung für unzulänglich – unter anderem wegen des Zensuswahlrechts, das nur Männer mit einem bestimmten Mindestvermögen zur Wahl zuließ. Sie wollten die Revolution weitertreiben. Dazu gehörten vor allem die „Sansculotten", Vertreter der ärmeren Stadtbevölkerung von Paris, kleine Ladenbesitzer, Handwerker und Manufakturarbeiter, aber auch die „Jakobiner". Das waren Mitglieder eines neu gegründeten politischen Clubs von Revolutionären, die sich in einem ehemaligen Jakobinerkloster trafen. Sie verstanden sich als politisches Sprachrohr der Sansculotten.

Sansculotten Q4
Die Sansculotten erhielten ihren Namen, weil die Männer nicht die „culottes", die vornehmen Kniehosen der Adligen und Reichen, trugen. Zeichnung, um 1791.

Q5 Die Hinrichtung des Königs Ludwig XVI. am 21. Januar 1793. Zeitgenössische Darstellung.

Der König seinerseits hatte zunächst zwar immer wieder dem Druck der Revolution nachgegeben, arbeitete jedoch für eine Wiederherstellung der alten Ordnung. Er versuchte, die Arbeit der revolutionären Exekutive (Regierung) und Legislative (Nationalversammlung = Parlament) zu behindern: Zum Beispiel benutzte er mehrfach sein Veto-Recht gegen Beschlüsse der Nationalversammlung, sodass man ihn schon „Monsieur Veto" nannte. Im Juni 1791 versuchte er sogar, verkleidet ins Ausland zu fliehen, wurde jedoch bei Varennes in Lothringen, also noch vor der Grenze erkannt und unter Hohn und Spott der Bevölkerung nach Paris zurückgebracht. Man verdächtigte ihn, mit den adligen Emigranten und den Monarchen des Auslands einen Krieg gegen die Revolutionäre in seinem Land führen zu wollen. Tatsächlich unterhielten die königliche Familie und der emigrierte Adel Kontakte zum Herzog von Braunschweig, dem Anführer der ausländischen Truppen. Schließlich erklärte Frankreich 1792 Österreich selbst den Krieg, aus Furcht vor einem möglichen Angriff ausländischer Truppen und adliger Emigranten, aber auch um die Revolution ins Ausland zu tragen.

Die Verschwörung des Königs

Die Sansculotten in Paris wurden unruhig: Der Kriegsverlauf war für Frankreich ungünstig, die Wirtschaftskrise wurde immer schlimmer, Brot war knapp und teuer, und sie als arme Handwerker und kleine Ladenbesitzer hatten nach wie vor kein Mitspracherecht in der Politik. Ein Aufruf des Herzogs von Braunschweig (s. Q10) löste schließlich eine Art „zweite Revolution" aus: Im August 1792 stürmten, besetzten und plünderten die Sansculotten die Tuilerien, das Pariser Schloss, in dem sich die königliche Familie aufhielt. Dort fanden sie Briefe des Königs, die bewiesen, dass er auf eine Niederlage Frankreichs im Krieg hoffte. Ein neu gewähltes Parlament, das sich jetzt Nationalkonvent nannte, setzte den König ab und erklärte Frankreich am 21. September 1792 zu einer Republik. Der Nationalkonvent hielt nun einen Prozess gegen Ludwig XVI. ab; ihm wurde Hochverrat vorgeworfen. Schließlich stimmte eine knappe Mehrheit für die Todesstrafe. Am 21. Januar 1793 wurde der König hingerichtet, am 16. Oktober 1793 auch seine Frau, die Königin Marie Antoinette. Die konstitutionelle Monarchie war gescheitert, und die Revolution war nicht beendet, sondern in eine neue, zweite Phase getreten.

Das Ende der Monarchie

Q6 Die Erklärung der Menschen- und Bürgerrechte
Kupferstich nach einem Gemälde von Le Barbier, ca. 1790.

Q7 Aus der Erklärung der Menschen- und Bürgerrechte vom 26. August 1789:

1. Die Menschen werden frei und gleich an Rechten geboren und bleiben es. Die gesellschaftlichen Unterschiede können nur auf dem allgemeinen Nutzen begründet werden.
2. Der Zweck jeder staatlichen Vereinigung ist die Erhaltung der natürlichen und unverjährbaren Menschenrechte. Diese Rechte sind Freiheit, Eigentum, Sicherheit und Widerstand gegen Unterdrückung.
3. Der Ursprung jeder Herrschaft liegt wesensmäßig beim Volke; keine Körperschaft, kein Einzelner kann Herrschaft ausüben, die nicht ausdrücklich von ihm ausgeht.
4. Die Freiheit besteht darin, alles tun zu können, was einem anderen nicht schadet (…) [Die Grenzen der Freiheit bestimmt allein das Gesetz].
5. Das Gesetz darf nur die Handlungen verbieten, die der Gesellschaft schaden. Nur das, was das Gesetz verbietet, kann untersagt werden, und niemand kann zu einer Handlung gezwungen werden, die das Gesetz nicht gebietet.
6. Das Gesetz ist der Ausdruck des allgemeinen Willens. (…) Da alle Bürger vor dem Gesetz gleich sind, so sind sie auch alle in der gleichen Weise zu allen Ehrenämtern, öffentlichen Stellungen und Beschäftigungen gemäß ihren Fähigkeiten zugelassen, ohne einen anderen Unterschied als den ihrer Kräfte und Geistesgaben. (…)
10. Niemand darf wegen seiner Ansichten, selbst nicht der religiösen, bedrängt werden, vorausgesetzt, dass ihre Äußerung nicht die durch das Gesetz festgelegte öffentliche Ordnung stört.
11. Die freie Mitteilung der Gedanken und Ansichten ist eines der kostbarsten Menschenrechte; daher kann jeder Bürger frei sprechen, schreiben, drucken, mit dem Vorbehalt, dass er verantwortlich ist für den Missbrauch dieser Freiheit in den von dem Gesetz festgelegten Fällen. (…)
16. Eine Gesellschaft, in der die Garantie der Rechte nicht gesichert und die Teilung der Gewalten nicht festgelegt ist, hat keine Verfassung.
17. Da das Eigentum ein unverletzliches und geheiligtes Recht ist, kann es niemandem genommen werden, wenn nicht die öffentliche, gesetzlich festgestellte Notwendigkeit es erfordert und unter der Bedingung einer gerechten und vorherigen Entschädigung.

Zit. nach: I. u P. Hartig, Die Französische Revolution. Stuttgart 1985, S. 52 ff.

Menschenrechte

Menschenrechte werden seit der Zeit der Aufklärung in Europa als naturgegebene Rechte angesehen; sie werden also nicht vom Staat gewährt, sondern können unabhängig von der Staatsform oder der Verfassung beansprucht werden. Genau aufgelistet wurden Menschenrechte z. B. in der Französischen Revolution, in der Erklärung der Vereinten Nationen von 1948 und in vielen Verfassungen moderner demokratischer Staaten, z. B. dem Grundgesetz der Bundesrepublik Deutschland. „Amnesty International" und andere nichtstaatliche Organisationen kämpfen gegen die immer noch häufige Verletzung der Menschenrechte.

Q8 Erklärung der Rechte der Frau und Bürgerin

Olympe de Gouges (Bild um 1790) wurde 1748 geboren und wuchs in ärmlichen Verhältnissen auf. Mit 17 Jahren wurde sie gegen ihren Willen verheiratet, bekam einen Sohn und wurde kurz darauf Witwe. Sie heiratete nicht wieder, weil für sie die Ehe „das Grab der Liebe" war. De Gouges zog nach Paris und wurde Schriftstellerin. In einem Theaterstück prangerte sie die Sklaverei in den Kolonien an. Der Bürgermeister verbot das jedoch, da er fürchtete, es könne Aufstände in den Kolonien auslösen. Im Mai 1789 besuchte de Gouges regelmäßig die Sitzungen der Nationalversammlung. Immer wieder versuchte sie mit Streitschriften und Briefen auf die Politik Einfluss zu nehmen – im Interesse der sozial Benachteiligten, vor allem aber der Frauen. Olympe de Gouges wurde 1793 hingerichtet.

Aus ihrer „Erklärung der Rechte der Frau und Bürgerin", die sie der Nationalversammlung 1791 übersandte:

Art. 1 Die Frau ist frei geboren und bleibt dem Manne gegenüber gleichberechtigt. Die sozialen Unterschiede können nur auf dem allgemeinen Nutzen gegründet sein.

Art. 2 Der Zweck jeder politischen Verbindung ist die Bewahrung der natürlichen und unverjährbaren Rechte der Frau und des Mannes; diese Rechte sind Freiheit, Eigentum, Sicherheit und vor allem das Recht auf Widerstand gegen Unterdrückung.

Art. 3 Der Ursprung aller Souveränität liegt letztlich in der Nation, die nichts ist als die Wiedervereinigung von Frau und Mann (…).

Art. 6. Das Gesetz soll Ausdruck des Willens aller sein; alle Bürgerinnen und Bürger sollen persönlich oder über Vertreter zu seiner Entstehung beitragen, für alle sollen die gleichen Bedingungen gelten.

Art. 10 Niemand darf wegen seiner Meinung, selbst in Fragen grundsätzlicher Natur Nachteile erleiden. Die Frau hat das Recht, das Schafott zu besteigen, gleichermaßen muss ihr auch das Recht zugestanden werden, eine Rednertribüne zu besteigen, sofern sie nicht in Wort und Tat die vom Gesetz garantierte öffentliche Ordnung stört.

Nachwort: Frau erwache! Die Stimme der Vernunft erschallt über unsern Erdball; erkenne deine Rechte! Das gewaltige Reich der Natur ist nicht mehr umlagert von Vorurteilen, Fanatismus, Irrglauben und Lüge.

O. de Gouges: Schriften. Frankfurt a. M. 1980, S. 41.

Q9 Der Marsch der Frauen nach Versailles

Frauen aus den Pariser Markthallen und Arbeitervorstädten zogen am 5. Oktober 1789 nach Versailles. Sie wollten gegen Teuerung und Brotknappheit protestieren und holten den König und seine Familie nach Paris.

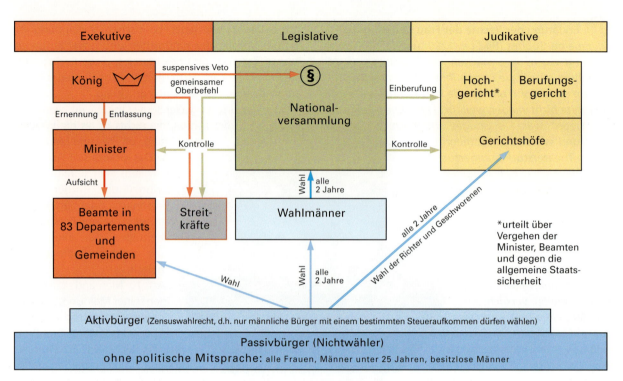

D1 Die französische Verfassung von 1791

D2 Was ist eine Revolution?

Revolutionsdefinitionen aus verschiedenen Nachschlagewerken:

(…) eine tief greifende, gewaltsame Änderung der politischen und sozialen Ordnung, die in der Regel von benachteiligten Bevölkerungsteilen ausgeht, wenngleich ihre Wortführer oft Angehörige der Ober-
5 schicht sind. Revolutionen wurden oft zu gestaltenden Kräften in der Geschichte; dies gilt z. B. für die Französische R. (1789) oder die Oktoberrevolution (1917) in Russland.
Im weiteren Sinne bezeichnet man auch Entwicklun-
10 gen, z. B. in Wissenschaft und Technik, die eine weit reichende Veränderung der Gesellschaft zur Folge haben, als R. (z. B. industrielle Revolution).

Duden. Schülerlexikon. Mannheim, Leipzig, Wien, Zürich 2003, 7. Aufl., S. 569.

(…) von lat. revolvere „zurückdrehen", „zurückrollen", (…) Im polit.-sozialen Sinne Bez. für eine grundlegende Umgestaltung der gesellschaftl. Struktur, der polit. Organisation sowie der kulturellen Wertvorstellungen
5 in einem bestimmten geograf. Bereich und damit Bez. für eine bes. Form des histor. Wandels. (…) Die Versuche, eine begonnene oder bereits erfolgreich beendete R. rückgängig zu machen, werden Konter-R. genannt. Im allg. Sprachgebrauch wird als R. sowohl der plötzliche Machtwechsel als auch die diesem Wechsel 10 folgende langfristige Umwälzungs- und Umschichtungsphase bezeichnet.

Der Brockhaus in fünfzehn Bänden, Bd 11. Leipzig/Mannheim 1998, S. 421.

(…) Im engeren Sinne steht der Begriff Revolution für den Bruch mit einer überkommenen politisch-sozialen Ordnung, insbesondere für die gewaltsame Umwälzung der staatlichen Machtstruktur. Eine politisch-soziale Revolution zeichnet sich in der Regel durch vier 5 Merkmale aus: 1. findet sie unter Beteiligung breiter Bevölkerungsschichten und unter Ausbruch offener Gewalt in einem konzentrierten Zeitrahmen statt; 2. bewirkt eine Revolution eine tief greifende Umwälzung des sozialen Systems mit Schwerpunkt auf der 10 politischen Ordnung; 3. erschöpft sich eine Revolution nicht allein im Austausch der Führungsgruppe an der Staatsspitze wie etwa beim Staatsstreich, sondern eröffnet anderen Schichten als den bisherigen Eliten den Zugang zur Macht; 4. folgt dem revolutionären politi- 15 schen Umbruch eine Neuorientierung hinsichtlich der politischen, sozialen, wirtschaftlichen und kulturellen Entwicklung.

Microsoft Encarta Enzyklopädie 2003.

Q10 Rückkehr zu Vernunft und Ordnung?

Aufruf des Herzogs von Braunschweig an das französische Volk vom 25. Juli 1792, abgedruckt im Pariser „Moniteur" am 3. August 1792. Der Verfasser war nicht allein der Herzog von Braunschweig; der französische König selbst hatte solch einen Aufruf gewünscht, und adlige Emigranten aus Frankreich hatten an den Formulierungen mitgearbeitet:

Überzeugt davon, dass der gesunde Teil des französischen Volkes die Ausschweifungen der herrschenden Partei verabscheut und der größere Teil der Bewohner mit Ungeduld den Augenblick erwartet, um sich offen gegen die verhassten Maßregeln seiner Unterdrücker zu erklären, fordern Seine Majestät der Kaiser und Seine Majestät der König von Preußen Sie auf und laden Sie ein, ohne Verzug zur Vernunft, zur Gerechtigkeit, zur Ordnung und zum Frieden zurückzukehren. In dieser Hinsicht erklärt der Unterzeichnete, Oberbefehlshaber der verbündeten Heere, Folgendes: (…)

8. Die Stadt Paris und alle ihre Bewohner ohne Unterschied sind gehalten, sich auf der Stelle und ohne Verzug ihrem König zu unterwerfen, diesen Fürsten in die volle Freiheit zu setzen und ihm wie allen königlichen Personen die Unverletzlichkeit und die Achtung zu versichern, die nach Natur- und Völkerrecht die Pflicht der Untertanen gegen die Herrscher gebietet. Ihre Majestäten der Kaiser und der König machen alle Mitglieder der Nationalversammlung, des Departements, des Bezirks, der Gemeinde und der Nationalgarde von Paris, die Friedensrichter und wen es sonst betreffen mag, persönlich und mit ihrem Leben und bei Strafe, vor einem Kriegsgericht ohne Hoffnung auf Begnadigung verurteilt zu werden, verantwortlich für alle Vorfälle. Dabei erklären die genannten Majestäten auf ihr kaiserliches und königliches Ehrenwort, dass, wenn das Schloss der Tuilerien gestürmt oder sonst verletzt, wenn die mindeste Gewalttat oder Beleidigung ihren Majestäten dem König, der Königin und der ganzen königlichen Familie widerfährt, wenn nicht unmittelbar für ihre Sicherheit, ihr Leben und ihre Freiheit gesorgt wird, sie eine exemplarische und für alle Zeiten denkwürdige Rache nehmen und die Stadt Paris einer militärischen Exekution und einer gänzlichen Vernichtung, die Empörer selbst, die diese Attentate verschuldet haben, dem verdienten Tode überliefern werden. (…)

Zit. nach: I. u. P. Hartig, Die Französische Revolution. Stuttgart 1984, S. 50.

Fragen und Anregungen

1 Führe eine Internetrecherche zum Bild Q2 durch. Es ist zu empfehlen, in die Suchmaschine zugleich die Stichworte „Ballhausschwur", „David", „Bild" und „Interpretation" einzugeben. Berichte, was du über die Entstehungsgeschichte des Bildes und seinen historischen Hintergrund erfahren hast.

2 Beschreibe Bild Q3. Erkläre, warum dieses Ereignis zum französischen Nationalfeiertag werden konnte.

3 Untersuche Q7 unter der Fragestellung, inwieweit die Erklärung einen revolutionären Bruch mit der Vergangenheit bedeutet. Bewerte, welche Bedeutung sie heute noch hat.

4 Q6 enthält zahlreiche Symbole. Versucht, z. B. in Partner- oder Gruppenarbeit, möglichst viele davon zu entdecken und zu deuten.

5 Untersuche anhand von D1 die Machtverteilung in Frankreich 1791 und überprüfe, wer mit dieser Verfassung zufrieden sein konnte und wer nicht (s. Verfassungsschaubilder auswerten, S. 28).

6 Der französische Revolutionär Robespierre stellte in einer Rede am 2. Januar 1792 die Frage: „Gleicht denn die Verfassung, von der man sagt, sie sei die Tochter der Erklärung der Menschen- und Bürgerrechte, wirklich noch ihrer Mutter?" Nimm Stellung dazu (Q7, D1).

7 Beschreibe Q5. Erläutere, warum die Hinrichtung öffentlich stattfand und warum der Henker den Zuschauern den Kopf des Königs zeigt.

8 Untersuche mithilfe von Q8, Q9 und Q4, auf welche Weise sich Frauen an der Revolution beteiligten.

9 Vergleiche die Forderungen Olympe de Gouges' mit der Erklärung der Menschen- und Bürgerrechte und mit der Verfassung von 1791 (Q7, Q8, D1). Stell dir vor, Olympe de Gouges (Q8) würde für einen Tag unsere heutige Gesellschaft besuchen. Verfasse aus ihrer Sicht einen Tagebucheintrag, in dem sie ihre Eindrücke zum Thema Gleichberechtigung von Mann und Frau festhält.

10 Untersuche Q10 unter folgender Fragestellung: Welche Absichten verfolgten die Verfasser? Mit welchen Mitteln versuchen sie ihre Absichten zu erreichen? Welche Wirkung hatte der Aufruf? Benutze auch die Zeittafel und den Verfassertext.

11 Vergleiche die Definitionen von „Revolution" (D2), indem du Gemeinsamkeiten und Unterschiede herausarbeitest.

55

MENSCHENRECHTE HEUTE

Menschenrechtserklärungen und ihre Realisierung untersuchen

Die Erklärung der Menschen- und Bürgerrechte von 1789 hat bis heute Vorbildcharakter. Die Menschenrechte wurden als Grundrechte in viele Verfassungen moderner Demokratien aufgenommen, und auch die UNO beschloss 1948 eine „Allgemeine Erklärung der Menschenrechte". Regeln oder Normen sind aber nicht schon dadurch in der Realität durchgesetzt, dass sie beschlossen sind. Tatsächlich gibt es in sehr vielen Ländern Menschenrechtsverletzungen: Einschränkungen der Meinungsfreiheit, Strafen für unerwünschtes politisches Engagement, Folter, Hinrichtungen. Die Durchsetzung der Menschenrechte bleibt auch im 21. Jahrhundert, über 200 Jahre nach der Französischen Revolution, eine Aufgabe, die noch bewältigt werden muss.

Setzt euch mit den Menschenrechten auseinander und untersucht dann am Beispiel bestimmter Länder, welche Menschenrechte heute verletzt werden. Dazu benötigt ihr spezielle Informationen, die ihr aus Fachbüchern, Zeitungen, Zeitschriften und dem Internet zusammenstellen müsst.

Q1 Aus der UNO-Menschenrechtserklärung vom 10. Dezember 1948

Da die Anerkennung der allen Mitgliedern der menschlichen Familie innewohnenden Würde und ihrer gleichen und unveräußerlichen Rechte die Grundlage der Freiheit, der Gerechtigkeit und des
5 Friedens in der Welt bildet,
da Verkennung und Missachtung der Menschenrechte zu Akten der Barbarei führten, die das Gewissen der Menschheit tief verletzt haben, (…)
da es wesentlich ist, die Menschenrechte durch die
10 Herrschaft des Rechtes zu schützen, damit der Mensch nicht zum Aufstand gegen Tyrannei und Unterdrückung als letztem Mittel gezwungen wird, (…) verkündet die Generalversammlung die vorliegende Allgemeine Erklärung der Menschenrechte. (…)
15 *Artikel 1* Alle Menschen sind frei und gleich an Würde und Rechten geboren. Sie (…) sollen einander im Geiste der Brüderlichkeit begegnen.
Artikel 2 Jeder Mensch hat Anspruch auf die in dieser Erklärung verkündeten Rechte und Freiheiten ohne
20 irgendeine Unterscheidung, wie etwa nach Rasse, Farbe, Geschlecht, Sprache, Religion, politischer Überzeugung, nationaler oder sozialer Herkunft, nach Eigentum oder sonstigen Umständen.
Weiter darf keine Unterscheidung gemacht werden auf-
25 grund der politischen oder internationalen Stellung des Landes oder Gebietes, dem eine Person angehört (…).
Artikel 3 Jeder Mensch hat das Recht auf Leben, Freiheit und Sicherheit der Person.
Artikel 4 Niemand darf in Sklaverei oder Leibeigen-
30 schaft gehalten werden; Sklaverei und Sklavenhandel sind in allen ihren Formen verboten.
Artikel 5 Niemand darf der Folter oder grausamer, unmenschlicher oder erniedrigender Behandlung oder Strafe unterworfen werden. (…)

Artikel 7 Alle Menschen sind vor dem Gesetz gleich 35 und haben ohne Unterschied Anspruch auf gleichen Schutz durch das Gesetz. (…)
Artikel 17 (1) Jeder Mensch hat allein oder in Gemeinschaft mit anderen Recht auf Eigentum.
(2) Niemand darf willkürlich seines Eigentums beraubt 40 werden.
Artikel 18 Jeder Mensch hat Anspruch auf Gedanken-, Gewissens- und Religionsfreiheit; dieses Recht umfasst die Freiheit, seine Religion oder seine Überzeugung zu wechseln, sowie die Freiheit, seine Religion 45 oder seine Überzeugung allein oder in Gemeinschaft mit anderen, in der Öffentlichkeit oder privat, durch Lehre, Ausübung, Gottesdienst und Vollziehung von Riten zu bekunden. (…)
Artikel 23 (1) Jeder Mensch hat das Recht auf Arbeit, 50 auf freie Berufswahl, auf angemessene und befriedigende Arbeitsbedingungen sowie auf Schutz gegen Arbeitslosigkeit.
(2) Alle Menschen haben ohne jede unterschiedliche Behandlung das Recht auf gleichen Lohn für gleiche 55 Arbeit.
(3) Jeder Mensch, der arbeitet, hat das Recht auf angemessene und befriedigende Entlohnung, die ihm und seiner Familie eine der menschlichen Würde entsprechende Existenz sichert und die, wenn nötig, durch 60 andere soziale Schutzmaßnahmen zu ergänzen ist.
(4) Jeder Mensch hat das Recht, zum Schutze seiner Interessen Berufsvereinigungen zu bilden und solchen beizutreten.
Artikel 24 Jeder Mensch hat Anspruch auf Erholung 65 und Freizeit sowie auf eine vernünftige Begrenzung der Arbeitszeit und auf periodischen, bezahlten Urlaub.
Artikel 25 (1) Jeder Mensch hat Anspruch auf eine Lebenshaltung, die seine und seiner Familie Gesundheit und Wohlbefinden einschließlich Nahrung, 70

WERKSTATT

Kleidung, Wohnung, ärztlicher Betreuung und der notwendigen Leistungen der sozialen Fürsorge gewährleistet, er hat das Recht auf Sicherheit im Falle von Arbeitslosigkeit, Krankheit, Invalidität, Verwit-
75 wung, Alter oder anderweitigem Verlust seiner Unterhaltsmittel durch unverschuldete Umstände.
(2) Mutter und Kind haben Anspruch auf besondere Hilfe und Unterstützung. Alle Kinder, eheliche und uneheliche, genießen den gleichen sozialen Schutz.
80 *Artikel 26* (1) Jeder Mensch hat das Recht auf Bildung. Der Unterricht muss wenigstens in den Elementar- und Grundschulen unentgeltlich sein. Der Elementarunterricht ist obligatorisch. Fachlicher und beruflicher Unterricht soll allgemein zugänglich sein; die höheren
85 Studien sollen allen nach Maßgabe ihrer Fähigkeiten und Leistungen in gleicher Weise offen stehen.

W. Heidelmeyer (Hg.): Die Menschenrechte. Paderborn 1997, S. 209 ff.

Q2 „Die Taube und der Gefangene"
Zeichnung von Pablo Picasso.

RECHERCHETIPP

- **Amnesty International** ist die bekannteste Organisation, die sich weltweit für die Beachtung der Menschenrechte und die Freilassung politischer Gefangener einsetzt. Anschrift: Postfach, 53108 Bonn, www.amnesty.de.
- **Die Bundeszentrale für politische Bildung** hat in ihrer Reihe „Informationen zur politischen Bildung" neue Hefte über einzelne Länder herausgegeben, die häufig auch über die Situation der Menschenrechte in den jeweiligen Ländern aufklären. Anschrift: Berliner Freiheit 7, 53111 Bonn, www.bpb.de.
- Viele Zeitungen und Zeitschriften stellen Artikel ins Internet: www.spiegel.de, www.zeit.de, www.sueddeutsche.de, www.frankfurter-rundschau.de, www.faz.net, www.taz.de.
- Wenn ihr mit Suchmaschinen recherchiert, beachtet dabei, dass es im Internet viele parteiische und auch verlogene Seiten gibt. Meist lohnt sich der Weg in eine Bibliothek.
- Vielleicht kennt ihr Menschen, z.B. Mitschüler, die aus anderen Ländern stammen und etwas über die dortige Menschenrechtssituation wissen.

Fragen und Anregungen

1 Vergleiche die Menschenrechtserklärungen in den USA (S. 31), in Frankreich (S. 52) und die „Allgemeine Erklärung der Menschenrechte der UNO" (Q1). Besorge dir das Grundgesetz der Bundesrepublik Deutschland und prüfe, welche Menschenrechte darin verankert sind.

2 Führt eine aktuelle Recherche über Menschenrechtsverletzungen in arbeitsteiliger Gruppenarbeit durch. Sucht euch als Gruppe jeweils ein Land aus und tragt Informationen über die dortige Menschenrechtssituation zusammen. Ein guter Ausgangspunkt ist die aktuelle Ausgabe der Zeitschrift „ai-Journal", deren Artikel auch unter www.amnesty.de gelesen werden können.

3 Präsentiert eure Ergebnisse in einer Ausstellung, in einer Collage auf einem Poster, auf einer Folie oder in einer PowerPoint-Präsentation.

4 Beschreibe Q2. Erkläre, warum Picasso seine Zeichnung wohl für geeignet hielt, sie Amnesty International zu widmen.

4. Der „Despotismus der Freiheit": Die Schreckensherrschaft

Juni 1793	Die radikalen Jakobiner (Montagnards) lassen die gemäßigten Girondisten, ihre Gegner im Nationalkonvent, verhaften und hinrichten. Damit beginnt die Jakobinerherrschaft.
August 1793	Die Jakobiner führen die allgemeine Wehrpflicht („Levée en masse") ein, um im Krieg gegen zahlreiche europäische Monarchien bestehen zu können.
September 1793	Der Konvent beschließt das „Gesetz über die Verdächtigen". Die Zeit der Schreckensherrschaft („la terreur") beginnt.
Oktober 1793	Der Wohlfahrtsausschuss („comité du salut public") unter Führung Maximilien Robespierres erhält diktatorische Vollmachten.
28. Juli 1794	Robespierre wird gestürzt und hingerichtet; die Zeit des Terrors ist vorbei.

Die Revolution in Gefahr: der Krieg

Die Hinrichtung des Königs schockierte und ängstigte die europäischen Monarchien. Die meisten von ihnen schlossen sich zusammen, um gegen Frankreich Krieg zu führen und die Revolution zu besiegen, bevor sie in ihre eigenen Länder überspringen konnte. Hunderttausende Franzosen meldeten sich freiwillig, um ihre Nation und die Revolution zu verteidigen. Ein revolutionäres Kampflied, die Marseillaise, wurde – und blieb – die französische Nationalhymne. Um den Krieg gegen die verbündeten Monarchien Europas nicht zu verlieren, führten die Jakobiner die allgemeine Wehrpflicht ein. Tatsächlich gelang es den hoch motivierten Franzosen, den Angriff der monarchischen Söldnerarmeen zurückzuschlagen. Auch antirevolutionäre Aufstände in Frankreich selbst wurden unter Einsatz von Gewalt und Terror niedergeworfen; viele Aufständische wurden hingerichtet.

Die Wirtschaftskrise: Armut und Inflation

Wirtschaftlich war die Lage in Frankreich äußerst kritisch: Die Ernte von 1793 war schlecht, die Brotpreise stiegen, das neue Papiergeld, die so genannten Assignaten, verlor durch Inflation an Wert, Wucherer verkauften Lebensmittel zu hohen Preisen auf dem Schwarzmarkt. Die Forderung nach „Freiheit, Gleichheit, Brüderlichkeit" war offensichtlich nicht erfüllt. Vor allem die ärmere Bevölkerung in Paris litt Hunger, und die Sansculotten verlangten harte Strafen gegen Wucherer und Getreidespekulanten sowie die Festsetzung von Höchstpreisen für Brot. Die revolutionäre Regierung erfüllte diese Forderung: Sie setzte Höchstgrenzen für Brot- und Getreidepreise, aber auch für Löhne und Gehälter fest. Auf Verstöße dagegen stand die Todesstrafe.

Das revolutionäre Paris: die politischen Clubs

Das Aktionsfeld der Sansculotten waren die politischen Clubs, von denen es über 400 gab, und die 48 Sektionen, in die man die Stadt Paris aufgeteilt hatte. Viele Sansculotten trafen sich täglich zu politischen Versammlungen und diskutierten ihre Forderungen. Da Frauen hier kein Stimmrecht hatten, bildeten sie spezielle Frauenclubs, die aus patriotischer und revolutionärer Begeisterung z. B. Soldaten unterstützten und sich um Verletzte kümmerten. In einigen dieser Clubs wurden aber auch radikale Forderungen nach mehr Rechten für Frauen erhoben. Ihr Engagement trug ihnen aber dennoch nicht die Gleichberechtigung ein. Selbst die radikalsten männlichen Revolutionäre meinten, dass Politik nichts für Frauen sei. 1793 wurden die Frauenclubs verboten.

Q1 Szene vor dem Revolutionsausschuss einer Pariser Sektion
Kupferstich von 1802 von Berthault nach einem Gemälde von 1793/94 von A. E. Fragonard.

Die Spaltung der Revolutionäre

Im Kampf gegen die Privilegien des Adels waren sich alle Revolutionäre einig. Doch was nach dem Sturz des Ancien Régime und der Hinrichtung des Königs aus Frankreich werden sollte, war selbst unter den Jakobinern umstritten. Es kam zu Spaltungen und Gruppenbildungen. Schon in der Nationalversammlung und dann im Konvent saßen die Abgeordneten mit gleichen Überzeugungen zusammen: die entschlossensten Verfechter von Freiheit und Gleichheit links, die radikalsten unter ihnen oben, die Gemäßigten in der Mitte und die Konservativen rechts.

Vor allem in wirtschaftlichen Fragen waren auch die Revolutionäre im Parlament und die Mitglieder des Jakobinerclubs nicht einig: Die gemäßigten Jakobiner, die „Girondisten" – so genannt wegen der Herkunft vieler ihrer Führer aus der Landschaft Gironde bei Bordeaux – lehnten die Forderungen der Sansculotten ab. Für sie waren die Freiheit der Wirtschaft und das Privateigentum auch der Reichen unantastbar. Die radikalen Jakobiner, wegen ihrer Plätze auf den oberen Rängen im Konvent auch „Montagnards", d.h. Bergpartei, genannt, verbündeten sich mit den Sansculotten, ließen die Girondisten verhaften und hinrichten. Damit waren die radikalsten Revolutionäre an der Macht. Sie errichteten eine Schreckensherrschaft und gingen mit Terror gegen ihre Gegner vor.

Q2 Kokarde
Abzeichen, das die Revolutionäre seit 1789 an Hut oder Mütze trugen.

Verfassung-gebende Nationalversammlung 1789:	Demokraten	Konstitutionelle	Monarchisten	Aristokraten
Gesetzgebende Nationalversammlung 1791:	Demokraten (136) (=Jakobiner)	Unabhängige (345)		Konstitutionelle (264)
Nationalkonvent 1792:	Montagnards (140)	„Ebene" oder „Sumpf" (= Unentschiedene) (ca. 450)		Girondisten (160)

D1 Die Zusammensetzung der Nationalversammlung und des Nationalkonvents 1789–1792
Diese Grafik ordnet die politischen Gruppierungen rechts, links und in der Mitte ein. Allerdings sind diese Begriffe immer relativ, d.h. sie gewinnen ihre Bedeutung durch den Vergleich mit anderen Gruppen.

Die Jakobinerdiktatur und die Schreckensherrschaft

Ganz im Sinne der Sansculotten wurde die Verfassung von 1791 durch eine neue, republikanische Staatsordnung ersetzt: Es gab jetzt keinen Monarchen mehr, und alle erwachsenen Franzosen – allerdings nur die Männer – waren wahlberechtigt. Diese neue Verfassung sollte aber erst in Kraft treten, wenn die Feinde der Revolution besiegt waren. Bis dahin gab der Konvent den Jakobinern diktatorische Vollmachten. Der so genannte Wohlfahrtsausschuss wurde zur eigentlichen Regierung. Der mächtigste Mann in diesem Ausschuss war Maximilien Robespierre, ein als unbestechlich geltender Jakobiner, dem für den Erfolg der Revolution jedes Mittel recht war. Die Pressefreiheit wurde abgeschafft, und ein „Gesetz über die Verdächtigen" ermöglichte es, alle „Feinde der Freiheit" zu verhaften, vor das Revolutionstribunal zu stellen, ins Gefängnis zu werfen und mit der Guillotine hinzurichten. Allein von Oktober 1793 bis Juli 1794 wurden 13 970 Menschen zum Tode verurteilt und hingerichtet. Man schätzt, dass bis zu 40 000 Menschen der Französischen Revolution zum Opfer gefallen sind.

Revolution des Alltags

Auch das Alltagsleben wurde umfassend revolutioniert. Den Bürgern sollte das Gefühl vermittelt werden, dass mit der Umwandlung des Staates eine neue Epoche der Menschheitsgeschichte begonnen hatte: Man führte daher einen neuen Kalender ein, in dem das erste Jahr nach Abschaffung der Monarchie (1792) als Jahr I gezählt wurde. Eine Woche bestand jetzt aus 10 Tagen, ein Monat aus drei Wochen. Auch die Monatsnamen wurden geändert: So gab es z. B. einen Thermidor (Hitzemonat), einen Messidor (Erntemonat) und einen Brumaire (Nebelmonat). Sonntage wurden ebenso wie kirchliche Feiertage ersetzt, denn auch die christliche Religion sollte als Symbol einer überwundenen alten Welt abgeschafft werden. Statt der bisherigen Gottesdienste hielt man Kultfeiern zu Ehren des „Höchsten Wesens" und der Natur ab. Ehen wurden nicht mehr vor dem Priester, sondern vor dem Bürgermeister als Vertreter des Staates geschlossen. Ehescheidungen – von der Kirche nicht akzeptiert – waren seit 1792 vom Staat erlaubt worden. Um die Gleichheit aller Franzosen zu betonen, redete man sich als „Bürger" und „Bürgerin" an.

„Despotismus der Freiheit"?

In einer berühmten Rede rechtfertigte Robespierre die Diktatur als „Despotismus der Freiheit". „Despotismus", d. h. Gewaltherrschaft, und „Freiheit" in einem Atemzug – wie soll das vereinbar sein? Tatsächlich ist das eine der wichtigsten Fragen, die man an die Französische Revolution stellen kann. Um „Freiheit, Gleichheit, Brüderlichkeit" durchzusetzen, schreckten die Jakobiner vor Diktatur und Terror gegen ihre Gegner nicht zurück.

Letztlich sahen sich die Jakobiner durch ihre Erfolge bestätigt: Der Angriff von außen war zurückgeschlagen, die Aufstände im Innern waren zusammengebrochen, die Hungersnot war unter Kontrolle. Nun meinten auch viele Jakobiner selbst, es gebe keinen Grund mehr für eine Terrorherrschaft. Robespierre jedoch sah den von ihm angestrebten Staat der Freiheit und Gleichheit und der „Tugend" immer noch zahlreichen Gefahren ausgesetzt. Deshalb ging er mit Gewalt auch gegen Jakobiner und Sansculotten vor, die seine Politik kritisierten. Robespierres berühmtestes Opfer war Danton, ein beim Volk sehr beliebter Revolutionär, der nach einem Aufsehen erregenden Prozess hingerichtet wurde. „Die Revolution frisst ihre Kinder", schrieb später der deutsche Dichter Georg Büchner in Anlehnung an einen Ausspruch des Girondisten Vergniaud.

Georges Danton Q3

Das Ende der Schreckensherrschaft

Bald konnte sich niemand mehr sicher fühlen. Auch immer mehr Jakobiner sahen sich in Gefahr. Daher beschlossen sie, Robespierre und seine Anhänger zu verhaften und hinzurichten. Am 28. Juli 1794, dem 10. Thermidor des Jahres II nach dem Revolutionskalender, starben Robespierre selbst und seine Gefolgsleute unter der Guillotine. Die Zeit der Schreckensherrschaft war beendet.

Q4 „Für das Glück des Volkes"?

Am 25. Juni 1793, einen Tag, nachdem die republikanische Verfassung verabschiedet worden war, veröffentlichte eine Gruppe von Sansculotten ein Manifest (Grundsatzerklärung). Der Verfasser, ein ehemaliger Priester, wurde anschließend verhaftet und beging in der Haft Selbstmord:

Abgeordnete des französischen Volkes, (…) immer wieder habt ihr uns versprochen, die Blutsauger des Volkes zu bestrafen. (…) Habt ihr darin (in der Verfassung) die Börsenspekulanten geächtet? Nein. Habt ihr
5 die Todesstrafe gegen die Hamsterer ausgesprochen? Nein. (…) Nun, dann erklären wir euch, dass ihr für das Glück des Volkes nicht alles getan habt.
Die Freiheit ist nur ein leerer Wahn, wenn eine Klasse von Menschen die andere ungestraft verhungern las-
10 sen kann. Die Gleichheit ist nur ein leerer Wahn, wenn der Reiche kraft seines Monopols über Leben und Tod seiner Mitbürger entscheidet. Die Republik ist nur ein leerer Wahn, wenn die Gegenrevolution Tag für Tag am Werke ist und die Preise für die Lebensmittel in die
15 Höhe treibt. (…) Hingegen werdet ihr, wenn ihr die räuberischen Handelsmethoden (…) unterdrückt und wenn ihr den Sansculotten die Lebensmittel erschwinglich macht, diese an die Revolution binden. (…)
Nur die Reichen haben seit vier Jahren aus der Revo-
20 lution Nutzen gezogen. (…) Bürger-Vertreter, es ist Zeit, dass der Kampf auf Leben und Tod, den die Egoisten gegen die arbeitsame Klasse der Gesellschaft führen, aufhört.

Zit. nach: J. und P. Hartig, Die Französische Revolution. Stuttgart 1984, S. 91.

Q5 Was ist ein Sansculotte?

Aus einer Flugschrift vom April 1793:

Ein Sansculotte, (…) das ist einer, der immer zu Fuß geht, der keine Millionen besitzt, (…) keine Schlösser, keine Lakaien zu seiner Bedienung, und der mit seiner Frau und seinen Kindern, wenn er welche hat, ganz schlicht im vierten oder fünften Stock wohnt.
5 Er ist nützlich, denn er versteht ein Feld zu pflügen, zu schmieden, zu sägen, zu feilen, ein Dach zu decken, Schuhe zu machen und bis zum letzten Tropfen sein Blut für das Wohl der Republik zu vergießen. (…) Am Abend tritt er vor seine Sektion, (…) um mit all
10 seiner Kraft die aufrichtigen Anträge zu unterstützen und jene zunichte zu machen, die von der erbärmlichen Clique der regierenden Politikaster stammen. Übrigens: Ein Sansculotte hat immer seinen Säbel blank, um allen Feinden der Revolution die Ohren ab-
15 zuschneiden.

Zit. nach: W. Lautemann / M. Schlenke (Hg.), Geschichte in Quellen, Bd. 4. München 1981, S. 411 f.

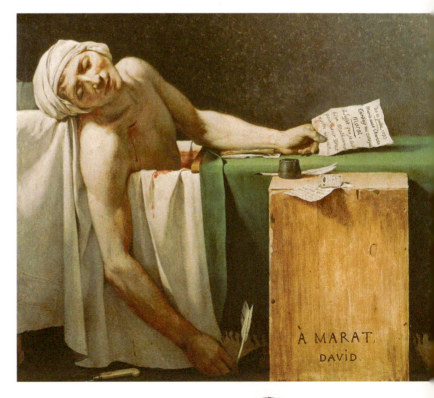

Q6 Der Tod des Marat

Marat war Arzt, radikaler republikanischer Schriftsteller und Mitglied des Nationalkonvents. Beim Volk war er sehr populär. Marat wurde auf spektakuläre Art in seinem Badezimmer ermordet. Den Brief, den Marat in der Hand hält, hat er von seiner Mörderin Madame Corday erhalten, einer Sympathisantin der gemäßigten Girondisten. In diesem bittet sie ihn zum Schein um ein Gespräch. Der Text lautet: „Marianne Charlotte Corday an Bürger Marat: Die Tatsache, dass ich ziemlich unglücklich bin, reicht aus, um ein Recht auf Ihr Wohlwollen zu haben." Auf dem Tischchen neben der Wanne liegt eine Assignate, unter dieser ein von Marat verfasster Brief. Auf diesem Brief steht: „Geben Sie diese Assignate der Mutter von fünf Kindern, deren Mann für die Verteidigung des Vaterlandes gefallen ist." Gemälde (Ausschnitt) von Jacques-Louis David, 1793.

61

Q7 Die Politik des Terrors

Aus dem Gesetz über die Verdächtigen, Konventsbeschluss vom 17. September 1793:

Art. 1. Unmittelbar nach der Verkündung dieses Gesetzes werden alle Verdächtigen, die sich auf dem Gebiet der Republik befinden und noch auf freiem Fuße sind, verhaftet und eingesperrt.

Art. 2. Als verdächtig gelten:
1. diejenigen, die sich durch ihr Verhalten, ihre Beziehungen, ihre Reden oder ihre Schriften als Anhänger der Tyrannei und des Föderalismus (hier: Rebellion gegen den Konvent in mehreren Provinzen nach dem Sturz der Girondisten von Mai bis Dezember 1793) und als Feinde der Freiheit zu erkennen gegeben haben; (…)
5. jene der einstmals Adligen, die Gatten und Gattinnen, Väter und Mütter, Söhne und Töchter, Brüder und Schwestern, die nicht beständig ihre Verbundenheit mit der Revolution bekundet haben, sowie Emigranten.

Zit. nach: I. und P. Hartig: Die Französische Revolution. a. a. O., S. 97 f.

Q8 „The Zenith of French Glory: The Pinnacle of Liberty"

(Der Zenit des französischen Ruhmes: Der Gipfel der Freiheit). Karikatur von James Gillray auf die Hinrichtung Ludwigs XVI. vom 17. Februar 1793.

Q9 Eine Verhaftung

Der Journalist Camille Desmoulins war Initiator des Sturms auf die Bastille, radikaler Jakobiner und Vertrauter Dantons. Diesen Brief veröffentlichte er am 25. Januar 1794 als Pamphlet. Kurz darauf wurde er verhaftet und am 5. April 1794 zusammen mit Danton hingerichtet.

(…) Du kennst ja meinen Schwiegervater, den Citoyen Duplessis, von guter bürgerlicher Abstammung, Bauernsohn, sein Vater war Hufschmied seines Dorfes. Nun ja! Vorgestern kamen zwei Kommissare der Sektion (…) in seine Wohnung; in der Bibliothek finden sie juristische Bücher. Und obwohl ein Dekret besagt, dass (die Autoren) Domat und Charles Dumoulin unbedenklich sind, obwohl sie Fragen des Feudalrechts behandeln, belegen sie die halbe Bibliothek mit Beschlag und lassen die väterlichen Bücher von zwei Lastenträgern abtransportieren. Sie finden eine Standuhr, deren Zeiger wie die meisten Uhrzeiger in einem Kleeblatt endeten; es kommt ihnen so vor, als ob dieses Kleeblatt irgendwie einer Lilie ähnelte. Und obwohl ein Dekret anordnet, Kunstwerke zu respektieren, konfiszieren sie die Standuhr (…), die gut ihre 1 200 Livres wert ist (…). Schließlich fanden die Kommissare (…) den Pensionsnachweis meines Schwiegervaters (…). Er begann wie alle nur denkbaren Pensionsnachweise mit der Formel: „Louis, usw." „Großer Gott!" rufen die Kommissare, „der Name des Tyrannen! …" Ihre Empörung nimmt ihnen den Atem, und sobald sie wieder Luft geschöpft haben, stecken sie den Pensionsnachweis, das heißt 1 000 Livres Rente, in die Tasche, womit der Bürger Duplessis auf dem Trockenen sitzt. Ein weiteres Verbrechen. Er war unter Clugny Beamter im Finanzministerium gewesen und hatte, wie es üblich war, das Siegel des Generalkontrolleurs von damals aufbewahrt. Auf einer alten Aktentasche, die vergessen mit anderen alten Sachen auf einem Schrank unter einer dicken Staubschicht lag und die er vielleicht seit zehn Jahren nicht mehr angefasst, an die er nicht einmal gedacht hatte, entdeckte man schließlich den Abdruck einiger Lilien unter zwei Finger dickem Dreck. Das erbrachte den endgültigen Beweis, dass der Bürger Duplessis verdächtig ist. Jetzt sitzt er bis zum Ende des Krieges im Gefängnis, und man hat alle Türen seines Landsitzes versiegelt (…).

Der Witz an der Geschichte ist, dass dieser Verdächtige sich zum ultrarevolutionärsten Sechziger entwickelt hatte, den ich je gesehen habe. (…) Wenn man ihn reden hörte, würden nur Verschwörer oder zumindest Aristokraten eingelocht, und die Guillotine hatte noch zu oft Pause. (…)

Zit. nach: Ch. E. Paschold / A. Gier, Die Französische Revolution. Stuttgart 1989, S. 332 ff.

Q10 Frauen und Politik

Begründung des Verbots von Frauenclubs:

1. Dürfen Frauen politische Rechte ausüben und sich in Regierungsangelegenheiten einmischen? Regieren heißt, die öffentlichen Angelegenheiten durch Gesetze zu lenken, deren Abfassung ausgedehnte Kenntnisse, eine Hingabe und grenzenlose Ergebenheit, eine strenge Unempfindlichkeit und Verneinung seiner selbst verlangt. Regieren heißt darüber hinaus, die Handlungsweise der gewählten Vertreter zu lenken und zu berichtigen. Sind die Frauen für diese Bedürfnisse und Fähigkeiten, die sie erfordern, geeignet? Man kann ganz allgemein mit Nein antworten. Sehr wenige Beispiele dementieren dieses Urteil. Die politischen Rechte des Bürgers bestehen darin, zu diskutieren und Entscheidungen in die Wege zu leiten, Vergleiche anzustellen und der Unterdrückung zu widerstehen. Besitzen die Frauen die moralische und physische Kraft, die die Ausübung des einen wie des anderen dieser Rechte erfordert? Weltweit wird diese Auffassung verworfen.

2. (…) Der Mann ist stark, robust, mit einer großen Energie, mit Kühnheit und Mut geboren. Er meistert die Gefahren, die Rauheit der Jahreszeiten durch seine Konstitution. Er widersteht allen Elementen. Er ist für die Künste wie für die schwere Arbeit geeignet. Und da er fast ausschließlich für die Landwirtschaft, den Handel, die Schifffahrt, die Reisen, den Krieg bestimmt ist, zu all jenem, was nach Kraft, Intelligenz und Fähigkeit verlangt, so scheint auch er allein zu tief gehenden und ernsthaften Meditationen geeignet, die eine große Anstrengung des Geistes und lange Studien voraussetzen, denen sie nicht nachgehen können.

Welches ist der der Frau eigentümliche Charakter? Die Sitten und die Natur selbst haben ihr Aufgaben zugesprochen: die Erziehung der Menschen zu beginnen, den Geist und das Herz der Kinder auf die öffentlichen Tugenden vorzubereiten, sie von früh an zum Guten hin zu lenken, ihr Gemüt zu entfalten und sie im Freiheitskult zu unterweisen – darin bestehen ihre Aufgaben nach dem Haushalt. (…) Dürfen sie aber, die doch dazu bestimmt sind, die Sitten des Menschen zu mäßigen, aktiv an Diskussionen teilhaben, deren Hitzigkeit unvereinbar mit der Sanftmut und Bescheidenheit ist, die den Charme ihres Geschlechts ausmachen? (…)

Wir glauben also, dass eine Frau nicht ihre Familie verlassen darf, um sich in Regierungsgeschäfte einzumischen.

S. Petersen: Marktweiber und Amazonen. Frauen in der Französischen Revolution. Köln 1987, S. 221 ff.

Q11 Republikanischer Frauenclub

Illustration aus Lamartines „Geschichte der Girondisten", 1847.

Q12 „Der Despotismus der Freiheit"

Auszüge aus der Rede Robespierres am 5. Februar 1794 vor dem Konvent:

Wir wollen eine Gesellschaftsordnung, in der alle niedrigen und grausamen Leidenschaften unbekannt sind, alle gemeinnützigen und hochherzigen Leidenschaften durch die Gesetze geweckt werden, wo der Ehr-
5 geiz zu dem Wunsche wird, Ruhm zu gewinnen und dem Vaterland zu dienen; wo Auszeichnungen nur aus der Gleichheit hervorgehen; wo der Bürger der Verwaltung, die Verwaltung dem Volke und das Volk der Gerechtigkeit untersteht (…). Welches ist nun der
10 entscheidende Grundsatz der demokratischen Volksregierung? (…) Das ist die Tugend, und zwar die öffentliche Tugend, die in Griechenland und Rom Wunder erzeugte und die im republikanischen Frankreich noch viel erstaunlichere vollbringen wird; jene Tugend, die
15 nichts anderes ist als die Liebe zum Vaterland und zu seinen Gesetzen. Da aber das Wesen der Republik oder Demokratie die Gleichheit ist, so folgt daraus, dass die Liebe zum Vaterland notwendigerweise die Liebe zur Gleichheit in sich schließt. (…) Hier könnten wir die
20 Entwicklung unserer Theorie beenden, wenn wir das Schiff der Republik nur bei Windstille zu steuern hätten; aber der Sturm braust und der Zustand der Revolution, in dem wir uns befinden, erlegt uns eine andere Aufgabe auf. (…) Wenn die Triebkraft der Volksregie-
25 rung im Frieden die Tugend ist, so ist in revolutionärer Zeit diese Triebkraft zugleich die Tugend und der Schrecken, die Tugend, ohne die der Schrecken unheilvoll wäre, der Schrecken, ohne den die Tugend ohnmächtig bliebe. Der Schrecken ist nichts anderes als die
30 rasche, strenge, unbeugsame Gerechtigkeit; er ist also ein Ausfluss der Tugend; er ist weniger ein besonderes Prinzip als eine Folge des allgemeinen Prinzips der Demokratie in seiner Anwendung auf die dringendsten Bedürfnisse des Vaterlandes (…). Die Regierung der
35 Revolution ist der Despotismus der Freiheit im Kampf gegen die Tyrannei.

Zit. nach: I. und P. Hartig, Die Französische Revolution. Stuttgart 1984, S. 99 f.

Q13 Das Ende der Schreckensherrschaft

Ein unbekannter Augenzeuge berichtet über die Hinrichtung Robespierres und seiner Vertrauten am 28. Juli (10. Thermidor) 1794:

Noch niemals hatte es eine so große Menschenansammlung gegeben; die Straßen waren verstopft, Männer und Frauen jeden Alters füllten die Fenster aller Stockwerke; einige waren bis auf die Firste der
5 Häuser geklettert. Die Freude war allgemein; sie äu-

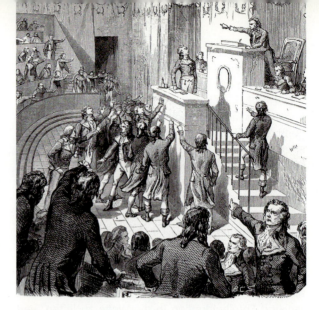

Q14 Robespierre im Konvent am 27. Juli 1794

Seine Gegner hatten verabredet, ihn nicht zu Wort kommen zu lassen und ihn anschließend zu verhaften. Illustration aus Lamartines „Geschichte der Girondisten", 1847.

ßerte sich in einer Art Wut. Je stärker der tiefe Hass, den man gegen diese Verbrecher hegte, unterdrückt gewesen war, umso heftiger war sein Ausbruch. Jeder sah in ihnen seine persönlichen Feinde, jeder klatschte
10 wie besessen Beifall und schien zu bedauern, dass er nicht noch lauter klatschen konnte. (…) Es ist schwer, die Haltung Robespierres zu schildern. Das Gesicht war mit schmutzigem und blutigem Leinenzeug umwickelt und was man von seinen Zügen sah, war ent-
15 setzlich entstellt; eine fahle Blässe machte ihn vollends abscheulich; sei es, dass er von Schmerzen überwältigt war, die ihm seine Verletzungen verursachten, sei es, dass die Erinnerung an seine Missetaten ihn peinigte, er hielt absichtlich die Augen gesenkt, fast geschlos-
20 sen. Kurz vor der Ankunft am Ort der Hinrichtung wurde er durch eine Frau aus seiner Teilnahmslosigkeit gerissen, die das Gedränge durchbrach, zu dem Karren stürzte, der den Kannibalen trug, sich an einen der Gitterstäbe hängte, ihm mit der noch verfügbaren
25 Hand drohte und rief: „Scheusal, das die Hölle ausspie, dein Tod macht mich sinnlos vor Freude!" Robespierre öffnete die Augen und sah traurig die Frau an, die fortfuhr: „Geh, Verbrecher, steige ins Grab, beladen mit den Flüchen aller Gattinen, aller Familienmütter!"
30 Als der Karren am Fuß des Blutgerüstes angekommen war, holten die Henkersknechte den Tyrannen herunter und legten ihn auf den Boden, bis die Reihe an ihn käme, den Tod zu erleiden.

Zit. nach: G. Pertnoud/S. Flaissier, Die Französische Revolution in Augenzeugenberichten. München 1976, S. 390 f.

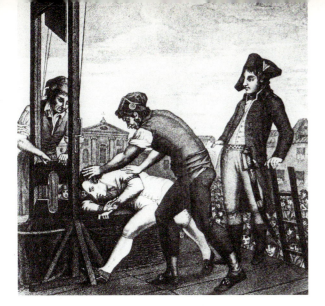

Sansculotten: 31,25%	Bauern: 28%
Geistliche: 6,5%	ehemaliger Adel: 8,25%
	Bürger (obere/untere Mittelschicht): 24,5%

Q15 Robespierres Hinrichtung am 28. Juli 1794
Stich des italienischen Künstlers Idnarpila, nach einer Zeichnung von John Beys.

D2 Die Opfer der Jakobinerherrschaft
Soziale Zusammensetzung der 13 970 Hingerichteten in der Zeit der Schreckensherrschaft.

Fragen und Anregungen

1 Beschreibt die auf dem Bild Q1 dargestellte Szene. Beachtet dabei Ausstattung und Atmosphäre des Raumes sowie Kleidung, Ausstattung und Haltung der Menschen. Versetzt euch in die Lage der vorgeladenen Familie bzw. einiger Mitglieder des Revolutionsausschusses. Gestaltet sowohl die Anschuldigungen gegen den Mann bzw. die Frau als auch ihre möglichen Verteidigungsbemühungen.

2 Liste auf, welche Gruppierungen der Nationalversammlung bzw. des Nationalkonvents in D1 jeweils rechts und links eingeordnet sind. Beschreibe die Veränderungen von 1789 bis 1792.

3 Arbeite anhand von Q4 und Q5 heraus, welche sozialen Gruppen die Sansculotten bildeten und welche Forderungen sie erhoben. Gib an, wen die Sansculotten als Gegner, wen als mögliche Verbündete betrachteten.

4 Informiere dich mithilfe von Lexika, Geschichtsbüchern und evtl. mithilfe des Internets darüber, welche Rolle Jean Paul Marat in der Revolution gespielt hat (Q6).

5 Beschreibe die Einzelheiten auf dem Bild Q6. Erkläre anhand der gestalterischen Mittel, wie der Maler wohl zu Marat gestanden hat.

6 Lies Q7 und zähle auf, was nach diesem Gesetz einen Menschen verdächtig machte. Untersuche, inwieweit das Gesetz zwischen Verdächtigen und Schuldigen unterscheidet. Erläutere am Fall des alten Duplessis (Q9), was das Gesetz und seine Anwendung für die Möglichkeiten der Verteidigung bedeutete.

7 Nenne die Begriffe, die Robespierre in Q12 positiv wertet. Finde heraus, wie er den „Despotismus" rechtfertigt. Versetze dich in die Lage eines andersdenkenden Revolutionärs und halte eine Gegenrede.

8 Analysiere die Karikatur Q8. Entschlüssele zunächst alle dir unbekannten Bildelemente und formuliere dann die Aussage der Karikatur. Stelle fest, wie der Künstler zu dem dargestellten Ereignis stand.

9 Finde heraus, welche Hinweise Bild Q11 über die Organisation von Versammlungen eines republikanischen Frauenclubs gibt.

10 Zähle die Argumente auf, mit denen die Frauenclubs verboten wurden (Q10). Versetze dich in die Lage einer Frau der Revolutionszeit und verfasse eine Gegendarstellung.

11 Gib anhand von Q13, Q14 und Q15 die Ereignisse vom 9. und 10. Themidor wieder und überprüfe, von welchem Standpunkt aus der Augenzeuge in Q13 urteilt.

12 Stelle die Zahlen aus D2 in einem Kreisdiagramm dar. Am leichtesten ist es mit einem entsprechenden Computerprogramm, es geht aber auch ohne weiteres mit Zirkel und Winkelmesser. Werte dein Diagramm aus.

65

KONTROVERSEN IN DER FACHLITERATUR

Kontroversen zur Jakobinerherrschaft

Kaum ein historisches Ereignis hat noch viele Jahrzehnte später so begeisterte Anhänger und scharfe Gegner gefunden wie die Französische Revolution. Das betrifft vor allem die Jakobinerherrschaft. Ihre Beurteilung war und ist auch in der Geschichtswissenschaft umstritten.
Wenn man sich über Geschichte informieren will, kann man aber nicht immer alle Quellen aus der betreffenden Zeit studieren. In der Regel greift man zu Darstellungen, d. h. Büchern oder Aufsätzen, die später über eine zurückliegende Epoche geschrieben wurden. Dort findet man Fakten, Erläuterungen über Zusammenhänge und auch Beurteilungen. Vor allem diese Beurteilungen sind oft strittig. Wie kommen diese unterschiedlichen Bewertungen zu Stande, und wie kann man sich in so einer Kontroverse eine eigene, begründete Meinung bilden?

Methodische Arbeitsschritte:

1. Gib mit deinen Worten wieder, welche Position der Autor vertritt.
2. Erläutere, wie er seine Auffassung begründet. Finde heraus, ob er dabei Pro- und Contra-Argumente abwägt.
3. Beachte, wie er seine Wertung stilistisch darlegt. Schreibt er sachlich oder polemisch?
4. Überprüfe, welche Interessen, Standpunkte oder Überzeugungen des Autors in seine Beurteilung mit einfließen.
5. Lege dar, ob der Autor uns überzeugen kann bzw. nenne Gründe, warum du seine Auffassung nicht teilst.
6. Formuliere nun, welche Position du selbst vertrittst.

D1 Macht in unwürdigen Händen?

Der französische Historiker Pierre Gaxotte 1949 über die Jakobinerherrschaft:

Nie fiel eine so große und furchteinflößende Macht in unwürdigere Hände. (…) Was herrscht, ist der Auswurf, (…) Dummheit und Gemeinheit: Deklassierte [im sozialen Rang Abgesunkene, Abgestiegene] (…) aus allen Volksschichten, neidische und hasserfüllte Subalterne [= Untergeordnete], kleine, verschuldete Krämer, herumziehende Gelegenheitsarbeiter, Helden (…) der Schenken, Vagabunden und Landstraße (…) und einige gutgläubige Narren, deren krankhafte Gehirne sich begeistert mit den modernen Theorien vollgesogen hatten.

P. Gaxotte: Die Französische Revolution. München 1949, S. 276.

Q1 Maximilien Robespierre
Zeitgenössischer Kupferstich von Gabriel Fiesinger.

Im Fall des vorliegenden Textes ergeben sich etwa folgende Ergebnisse:
1. Der Autor verurteilt die Jakobinerherrschaft eindeutig und sehr entschieden.
2. In diesem Textauszug wägt er keine Pro- und Contra-Argumente ab. Er begründet seine Ablehnung der Jakobinerherrschaft hauptsächlich mit der negativen Einschätzung der Menschengruppen, die sie getragen haben.
3. Der Autor benutzt Adjektive und Substantive, die negative moralische Beurteilungen enthalten, z. B. „unwürdig", „Auswurf", „Dummheit", „Gemeinheit", „neidisch", „hasserfüllt" usw. Seine Wortwahl ist einseitig verurteilend. Er schreibt polemisch, d. h. hart und unsachlich.
4. Ohne weitere Informationen kann man hier nur Vermutungen anstellen. Wenn man aber in einer Bibliothek oder im Internet recherchiert, so findet man eine Kennzeichnung Pierre Gaxottes als „neo-royalistisch", d. h. Anhänger des Königtums in der heutigen bzw. neueren Zeit. Das passt zu seiner Bewertung der Jakobiner; denn wer ein Anhänger des Königtums ist, ist auch ein Gegner der Revolutionäre, die einen König hinrichten ließen. Der eigene Standpunkt geht also auch in die Bewertung historischer Ereignisse mit ein.

66

GEWUSST WIE

5. Auch bei uns ist es so, dass der eigene Standpunkt unsere Wertungen beeinflusst. Gaxotte erscheint jedoch so einseitig und unsachlich, dass man entweder seine Beurteilung zurückweisen wird oder zumindest andere Historiker hören muss, bevor man sich ihm eventuell doch anschließt.

6. Hier sollst du deine eigene Auffassung formulieren. Dabei ist es wichtig, Begründungen anzugeben, differenziert zu urteilen und mögliche Gegenargumente zu bedenken.

D2 „Die Größe Robespierres?"

Der Historiker Albert Mathiez (1874–1932) gilt als einer der besten Kenner der Geschichte der Französischen Revolution:

Was meiner Meinung nach die Größe Robespierres ausmacht, sind die hohen sozialen und moralischen Bedenken, die er als Politiker ständig hegte. (…) Er hatte Grundsätze, an die er glaubte. (…) Über die Aufgabe
5 des Politikers hinaus sah er eine andere, viel schwierigere und fruchtbringendere, die des Erziehers und Philosophen. (…) Wir lieben ihn für seine Lauterkeit, seinen Weitblick, seine Uneigennützigkeit, für sein gigantisches Werk, das er in der Nationalversammlung
10 und in der Regierung vollbracht hat. (…) Wir lieben ihn um des Symbols seines tragischen Endes willen, um der ungeheuerlichen Ungerechtigkeit willen, mit der versucht wurde, sein Andenken zu schänden. (…) Mit einem Wort, wir lieben Robespierre, (…) weil er die Be-
15 seitigung aller sozialen Ungerechtigkeiten anstrebte.

A. Mathiez: Verteidigung Robespierres. In: Die Debatte um die Französische Revolution. 35 Beiträge, hrsg. v. Walter Grab. München 1975, S. 121.

D3 „Das Vaterland der Humanität?"

Der Schriftsteller, Literaturkritiker und Journalist Friedrich Sieburg (1893–1964) lebte lange in Frankreich. Seine Robespierre-Biografie erschien im Jahre 1955:

Robespierre setzt den allgemeinen sittlichen Maßstab einfach außer Kraft und ersetzt ihn durch einen jakobinischen. (…) Somit wird eine Revolution, die im Zeichen des Humanismus begonnen wurde und die den Nachkommen das Erbe dieser Humanität hinterlassen 5 hat, auf ihrem Höhepunkt und in ihrem vollkommenen Zustand eine haarscharfe Widerlegung dieses Humanitätsgedankens. (…) Frankreich ist das Vaterland der Humanität? Auf jeden Fall ist dieses Ideal nur einmal in wirklich tiefer und durchdachter Weise außer 10 Kraft gesetzt worden. In Frankreich. Und zwar durch Robespierre.

F. Sieburg: Robespierre. Wien, München, Basel 1955, S. 150.

D4 Terror als Garant für den Erfolg?

Der französische Historiker Albert Soboul (1914–1982) war lange Zeit an der Pariser Sorbonne Professor für Revolutionsgeschichte:

Der Ausschuss (…) hatte die Invasion aufhalten können. Der (…) Terror hatte einen erheblichen Anteil an diesem Erfolg. Wenn der Wohlfahrtsausschuss in der Lage war, 14 Armeen auszuheben, zu bewaffnen und zu ernähren und sie zum Sieg zu führen, so verdankte 5 er diesen Erfolg dem Massenaufgebot, den Requisitionen [Beschlagnahmungen], dem Maximum [gemeint ist die Höchstgrenze für Preise und Löhne], der Verstaatlichung der Kriegsproduktion wie auch der Säuberung der Armeeführung und der Zügelung der Generale: Alle diese Maßnahmen konnten nur deshalb 10 durchgeführt werden, weil die Revolutionsregierung über eine Autorität verfügte, die von der Schreckensherrschaft abgesichert war.

A. Soboul: Die Große Französische Revolution. Abriss ihrer Geschichte (1789–1799). Frankfurt a. M. 2. Auflage 1976, S. 318.

Fragen und Anregungen

❶ Untersuche mit Hilfe der angegebenen Arbeitsschritte und des Musters die Darstellungen D2–D4. Suche Informationen über die jeweiligen Autoren der Texte und versuche, dir ein Bild von ihren politischen Überzeugungen zu machen.

❷ Vergleiche die vier Darstellungen D1–D4 miteinander. Setze dich mit den Urteilen kritisch auseinander.

❸ Formuliere eine eigene Bewertung der Jakobinerherrschaft. Diskutiert in der Klasse eure Einschätzungen.

5. Napoleon beendet die Revolution

November 1794	Die Jakobinerclubs werden durch den Konvent geschlossen.
1795–1799	Ein gewähltes „Direktorium" regiert Frankreich.
1799	Am 9. November (18. Brumaire des Jahres VIII) wird Napoleon Bonaparte durch einen Staatsstreich „Erster Konsul".
1804	Napoleon krönt sich zum Kaiser der Franzosen.

Unruhe und Bürgerkrieg

Nach dem Sturz Robespierres und dem Ende der Schreckensherrschaft beruhigte sich die Lage in Frankreich zwar etwas, aber es war unklar, wie die Revolution jetzt weitergehen würde. War sie beendet? Konnte man zu der letzten Verfassung von 1793 zurückkehren – oder zu welcher sonst? Es gab drei politische Richtungen: das Großbürgertum, das die Macht möglichst allein ausüben und eine Wiederkehr der Jakobiner verhindern wollte, die Royalisten, die eine Wiedererrichtung der Monarchie anstrebten, und die „Linken", meist Jakobiner, die die Errungenschaften der Französischen Revolution auf keinen Fall aufgeben wollten. In dieser Situation konnten sich die Großbürger weitgehend durchsetzen. Jakobinerclubs wurden geschlossen, auf Anhänger Robespierres wurde regelrecht Jagd gemacht. Die vorher festgelegten Lebensmittelpreise wurden freigegeben; sie stiegen stark an, was in Paris zu wütenden Protesten und Hungeraufständen der Bevölkerung führte. Diese Aufstände wurden brutal niedergeschlagen.

Eine neue Regierung: das Direktorium

Der Konvent arbeitete eine neue Verfassung aus, die vor allem die Interessen der Besitzenden berücksichtigte: Nun gab es wieder ein Wahlrecht, das an die Steuerleistung gebunden war, also nur den Reichen – etwa 30 000 Franzosen – die Wahl erlaubte. Fünf gewählte „Direktoren" bildeten die bürgerliche Regierung. Die Royalisten waren mit dieser Verfassung nicht zufrieden. Im Herbst 1795 versuchten sie mit einem eigenen kleinen Heer den Konvent aufzulösen und so die Machtübernahme zu erzwingen. Dieser royalistische Aufstand wurde von der französischen Armee unter Führung eines jungen Generals niedergeschlagen, der so das Direktorium rettete. Sein Name war Napoleon Bonaparte.

Napoleons Aufstieg

„Welch ein Roman ist doch mein Leben!", schrieb Napoleon in seinen Lebenserinnerungen. Tatsächlich scheint sein Aufstieg märchenhaft: 1769 wurde Napoleon als Sohn eines Rechtsanwaltes auf Korsika geboren. Er besuchte die Pariser Militärschule und hatte es bei Ausbruch der Revolution zum Oberstleutnant gebracht. Während der Revolution wurde er für seine militärischen Erfolge zum General befördert – eine Stellung, die für einen Nicht-Adligen im Ancien Régime unerreichbar gewesen wäre. Zum Dank für die Rettung gab ihm das Direktorium den Oberbefehl über die Armee in Oberitalien, wo er ebenfalls militärisch erfolgreich war. Siege in Italien, später auch in Ägypten, machten ihn schnell bekannt. Nicht nur bei den Truppen, sondern zunehmend auch bei der französischen Bevölkerung genoss er großes Ansehen. 1799 löste Napoleon Bonaparte, schon ein berühmter Mann, mithilfe seiner Truppen das Parlament auf. In einem Staatsstreich machte er sich zum Staatsoberhaupt: Er ersetzte das Direktorium durch drei „Konsuln". Er selbst nannte sich „Erster Konsul" und erließ eine Verfassung, die ihm alle Macht sicherte. Eine Volksvertretung wurde nur zum Schein beibehalten. Der Staatsstreich war mit zwei Direktoriumsmitgliedern abgesprochen und verlief unblutig. Nach der Machtübernahme erklärten die Konsuln die Revolution für beendet.

Q1 Kaiserkrönung Napoleons
am 2. Dezember 1804 in der Kirche von Notre-Dame in Paris. Gemälde von Jacques-Louis David, 1805/07. Der Maler David, ehemals Anhänger von Robespierre, war Zeremonienleiter der Krönung. Napoleon setzt erst sich und danach seiner Frau die Krone auf. Seine Mutter, hinten in der Loge zu sehen, nahm in Wirklichkeit nicht an der Krönung teil.

Im Jahr 1800 wurde Napoleon durch eine Volksabstimmung in seinem Amt bestätigt. 1802 ernannte er sich zum „Konsul auf Lebenszeit" und 1804 krönte er sich selbst zum Kaiser. Auch diese beiden Schritte ließ er durch Volksabstimmungen absichern. Fast 99 % der abgegebenen Stimmen sprachen sich jedes Mal für ihn aus. Auch wenn man die Zahlen in dieser Höhe anzweifeln und Manipulationen vermuten kann, so ist doch unstrittig, dass Napoleon zu dieser Zeit ein überaus populärer Diktator war. Die Franzosen, die mit der Revolution die alten Autoritäten abgeschafft hatten, akzeptierten nun einen neuen „starken Mann".

Volks-Kaiser

Die meisten Menschen sehnten sich nach Frieden, Ruhe und geordneten Verhältnissen. Das schien Napoleon garantieren zu können. Er hatte ein umfassendes Programm zur Neuordnung der französischen Gesellschaft, das er auch schnell in die Tat umzusetzen begann. Zunächst wurden die völlig zerrütteten Staatsfinanzen saniert und eine neue, vertrauenswürdige Währung geschaffen. Mithilfe eines neuen Steuersystems wurden rigoros Gelder eingetrieben, die besiegten Länder mussten hohe Abgaben zahlen – so flossen Steuern in die Staatskasse. Mit einem groß angelegten Beschäftigungsprogramm konnte die hohe Arbeitslosigkeit abgebaut werden; Frankreich erhielt das modernste Straßennetz Europas, außerdem wurden Kanäle und Häfen gebaut. Allmählich belebte sich die französische Wirtschaft.

Die Neuordnung der französischen Gesellschaft

69

Die Integration unterschiedlicher politischer Kräfte

Napoleon versuchte, die verschiedenen politischen Kräfte in die Gesellschaft zu integrieren. So durften die vielen emigrierten Adligen zurückkehren, gleichzeitig wurden auch zahlreiche inhaftierte Revolutionäre aus den Gefängnissen entlassen. Mit der katholischen Kirche, der die Mehrheit der Franzosen angehörte, schloss er ein Konkordat – so nennt man einen Vertrag zwischen Kirche und Staat, der das Verhältnis zueinander regelt. Kirche und Kaiser sicherten sich darin gegenseitige Anerkennung zu. Auch die protestantische Kirche wurde wieder zugelassen. Den in der Revolution beschlagnahmten Besitz bekamen allerdings weder die Kirche noch die emigrierten Adligen zurück.

Der Code Napoléon

Die neue Mode Q2
Aus dem „Journal des Luxus und der Moden", 1802.

Die Verwaltung wurde neu und straff organisiert – alle Anordnungen und Befehle kamen jetzt zentral von oben. Napoleon schuf einen riesigen, hierarchisch gegliederten Polizeiapparat, verhängte eine strenge Pressezensur und kontrollierte alle Bereiche der Kunst und Wissenschaft. Wichtig war ihm, dass es in allen Bereichen des öffentlichen Lebens gute Aufstiegsmöglichkeiten für fähige und ihm treu ergebene Männer gab. Eine Expertenkommission erarbeitete ein bürgerliches Gesetzbuch, den Code Civil, auch Code Napoléon genannt, der auch heute noch in großen Teilen Gültigkeit hat. Mit ihm wurden zentrale Forderungen, für die in der Revolution gekämpft worden war, zum Gesetz erhoben: Gleichheit vor dem Gesetz, Trennung von Kirche und Staat, Recht auf Eigentum, persönliche Freiheiten. Von einer Gleichberechtigung der Frauen konnte allerdings nicht die Rede sein. Sie blieben unmündig und waren in allen Rechtsgeschäften auf die Männer angewiesen. Trotzdem war der Code Napoléon damals das fortschrittlichste Gesetzbuch; zahlreiche Länder nahmen sich ihn zum Vorbild. So besaßen die Franzosen unter Napoleon zwar ein modernes Recht, das ihnen Gleichheit und in manchen Bereichen auch Freiheit garantierte, aber von politischen Mitsprachemöglichkeiten blieb der größte Teil der Bevölkerung ausgeschlossen.

Muscadin der Jeunesse Dorée Q3
(Stutzer der „goldenen Jugend"). Die Muscadins stammten meist aus reichen Elternhäusern. Mit ihren Schlagstöcken terrorisierten sie Linke und Jakobiner, wo immer sie sie trafen – in Lokalen oder auf offener Straße. Das Direktorium duldete ihre Aktionen.

Q4 „Frankreich hätschelt seinen Liebling"
Das Bild des britischen Karikaturisten James Gillray entstand wenige Tage vor der Kaiserkrönung Napoleons.

70

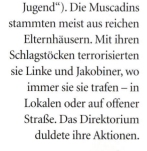

Q5 Napoleon über Republik und Freiheit

1797 äußert sich Napoleon in einem vertraulichen Gespräch mit dem Diplomaten Miot de Melito:

Glauben Sie vielleicht, dass ich eine Republik begründen will: Welcher Gedanke! (…) Das ist eine Wahnvorstellung, in die die Franzosen vernarrt sind, die aber auch wie so manche andere vergehen wird. Was sie brauchen, das ist Ruhm, die Befriedigung ihrer Eitelkeit, aber von Freiheit verstehen sie nichts. (…) Die Nation braucht einen Führer, einen durch Ruhm hervorragenden Führer, aber keine Theorien über Regierung, keine großen Worte, keine Reden von Ideologen, von denen die Franzosen nichts verstehen. Man gebe ihnen ihre Steckenpferde, das genügt ihnen, sie werden sich damit amüsieren und sich führen lassen, wenn man ihnen nur geschickt das Ziel verheimlicht, auf das man sie zumarschieren lässt.

M. de Melito: Mémoires I. S. 163 f.

Q6 Über die Rechte der Frau

Aus dem Code Civil (Code Napoléon), dem Bürgerlichen Gesetzbuch von 1804:

Art. 8. Jeder Franzose soll die bürgerlichen Rechte genießen. (…)

Art. 213: Der Ehemann ist seiner Frau Schutz und die Frau ist ihrem Manne Gehorsam schuldig.

Art. 215: Die Frau kann ohne Genehmigung ihres Mannes nicht vor Gericht auftreten.

Art. 217: Die Ehefrau kann weder schenken, veräußern (…) noch erwerben (…), sofern nicht ihr Ehemann eingewilligt hat.

Art. 229: Der Mann kann die Ehescheidung wegen eines von seiner Frau begangenen Ehebruches verlangen.

Art. 230: Die Frau kann nur die Ehescheidung verlangen, wenn der Mann seine Nebenfrau im gemeinschaftlichen Haus gehalten hat.

Art. 298: [Die ehebrecherische Frau wird mit Gefängnis bestraft, der ehebrecherische Mann dagegen nicht – sinngemäßer Inhalt des Artikels]

Code Napoléon. Würzburg 1813.

Q7 Begeisterung für Napoleon

Aus der Rede des Abgeordneten Jaubert vom 2. Mai 1804, mit der er Napoleon das Kaisertum anträgt:

Und wie könnte man all die Wunder aufzählen, die er seit der Übernahme des Konsulats vollbracht hat! Die Grundlagen der Verwaltung festlegen; die Finanzen in Ordnung bringen; die Armee organisieren (…); ganz Europa den Frieden bringen; dem Handel aufhelfen und Fabriken, Künste, Wissenschaften ermutigen; die Altäre neu errichten und den Gewissen Ruhe schenken; (…) das Schulwesen neu erschaffen; gewaltige öffentliche Arbeiten anregen und vollenden; Frankreich ein einheitliches Zivilgesetzbuch geben, dem er das Siegel seines Genius aufgedrückt hat; allen Parteigeist zum Erlöschen bringen, alle Vorbehalte ausräumen, alle Interessen versöhnen, alle Opfer der unglücklichen Zeitumstände wieder in das Land rufen (…). Das hat er in vier Jahren vollbracht, das wird kommenden Jahrhunderten die tiefe Ergebenheit aller Franzosen für Napoleon Bonaparte erklären (…). Alle Zeichen des Ruhms sind ihm geweiht. Das kaiserliche Zepter wird von seiner Hand neuen Glanz erhalten; der Schild ist bereit, auf den ihn alle Franzosen heben wollen, indem sie begeistert ausrufen: „Die Revolution ist jetzt auf die Prinzipien ihres Anfangs zurückgeführt."

M. Chaulanges: Textes Historiques. L'epoque de Napoléon. S. 56.

Fragen und Anregungen

1. Beschreibe den Muscadin und erkläre, warum junge wohlhabende Männer in diese Schlägertruppe eingetreten sein könnten (Q3).

2. Beschreibe das Bild Q1. Nenne die einzelnen Personengruppen. Erkläre, was mit der Krönungszeremonie zum Ausdruck gebracht werden soll.

3. Beschreibe die Karikatur Q4 und versuche die Symbole zu deuten. Erörtere, welchen Zweck der Karikaturist verfolgt haben könnte.

4. Vergleiche die Mode der napoleonischen Zeit mit der Mode des Ancien Régime und der Mode der Revolutionszeit (Q2, Q3).

5. Überprüfe anhand von Q5, wie Napoleon zur Revolution und deren Idealen steht.

6. Arbeite heraus, warum Napoleon nach seinem Staatsstreich überhaupt eine Verfassung mit Volksvertretung zulässt (Q5). Formuliere eine Antwort aus der Perspektive eines Revolutionärs.

7. Liste die Gründe für die Beliebtheit Napoleons auf, die in Q7 genannt werden. Ordne sie unter Oberbegriffe.

8. Schreibe eine Gegenrede, in der du die Kaiserkrönung Napoleons ablehnst (Q7).

9. Nenne Rechte, die Frauen auch nach dem für damalige Verhältnisse „fortschrittlichen" Code Civil nicht wahrnehmen konnten. Nenne Gründe, die von den Verfassern des Code Civil dafür möglicherweise angeführt wurden (Q6).

71

6. Deutschland unter Napoleon: Besatzung oder Befreiung?

1801	Frankreich erhält die linksrheinischen Gebiete Deutschlands.
1803	Der Reichsdeputationshauptschluss bestimmt, dass alle geistlichen Gebiete säkularisiert und kleinere weltliche Herrschaften mediatisiert werden.
1806	Der Rheinbund stellt sich unter Napoleons Schutz. Das Heilige Römische Reich löst sich auf. Napoleons Heer besiegt und besetzt Preußen.
1807–1814	Preußen wird durch Reformen zu einem modernen Staat.

Napoleons Kriegsziele

Napoleons Macht stützte sich in erster Linie auf das Heer, sein Ansehen auf die militärischen Erfolge. Er glaubte, Frankreich als fortschrittliches Land habe das Recht, die anderen europäischen Staaten zu unterwerfen, sie wirtschaftlich auszubeuten und ihnen bürgerliche Reformen aufzuzwingen. Sein großes Ziel war ein einheitliches Europa unter französischer Vorherrschaft. Zu den ersten Opfern dieser Politik gehörte Deutschland.

Krieg in Deutschland

Alle Länder links des Rheins wurden bereits 1801 besetzt und gehörten nun zu Frankreich. Zahlreiche deutsche Fürsten schlossen sich 1806 zum Rheinbund zusammen und akzeptierten wohl oder übel Napoleons Vorherrschaft. Der Habsburger Kaiser Franz, dem die Rheinbund-Fürsten die Gefolgschaft aufgekündigt hatten, legte in Wien auf Druck Napoleons den Titel „Deutscher Kaiser" ab. Das Heilige Römische Reich Deutscher Nation hatte damit aufgehört zu existieren. Franz war nur noch „Kaiser von Österreich". Im selben Jahr schlug Napoleon die preußischen Heere (Schlacht von Jena und Auerstedt) und zog im Triumphzug in Berlin ein. Drei Jahre später wurde auch in Österreich ein Koalitionsheer besiegt.

Auswirkungen: „Flurbereinigung"

Die „Franzosenzeit" hinterließ in den besetzten Ländern deutliche Spuren. In Deutschland beendete Napoleon die starke Zersplitterung in eine Vielzahl von kleinen geistlichen und weltlichen Herrschaften und schuf größere politische Gebiete. So wurden 1803 im so genannten Reichsdeputationshauptschluss auf Napoleons Veranlassung 112 deutsche Kleinstaaten und freie Reichsstädte aufgehoben und den größeren Fürstentümern zugeschlagen. Die Unterstellung bisher freier Reichsstände unter einen Territorialfürsten nennt man „Mediatisierung". Auch Kirchengut wurde enteignet und Klöster wurden aufgelöst, was als „Säkularisation" (wörtlich: „Verweltlichung") bezeichnet wird. Im Zuge dieser „Flurbereinigung" der deutschen Landkarte gründete Napoleon das Königreich Westfalen und setzte dort seinen Bruder als König ein. Westfalen sollte ein Musterstaat werden, mit einer Verwaltung und Rechtsprechung ganz nach französischem Vorbild, d.h. auf der Grundlage des Code Napoléon. Damit wurden Adelsprivilegien, Zunftzwang und bäuerliche Abhängigkeitsverhältnisse aufgehoben. Wie Westfalen übernahmen auch die meisten Rheinbundstaaten den Code Napoléon.

Liberale Ideen in Deutschland

Viele Deutsche waren von den Ideen der Französischen Revolution begeistert und verfolgten mit großer Anteilnahme, was in Frankreich geschah. Trotzdem kam es in Deutschland zu keiner Revolution. Das lag unter anderem an der Aufsplitterung in viele kleine politische Machtbereiche. Obwohl Napoleon als Eroberer kam und die französischen Truppen Besatzungstruppen waren, brachten sie doch den „frischen Wind" von Aufklärung und Aufbruch, von Fortschritt und Modernität in die erstarrten deutschen Verhältnisse.

Nach der völligen Niederlage Preußens 1806 wurden noch unter der napoleonischen Besatzung eine Reihe von Reformen durchgeführt. Der König und seine Berater begriffen nämlich, dass der militärische Zusammenbruch durchaus auch auf Missstände im Staate zurückzuführen sei. Nun wollte man vom Feind lernen. Besonderen Anteil hatten daran die adligen Politiker Heinrich vom und zum Stein, Karl von Hardenberg, Wilhelm von Humboldt, Gerhard von Scharnhorst und Wilhelm von Gneisenau. Die Reformen, die von oben diktiert wurden, sollten Preußen zu einem modernen Staat machen: Die Erbuntertänigkeit der Bauern wurde aufgehoben („Bauernbefreiung"), eine neue Städteordnung gab den Städten mehr Selbstbestimmung. Die Juden wurden rechtlich allen anderen gleichgestellt („Judenemanzipation"), eine Bildungsreform betonte die Schulpflicht und regelte den Gymnasialunterricht und die Heeresreform sah eine allgemeine Wehrpflicht vor und verbot die bisher übliche und bei den Soldaten gefürchtete Prügelstrafe. Sinn der Reformen war, einer Revolution vorzubeugen, um die bestehende Monarchie erhalten zu können.

Die preußischen Reformen

Erst in der Zeit der französischen Besatzung bildete sich in Deutschland ein nationales Bewusstsein. Das trifft besonders für Preußen zu, obwohl es selbst nicht von Napoleon besetzt war. Der gemeinsame Widerstand gegen die bestehende oder drohende Fremdherrschaft ging mit einer nationalen Begeisterung einher: Für viele wurde die Errichtung eines einigen Deutschen Reiches zum höchsten Ziel. Gerade junge Menschen begeisterten sich für diese Idee und meldeten sich in Scharen als Freiwillige, um „für das Vaterland" gegen die Franzosen zu kämpfen.

Nationalbewusstsein

D1 Deutschland vor und nach der Neuordnung durch Napoleon

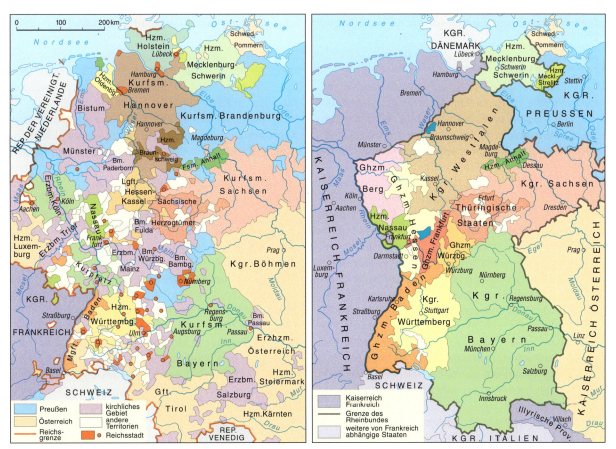

73

Q1 Napoleon nimmt Berlin ein

Am 27. Oktober 1806 lässt sich Napoleon am Brandenburger Tor die Schlüssel der Stadt übergeben. Die berühmte Quadriga – ein von vier Pferden gezogener Streitwagen mit der Siegesgöttin – nahm der französische Kaiser als Beute mit nach Paris.

Q2 Der Fall Palm

Während der französischen Besatzung gab es in Deutschland zahlreiche anonyme Schmähschriften gegen Napoleon. Die meisten blieben unbeachtet, aber die Broschüre „Deutschland in seiner tiefsten Erniedrigung" von 1806 erregte Aufsehen, weil sie zum bewaffneten Widerstand aufrief. Die Schrift endet:

Bemerkt es, liebe Deutsche, dort wo seit Jahrhunderten Pläne zum Untergang unseres Vaterlandes geschmiedet (wurden) und die Mordfackel so oft angezündet worden (ist), im treulosen Pariser Kabinette, entwirft
5 Napoleon, dessen schimpflicher Oberherrschaft unsere Fürsten wie schlaftrunken zusehen, eine neue deutsche Staatsverfassung, und (…) lässt seine Heere im ohnmächtigen Deutschland zu hunderttausenden stehen. (…) Völlig gewinnt es das Ansehen, als hät-
10 ten Franz (von Österreich) und Friedrich Wilhelm (von Preußen) vergessen, dass sie über Millionen beherzte, mutvolle, mannfeste, ehrliche Deutsche gebieten. (…) Sollte diesem Kern der germanischen Nation Freiheit nicht heiliger als das Leben selbst sein?

Die französischen Militärbehörden fanden heraus, dass der Buchhändler Johann Philipp Palm aus Augsburg der Verleger der Broschüre war. Napoleon, dem der Fall gemeldet wurde, befahl dem zuständigen Marschall in einem Brief:

Mein Vetter, ich hoffe, Sie haben die Buchhändler von Augsburg und Nürnberg verhaften lassen. Ich wünsche, dass sie vor ein Kriegsgericht gestellt und binnen 24 Stunden erschossen werden. Es ist kein gewöhnliches Verbrechen, in Orten, an denen sich die französischen 5 Armeen befinden, Schmähschriften zu verbreiten, um die Einwohner gegen die Soldaten aufzuhetzen. Es ist Hochverrat! (…) Lassen Sie auch das Urteil in ganz Deutschland verbreiten.

Palm wurde zum Tode verurteilt und drei Stunden später erschossen. Der Nürnberger Buchhändler Friedrich Campe schrieb darüber in einem privaten Brief:

Eine schreckliche Nachricht muss ich Ihnen melden, lieber Vetter. Der Buchhändler Palm, Eigentümer der Stein'schen Buchhandlung, ist in Braunau von den Franzosen totgeschossen! (…) Die Sache ist empörend; Worte muss man darum nicht verlieren. Gott gebe 5 Krieg! Es ist die einzige Rettung.

E. Kleßmann (Hg.): Deutschland unter Napoleon. Düsseldorf 1965, S. 89f.

Q3 „Das Glück Ihres Volkes liegt mir am Herzen"

1807 schreibt Napoleon an seinen Bruder Jérôme, den König von Westfalen:

Mein Bruder, beiliegend finden Sie die Verfassung Ihres Königreiches. (…) Das Glück Ihres Volkes liegt mir nicht allein wegen des Einflusses am Herzen, den es auf Ihren und meinen Ruhm haben kann, sondern auch in
5 Hinsicht auf die allgemeine europäische Politik. Hören Sie nicht auf die, die Ihnen sagen, Ihr an Knechtschaft gewöhntes Volk würde Ihre Wohltaten mit Undankbarkeit vergelten. Man ist im Königreich Westfalen aufgeklärter, als man Ihnen zugestehen möchte, und
10 Ihr Thron wird in der Tat nur auf dem Vertrauen und der Liebe Ihrer Untertanen befestigt sein. Was aber das deutsche Volk am sehnlichsten wünscht, ist, dass diejenigen, die nicht von Adel sind, durch Ihre Fähigkeiten gleiche Rechte auf Ihre Auszeichnungen und
15 Anstellungen haben (…). Ihr Königtum wird sich durch die Wohltaten des Code Napoléon, durch das öffentliche Gerichtsverfahren und die Einführung des Geschworenengerichtes auszeichnen. (…) Ihr Volk muss sich einer Freiheit, einer Gleichheit, eines Wohlstandes
20 erfreuen, die den übrigen Völkern Deutschlands unbekannt sind!

E. Kleßmann (Hg.): Deutschland unter Napoleon. Düsseldorf 1965, S. 277 f.

Q4 Unterwerfung oder Befreiung?

Aus der Verfassung des Königreiches Westfalen vom 15. November 1807:

Art. 7: Der König von Westphalen und seine Familie sind in dem, was sie betrifft, den Verfügungen der kaiserlichen Familienstatuten unterworfen.

Der König hat eine Bataille verlohren. Jetzt ist Ruhe die erste Bürgerpflicht. Ich fordere die Einwohner Berlins dazu auf. Der König und seine Brüder leben!

Berlin, den 17. October 1806.

Graf v. d. Schulenburg.

Q6 Aufruf des Stadtkommandanten von Berlin, Graf von der Schulenburg

Bataille ist ein veralteter Ausdruck für Schlacht.

Art. 10: Das Königreich Westphalen soll durch Constitutionen [Rechtsbestimmung, Verordnung] regiert werden, 5 welche die Gleichheit aller Untertanen vor dem Gesetze und die freie Ausübung des Gottesdienstes der verschiedenen Religionsgesellschaften festsetzen.

Art. 13: Alle Leibeigenschaft, von welcher Natur sie sein und wie sie heißen möge, ist aufgehoben, indem 10 alle Einwohner des Königreiches die nämlichen [die gleichen] Rechte genießen sollen.

E. Kleßmann (Hg.): Deutschland unter Napoleon. Düsseldorf 1965, S. 277 f.

Q5 Graf Yorck von Wartenburg ruft 1813 in Königsberg zum Befreiungskrieg auf
Farbdruck nach einem Gemälde von Otto Brausewetter, 1888.

Q7 Das Soldatenlied (Preußen, um 1800)

O König von Preußen, du großer Potentat,
wie sind wir deines Dienstes so überdrüssig satt!
Was fangen wir nun an in diesem Jammertal,
allwo ist nichts zu finden als Not und lauter Qual?

5 Und kommt das Frühjahr an, da ist die große Hitz´,
da heißt es exerzieren, dass ei'm der Buckel schwitzt,
da heißt es exerzieren von Morgen bis Mittag,
und das verfluchte Leben, das währt den ganzen Tag.

10 Vom Exerzieren weg geht´s wieder auf die Wacht,
kein Teufel tut nicht fragen, ob man gefressen hat,
kein Branntwein in der Flaschen, kein weißes Brot dabei,
ein schlechtes Tabakrauchen, das ist der Zeitvertreib.

15 Und kommt ein „Frisch parat", tut man ein' falschen Tritt,
so hört man es schon rufen, „der Kerl muss aus dem Glied",
Patronentaschen runter, den Säbel abgelegt,
und tapfer draufgeschmissen, bis er sich nicht mehr regt!

20 Ihr Herren, nehmt´s nicht wunder, wenn einer desertiert!
Wir werden wie die Hunde mit Schlägen strapliziert.
Und bringen sie uns wieder, sie henken uns nicht auf,
das Kriegsrecht wird gesprochen, der Kerl muss gassenlauf.

25 Und wenn wir gassenlaufen, dann spielet man uns auf
Mit Waldhorn und Trompeten, dann geht es wacker drauf,
dann werden wir gehauen von manchem Musketier,
der eine hat´s Bedauern, der andre gönnt es mir.

Und werden wir dann alt, wo wenden wir uns hin?
30 Die Gesundheit ist verloren, die Kräfte sind dahin.
Und endlich wird es heißen: „Ein Vogel und kein Nest.
Geh, Alter, nimm den Bettelsack, bist auch Soldat gewest."

Anmerkungen:
Potentat: Herrscher, Machthaber
Gassenlaufen: auch: Spießrutenlaufen; militärische Strafe, bei der man zwischen zwei Reihen aufgestellter Soldaten durchlaufen musste und dabei von ihnen mit Stöcken oder anderen Gegenständen geschlagen wurde. Diese Strafe führte häufig zu schweren Verletzungen, zu Blutverlust, zu Bewusstlosigkeit und mitunter zum Tod.

F. W. v. Ditfurth: Fränkische Volkslieder. Leipzig 1885, Nr. 274.

Das Lied befindet sich gesungen auf der CD von Hannes Wader: Heute hier, morgen dort; CD 2; Sonderausgabe für Zweitausendeins Verlag, Frankfurt, o. J.

Q8 Das Eiserne Kreuz
Der Orden für die „Kriegshelden", gestiftet in den Befreiungskriegen.

Fragen und Anregungen

1. Erstelle mithilfe der Karten D1 eine Liste der Fürstentümer, die durch die Neuordnung Land hinzugewonnen haben. Zähle Staaten auf, die neu entstanden sind.

2. Stelle die Veränderungen zusammen, welche die französische Besatzung für Deutschland brachte (VT, Q3, Q4).

3. Stelle dar, welches Interesse Napoleon mit der Gründung Westfalens verknüpfte. Was bedeutete das für die Bevölkerung (VT, Q3, Q4)?

4. Informiere dich über die preußischen Reformen und die Reformer (s. auch VT, Q5–Q7).

5. Beschreibe das Bild Q1. Vergleiche die Darstellung Napoleons mit der Darstellung der Berliner Abgesandten. Deute die Aussageabsicht des Gemäldes (Q1).

6. Informiere dich, wann und unter welchen Umständen die Quadriga wieder an ihren alten Platz auf dem Brandenburger Tor zurückgebracht werden konnte (Q1).

7. Erläutere die Gründe für den Widerstand gegen die Franzosen (VT, Q6).

8. Nimm Stellung zum „Fall Palm". Vergleiche das französische Vorgehen mit den Plänen, die Napoleon für das Königreich Westfalen hatte (Q2, Q4).

9. Verfasse eine Schmähschrift in Form eines Flugblatts gegen Napoleon. Ist Krieg „die einzige Rettung" (Q2)?

10. Stelle die Klagen der Soldaten zusammen, die im Lied Q7 angesprochen werden.

7. Zwei moderne Staaten entstehen: Baden und Württemberg

„Am Anfang war Napoleon!" – Dieser Satz hat seine besondere Berechtigung für die süddeutschen Staaten Bayern, Württemberg und Baden: Die Monarchen dieser Staaten mussten 1801 ihre linksrheinischen Besitzungen an Frankreich abtreten (vgl. Kapitel 6), sich 1806 als „Rheinische Bundesstaaten" für immer vom Deutschen Reich lossagen und Napoleon sogar militärischen Beistand leisten. Um sie trotz dieser Zumutungen fest an sich zu binden, entschädigte sie Napoleon großzügig: Auf Kosten der kleinen und kleinsten Territorien (Reichsstädte, Reichsritterschaften, geistliche Gebiete) wurden die süddeutschen Mittelstaaten erheblich vergrößert. Außerdem durften sich ihre Fürsten über eine Rangerhöhung freuen: Aus dem württembergischen Herzog war 1805 ein König, aus dem badischen Markgrafen 1806 ein Großherzog mit königlichen Rechten geworden. Freilich: Alles was sie waren, waren sie „von Napoleons Gnaden".

Napoleons Pakt mit den süddeutschen Monarchen

Die Einverleibung kirchlichen Besitzes durch die neuen Herrscher bedeutete allein in Baden für 120 Klöster und Ordenshäuser den Verlust ihrer Eigenstaatlichkeit, in Württemberg für 95. Der Begriff „Säkularisation" vermag kaum wiederzugeben, was damals tatsächlich passierte: Viele Klöster und Kirchen wurden regelrecht geplündert. Historiker sprechen von „Raubzügen" und einem „Wettlauf um die fetteste Beute". Für die Klöster selbst waren die Folgen unterschiedlich: Manchmal konnten die Mönche bis zu ihrem Tode bleiben, oft mussten sie jedoch das Kloster verlassen und bekamen eine Abfindung. Auch die ehemaligen Untertanen der Klöster verspürten zunächst meist Nachteile, denn viele soziale Dienste der geistlichen Herrschaft (z. B. Schulunterricht, Krankenpflege, Armenfürsorge) waren ersatzlos weggefallen. Dennoch gelten die Säkularisation und die Mediatisierung als Startschuss für die Entwicklung Badens und Württembergs zu modernen Staaten. Ihre Landesherren sahen sich nämlich vor die Aufgabe gestellt, aus den vielen sehr

Modernisierung

Q1 Napoleon in der Backstube
Auf dem Teigschieber stehen die Könige von Bayern und Württemberg und der Großherzog von Baden. Über dem Ofen steht: „Ofen für kaiserliche Pfefferkuchen"; über der Truhe rechts: „Teigvizekönige". Aus dem Korb schauen „korsische Königlein". Im Aschenloch liegen Könige besiegter Staaten. Englische Karikatur, 1806.

unterschiedlichen Territorien, die jetzt zu ihrem Besitz gehörten, ein geschlossenes Staatsgebiet zu machen. Um dies zu erreichen, mussten sie sich von alten Gewohnheiten trennen und erhebliche Neuerungen zulassen, die zum Teil den Charakter einer „Revolution von oben" hatten.

Die Entwicklung in Württemberg

Württemberg war um mehr als das Doppelte vergrößert worden, wobei das hinzugewonnene „Neuwürttemberg" in sich sehr unterschiedlich war (s. Karte). Herzog (ab 1805: König) Friedrich war ein aufbrausender Mensch und rücksichtsloser Herrscher: Die Enteignung der Klöster war von Zerstörungsaktionen begleitet, und in der Bevölkerung verbreiteten Bespitzelungen durch die Landespolizei, Entwaffnung der Bürger und Verhaftungen auf Verdacht starkes Unbehagen. Um aus den neuen und alten Teilen des Landes ein einheitliches Staatswesen zu schaffen, teilte die königliche Regierung das Land in vier Kreise und 64 Oberamtsbezirke ein. Dabei wurden historisch gewachsene Strukturen bewusst außer Acht gelassen. Schon 1806 bildete Friedrich Fachministerien mit klaren Zuständigkeiten. Eine Verfassung wurde jedoch erst 1819 erlassen. Letztere sollte den vergrößerten Staat wie eine „Klammer" zusammenhalten. Ähnliche Wirkung versprach man sich von der Einrichtung eines Parlaments.

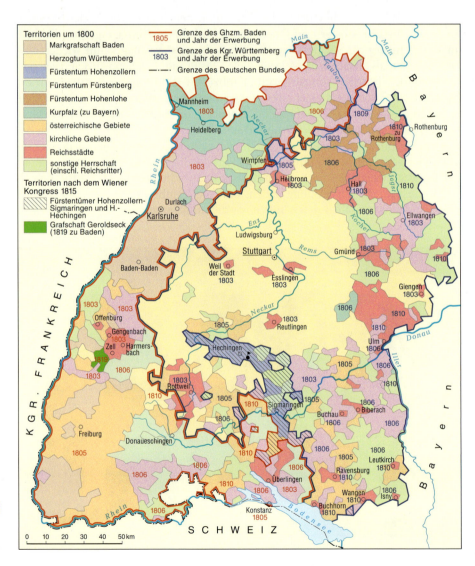

Baden, Württemberg und Hohenzollern D1 vor und nach der Neuordnung durch Napoleon.

78

Die Entwicklung in Baden

Baden war innerhalb kurzer Zeit sogar um fast das Vierfache angewachsen (s. Karte). Auch für Markgraf (ab 1806: Großherzog) Karl Friedrich war damit die höchst schwierige Aufgabe verbunden, die völlig verschiedenen neubadischen Gebiete mit „Altbaden" zu einer Einheit zu verschmelzen. Nur mit einer Politik der Reform und Modernisierung glaubte er die ehemaligen Untertanen anderer Herrschaften für den neuen Staat gewinnen zu können. Dabei orientierte man sich am französischen Vorbild: Schon 1809 erkannte Karl Friedrich von Baden die Grundsätze des Code Civil als zu verwirklichende Ziele an (z.B. die Freiheit der Person und des Eigentums, die Gleichheit der Bürger vor dem Gesetz, Zugang zu den Ämtern nach dem Leistungsprinzip und anderes mehr). Dass Religionsfreiheit gewährt wurde, war schon allein deshalb erforderlich, weil die neuen Gebiete konfessionell unterschiedlich geprägt waren. Auch in der Verwaltung des Großherzogtums glich man sich an Frankreich an: Das Land wurde in etwa gleich große Verwaltungsbezirke (Kreise) eingeteilt. Wie in Württemberg überging man dabei auch in Baden die historisch gewachsenen Zusammenhänge. An der Spitze der Verwaltung standen Fachminister. 1818 wurden mit der Verabschiedung einer Verfassung und der Wahl eines badischen Landtags weitere wichtige Schritte in Richtung eines gemeinsamen badischen Staatsbewusstseins vollzogen.

> **Liebe Mitbürger!**
>
> Wir werden aufgefordert, am 30sten dieses Monats unserm neuen Landes-Herrn zu huldigen, das ist, unverbrüchliche Treue und Gehorsam zu schwören. Gewiß hat sich schon längst jeder von uns nach dem Tage gesehnt, an welchem er das, was bereits sein Herz empfand und im Stillen gelobte, auf die feyerlichste Art seinem Fürsten und der Welt offenbaren kann. Denn wie sehr müßen wir nicht die Vorsehung preisen, daß sie uns, nach so mancher harten Prüfung, zur Belohnung unsrer Treue, einen Regenten gegeben hat, den die Welt einstimmig den Nestor der Fürsten nennt; welcher die Unterthanen, die mitten unter uns wohnen, und durch die natürlichsten Bande mit uns vereinigt sind, durch eine 60 jährige Regierung beglücket, und der Stadt Freyburg und uns Bürgern in dem kurzen Zeitraume seiner neuen Regierung schon so große Wohlthaten erzeigt hat, und für die Zukunft verheißet!
>
> Damit ihr aber wisset, wie unser gnädigster Fürst denke, nach welchen Grundsätzen Er regiere, so leset seine Antwort auf die Danksagungen des Landes nach Aufhebung der Leibeigenschaft im J. 1783, beherziget ihren Innhalt, schließet daraus auf euer künftiges Loos, und ihr werdet, wenn ihr euern Geist überzeugt, euer Herz erwärmt fühlet, mit Freuden das feyerliche Gelübde ablegen, das uns auf ewig unter dem weisesten und mildesten Fürsten aus Zähringens Stamme, unter Carl Friedrich vereinigt.
>
> Freyburg den 23sten Juny 1806.
>
> Der Stadtmagistrat.

Q2 Aufruf des Freiburger Stadtmagistrats an die Einwohner der Stadt, sich zur Huldigung für den neuen Landesherrn, Großherzog Karl Friedrich, einzufinden.

D2 Säkularisation konkret
Der Historiker Wolfgang Urban schildert den Vorgang:
Fast ein halbes Jahr vor dem Reichsdeputationshauptschluss (…) kamen sieben württembergische Quartiermacher ins Kloster Zwiefalten und kündigten für den Tag 250 Mann militärische Besatzung an. (…) Auch
5 den Mönchen blieb kaum etwas anderes übrig, als gute Miene zu Vorgängen zu machen, an denen sie nichts ändern konnten. Der Abt als Reichsprälat speiste zusammen mit den Offizieren und den höheren Beamten. Man bot Tafelmusik zur Unterhaltung. Eine
10 Abordnung des Klosters wurde (…) nach Stuttgart geschickt, um Zwiefalten der „Huld und Gnade" des Herzogs und Kurfürsten Friedrich zu empfehlen. (…) Die militärische Besitzergreifung war nur der Auftakt zur zivilen, die zwei Monate später vollzogen wurde
15 (…) [und] diente der Sicherung, dass nicht angesichts der bevorstehenden Säkularisation und Aufhebung des Klosters Wertgegenstände weggeschafft würden. [Der] Abt (…) und sein Konvent mussten am 25. November dem Herzog von Württemberg huldigen und ihn damit
20 als Oberhaupt und Landesherrn anerkennen. Gleichzeitig wurde die Räumung des Klosters auf 1. Dezember 1802, auf nur sechs Tage später also, verfügt. Seinen persönlichen Einzug hielt Kurfürst Friedrich am 7. August 1803. Ein Hochamt musste gefeiert werden. Als neuen
25 Titel legte er sich den eines Fürsten von Zwiefalten zu.

Q3 Ursachen von Armut
Eine anonyme Streitschrift aus Straßburg von 1798 urteilt über Oberschwaben:
Wirft man einen Blick auf Schwabens Karte hin, so sieht man, dass (…) nur allein in diesem Oberländischen Distrikt, der bisher der Pfaffenwinkel genannt wurde, [3 Hochstifte, 18 Prälaturen und 3 Stifter] (…)
5 liegen, die zusammen bey 300 000 Seelen und gegen 150 bis 170 Quadratmeilen besitzen, in welchem ganzen Umfange weder Fabriken noch Manufakturen, noch ein anderer wesentlicher Zweig von Industrie anzutreffen ist, so kann man leicht daraus schließen: (…)
10 dass diese Leute als Knechte ihre überlassenen Güter bearbeiten, und den reichsten Profit davon an ihre Herren, die dafür Gott dienen, abgeben müssen. Bey einem solch knechtischen Volk kann dahero weder Energie noch Industrie, noch Vervollkommnung des
15 menschlichen Wohlstandes aufkeimen.
Aus dieser Folge mag sich die Hauptursache ableiten lassen, warum in geistlichen Staaten die mehresten Bettler angetroffen werden.

D3 Armenfürsorge des Klosters Heiligkreuztal
Der Historiker Günther Pape urteilt:
So hart diese Zeit (der Säkularisation) für die Klosterfrauen auch war, noch härter wurden die Armen im Klostergebiet betroffen. Sie hatten jährlich vom Kloster Almosen in Höhe von 1046 Gulden und 24 Kreuzer empfangen, was unter 134 Personen der 8 Dörfer verteilt
5 wurde. Diese Summe wurde sofort ersatzlos gestrichen.

D2, Q3 und D3 zit. nach: Die Französische Revolution, in: Politik und Unterricht 3/89, hrsg. von der Landeszentrale für politische Bildung Baden-Württemberg, S. 23f. 22, 25.

Q4 Das Kloster Weißenau um 1900

Fragen und Anregungen

1. Beschreibe anhand der Karte D1, welche Gebietsveränderungen sich durch Säkularisation und Mediatisierung in deiner Region ergeben haben.

2. Verfasse aus der Perspektive Friedrichs und aus der Perspektive des Zwiefalter Abtes jeweils einen Tagebucheintrag, den diese am Abend des 1. Dezember 1802 verfasst haben könnten. Von welchen Eindrücken der letzten Monate, von welchen Zukunftserwartungen und Sorgen waren beide Männer wohl bestimmt (D2, VT)?

3. Erkundige dich, welchem Zweck säkularisierte Klöster in deiner Region heute dienen (s. auch Q4).

4. Erkläre, was mit der Huldigung für den neuen Landesherrn in der bisher zu Österreich gehörigen Stadt Freiburg bezweckt werden sollte (Q2).

5. Erstelle eine Tabelle mit positiven und negativen Folgen der Säkularisation. Überprüfe anschließend, inwieweit sich die These von der Modernisierung der süddeutschen Staaten durch Säkularisation und Mediatisierung aufrecht erhalten lässt (VT, Q3, D2, D3).

8. Wird Europa französisch?

1806	Napoleon befiehlt die „Kontinentalsperre" gegen Großbritannien.
1808	Napoleons Heer besiegt Spanien, ein Guerillakrieg bricht aus.
1812	Der Russlandfeldzug Napoleons endet in einer Katastrophe.
1813	In der Völkerschlacht bei Leipzig siegen die Koalitionsheere über Napoleon.
1815	Napoleons Heer selbst wird von einer britisch-preußischen Armee bei Waterloo vernichtend geschlagen. Napoleon wird auf die Insel Sankt Helena verbannt.

Napoleons Kriegsführung

Unter Napoleon befand sich Frankreich fast ununterbrochen im Krieg; die Liste berühmter Schlachten und französischer Siege ist lang. Dass Napoleon an allen Feldzügen selbst teilgenommen und an vorderster Front gekämpft hatte, machte einen großen Teil seiner Popularität aus. Die Fürsten und Herrscher der anderen europäischen Länder kämpften in unterschiedlichen Koalitionen gegen Frankreich, manche scherten aus und verbündeten sich mit Napoleon, zahlreiche Friedensverträge wurden geschlossen und wieder gebrochen. Vorübergehend gelang es Napoleon tatsächlich, die Landkarte Europas nach seinen Vorstellungen neu zu ordnen.

Krieg gegen Großbritannien

Großbritannien blieb Frankreichs hartnäckigster Gegner. Seit die Briten 1805 einen klaren Seesieg über die Franzosen errungen hatten, war Frankreichs Flotte der englischen weit unterlegen. So war an eine Invasion und Eroberung Englands nicht

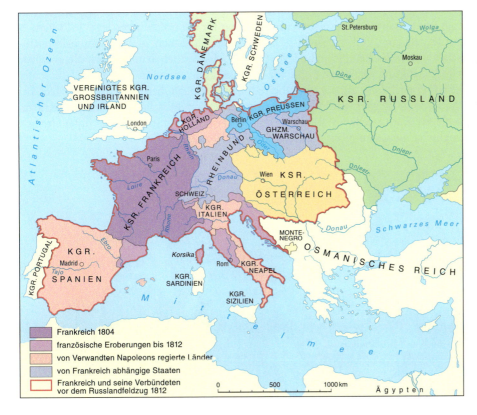

D1 Europa unter napoleonischer Herrschaft bis 1812

81

zu denken. Um England zu isolieren und zu schwächen, befahl Napoleon einen Wirtschaftsboykott, dem sich alle verbündeten oder besetzten Länder anschließen mussten. Es durften keinerlei Waren vom europäischen Festland nach England und umgekehrt gebracht werden. Die „Kontinentalsperre" traf England empfindlich, aber auch die Wirtschaft auf dem Festland und besonders in Frankreich litt darunter. Über Großbritannien waren bisher begehrte Waren aus den Kolonien gekommen – besonders Zucker und Baumwolle fehlten jetzt. Gegen die Blockade wurde häufig verstoßen, offiziell durch „Ausnahmen", inoffiziell durch Schmuggelei.

Widerstand gegen Napoleon

In Spanien, dessen reguläre Armee von Frankreich schnell besiegt worden war, entwickelte sich eine neue Form von Widerstand gegen die Besatzung, die „Guerilla" („kleiner Krieg") genannt wurde. Er wurde von der Bevölkerung in ständigen, unvorhersehbaren Attacken gegen die Besatzungsarmee geführt, die dieser Taktik nicht gewachsen war und starke Verluste erlitt. Im spanischen Befreiungskrieg, der fünf Jahre dauerte, wurde von beiden Seiten mit ungewöhnlich großer Brutalität gekämpft. Zu Widerstand und Aufständen kam es auch in Österreich und in Tirol.

Der Russlandfeldzug

Als Russland sich entschied, die Kontinentalsperre aufzugeben und den Handel mit England wieder aufzunehmen, beschloss Napoleon 1812 eine Bestrafung. Mit einem Heer von 600 000 Soldaten aus Frankreich und allen besetzten Ländern sollte demonstriert werden, wer die Macht in Europa hatte. Das Unternehmen endete in einer Katastrophe: Zwar konnten die Truppen, schon stark geschwächt, Moskau einnehmen, aber die Stadt war vorher verlassen und in Brand gesteckt worden. Der Rückweg, im Winter und ohne Lebensmittelnachschub, wurde zur Qual. Nur 110 000 Soldaten überlebten den Feldzug. Auf russischer Seite starben 210 000 Soldaten.

Napoleons Sturz

Die verheerende Niederlage in Russland ließ den Widerstand gegen die französische Besatzung in vielen Ländern rasch anwachsen. Besonders in Preußen begeisterte man sich mit neu erwachtem Nationalbewusstsein für die Befreiungskriege. 1813 kam es bei Leipzig zur „Völkerschlacht": Die vereinten russischen, preußischen, österreichischen und britischen Heere besiegten die napoleonischen Truppen. Napoleon wurde zur Abdankung gezwungen und auf die Insel Elba verbannt. Knapp ein Jahr später kehrte er nach Paris zurück und übernahm erneut den Oberbefehl über das Heer. Bei Waterloo in Belgien wurde er von einem britisch-preußischen Heer vernichtend geschlagen. Zum zweiten Mal wurde er gestürzt und verbannt – diesmal unter strenger englischer Bewachung auf die kleine Insel St. Helena im Atlantik.

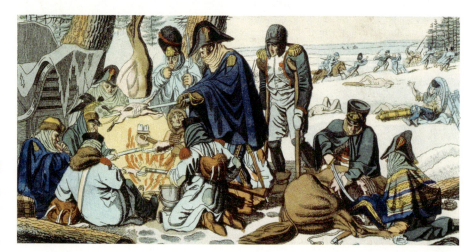

Russlandfeldzug Napoleons Q1
Freiwilliger Biwak der großen französischen Armee im November 1812. Anonyme kolorierte Radierung, um 1812.

82

Q2 Der 3. Mai 1808
Gemälde von Francisco de Goya, 1814. Der spanische Maler schilderte den Aufstand und Krieg des spanischen Volkes gegen die französische Besatzung in zahlreichen Gemälden und Zeichnungen. Das Gemälde zeigt die Hinrichtung Aufständischer.

Q3 „Tot – alles – alles – tot."
Ein Augenzeuge berichtet über die Rückkehr westfälischer Soldaten aus dem Russlandfeldzug:
Teurer Vater, (…) und da stand denn ein Häufchen von ungefähr fünfzig Mann dieser Unglücklichen, die dem Graus der Elemente, den feindlichen Schwertern und dem Hunger entflohen waren. (…) Wie sahen die Un-
5 glücklichen aus! Die Köpfe und die Füße in Lumpen gehüllt, der übrige Körper bedeckt mit Fetzen von allen möglichen Stoffen oder Strohmatten. Auch Tierfelle, noch voll des vertrockneten Blutes, bedeckten ihre Blößen. Der Ausdruck ihrer bleichen Züge war ein
10 schrecklicher, die Augen sahen mit einem geisterhaft starren Ausdruck aus den blassen, mit Falten durchzogenen Gesichtern heraus, als sähen sie noch alle die Gräuel. (…) Die meisten der Unglücklichen konnten ihre Körper kaum noch fortschleppen, so matt
15 und krank waren sie. Ihre Gesichter, geschwärzt von dem Rauch der Lagerfeuer, bedeckt mit wochenlangem Straßenschmutz, zerfressen von allen möglichen Krankheiten (…) und zernagt von Ungeziefer, sahen mit gespenstischem Ausdruck aus den Lumpen hervor.
20 (…) Ist es möglich, teurer Vater, dass ein Mensch solch eine Gewalt über die Welt besitzt, dass er hunderttausendfaches Unglück über seine Mitmenschen bringen kann? (…) Ich versuchte mir Auskunft von ihnen über das Schicksal unseres Fritz zu verschaffen, aber so viel
25 ich auch fragte, ich erhielt nur ein blödes Lachen als Antwort oder ein anderer hob den Arm und flüsterte halb irre: „Tot – alles – alles – tot."

E. Kleßmann (Hg.): Napoleons Russlandfeldzug in Augenzeugenberichten. Düsseldorf 1964, S. 391 f.

Q4 Napoleon
Eine weit verbreitete deutsche Karikatur von 1814.

83

Napoleons Lebenslauf Q5

Um 1814 kursierten in Deutschland und England mehrere Versionen dieser Karikatur, bei denen besonders das letzte Bild („nach dem Tode …") unterschiedlich war. Kolorierte Radierung nach einer deutschen Karikatur.

Q6 Gespräch Napoleons mit Metternich

In seinen Lebenserinnerungen berichtet der österreichische Kanzler Metternich über Friedensverhandlungen, die er im Juni 1813, zwei Monate vor der Völkerschlacht bei Leipzig, mit Napoleon führte. Österreich zögerte noch, ob es sich gemeinsam mit Russland und Preußen gegen Napoleon stellen sollte. Napoleon hatte 1810 die Tochter des österreichischen Kaisers geheiratet:

Metternich: Die Welt bedarf des Friedens. Um diesen Frieden zu sichern, müssen Sie in die [alten] (…) Machtgrenzen zurückkehren, oder aber Sie werden in dem Kampf unterliegen.

Napoleon: Nun gut, was will man denn von mir? Dass ich mich entehre? Nimmermehr! Ich werde zu sterben wissen, aber ich trete keine Handbreit Boden ab. Eure Herrscher, geboren auf dem Throne, können sich zwanzigmal schlagen lassen und doch immer wieder in ihre Residenzen zurückkehren; das kann ich nicht, ich, der Sohn des Glücks! Meine Herrschaft überdauert den Tag nicht, an dem ich aufgehört habe, stark und folglich gefürchtet zu sein. Ich habe einen großen Fehler gemacht, indem ich außer Acht ließ, was mich eine Armee gekostet hat, die herrlichste, die es je gegeben hat. Ich kann mich mit Menschen schlagen, aber nicht mit Elementen; die Kälte hat mich zugrunde gerichtet. In einer Nacht verlor ich 30 000 Pferde. Alles habe ich verloren, nur die Ehre nicht. (…)

Metternich: Ich habe Ihre Soldaten gesehen, es sind Kinder. (…) Und wenn diese jugendliche Armee, die Sie unter die Waffen gerufen haben, dahingerafft sein wird, was dann?

Napoleon: Sie sind nicht Soldat und wissen nicht, was in der Seele eines Soldaten vorgeht. Ich bin im Felde aufgewachsen und ein Mann wie ich schert sich wenig um das Leben einer Million Menschen.

E. Kleßmann (Hg.): Die Befreiungskriege in Augenzeugenberichten. Düsseldorf 1966, S. 119 f.

Fragen und Anregungen

1 In seinem Buch „Die Geschichte Europas" hat der französische Historiker Jacques LeGoff für das Napoleon-Kapitel die Überschrift „Ein missglückter Versuch, Europa zu einigen" gewählt. Erkläre diesen Satz mithilfe des Textes und der Karte D1.

2 Beschreibe die in Q1 dargestellten Probleme, mit denen die französischen Soldaten auf dem Rückzug aus Russland zu kämpfen hatten.

3 Beschreibe die in Q2 dargestellte Szene. Stelle fest, wessen Partei der Maler ergreift, und begründe deine Position anhand der Darstellung.

4 Vergleiche den Augenzeugenbericht Q3 mit den Äußerungen Napoleons zum Russlandfeldzug (Q6).

5 Beschreibe und interpretiere die Karikatur Q4. Nimm den Verfassertext und die Karte D1 zu Hilfe.

6 Erläutere die einzelnen „Stufen" des Lebensweges Napoleons und ordne ihnen – soweit möglich – Jahreszahlen zu (Q5).

7 Erarbeite aus Q6, welche Argumente Metternich und welche Napoleon vorbringt. Tragt das Gespräch zwischen Metternich und Napoleon in verteilten Rollen vor. Achtet darauf, den „richtigen Ton" zu treffen. Erläutere Napoleons Haltung gegenüber Metternich.

Eine „Fieberkurve" der Revolution

In diesem Kapitel werdet ihr mit einer Fülle von Ereignissen konfrontiert. Da sich gerade in revolutionären Zeiten die Geschehnisse überschlagen, ist es wichtig, nicht den Überblick zu verlieren. Hilfreich dazu ist z. B. die Darstellung in Form einer Zeitleiste, wie ihr sie schon früher kennen gelernt habt. Das Prinzip der Zeitleiste lässt sich verfeinern, indem man die Ereignisse gewichtet und bewertet.

Zeichnet zunächst ein Koordinatensystem.

Es ist üblich, auf der x-Achse die Zeitabschnitte einzutragen. Dazu wählt man einen angemessenen Ausschnitt aus, für unser Thema z. B. die Jahre von 1788–1799. Die x-Achse stellt sich dann folgendermaßen dar:

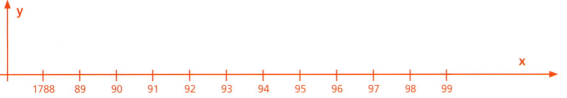

Auf der y-Achse wird nun das „Fieber" gemessen, d. h. je „revolutionärer" das Ereignis war, desto höher wird es auf der y-Achse angesetzt. So würde man die Einberufung der Generalstände z. B. noch relativ niedrig einordnen, die Hinrichtung des Königs dagegen erheblich höher.

1) Einberufung der Generalstände
2) Hinrichtung des Königs

Die Datenleisten in diesem Kapitel enthalten 17 Ereignisse aus der Zeit von 1788 bis 1799. Stellt, z. B. in Gruppenarbeit, diese Ereignisse in Form einer Fieberkurve dar. Ein Tipp: Wählt das Papier nicht zu klein! Es ist auch möglich, ein Poster zu gestalten, eine Folie zu benutzen oder den Computer einzusetzen. Präsentiert eure Grafiken den anderen Gruppen und vergleicht eure Ergebnisse. Diskutiert anschließend darüber, wie sich die Unterschiede zwischen euren „Fieberkurven" erklären lassen.

Die Französische Revolution ist nicht die einzige Revolution, über die ihr in diesem Buch etwas lernen könnt. Vielleicht habt ihr euch schon über die englische (S. 12–16) und amerikanische (S. 23–31) Revolution informiert, und auf den Seiten 150–171 könnt ihr euch mit der Revolution von 1848 und auf den Seiten 269–274 mit der Russischen Revolution beschäftigen. Ihr könnt Fieberkurven dazu benutzen, zwei Revolutionen miteinander zu vergleichen, z. B. die Französische Revolution mit der Englischen Revolution.

INDUSTRIALISIERUNG UND SOZIALE FRAGE

Hast du dir schon einmal Gedanken darüber gemacht, wie unser Leben ohne Maschinen, ohne Erdöl und Kohle, ohne Eisenbahn, Strom oder Autos aussehen würde? Aus unserem Alltag sind Industrie und ihre vielfältigen Produkte nur schwer wegzudenken. Dabei hat die Entwicklung zu unserem modernen Leben, die so genannte Industrialisierung, gerade erst vor gut 200 Jahren begonnen. Manche Historiker meinen, dass sich durch die Industrialisierung das Leben der Menschen genauso radikal änderte wie beim Übergang von der Altsteinzeit zur Jungsteinzeit. Überlege ausgehend von den Bildern auf dieser Seite, wie sich das Leben der Menschheit durch die Industrialisierung geändert hat, welche Vorteile und Probleme sie mit sich brachte.

Die deutsche Sozialversicherung (1913) Plakat der deutschen Regierung, 1913.

Zeitkontrollapparat, 1898

Kristallpalast in London zur Weltausstellung, 1851

Gottlieb Daimler und sein Sohn auf der ersten Motorkutsche, 1885

Werbeplakat, 1894

Ansicht eines Eisenwalzwerkes in Hagen, um 1860

Maschinelles Spinnen Q1
Stahlstich, um 1835.

1. England – Werkstatt der Welt

Beginn der Industrialisierung

Traditionelles Spinnen Q2
Gemäldeausschnitt, um 1783.

Im 18. Jahrhundert begann in England mit der „Industrialisierung" eine grundlegende Veränderung der Wirtschaftsweise, die schließlich das heutige Wirtschaftssystem hervorbrachte. Bis dahin arbeitete die große Mehrheit der Menschen in der Landwirtschaft, eine Minderheit war im Handwerk und im Handel tätig. Lebens- und Arbeitsbedingungen blieben über Jahrhunderte hinweg fast gleich, Neuerungen und Verbesserungen setzten sich nur sehr langsam durch.

Nun aber kam es in der englischen Wirtschaft in verhältnismäßig kurzer Zeit zu bahnbrechenden Neuerungen. Es wurde eine Reihe von Maschinen erfunden, die die althergebrachte Handarbeit ersetzten. Mit diesen Maschinen begann der Prozess der Industrialisierung, daher sprechen wir heute auch von Schlüsselerfindungen. Neuartig waren außerdem die Fabriken, in denen viele solcher Maschinen nebeneinander eingesetzt wurden. Insgesamt konnten so die Herstellungskosten von Waren deutlich gesenkt bzw. die in einem Zeitraum mit demselben Arbeitsaufwand erzeugte Warenmenge vergrößert werden – es konnte wesentlich produktiver gearbeitet werden. Darüber hinaus wälzten die wirtschaftlichen Veränderungen die gesamte Art der herkömmlichen Lebensführung und Lebensverhältnisse um: Immer mehr Menschen zogen vom Land in die Städte, arbeiteten in Fabriken und lebten von dem, was sie dort verdienten.

Leitsektor Textilindustrie

Die ersten brauchbaren und wirtschaftlichen Maschinen kamen bei der Herstellung von Baumwollgarn zum Einsatz. Im 18. Jahrhundert stieg die Nachfrage nach Baumwollprodukten weltweit an. England sicherte sich als beherrschende See- und Kolonialmacht den Zugriff auf die Rohbaumwolle der nordamerikanischen Kolonien. Mit der steigenden Nachfrage musste man jetzt aber auch überlegen, wie Garn schneller und billiger hergestellt werden könnte. 1764 wurde die „Spinning Jenny" erfunden, eine Maschine, mit der eine Person zunächst acht, später über 100 Spindeln gleichzeitig bedienen konnte. Ein nächster Schritt wurde 1769 vollzogen: Es gelang, mehrere Spinnmaschinen gleichzeitig mit Wasserkraft zu betreiben. Nun konnten viele Maschinen in einem Gebäude untergebracht werden – die ersten Fabriken entstanden. Schließlich wurde auch die Weberei produktiver gestaltet.

88

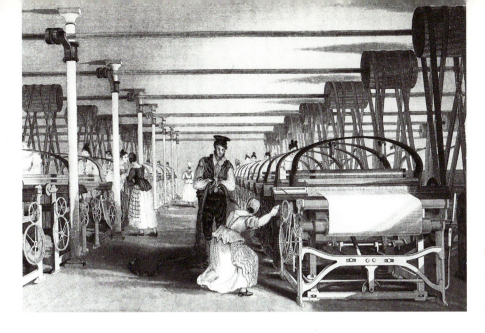

Q3 Mechanische Webstühle in einer englischen Baumwollmanufaktur. Stahlstich, 1835.

Erste mechanische Webstühle, die die Arbeit des Handwebens am Webstuhl maschinell ausführten, kamen um 1800 zum Einsatz. Da die Textilindustrie in England den entscheidenden Anstoß für die Industrialisierung gegeben hat, nennt man sie auch Schrittmacherindustrie oder Leitsektor.

Die Dampfmaschine

Anfangs waren die Standorte der Fabriken an die Wasserkraft und damit an fließende Gewässer gebunden. 1782 erfand der schottische Mechaniker James Watt eine Kraftmaschine, mit der andere Maschinen überall angetrieben werden konnten. Schon seit Beginn des 18. Jahrhunderts waren in englischen Kohlebergwerken mit Wasserdampf betriebene Maschinen eingesetzt worden, um das Grundwasser aus den Schächten zu pumpen. Watt entwickelte diese Dampfmaschine nun so fort, dass sie in allen Industriezweigen als Antriebskraft verwendet werden konnte. 1785 wurde erstmals eine Baumwollspinnerei mit einer Dampfmaschine betrieben.

Metallerzeugung

Die Verbreitung von Maschinen in England wurde durch Neuerungen im Bereich der Metallerzeugung und -verarbeitung begünstigt. Für die Verhüttung von Metallerzen wurde bis dahin Holzkohle verwendet. Wegen großen Holzmangels war Holzkohle aber besonders teuer geworden. 1709 wurde ein Verfahren entwickelt, bei dem aus Steinkohlen gewonnener Koks in Hochöfen zur Eisenerzverhüttung benutzt wurde. 1784 fand man dann einen Weg, wie auch schmiedbare Stabeisen mit Steinkohlenkoks erzeugt werden konnten. Waren bis dahin Maschinen noch hauptsächlich aus Holz hergestellt worden, so wurden nun Eisen und Stahl zu den wichtigsten Maschinenbaumaterialien. Hierzu war es wiederum notwendig, Metallteile sehr genau und identisch zu bearbeiten, z.B. für Schrauben und Gewinde. Dieses Problem wurde mit der Erfindung so genannter Werkzeugmaschinen gelöst.

Eisenbahn

Schon bald wurde aber darüber nachgedacht, ob Dampfmaschinen nicht auch als Antriebskraft für Wagen benutzt werden könnten. Kohlen und Erze wurden in englischen Bergbau- und Metallrevieren schon seit längerem in Wagen transportiert, die mit wenig Reibungsverlust auf Eisenschienen rollten und von Pferden gezogen wurden. Die Idee lag nahe, auf einen solchen Wagen eine Dampfmaschine zu montieren und ihre Kraft auf die Räder zu übertragen – die Eisenbahn war erfunden. Damit stand ein billiges und für die massenhafte Beförderung von Rohmaterialien, Waren und Personen geeignetes Transportmittel zur Verfügung.

Die doppelt wirkende Dampfmaschine nach James Watt, 1782

Der Dampf wird aus dem Kessel abwechselnd in die zwei Kammern des Zylinders geleitet. Wird er in die obere Kammer geleitet, bewegt sich der Kolben nach unten. Gleichzeitig wird das obere Einlassventil durch einen Schieber geschlossen, das untere geöffnet. Jetzt strömt der Dampf in die untere Kammer und der Kolben bewegt sich wieder nach oben. Die Bewegung des Kolbens treibt das Schwungrad an.

Q4 In einer Baumwollspinnerei

Im Auftrag der preußischen Regierung unternahm der Beamte May 1814 eine Reise nach England, um Informationen über die englische Wirtschaft zu sammeln. Über Manchester, den Hauptort der Baumwollindustrie, berichtete er:

Zu hunderten sieht man fünf und sechs Stock hohe Fabrikgebäude hervorragen, zur Seite mit turmhohen Schornsteinen versehen, welche schwarzen Steinkohlendampf aushauchen und damit andeuten, dass hier 5 mächtige Dampfmaschinen wirksam sind. Die Wolke, welche der Steinkohlendampf bildet, ist von fernher schon zu bemerken. Die Häuser sind davon schwarz gefärbt. Der Fluss, welcher Manchester bewässert, ist so mit ausgeflossenen Farbflotten angefüllt, dass 10 er selbst einer Farbenbrühe ähnlich sieht. Das Ganze hat ein melancholisches Ansehen. Doch erblickt man überall geschäftige, fröhliche und gut genährte Menschen, welches das Gemüt wieder erheitert.
Bei einiger Empfehlung fällt es nicht schwer, zu Man- 15 chester in den Fabriken Zutritt zu finden. Baumwollenspinnereien sieht man von aller Gattung und Art. Um Arbeitslohn zu ersparen, hat man die Anlagen der Mules [Maschinen] so weit getrieben, dass 600 Spinnspillen von einer erwachsenen Person und von zwei Kindern verse- 20 hen werden. Zwei Mules, welche diese Anzahl Spillen [Winden] enthalten, stehen sich gegenüber. Die Wagen werden durch die Kraft der Dampfmaschine wechselseitig ausgezogen; das Zurückschieben derselben besorgt die erwachsene Person, welche ihren Platz in der Mitte hat. Die Kinder sind zu beiden Seiten zum An- 25 knüpfen der gerissenen Fäden in Bereitschaft. (…) In den großen Spinnereien sind die verschiedenen Arten von Maschinen wie die Bataillone in einer Armee aufgestellt. Die Maschinenteile werden so viel wie möglich von Eisen, die Gestelle jetzt ganz aus Gussei- 30 sen verfertigt. Außer dass das Gusseisen in mehreren Gegenden wohlfeiler als Nutzholz ist, wird durch die Anwendung desselben an Raum sowie an Versicherungskosten gespart. (…)

Zit. nach: J. Kuczynski, Darstellung der Lage der Arbeiter in England 35 von 1760 bis 1832, Bd. 23. Berlin 1964, S. 174 ff.

Q5 Verhüttung von Eisenerz

In Coalbrookdale in Shropshire am Severn, einer schon vor der Industrialisierung traditionsreichen Hüttenregion im Westen von England, wurde zu Beginn des 18. Jahrhunderts der Kokshochofen erfunden. Er ermöglichte es, statt teurer Holzkohle billigere Steinkohlen zum Schmelzen von Eisen zu verwenden. Coalbrookdale entwickelte sich zu einer der ersten Industriestädte. Charles Hatchett verbrachte 1796 auf einer Reise mehrere Tage in Coalbrookdale und hielt seine Eindrücke in einem Tagebuch fest:

Dieser Ort hat den großen Vorteil, dass in den Bergen am Ufer des Flusses Eisenerz, Kohle und (in der Nachbarschaft) Kalkstein vorkommen, sodass die

Q6 Bergmann
Aquatinta von Robert und Daniel Havell, 1813. Auf dem Hügel sind die Dampfmaschine und das Fördergerüst der Zeche zu sehen. Mit der Dampflokomotive wurden die Kohlen transportiert. Solche frühen Lokomotiven mussten noch mit Seilzügen Steigungen hinaufgezogen werden.

Natur hier Materialien zur Verfügung stellt, die gebraucht werden, um Eisenerz zu schmelzen. Am Morgen nach dem Frühstück besichtigten wir die Dale Works, die wichtigste Eisengießerei, (…). Die Fabrik gehört der Quäkerfamilie Darby, welche durch Heirat mit der Quäkerfamilie Reynolds verbunden ist. Der wiederum gehören die meisten anderen großen Fabriken. Von dem alten Quäker, der uns die Fabriken zeigte, erfuhr ich, dass in dem Gebiet, das diesen beiden Familien gehört, ca. 30 000–40 000 Menschen von der Arbeit in den Gießereien oder in den Eisenerz- und Kohleminen leben. Die Öfen in diesen Fabriken sind über 30 Fuß hoch und die Luftzufuhr wird von großen Zylindern statt von Blasebälgen erzeugt. Der Ofen wird von oben mit Erz (das geröstet wurde) gefüllt, das mit Kalkstein als Flussmittel vermengt ist. Geheizt wird mit Koks. Er wird vor Ort durch das teilweise Verkohlen oder Verbrennen von Steinkohle gewonnen, die mit Erde und Asche bedeckt wird. Zweimal am Tag wird der Ofen angestochen und jedes Mal werden 3–4 Tonnen Eisen geschmolzen. Durch einen Sandkanal wird das Metall in eine Art Trog geleitet, der als Behälter dient, von dem aus es in verschiedene Formen geleitet wird. Wenn die alle gefüllt sind, wird das hintere Ende des Trogs mit einem Kran und Haken angehoben, sodass das restliche Eisen in einen anderen Sandkanal fließt, von dem seitlich kürzere Kanäle abzweigen. (…) Ein Teil des Roheisens wird unter den großen Hämmern in den Schmieden, die zu diesem Unternehmen gehören, in Stabeisen oder in Hämmer für Stampfmühlen umgeformt. Der Rest wird in einem offenen Tiegel (…) erneut geschmolzen, um Gefäße und andere Geräte zu gießen. Die berühmte Eisenbrücke über den Severn wurde in dieser Gießerei geformt. (…)

Zit. nach: B. Trinder (Hg.), The most extraordinary District in the World. Chichester 1988, S. 51 f. (Übers. d. Verf.)

Fragen und Anregungen

1 Übertrage D1 in dein Heft und beschrifte die Zeichnung mithilfe der Legende.

2 Informiere dich in einem Fachlexikon (s. Lernen lernen) darüber, wie die „Spinning Jenny" funktionierte. Beschreibe dann den Ablauf des Spinnvorgangs in einer Fabrik (Q1, Q4). Informiere dich über die Erfindung von Webmaschinen.

3 Zeichne nach den Angaben von Q5 einen Hochofen. Vergleiche deine Zeichnung mit den Erklärungen in einem Fachlexikon. Erläutere die Begriffe „Verhüttung", „Koks", „Stab-" und „Gusseisen".

4 Trage den Verlauf der englischen Industrialisierung in einen Zeitstrahl ein (VT).

91

2. Gründe der englischen Industrialisierung

Bodenschätze und Transportwege — Die Industrialisierung setzte nicht zufällig in England ein. Das Land verfügte über Bodenschätze wie Eisenerz und Steinkohle. Zudem konnten wegen der Insellage viele Rohstoffe und Waren auf Wasserwegen transportiert werden. Neben diesen natürlichen Voraussetzungen wurde die Industrialisierung aber vor allem durch wirtschaftliche und soziale Veränderungen befördert.

Konzentration von Geldvermögen — So gab es in England eine größere Zahl von Privatpersonen, die fähig und willens waren, höhere Geldbeträge in die Entwicklung neuer Produktionsverfahren zu investieren. Solche größeren Kapitalien waren hauptsächlich durch den Handel mit den Kolonien in Übersee erwirtschaftet worden. Aber auch in der Landwirtschaft waren die Erträge und die Gewinne beträchtlich gesteigert worden. Dies war vor allem auf eine Veränderung der Besitzstrukturen und auf verbesserte Anbaumethoden zurückzuführen. Bis dahin waren es überwiegend kleine und kleinste Bauern-

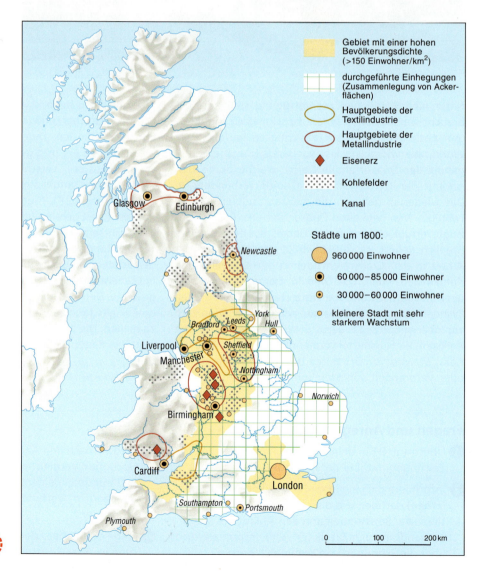

Die britische Industrie um 1800 D1

höfe gewesen, die im Rahmen der Dreifelderwirtschaft auf schmalen Landstreifen hauptsächlich das produzierten, was sie zum Überleben brauchten. Zum Weiden des Viehs, zum Sammeln von Brennholz und zu anderen Zwecken waren die Bauern immer auch auf Wiesen und Wälder angewiesen, die von den Bauern gemeinsam genutzt wurden. Die Erträge dieser Wirtschaftsweise reichten häufig nicht aus. Die Bauern mussten Schulden aufnehmen und schließlich ihr Land dem adligen Grundherrn überlassen. Auch das Gemeindeland wurde in Privatbesitz umgewandelt. Die Äcker wurden durch Hecken und Mauern „eingehegt". Die Großgrundbesitzer konnten ihre Ländereien jetzt erfolgreich bewirtschaften und hohe Gewinne erzielen. Vielen Kleinbauern blieb aber nichts anderes übrig, als sich als Landarbeiter zu verdingen, in die Städte zu ziehen oder ganz auszuwandern (s. S. 20–22).

Die Großgrundbesitzer verpachteten große Teile ihrer Ländereien. Die Pächter waren bestrebt Ackerbau und Viehzucht produktiver zu machen. Die Dreifelderwirtschaft ersetzten sie durch die Fruchtwechselwirtschaft. Der vermehrte Anbau von Rüben und Klee kam der Stallfütterung im Winter zu Gute. Hierdurch fiel wiederum mehr Mist an, der zum Düngen verwendet werden konnte. Saatgut wurde sorgfältiger ausgewählt. Beim Vieh, vor allem bei Schweinen und Rindern, wurden wirtschaftlichere Rassen gezüchtet. Geräte wie Pflüge, Eggen usw. wurden verbessert, indem sie aus Eisen hergestellt wurden.

Modernisierung der Landwirtschaft

Die Entwicklungen in der Landwirtschaft hatten vor allem zwei Folgen, die die Industrialisierung begünstigten. Erstens stand sowohl den industriellen als auch den landwirtschaftlichen Unternehmern eine immer größere Zahl von Arbeitskräften zu niedrigen Löhnen zur Verfügung. Und zweitens produzierte die ertragreichere Landwirtschaft mehr Lebensmittel zu günstigeren Preisen, sodass die ständig wachsende Zahl derjenigen Menschen ernährt werden konnte, die nicht in der Landwirtschaft tätig waren.

Wachsende Zahl von Arbeitskräften

Eine weitere wichtige Voraussetzung für die Industrialisierung bestand darin, dass die englische Regierung den industriellen Unternehmen und den Kaufleuten weitgehende Freiheiten gewährte. Schon früh setzte sie gegen den Widerstand der Zünfte die Handels- und Gewerbefreiheit durch. Wer sein Geld längerfristig in Industrieunternehmen investierte, konnte sich somit sicher sein, seine Waren auf einem großen Markt verkaufen zu können, der das Inland und die Kolonien umfasste. Gleichzeitig schützte die Regierung diesen Markt vor ausländischen Konkurrenten, beispielsweise durch die Vorschrift, dass deren Waren nur auf englischen Schiffen eingeführt oder dass englische Maschinen nicht ausgeführt werden durften.

Großer Binnenmarkt

Sogar die Religion scheint zu dem Aufstieg der Industrie in England beigetragen zu haben. Viele Händler und Industrielle waren Puritaner, die an die Lehre Calvins glaubten (s. S. 13). Wirtschaftlichen Erfolg betrachteten sie als gerechte Folge eines gottgefälligen Lebens voller Fleiß und Bescheidenheit. Sie sahen es geradezu als Pflicht an, den Gewinn nicht für den privaten Konsum auszugeben, sondern ihn erneut zu investieren.
In dem Land, in dem sich die wirtschaftlichen Aktivitäten Einzelner freier als anderswo entfalten konnten, wurde auch erstmals eine entsprechende Wirtschaftstheorie aufgestellt. Der Schotte Adam Smith (1723–1790) vertrat in seinem berühmten Hauptwerk „Der Wohlstand der Nationen" (1776) die Auffassung, dass es sich bei der freien Marktwirtschaft um eine Wirtschaftsweise handele, in der zwar jeder Einzelne mit seinem Eigentum sein Gewinninteresse verfolge, dies aber über den Kauf und Verkauf der Waren auf dem Markt letztlich doch allen zu Gute komme.

Glaube und Theorie

Q1 Über die Landwirtschaft in Norfolk

Der Agrarwissenschaftler Arthur Young schrieb 1771 nach einer Reise durch Norfolk über die Neuerungen in der dortigen Landwirtschaft:

Große Fortschritte hat man durch folgende Maßnahmen erreicht: 1. Durch Einhegungen; 2. Durch entschiedene Bodenverbesserung mithilfe von Mergel und Lehm; 3. Durch die Einführung eines hervorragenden
5 Fruchtwechsels; 4. Durch den Rübenhackbau; 5. Durch den Anbau von Klee; 6. Durch langfristige Pachtverträge; 7. Durch die Aufteilung der Grafschaft in große Höfe (…). Angesichts der vorangegangenen Aufzählung wird deutlich, dass kein kleiner Bauer so Großes
10 bewirkt haben würde, wie es in Norfolk der Fall war. Ausschließlich Großbauern verfügen über die Voraussetzung Einhegungen und Bodenverbesserungen vorzunehmen, zu düngen, indem sie eine Herde Schafe in einem Pferch halten. (…) Große Farmen sind von jeher
15 das Herzstück der Landwirtschaft in Norfolk gewesen: Teilt sie in Pachtlandzellen mit einem Jahresertrag von jeweils 100 Pfund auf und ihr werdet im ganzen Land nur Bettler und Unkraut finden. Der reiche Mann erhält den Reichtum dieser Kulturlandschaft.

Zit. nach: P. Wende, England als Vorbild Europas. Stuttgart 1988, S. 60 f.

Q2 Der Staat und die freie Marktwirtschaft

Der Wirtschaftswissenschaftler Adam Smith schrieb 1776 über die Wirtschaftsfreiheit:

Solange der Einzelne nicht die Gesetze verletzt, lässt man ihm völlige Freiheit, damit er das eigene Interesse auf seine Weise verfolgen kann und seinen Erwerbsfleiß und sein Kapital im Wettbewerb mit jedem anderen oder einem anderen Stand entwickeln oder 5 einsetzen kann. Der Herrscher wird dadurch vollständig von einer Pflicht entbunden (…), den Erwerb privater Leute zu überwachen und ihn in Wirtschaftszweige zu lenken, die für das Land am nützlichsten sind. Im System der natürlichen Freiheit hat der Souverän 10 lediglich drei Aufgaben zu erfüllen, die sicherlich von höchster Wichtigkeit sind, aber einfach und dem normalen Verstand zugänglich: Erstens die Pflicht, das Land gegen Gewalttätigkeit und Angriff anderer unabhängiger Staaten zu schützen, zweitens die 15 Aufgabe, jedes Mitglied der Gesellschaft so weit wie möglich vor Ungerechtigkeit oder Unterdrückung durch einen Mitbürger in Schutz zu nehmen oder ein zuverlässiges Justizwesen einzurichten, und drittens die Pflicht, bestimmte öffentliche Anstalten und 20 Einrichtungen zu gründen und zu unterhalten, die ein Einzelner oder eine kleine Gruppe aus eigenem Interesse nicht betreiben kann, weil der Gewinn ihre Kosten niemals decken könnte. (…)

A. Smith: Der Wohlstand der Nationen. München 1978, S. 582.

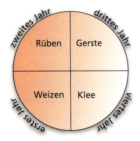

D2 Dreifelder- und Fruchtwechselwirtschaft

Links: Traditionelle Dreifelderwirtschaft. Rechts: System einer vierjährigen Fruchtwechselwirtschaft.

Industrialisierung und industrielle Revolution

Als Industrialisierung bezeichnet man die Umstellung der Produktionsweise von Handarbeit zu maschineller Massenproduktion in Fabriken. Diese Umstellung hat nicht nur Auswirkungen auf die Wirtschaft, sie bewirkt auch tiefgreifende Veränderungen in der Gesellschaft. Die industrielle Revolution ist die Kernphase der Industrialisierung. In ihr beschleunigt sich der Prozess der Industrialisierung in einem Land so, dass die Veränderungen als völliger Umbruch des Bestehenden, als Revolution, bezeichnet werden können. Die industrielle Revolution ist an einem überdurchschnittlichen Wirtschaftswachstum zu erkennen. In England setzte die industrielle Revolution um 1780 ein. Schrittmacherindustrie war die Textilindustrie. In Deutschland begann die Industrialisierung um 1830, die industrielle Revolution setzte um 1850 ein. Hier waren die Schrittmacherindustrien Eisenbahn, Kohle und Stahl. Die erste Eisenbahn in Deutschland fuhr 1835 von Nürnberg nach Fürth.

Q3 Die dunkle Seite der Industrialisierung
Aus einem Reisebericht des Juristen und Schriftstellers Chr. August Gottlieb Goede, 1806:

Schifffahrt, Fabriken und Manufakturwesen zerstören bei großer Ausdehnung furchtbarer und schneller als manche tödliche Epidemie erstaunlich viele Menschenleben. Es ist fast unglaublich, wie sehr sich
5 mit jedem Jahr in England die Zahl der Witwen und Waisen, armer Seeleute und Fabrikarbeiter vermehrt, die in ihrem Beruf einen frühen Tod gefunden haben. (…) Die vermögenden Bürger werden durch die Vergrößerung ihrer Kapitalien in den Stand gesetzt, alle Unternehmungen immer mehr ins Große zu treiben, 10 aber begreiflicherweise wird eben dadurch der ärmere Bürger immer tiefer ins Elend hinabgestoßen.

Chr. A. G. Goede: England, Wales, Irland und Schottland. Erinnerungen an Natur und Kunst auf einer Reise, Bd. 5. Dresden 1806, S. 78 ff.

D3 Die Industrialisierung in Europa 1870–1914

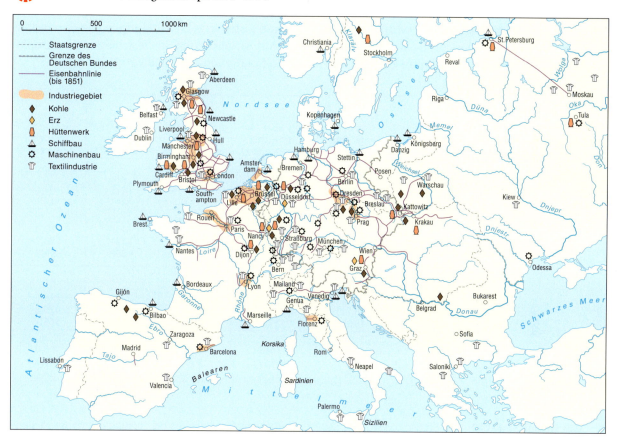

Fragen und Anregungen

❶ Erläutere anhand der Karte D1, welche Faktoren die Entstehung von Industriegebieten gefördert haben. Halte in einem Schaubild fest, welcher Zusammenhang zwischen den einzelnen Faktoren bestand. Überprüfe die Skizze anhand der Informationen des VT.

❷ Erkläre, warum der Agrarwissenschaftler Arthur Young die von ihm beschriebenen Maßnahmen als „große Fortschritte" bezeichnete (Q1, VT).

❸ Liste in Stichworten die wesentlichen Inhalte von Adam Smiths Wirtschaftstheorie auf (Q2). Überlege, wie ein erfolgreicher Unternehmer nach den Vorstellungen Smiths handelt und welche Konsequenzen sein Handeln für die Gesellschaft hat. Entwirf einen tabellarischen Lebenslauf für diesen gedachten Unternehmer, in dem vor allem der Verlauf seiner Karriere deutlich werden soll.

❹ Überlege, welche Folgen die Industrialisierung für einzelne Gesellschaftsgruppen hatte (Q3, VT).

ARBEITEN MIT STATISTIKEN

Die Industrialisierung in Europa

Die Industrialisierung erfasste im Laufe des 19. Jahrhunderts fast alle europäischen Staaten sowie die USA. Zwischen den Ländern bestanden allerdings große Unterschiede. Diese lassen sich an wirtschaftlichen Daten wie der Menge der Investitionen oder Ausgaben, der zur Verfügung stehenden Rohstoffe, der produzierten Waren oder auch der erbrachten Arbeitsleistung ablesen. Seit Beginn der Industrialisierung wollten die Regierungen immer genauer wissen, wie sich die Wirtschaft in ihren Ländern entwickelte. Es wurden eigene statistische Ämter eingerichtet, die für immer mehr Bereiche des wirtschaftlichen und sozialen Lebens Daten sammelten und auswerteten. Dadurch können wirtschaftliche Entwicklungen seit dem 19. Jahrhundert wesentlich besser erschlossen werden als zu früheren Zeiten. Auch wenn die statistischen Daten und die auf ihrer Grundlage angefertigten Tabellen und Diagramme oftmals den Eindruck strenger Sachlichkeit und Objektivität erwecken, so müssen auch sie wie andere Materialien oder Quellen genau analysiert und interpretiert werden. Erst dann lassen sich an Statistiken historische Entwicklungen wie der Verlauf der Industrialisierung in verschiedenen europäischen Staaten ablesen und vergleichen.

Daten zur Wirtschaftsentwicklung europäischer Länder 1850–1873 D 1

	Länge des Eisenbahnnetzes (in engl. Meilen)	Kohlenförderung oder -verbrauch (in tausend t)	Dampfkraftkapazität (in tausend t)	Roheisenproduktion (in tausend t)	Rohbaumwollverbrauch (in tausend t)
Deutschland					
1850	3639	5100	250	212	17,1
1869	10834	26774	2480	1413	64,1
1873	14842	36392	–	2241	117,8
Frankreich					
1850	1869	7225	370	406	59,3
1869	10518	21432	1850	1381	93,7
1873	11500	24702		1382	55,4
Großbritannien					
1850	6621	37500	1290	2249	226,8
1869	15145	97066	4040	5446	425,8
1873	16082	112604	–	6566	565,1
Belgien					
1850	531	3481	70	145	10,0
1869	1800	7822	350	535	16,3
1873	2335	10219	–	607	18,0

Zit. nach: D. S. Landes, Der entfesselte Prometheus. Köln 1973, S. 187.

Was ist eine Statistik? In Statistiken werden Daten zusammengefasst, die aus der Realität oder aus Quellenmaterial ermittelt wurden. Einer Statistik können Akten, Befragungen, z. B. Kundenbefragungen, oder Zählungen, z. B. Verkehrszählungen, zugrunde liegen. Die Daten werden gesammelt und entsprechend der Fragestellung, auf die die Statistik Antwort geben soll, gegliedert und gruppiert. Dabei werden die Daten in der Regel miteinander verrechnet: Für bestimmte Zeiträume werden Durchschnittswerte ermittelt, die Daten werden in Prozentzahlen oder in so genannte Indizes umgerechnet. In der Statistik legt der Index an einer Stelle einen bestimmten Wert fest, in der Regel die Zahl 100. Die anderen Angaben werden dann im Verhältnis zu diesem Wertmaßstab berechnet.

Die Darstellung statistischer Angaben Statistisches Material kann in verschiedenen Formen wiedergegeben werden. Am häufigsten werden statistische Angaben in Tabellen zusammengefasst. Aber auch Diagramme sind Statistiken. Angaben zu Menge, Größe oder Anzahl können in Kreisdiagrammen (siehe S. 46 f.), Säulen-, Linien- oder Figurendiagrammen dargestellt wer-

GEWUSST WIE

den. In Figurendiagrammen werden Zahl- oder Mengenangaben durch vereinfachte Abbildungen der in der Statistik erfassten Personen oder Gegenstände dargestellt. Kreis- und Figurendiagramme werden in der Regel benutzt um einen Mengenvergleich darzustellen. In Linien- und Säulendiagrammen wird wie in einer Tabelle darüber hinaus die chronologische Entwicklung der dargestellten Sachverhalte aufgezeigt.

Zum Umgang mit Statistiken

Ein berühmter Staatsmann soll einmal gesagt haben: „Ich glaube nur Statistiken, die ich selbst gefälscht habe." Auch wenn Statistiken nicht bewusst gefälscht wurden, können ihre Informationen verfälschend wirken und müssen daher genau geprüft werden. Häufig werden Daten in Durchschnittswerten und großen Zeitabständen angegeben. Nur der Vergleich mit anderem Material kann belegen, ob dabei wichtige Einzelereignisse nicht zum Ausdruck kommen. Entscheidend ist auch, wie die Daten erhoben und weiter bearbeitet wurden: Wie groß war die Menge der befragten Quellen oder Personen? Wurden Daten hochgerechnet oder geschätzt? Auf welche Weise wurden die Daten verrechnet? Erst nach der Beantwortung dieser und weiterer Fragen lässt sich beurteilen, ob die Statistik historische Entwicklungen tatsächlich möglichst genau wiedergibt.

Methodische Arbeitsschritte:

1. Überprüfe nach Möglichkeit, wer die Statistik erstellt hat und wie die Daten erhoben und verrechnet wurden.
2. Notiere, welche Fragen und Probleme sich im Umgang mit der Statistik in Bezug auf historische Ereignisse oder Erkenntnisse ergeben könnten.
3. Beschreibe die Statistik möglichst genau:
   – Auf welche Frage will die Statistik antworten?
   – Welche Darstellungsform wurde gewählt? Fallen bei der Darstellung Unregelmäßigkeiten auf?
   – Welche Zahlenwerte, Mengen- oder Zeitangaben sind miteinander in Beziehung gesetzt?
   – Wie umfassend sind die gemachten Angaben?
4. Interpretiere die Statistik:
   – Welche Aussagen lassen sich der Statistik entnehmen?
   – Kannst du Auffälligkeiten, Schwerpunkte, regelhafte Verläufe oder Entsprechungen feststellen?
   – Welche Rolle spielen die von dir in Schritt 2 festgehaltenen Fragen und Schwierigkeiten bei der Bewertung der Aussagen?
   – Vergleiche die Statistik mit anderen Statistiken, Quellen- oder Informationsmaterial.

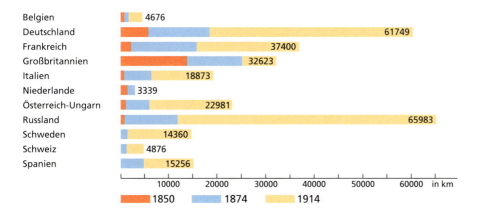

D2 Säulendiagramm zum Eisenbahnnetz europäischer Länder 1850–1914

Zit. nach: Der große Ploetz. Die Datenenzyklopädie der Weltgeschichte. Freiburg 1998, S. 691.

	Österreich	Frankreich	Deutschland	Russland	Großbritannien
1761–1770	–	–	–	–	2,4
1781–1790	–	10,9	–	–	3,8
1801–1814	–	12,2	–	–	7,1
1825–1834	–	21,5	–	–	13,8
1845–1854	–	33,7	11,7	–	27,5
1865–1874	–	49,8	24,2	13,5	49,2
1885–1894	52,5	68,2	45,3	38,7	70,5
1905–1913	100	100	100	100	100

D3 Nationale Indizes der Industrieproduktion europäischer Länder 1761–1770 bis 1905–1913 (1905–13 = 100)

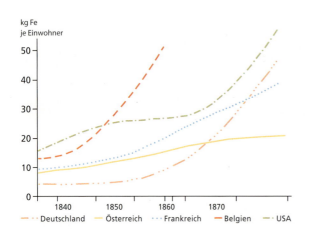

D4 Liniendiagramm zur Eisenproduktion europäischer Länder und der USA 1835–1875

Zit. nach: F.-W. Henning, Die Industrialisierung in Deutschland 1800–1914. München 1995, S. 154.

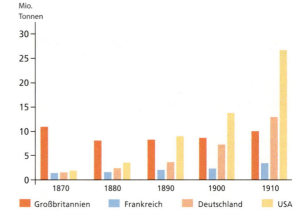

D5 Säulendiagramm zur Eisenproduktion europäischer Länder und der USA 1870–1910

Zit. nach: W. Mickel, Geschichte, Politik und Gesellschaft. Frankfurt a. M. 1987, S. 203.

Fragen und Anregungen

1. Erarbeitet die europäische Industrialisierung anhand statistischer Angaben in einem Gruppenpuzzle:
   - Immer vier Schüler bilden eine Stammgruppe.
   - Erarbeitet in der Stammgruppe die Informationen zu Statistiken sowie die methodischen Arbeitsschritte. Besprecht Unklarheiten und mögliche Schwierigkeiten. Benennt je einen Experten für die Statistiken D1, D2, D4 und D5.
   - Die Experten zu einem Thema treffen sich in einer Expertengruppe. Untersucht in den Expertengruppen die Statistiken D1, D2, D4 und D5 gemäß den methodischen Arbeitsschritten. Benutzt für den letzten Schritt die schon bekannten Fachlexika. Haltet eure Ergebnisse stichwortartig fest.
   - Die Experten stellen in ihrer Stammgruppe die Ergebnisse der Expertengruppen vor. Vergleicht eure Ergebnisse miteinander und mit der Karte D3 auf S. 95. Formuliert einen Schulbuchtext zur Industrialisierung in Europa in der Art, wie in diesem Buch die Verfassertexte gestaltet sind.

2. Untersuche die Tabelle D3 gemäß der methodischen Arbeitsschritte. Erläutere, warum in vielen Feldern keine Angaben stehen. Überlege, warum in dieser Statistik die Angaben zu den einzelnen Ländern nicht miteinander verglichen werden können.

3. Diskutiert, welche Statistiken euch in diesem Kapitel nach Inhalt und Darstellungsform sinnvoll erschienen. Sucht gegebenenfalls nach sinnvollen Alternativen.

Q1 Die Harkort'sche Fabrik auf der Burg Wetter an der Ruhr
1819 erwarben Friedrich Harkort und sein Kompagnon, der Kaufmann Heinrich Kamp, die Burg Wetter. Sie richteten dort nach englischem Vorbild eine Maschinenfabrik ein, in der sie hauptsächlich Dampfmaschinen herstellten. 1826 erweiterten sie die Fabrik um einen Hochofen (Gebäude auf der linken Seite des Burghofes) und 1827 um ein Puddel- und Walzwerk (in dem Gebäude rechts vorn). Ölgemälde von Alfred Rethel, 1834.

3. Deutschland auf dem Weg zur Industriegesellschaft

Hindernisse für die Industrialisierung

In Deutschland war das Wirtschaftsleben um 1800 vielfältig beschränkt. Vielerorts konnten Bauern und Grundherren nicht das anbauen, was am meisten Gewinn versprach, weil sie durch die Grundherrschaft an der freien Nutzung des Landes gehindert wurden. Im Handwerk bestimmten die Zünfte, wer was herstellen und zu welchem Preis verkaufen durfte. Zudem gab es im Deutschen Bund wegen der vielen Einzelstaaten keinen größeren gemeinsamen Markt, für den eine maschinelle Produktion in Fabriken lohnend gewesen wäre. Der Handel wurde durch die vielen Zölle und Abgaben verteuert und durch unterschiedliche Münzen und Maße erschwert. Schließlich fehlten in Deutschland die großen, aus Kolonialhandel und moderner Landwirtschaft gewonnenen finanziellen Mittel, die in Fabriken hätten investiert werden können.

Veränderungen

Mit Blick auf die wirtschaftlichen Erfolge Englands leiteten seit ungefähr 1800 viele deutsche Regierungen Reformen ein. Nach und nach wurde die Macht der Zünfte gebrochen und die Gewerbefreiheit eingeführt. Bauern und Grundherren wurde es ermöglicht, ihre feudalen grundherrschaftlichen Beziehungen aufzugeben und ihren Grundbesitz in reines Privateigentum zu verwandeln. Technische Hochschulen wurden gegründet, um Wissen über neue Produktionstechniken zu verbreiten und zu erforschen. Patentrechte sollten Erfindern die alleinige wirtschaftliche Nutzung ihrer Ideen sichern. Um größere und einheitlichere Wirtschaftsräume zu schaffen, wurden zunächst mehrere miteinander konkurrierende Zollzusammenschlüsse geschaffen. Der 1834 gegründete Deutsche Zollverein, der wesentlich unter der Vorherrschaft Preußens stand, setzte sich schließlich durch. Ihm traten bis auf Österreich die meisten deutschen Staaten bei.

Bevölkerungswachstum und Pauperismus

Die Industrialisierung setzte in Deutschland zögerlich ein. In einzelnen Regionen wie im Rheinland und in Sachsen entstanden einige mechanische Baumwollspinnereien und Maschinenfabriken. Jedoch gingen von ihnen keine größeren Impulse für die Gesamtwirtschaft aus. Dabei wurde gerade in der ersten Hälfte des 19. Jahrhunderts ein Problem immer deutlicher: Die schnell wachsende Bevölkerung konnte mit der herkömmlichen Art des Wirtschaftens nicht mehr ausreichend versorgt werden. Traten noch schlechte Ernten und sinkende Löhne für Heimarbeiter hinzu, breitete sich schnell Massenarmut, der so genannte Pauperismus aus. Sie führte zu Protesten und Aufständen, die nicht selten – wie zum Beispiel bei den schlesischen Leinenwebern 1844 – mit Gewalt niedergeschlagen wurden.

Leitsektor Eisenbahn

Seit ungefähr 1850 nahm das Wirtschaftswachstum dann aber sehr schnell zu. 1828 hatten deutsche Fabriken für etwa 85 Millionen Pfund Waren hergestellt, englische Fabriken hingegen für 300 Millionen Pfund. Um 1900 erreichte die industrielle Produktion in Deutschland aber schon den Umfang der Produktion in England. Die Entwicklung in Deutschland wurde zuerst hauptsächlich durch den Eisenbahnbau vorangetrieben. 1835 wurde die erste Linie zwischen Nürnberg und Fürth eröffnet. Weitere Verbindungen zwischen größeren Städten folgten schnell. Sie wuchsen bis ungefähr 1850 zu einem Netz zusammen, das in den folgenden Jahrzehnten verdichtet wurde. Der Eisenbahnbau, der entweder von privaten Geldgebern oder von den Staaten finanziert wurde, regte die gesamte Wirtschaft an.

Entwicklung des deutschen Eisenbahnnetzes 1850–1870 D1

Waren konnten schneller und billiger auf weiter entfernte Märkte gebracht werden. Die Produktion von Eisen stieg, weil es für den Bau der Lokomotiven, Waggons und Schienen gebraucht wurde. Für die Eisenverhüttung und für die Befeuerung der Lokomotiven wurden große Mengen Kohle benötigt. Der Bau der Strecken und der Bahnhöfe verschaffte vielen verarmten Kleinbauern, Tagelöhnern und Handwerkern zumindest zeitweise Arbeit und Einkommen.

Modernisierung der Landwirtschaft

Auch auf die Landwirtschaft wirkte sich die Industrialisierung aus. Viele der Maßnahmen, die schon die englische Landwirtschaft produktiver gemacht hatten, wurden übernommen. Größere Bauernhöfe setzten neue Geräte wie Dreschmaschinen und Dampfpflüge ein und gingen zur Düngung mit Mineralien über. Die Züchtung von Rüben mit hohem Zuckergehalt war die Voraussetzung für die Entstehung einer ersten Form von Lebensmittelindustrie – der Zuckerfabriken.

Die Schwerindustrie entwickelt sich

Im Lokomotivbau, im Bergbau und in der Eisenhüttenindustrie entstanden erste industrielle Großunternehmen mit riesigen Fabrikhallen und -flächen und tausenden von Beschäftigten. Neben dem Saarland und Oberschlesien, in denen schon früher Erz verhüttet und Kohle gefördert worden war, nahm nun vor allem die Region an Ruhr und Emscher einen gewaltigen Aufschwung. Weil mithilfe der Dampfmaschinen mächtige Kohlenflöze in größerer Tiefe erschlossen werden konnten, entwickelte sich das Ruhrgebiet in kurzer Zeit zum schwerindustriellen Zentrum Deutschlands.

Q2 Die Kruppwerke in Essen. Farblithografie, 1912.

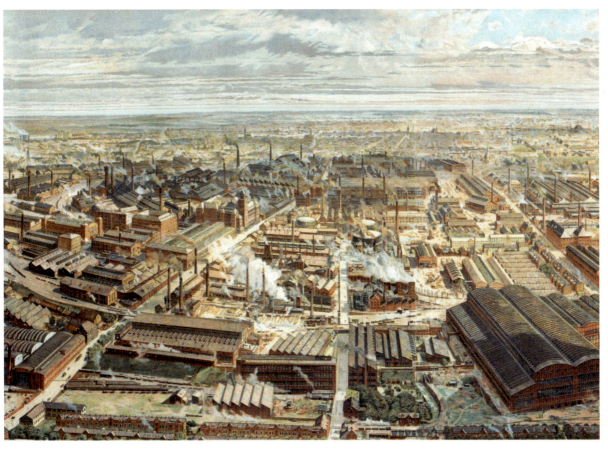

101

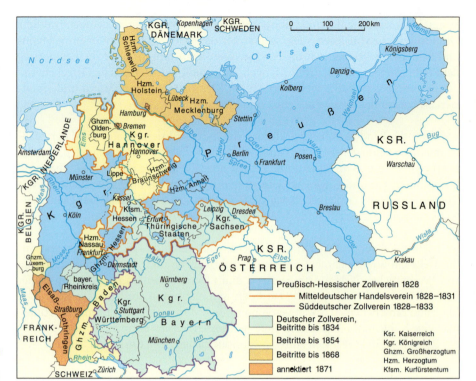

Die wirtschaftliche Einigung Deutschlands bis 1888 D 2

Q 3 Hindernis Kleinstaaterei

Friedrich List schreibt 1820 über die deutschen Zollverhältnisse:

Hier muss ein ganzer Strich Landes seinen Bedarf an Eisen oder Salz von einem entfernten Ort beziehen, weil das benachbarte Salz- oder Eisenwerk einem anderen deutschen Staate angehört, also die Einfuhr
5 mit hohen Zöllen belegt ist. Dieser ganze Transportkosten ist völlig verloren und lastet auf der Produktion. Dort befindet sich eine Fabrik, welche ihr Material aus verschiedenen benachbarten Staaten bezieht und ihre Fabrikate wieder in verschiedene Nachbar-
10 staaten versendet, ihre Existenz ist also von mehreren Zollordnungen abhängig, und sie geht zugrunde, wenn eine derselben einen feindlichen Streich gegen sie führt.
Anderswo zwingen die Zollordnungen die Unter-
15 tanen, Wein und Getreide an entfernten Orten zu holen, obgleich sie diese Artikel bei freiem Verkehr in der Nähe haben könnten und das Bedürfnis der sich begrenzenden Staaten gleich groß ist, sodass bei freiem Verkehr jeder Teil die Transportkosten gewinnen
20 würde. So schaden sich die Nachbarstaaten in tausendfachen Beziehungen, wovon bei weitem der größere Teil dergestalt verdeckt liegt, dass sie dann erst zum Vorschein kommen können, wenn das Hindernis gehoben sein wird. – Niemand vermag z. B. den Schaden zu erkennen und zu berechnen, der nur allein durch 25
die gehemmten Rückfrachten entsteht. (…) Wie müsste die deutsche Industrie sich heben, stünde jedem Fabrikunternehmer die Konkurrenz unter dreißig Millionen Menschen offen! Wie müsste der Bergbau, der Ackerbau, die Viehzucht aufblühen, dürfte jeder 30
Zweig der Urproduktion seinen naturgemäßen Abfluss nehmen! Welches Leben würde der Handel gewinnen, wenn die Landstraßen von der Ost- und Nordsee bis an das Adriatische Meer, von der Weichsel bis an den Rhein offen stünden!

Zit. nach: F. List, Schriften, Reden, Briefe, Bd. 1, 2. Berlin 1929, S. 527 ff.

Q 4 Pauperismus und Auswanderung

Bericht der Preußischen Bezirksregierung Arnsberg über ländliche Armut und Auswanderung im Februar 1818 an das Oberpräsidium in Münster:

Die in den beiden Grafschaften Wittgenstein aufgekommene Sucht, nach Amerika auszuwandern, ist eine Seuche, die unsere besondere Aufmerksamkeit erregt hat. Es haben sich seit kurzer Zeit dazu 14 Familienväter mit 71 Familienmitgliedern und 24 einzelne Personen, zusammen 109 Köpfe, schon namentlich angegeben und um Erlaubnis angestanden; das Vermögen, das diese Menschen mitnehmen, ist über 7 561 Taler Berliner Courant verzeichnet. Noch meh-

Q5 Dampfdreschmaschine
Holzstich, 1851.

rere sollen des Willens sein, demselben Schicksal zu folgen. In dem an das Wittgensteinische angrenzende Hessen-Darmstädtische soll derselbe Wandergeist ausgebrochen sein. Obgleich in diesen Gegenden Einladungen aus Amerika mit den Versprechungen eines besseren Zustandes von früher Ausgewanderten angelangt sind, so wird doch nicht dieses, sondern die Armut und eingetretene gänzliche Nahrungslosigkeit als die Hauptursache der angefangenen Auswanderung angesehen und von der landrätlichen Behörde ausdrücklich genannt. In dieser Voraussetzung wäre von der Auswanderungssucht, die ohnehin anzustehen pflegt, bei dem jetzigen Verfall so mancher Gewerbe sehr vieles zu fürchten, besonders wenn die Habsucht auf diese Spur geraten sollte und mit ihren gewöhnlichen Anwerbungsmitteln sich dazwischen legen würde. Wir sind daher der Meinung gewesen, dass dem Übel bei dem Entstehen am besten entgegenzuwirken sei, und dass, da hier kein Zwang eintreten darf, die armen nahrungslosen Menschen vielleicht am besten durch einige Unterstützung und Verschaffung von Arbeitsverdienst von ihrem Vorsatz zurückgehalten werden könnten.

Zit. nach: W. Köllmann, Die deutsche Bevölkerung im Industriezeitalter. In: Ders. (Hg.), Bevölkerung in der Industriellen Revolution. Göttingen 1974, S. 35 ff.

Fragen und Anregungen

1. Überlege, warum in der Frühzeit der Industrialisierung oftmals Burgen und Schlossanlagen als Fabrikgebäude benutzt wurden (Q1).

2. Zähle die Nachteile auf, die Deutschland aus den vielen Zollgrenzen entstanden (Q3).

3. Überlege, warum Preußen ein besonderes Interesse an einem einheitlichen Zollgebiet in Deutschland hatte (D2).

4. Kläre, welche Ursachen nach Ansicht des Verfassers von Q4 für die wachsende Auswanderung ausschlaggebend waren. Welche Gefahren waren für den Staat mit der Auswanderung verbunden? Wie sollte gegen die Auswanderung vorgegangen werden?

5. Eisenbahn und Zollverein sind als „siamesische Zwillinge" bezeichnet worden, deren Wirkungen einander verstärkt und die die Entstehung eines deutschen Nationalstaates befördert haben sollen. Erläutere, was damit gemeint sein könnte (VT, D1, D2, Q3).

6. Erläutere die Auswirkungen der Industrialisierung auf die Landwirtschaft (VT, Q5).

DIE ZWEITE INDUSTRIELLE REVOLUTION

Der elektrische Strom – die „weiße Kohle"

In der ersten Phase der Industrialisierung gingen vom Eisenbahnbau die wichtigsten Impulse für die wirtschaftliche Entwicklung in Deutschland aus. Gegen Ende des 19. Jahrhunderts waren es dann zwei andere Wirtschaftszweige, die Chemie- und die Elektroindustrie, die die Führungsrolle übernahmen und am stärksten wuchsen. Die Chemieindustrie nahm einen wesentlichen Aufschwung, nachdem entdeckt worden war, wie aus Teer, einem Abfallprodukt bei der Verkokung von Steinkohlen, künstliche Farben gewonnen werden konnten. Am schnellsten wuchs seit 1871 die elektrotechnische Industrie. Warum dies so war, kannst du dir mit den folgenden Materialien selber erarbeiten.

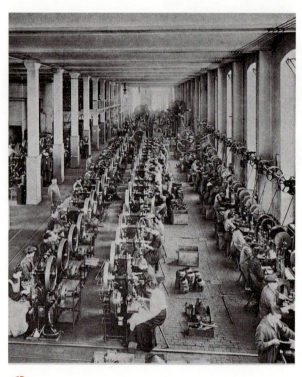

Q1 Produktion mit elektrischem Einzelantrieb bei der AEG
Zunächst wurde Strom vor allem für die Beleuchtung benötigt. Seit den 1890er-Jahren setzten sich elektrische Straßenbahnen durch. Schließlich wurde die Industrie ein wichtiger Stromkunde. Foto, um 1907.

D1 Wichtige elektrotechnische Erfindungen

1847	Werner Siemens und Georg Halske gründen ein Unternehmen zur Herstellung von Telegrafen.
1867	Werner Siemens entdeckt das dynamo-elektrische Prinzip.
1871	Nach dem Ausscheiden Halskes modernisiert Siemens die Produktion, indem er Produktteile standardisiert und in Serienfertigung zusammensetzen lässt. Hierdurch können statt handwerklich ausgebildeter Handwerker angelernte Arbeiter und Arbeiterinnen eingesetzt werden.
In den 1870er-Jahren beginnt Siemens mit der Herstellung von Telefonen.
1878	Auf der Berliner Gewerbeausstellung stellen Siemens und Halske eine „Bahn ohne Dampf und Pferde" vor. In den folgenden Jahren werden kleine Elektrolokomotiven für den Einsatz in Gruben und elektrische Straßenbahnen entwickelt.
1878	In Berlin wird die erste elektrische Bogenlampe als Straßenbeleuchtung installiert. In den nächsten Jahren wird die elektrische Beleuchtung in immer mehr Gebäuden eingeführt. Der elektrische Strom wird aus Dynamos gewonnen, die von Dampfmaschinen angetrieben werden.
1883	Der Ingenieur Emil Rathenau gründet die „Deutsche Edison Gesellschaft", um die vom Amerikaner Edison erfundene Glühbirne in Deutschland einzuführen. Anfangs arbeitet er mit Siemens zusammen, 1887 gründet er sein eigenes Unternehmen, die Allgemeine Elektrizitäts-Gesellschaft (AEG).
1891	Auf der elektrotechnischen Ausstellung in Frankfurt a. M. wird erstmals erfolgreich demonstriert, wie über Hochspannungsleitungen Strom über eine größere Entfernung transportiert werden kann.
In den 1890er-Jahren werden in vielen Großstädten Elektrizitätswerke gegründet, die Strom mit dampfmaschinenbetriebenen Generatoren produzieren und über ein Stromnetz verteilen. Damit konnte die Elektrifizierung der Privathaushalte beginnen. Gleichzeitig kommen die ersten elektrischen Haushaltsmaschinen auf den Markt: Bügeleisen, Wasserkochtopf, Ventilator, Föhn usw.

Zusammenstellung d. Verf.

104

WERKSTATT

Q2 Die Bedeutung der Elektrizität

Anlässlich einer großen Industrieausstellung äußerte sich 1891 der erste Präsident der 1887 gegründeten AEG, Emil Rathenau (1838–1915):

Die großartige Verteilungsfähigkeit der Elektrizität ist es, welche den Versuch der Übertragung auf große, sehr große Entfernungen erst so recht zu einem bedeutungs- und wertvollen gemacht hat. (…) Wir dürfen uns
5 auch weiter der Überzeugung nicht verschließen, dass die Unterstützung unserer Tätigkeit durch die Arbeitsleistung der Tierwelt längst nicht mehr ausreicht, und das Zugpferd und der Zugochse von Rechts wegen schon längst der Vergangenheit angehören müssten. Das Zeit-
10 alter des Dampfes hat hierin Großes getan, aber wie jeder rapide und bedeutende Fortschritt auch Nachteile gezeigt (…) Es liegt (…) in der Natur des Dampfes, als Betriebskraft für große Betriebe mit Erfolg verwendet werden zu können. Wir haben kein Mittel, um mit ma-
15 teriellem und technischem Vorteil den Dampf direkt in die Wohnung des Kleinmeisters zu führen, ebenso wenig können wir die Wirkungen des Dampfes, sei es durch Transmissionen oder durch andere Art, gut auf erhebliche Entfernungen übertragen. Ganz anders die
20 Elektrizität! Die neuesten Fortschritte werden uns gestatten, großartige Krafterzeugungszentren an beliebigen Stellen, im Bergwerk, an der Meeresküste, um die Ebbe und Flut zu benutzen, an den großen Katarakten anzulegen, die dort vorhandenen, bisher zwecklos
25 vergeudeten Kräfte in nutzbringende Elektrizität umzusetzen, diese in, wir können fast sagen, beliebige Entfernungen zu versenden und dort in beliebiger Art zu verteilen und zu verbrauchen.
Wir können dem Handwerksmeister seine Nähmaschine
30 elektrisch betreiben, wir heizen ihm sein Bügeleisen, wir rüsten dem Vergolder die chemischen Bäder für seine Erzeugnisse. Wir geben noch dazu einem jeden die Beleuchtung in der Stärke und an dem Orte und zu der Zeit, wo sie am vorteilhaftesten ist. Und wenn wir schließlich
35 den Elektromotor mit anderen ähnlichen Maschinen vergleichen, so finden wir, dass er den geringsten Raum einnimmt, dass seine Einrichtung die einfachste ist, dass er keine Wartung braucht und keine Gefahr des Explodierens vorhanden ist, vor allem aber, dass er ökonomisch
40 deshalb am vorteilhaftesten arbeitet, weil sein Kraftverbrauch sich mit seiner Belastung selbsttätig regelt.

Zit. nach: Preußen. Zur Sozialgeschichte eines Staates. Eine Darstellung in Quellen, Bd. 3. Reinbek bei Hamburg 1981, S. 240.

Q3 „Bosch-Licht und Anlasser"
Werbeplakat, 1916.

Fragen und Anregungen

1. Liste auf, welche Vorteile die Elektrizität nach Emil Rathenau mit sich bringt (Q2).

2. Lasst euch von eurem Physiklehrer erklären, wie Bogenlampe, Dynamo bzw. Generator funktionieren.

3. Die Elektroindustrie ist eine der Schrittmacherindustrien der zweiten Industrialisierungsphase. Erläutere, warum Chemie- und Elektroindustrie die Sektoren Eisenbahn, Stahl und Kohle als Schrittmacherindustrien ablösten. Erarbeite, woher die große Nachfrage nach elektrischen Produkten kam und welche weiteren Wirtschaftszweige durch die Elektroindustrie angekurbelt wurden (Q1–Q3, D1). Halte dein Ergebnis in einem Schaubild fest.

105

4. Unternehmer – die Väter der Industrialisierung?

Jubiläum der Firma Alfred Krupp Q1
Postkarte von 1912.

Firmeneigentümer haben alles im Griff

Die ersten industriellen Unternehmer entstammten zumeist der Mittelklasse, denn sie verfügte über das notwendige Kapital für Firmengründungen. Handwerker als Unternehmensgründer kamen vor, blieben aber eher die Ausnahme, zumal die Banken sich zunächst bei der Finanzierung industrieller Unternehmen zurückhielten. Für die Firmeneigentümer war es noch selbstverständlich, sich persönlich in sämtlichen Betriebsangelegenheiten auszukennen. Sie kümmerten sich um Fragen der Produktion, der Finanzierung, des Absatzes und um die Suche nach qualifizierten Arbeitern.

Aktiengesellschaften und Banken entstehen

Im Laufe des 19. Jahrhunderts nahm die Zahl größerer Betriebe zu. Um die Abhängigkeit von Zulieferern zu überwinden, gingen Unternehmen dazu über, Firmen zu gründen oder aufzukaufen, um Rohmaterialien oder Vorprodukte selbst herzustellen. Das Geld für die Finanzierung solcher Großunternehmen konnte kaum noch von einzelnen Unternehmern aufgebracht werden. Aus diesem Grund begannen die Banken eine wichtigere Rolle zu spielen. Weil der Kapitalbedarf der Industrie die Möglichkeiten der Privatbanken aber übertraf, wurden Aktienbanken gegründet, deren Grundkapital sich aus den Einzahlungen vieler verschiedener Anleger ergab. Die Finanzierung durch die Ausgabe von Aktien machten sich auch die industriellen Unternehmen direkt zu Nutze. Die Käufer der Aktien waren zwar von den laufenden betrieblichen Entscheidungen ausgeschlossen, die Betriebsleitung musste aber ihnen gegenüber regelmäßig Rechenschaft ablegen. Die Aktionäre hatten das Recht auf die Dividende, einen jährlich pro Aktie ausgezahlten Anteil am Gewinn des Unternehmens. An der Börse konnten sie ihre Aktien auch wieder verkaufen und dabei zusätzlichen Gewinn machen – oder Verlust.

Moderne Formen der Unternehmensleitung entstehen

Durch die Umwandlung in Aktiengesellschaften verloren die Eigentümer der Fabriken ihren direkten Einfluss auf das alltägliche Betriebsgeschehen, das nunmehr von Direktoren – heute spricht man von Managern – gelenkt wurde. Fabrikbesitzer und Direktoren waren ihrerseits immer seltener selber in der Lage, alle technischen Abläufe zu verstehen und fortzuentwickeln. An Technischen Hochschulen ausgebildete Ingenieure und eigene Forschungsabteilungen spielten deshalb eine immer

wichtigere Rolle. Weltweite Kauf- und Verkaufsbeziehungen sowie das Bedürfnis, Kosten und Erträge für die Fabrik und für jede ihrer Unterabteilungen jederzeit überblicken zu können, ließen die Zahl der Buchhalter und Büroangestellten in den Kontoren – den heutigen Büros – wachsen.

Chancen und Risiken der Unternehmer

Die Anfangzeit der Industrialisierung bot optimale Chancen für den erfolgreichen Aufbau von Unternehmen. Trotzdem war es von den Fähigkeiten des einzelnen Unternehmers, aber auch von manchen Zufällen abhängig, ob er diese Chancen für sich nutzen konnte. Unternehmer wie der Essener Stahlproduzent Alfred Krupp zeigten erstaunliche technische und kaufmännische Begabungen. Alfred Krupp übernahm 1826 nach dem Tod des Vaters mit seiner Mutter zusammen den kleinen väterlichen Betrieb zur Gussstahlherstellung. Durch ständige technische Verbesserungen seiner Produkte, deren Anpassung an die Kundenwünsche sowie eine gezielte Ausweitung der Produktion gelang es ihm, die Firma zu vergrößern. 1831 trat sein jüngerer Bruder Hermann in die Unternehmensleitung ein, sodass Alfred Krupp jetzt auf langen Reisen mit der planmäßigen Erschließung von Auslandsmärkten beginnen konnte. 1835 kaufte er seine erste Dampfmaschine. Den Durchbruch erreichte Krupp ab 1849 mit der Herstellung von Gussstahlprodukten für den Eisenbahnbau. Ab 1859 folgte der zweite Expansionsschub mit der Herstellung von Geschützen für Preußen. Trotzdem stand er zwei Mal fast vor dem Ruin. 1848 konnte das Unternehmen nur durch den Rückgriff auf das Privatvermögen und einen großen Besteckmaschinenauftrag aus Russland gerettet werden. In den 1870er-Jahren übernahm sich Krupp mit Bankkrediten. Erst die Anleihe eines Bankenkonsortiums in Höhe von 30 Mio. Mark ermöglichte eine Sanierung der Firma.

Das Selbstverständnis der Unternehmer

1970 ließ Alfred Krupp nach eigenen Entwürfen die Villa Hügel erbauen. Die inmitten eines weitläufigen Landschaftsparks gelegene hochherrschaftliche Villa mit 229 Zimmern auf 8 100 qm war bis 1945 Wohnsitz der Familie Krupp. Wie Alfred Krupp waren alle erfolgreichen Unternehmer des 19. Jahrhunderts auf eine angemessene Repräsentation bedacht. Dazu gehörten auch hochrangige gesellschaftliche Kontakte, die Übernahme von Ämtern und das Auftreten als Gönner und Förderer von Kunst, Kultur und sozialen Aufgaben. Von ihren Arbeitern verlangten die Unternehmer einerseits strengen Gehorsam. Auf der anderen Seite zeigten einige Unternehmer ein großes Interesse daran, für das Wohlergehen ihrer Arbeiter zu sorgen. Diese Unternehmer zahlten oft überdurchschnittliche Löhne, senkten die Arbeitszeiten, bauten Arbeiterwohnungen und richteten Schulen und eine Krankenversorgung ein.

Q2 **Stand der Firma Krupp auf der Londoner Weltausstellung 1862**

Dampfhammer „Fritz" bei Krupp Q3

Seit 1861 wurden damit Schiffswellen, Geschützteile und Kurbelachsen geschmiedet. Den Dampfhammer von 50 Tonnen Gewicht hatte Alfred Krupp selbst entworfen, er galt als technisches Wunderwerk. Mit ihm konnten Stahlteile bis zu 35 000 kg Gewicht geschmiedet werden. Hier wird ein Rohr ausgeschmiedet. Links in erhöhter Position steht der Hammerführer. Foto, um 1900.

Q4 Alfred Krupp an seine Arbeiter

1877 hält Alfred Krupp eine Rede an seine Arbeiter:
Ich habe Kräfte gebraucht und solche engagiert, ich habe ihnen den geforderten Lohn gezahlt, meistens ihre Stellung verbessert und, nach gesetzlichen Bestimmungen, den Kontrakt verlängert oder sie entlas-
5 sen. Mancher hat die Fabrik verlassen, um anderswo sich zu verbessern, der eine ist gegangen, und ein anderer hat die Stelle wieder besetzt, und wo ursprünglich drei Mann beschäftigt waren, standen später 15 000. Im Laufe der Zeit haben mehr als 100 000
10 Mann solchen Wechsel auf meinen Werken durchgemacht. Jeder hat sich nach seiner Kraft und nach seiner Fähigkeit seinen Lohn verdient, und anstatt eines jeden konnte in den meisten Fällen auch ein anderer hingestellt werden, denn die Arbeiter haben nicht das
15 Verdienst der Erfindung, und überall finden sich geschickte Arbeiter zum Ersatz. Es kann also keine Rede davon sein, dass irgend jemand einen besonderen Anspruch behalte außer solchem, der selbstverständlich ist, der in Steigerung des Lohnes und des Gehaltes
20 besteht und immer Folge einer höheren Leistung ist. Die Apostel der Sozialdemokraten suchen aber den bescheidensten Leuten durch ihre verführerischen Reden den Kopf zu verdrehen, und sie werden das Unglück von manchem Arbeiter verschulden, der
25 ihnen Gehör schenkt und deshalb entlassen wird. (…)

Ich habe den Mut gehabt, für die Verbesserung der Lage der Arbeiter Wohnungen zu bauen, worin bereits 20 000 Seelen untergebracht sind, ihnen Schulen zu gründen und Einrichtungen zu treffen zur bil-
30 ligen Beschaffung von allem Bedarf. Ich habe mich dadurch in eine Schuldenlast gesetzt, die abgetragen werden muss. Damit dies geschehen kann, muss jeder seine Schuldigkeit tun in Friede und Eintracht und in Übereinstimmung mit unseren Vorschriften.
35 (…) Genießet, was euch beschieden ist. Nach getaner Arbeit verbleibt im Kreise der Eurigen, bei den Eltern, bei der Frau und den Kindern und sinnt über Haushalt und Erziehung. Das sei eure Politik, dabei werdet ihr frohe Stunden erleben. Aber für die
40 große Landespolitik erspart euch die Aufregung. Höhere Politik treiben erfordert mehr freie Zeit und Einblick in die Verhältnisse, als dem Arbeiter verliehen ist. Ihr tut eure Schuldigkeit, wenn ihre durch eure Vertrauenspersonen empfohlene Leute
45 erwählt. Ihr erreicht aber sicher nichts als Schaden, wenn ihr eingreifen wollt in das Ruder der gesetzlichen Ordnung. Das Politisieren in der Kneipe ist nebenbei sehr teuer, dafür kann man im Hause Besseres haben. (…)

Zit. nach: Geschichte, Politik und Gesellschaft, Bd. 1. Von der Französischen Revolution bis zum Ende des zweiten Weltkriegs. Berlin 1999, S. 237f.

Q5 Badhaus in Kuchen

Arnold Staub, der Besitzer einer Spinnerei und Weberei in Kuchen, erbaute für seine Arbeiter eine ganze Werkssiedlung mit eigenen Läden, einer Schule, Apotheke, einem Speisesaal, Lesezimmer, Krankensaal und Freizeitplatz. Das Prunkstück war das 1869 erbaute Bad- und Waschhaus mit der ersten Badeanstalt Württembergs.

Q6 Bosch über seine Grundsätze als Unternehmer

Der Stuttgarter Unternehmer Robert Bosch gründete den Erfolg seiner Firma auf die Erfindung der berühmten Bosch-Zündung im Jahr 1887. 1918 wurde er aufgefordert, für die Sammlung der Preußischen Staatsbibliothek in Berlin einen Beitrag zu Fragen der Industrie zu verfassen:

Mein Geschäft, ursprünglich sehr klein, entwickelte sich nach langen, mühevollen Kämpfen allmählich rascher. Es lag nahe, durch Anzeigen u. dgl. die Absatzgebiete zu erweitern. Damit schien mir aber die Gefahr verknüpft, dass mächtige Wettbewerber merkten, in meinem Erwerbszweig sei was los. Ich zog vor, durch persönliche und schriftliche Bearbeitung meinen Kundschaftskreis zu erweitern, sodass sich, als ich einmal groß war, die ganze Elektrotechnik erstaunt überzeugen musste, dass zwar in meiner Linie etwas zu machen sei, dass ich aber schon zu groß geworden war, um leicht aus dem Sattel gehoben werden zu können. Als ich aber schließlich eine monopolähnliche Weltstellung hatte, was wäre dem neuzeitlichen Menschen näher gelegen als zu sagen: „Seht mich an! Bei mir müsst ihr kaufen! Ich bin groß und stark!" Stattdessen erklärte ich meinen Kunden: „Sie meinen, Sie müssten bei mir kaufen? Wie kommen Sie dazu? Sie können doch da und dort auch Ihren Bedarf decken. Von einem Muss ist keine Rede." Damit erreichte ich, dass meine Kunden, die sich wie alle Menschen nicht gerne einem Zwange beugen, mir treu blieben und gerne mit mir arbeiteten. Dazu kam noch, dass bei mir feststehender Grundsatz war, einen Vertrag nur abzuschließen, beherrscht von dem Gedanken: Wenn bei einem Vertrag nicht beide Vertragsschließende ihre Rechnung finden, so verlieren beide, der eine Geld, der andere Zutrauen. Einen Vertrag abschließen ohne Hintergedanken, ihn aufs Pünktlichste erfüllen, ist eine Tat von höchster geschäftlicher Klugheit. Immer habe ich nach dem Grundsatz gehandelt: „Lieber Geld verlieren als Vertrauen." Die Unantastbarkeit meiner Versprechungen, der Glaube an den Wert meiner Ware und den an mein Wort standen mir stets höher als ein vorübergehender Gewinn.

Ich kenne keinen sehnlicheren Wunsch als den: Jeder Deutsche, er möge in verantwortlicher Stellung in der Regierung oder als Geschäftsmann im In- und namentlich im Auslande tätig sein, möge sich bei allem, was er tut, von den Gesichtspunkten leiten lassen, die ich eben darlegte und denen ich meinen Erfolg verdanke.

Zit. nach: Bosch 1886–1986. Jubiläumsausstellung. Stuttgart 1986, S. 30.

Fragen und Anregungen

1. Erläutere, welche Bedingungen zum Erfolg eines Unternehmens beitrugen (VT, Q2–Q4).

2. Stelle dir vor, in der Firmenzeitschrift von Alfred Krupp erscheint ein Artikel zum 100-jährigen Jubiläum (Q1–Q4, VT). Wie wäre der Artikel abgefasst?

3. Untersuche, aus welchen Gründen Alfred Krupp seinen Arbeitern eine Rede hält (Q4). Notiere, welche Botschaften er direkt und welche nur indirekt vermittelt.

4. Untersuche, nach welchen Grundsätzen Robert Bosch als Unternehmer gehandelt haben will (Q6). Informiere dich im Internet über die Unternehmerpersönlichkeit Robert Bosch und bewerte, ob du seine Ausführungen für glaubhaft hältst.

5. Überlege, aus welchen verschiedenen Gründen sich Unternehmer für das Wohlergehen ihrer Arbeiter interessiert haben (Q4, Q5; s. Kap. 6, Q3). Beschreibe jeden Grund in einem kurzen Satz und halte in Stichworten deine Begründung dazu fest.

5. Das Leben der Arbeiter

Fabrikarbeit bestimmt den Alltag

Die Arbeiter lebten nicht nur in einer ganz anderen Welt als die Unternehmer, sie waren auch aus ihrem Leben als Handwerker und Bauern herausgerissen worden. Ihre Arbeit unterschied sich erheblich von der, die sie früher in Werkstätten oder auf Bauernhöfen geleistet hatten. Die Arbeit vollzog sich nicht mehr in der häuslichen Umgebung, sondern trennte die Familien für einen langen Arbeitstag. In den dunklen und ungelüfteten Fabriken bestimmten die Maschinen Art und Tempo der Arbeit.

Fabrikordnungen regeln das Arbeitsleben

Nicht immer musste an den Maschinen direkte körperliche Schwerarbeit verrichtet werden. Doch auch die „einfachen", sich stets wiederholenden, eintönigen und einseitigen Tätigkeiten stellten hohe Anforderungen an Konzentration und Ausdauer. Außerdem waren die Arbeiten häufig mit gesundheitlichen Belastungen wie Lärm, Hitze, Staub, Gestank usw. sowie mit Unfallgefahren verbunden. Die harte Arbeit veranlasste viele Beschäftigte, Gelegenheiten zu suchen, um sich ein wenig Erleichterung und Abwechslung zu verschaffen. In Fabrikordnungen wurde deshalb genau festgelegt, welche Pflichten Arbeiterinnen und Arbeiter hatten und wie sie bestraft werden sollten, wenn sie gegen Vorschriften verstießen.

Arbeitszeit und Löhne

Die Arbeitszeit in den Fabriken war zunächst sehr lang: An sechs Tagen in der Woche mussten durchschnittlich 12 bis 14 Stunden gearbeitet werden. Urlaub war unbekannt. Erst langsam sah man ein, dass auf Dauer kürzere Arbeitszeiten die Leistungsfähigkeit und -bereitschaft der Arbeiter verbesserten. Die Löhne, die in den Fabriken verdient wurden, reichten nur bei qualifizierten und deshalb besser bezahlten Arbeitern, z. B. Meistern und Technikern, zum Lebensunterhalt einer ganzen Familie aus. Die Familien der vielen ungelernten oder angelernten Arbeiter kamen hingegen ohne einen Zuverdienst der Frauen und Kinder nicht aus. Solche Mitarbeit war in der Landwirtschaft und im Handwerk zwar auch üblich, dort fand sie allerdings meistens im Rahmen der Familie statt. In den Fabriken jedoch wurden Frauen und Kinder als billige und gefügige Arbeitskräfte ausgebeutet.

Die Lebensbedingungen der Arbeiter

Der Lohn eines Arbeiters reichte in der Regel nur für das Nötigste. Die meisten Arbeiterfamilien lebten in Ein- bis Zweizimmerwohnungen in engen und dunklen Mietskasernen, die mit der Industrialisierung entstanden. Fast 90 % des Lohns mussten für Nahrung, Wohnen und Kleidung ausgegeben werden. Reichte das Geld nicht, wurde häufig noch eine Bettstelle an so genannte „Schlafgänger" vermietet. Ein Privatleben in unserem Sinne konnte es in einem Arbeiterhaushalt nicht geben. Auch „Freizeit" entstand erst mit dem allmählichen Abbau der langen Arbeitszeiten gegen Ende des Jahrhunderts. In dieser Zeit entwickelte sich dann eine eigene Arbeiterkultur (s. Kapitel 7).

Q1 Kinderarbeit
Sonneberger Mädchen bei der Puppenherstellung. Foto, um 1905.

110

Q2 Die Belegschaft der Schleiferei in der Württembergischen Metallwaren Fabrik Geislingen (WMF)
Die Mitarbeiter halten Firmenprodukte in der Hand. Foto, um 1892.

Q3 Fabrikordnung der Augsburger Kammgarn-Spinnerei von 1846

Fabrikordnungen wurden dem Arbeiter ausgehändigt oder als Plakat in den Werkhallen angeschlagen:

2. Außer an den Sonntagen und hohen Festtagen wird alle Tage gearbeitet. Jede Abwesenheit an einem andern Tage, sogar unter dem Vorwande einer Unpässlichkeit, wenn solche nicht erwiesen werden kann, wird
5 mit einer Geldbuße bestraft, welche das Doppelte des Lohnes beträgt, der während der Zeit der Abwesenheit verdient worden wäre.
3. Die Arbeitsstunden sind im Sommer von 5 Uhr morgens bis abends 7 Uhr, im Winter von 6 Uhr bis abends
10 8 Uhr. (…)
8. Kein Arbeiter soll eine in Unordnung geratene Maschine berühren, wenn auch nur die kleinste Ausbesserung daran zu machen wäre, sondern den Werkmeister herbeirufen. (…)
15 9. Jeder Arbeiter ist für die ihm anvertrauten Gegenstände verantwortlich; wenn er dieselben bei Nachfrage nicht gleich vorweisen kann, werden sie auf seine Kosten durch neue ersetzt.
10. Wenn in einem Arbeitssaale ein Gegenstand be-
20 schädigt wird und der Täter nicht auszumitteln ist, so sind die Arbeiter des ganzen Saales bis zur Nachweisung des Täters haftend.
11. Der Arbeiter, welcher schlechte Arbeit liefert, verfällt in eine dem Fehler angemessene Strafe. (…)
25 15. Es ist bei Strafe von zwei Taglöhnen verboten, im Umfange der Fabrik zu rauchen. Im Wiederholungsfalle wird der Dawiderhandelnde entlassen.

16. Arbeiter, welche sich betrunken einstellen, werden abgewiesen, und es wird ihnen ein Abzug wie für die Abwesenheit, § 2 gemacht. (…) 30
21. Der Arbeiter, welcher des Diebstahls überführt wird, sei es von Garn, Wolle oder irgendeinem andern dem Etablissement gehörigen Gegenstande, wenn auch von geringem Werte, wird augenblicklich entlassen. (…)
24. Jeder Ungehorsam vonseiten der Arbeiter gegen 35 ihre Vorgesetzten, oder gegen die von Letztem dazu verordneten Personen, soll, nach Verhältnis des Fehlers, mit einer Strafe von einem bis fünf Taglöhnen belegt werden.

Zit. nach: B. Flohr, Arbeiter nach Maß. Die Disziplinierung der Fabrikarbeiter während der Industrialisierung Deutschlands im Spiegel von Arbeitsordnungen. Frankfurt a. M. 1981, S. 98 ff.

D1 Tägliche Durchschnittsarbeitszeit in Handwerk und Industrie 1800–1914

1800–1820	10–13 Stunden
1820–1840	11–15 Stunden
1840–1860	12–16 Stunden
1860–1870	12–14 Stunden
1870–1890	11–13 Stunden
1890–1910	10–11 Stunden
1910–1914	10 Stunden

Zusammengestellt nach: J. Kocka, Arbeiterverhältnisse und Arbeiterexistenzen. Berlin 1990, S. 486.

Der Hinterhof einer Mietskaserne, Q4 Foto, 1902.

Q5 Kinderarbeit in einer Baumwollspinnerei

Aus einem Bericht des Geheimen Regierungsrats Keller über die Besichtigung einer Baumwollfabrik in Bonn, 1834:

(…) Dieser [der Werkmeister] führte uns überall umher und ging auch mit uns in die Arbeitsräume, in denen die Kinder beschäftigt waren. Sie waren hell und reinlich, und die Kinder, dem äußeren Anscheine nach,
5 so gesund und behaglich, als diese für Leib und Seele mörderische Beschäftigungsart, denn anders kann man die großen Baumwollspinnereyen nicht nennen, es irgend gestatten mag. Die Kinder sind täglich von 5 Uhr morgens bis 12 Uhr mittags, nachmittags von
10 1 Uhr bis zum späten Abend, im Winter natürlich bey Lichte, beschäftigt. Schulunterricht genießen sie gar nicht, weder in frühern Jahren noch während der Zeit, in welcher sie hier Arbeit finden; nicht einmal in Sonntagsschulen, die man überhaupt in Bonn nicht kennt.
15 Nach der Auskunft des Werkmeisters werden nur die vom Pfarrer zum Konfirmanden-Unterricht Angezeichneten täglich von 11–12 Uhr von der Fabrick aus zur Katechisation gesendet. Der Verdienst der Kinder beträgt stufenweise von 3 Sgr. [Silbergroschen] täglich bis
20 auf 2 bis 3 Thaler die Woche. Ich befragte gelegentlich einzelne Kinder, die uns hie und da in den Corridors aufstießen und mir besonders offen und geweckt schienen, nach einzelnen Gegenständen des alltäglichen Lebens und des gewöhnlichen Wissens. Allein
25 sie waren entweder ganz leer und entblößt von Vorstellungen und Begriffen oder ganz roh im Ausdrucke derselben. (…)

Zit. nach: S. Quandt (Hg.), Kinderarbeit und Kinderschutz in Deutschland 1783–1976. Paderborn 1978, S. 37.

D2 Jahresverdienste von Arbeitnehmern in Deutschland in Industrie, Handel und Verkehr 1871–1913

Jahr	Durchschnittl. nominaler Jahresverdienst Mark	Index der Lebenshaltungskosten 1895 = 100	Durchschnittl. realer Jahresverdienst Preise von 1895
1871	493	105,8	466
1875	651	112,7	578
1880	545	104,0	524
1885	581	98,6	589
1890	650	102,2	636
1895	665	100,0	665
1900	784	106,4	737
1905	849	112,4	755
1910	979	124,2	789
1913	1 083	129,8	834

Zusammengestellt nach: J. Kocka, Arbeitsverhältnisse und Arbeiterexistenzen. a. a. O S. 495.

Wenn nur die Geldsumme betrachtet wird, die die Arbeiter erhielten – der so genannte „nominale" Lohn –, so verdienten sie 1913 mehr als doppelt so viel wie 1871. Es muss jedoch berücksichtigt werden, was man sich für diese Löhne kaufen konnte. Die Lebenshaltungskosten werden ermittelt, indem festgestellt wird, wie teuer in den verschiedenen Jahren jeweils ein „Warenkorb" war, in den Lebensmittel und die Kosten für Miete, Gas, Strom usw. eingehen. Erst wenn dies bekannt ist, kann beurteilt werden, ob die Menschen wirklich („real") mehr oder weniger verdienten.

112

Q6 Leben und Wohnen in der Altstadt von Manchester

Friedrich Engels (Foto, um 1850) war zwischen 1842 und 1844 in der Baumwollspinnerei seines Vaters in Manchester tätig. Er beobachtete die Arbeits-, Wohn- und Lebensverhältnisse der Arbeiter in der Stadt. Darüber schrieb er in einem berühmt gewordenen Buch:

Das ist die Altstadt von Manchester – und wenn ich meine Schilderung noch einmal durchlese, so muss ich bekennen, dass sie, statt übertrieben zu sein, noch lange nicht grell genug ist, um den Schmutz, die Verkommenheit und Unwohnlichkeit, die allen Rücksichten auf Reinlichkeit, Ventilation und Gesundheit hohnsprechende Bauart dieses mindestens zwanzig- bis dreißigtausend Einwohner fassenden Bezirks anschaulich zu machen. Und ein solches Viertel existiert im Zentrum der zweiten Stadt Englands, der ersten Fabrikstadt der Welt! (…) Es ist freilich die Altstadt – und darauf berufen sich die Leute hier, wenn man ihnen von dem scheußlichen Zustande dieser Hölle auf Erden spricht –, aber was will das sagen? Alles, was unsren Abscheu (…) hier am heftigsten erregt, ist neueren Ursprungs, gehört der industriellen Epoche an. Die paar hundert Häuser, die dem alten Manchester angehören, sind von ihren ursprünglichen Bewohnern längst verlassen; nur die Industrie hat sie mit den Scharen von Arbeitern vollgepfropft, die jetzt in ihnen beherbergt werden; nur die Industrie hat jedes Fleckchen zwischen diesen alten Häusern verbaut, um Obdach zu gewinnen für die Massen, die sie sich aus den Ackerbaugegenden und aus Irland verschrieb; nur die Industrie gestattet es den Besitzern dieser Viehställe, sie an Menschen für hohe Miete zur Wohnung zu überlassen, die Armut der Arbeiter auszubeuten, die Gesundheit von tausenden zu untergraben, damit nur sie sich bereichern; (…) Das hat nur die Industrie getan, die ohne diese Arbeiter, ohne die Armut und Knechtschaft dieser Arbeiter nicht hätte leben können. Es ist wahr, die ursprüngliche Anlage dieses Viertels war schlecht, man konnte nicht viel Gutes daraus machen – aber haben die Grundbesitzer, hat die Verwaltung etwas getan, um das beim Nachbau zu verbessern? Im Gegenteil, wo noch ein Winkelchen frei war, ist ein Haus hingesetzt, wo noch ein überflüssiger Ausgang, ist er zugebaut worden; der Grundwert stieg mit dem Aufblühen der Industrie, und je mehr er stieg, desto toller wurde darauf losgebaut, ohne Rücksicht auf die Gesundheit und Bequemlichkeit der Einwohner – es ist keine Baracke so schlecht, es findet sich immer ein Armer, der keine bessere bezahlen kann nur mit Rücksicht auf den größtmöglichen Gewinn.

Zit. nach: F. Engels, Die Lage der arbeitenden Klasse in England. In: K. Marx / F. Engels: Werke, Bd. 2. Berlin 1972, S. 225 ff.

Fragen und Anregungen

1 Formuliere jeweils aus der Sicht eines Unternehmers und eines Arbeiters Meinungen zur Fabrikordnung Q3. Informiere dich und vergleiche, wie heutzutage Verstöße gegen betriebliche Anforderungen und Anweisungen geahndet werden können.

2 Stelle dir vor, du würdest als Journalist zum Leben der Kinder in Europa zur Zeit der Industrialisierung recherchieren (Q1, Q4–Q6, D1, D2; Kap. 1, Q1, Q4). Welche Beobachtungen machst du?

3 Drücke in eigenen Worten aus, was die Tabelle über die allgemeine Entwicklung der Arbeitszeit aussagt. Überlege, worin der Grund für diese Entwicklung bestanden haben könnte (D1).

4 Setze die Tabelle D2 für die nominalen und die realen Jahresdurchschnittsverdienste in ein Liniendiagramm um (x-Achse: Jahre; y-Achse: Verdienst). Welche Entwicklung ist feststellbar?

5 Stelle dir vor, Friedrichs Engels teilt seine Beobachtungen einem englischen Unternehmer mit (Q6). Daraufhin entwickelt sich ein Streitgespräch, in dem der englische Unternehmer Engels von den Vorzügen der englischen Industrialisierung überzeugen will. Erarbeitet in Partnerarbeit dieses Streitgespräch (s. auch S. 88–98).

6. Wie soll die soziale Frage gelöst werden?

Neue Formen der Armut

Durch die Industrialisierung wurde im 19. Jahrhundert das Massenelend – der Pauperismus – gestoppt. Denn die Landwirtschaft war produktiver, die Lebensführung hygienischer und die medizinische Versorgung besser geworden. Zudem fanden immer mehr Menschen in den Fabriken Arbeit. Andererseits lebten auch die Arbeiter und Arbeiterinnen häufig an der Grenze des Existenzminimums. Wegen der niedrigen Löhne konnten sie kaum Ersparnisse aufhäufen um für Notzeiten vorzusorgen. Wenn sie ernsthaft krank wurden, wegen eines Unfalls oder aus Altersschwäche nicht mehr arbeiten konnten oder entlassen wurden, drohte sofort Verelendung. Besonders ernst war die Situation immer dann, wenn größere Fabriken oder ganze Wirtschaftszweige ihre Produktion einschränkten, weil sie ihre Waren nicht mehr absetzen konnten und deshalb viele Arbeiter auf einmal entließen.

Menschenwürdiges Leben

Solche Schicksale stießen in der Öffentlichkeit zunehmend auf größere Aufmerksamkeit. Die unübersehbaren Produktivitätsfortschritte machten es immer schwieriger, Armut einfach als naturgegeben hinzunehmen. Seit der Französischen Revolution leiteten zudem immer mehr Menschen aus den Idealen von Freiheit, Gleichheit und Brüderlichkeit das Anrecht aller auf ein menschenwürdiges Leben ab. Die Frage drängte sich auf, wie das enorme Wirtschaftswachstum zu der Tatsache passte, dass noch nicht einmal die Existenz großer Teile der Bevölkerung gesichert war oder ihre Gesundheit in den Fabriken ruiniert wurde. Warum dies so war und wie die allerschlimmste Not für die Arbeiter verhindert werden könne, wurde unter der Bezeichnung „soziale Frage" diskutiert.

Kapitalisten und Arbeiter – ein unversöhnlicher Gegensatz?

Die radikalste Antwort auf die „soziale Frage" gab der deutsche Philosoph und Wirtschaftswissenschaftler Karl Marx gemeinsam mit seinem Freund Friedrich Engels. Nach Marx stehen sich in der Gesellschaft diejenigen, die die Produktionsmittel (Fabrikanlagen, Maschinen) besitzen, die Kapitalisten, und diejenigen, die nichts außer ihrer Arbeitskraft besitzen, die Proletarier, unversöhnlich gegenüber. Der Reichtum der Kapitalisten entspringe nicht ihrem Fleiß oder Geschick. Vielmehr sei es allein die Arbeit der von ihnen Beschäftigten, die für sie mehr Wert produziere als an Lohn ausbezahlt wird. Aus diesem Mehrwert ergebe sich der Gewinn oder Profit der Kapitalisten. Darin würden alle Lohnkämpfe der Arbeiter ihre Grenzen finden. Wenn sie ihre Lage wirklich grundlegend verbessern wollten, so müssten sie gemeinsam als Klasse den Kampf gegen die Klasse der Kapitalisten führen, sie im Zuge einer Revolution enteignen, das Lohnsystem abschaffen und die Produktion gemeinschaftlich („sozialistisch" oder „kommunistisch") organisieren. Ihre Ideen verbreiteten Marx und Engels vor allem mit zwei berühmten Schriften: das „Kommunistische Manifest", das 1848 erschien, sowie das „Kapital", eine grundsätzliche und umfassende Analyse des gesamten kapitalistischen Produktionsprozesses.

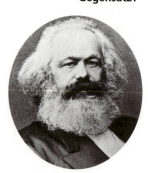

Karl Marx (1818–1883) Q1

Soziale Hilfe durch Pfarrer und Kirchen

Auch immer mehr Menschen aus bürgerlichen Kreisen überlegten, wie der Verelendung entgegengewirkt werden könne – ohne die Eigentumsverhältnisse grundsätzlich in Frage zu stellen. Es waren aber nicht nur Teile der Unternehmerschaft, die die soziale Lage der Arbeiter verbessern wollten. Vertreter der Kirchen sahen in der Armut der unteren Schichten eine Herausforderung an die Nächstenliebe der Bürger. Es gibt viele Beispiele für das Engagement von Pfarrern und Priestern. Der Pfarrer Gustav Werner gründete in Reutlingen das „Bruderhaus". Zuerst nahm er Waisenkinder in seine eigene Familie auf, dann baute er Schulen und Hand-

Das Bruderhaus in Reutlingen
Das Bild zeigt die Maschinenfabrik, Wohnhäuser und das Gartengelände. Links ist die Bahnlinie zu erkennen. Zeichnung von 1862.

werksbetriebe, in denen die Kinder ausgebildet werden konnten. Sein Ziel war es, eine Gemeinschaft zu bilden, „in welcher das Reich Gottes mit seiner Gerechtigkeit mehr und mehr seine Verwirklichung finden könne". Die steigende Arbeitsbelastung zwang Werner schließlich seinen Beruf als Pfarrer aufzugeben. In dem Bielefelder Ortsteil Bethel richtete der Pastor Friedrich von Bodelschwingh die bis heute bestehenden Behindertenanstalten ein. Auch eigene Gewerkschaften wurden von kirchlicher Seite eingerichtet, weil man sich davon bessere Verständnismöglichkeiten mit Unternehmern erhoffte, die ebenfalls christlich gesonnen waren.

Staatliche Sozialpolitik

Die Gefahren, die aus der neuen Produktionsweise für die Arbeiter erwuchsen, riefen aber vor allem den Staat auf den Plan. Er sah sich zu gesetzlichen Beschränkungen der Vertragsfreiheit zwischen Unternehmern und Arbeitern veranlasst und erließ Vorschriften, wie für Arbeiter, die in Not gerieten, vorgesorgt werden sollte. Viele der damals erlassenen Bestimmungen sind auch heute noch Grundlage der Sozialpolitik. Seit 1839 wurde zunächst schrittweise die Arbeit von Kindern und Jugendlichen begrenzt bzw. verboten. Auch der Frauenarbeit wurden einige Grenzen gesetzt. In den 1880er-Jahren setzte im Deutschen Reich eine breite sozialpolitische Gesetzgebung ein, die bewusst als Ergänzung zu der gleichzeitig betriebenen politischen Verfolgung der organisierten Arbeiter unter den Sozialistengesetzen gedacht war. Im Betrieb verunglückten Arbeitern wurde nun endlich ein Rechtsanspruch auf Entschädigung zuerkannt. Sie erhielten Geld aus einer gemeinsamen Haftpflichtversicherung aller Unternehmen. So blieben die einzelnen Unternehmen von finanziellen Ansprüchen, die sie hätten ruinieren können, verschont. Die Vorsorge für Krankheit und Alter wurde nicht mehr dem Sparwillen der einzelnen Arbeiter überlassen. Alle Arbeiter wurden zwangsweise verpflichtet, zur Vorsorge einen Teil ihres Lohnes in die staatlich verwaltete Renten- und Krankenversicherung einzuzahlen.

Krupp-Arbeiterwohnsiedlung „Altenhof" in Essen
Solche Arbeitersiedlungen gaben den Arbeitern nicht nur Wohnraum, in den kleinen Gärten konnte auch Gemüse zur Selbstversorgung angebaut werden. Der „Altenhof" wurde speziell für Invaliden und Alte gebaut. Foto um 1885.

Unfall in einer Maschinenfabrik Q4
Gemälde von Johann Bahr, um 1890. Damit wurde für den Besuch der „Deutschen Allgemeinen Ausstellung für Unfallverhütung" geworben, die in Berlin stattfand.

Versicherungsart	Beiträge	Leistungen
Krankenversicherung 1883 für gewerbliche Arbeiter und (freiwillig ab 1892) Angehörige	2–3 % des Lohns; 2/3 vom Versicherten, 1/3 vom Arbeitgeber	ärztliche Behandlung und Medizin, Krankenhauskosten; nach zweitägiger Wartezeit Krankengeld (50 % des Durchschnittslohns, max. 2 Mark/Tag)
Unfallversicherung 1884 für gewerbliche Arbeiter	als Haftpflicht vom Arbeitgeber zu zahlen	Heilungskosten; bei Erwerbsunfähigkeit 2/3 des Einkommens, 1/5 für Witwen
Invaliditäts- u. Altersversicherung 1889 für gewerbliche und Landarbeiter (ab 1911 auch für Familienangehörige)	1% (ab 1900 1,5–3 %) des Lohns, je zur Hälfte von Arbeitnehmern und Arbeitgebern	Invalidenrente bei Erwerbsunfähigkeit (1911): 1,1 Mio. Rentenbezieher von durchschnittlich 187 Mark/Jahr; Altersrente ab 70. Lebensjahr und nach 30 Beitragsjahren (ab 1900: 24)

D1 Das deutsche Sozialversicherungssystem

Q5 **Bourgeoisie und Arbeiter**
Marx und Engels 1848 im Kommunistischen Manifest:
Alle bisherige Gesellschaft beruhte, wie wir gesehen haben, auf dem Gegensatz unterdrückender und unterdrückter Klassen. Um aber eine Klasse unterdrücken zu können, müssen ihr Bedingungen gesichert
5 sein, innerhalb derer sie wenigstens ihre knechtische Existenz fristen kann. Der Leibeigene hat sich zum Mitglied der Kommune in der Leibeigenschaft herangearbeitet, wie der Kleinbürger zum Bourgeois unter dem Joch des feudalistischen Absolutismus.
10 Der moderne Arbeiter dagegen, statt sich mit dem Fortschritt der Industrie zu heben, sinkt immer tiefer unter die Bedingungen seiner eigenen Klasse herab. Der Arbeiter wird zum Pauper, und der Pauperismus entwickelt sich noch rascher als Bevölkerung und Reichtum. Es tritt hiermit offen hervor, dass die 15 Bourgeoisie unfähig ist, noch länger die herrschende Klasse der Gesellschaft zu bleiben und die Lebensbedingungen ihrer Klasse der Gesellschaft als regelndes Gesetz aufzuzwingen. Sie ist unfähig zu herrschen, weil sie unfähig ist, ihrem Sklaven die Existenz selbst 20 innerhalb seiner Sklaverei zu sichern, weil sie gezwungen ist, ihn in eine Lage herabsinken zu lassen, wo sie ihn ernähren muss, statt von ihm ernährt zu werden. Die Gesellschaft kann nicht mehr unter ihr leben, d.h. ihr Leben ist nicht mehr verträglich mit 25 der Gesellschaft.

K. Marx/F. Engels: Manifest der Kommunistischen Partei (1848). Stuttgart 1986, S. 36 f.

Q6 „Rauhes Haus" bei Hamburg
Der evangelische Pfarrer Wichern richtete es für verwaiste und verwahrloste Kinder ein. Sie lernten dort lesen, schreiben und rechnen, und wurden in Werkstätten auf ihr Berufsleben vorbereitet.

Q7 Kirchliche Fürsorge
Der Priester Adolf Kolping versuchte die Not der wandernden Handwerksgesellen zu mildern und gründete seit 1849 die katholischen Gesellenvereine:

Man richte nur in allen Städten, wenn nicht in allen größeren Gemeinden, einen freundlichen, geräumigen Saal ein, sorge am Sonn- und Feiertage, wie am Montagabend für Beleuchtung und im Winter für behagliche Wärme dazu und öffne dann dies Lokal allen jungen Arbeitern, denen es mit ihrem Leben und ihrem Stande nur immer ernst ist. Da die jungen Leute, die der Einladung folgen, Gemeinsames mit ziemlich gleichen Kräften wollen, bilden sie dadurch einen Verein, für dessen Bestehen und Gedeihen ein Vorstand von achtbaren Bürgern, die dem guten Zwecke zu dienen entschlossen sind, zu sorgen hätte, und an dessen Spitze ein Geistlicher stehen soll, der dieser Stelle mit all der persönlichen Hingebung und Aufopferung vorzustehen hat, welches sein heiliges, grade dem Volke gewidmetes Amt und die gute Sache erheischen. (...) Da dürfte es nicht an guten Büchern, Schriften und Zeitungen fehlen, nicht bloß, die das religiöse Interesse vertreten, sondern die auch, was ja nicht zu übersehen wäre, dem bürgerlichen Leben gelten, die gewerbliche Gegenstände behandeln und so viel möglich jedem Handwerker von Nutzen sein können.

A. Kolping: Ausgewählte pädagogische Schriften, besorgt von Hubert Göbels. Paderborn 1964, S. 5 f.

Q8 Der Papst äußert sich zur sozialen Frage
1891 erließ Papst Leo XIII. die Enzyklika „Rerum novarum". Sie ist bis heute die grundlegende Stellungnahme der Katholischen Kirche zur sozialen Frage.

Vor allem liegt in den religiösen Wahrheiten, deren Auslegerin und Bewahrerin die Kirche ist, ein mächtiges Hilfsmittel, Reich und Arm zu versöhnen und einander näher zu bringen: die Kirche ist es, die beide Stände an die Pflichten gegeneinander, besonders an die Forderungen der Gerechtigkeit erinnert. Den Arbeitenden und Besitzlosen gelten die folgenden Vorschriften: vollständig und gewissenhaft die Arbeit zu verrichten, zu deren Leistung sie in freiem und gerechtem Vertrage sich verpflichtet haben, dem Arbeitsherrn keinen Schaden zuzufügen, (...) sich der Gewalt zu enthalten und niemals Aufruhr zu stiften. (...) Den Arbeitgebern und Reichen schärft sie wieder andere Pflichten ein: die Arbeiter nicht wie Sklaven zu behandeln; die persönliche Würde in ihnen zu achten. (...) Unehrenhaft und unmenschlich aber ist es, Menschen wie eine Ware nur zum eigenen Gewinn auszubeuten und sie nur nach dem Maße ihrer Arbeitskräfte zu werten. (...) Zu den wichtigsten Pflichten der Arbeitsherrn aber gehört es, jedem das Seine zu geben. Vor allem soll die Höhe des Lohnes nach den Grundsätzen der Billigkeit bemessen werden.

Zit. nach: Zeiten und Menschen, Neue Ausgabe G, Vom Zeitalter der bürgerlichen Revolutionen bis zum Zweiten Weltkrieg. Paderborn 1986. S. 284 f.

Fragen und Anregungen

1. Stelle in einer Tabelle gegenüber, wer welche Maßnahmen zur Lösung der sozialen Frage ergriff (VT, Q2, Q3, Q6, Q7, Q8, D1, Kapitel 4). Diskutiert, ob diese Maßnahmen zu einer dauerhaften Lösung der sozialen Frage führen können.

2. Welche Gründe nennen Marx und Engels für den zu erwartenden Untergang der Bourgeoisie (Q5)?

3. Welche Wirkungen versprach sich Kolping von der Einrichtung eigener Räume für die Handwerksgesellen (Q7)?

4. Lege dar, wie die Beitragszahlungen zur Kranken- und Altersversicherung geregelt wurden und welche Leistungen den Versicherten zustanden (D1). Vergleiche diese Regelungen mit den heutigen Bestimmungen.

7. Arbeiter organisieren sich

Maschinenstürmer setzen sich zur Wehr

Die Unsicherheiten und Gefährdungen ihrer Existenz veranlassten die Arbeiter immer wieder zu Protesten und zu Bestrebungen, ihre Lebensbedingungen zu verbessern. In der ersten Zeit der Industrialisierung richtete sich der Unmut von Arbeitern oft direkt gegen die Maschinen. Als beispielsweise die maschinelle Weberei eingeführt wurde, wehrten sich sowohl in England als auch in Deutschland viele Handweber, die dadurch ihr Einkommen verloren, indem sie Webmaschinen und Fabriken zerstörten. Gegen solche Maschinenstürmer gingen Polizei, Militär und Gerichte mit großer Härte vor. Schon bald war klar, dass das weitere Vordringen der Maschinen so nicht verhindert werden konnte.

Unterstützungskassen werden ins Leben gerufen

Als drängendstes Problem stellte sich den Arbeitern die Frage, wovon sie und ihre Familien leben sollten, wenn sie arbeitsunfähig werden oder gar sterben sollten. Die Arbeiter halfen sich zunächst selbst, indem sie das Risiko gemeinsam zu tragen versuchten. In vielen Fabriken gründeten sie so genannte Unterstützungskassen, in die jeder regelmäßig Beiträge einzahlte. Im Krankheitsfall erhielten die Kassenmitglieder dann für eine gewisse Zeit ein bescheidenes Ersatzeinkommen. Starben sie, so konnten ihre Witwen und Waisen übergangsweise eine finanzielle Hilfe beziehen.

Gewerkschaften entstehen

Um bessere Arbeitsbedingungen und höhere Löhne gegen die Unternehmer durchsetzen zu können, schlossen sich Arbeiter zu Gewerkschaften zusammen. Durch die Androhung gemeinsamer Arbeitsniederlegung versuchten sie auf die Unternehmen Druck auszuüben. Solche Arbeitskämpfe konnten nur dann über einen längeren Zeitraum geführt werden, wenn die Streikenden schon vorher eine größere Geldsumme angespart hatten, aus der sie im Falle eines Streiks eine Unterstützung erhielten. Die Unternehmer und auch viele Politiker sahen in den Gewerkschaften anfangs nur Störenfriede und Unruhestifter. Sie bekämpften sie deshalb energisch und weigerten sich, sie als Verhandlungspartner anzuerkennen. Bis 1914 konnte in Deutschland zwar prinzipiell das Recht sich gewerkschaftlich zu organisieren erstritten werden, faktisch wurden die Gewerkschaften aber weiterhin misstrauisch beurteilt. Offenes Auftreten in den Betrieben war ihnen nicht gestattet.

Arbeiterparteien werden gegründet

Immer wieder erfuhren die Arbeiter, wie machtlos sie gegenüber den Unternehmern und den Behörden waren und wie wenig der Staat von sich aus bereit war, ihnen zu helfen. Um über das Parlament, den Reichstag, Einfluss nehmen zu können, entstanden in den 1860er-Jahren mehrere politische Arbeiterparteien in Deutschland. Sie schlossen sich 1875 zur Sozialistischen Arbeiterpartei Deutschlands zusammen, die sich schließlich 1890 in Sozialdemokratische Partei Deutschlands (SPD) umbenannte und zur stärksten Partei im Reichstag wurde.

Eine eigenständige Arbeiterkultur

Die „Arbeiterbewegung" – so nannten sich die Mitglieder der SPD und der Gewerkschaften selber – entwickelte zunehmend eigene Lebensformen, eine eigene Kultur. Für fast alle Lebensbereiche vom täglichen Einkaufen bis zur Freizeitgestaltung konnten die Arbeiter und deren Familienangehörige auf eigene Angebote zurückgreifen. Man las eigene Zeitungen und Zeitschriften, besuchte regelmäßig Vortrags- und Diskussionsveranstaltungen, gehörte eigenen Bildungs- und Sportvereinen an, kaufte in eigenen genossenschaftlichen Läden ein, feierte die Geschichte der eigenen Organisationen u. v. m. Diese proletarische Kultur diente vor allem der Abgrenzung von der Kultur des Bürgertums und der Entwicklung eines eigenen Selbstbewusstseins.

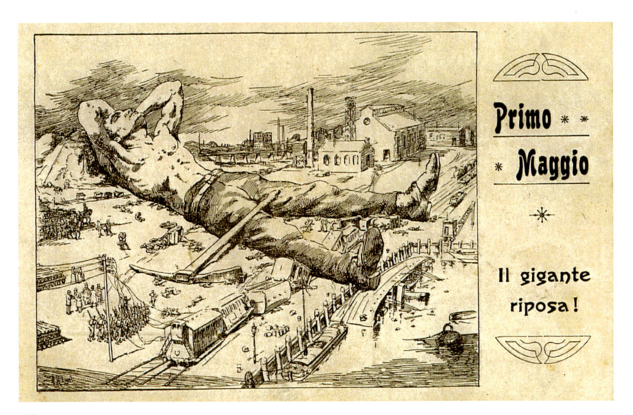

Q1 „Der 1. Mai – der Riese ruht!"
1.-Mai-Postkarte aus Italien. Seit 1889 wurde von den Arbeiterbewegungen in den USA und in vielen europäischen Ländern der 1. Mai als Tag ausgerufen, an dem für bessere Arbeitsbedingungen, insbesondere für den 8-Stunden-Tag, demonstriert werden sollte.

Q2 Das Gothaer Programm der SPD
Aus dem Programm der Sozialistischen Arbeiterpartei Deutschlands (SAP), das auf dem Parteitag 1875 in Gotha verabschiedet wurde:
I. Die Arbeit ist die Quelle allen Reichtums und aller Kultur, und da allgemein nutzbringende Arbeit nur durch die Gesellschaft möglich ist, so gehört der Gesellschaft, das heißt allen ihren Gliedern, das gesamte Arbeits-
5 produkt, bei allgemeiner Arbeitspflicht, nach gleichem Recht, jedem nach seinen vernunftgemäßen Bedürfnissen. In der heutigen Gesellschaft sind die Arbeitsmittel Monopol [alleiniges Eigentum] der Kapitalistenklasse; die hierdurch bedingte Abhängigkeit der Arbeiterklas-
10 se ist die Ursache des Elends und der Knechtschaft in allen Formen. Die Befreiung der Arbeit erfordert die Verwandlung der Arbeitsmittel in Gemeingut der Gesellschaft und die genossenschaftliche Regelung der Gesamtarbeit mit gemeinnütziger Verwendung und
15 gerechter Verteilung des Arbeitsertrags. Die Befreiung der Arbeit muss das Werk der Arbeiterklasse sein, der gegenüber alle anderen Klassen nur eine reaktionäre [rückschrittliche] Masse sind.

II. Von diesen Grundsätzen ausgehend, erstrebt die Sozialistische Arbeiterpartei Deutschlands mit allen 20 gesetzlichen Mitteln den freien Staat und die sozialistische Gesellschaft, die Zerbrechung des ehernen Lohngesetzes [Theorie, nach der der Lohn der Arbeiter immer nur für das Allernotwendigste ausreicht, weshalb für den Aufbau genossenschaftlich arbeiten- 25 der Betriebe kein Geld übrig sei] durch Abschaffung des Systems der Lohnarbeit, die Aufhebung der Ausbeutung in jeder Gestalt, die Beseitigung aller sozialen und politischen Ungleichheit. (…)
Die Sozialistische Arbeiterpartei Deutschlands for- 30 dert, um die Lösung der sozialen Frage anzubahnen, die Errichtung von sozialistischen Produktivgenossenschaften [Betriebe, die allen gemeinsam gehören] mit Staatshilfe unter der demokratischen Kontrolle des arbeitenden Volkes. Die Produktivgenossenschaften 35 sind für Industrie und Ackerbau in solchem Umfang ins Leben zu rufen, dass aus ihnen die sozialistische Organisation der Gesamtarbeit entsteht.

Zit. nach: D. Fricke, Die deutsche Arbeiterbewegung 1869 bis 1914. Berlin 1976, S.104.

Q3 Streikende Frauen in Crimmitschau
Postkarte von 1904.

Q4 Streik in Crimmitschau
22 Wochen lang, von August 1903 bis in den Januar 1904 hinein, wurde in Crimmitschau, dem Zentrum der sächsischen Textilindustrie, gestreikt. Im Mittelpunkt der Forderungen stand eine Verringerung der täglichen Arbeitszeit um eine halbe bis eine Stunde auf zehn Stunden. Die Unternehmer reagierten mit umfangreichen Aussperrungen. Einer der Streikenden erinnerte sich später daran, wie der Streik beendet wurde:

Auf einmal tritt Hermann Jäckel zur Tür herein und ist ganz aufgeregt. Er hatte in Berlin mit Karl Legien und Hübsch [zwei führenden Gewerkschaftsfunktionären] verhandelt und war eben zurückgekommen.
5 Er teilt uns mit, dass ihm die Leitung in Berlin die Anweisung gegeben hat, den Streik abzubrechen. Eine Fortsetzung sei aussichtslos und würde nur zum beiderseitigen Aufzehren der Kräfte führen, zur Vernichtung jeder Erwerbsmöglichkeit in Crimmitschau
10 auf viele Monate, wenn nicht auf Jahre hinaus. Das aber könnte nicht im Interesse der Arbeiter liegen. Außerdem gäbe es schon zu viel Streikbrecher, und die Unternehmer seien durch den Kampf dazu gedrängt worden, sich in ganz Deutschland zusam-
15 menzuschließen. Wir sollten auf einen anderen, günstigeren Zeitpunkt warten, um wieder unsere Forderungen vorzubringen.
Wir sitzen alle wie erstarrt. Soll denn alles umsonst gewesen sein? Noch nie hatten wir so viel Geld wie in die-
20 sen Wochen. (…) Und da soll abgebrochen werden?
Es kommt zu einer langen und heftigen Diskussion. Aber Jäckel beharrt auf seinem Auftrag, den er erhalten hat und der sich mit seiner eigenen Auffassung deckt. Ohne die Zustimmung und Unterstützung der Zen-
25 trale können wir nicht weiterkämpfen. Ein Flugblatt wird entworfen und noch in der Nacht gedruckt. Am Montag erhalten es die Arbeiter. Sie können es nicht glauben. Vielen stehen Tränen in den Augen. Alle sind gegen Jäckel, aber der ist schon wieder fort. Die Arbeiter sagen: „Wenn wir den jetzt hier hätten, würden
30 wir ihn in den Mühlgraben werfen!"
[Hermann Jäckel war ein Gewerkschaftsfunktionär aus Crimmitschau. Karl Legien und Hübsch waren führende Funktionäre der Generalkommission der Gewerkschaften Deutschlands.]

Zit. nach: A. Lassotta/H. Röver et al. (Hg.), Streik. Crimmitschau 1903 –Bocholt 1913. Ein Leebuch zu den Arbeitskämpfen in der Crimmitschauer und Bocholter Textilindustrie. Essen 1993, S. 110f.

Q5 Das Streikende
Die „Deutsche Industrie-Zeitung", das Organ des Zentralverbandes Deutscher Industrieller, berichtete am 19. Januar 1904:
Der Streik in Crimmitschau ist beendet, und zwar mit einer völligen Niederlage der Arbeiter. Die Streikleitung hat den Arbeitern empfohlen, die Arbeit bedingungslos wieder aufzunehmen.
5 Ein größerer und schönerer Erfolg konnte den Crimmitschauer Arbeitgebern, die den leider von der Sozialdemokratie bis aufs äußerste verhetzten Arbeitern gegenüber den Kampf um die Herrschaft im Fabrikbetriebe für die ganze deutsche Industrie geführt haben, nicht
10 beschieden werden. Ihnen ist der Dank aller Arbeitgeber sicher, wie es ja auch das Eintreten derselben in erster Reihe des Centralverbandes (…) mit moralischer und materieller Unterstützung bewiesen hat. Dieser Solidaritätserklärung der deutschen Industrie, die sich
15 in dem Beschlusse der Gründung eines allgemeinen deutschen Arbeitgeberbundes vom 17. Januar 1904 dokumentierte und der am 18. Januar 1904 die Konstituierung eines Arbeitgeberverbandes der gesamten deutschen Textilindustrie folgte, mag wohl auch der
20 plötzliche Entschluss der Crimmitschauer Streikhetzer zuzuschreiben sein, von dem aussichtslosen Versuche der Vergewaltigung der Arbeitgeber abzusehen. Das Wort eines der Teilnehmer an der Versammlung vom 17. d.M. hat sich bewahrheitet, dass die Sozialdemo-
25 kratie zum Teil ein selbst geschaffener Popanz ist, der dem unter den Händen zusammenbricht, der sie energisch anpackt. Weil das bisher nicht geschehen ist, ist sie stark und furchtbar. Was von ihr im Ganzen gilt, trifft noch mehr für ihre Führer im Einzelnen zu. So
30 haben sich die Crimmitschauer Streikhetzer schon vor dem Plane zur Gründung eines deutschen Arbeitgeberbundes zurückgezogen.

Ebenda. S. 113.

Der Streik Q6
Gemälde von
Robert Köhler, 1886.

Q7 Nur Männerleid und Männerelend?

Adelheid Popp (1869–1939) trat früh der österreichischen Sozialdemokratischen Partei bei. Sie engagierte sich insbesondere für Arbeiterinnen, organisierte für sie Streiks und gab für sie eigene Zeitungen heraus. In ihren 1900 erschienenen Erinnerungen beschreibt sie auch, wie sie im Winter 1885 erstmals eine sozialdemokratische Veranstaltung besuchte:

Ich war das einzige weibliche Wesen im Saale und alle Blicke richteten sich erstaunt auf mich, als wir uns durchdrängten. Den Redner konnte ich nur undeutlich sehen, denn er war in eine Wolke von Tabak- und Zigar-
5 renrauch gehüllt. Er sprach über: „Die kapitalistische Produktionsweise".
Und wieder waren es neue Offenbarungen für mich. Was ich instinktiv gefühlt hatte, aber noch nicht auszudenken vermochte, hörte ich hier klar und über-
10 zeugend vortragen. (...) Die zweite Versammlung besuchte ich am Weihnachtstag; dort waren außer mir noch zwei Frauen anwesend. Der Redner sprach über „Klassengegensätze". Er sprach gut, wirkungsvoll, hinreißend. Ich hörte die leidensvolle Geschichte meiner eigenen Weihnachtsfeste schildern und 15 im Gegensatz zu den Entbehrungen der Armen den Überfluss der Reichen. In mir drängte alles hinzurufen: „Das weiß ich auch, das kann ich auch erzählen!" Aber noch wagte ich kein Wort, ich hatte nicht einmal den Mut, Beifall zu spenden. Das hielt ich für unweib- 20 lich und nur für ein Recht der Männer. Auch wurde in den Versammlungen nur für Männer gesprochen. Keiner der Redner wendete sich auch an die Frauen, die allerdings nur sehr vereinzelt anwesend waren. Es schien alles nur Männerleid und Männerelend zu sein. 25 Ich empfand es schmerzlich, dass man über die Arbeiterinnen nicht sprach, dass man sich nicht auch an sie wandte, um sie zum Kampfe aufzurufen.

Zit. nach: A. Popp, Jugend einer Arbeiterin. Berlin/Bonn-Bad Godesberg 1978, S. 75.

Fragen und Anregungen

1. Stelle zusammen, wie sich Arbeiter organisierten. Welche Ergebnisse brachte dies für ihre Lage (VT)?

2. Untersuche Q3–Q5 daraufhin, welche Mittel im Arbeitskampf von beiden Seiten jeweils eingesetzt wurden.

3. Beschreibe die Empfindungen, die Adelheid Popp bei dem Besuch der politischen Veranstaltungen hatte (Q7).

4. Beschreibe das Bild Q1. Welche Haltung der Arbeiter kommt darin zum Ausdruck?

5. Analysiere anhand von Q2, wodurch in den Augen der SAP die soziale Lage der Arbeiter bestimmt wird und mit welchen Mitteln dagegen vorgegangen werden soll.

6. Schreibe eine Reportage zu Q6. Gehe dabei auf die verschiedenen Personen und Personengruppen ein, die zu erkennen sind. Vermute, welche Einstellungen die verschiedenen Personen zu dem Streik haben könnten. Formuliere, was die Personen jeweils sagen oder denken könnten.

8. Vom Leinentuch zum Zeppelin – Industrialisierung in Südwestdeutschland

Schlechte Voraussetzungen

Im deutschen Südwesten gelang der industrielle Durchbruch erst nach der Mitte des 19. Jahrhunderts. Das hatte mehrere Ursachen: In der ersten Industrialisierungsphase in Deutschland gehörten Kohle und Eisen zu den Schrittmacherindustrien. In Württemberg und Baden gab es keine Steinkohle und nur geringe Eisenerzvorkommen. Der Eisenabbau lohnte sich bald nicht mehr, da die Verhüttung mit Holzkohle mit den Steinkohlehochöfen der schwerindustriellen Zentren nicht konkurrieren konnte. Die Landwirtschaft befand sich zu Beginn des 19. Jahrhunderts in einer Krise. Die Zerstückelung des Landes durch Erbteilungen, die wachsende Bevölkerung sowie Missernten führten zu Armut und Hunger. Auch die politischen Rahmenbedingungen waren ungünstig. Erst 1862 wurden in beiden Ländern die Regelungen der Zünfte abgeschafft und die volle Gewerbefreiheit eingeführt. Notenbanken wurden in Württemberg und Baden erst 1871 gegründet.

Industrieförderung in Württemberg …

Um Hunger und Elend in der ersten Hälfte des 19. Jahrhunderts zu bekämpfen förderte der Staat hauptsächlich die Landwirtschaft. Erst 1830 begann die württembergische Regierung auf Drängen der „Gesellschaft zur Beförderung der Gewerbe", der Industrie kleine Hilfen zu gewähren. 1846 konnte Emil Keßler dank eines zinsgünstigen staatlichen Darlehens von 200 000 Gulden in Eßlingen eine Maschinenfabrik gründen. Diese stellte das Material für die Eisenbahn her, die der württembergische Staat seit 1843 bauen ließ.

1848 wurde in Stuttgart die „Centralstelle für Handel und Gewerbe" gegründet. Die Centralstelle legte ein Musterlager mit modernsten ausländischen Maschinen an, die ausgeliehen werden konnten, schickte Techniker und Unternehmer auf Staatskosten ins Ausland oder zu internationalen Ausstellungen, warb ausländische Fachkräfte für das heimische Gewerbe an und förderte die gewerbliche Fortbildung. 1855 gründete Ferdinand von Steinbeis, der Leiter der Centralstelle, in Reutlingen eine Webschule, die sich schnell zur führenden Textilfachschule Deutschlands entwickelte.

Die badische Eisenbahn Q1
Beim Bau der Strecke Mannheim–Basel musste der Isteiner Klotz überwunden werden.

122

... und Baden

Baden lehnte die staatliche Förderung der Industrie über Jahrzehnte hinweg ab. Die Gewerbeförderung überließ man privaten Vereinen wie dem Karlsruher oder Mannheimer Gewerbeverein. Erst 1865 wurde die Badische Landesgewerbehalle gegründet, die jedoch viel kleiner war als die Centralstelle. In der schulischen Ausbildung übernahm Baden allerdings eine Vorreiterrolle. Bereits 1825 wurde in Karlsruhe eine Polytechnische Schule gegründet, die erste Technische Hochschule Deutschlands. Ab 1834 wurden Gewerbeschulen eingerichtet.

Außerdem begann Baden frühzeitig, die Verkehrswege auszubauen: 1816 begann man mit der Begradigung des Rheins. Unter dem Druck der französischen Konkurrenz entschied sich Baden dann 1837 zum Bau eines Eisenbahnnetzes durch das Rheintal von Mannheim bis Basel. Bereits 1840 konnten die ersten 18 km von Mannheim nach Heidelberg eröffnet werden. Der Bau der Eisenbahn gab – wie überall in Deutschland – auch im Südwesten einen bedeutenden Impuls zur Industrialisierung.

Das Textilgewerbe als Schrittmacherindustrie

Die ersten Wirtschaftszentren Badens entstanden am Oberrhein um Mannheim, Kehl und Karlsruhe. Der Rhein war ein kostengünstiger Transportweg und auch die Nähe zu Frankreich und der Schweiz erwies sich als Standortvorteil. Aus beiden Ländern floss Kapital und Wissen nach Baden. Außerdem siedelten sich erfahrene Schweizer Unternehmer in Baden an. 1809 gründete der schweizerische Mechaniker Johann Georg Bodmer in St. Blasien die erste mechanische Baumwollspinnerei in Baden. Es dauerte aber noch bis zur Mitte des Jahrhunderts, bis sich die Mechanisierung des Textilgewerbes flächendeckend durchsetzte. Da die zahlreichen Weber sich kaum zur Anschaffung moderner Webstühle überreden ließen, richteten immer mehr Unternehmer selbst Spinnereien und mechanische Webereien ein, um gegen die ausländische Konkurrenz bestehen zu können. Ab 1850 schritt die Mechanisierung rasch voran und verdrängte die alten Handwerksbetriebe völlig. Das Textilgewerbe wurde damit zur Schrittmacherindustrie im deutschen Südwesten, die vor allem den Maschinenbau anregte. Wichtige Industriezweige der ersten Industrialisierungsphase wurden auch die Papierindustrie und die Uhrenindustrie.

Die zweite Industrialisierungsphase: Zündung, Auto, Zeppelin

Entscheidend für die Entwicklung des rohstoffarmen Südwestens wurde in der zweiten Industrialisierungsphase die Entdeckung der elektrischen Energie. 1898 baute die AEG in Rheinfelden das erste große Laufwasserkraftwerk Europas. In der Nähe des Kraftwerks ließen sich zahlreiche Unternehmen vor allem aus der Elektrochemie nieder, die badische Bahnstation Rheinfelden wuchs zur Industriegemeinde. In Stuttgart baute die AEG 1895 ein Elektrizitätswerk. 1916 waren in Württemberg 243 Elektrizitätswerke in Betrieb und lediglich 2,8 % der Bevölkerung noch ohne Strom.

Um die Jahrhundertwende profitierte der deutsche Südwesten von einigen wegweisenden Erfindungen. 1887 entwickelte Robert Bosch seinen berühmten Magnetzünder. Bereits 1902 wurden nach der Weiterentwicklung der Erfindung die ersten Zündkerzen für Benzinmotoren gefertigt. Ab den 1880er-Jahren entwickelten Gottfried Daimler und Wilhelm Maybach in Stuttgart und Carl Benz in Mannheim Motoren und Automobile. Im Jahr 1900 produzierte die Benz-AG mit 400 Beschäftigten bereits 600 Automobile, die Daimler AG baute 1910 3 000 Autos jährlich. Ähnliche Erfolge erlebten die Neckarsulmer Fahrradwerke NSU für Motorräder. Die Motorisierung machte auch vor dem Luftraum nicht Halt: 1909 gründete Graf Zeppelin in Friedrichshafen seine Luftschiffbau Zeppelin GmbH.

Aktie der Maschinenfabrik Esslingen Emil Keßlers Q2

Um das Startkapital für seine Firma aufzubringen, gründete Keßler eine Aktiengesellschaft. Der Staat Württemberg unterstützte ihn durch ein 15-jähriges Absatzmonopol und einen Staatskredit.

Die Metallwarenfabrik Straub & Schweizer Q3 wurde 1853 in Geislingen gegründet und ging 1880 in der Württembergischen Metallwaren Fabrik (WMF) auf. Die erste Produktionsstätte war eine alte Mühle, die während des Eisenbahnbaus über die Alb als Reparaturwerkstatt gedient hatte.

Q4 Die erste mechanische Baumwollspinnerei

In dem Bericht einer Regierungskommission über Johann Georg Bodmers „industrielle Anstalten" in St. Blasien von 1816 ist zu lesen:

Wie man den Benediktinermönchen, welche in tausend Jahren ihre hölzernen Zellen an der Alb zu einem ausgedehnten Prachtgebäude (dem barocken Kloster) erhoben, (…) die erste Kultur des Schwarzwalds ver-
5 dankt: So wird man einst dem Fabriketablissement, das jetzt an die Stelle des Klosters getreten, den Anfang neuer und höherer Gewerbsamkeit verdanken, ohne die ein Teil des Schwarzwaldes bei der zugenommenen Bevölkerung in Armut und Elend verfallen müsste. (…)
10 Das Kloster St. Blasien nährte die Armen und pflegte dadurch die Armut; die Industrieanstalt in St. Blasien nährt die Arbeitsamen, pflegt die Betriebsamkeit. (Noch muss man Geduld haben und warten können,) denn an die Stelle der Trägheit Betriebsamkeit, an die Stelle der
15 Unwissenheit Kunst(fertigkeit) und Geschicklichkeit zu pflanzen, dazu gehören Jahre. (…)

Zit. nach: W. Fischer, Der Statt und die Anfänge der Industrialisierung in Baden 1800–1850, Bd. 1. Berlin 1962, S. 244 f.

als andererseits über die Erweiterungen des deutschen Zoll- und Handelsgebietes und über einen neuen Zolltarif bei der Nationalversammlung in Frankfurt Erörte-
10 rungen zu erwarten stehen, in Beziehung auf welche es dem Gewerbe- und Handelsstand ein Bedürfnis ist, seine Anliegen und Wünsche zur öffentlichen Kenntnis zu bringen.
Die Tendenz dieser Zeitschrift soll eine durchaus prak-
15 tische sein. – Was im Gebiete der Technik großer oder kleiner Gewerbe anderer Länder Neues entdeckt und als wirklich anwendbar und nutzbringend erkannt worden ist, was die Wissenschaft zur Aufklärung und Vervollkommnung technischer Prozesse Neues zu Tage
20 fördert, was von den Resultaten früherer Erfahrungen im Gebiete der Industrie, früherer Forschungen im Gebiete der Wissenschaft noch nicht die nötige allgemeine Verbreitung unter den Gewerbenden des Landes gefunden hat: das soll vorzugsweise die neue
25 Zeitschrift denselben vor Augen führen.

Zit. nach: Die Industrie- und Handelskammer in Baden-Württemberg (Hg.), Wurzeln des Wohlstands. Bilder und Dokumente südwestdeutscher Wirtschaftsgeschichte, Stuttgart 1984, S. 150.

Q5 Wirtschaftsförderung in Württemberg

Am 6. Januar 1849 erläutert die „Centralstelle für Gewerbe und Handel" in der ersten Nummer des neuen „Gewerbeblatts aus Württemberg", warum diese Zeitung gegründet wurde:

Die Herausgabe eines solchen Organs des Gewerbe- und Handelsstands in Württemberg ist gerade jetzt umso dringender, als einerseits das bisherige „Wochenblatt für Land- und Hauswirtschaft, Gewerbe
5 und Handel" vom 1. Januar 1849 an nur mit landwirtschaftlichen Angelegenheiten sich befassen wird, und

Q6 Das erste Motorrad der Welt

1885 entwickelte Gottlieb Daimler einen motorisierten „Reitwagen". Am 10. November demonstrierte Wilhelm Maybach öffentlich die Brauchbarkeit dieses ersten Motorfahrzeugs.

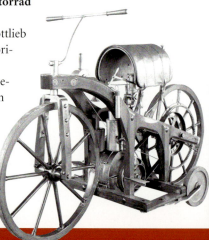

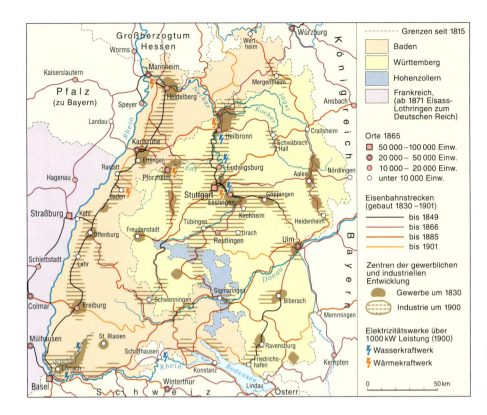

D1 Gewerbe und Eisenbahn in Baden und Württemberg im 19. Jahrhundert

Q7 Von Württemberg nach Amerika
Aus den Lebenserinnerungen von Robert Bosch:
Nach beendigtem Militärdienst im Jahre 1882 besuchte ich mit meinem Bruder Karl die Städte Nürnberg und München. In ersterer Stadt hatte sich nach einem Aufenthalt in England und Amerika der Mechaniker Sigmund Schuckert niedergelassen. Schuckert baute dort die so genannte Flachring-Dynamomaschine. Ich fragte bei Schuckert um Arbeit an und wurde angenommen. (…) Die Arbeit, die ich bei Schuckert vorzugsweise machte, waren Volt- und Ampèremeter. (…) Im Frühjahr 1884 fuhr ich nach New York. Bei Bergmann erhielt ich eine Stellung als Mechaniker mit wöchentlich acht Dollar Gehalt. Es wurden Hughes-Schreiber und Telephone, Bogenlampen und Beleuchtungskörper, Grammophone und Fernthermometer, kurz alles gebaut, was eben verlangt wurde. Ich sah dort auch ein- oder zweimal Thomas Alva Edison. (…) Ich war im Frühjahr 1885 in London und fand bei Siemens Brothers in Woolwich Stellung im Apparatebau. Dort fand ich im Gegensatz zu New York zwar eine nach deutschem System aufgebaute Fabrikation, aber eine sehr veraltete nach jeder Hinsicht. Zu Weihnachten zog es mich nach Hause. (…) Im November machte ich in Stuttgart eine feinmechanische Werkstatt auf mit der Absicht, Apparate, möglichst elektrotechnische zu bauen. Auch mit der Anlage von Haustelegraphen befasste ich mich. Ich begann mit einem Mechaniker und einem Laufburschen. Mein kleines Betriebskapital von etwa 10 000 Mark verwendete ich sehr sparsam.
Zit. nach: Bosch 1886–1986 Jubiläumsausstellung. Stuttgart 1986, S. 9ff.

Fragen und Anregungen

1 Welche Rolle spielte der Staat bei der Industrialisierung Südwestdeutschlands (Q1–Q2, Q4–Q5, VT)?

2 Stell dir vor, du müsstest einem Unternehmer erläutern, was er tun muss, um Erfolg zu haben (Q2, Q4–7, VT). Was sagst du ihm?

3 Untersuche die Industriegebiete um 1900 auf der Karte D1. Finde Erklärungen, warum gerade diese Gebiete Industriegebiete wurden. Findest du keine Erklärung, dann informiere dich im Internet über die Geschichte des Ortes. Stelle deinen Mitschülern deine Ergebnisse anhand im Internet gefundener Bilder vor.

4 Untersuche, inwiefern sich die Industrialisierung in Baden und Württemberg unterscheidet (VT). Ordne deine Ergebnisse nach sinnvollen Oberbegriffen.

125

DIE MODERNE STADT ENTSTEHT

Das Geschäftszentrum Mannheim-Planken

Städte ziehen Menschen an

Die Industrialisierung brachte viele Menschen dazu, ihren Heimatort zu verlassen. Da sich Fabriken nur dort ansiedelten, wo es Rohstoffe, Märkte und gute Transportmöglichkeiten gab, mussten viele Menschen umziehen, wenn sie Arbeit finden wollten. 1871 wohnte nur ein knappes Viertel der Deutschen in Städten (mit über 5 000 Einwohnern), 1910 waren es über die Hälfte. Die Städte wuchsen in einem bisher ungekannten Ausmaß: Berlin, die größte deutsche Stadt, hatte 1850 412 000, 1871 826 000 und 1910 2 071 000 Einwohner. Stuttgart war ebenfalls ein Magnet für Arbeitssuchende: Zwischen 1850 und 1871 verdoppelte sich die Einwohnerzahl nahezu von 47 000 auf 92 000, und verdreifachte sich bis 1910 auf 286 000. Aber auch kleine Städte wuchsen in ähnlichem Tempo.

Wie veränderte dieser Massenzustrom die Städte? Welche Bedürfnisse der neuen Bewohner mussten gestillt werden? Und wie prägte die Industrie das Bild der Städte? Forscht auf diesen Seiten, wie sich die Stadt in der Zeit der Industrialisierung wandelte.

WERKSTATT

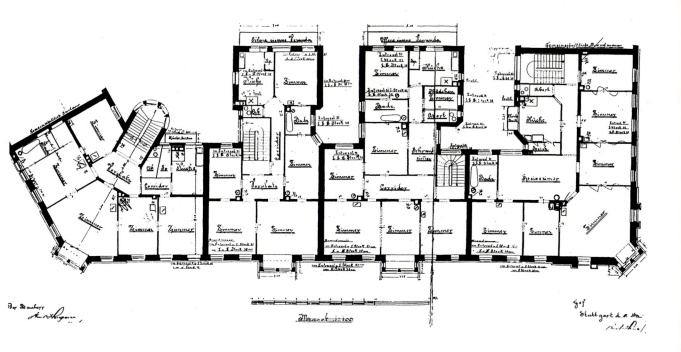

Bekanntmachung.

Den geehrten Herren Abonnenten des städtischen Elektrizitätswerks wird hiemit davon Kenntnis gegeben, daß wegen notwendigen Arbeiten am Leitungsnetz bis auf Weiteres die Stromlieferung täglich von 12 Uhr mittags bis ½2 Uhr nachmittags unterbrochen wird.

Gleichzeitig wird gebeten, im Betriebe stehende Motoren, welche etwa infolge der Stromunterbrechung stehen bleiben, auszuschalten, da ein eingeschaltet stehender Motor bei wiederkehrendem Strom stets die Leitungssicherungen zum schmelzen bringt.

Tübingen, den 20. Okt. 1902.

Städt. Elektrizitätswerk.
Der Betriebsleiter Ph. Geiß.

Q3 Der „Lindenhof" in der Hauptstätter Straße 86 in Stuttgart
Dieses große, von 1892 bis 1894 erbaute Wohn- und Geschäftshaus hatte eine sehr fortschrittliche Ausstattung. Trotz des hohen Standards verkauften sich die Wohnungen aber schlecht.

Q4 Bekanntmachung in der Tübinger Chronik 1902
In der Anfangszeit traten immer wieder Schwierigkeiten bei der Stromversorgung auf.

Q2 Blick auf Tübingen um 1900
Im Vordergrund das 1862 erbaute Gaswerk mit Eisenbahn und Häusern an der Hechinger- und Reutlinger Straße.

DIE MODERNE STADT ENTSTEHT

Q5 **Bau einer Hochdruckwasserleitung in der Marktstraße in Ravensburg**
Bei größeren Bauvorhaben musste eine große Zahl von Arbeitern eingesetzt werden. Unter den hier abgebildeten Arbeitern befanden sich mit großer Wahrscheinlichkeit auch italienische Wanderarbeiter. Foto, 1895.

Q6 **Gaswerbung um 1911**
Seit dem Bau des Elektrizitätswerks wurde das Gas sehr schnell aus dem Beleuchtungssektor verdrängt. Stattdessen wurde Gas zunehmend zum Kochen, Waschen und Heizen benutzt.

Q7 **Der Zeppelin über der Württembergischen Metallwarenfabrik (WMF) in Geislingen am 31. Juli 1909**
Im Hintergrund ist hinten rechts die Baumallee mit den firmeneigenen Wohngebäuden an der Kaiser-Wilhelm-Straße zu erkennen.

128

WERKSTATT

Q8 Der Stuttgarter Bahnhof in der Schillerstraße
Schon 1860 wurde der erste Bahnhof mit seinen vier Gleisen an der heutigen Bolzstraße zu klein. 1863 wurde der Bahnhof erweitert, aber schon 1880 plante man weitere Neubauten. 1914 wurde schließlich der Grundstein für den heutigen Stuttgarter Bahnhof gelegt, der 1922 eröffnet, aber erst 1927 endgültig fertig gestellt wurde.

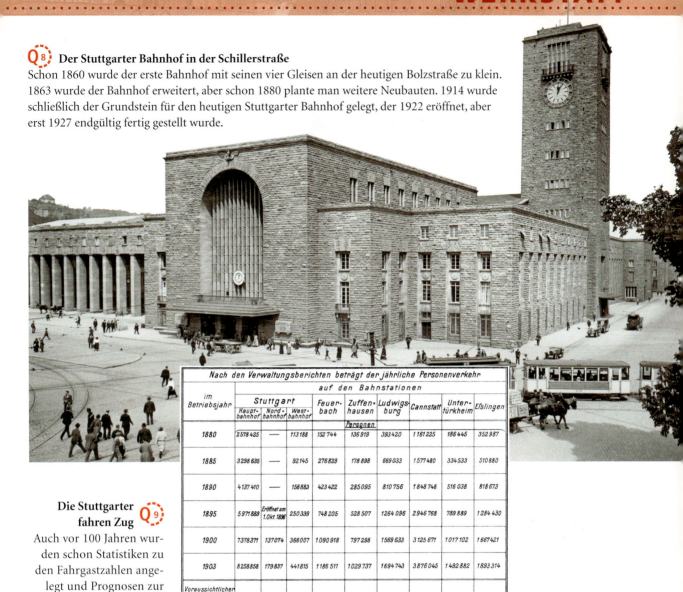

Q9 Die Stuttgarter fahren Zug
Auch vor 100 Jahren wurden schon Statistiken zu den Fahrgastzahlen angelegt und Prognosen zur Entwicklung der Zahlen gestellt.

Nach den Verwaltungsberichten beträgt der jährliche Personenverkehr auf den Bahnstationen

im Betriebsjahr	Stuttgart Hauptbahnhof	Stuttgart Nordbahnhof	Stuttgart Westbahnhof	Feuerbach	Zuffenhausen	Ludwigsburg	Cannstatt	Untertürkheim	Eßlingen
					Personen				
1880	2 578 425	—	113 188	152 744	136 919	393 420	1 161 225	186 445	352 987
1885	3 298 635	—	92 145	276 829	178 898	669 033	1 577 480	334 533	510 880
1890	4 137 410	—	156 883	423 422	285 095	810 756	1 848 748	516 038	818 673
1895	5 971 889	Eröffnet am 1. Okt. 1896	250 339	748 205	528 507	1 264 096	2 946 768	789 889	1 284 430
1900	7 378 371	137 074	366 007	1 090 918	797 298	1 569 633	3 125 671	1 017 102	1 667 421
1903	8 258 858	179 837	441 815	1 186 511	1 029 737	1 694 743	3 876 045	1 492 882	1 893 314
Voraussichtlicher Personenverkehr im Jahr 1913	11 600 000	410 000	650 000	1 700 000	1 600 000	2 400 000	5 400 000	2 400 000	2 700 000

Fragen und Anregungen

1. Stelle in einer Stichwortliste zusammen, wie sich die Stadt im Zeitalter der Hochindustrialisierung veränderte (Q1–Q9). Dazu musst du die Bilder sehr detailliert untersuchen. Vergleiche sie auch mit den Bildern aus der Anfangszeit der Industrialisierung.

2. Überlegt, welche Auswirkungen diese Veränderungen auf die Menschen hatten. Stellt euch vor, zwei Menschen mit einer unterschiedlichen Meinung zu den Veränderungen der Stadt streiten sich über dieses Thema. Bereitet ein kleines Rollenspiel vor, in dem ihr dieses Streitgespräch spielt. Die Szene soll in der Stadt spielen.

3. Informiert euch im Stadt- oder Heimatmuseum, in Veröffentlichungen zu eurer Stadt oder z. B. beim Stadtarchivar und einzelnen Firmen, wie sich eure Stadt oder euer Dorf im Zeitalter der Industrialisierung verändert hat. Tragt in einem Stadtplan ein, in welchem Jahr Fabriken, Versorgungseinrichtungen, Stadtteile, Schulen usw. gebaut wurden.

Der Gletscher „Gepatschferner" im Kaunertal, Tirol, 1904

10. Folgen für die Umwelt

Industrialisierung und Natur

Mit der Industrialisierung setzte sich eine Produktionsweise durch, die in einem Ausmaß in die Umwelt eingriff, das bis dahin gar nicht vorstellbar war. Dieses Phänomen rief schon im 19. Jahrhundert Skepsis und Kritik hervor. Es wurde gefragt, ob es wirklich notwendig und vertretbar sei, ständig mehr natürliche Rohstoffe zu verbrauchen oder Städte und Verkehrswege immer weiter auszudehnen. Vielerorts wurde in die Natur eingegriffen, ohne sich über die Folgen für das ökologische Gleichgewicht Gedanken zu machen. Erst allmählich setzte sich die Einsicht durch, dass dem Raubbau an der Natur und der Verschmutzung von Luft, Boden und Gewässer Grenzen gesetzt werden müssten.

Verbrauch fossiler Energieträger

Eins der folgenreichsten Probleme betraf die Deckung des Energiebedarfs. Vor der Industrialisierung wurde Holzkohle zum Schmelzen, Brennen und Umformen von Metallen, Glas, Porzellan, Tonwaren usw. verwendet. Gegen Ende des 18. Jahrhunderts führte der Holzmangel aber zu sehr hohen Preisen für Holzkohle. Neue Feuerungstechniken machten es dann möglich, die billigere und in großer Menge vorhandene Steinkohle zu verwenden. Damit wurde ein fossiler, d. h. ein in Millionen von Jahren im Laufe der Erdgeschichte entstandener, nicht erneuerbarer Energieträger zur Grundlage der gesamten Weltwirtschaft. Das Problem wurde mit der später einsetzenden Verwendung von Erdöl nicht gelöst, sondern ausgeweitet. Die langfristige Folge besteht in der Klimaerwärmung, die durch das vermehrt freigesetzte Kohlendioxid hervorgerufen wird.

Umweltverschmutzung

Ein ausgeprägtes „Umweltbewusstsein" im heutigen Sinn gab es im 19. Jahrhundert nicht. In den Großstädten und Industriegebieten wurde zwar ständig über Staub, Lärm, schlechte Luft und schmutzige Gewässer geklagt, doch wurde dies meistens als unabänderliche Schattenseite der „neuen Zeit" hingenommen. Wenn es zu Beschwerden und Konflikten kam, so ging es meistens um konkrete Beeinträchtigungen des Eigentums, die angeblich oder wirklich durch Industriebetriebe verursacht worden waren. Der aus den Schornsteinen der Industrierevere aufsteigende Steinkohlenrauch wurde von Bauern mit dem geringeren Wachstum ihrer Pflanzen oder mit Vergiftungserscheinungen bei ihrem Vieh in Zusammenhang gebracht. Fischer sahen in den stinkenden und farbigen Flüssigkeiten, die nahe der Fabriken in die Flüsse eingeleitet wurden, die Ursache für den Rückgang ihrer Fangquoten oder für das Fischsterben. Die Unternehmen sahen sich deshalb zuweilen zum Bau höherer Schornsteine, zu

Q2 Der Gletscher „Gepatschferner" im Kaunertal, Tirol, 2000

einer weiter entfernten Einleitung ihrer Abwässer und manchmal auch zu begrenzten Entschädigungszahlungen veranlasst. Meistens waren sie aber nicht bereit, für solche Schäden die Verantwortung zu übernehmen. Sie verlangten nach Beweisen, dass die Schädigungen wirklich und allein von ihrer Fabrik verursacht worden seien. Sie verwiesen auf Steuern und Arbeitsplätze, die von dem Erfolg ihrer Betriebe abhingen. Auch zeigten sie sich davon überzeugt, dass die Schadstoffe in der Luft und im Wasser auf ein letztlich unschädliches Maß „verdünnt" würden.

Und heute?

Die meisten Sorgen machte man sich im 19. Jahrhundert um die Reinhaltung des Trinkwassers. Es war bekannt, wie schnell Krankheiten durch verdrecktes Wasser verbreitet werden konnten. Gerade in den wachsenden Städten war aber die Versorgung mit halbwegs sauberem Wasser nicht mehr gesichert. Sowohl Flüsse und Kanäle, denen das Brauchwasser entnommen wurde, als auch Grundwasserbrunnen für das Trinkwasser waren immer öfter durch das Einsickern oder die Einleitung von Unrat oder Industrieabwässern verunreinigt. Als technische Lösung setzte sich einerseits die Herbeiführung sauberen Wassers aus entfernteren ländlichen Gebieten durch. Andererseits begann man damit, für Industriezweige und Betriebe Grenzwerte festzulegen, bis zu denen sie ihre Abwässer in Gewässer einleiten durften. Erstmals geschah dies für die mitteldeutsche Kaliindustrie, die ihre salzhaltigen Laugen in die Flüsse leitete und dadurch die Trinkwasserversorgung von Großstädten wie Bremen und Magdeburg bedrohte. In den Städten begann man seit ca. 1850 mit dem Bau unterirdischer Kanalisationen. So konnten die Abwässer der Haushalte, die durch die steigende Zahl von Wasserklosetts erheblich vermehrt wurden, bequem aus den Städten hinausgeleitet werden. Alternativ vorgebrachte Vorschläge, wonach Fäkalien in Tonnen gesammelt und dann als Dung verwertet werden sollten, konnten sich nicht durchsetzen. Das Einleiten von Abwässern verstärkte die Verschmutzung der Flüsse und machte schon bald die Errichtung von Kläranlagen erforderlich.

Gefährdetes Trinkwasser

Die Probleme mit der Energie- und Wasserversorgung und mit der Verschmutzung von Luft, Boden und Gewässern sind heutzutage immer noch nicht gelöst bzw. stellen sich immer wieder aufs Neue. Sauberes Trinkwasser für die ganze Bevölkerung bereit zu stellen, ist in Industrieländern heute ohne Schwierigkeiten möglich. Der hohe Ausstoß von Kohlendioxid in die Atmosphäre durch Fabriken und Verkehr, die Gefahren von radioaktiver Strahlung, die noch nicht abschließend geklärten Folgen von Elektrosmog oder die zunehmende Verbauung der Landschaft sind aber Probleme, für die bis heute keine abschließende Lösung gefunden werden konnte.

Q3 Ein Baumstamm Immissionsschäden im Spiegel von Jahresringen. Oberes Bild: Eine 35-jährige Eiche, im Jahr 1932, die von Anfang an unter Rauchschäden litt. Unteres Bild: Eine 100-jährige Eiche, im Jahr 1932.

131

Q4 Landschaft mit Baum
Gemälde von Lutz Brandt, 1981.

Q5 Rücksicht auf die Natur oder die Industrie?
Im Juni 1905 wurde in der Nahe bei Sobernheim ein größeres Fischsterben festgestellt. In einem Artikel in der Lokalzeitung wurde der Verdacht geäußert, die Kalkeinleitungen einer Leimfabrik könnten die Ursache gewesen sein. In einem Leserbrief heißt es dazu:
Wollte man aber auch annehmen, dass durch die Zufuhr der Abwässer ein Teil der Fische einginge, so steht die Stadt Sobernheim vor der Frage, ob sie unter allen Umständen die Fischzucht hochhalten und der Industrie die Wege verlegen will, oder ob es ratsamer ist, einen Teil der Fische zugrunde gehen zu lassen und der Industrie die Wege zu bahnen. Bei Beantwortung dieser Frage müssen folgende Tatsachen in Betracht gezogen werden: Die Fischereipacht bringt der Stadt jährlich zirka 200 Mark ein. Die Firma Caesar & Ewald zahlt jährlich, abgesehen von sonstigen Ausgaben, allein an Arbeiterlöhnen durchschnittlich 35 000 Mark. Die Firma muss den Betrieb einstellen, wenn sie ihre Abwässer nicht mehr los wird. Wollen wir also nur eine Bevölkerung haben, die Landwirtschaft treibt und möglichst dafür sorgen, dass die Spaziergänger an dem klaren Spiegel der Nahe sich erfreuen können, so müssen wir die Industrie lahm legen. Wollen wir aber, was tatsächlich der Fall ist, der ärmeren Bevölkerung Unterhalt verschaffen, dieselbe vor dem Auswandern schützen und damit den Verkehr und die Geschäfte heben, so ist es nicht zu umgehen, auf die Industrie Rücksicht und die Unannehmlichkeiten, welche sie mit sich bringt, mit in den Kauf zu nehmen.
Zit. nach: J. Flemming/K. Saul/P.-Chr. Witt (Hg.), Quellen zur Alltagsgeschichte der Deutschen 1871–1914. Darmstadt 1997, S. 56 ff.

Q6 Wird die Landschaft für immer vernichtet?
Ende des 19. Jahrhunderts entstand in Deutschland eine Jugendbewegung, die gegenüber dem städtisch-industriellen Leben skeptisch eingestellt war. Als sich 1913 Anhänger dieser Bewegung trafen, hielt der Philosoph und Psychologe Ludwig Klages eine Rede zu den Auswirkungen der Industrie auf die Landschaft:
Zerrissen ist der Zusammenhang zwischen Menschenschöpfung und Erde, vernichtet für Jahrhunderte, wenn nicht für immer, das Urlied der Landschaft. Dieselben Schienenstränge, Telegrafendrähte, Starkstromleitungen durchschneiden mit roher Geradlinigkeit Wald und Bergprofile, sei es hier, sei es in Indien, Australien, Amerika; die gleichen grauen vielstöckigen Mietskasernen reihen sich aneinander, wo immer der Bildungsmensch seine „segenbringende" Tätigkeit entfaltet; bei uns wie anderswo werden die Gefilde „verkoppelt", d.h. in rechteckige und quadratische Stücke zerschnitten, Gräben zugeschüttet, blühende Hecken rasiert, schilfumstandene Weiher ausgetrocknet; die blühende Wildnis der Forste von ehedem hat ungemischten Beständen zu weichen, soldatisch in Reihen gestellt und ohne das Dickicht des „schädlichen" Unterholzes; an den Flussläufen, welche einst in labyrinthischen Krümmungen zwischen üppigen Hängen glitten, macht man schnurgerade Kanäle. (…)
Zit. nach: L. Klages, Mensch und Erde. Bonn 1980, S. 17 f.

Fragen und Anregungen

1. Liste auf, welche Folgen die Industrialisierung für die Umwelt hat (Q1–Q6). Welche weiteren Auswirkungen sind dir bekannt?

2. Überlege, welche Argumente gegen den Leserbrief Q5 vorgebracht worden sein könnten. Schreibe einen zweiten Leserbrief, der auf den ersten antwortet.

3. Informiere dich bei eurem Förster, Naturschutzverbänden oder einzelnen Firmen, welche Umweltprobleme heute vorrangig sind und ob sie gelöst werden können. Bereitet eine Fishbowl-Diskussion vor, in der ihr die Vor- und Nachteile der Industrialisierung aus verschiedenen Perspektiven diskutiert.

Fachlexika benutzen

In diesem Kapitel begegnen dir einige unbekannte Begriffe wie Spindel, Verhüttung, Hochofen oder Bogenlampe und Generator. Viele dieser Begriffe werden in gängigen Lexika wie dem Brockhaus erklärt. Allerdings ist dort der Platz für Erklärungen sehr knapp bemessen, so dass diese Nachschlagewerke in der Regel nur sehr kurz oder gar nicht auf die genauen technischen Daten oder die historische Entwicklung dieser Erfindungen und Verfahren eingehen können. Neben den allgemeinen Lexika gibt es daher auch spezielle Nachschlagewerke zu einzelnen Fachgebieten, in denen du genauere Informationen findest.

Für das Fach Geschichte kann man unterschiedlich aufgebaute Nachschlagewerke benutzen. Manche sind chronologisch aufgebaut wie der „dtv-Atlas zur Weltgeschichte" oder die Datenenzyklopädien von Ploetz, die es zur Weltgeschichte, aber auch zu einzelnen Themenbereichen gibt. Hier sind geschichtliche Ereignisse nach ihrem zeitlichen Ablauf geordnet. Daneben gibt es Nachschlagewerke zu einzelnen Themenbereichen, z. B. zur Wirtschafts- und Technikgeschichte, oder Lexika zu geschichtlichen Grundbegriffen, in denen historische Fachbegriffe erklärt werden. In biographischen Nachschlagewerken sind die Lebensläufe bedeutender Persönlichkeiten zusammengestellt.

In Fachlexika sind die Informationen nicht immer nach alphabetisch sortierten Stichwörtern geordnet. Trotzdem lassen sich die gesuchten Informationen schnell finden, denn in der Regel gibt es am Schluss des Buches ein Register. Das Register kann in Personen-, Orts- und Sachregister getrennt sein. Hier sind die Inhalte des Nachschlagewerkes nach alphabetischen Stichworten aufgeführt und die Seiten angegeben, wo du die gesuchte Information findest. Gibt es das gesuchte Stichwort, z. B. „Spinning Jenny", im Register nicht, musst du wie bei jedem Lexikon überlegen, unter welchem anderen Stichwort du die Information finden könntest, z. B. „Spinnmaschinen". In manchen Nachschlagewerken siehst du bereits am Inhaltsverzeichnis, auf welchen Seiten die gesuchten Informationen stehen.

Heutzutage findest du auch im Internet allgemeine und fachbezogene Lexika. Teilweise sind diese Lexika Online-Versionen gedruckt vorliegender Lexika. In diesem Fall lässt sich schnell überprüfen, ob die Artikel von Fachleuten erarbeitet wurden und deshalb glaubwürdig sind. Bei nur online vorliegenden Lexika ist diese Überprüfung häufig schwieriger, aber unbedingt notwendig. Solltest du keine Angaben dazu finden, so vergleiche die gefundenen Informationen auf alle Fälle mit Informationen aus anderen Quellen um Fehler möglichst auszuschließen.

Informiere dich, welche Lexika in der Schulbibliothek zur Verfügung stehen. Überprüfe, wie das Lexikon aufgebaut ist und welche Informationen das Inhaltsverzeichnis und das Register enthalten. Ein Lexikon solltest du immer dann zur Hand nehmen, wenn dir ein Begriff unklar ist oder dir zu einem bestimmten Ereignis Informationen fehlen. Auch Abbildungen und Zeichnungen, wie z. B. die Darstellung von Maschinen, findest du in einem Lexikon.

DEUTSCHE STREBEN NACH FREIHEIT UND EINHEIT

Nach der Niederlage Napoleons wurde auf dem Wiener Kongress über die Zukunft Europas und damit auch Deutschlands verhandelt. In den folgenden Jahren forderten immer mehr Deutsche „Einheit und Freiheit", d. h. einen an demokratischen Ideen orientierten Nationalstaat. Aber erst 1848 griff eine Revolution, die in Frankreich ausgebrochen war, auch auf Deutschland über. Nach ersten Erfolgen scheiterte diese jedoch. Doch mit der Gründung des Deutschen Reiches wurde 1871 ein Nationalstaat geschaffen.

War diese Entwicklung vorgezeichnet? Welchen Weg legten die Deutschen – auch unter Beobachtung des Auslands – seit 1815 zurück und was dachten und empfanden die unterschiedlichen Bevölkerungsgruppen? Warum scheiterte die Revolution 1848 und wie kam es dennoch zwanzig Jahre später zur Reichsgründung, mit der ein Traum vieler Deutscher in Erfüllung ging?

Die Göttinger Sieben

Lithographie von Friedrich Eduard Ritmüller (1805–1868).

Die Grundrechte des deutschen Volkes aus dem Jahr 1849. Lithographie von Adolf Schrödter (1805–1875).

Parlamentssitzung in der Frankfurter Paulskirche
Farblithographie von C. A. Litt, 1848.

Auf den Barrikaden von Berlin, 1848

Germania auf der Wacht am Rhein
Schautuch 1864–1870.

Das Deutsche Volk!

Aufruf vom 17. Januar 1871

Wir Wilhelm,

…ottes Gnaden König von Preussen,

…tschen Fürsten und Freien Städte den einmüthigen
…chtet haben, mit Herstellung des Deutschen Reiches
…n 60 Jahren ruhende Deutsche Kaiserwürde zu er-
…übernehmen, und nachdem in der Verfassung des
…s die entsprechenden Bestimmungen vorgesehen sind
…, daß Wir es als eine Pflicht gegen das gemeinsame
…chtet haben, diesem Rufe der verbündeten Deutschen

1. Die Neuordnung Europas: Der Wiener Kongress

1815 Auf dem Wiener Kongress wird das europäische Staatensystem neu geordnet. Dazu gehört die Gründung des Deutschen Bundes.

Ein großer Kongress in Wien

Im Frühjahr 1814 war es gelungen, den französischen Kaiser Napoleon zu besiegen (vgl. Kapitel „Wird Europa französisch?"). Mehr als zwanzig Jahre hatte es ohne Unterbrechung Kriege in Europa gegeben und Napoleon hatte zeitweise fast den ganzen Kontinent beherrscht. Nun versammelten sich in Wien Diplomaten der wichtigsten europäischen Staaten, um über die Zukunft Europas zu beraten – auch das besiegte Frankreich war vertreten. Mit zwei Kaisern, sechs Königen und fast 100 anwesenden Fürsten war der Wiener Kongress ein glanzvolles Ereignis, auf dem fünf Monate lang gleichzeitig verhandelt und gefeiert wurde.

Wie soll Europa künftig aussehen?

Die beiden beherrschenden Themen auf dem Wiener Kongress waren die zukünftige Machtverteilung zwischen den Staaten Europas und die Sicherung eines dauerhaften Friedens. Dazu gehörte die Frage nach der Zukunft Deutschlands. Einig waren sich die Siegermächte darin, dass ein erneuter Versuch Frankreichs, die Vorherrschaft in Europa zu erlangen, verhindert werden musste. Davon abgesehen gab es sehr unterschiedliche Ziele: Russland wollte Polen erwerben und sich damit nach Westen ausdehnen. Preußen versuchte Sachsen zu annektieren, dessen König bis zuletzt Napoleons Verbündeter geblieben war. Österreich wiederum wollte eine Vergrößerung von Russland und Preußen möglichst verhindern, um die Macht der beiden Staaten zu begrenzen. Und Großbritannien war daran interessiert, ein Gleichgewicht zwischen allen Kontinentalmächten herzustellen, um seine Seeherrschaft abzusichern. Nach langen Verhandlungen kam es in Wien schließlich zu einer Einigung: Es konnte ein Gleichgewicht zwischen allen europäischen Großmächten hergestellt werden, sodass niemand die Vorherrschaft besaß. Frankreich wurde einer besonderen Kontrolle unterworfen, indem an seinen Grenzen möglichst große Staaten neu gebildet wurden oder dort Gebiete erhielten. Großbritannien wurde als führende See- und Welthandelsmacht bestätigt.

Legitimität, Restauration und Solidarität

Auf dem Wiener Kongress ging es aber nicht nur um Grenzveränderungen. Napoleon hatte mit seinen Kriegszügen auch die Ideen der Französischen Revolution weit verbreitet und in den eroberten Gebieten politische Veränderungen durchgesetzt. Diese sollten nach dem Willen der Fürsten wieder rückgängig gemacht und die alten Verhältnisse „restauriert", d.h. wiederhergestellt werden. Das betraf besonders eine Hauptidee der Französischen Revolution, die so genannte „Volkssouveränität": Danach sollten die Völker das Recht haben, ihre Regierung durch Wahlen selbst zu bestimmen (s. S. 40). Diesem Gedanken wurde das Prinzip der „Legitimität" entgegengesetzt: Als legitim, also rechtmäßig, sollte nur die von Gott abgeleitete Herrschaft des jeweiligen Fürstenhauses gelten. Besonders der österreichische Kaiser, der russische Zar und der preußische König vertraten dieses Prinzip. Unter anderem deshalb schlossen sie ein Bündnis, die so genannte „Heilige Allianz", in der sie sich unter Berufung auf ihren gemeinsamen christlichen Glauben zu gegenseitiger Solidarität bekannten und sich Unterstützung und Hilfeleistung zusicherten, sollte es zu revolutionären Erhebungen kommen. Darüber hinaus waren sich die vier Siegermächte darin einig geworden, den gewonnenen Frieden in Europa gemeinsam zu erhalten und eine befürchtete erneute Bedrohung durch Frankreich zu verhindern.

Q1 Der Wiener Kongress tagt
Der Pariser Hofkünstler Jean Baptiste Isabey war im Gefolge der französischen Delegation nach Wien gereist und hatte dort Porträtzeichnungen der Kongressteilnehmer angefertigt. Von dem später entstandenen Gemälde wurde dieser Stich angefertigt.

1 der englische Gesandte Herzog von Wellington; 2 der preußische Staatskanzler Hardenberg; 3 Fürst Metternich aus Österreich; 4 Graf Nesselrode, einer der russischen Vertreter; 5 der britische Außenminister Castlereagh; 6 der französische Vertreter Talleyrand; 7 Graf Stachelberg, ein Bevollmächtigter des russischen Zaren

Der Deutsche Bund wird gegründet

Aufgrund seiner Größe und seiner geografischen Lage war Deutschland der Schlüssel für die Stabilität Europas. Durch die Neuordnung Deutschlands sollte die Mitte Europas vor Angriffen geschützt und gleichzeitig das Gleichgewicht zwischen den europäischen Großmächten gesichert werden. Aber dort war eine einfache Restauration der alten Ordnung nicht mehr möglich. Bereits 1803 hatte Napoleon die territoriale Neuordnung veranlasst. Seit 1806 gab es keinen deutschen Kaiser mehr und auch keinen gemeinsamen deutschen Staat. Man einigte sich in Wien schließlich darauf, einen „Deutschen Bund" als Zusammenschluss unabhängiger Staaten zu gründen. 37 Fürstentümer und vier freie Reichsstädte wurden Gründungsmitglieder. Dazu gehörten auch die beiden Großmächte Preußen und Österreich. Sogar der niederländische, der dänische und der englische König waren aufgrund ihrer deutschen Besitzungen Bundesmitglieder. Es gab kein gemeinsames Staatsoberhaupt und auch kein Parlament, nur eine Bundesversammlung, bestehend aus Abgesandten der einzelnen Mitgliedsstaaten. Sie tagte in Frankfurt, den Vorsitz führte der Vertreter Österreichs. Wichtige Beschlüsse, die für den gesamten Bund gelten sollten, mussten mit einer Zweidrittelmehrheit gefasst werden. Darüber hinaus regelten die Bundesstaaten fast völlig unabhängig voneinander, wie die Menschen in Deutschland leben sollten. Zwar waren auf dem Wiener Kongress Länderverfassungen erlaubt worden, aber die sahen weder ein gewähltes Parlament noch gesicherte Grundrechte vor, die die Herrschaft der Fürsten hätte einschränken können. Und im Gegensatz zu Württemberg oder Baden wurden in den großen Staaten Preußen und Österreich gar keine Verfassungen eingeführt.

Mitteleuropa nach dem Wiener Kongress 1815 D1

Q2 Der Deutsche Bund als Friedensstaat Europas

Der Göttinger Historiker Ludwig Heeren schrieb 1816:
Der Deutsche Bund macht geografisch den Mittelpunkt des Staatensystems von Europa aus. Er berührt, ganz oder beinahe, die Hauptstaaten des Westens und Ostens; und nicht leicht kann auf der einen oder der
5 anderen Seite unseres Weltteils sich etwas ereignen, was ihm gleichgültig bleiben könnte. Aber auch den fremden Mächten kann es nicht gleichgültig sein, wie der Zentralstaat von Europa geformt ist! Hätte dieser Staat eine gemeinsame Monarchie mit strenger poli-
10 tischer Einheit; ausgerüstet mit allen den materiellen Kräften, die Deutschland besitzt – welch sicherer Ruhestand wäre für die fremden Mächte möglich? (…) Würde ein solcher Staat lange der Versuchung widerstehen können, die Vorherrschaft in Europa sich
15 zuzueignen, wozu seine Lage und seine Kraft ihn zu berechtigen scheinen? (…) Dem Deutschen Bund dagegen fehlen die Mittel zu Eroberungen. Es liegt in seinem Charakter, dass, wie stark er auch in der Verteidigung sein mag, er doch zu schwach zum Angriff ist.
20 (…) Mit Recht werden wir also den Deutschen Bund den Friedensstaat von Europa nennen können.

Zit. nach: H. Schulze (Hg.), Europäische Geschichte. Quellen und Materialien. München, Nr. 62. Sprachl. vereinf. d. Verf.

Q3 Mein Wunsch für Deutschland

In einer Denkschrift für das russische Kabinett äußerte sich Freiherr vom und zum Stein:
Unsere neuen Gesetzgeber haben an die Stelle des alten Deutschen Reiches mit einem Haupte, gesetzgebender Versammlung, Gerichtshöfen, einer inneren Einrichtung, die ein Ganzes bildete – einen Deutschen Bund gesetzt,
5 ohne Haupt, ohne Gerichtshöfe, schwach verbunden für die allgemeine Verteidigung. Die Rechte der Einzelnen sind durch nichts gesichert als die unbestimmte Erklärung, „dass es Landstände [als eine Art von Volksvertretung] geben soll", ohne dass etwas über deren Rechte
10 festgestellt ist. (…) Das Recht der Bündnisse einzelner Staaten des Deutschen Bundes mit Fremden wird allein durch die Verpflichtung beschränkt, keine Verbindungen einzugehen, welche gegen den Bund oder eines seiner Mitglieder gerichtet sind. Der Deutsche wird
15 sogar verpflichtet sein, seinen Landsmann zu bekämpfen, wenn dessen Fürst sich mit dem Gegner verbunden hat. Von einer so fehlerhaften Verfassung lässt sich nur ein sehr schwacher Einfluss auf das öffentliche Glück Deutschlands erwarten.

Deutsche Geschichte in Quellen und Darstellung, Bd 7. Vom Deutschen Bund zum Kaiserreich 1815–1871. Stuttgart 1997, S. 55 ff. Sprachl. vereinf. d. Verf.

Q4 Aus dem „Grundgesetz" des Deutschen Bundes
In der „Wiener Schlussakte" vom 15. Mai 1820 wurden die Grundsätze des Deutschen Bundes endgültig festgelegt:

Art. 1. Der Deutsche Bund ist ein völkerrechtlicher Verein der deutschen souveränen Fürsten und freien Städte, zur Bewahrung der Unabhängigkeit und Unverletzbarkeit der Bundesstaaten und zur Erhaltung
5 der inneren und äußeren Sicherheit Deutschlands.
Art. 2. Dieser Verein besteht in seinem Inneren als eine Gemeinschaft selbstständiger, unter sich unabhängiger Staaten mit wechselseitigen gleichen Vertragsrechten und Vertragspflichten, in seinen äußeren Verhältnis-
10 sen aber als eine in politischer Einheit verbundene Gesamtmacht.
Art. 5. Der Bund ist als ein unauflöslicher Verein gegründet, und es kann daher der Austritt aus diesem Verein keinem Mitglied freistehen.
15 Art. 57. Da der Deutsche Bund, mit Ausnahme der freien Städte, aus souveränen Fürsten besteht, so muss die gesamte Staatsgewalt in dem Oberhaupte des Staats vereinigt bleiben, und der Souverän kann durch eine landständische Verfassung nur in der Ausübung be-
20 stimmter Rechte (…) gebunden werden.
Ebenda. S. 43 ff. Sprachl. vereinf. d. Verf.

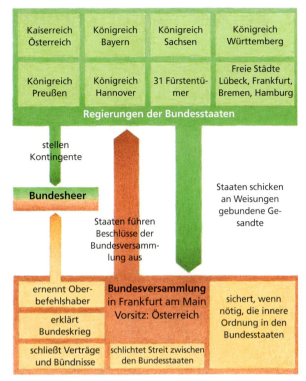

D2 Der Deutsche Bund

Restauration und Legitimität

(lat. restaurare, d.h. wiederherstellen): Ein Ziel des Wiener Kongresses von 1814 bis 1815 war die Wiederherstellung der alten Ordnung aus der Zeit vor der Französischen Revolution. Das galt besonders für die Monarchen, die ihre Herrschaft damit begründeten, dass sie in göttlichem Auftrag regierten. Als „legitime" (lat. legitim, d.h. rechtmäßig, zulässig) Herrscher lehnten sie es daher ab, ihre Macht durch gewählte Parlamente und die Idee der Volkssouveränität einschränken zu lassen. Die europäische Epoche von 1815 bis 1848 bezeichnet man daher auch als Zeitalter der Restauration. Heute wird der Begriff auch für Bestrebungen verwendet, politische und staatliche Ordnungen nach alten Prinzipien wiederherzustellen.

Fragen und Anregungen

1. Betrachte das Bild Q1. Überlege, welche Personen für den Maler die Hauptrolle auf dem Wiener Kongress spielten. Suche Informationen über die benannten Personen und stelle diese jeweils in Form einer Ich-Erzählung vor.

2. Erkläre auf Grundlage der Karte D1, wie durch die territorialen Veränderungen versucht wurde, ein Gleichgewicht in Europa und Schutz vor erneuten Angriffen durch Frankreich zu erreichen. Vergleiche dazu auch D1 auf Seite 73.

3. Benenne die in Q2 beschriebenen Besonderheiten Deutschlands und deren Folgen.

4. Erläutere die Aussagen des Freiherrn vom Stein zum Deutschen Bund (Q3) und vergleiche diese mit den Argumenten in Q2.

5. Arbeite heraus, welche Aufgaben der Deutsche Bund haben sollte und welche Rechte und Pflichten seine Mitglieder hatten (VT, Q4, D2).

6. Eine Teilnehmerrunde des Wiener Kongresses diskutiert die Frage, ob es sich bei dem Deutschen Bund um einen einheitlichen Staat handelt oder nicht. Sammelt Argumente für eure Position und spielt anschließend die Diskussion nach (VT, Q1–Q4, D1–D2).

139

2. Bürger fordern Freiheit und Einheit

18. und 19. Oktober 1817	Burschenschaften treffen sich zum Wartburgfest.
März 1819	August von Kotzebue wird ermordet.
September 1819	Die Karlsbader Beschlüsse schränken die Lehre an den Universitäten und die Pressefreiheit ein.

Der österreichische Staatskanzler Fürst Metternich Q1
Kopie eines Gemäldes von 1818/19.

Für Freiheit und Gleichberechtigung

Die restaurativen Kräfte schienen in Wien den Sieg davongetragen zu haben. Jedoch ließen sich die Ideen der Aufklärung und der Französischen Revolution nicht mehr aus den Köpfen der Menschen vertreiben: Auch in Deutschland hatte sich seit dem 18. Jahrhundert ein selbstbewusstes Bürgertum entwickelt, das Grundrechte und politische Mitbestimmung forderte. Frankreich war dabei seit 1789 Vorbild, aber auch Warnung. In Deutschland sollte es nicht zu gewaltsamen Umstürzen, zu Terror und zu einer Diktatur kommen. Ein größeres Vorbild war daher England. Dem englischen Beispiel folgend, forderten die Bürger Gleichberechtigung mit den Adligen, Religions-, Meinungs- und Pressefreiheit, Schutz vor willkürlicher Verfolgung und Verhaftung sowie gesicherte Mitbestimmungsrechte durch ein gewähltes Parlament. Alle diese liberalen Forderungen sollten in Verfassungen festgeschrieben werden.

Ein gemeinsamer Nationalstaat soll es sein

Auch in einem weiteren Punkt waren England bzw. Frankreich Vorbilder: Viele Bürger fühlten sich nicht mehr nur als Bayern, Sachsen oder Hessen, sondern auch als Angehörige einer gemeinsamen deutschen Nation, die sie durch eine gemeinsame Geschichte, Kultur und Sprache bestimmt sahen. Hinzu kam die Erfahrung der Besatzungszeit unter Napoleon und des von vielen Deutschen gemeinsam geführten Befreiungskrieges. So wollten immer mehr Deutsche in einem Nationalstaat leben. 1815 schien die Gelegenheit dazu günstig zu sein, da mit dem Ende der französischen Vorherrschaft eine neue Staatsordnung für Deutschland gefunden werden musste.

Enttäuschung durch den Wiener Kongress

Gegenüber den liberalen und nationalen Zielen erwies sich der neu gegründete Deutsche Bund für viele als eine große Enttäuschung: Es wurde kein gemeinsamer Nationalstaat gegründet und nicht einmal die in der Bundesakte versprochenen ständischen Verfassungen wurden in allen Bundesstaaten eingerichtet. Insbesondere Preußen und Österreich verzichteten darauf. Allerdings gab es auch Lichtblicke: Einige Fürsten, darunter die Herrscher von Bayern, Baden und Württemberg, setzten zwischen 1818 und 1821 Verfassungen in Kraft, in denen wichtige Grundrechte, wie die Gleichheit vor dem Gesetz, gewährt und ein Parlament eingerichtet wurde, das von Bürgern, die einen Mindestsatz an Steuern bezahlten, gewählt wurde.

Demonstration auf der Wartburg

Am 18. und 19. Oktober 1817 versammelten sich mehr als 500 Studenten und Professoren aus elf deutschen Universitäten auf der Wartburg, um mit einem großen Fest an den vierten Jahrestag der Völkerschlacht von Leipzig und an den 300. Jahrestag des Thesenanschlags Luthers zu erinnern. In den Festansprachen ging es aber nicht nur um diese beiden Ereignisse. Vielmehr wurde ein geeintes Deutschland gefordert, in dem Freiheit und Rechte der Bewohner gesichert sein sollten. Mit dem Wartburgfest hatte sich in Deutschland eine Nationalbewegung gebildet, die nationale

140

Q2 Bücherverbrennung auf dem Wartburgfest 1817
Zum Abschluss des Wartburgfestes wurde in einem Fackelzug an die Verbrennung der päpstlichen Bulle durch Martin Luther erinnert. Dabei wurden reaktionäre Schriften und Uniformteile verbrannt. Holzstich, um 1880.

und liberale Forderungen bündelte. Ausgangspunkt dieser Bewegung waren oftmals Studentenverbindungen. In den so genannten Burschenschaften schlossen sich an vielen deutschen Universitäten Studenten zusammen, die aus den Befreiungskriegen zurückgekehrt waren. Zu dem Treffen auf der Wartburg hatten die Mitglieder einer Burschenschaft an der Universität Jena eingeladen. Als äußeres Zeichen ihres Kampfes für ein einiges Deutschland wählten die Studenten auf der Wartburg die Farben Schwarz, Rot und Gold. Diese übernahmen sie von einem Freiwilligenregiment, das in der Völkerschlacht bei Leipzig gegen Napoleon gekämpft und schwarze Jacken mit roten Samtaufschlägen und goldenen Knöpfen getragen hatte. Schwarz, Rot und Gold wurden später die deutschen Nationalfarben.

Die Karlsbader Beschlüsse

Der österreichische Kanzler Metternich wollte bereits nach dem Wartburgfest mit allen Mitteln gegen die liberale und nationale Bewegung an den Universitäten und im Bürgertum vorgehen. Allerdings konnte er sich zu diesem Zeitpunkt gegen die anderen Bundesstaaten noch nicht durchsetzen. Doch da ermordete am 23. März 1819 in Mannheim ein Theologiestudent den Dichter und russischen Staatsrat August von Kotzebue. Dieser war ein Gegner der Nationalbewegung und hatte die liberale Gesinnung der Studenten lächerlich gemacht. Metternich nahm diesen Mord zum Anlass, zu einer Konferenz in Karlsbad einzuladen, auf der weitreichende Beschlüsse gefasst wurden: Die Burschenschaften wurden verboten. Es wurden staatliche Aufseher für die Studenten und Professoren an den Universitäten eingesetzt. Außerdem wurde eine strenge Zensur von Zeitungen und Zeitschriften beschlossen.

Nation und Nationalstaat

Als Merkmale einer Nation gelten gemeinsame Abstammung, Sprache, Kultur und Geschichte sowie das Zusammengehörigkeitsgefühl der in einem Gebiet zusammenlebenden Menschen. Während sich in den westeuropäischen Staaten (besonders England, Frankreich und Spanien) bereits im Mittelalter ein Nationalgefühl entwickelte, bildete sich ein vergleichbares Nationalgefühl in Deutschland erst seit dem 18. Jahrhundert heraus. Erst Anfang des 19. Jahrhunderts wurden Forderungen nach einem gemeinsamen Nationalstaat für alle Deutschen erhoben.

Nationalismus

Der Nationalismus ist eine Ideologie, die dem Nationalstaat eine beherrschende Stellung für die Gegenwart und Zukunft eines Gebietes oder Volkes zuweist. In seiner heutigen Prägung ist er während der Französischen Revolution entstanden, als die Abgeordneten des Dritten Standes sich zur französischen Nationalversammlung erklärten. In Deutschland bildete sich der Nationalismus durch die Erfahrungen mit der französischen Fremdherrschaft und in den Befreiungskriegen heraus, als die Freiwilligen von 1813 für ein noch gar nicht existierendes geeintes Deutschland kämpften.

KARIKATUREN VERSTEHEN UND DEUTEN

Die Karikatur in der Zeit der Restauration

Die Menschen, die sich für Freiheit und nationale Einheit einsetzten, nutzten die verschiedensten Möglichkeiten, ihre Forderungen zu verbreiten. Dazu gehörten insbesondere Veröffentlichungen in Zeitungen und Zeitschriften, die viel gelesen wurden. Aber es waren nicht immer nur Artikel, die das Gedankengut der Liberalen verbreiteten. Häufig wurden Karikaturen (ital. caricare = überladen) gezeichnet, in denen aktuelle politische Ereignisse z. B. durch Mensch-Tier-Vergleiche, Parodien und Unter- bzw. Übertreibungen in Bildform dargestellt und bewertet wurden. Manchmal konnte so auch die Zensur getäuscht werden. Karikaturen sind deswegen für uns heute wichtige Quellen, die uns zeigen, was und wie man damals dachte. Allerdings ist es nicht immer leicht, sie zu entschlüsseln und einzuordnen.

Q3 „Die ‚gute' Presse"
„Süsse heilige Censur/Lass uns gehen auf deiner Spur/ Leite uns an deiner Hand/Kindern gleich, am Gängelband." Karikatur aus dem „Leuchtturm", 1847.

Methodische Arbeitsschritte:

1. Beschreibe die gezeichneten Personen, Tiere und Gegenstände sorgfältig. Achte dabei auch auf die Größendarstellungen und verbindende Elemente.
2. Wenn eine Beschreibung oder Beschriftung vorhanden ist: Stelle eine Beziehung zwischen dem Abgebildeten und dem Text her.
3. Oft ist es heute schwierig, die Dinge zu verstehen, die für die Menschen damals selbstverständlich bekannt waren. Finde daher so viel wie möglich über den geschichtlichen Hintergrund, über abgebildete Personen oder wichtige Gegenstände, das Entstehungsjahr, den Ort der Veröffentlichung (bei einer Zeitung oder Zeitschrift auch, wer diese Zeitung gelesen hat) heraus.
Nutze dazu Geschichtsbücher über die Zeit, in der die Karikatur entstanden ist, und auch andere Informationsquellen (z. B. Lexika, Internet).
4. Entschlüssele die dargestellten Personen und Gegenstände und versuche zu klären, welche persönliche Meinung der Zeichner mit der Karikatur verbreiten wollte. Auf welche Ereignisse oder Zustände hat sich der Karikaturist bezogen?
5. Fasse zusammen, was die Karikatur aussagt. Beziehe Stellung zu dieser Aussage.

GEWUSST WIE

Ein Maulwurf führt einen Zug von mehreren Personen bzw. Tieren an. Er trägt eine Fahne, auf der ein Krebs als Symbol abgebildet ist. An zweiter Stelle marschiert ein Wesen mit einer Schere als Kopf. Dieses hat einen Wanderstock in Form eines überdimensionierten Bleistifts und führt fünf kleinere Menschen, die wie Kinder wirken, an einer Leine hinter sich her. Einer der kleinen Menschen trägt ein Schild, auf dem „IA" steht. Der Truppe folgt ein Schafsbock in Uniform mit einem Regenschirm und einem kleinen Hündchen an der Leine. Am Nachthimmel sind Fledermäuse zu erkennen.

Die Beschreibung der Karikatur

Nach der Überschrift zu deuten, soll die „gute Presse", also vorbildlicher oder braver Journalismus (Zeitungspresse), dargestellt werden. Zusätzlich ist ein Spottvers abgedruckt, der offensichtlich aus Sicht der Angeleinten geschrieben ist: In ihm bedanken sie sich bei der „süßen heiligen Zensur", die sie wie Kinder am Gängelband führt.

Die Aussage des Titels

Die Karikatur erschien 1847 in der Zeitschrift „Leuchtturm, Monatsschrift zur Unterhaltung und Belehrung für das deutsche Volk". Dazu passt, dass unter der Zeichnung sehr klein „Expedition d Leuchtt" steht.

Die zeitliche Einordnung

Mit der Karikatur wird die Presse kritisiert, die gutgläubig (wie Kinder es tun) sich von der Zensur am „Gängelband" führen lässt. Die Zensur wird durch den Scherenmann dargestellt: Mit seinem übergroßen Zensurstift markiert er Teile der Texte und schneidet dann mit der Schere als Kopf alles heraus, was nicht erlaubt ist. Der Schafsbock trägt die Uniform eines kaiserlich-österreichischen Kanzleidieners und soll wahrscheinlich den alles überwachenden Staat symbolisieren. Er sieht allerdings äußerst ungefährlich, sogar lächerlich aus. Der Maulwurf an der Spitze zeigt die Richtung an, in die die Zensur die Presse führt: Es gibt keine, denn ein Maulwurf ist blind. Hinzu kommt die Fahne: Ein Krebs geht rückwärts, das Ziel ist es also, rückwärts in die Vergangenheit zurückzugehen! Auch die Stange hat statt einer scharfen Spitze einen Lichtlöscher. Die Fledermäuse unterstreichen die Dunkelheit, in der sich der Zug bewegt. Vielleicht stehen sie auch für die „finsteren" deutschen Mächte, insbesondere Preußen und Österreich.

Die Entschlüsselung der Karikatur

Die Zeichnung kritisiert die Zensur, der sich die Presse seit den Karlsbader Beschlüssen von 1819 unterwerfen muss. Interessanterweise steht aber nicht der zensierende Staat im Mittelpunkt der Kritik, sondern die Presse selbst, die bereitwillig, ohne Widerstand zu leisten, der blinden und rückwärts gewandten Führung der Zensur folgt, obwohl die Druckmittel des Staates (bewachendes Schaf) lächerlich schwach sind. Die Karikatur drückt damit eine weit verbreitete Stimmung aus, als immer mehr Bürger sich mutig für Veränderungen aussprachen. Sie ruft die Zeitungen dazu auf, sich nicht mehr an die Zensurbestimmungen zu halten.

Die Aussage der Karikatur

Fragen und Anregungen

1. Erkläre, wie Karikaturen entstanden sind und welche Bedeutung sie in der Politik haben.
2. Lies Arbeitsschritte und Antworten und vergleiche sie mit der abgebildeten Karikatur Q3.
3. Entschlüssele Q8 (S.145) mithilfe der Arbeitsschritte und den Informationen des vorangegangenen Kapitels. Schreibe deine Antworten auf.
4. Überlege, warum eine Karikatur Kritik mitunter viel deutlicher zum Ausdruck bringen kann als ein Text. Warum kann die Zensur eine Karrikatur nicht so einfach verbieten wie einen Text?
5. Wähle aus einer aktuellen Zeitung oder Zeitschrift eine Karikatur aus und interpretiere sie mithilfe der methodischen Arbeitsschritte.

143

Q4 Deutschland als ein Land und das deutsche Volk als ein Volk

Der Jurastudent Heinrich von Gagern schrieb 1818 in einem Brief an seinen Vater:

Wir wünschen, dass Deutschland als ein Land und das deutsche Volk als ein Volk angesehen werden könne. So wie wir dies so sehr als möglich in der Wirklichkeit wünschen, so zeigen wir dies in der Form uns-
5 res Burschenlebens. Landsmannschaftliche Parteien sind verbannt, und wir leben in einer deutschen Burschenschaft, im Geiste als ein Volk, wie wir es in ganz Deutschland gerne in der Wirklichkeit täten. (…) Wir wünschen eine Verfassung für das Volk und nach dem
10 Zeitgeiste und nach der Aufklärung desselben, nicht dass jeder Fürst seinem Volke gibt, was er Lust hat und wie es seinem Privatinteresse dienlich ist. Überhaupt wünschen wir, dass die Fürsten davon ausgehen und überzeugt sein möchten, dass sie des Landes wegen,
15 nicht aber das Land ihretwegen existiere. Die bestehende Meinung ist auch, dass überhaupt die Verfassung nicht von den einzelnen Staaten ausgehen solle, sondern dass die eigentlichen Grundzüge der deutschen Verfassung gemeinschaftlich sein sollten, ausge-
20 sprochen durch die deutsche Bundesverfassung.

Zit. nach: W. Lautemann/M. Schlenke (Hg.), Geschichte in Quellen. Bd. 5. München 1980, S. 83.

Q5 Die preußische Regierung zur liberalen und nationalen Bewegung

Aus einem offiziellen Rundschreiben des preußischen Außenministers Graf von Bernstorff, 1819:

Ihr Zweck ist: die Gesellschaft umzuschmelzen; die politischen Unterschiede, welche zwischen Deutschlands Völkern bestehen, aufzuheben; die wirkliche Einheit dieses großen Landes an die Stelle des Bundes seiner
5 Glieder [des Deutschen Bundes] zu setzen, und durch den Ruin der gegenwärtigen Ordnung der Dinge zu einer neuen Ordnung zu gelangen; als Mittel zu diesem Zwecke bemächtigen sie sich der heranwachsenden Generation, welcher sie in allen Erziehungsinsti-
10 tutionen, von den Schulen bis zu den Universitäten, denselben Geist, dieselben Gesinnungen, dieselben Gewohnheiten mitteilen. (…) Die Lehre dieser Sektierer (…) lässt sich auf zwei Maximen [Grundsätze] zurückführen: die erste, ist, dass das Ziel die Mittel heiligt; die
15 zweite, dass die Handlungen an sich gleichgültig sind, dass ihre Verdienstlichkeit von den Ideen abhängt, aus denen sie flossen, und dass diese Ideen immer lobenswert sind, wenn sie Deutschlands Unabhängigkeit und Freiheit zum Gegenstande haben.

Zit. nach: W. Lautemann/M. Schlenke (Hg.), a.a.O., S. 89.

Q6 Aus den Karlsbader Beschlüssen

Bestimmungen hinsichtlich der Freiheit der Presse:

§.1. Solange als der gegenwärtige Beschluss in Kraft bleiben wird, dürfen Schriften, die in der Form täglicher Blätter oder heftweise erscheinen (…) in keinem deutschen Bundesstaate ohne Vorwissen und vorherige Genehmigung der Landesbehörden zum Druck befördert werden. (…)
§.7. Wenn eine Zeitung oder Zeitschrift durch einen Ausspruch der Bundesversammlung unterdrückt worden ist, so darf der Redakteur derselben binnen fünf
10 Jahren in keinem Bundesstaate bei der Redaktion einer ähnlichen Schrift zugelassen werden. Die Verfasser, Herausgeber und Verleger (…) bleiben übrigens, wenn sie den Vorschriften dieses Beschlusses gemäß gehandelt haben, von aller weitern Verantwortung frei. (…)
15 §.9. Alle in Deutschland erscheinenden Druckschriften (…) müssen mit dem Namen des Verlegers und, insofern sie zur Klasse der Zeitungen oder Zeitschriften gehören, auch mit dem Namen des Redakteurs versehen sein. (…)
20 §.10. Der gegenwärtige einstweilige Beschluss soll, vom heutigen Tage an, fünf Jahre lang in Wirksamkeit bleiben.

W. Hardtwig/H. Hinze (Hg.), Deutsche Geschichte in Quellen und Darstellung. Bd. 7. Stuttgart 1997, S. 71 ff., sprachl. vereinf.

Q7 Die Praxis der Zensur

Der Gymnasialdirektor Gerd Eilers schrieb um 1830:

Beliebte Personen sind Bücher- und Zeitungszensoren nie gewesen, weil ihr Geschäft in die natürliche Freiheit eingreift. (…) Nichts scheint dem lesenden Publikum unberechtigter und anmaßender als eine geistige Nahrungspolizei. In jeder Zeit steigerte sich
5 Unwillen zu einer förmlichen Empörung gegen Zensur und Zensoren; sie wurden dem giftigsten Spott, dem Hasse und der Verachtung preisgegeben. Die natürliche Folge war, dass sie teils zu scharf, teils zu stumpf ihr Amt versahen, wenige die Mittelstraße gingen. (…)
10 Ein [Zensor] strich regelmäßig das Wort „Freiheit", weil solche Lehren höchst gefährlich seien. Dagegen ließen andere wirklich Bedenkliches durchschlüpfen, weil ihnen die Vorwürfe der vorgesetzten Behörde weniger unangenehm waren als der Hass der Schriftsteller
15 und ihres Publikums. Die Instruktionen der Zensoren konnten nur unbestimmter Art sein; das meiste musste dem eigenen Urteile derselben überlassen werden, und da diese eigenen Urteile sehr verschieden waren, so waren die Ausführungen es ebenfalls. Die Verwir-
20 rung war unsäglich groß.

Zit. nach: W. Lautemann/M. Schlenke (Hg.), a.a.O., S. 123f.

144

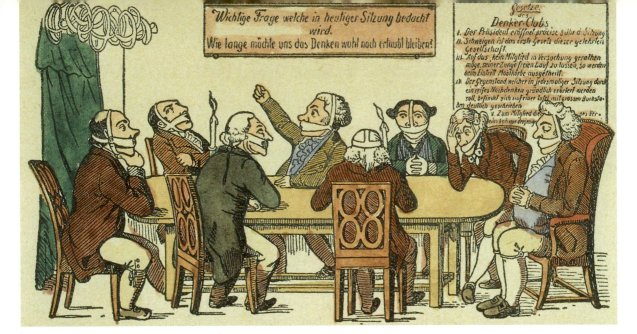

Q8 „Der Denkerclub"
Anonyme Karikatur um 1820. Der Text auf der Tafel rechts lautet: „Gesetze des Denker-Klubs: I. Der Präsident eröffnet präzise 8 Uhr die Sitzung. II. Schweigen ist das erste Gesetz dieser gelehrten Gesellschaft. III. Auf dass kein Mitglied in Versuchung geraten möge seiner Zunge freien Lauf zu lassen, so werden beim Eintritt Maulkörbe ausgeteilt. IV. Der Gegenstand, welcher in jedmaliger Sitzung durch ein reifes Nachdenken gründlich erörtert werden soll, befindet sich auf einer Tafel mit großen Buchstaben deutlich geschrieben."

Liberalismus

Der Liberalismus bezeichnet eine politische Richtung, bei der der einzelne Mensch und sein Recht auf Freiheit im Vordergrund stehen. Es ist die Weltanschauung des Bürgertums, das sich gegenüber den Vorrechten der privilegierten Stände des Adels und der Geistlichkeit behaupten wollte. Der Liberalismus tritt für eine freie wirtschaftliche Betätigung der Unternehmer sowie für Gewaltenteilung, Rechtsstaatlichkeit und Pressefreiheit ein. Seine Wurzeln hat der Liberalismus in der englischen „Bill of Rights" von 1689, der amerikanischen Unabhängigkeitserklärung von 1776 und der französischen Menschenrechtserklärung von 1789.

Fragen und Anregungen

1. Verfasse ein Streitgespräch zwischen von Gagern und Graf von Bernstorff, in dem die beiden ihre Positionen erklären und verteidigen (Q4, Q5).

2. Der Mörder Kotzebues hatte die Idee, dass mit der Ermordung einiger Gegner und seinem eigenen Opfertod eine Veränderung der politischen Lage erreicht werden würde. Beziehe Stellung zu dieser Auffassung (VT, Q6).

3. Verfasse ausgehend von Q2 und dem Verfassertext eine „Rede am Feuer". Beachte dabei auch, was für Gegenstände auf dem Wartburgfest verbrannt wurden.

4. Schreibe die einzelnen Maßnahmen der Karlsbader Beschlüsse in die linke Spalte einer Tabelle, in die rechte Spalte deine Vermutungen über den Zweck dieser einzelnen Maßnahmen (Q6).

5. Erläutere die Folgen, die sich aus der Praxis der Zensur ergaben (Q7, Q8).

6. Versetze dich in die Lage eines deutschen Journalisten des 19. Jahrhunderts und schreibe aus seiner Sicht einen Brief über die Karlsbader Beschlüsse (Q6) an einen englischen Kollegen.

7. Die Pressefreiheit gehört zu unseren Grundrechten. Überlegt, in welchen Fällen trotzdem eine Kontrolle der Medien gerechtfertigt sein könnte.

3. Vor der Explosion? Julirevolution und Vormärz

1830	Der französische König wird durch die Julirevolution gestürzt.
1832	Auf dem Hambacher Fest versammeln sich mehr als 20 000 Menschen.
1841	Hoffmann von Fallersleben verfasst die spätere deutsche Nationalhymne.

Eine neue Welle von Revolutionen – von Frankreich ausgehend

Am 27. Juli 1830 brachen Unruhen in Paris aus. In den Straßen wurden mehr als 4 000 Barrikaden errichtet. König Karl X., der versucht hatte, absolutistisch zu regieren und daher die Pressefreiheit eingeschränkt und das neu gewählte Parlament aufgelöst hatte, flüchtete schließlich nach England. Es kam allerdings nicht zur Gründung einer Republik, sondern Herzog Louis Philippe von Orléans wurde zum König der Franzosen erhoben. Der neue König bekannte sich zur Verfassung und arbeitete so eng mit dem französischen Bürgertum zusammen, dass er als „Bürgerkönig" bezeichnet wurde.

Diese zweite Revolution in Frankreich hatte weitreichende Folgen. In den südlichen Niederlanden forderten die Bewohner einen unabhängigen Staat. Mit Unterstützung durch England und Frankreich löste sich der neue Staat Belgien von den Niederlanden. Im 1815 gegründeten Kongresspolen kam es zum Aufstand gegen die russische Oberherrschaft. Trotz großer Solidarität des liberalen Bürgertums in ganz Europa konnte der russische Zar den Aufstand militärisch niederwerfen. Polen wurde zu einem Verwaltungsbezirk Russlands herabgestuft.

Aufbegehren in Deutschland

Auch in Deutschland erhielt die Nationalbewegung starken Auftrieb. Nach dem Pariser Vorbild kam es sogar zu kleineren Unruhen in einigen Bundesstaaten. Verfassungen, Pressefreiheit und eine Reform des Deutschen Bundes wurden gefordert. In Kurhessen, Sachsen, Braunschweig und Hannover gaben die Fürsten nach und führten Verfassungen ein. Jedoch verweigerten sich mit Preußen und Österreich weiterhin die beiden größten Bundesstaaten den liberalen Forderungen.

Das Hambacher Fest

Eine politische Aufbruchsstimmung ergriff immer größere Teile der Bevölkerung. Vom 27. bis zum 30. Mai 1832 versammelten sich mehr als 20 000 Menschen, neben Studenten auch Bürger und Handwerker, zu einer großen Protestdemonstration auf dem Hambacher Schloss in der bayerischen Pfalz. In Reden wurde ein gemeinsamer Nationalstaat mit einer demokratischen Verfassung gefordert – vielleicht sogar ohne einen König! Diese Ziele sollten in ganz Europa durchgesetzt werden. Dazu sollte es eine gemeinsame Solidarisierung aller Europäer geben.

Als im folgenden Jahr Studenten versuchten, den Frankfurter Bundestag zu stürmen, antworteten die Regierungen mit einer Verschärfung der Zensur und neuen Verfolgungen. Gegen mehr als 1800 Personen wurden Hochverratsprozesse angestrengt, die meisten erhielten langjährige Freiheitsstrafen.

Rückzug ins Private

Enttäuscht von der Politik, zogen sich aber auch viele Bürger vom politischen Leben zurück und nahmen den Obrigkeitsstaat hin, solange er ihr privates Leben nicht antastete. Es bildete sich ein neues Lebensgefühl heraus: Familie und Kinder standen an erster Stelle, daneben waren die Männer vielleicht noch in einem Schützen-, Turn- oder Gesangverein. Selbstverständlich waren korrekte und saubere Kleidung sowie gute Benimmregeln. In Mode und Kleidung orientierte man sich dabei an

146

Paris oder London, während Trachten abgelehnt wurden. Häuser und Wohnungen wurden gemütlich, aber nicht protzig eingerichtet. Nach einem treuherzigen Bürger aus einer 1850 erschienenen Gedichtsammlung nennt man heute diese Form bürgerlichen Lebens „Biedermeier".

Das Nationalbewusstsein erwacht

Im Jahr 1840 erhob die französische Regierung zum ersten Mal seit 1815 die Forderung nach einer Ausdehnung Frankreichs bis zum Rhein: Alle linksrheinischen deutschen Gebiete sollten französisch werden. Während die Regierungen des Deutschen Bundes die französischen Forderungen gelassen nahmen, reagierten weite Teile der Bevölkerung mit großen Solidaritätsbekundungen. Sie forderten die gemeinsame Verteidigung der Rheingrenze und darüber hinaus die Bildung eines deutschen Nationalstaates. Eine Vielzahl von patriotischen Gedichten und Liedern wurde verfasst, welche die nationale Begeisterung widerspiegelte. Dazu gehörte auch das „Lied der Deutschen", das später zur deutschen Nationalhymne wurde. Gegenüber der nationalen Frage rückten die Forderungen nach einem liberalen Verfassungsstaat zum ersten Mal in den Hintergrund.

Politische Forderungen und Hungersnot: Der Vormärz

Trotz allem war es in Deutschland seit 1815 noch nicht zum Ausbruch einer Revolution gekommen. Unter der Oberfläche waren jedoch die Spannungen gewachsen: Die Forderungen nach einem Nationalstaat und nach einer liberalen Verfassung mit gesicherten Grundrechten hatten sich weit verbreitet. Sie konnten auch durch Gegenmaßnahmen der Regierungen nicht mehr eingedämmt werden.
Hinzu kam, dass sich das Land in einem tief greifenden sozialen Umbruch befand: Die Bevölkerungszahl wuchs von 1815 bis 1848 von 22 auf 35 Millionen Menschen an und es gab nicht mehr genügend Arbeitsplätze in der Landwirtschaft. Viele Menschen zogen in die Städte, wo aber die Industrie noch nicht weit genug entwickelt war, um genügend Arbeitsplätze zu bieten. Als dann 1846–48 Missernten die Nahrungsmittel stark verteuerten und zudem eine Wirtschaftskrise ausbrach, wurde die politische Protestbewegung erheblich verstärkt. Ein Funke konnte nun zur Explosion führen. Nachdem im März 1848 tatsächlich eine Revolution in Deutschland ausgebrochen war, wurden die Jahre davor rückblickend als „Vormärz" bezeichnet.

Q1 Zug auf die Burgruine Hambach
Kolorierte Lithografie, 1832.

Q2 Die Wiedergeburt Europas durch den Sturz der aristokratischen Herrschaft

Aus der Festrede des demokratischen Publizisten Johann Wirth auf dem Hambacher Schloss:

So entsteht jener furchtbare Bund, der die Freiheit der Völker bisher immer noch zu töten vermochte. Die Hauptmacht dieses finsteren Bundes besteht immer noch aus deutschen Kräften, da Russland ohne die Allianz mit Preußen und Österreich ohnmächtig wäre (…). So riesenhaft daher die Macht des absoluten Bündnisses auch sein mag, so ist ihr Ende doch in dem Augenblicke gekommen, wo in Deutschland (…) die öffentlichen Angelegenheiten nicht mehr nach dem despotischen Willen eines Einzigen, nicht mehr nach den Interessen einer über ganz Europa verzweigten Aristokratenfamilie, sondern nach dem Willen der Gesellschaft selbst und nach den Bedürfnissen des Volkes geleitet werden. (…) Wenn also das deutsche Geld und das deutsche Blut nicht mehr den Befehlen der Herzöge von Österreich und der Kurfürsten von Brandenburg (…) unterworfen sind, so wird Polen, Ungarn und Italien frei. (…) Der Wiederherstellung […dieser Staaten folgt] der Sturz des unnatürlichen Übergewichts. Europa ist wiedergeboren.

W. Hardtwig/H. Hinze (Hg.), Deutsche Geschichte in Quellen und Darstellung, Bd. 7. Stuttgart 1997, S. 95 ff.

Q3 Die Familie Begas

Gemälde von Karl Joseph Begas aus dem Jahr 1821. Das Bild gehört zur Kunstepoche des Biedermeier (1815–1848).

Q4 „Friede den Hütten! Krieg den Palästen!"

Der 21-jährige Student und Schriftsteller Georg Büchner war Mitverfasser der Flugschrift „Der Hessische Landbote" von 1834. Ihr Erscheinen löste eine Verfolgungswelle aus. Büchner floh nach Zürich. In der Schrift heißt es:

Das Leben der Vornehmen ist ein langer Sonntag, sie wohnen in schönen Häusern, sie tragen zierliche Kleider, sie haben feiste Gesichter und reden eine eigne Sprache. (…) Geht einmal nach Darmstadt und seht, wie die Herren sich für euer Geld dort lustig machen, und erzählt euern hungernden Weibern und Kindern, dass ihr Brot an fremden Bäuchen herrlich angeschlagen sei, (…) erzählt von den stattlichen Häusern, die aus den Knochen des Volks gebaut sind. (…) Der Fürst ist der Kopf des Blutegels, der über euch hinkriecht, die Minister sind seine Zähne und die Beamten sein Schwanz. (…) Was sind unsere Wahlgesetze? Nichts als Verletzungen der Bürger- und Menschenrechte der meisten Deutschen. Denkt an das Wahlgesetz im Großherzogtum [Hessen], wonach keiner gewählt werden kann, der nicht hoch begütert ist, wie rechtschaffen und gutgesinnt er auch sei. (…) Nach den Artikeln [der Verfassung] ist der Großherzog unverletzlich, heilig und unverantwortlich. Seine Würde ist erblich in der Familie, er hat das Recht Krieg zu führen und ausschließliche Verfügung über das Militär. (…) Er bleibt im Besitz einer fast unbeschränkten Gewalt, nur darf er keine neuen Gesetze machen und keine neuen Steuern ausschreiben ohne Zustimmung der Stände. Aber teils kehrt er sich nicht an diese Zustimmung, teils genügen ihm die alten Gesetze (…) und er bedarf darum keiner neuen Gesetze.

G. Büchner: Werke und Briefe. München 1994, S. 40 ff.

Q5 Wie der Untertan sich zu verhalten hat

1837 hob der König von Hannover die erst 1834 eingeführte Landesverfassung auf. Dagegen protestierten sieben Göttinger Professoren, die daraufhin entlassen wurden. Auf ein öffentliches Protestschreiben gegen die Entlassung reagierte der preußische Innenminister:

Dem Untertan ziemt es nicht, an die Handlungen des Staatsoberhauptes den Maßstab seiner beschränkten Einsicht anzulegen und sich in dünkelhaftem Übermute ein öffentliches Urteil über die Rechtmäßigkeit derselben anzumaßen; die Unterzeichner der Adresse hätten daher in dem Benehmen der Göttinger Professoren nicht eine Verteidigung der gesetzmäßigen Ordnung, sondern nur ein unziemliches Auflehnen, ein vermessenes Unternehmen erblicken sollen.

Zit. nach: K. Biedermann, 1840–1870. Dreißig Jahre deutscher Geschichte, Bd. 1. Breslau o. J., S. 21.

Q6 Karikatur von 1834
„Sie sehen, Herr Grenzwächter, dass ich nix zu verzoll'n hab, denn was hinte auf dem Wage is, hat die lippische Grenz noch nit überschritte, in der Mitte is nix, und was vorne drauf is, is schon wieder über die lippische Grenze drübe."

Q7 Das Lied der Deutschen
Heinrich Hoffmann von Fallersleben, der aufgrund seiner kritischen Lieder seine Professur in Breslau verlor, dichtete 1841 ein „Lied der Deutschen". 1922 wurde das Lied zur deutschen Nationalhymne erklärt. Aufgrund des Missbrauchs der ersten Strophe durch die Nationalsozialisten wird seit 1952 nur die dritte Strophe gesungen. Die ersten drei Strophen lauten:

Deutschland, Deutschland über alles,
Über alles in der Welt,
Wenn es stets zu Schutz und Trutze,
Brüderlich zusammenhält
5 Von der Maas bis an die Memel,
Von der Etsch bis an den Belt.
Deutschland, Deutschland über alles,
Über alles in der Welt!

Deutsche Frauen, deutsche Treue,
Deutscher Wein und deutscher Sang   10
Sollen in der Welt behalten
Ihren alten schönen Klang
Und zu edler Tat begeistern
Unser ganzes Leben lang.
Deutsche Frauen, deutsche Treue,   15
Deutscher Wein und deutscher Sang!

Einigkeit und Recht und Freiheit
Für das deutsche Vaterland,
Danach lasst uns alle streben   20
Brüderlich mit Herz und Hand!
Einigkeit und Recht und Freiheit
Sind des Glückes Unterpfand:
Blüh im Glanze dieses Glückes,
Blühe, deutsches Vaterland!   25

Fragen und Anregungen

1. Erläutere anhand von Q2 die Schlüsselrolle, die Deutschland für Europa hätte haben können.
2. Diskutiert mögliche Chancen und Gefahren der „Zukunftsvision" Wirths (Q2).
3. Zeige am Beispiel von Q3, wie sich Bürger des Biedermeier selbst sahen und was für sie wichtig war.
4. Liste auf, welche Zustände der „Hessische Landbote" anprangert (Q4). Wie beurteilst du die Schrift?
5. Entwirf einen offiziellen Antwortbrief der Göttinger Professoren an den preußischen Innenminister (Q5).
6. Untersuche den Text des „Liedes der Deutschen". Überlege, was 1841 bei den Regierungen Anstoß erregt haben könnte (Q7).
7. Entschlüssele die Karikatur Q6 mithilfe der Arbeitsschritte S. 142.

149

4. Revolution in Deutschland

Frankreich	Deutscher Bund	Preußen	Österreich
Februar 1848: Abdankung des Königs. Frankreich wird Republik.	März 1848: Volksversammlungen erreichen Regierungen mit liberalen Ministern. Mai 1848: Gewählte Abgeordnete treten in Frankfurt zur Ausarbeitung einer Verfassung zusammen.	März 1848: Straßenkämpfe in Berlin. Der König bekennt sich zur deutschen Einheit und verspricht eine Verfassung für Preußen.	März 1848: Aufstand in Wien. Flucht Metternichs. Der Kaiser verspricht eine Verfassung. Erhebungen in Mailand, Venedig und Budapest für nationale Selbstbestimmung.

Nationale, liberale und soziale Ziele

Im Jahr 1848 fanden in fast ganz Europa Revolutionen für die Durchsetzung liberaler, demokratischer und nationaler Ziele statt. Vielfach verbanden sich die politischen mit sozialen Forderungen nach Verbesserung der Lebensbedingungen. Die immer zahlreicher werdenden Fabrikarbeiter beklagten unzumutbare Arbeitsverhältnisse. Sie litten unter kaum vorstellbarer Armut. Die Handwerker konnten mit den billigeren Produkten aus den Fabriken nicht konkurrieren. Not und Hunger machten auch vor der Landbevölkerung nicht Halt. In Süddeutschland waren die Bauern noch nicht wie in Preußen von Diensten und Abgaben „befreit". Aber auch die preußischen Bauern hatten den Grundherren so hohe Entschädigungen zahlen müssen, dass sie sich keine gesicherte Existenz schaffen konnten. Missernten wie 1847 konnten da leicht der Tropfen sein, der das Fass zum Überlaufen brachte.

Die Februarrevolution in Frankreich

Doch das Signal war aus Paris gekommen. In Frankreich brauchte zwar keine nationale Einheit mehr erkämpft zu werden, und seit 1830 hatte Frankreich mit Louis Philippe auch einen „Bürgerkönig", der an eine Verfassung gebunden war. Da jedoch das Stimmrecht an das zu versteuernde Einkommen gebunden war, durften nur etwa drei Prozent der Franzosen an den Wahlen teilnehmen. Kleinbürger und Arbeiter blieben von politischen Rechten ausgeschlossen. Im Februar 1848 gingen deshalb Arbeiter und Studenten auf die Straßen, um für ein allgemeines Wahlrecht zu demonstrieren. Der Barrikadenkampf zwischen Aufständischen und Militär forderte Tote und Verwundete. Der König floh nach England. Die Nationalversammlung rief die (Zweite) Republik aus und führte das allgemeine Wahlrecht für alle männlichen Franzosen über 21 Jahre ein. Das Versprechen sozialer Reformen und eines „Rechts auf Arbeit" wurde durch die Einrichtung von „Nationalwerkstätten" eingelöst, eine staatlich finanzierte Maßnahme, durch die Arbeitslose Beschäftigung fanden. Die Nachricht von der erfolgreichen Februarrevolution in Paris wirkte wie ein Funke, der in ein Pulverfass fällt.

Q1 „Die große Seeschlange, wie sie vielen im Jahr 1848 erschienen ist"
Karikatur aus der Leipziger „Illustrierten Zeitung" vom 30. Dezember 1848.

Menschen aus allen Schichten und in fast allen Staaten des Deutschen Bundes wurden ermutigt, dem französischen Vorbild zu folgen. Von Baden aus, wo die Nachricht von den Ereignissen in Paris schon Ende Februar große Volksversammlungen zur Folge hatte, verbreitete sich die Neuigkeit wie ein Lauffeuer in ganz Süddeutschland. In den hohenzollerischen Fürstentümern Hechingen und Sigmaringen beispielsweise waren die französischen Ereignisse bereits bekannt, noch bevor die Zeitung von den Aufständen berichtete. Bereits am 4. März kam es in Sigmaringen zu Unruhen. Unter der Führung des jungen Advokaten Karl Würth und des Empfinger Pfarrers Josef Spißler entstanden Bittschriften, so genannte Petitionen, in denen die aufgebrachten Bürger ihre Beschwerden vorbrachten. Wie anderswo in Deutschland forderten Redner auch hier Verfassungen oder Verfassungsreformen, Presse-, Versammlungs- und Vereinsfreiheit, die Einrichtung von Schwurgerichten und die Wahl einer Nationalversammlung. Am wichtigsten aber war den Hohenzollern neben der Gleichstellung mit Württemberg und Baden die Befreiung von sämtlichen Feudallasten. Darüber hinaus forderten sie die Einführung einer Einkommenssteuer, um die Lasten gerechter zu verteilen. Aber auch konkrete Anliegen, wie den Aufschub von Pfändungen oder die Forderung nach Arbeitsbeschaffungsmaßnahmen – wie in Frankreich – wurden formuliert. Obwohl die Petitionen sehr vorsichtig gehalten waren, verschärfte sich die Situation am 5. März während einer Demonstration vor dem Rathaus. Als ein Regierungssprecher zunächst versuchte, die aufgebrachte Menge mit halbherzigen Beteuerungen abzuspeisen, wuchs die Wut der Demonstranten. Aus Furcht vor Übergriffen musste der Fürst seine Versprechungen konkretisieren. Erst als er versprach, die Zensur aufzuheben und der Einführung von Volksbewaffnung und Schwurgerichten zuzustimmen, löste sich die Menge auf.

Märzforderungen – das Beispiel Hohenzollern

Auch in vielen weiteren kleineren und mittleren deutschen Staaten mussten die Landesherren auf die „Märzforderungen" reagieren. Häufig beriefen sie Politiker der liberalen und nationalen Opposition in die Regierungen. Mit solchen „Märzministern" wollten sie ihre Reformbereitschaft zeigen und einen völligen Zusammenbruch ihrer Herrschaft verhindern.

Reformen zur Rettung der Herrschaft

Q2 Barrikadenbau in Mannheim
Kolorierter Holzschnitt der „Illustrierten Zeitung", 1848.

151

Revolution in Österreich

Auch Wien wurde von der Revolutionswelle ergriffen. Hier forderten die demonstrierenden Studenten und Arbeiter ebenfalls Freiheit und Einheit. Der österreichische Staatskanzler Klemens Fürst von Metternich, mit dessen Namen vor allem die Restauration nach 1815 verbunden war, musste zurücktreten und floh nach London. Die freiheitliche und nationale Bewegung hatte in der Habsburgermonarchie auch die Ungarn, Tschechen, Italiener und andere nationale Minderheiten erfasst. „Freiheit" bedeutete für sie vor allem nationale Selbstbestimmung. Der österreichische Vielvölkerstaat drohte auseinander zu brechen.

Barrikadenkämpfe in Berlin

Die Nachricht vom Sturz des französischen Königs hatte auch in Berlin zu lebhaften Diskussionen in Cafés und Gaststätten geführt. Im Tiergarten fanden täglich Versammlungen statt. Die Berliner schlossen sich den Märzforderungen an. Am Abend des 13. März kam es nach einer Massenversammlung im Tiergarten zu Zusammenstößen zwischen Demonstranten und Militär. Die Nachricht vom Sturz Metternichs bewog Friedrich Wilhelm IV. zu Zugeständnissen: Das Pressegesetz vom 17. März hob die Zensur auf und am 18. März erklärte der König, für einen deutschen Bundesstaat mit einer Verfassung einzutreten. Für Preußen stellte er eine Verfassung in Aussicht. Eine vor dem Berliner Schloss zusammengeströmte Menschenmenge wollte sich für die Zugeständnisse bedanken. Bei der Räumung des Schlossplatzes durch die Truppen wurden wahrscheinlich versehentlich zwei Schüsse abgegeben. Sie verletzten niemanden, ließen jedoch die Stimmung umschlagen. Die Menge glaubte, vom König verraten worden zu sein, und errichtete Barrikaden gegen das Militär. Einige tausend Menschen aus allen Bevölkerungsschichten trugen Steine, Bretter, Balken, Möbel und Kutschen zusammen und bewaffneten sich mit Knüppeln und Dachziegeln, mit denen man die Soldaten bewarf. Nach einem sechzehnstündigen Kampf versprach der König am 19. März in einer Proklamation „An meine lieben Berliner", die Truppen abzuziehen. Die Niederlage des preußischen Königtums wurde noch deutlicher, als der König sich am folgenden Tag auf Drängen der Menge vor den im Schlosshof aufgebahrten 97 Toten des Aufstandes verbeugen musste.

Der preußische König reitet am 21. März 1848 durch Berlin Q3
Neuruppiner Bilderbogen von Gustav Kühn, 1848.

In einer Proklamation am 21. März wandte sich Friedrich Wilhelm IV. „An mein Volk und an die deutsche Nation" und erklärte, angetan mit einer schwarz-rot-goldenen Schärpe, Preußen gehe von nun an in Deutschland auf. Gleichzeitig mit seinem Bekenntnis zur deutschen Einheit nahm er mit dem Aachener Unternehmer David Hansemann und dem Kölner Bankier und Kaufmann Ludolf Camphausen liberale Minister in die Regierung. Nach allgemeinem, gleichem und geheimem Männerwahlrecht wurde eine preußische Nationalversammlung gewählt. Sie sollte nun auch für Preußen eine Verfassung ausarbeiten.

Revolution auf dem Land

Auch auf dem Land kam es im Frühjahr 1848 zu Erhebungen. Viele Dörfler nutzten Gewalt und Gewaltandrohung als Mittel, ihren Forderungen gegenüber den Grundherren Nachdruck zu verleihen. Es kam zu Revolten, in deren Verlauf Gebäude in Flammen aufgingen und Akten verbrannt wurden, die alte Abhängigkeiten belegten. Entgegen den geltenden Forstordnungen und Verboten wurden Waldstücke abgeholzt und das die Ernte schädigende Wild getötet. Oder aber die Zahlung von Abgaben und Steuern wurde einfach verweigert. Darüber hinaus formulierten auch die Bauern im Verlauf der Revolution Beschwerdeschriften. Die Unruhen konnten durch Zugeständnisse der Regierungen und Gutsherren noch im März beruhigt werden. Mit der Bauernbefreiung endete die Revolution für die Bauern erfolgreich.

Q4 Arbeiterdeputation vor dem Magistrat einer rheinischen Stadt 1848
Ausschnitt aus einem Gemälde von Johann Peter Hasenclever, 1848/49.

Q5 „Die Ruhe der Stadt Köln ist gestört"
Die folgende „Bekanntmachung des Regierungspräsidenten über den Tumult vom 3. März" wurde in der Nacht vom 3. zum 4. März um 2 Uhr durch ein Extra-Blatt der „Kölnischen Zeitung" verbreitet. Sie erschien danach nochmals in der „Kölnischen Zeitung" am 5. März und in der „Deutschen Zeitung" am 7. März:

Die Ruhe der Stadt Köln ist heute Abend in bedauerlicher Weise gestört worden. Es hat eine Anzahl von Personen gewagt, den in Ausübung seines Berufes im Rathause versammelten Gemeinderat nicht
5 mit Bitten, sondern mit „Forderungen des Volkes" zu bestürmen, und versucht, eine Genehmigung von Anträgen mit Gewalt zu erzwingen, die in ordnungsgemäßem gesetzlichem Wege bei den loyalen Vertretern der Stadt in keiner Weise Eingang finden
10 konnten. Die „Forderungen des Volkes", wie sie in vielen Exemplaren verteilt und laut verlesen wurden, lauten:
1. Gesetzgebung und Verwaltung durch das Volk. Allgemeines Wahlrecht und allgemeine Wählbarkeit in
15 Gemeinde und Staat.
2. Unbedingte Freiheit der Rede und Presse.
3. Aufhebung des stehenden Heeres und Einführung einer allgemeinen Volksbewaffnung mit vom Volke gewählten Führern.
4. Freies Vereinsrecht.
5. Schutz der Arbeit und Sicherstellung der menschlichen Bedürfnisse für alle.
6. Vollständige Erziehung aller Kinder auf öffentliche Kosten.
25 Es wurde unter aufrührerischen Reden die Versammlung der Gemeindeverordneten eine geraume Zeit in dem Rathaus belagert, bis die bewaffnete Macht den Rathausplatz von der zahlreich versammelten Menge säuberte und einer der Rädelsführer zur Haft gebracht
30 wurde. Er ist der Justiz überantwortet. Die gerichtliche Untersuchung wird sofort über dieses in unserer Provinz unerhörte Attentat eingeleitet werden.
Die friedliebenden Bürger Kölns werden mit mir diese Verletzung des Gesetzes und der Ordnung beklagen.
35 Die Behörden rechnen auf ihren Beistand; es wird die vereinte Kraft und Wachsamkeit beider ferneres Unheil, das durch die Konspiration Böswilliger planmäßig vorbereitet wurde, von der Bevölkerung einer ruhigen, glücklichen Stadt mit Erfolg abzuwenden wissen.

Zit. nach: J. Hansen (Hg.), Rheinische Briefe und Akten zur Geschichte der politischen Bewegung 1830–1850, Bd. 2.1. Bonn 1942, S. 508.

153

Q6 „An mein Volk und an die deutsche Nation"

Aus der Proklamation des preußischen Königs Friedrich Wilhelm IV. nach den Berliner Barrikadenkämpfen:

Deutschland ist von innerer Gärung ergriffen und kann durch äußere Gefahr von mehr als einer Seite bedroht werden. Rettung aus dieser doppelten, dringenden Gefahr kann nur aus der innigsten Vereinigung der deutschen Fürsten und Völker unter einer Leitung hervorgehen. Ich übernehme heute diese Leitung für die Tage der Gefahr. (…) Ich habe heute die alten deutschen Farben angenommen und mich und mein Volk unter das ehrwürdige Banner des deutschen Reiches gestellt. Preußen geht fortan in Deutschland auf. (…) Allgemeine Einführung wahrer konstitutioneller Verfassungen, mit Verantwortlichkeit der Minister in allen Einzelstaaten, öffentliche und mündliche Rechtspflege, in Strafsachen auf Geschworenengerichte gestützt, gleiche politische und bürgerliche Rechte für alle religiösen Glaubensbekenntnisse und eine wahrhaft volkstümliche, freisinnige Verwaltung werden allein solche sichere und innere Freiheit zu bewirken und zu befestigen im Stande sein.

W. Grab (Hg.): Die Revolution von 1848/49. Eine Dokumentation. Stuttgart 1998, S. 46.

Q8 Die Zerstörung des Schlosses Waldenburg in Sachsen im April 1848
Zeitgenössischer Holzstich.

Q7 Was trieb Bauern zur Revolution?

Der Chronist Wilhelm Heinrich Riehl berichtet 1849 über die Revolution in Nassau:

Schwerlich würde das nassauische Volk im März 1848 in die Vorderreihe getreten sein, um das gemütliche patriarchalische Regiment zu stürzen, wenn nicht Hunger und Kummer, Not und Drangsal die mittleren und ärmeren Klassen zu einer revolutionären Begeisterung fähig gemacht hätten, von welcher man wenige Monate vorher noch keinen Funken entdecken konnte. (…) Es war der materielle Druck gewesen, die Lasten, die Not. Darum glaubte man jetzt auf dem Lande, man brauche keine Steuern mehr zu bezahlen, Wild könne man jagen nach Belieben, Holz fällen nach Belieben, Zehnten geben nach Belieben, Zinsen zahlen oder nicht – das hielt man für die Freiheit. (…) Es brauchte lange Zeit, bis ganze Landstriche einsahen, dass die Freiheit noch andere Bezüge habe als bloß den Geldbeutel.

W. H. Riehl: Nassauische Chronik des Jahres 1848. Idstein 1979, S. 22.

Fragen und Anregungen

1. Beschreibe und deute die Karikatur Q1 mithilfe der Arbeitsschritte auf S. 142.
2. Beschreibe die Barrikadenkämpfer in Q2. Überlege, aus welchen Schichten sie stammten.
3. Fasse die Kölner Märzforderungen zusammen. Welche Bevölkerungsschicht stand hinter diesen Forderungen? Begründe deine Meinung (Q5).
4. Beschreibe und bewerte die Berichterstattung in Q5. Überlege, auf welcher Seite der Berichterstatter stand. Suche nach Begriffen im Text, die auf seinen Standort hinweisen.
5. Fasse die Versprechen des preußischen Königs zusammen. Vergleiche die Zusagen mit den Märzforderungen, z. B. der Kölner (Q5, Q6).
6. Wie begründet der preußische König seine Zugeständnisse (Q3, Q6)?
7. Spielt die in Q4 dargestellte Situation nach. Schreibt zunächst Rollenkarten für die wichtigsten Personen. Überlegt, welche Position sie vertreten, und beachtet auch ihre Körpersprache und ihren Gesichtsausdruck.
8. Nenne die Motive der Bauern, sich an der Revolution zu beteiligen. Wie beurteilt Riehl das Verhalten der Bauern (Q7, Q8)?

5. Revolution ist nicht nur Männersache

Die Märzrevolution mobilisierte alle Schichten. Bürger, Bauern und Arbeiter forderten vehement ihre Rechte. Doch wo waren hier die Frauen? War Revolution etwa reine Männersache? Die Abbildung der Barrikadenkämpfe (S. 151) zeigt, dass auch Frauen am Aufbruch beteiligt waren. Aber spiegelt diese einzelne Szene das Revolutionsgeschehen angemessen wider? Der badische Revolutionsheld Friedrich Hecker sah seine Frau am liebsten am heimischen Herd, sie sollte sich ausschließlich um sein Wohlergehen kümmern. Er hielt – ebenso wie die meisten seiner Geschlechtsgenossen – nichts von Frauenvereinen, öffentlichen Auftritten oder Versammlungen von Frauen. Aber nicht alle Frauen ließen sich davon abschrecken.

Einige beteiligten sich an den öffentlichen Diskussionen und Versammlungen. Manche lasen nicht nur Zeitungen, sondern arbeiteten auch selbst mit. So etwa Mathilde Franziska Anneke. Die von ihr angeregte „Neue Kölnische Zeitung" wurde von ihrem Mann Friedrich Anneke und Fritz Beust herausgegeben. Das Motto der Arbeiterzeitung war: Wohlstand, Freiheit, Bildung für alle. Das Blatt unterstützte die Forderungen der Arbeiter nach besseren Lebens- und Arbeitsbedingungen und größerer Gerechtigkeit bei den Steuern und Abgaben.

Als die „Neue Kölnische Zeitung" Ende September 1848 verboten wurde, führte Mathilde Anneke das Blatt mit gleichen Inhalten als „Frauen-Zeitung" fort. Die Behörden ließen sich jedoch durch den Titel nicht lange täuschen. Bereits die dritte Nummer wurde beschlagnahmt.

Auch andernorts haben Frauen in der Revolution von 1848 vor allem die politischen Aktivitäten ihrer Männer unterstützt. Sie sammelten Geld für die Ausrüstung der Bürgerwehren und stickten Fahnen. Einige der Ehefrauen bekannter Revolutionäre waren selbst politisch aktiv. Die Mannheimerin Amalie Struve nahm beispielsweise an den bewaffneten Volkszügen an der Seite ihres Mannes teil und übernahm die Organisation des Munitionstransportes. Doch bei allem Engagement änderte sich an ihrer eigenen Situation nichts. Ihre Bildungsmöglichkeiten waren begrenzt, es gab nur wenige Berufe für Frauen. Außerdem durften sie nicht wählen. Nur eine Minderheit unter der Führung von Louise Otto-Peters forderte damals schon gleiche Rechte für Männer und Frauen. Das Wahlrecht jedoch forderten auch sie nicht.

Die Zeitungsherausgeberin Mathilde Anneke

Q1 Mathilde Anneke

Frauen werden politisch aktiv

Q2 Elise und Ludwig Blenker

Q3 Frauenversammlung
Holzstich von 1850.

Q4 **Louise Otto-Peters**
Zeitgenössische Lithografie.

Q5 **Wir wollen auch unser Teil fordern**
Louise Otto-Peters gilt als Begründerin der deutschen Frauenbewegung. Sie gab 1849 eine „Frauen-Zeitung" heraus. Diese wurde jedoch im Jahre 1852 wieder eingestellt, weil Frauen die verantwortliche Redaktion oder Herausgabe einer Zeitschrift verboten war. In ihrem Programm vom 21. April 1849 hieß es:
Die Geschichte aller Zeiten und die heutige ganz besonders lehrt, dass diejenigen auch vergessen werden, welche an sich selbst zu denken vergaßen. (…) Dieser selbe Erfahrungssatz ist es, welcher mich zur Heraus-
5 gabe einer Frauen-Zeitung veranlasst. (…) Wohl auf denn, meine Schwestern, vereinigt euch mit mir, damit wir nicht zurückbleiben, wo alle und alles um uns und neben uns vorwärts drängt und kämpft. (…) Wir wollen auch unser Teil fordern: das Recht, das Rein-
10 Menschliche in uns in freier Entwicklung aller unserer Kräfte auszubilden, und das Recht der Mündigkeit und Selbstständigkeit im Staat. Wir wollen unser Teil verdienen: Wir wollen unsere Kräfte aufbieten, das Werk der Welt-Erlösung zu fördern, zunächst dadurch, dass wir
15 den großen Gedanken der Zukunft: Freiheit und Humanität auszubreiten suchen in allen Kreisen, welche uns zugänglich sind, in den weiteren und des größeren Lebens durch die Presse, in den engeren der Familie durch Beispiel, Belehrung und Erziehung. Wir wollen
20 unser Teil aber auch dadurch verdienen, dass wir nicht vereinzelt streben nur jede für sich, sondern vielmehr jede für alle, und dass wir vor allem derer zumeist uns annehmen, welche in Armut, Elend und Unwissenheit vergessen und vernachlässigt schmachten.

Zit. nach U. Gerhard u. a. (Hg.): „Dem Reich der Freiheit werb ich Bürgerinnen". Die Frauen-Zeitung von Louise Otto. Frankfurt a. M. 1997, S. 37.

Q6 **Wir wollen auch dem Vaterland dienen**
Amalie Struve schrieb in ihrem Tagebuch über ihre Teilnahme an der Revolution 1849 in Baden:
Seit langer Zeit hatte ich geahnt, dass ein neuer Sturm losbrechen werde. Mein Wunsch war, in diesem Falle die Gefahren meines Gatten teilen zu dürfen. (…) Zudem glaubte ich, dass mein Beispiel ermutigend wirken und dass ich im Stande sein möchte, dem Vaterlan-
5 de einen Dienst zu leisten, wenn ich an dem Kampfe für die Freiheit und die Tugend Anteil nähme. (…) Niemals empfand ich so tief die unwürdige Stellung, in welcher sich bis zum heutigen Tage das weibliche Geschlecht gegenüber dem männlichen befindet. Warum
10 sollte die Frau, welche die Fähigkeiten dazu besitzt, nicht arbeiten dürfen im Augenblicke der Entscheidung? Warum sollte die Gattin, welche die Gefahren des Gatten teilte, nicht auch teilnehmen an seinen Arbeiten? Fürwahr, solange selbst im Sturme der Revolu-
15 tion so viele Rücksichten auf hergebrachte Vorurteile genommen werden, wird das Joch der Tyrannei nicht gebrochen werden. (…) Namentlich konnte ich aus eigener Anschauung erkennen, dass unter Frauen (…) der größte Eifer und die wärmste Hingebung für die
20 Sache der Freiheit lebte. Nicht bloß die jüngeren, auch die älteren Frauen, selbst Mütter und Großmütter ermutigten die ausziehenden Freiheitskämpfer, (…) fertigten Fahnen und selbst Patronen an (…).

A. Struve: Erinnerungen aus den badischen Freiheitskämpfen. In: Heftiges Feuer. Die Geschichte der badischen Revolution 1848, erzählt von Gustav und Amalie Struve. Freiburg 1998, S. 19 ff.

Fragen und Anregungen

1. Lege dar, wie die Frauen an der Revolution teilnahmen (VT, Q1–Q3, Q6; S. 151, Q2).
2. Fasse Aktivitäten und Ziele der Frauenbewegung zusammen und beurteile sie (VT, Q1–Q5).
3. Vergleiche die Forderungen von Bürgern, Arbeitern und Bauern mit denen der Frauen. Welche Bedeutung hatte „Freiheit" für jede der Gruppen?

6. Eine Verfassung für ganz Deutschland

27./28. März 1849 Die Nationalversammlung verabschiedet die Reichsverfassung und wählt Friedrich Wilhelm IV. von Preußen zum „Kaiser der Deutschen".

Feierlicher Einzug der Abgeordneten in die Paulskirche in Frankfurt am Main Q1
Tagungsort der Nationalversammlung war die evangelische Paulskirche in Frankfurt. Am 18. Mai 1848 zogen die Abgeordneten feierlich ein. Die Kirche wurde 1944 durch Bomben zerstört und 1948 zum 100. Jahrestag der Versammlung wieder aufgebaut. Zeitgenössischer Stich.

Mit den Märzministern und den Versprechungen, Verfassungen zu gewähren, war zu Beginn des Jahres 1848 ein Teil der Forderungen nach mehr politischer Freiheit und Gleichheit erfüllt worden. Nun galt es, auch das Ziel der nationalen Einheit zu verwirklichen und für ein geeintes Deutschland eine Verfassung zu erarbeiten. Die Aufmerksamkeit richtete sich auf Frankfurt, wo am 31. März das so genannte „Vorparlament" in der Paulskirche zusammentrat. Die über 500 aus allen Teilen Deutschlands zusammengekommenen Männer beschlossen, dass das deutsche Volk in allgemeinen, gleichen und indirekten Wahlen der Männer eine verfassunggebende Nationalversammlung wählen solle. Gewählt wurden 585 Abgeordnete. Etwa 82 % hatten ein Universitätsstudium absolviert. Sie waren Gymnasiallehrer, Juristen, Geistliche, Ärzte, Schriftsteller oder Beamte. Wirtschaft und Industrie waren weit weniger stark vertreten und nur vier Handwerker, ein Bauer und kein Arbeiter gehörten der Nationalversammlung an.

Die erste deutsche Nationalversammlung tritt zusammen

Parteien existierten noch nicht. Doch die Abgeordneten gruppierten sich im Verlauf der Beratungen nach gemeinsamen Überzeugungen und Zielen. Sie trafen sich in Wirtshäusern und Hotels und benannten sich nach ihren Treffpunkten. Sie setzten sich in der Paulskirche zusammen und bald konnte man die politische Zugehörigkeit an der Sitzordnung erkennen: Vom Rednerpult aus gesehen links saßen diejenigen, die sich für eine demokratische Umgestaltung Deutschlands einsetzten und die monarchische Staatsform durch eine Republik ersetzen wollten (z. B. „Deutscher Hof"). Rechts saßen die Konservativen (z. B. „Café Milani"), die eine Verfassung nur mit den Fürsten erarbeiten und deren Macht in den Einzelstaaten nicht wesentlich beschränken wollten. In der Mitte befanden sich die Liberalen, die sich für eine konstitutionelle Monarchie einsetzten.

Politische Gruppierungen

Nachdem die Nationalversammlung Heinrich von Gagern zum Präsidenten gewählt hatte, wurde auf dessen Vorschlag eine provisorische Regierung gewählt mit dem österreichischen Erzherzog Johann als Reichsverweser (Bezeichnung für ein provisorisches Staatsoberhaupt). Bis zur endgültigen Entscheidung über die zukünftige Staatsform sollte der demokratisch gewählte Fürst das Reichsoberhaupt sein.

Bildung einer provisorischen Regierung

DEBATTEN IN DER PAULSKIRCHE

Womit sollen die Abgeordneten beginnen?

In dieser Werkstatt werdet ihr zu Abgeordneten. Ihr beratet über die Dringlichkeit der zentralen Fragen der Paulskirche: In Expertengruppen und Unterausschüssen sollt ihr die Tagesordnung der ersten Debatte festlegen.

Folgende Themen stehen zur Auswahl:
– die Grundrechte (Q2, Q7, auch Kap. 4, Q5)
– die Staatsform (Q3, auch Kap. 3, Q2)
– das Wahlrecht (Q5, auch Kap. 3, Q4)
– die zukünftigen Grenzen (D1, Q6)

Phasen des Planspiels

1. Rollenkarten erstellen
Jeder schreibt in Stichworten eine Rollenbiographie (Alter, Herkunft, Beruf, politische Überzeugung). Denkt daran, dass ihr das ganze politische Spektrum abdeckt.

2. Arbeit in Expertengruppen
Teilt eure Klasse in vier Expertengruppen ein, die sich jeweils mit einer Frage beschäftigen. In jeder Gruppe sollte jede politische Richtung vertreten sein. Die Gruppe erarbeitet einen Leitantrag, der erklärt, warum dieses Thema zuerst debattiert werden sollte. Jeder sollte jetzt bereits überlegen, welche Position er zu dem Thema bezieht.

3. Diskussion in Unterausschüssen
Bildet neue Gruppen, in denen jeweils ein Abgeordneter von jeder Expertengruppe vertreten ist, der seinen Antrag den anderen vorstellt. In der anschließenden Diskussion müsst ihr euch nun auf ein Thema einigen, das als erstes im Plenum zur Debatte gestellt werden soll.

4. Diskussion und Abstimmung im Plenum
Dem Plenum werden daraufhin die von jedem Unterausschuss gewählten Themen vorgelegt. Über das Thema mit der häufigsten Nennung wird nun mit der ganzen Klasse beraten: Der Leitantrag, z. B. „Wir fordern die Einführung einer Republik." wird hier diskutiert. Setzt euch dann entsprechend eurer politischen Abstimmung in Gruppen zusammen, z. B. links die Republikaner, rechts die Monarchisten, und stimmt ab. Für eine endgültige Entscheidung ist eine 2/3-Mehrheit erforderlich. Solltet ihr zu keinem Ergebnis gekommen sein, müsst ihr einen Kompromiss suchen.

5. Vergleich mit den realen Ergebnissen
War es schwierig, eine Einigung zu erzielen? Konntet ihr eure Mitspieler von eurer Meinung überzeugen? Vergleicht nun eure Ergebnisse mit den realen Entscheidungen der Paulskirchen-Abgeordneten. Welche Unterschiede gibt es? Wie können sie erklärt werden?

Q2 Welche Bedeutung haben die Grundrechte?

a) Der Abgeordnete Beseler (Greifswald):
(…) Einmal hielten wir für notwendig, dass bei der großen sozialen Bewegung, die ganz Deutschland ergriffen hat, von hier aus ein Wort darüber gesprochen werde, wo wir die Grenze finden, über welche diese Bewegung
5 nicht hinausgeführt werden soll. Wir glaubten, dass ein solches Wort von Frankfurt aus eine wohltätige Einwirkung auf die Nation üben werde. (…)
Einmal schien es uns notwendig, dass die politische Einheit (…) auch ihre Wirkung äußern müsse auf die
10 staatsbürgerlichen Rechte der Deutschen. (…) Ein zweiter Gesichtspunkt, den wir auffassten, war folgender: Wir wollen jetzt aus dem herauskommen, was uns der Polizeistaat der letzten Jahrhunderte gebracht hat. Wir wollen den Rechtsstaat auch für
15 Deutschland begründen. (…)

b) Der Abgeordnete Osterrath (Danzig):
(…) Es kommt mir vor, als wären wir Baumeister, welche ein Fundament legen, ohne zu wissen, was für ein Gebäude darauf aufgeführt werden soll. Es sind allgemeine Sätze vorgelegt, über welche wir beraten sollen,
5 aber erst dann, wenn wir sehen, was auf diese Grundsteine zu bauen ist, können wir wissen, welche Punkte einer besonderen Stärke bedürfen. (…) Es fehlt aber auch der Anfang; es ist nämlich noch gar nicht gesagt, wer ein Deutscher ist. Vergleichen Sie den Paragraph 1.
10 In diesem ist von Rechten die Rede, welche die Deutschen haben sollen, da aber noch gar nicht gesagt ist, wer im Sinne des Entwurfs ein Deutscher ist, so könnte eine deutsche Gemeinde in Amerika, der Schweiz, dem Elsass oder Liefland sich zusammenbegeben und einen
15 Abgeordneten zur Nationalversammlung wählen. (…)

Q2a u. b zit. nach: F. Wigard, Stenographischer Bericht, Bd. 1. S. 700 ff.

158

WERKSTATT

Q3 Welche Staatsform soll gelten?

a) Der Abgeordnete Schüler (Jena):
(…) Betrachte ich zunächst die von anderen Seiten vorgebrachten Vorschläge, so erwähne ich zuerst diejenigen, welche die Reichsregierungsgewalt verschiedenen Fürstenhäusern übertragen wollten, sei es so, dass sie gemeinschaftlich und zugleich regieren sollen in einem drei- oder fünfköpfigen Direktorium oder so, dass man verschiedene Fürstenhäuser nacheinander in einem gewissen Turnus berufen will. (…) Ich komme nun auf die Vorschläge, welche uns mit einem Kaiser beglücken wollen. Sie wollen entweder ein Wahlreich, sei es auf lebenslang oder auf bestimmte Jahre, oder sie wollen ein erbliches Kaiserreich. (…) Nicht die Fürsten sollen das Oberhaupt wählen, welche immer von ihren dynastischen Interessen ausgehen würden und sich schwerlich vereinigen können, sowie sie sich bisher in Deutschland noch über nichts als Polizeimaßregeln vereinigen konnten; sondern der Reichstag soll wählen, welcher allein das Interesse Deutschlands vor Augen haben wird und haben muss. Wir wollen keine Erblichkeit der höchsten Gewalt (…) Wir verlangen eine republikanische Spitze, welche über den einzelnen Dynastien steht.

b) Der Abgeordnete Dahlmann (Bonn):
Aus (…) schweren Lebensjahren habe ich die Erfahrung geschöpft, dass wir vor allen Dingen einer einheitlichen Gewalt bedürfen, einer Einheit, der das Ganze des Vaterlandes eins und alles ist. Alles, was ich früher in Deutschland erblickte, alle jene so genannten kleinen Ganzen, die waren nur dazu da, um das große deutsche Ganze gründlich totzuschlagen. Uns tut ein Herrscherhaus Not, welches gänzlich sich unserem Deutschland widmet, gänzlich in Deutschland lebt und in nichts anderem. (…)

Q3a und b zit. nach: F. Wigard (Hg.), Stenographischer Bericht über die Verhandlungen der deutschen constituirenden Nationalversammlung zu Frankfurt am Main, Bd. 6, S. 4701 f.; Bd.7, S. 4818 f.; Bd.7, S. 4821 f.

Q5 Welches Wahlrecht soll gelten?

a) Der Abgeordnete Bassermann (Mannheim):
Es war im letzten Jahrzehnt das Bürgertum, der gebildete Teil der Nation, und nicht ihre Arbeiter, welche den Kampf der Freiheit kämpften. (…) Meine Herren, die Weltordnung wird nicht anders, und es wird eben, wenn man nicht das verschweigen will, was ein jeder weiß, doch immer verschiedene Schichten in der menschlichen Gesellschaft geben. (…) Sollen nicht die Gebildeten es sein, die in den künftigen deutschen Parlamenten votieren [abstimmen]? (…) Wenn Sie das Wahlrecht an irgendeinen Besitz, und sei er ein kleiner nur, binden, dann erst werden Sie am besten beruhigend auf die Arbeiterklassen wirken, indem diese dann, wenn sie wirklich einen Wert auf ein politisches Recht legen, durch Fleiß und Tätigkeit einen Besitz zu erlangen suchen werden, der sie zur Ausübung des Stimmrechts befähigt (…).

b) Der Abgeordnete Pfeiffer (Adamsdorf):
Ich kenne nur eine Selbstständigkeit und das ist die Selbstständigkeit der Gesinnung. Die ist allerdings ein sehr erwünschtes Erfordernis bei Ausübung des Wahlrechts. (…) Kein Lebensverhältnis, kein Beruf enthält an sich eine Bürgschaft selbstständiger Gesinnung, am wenigsten oft die der höher Gestellten. (…) Ich war wenige Tage nach jener furchtbaren Katastrophe in Berlin unter den Verwundeten, ich stand unter der langen Reihe der Leichen, diesen Opfern der verblendeten Politik. Hierher hatten die privilegierten Stände nur hie und da einen einzelnen Vertreter gesendet, wahrlich nicht die Schlechtesten seines Namens. Die überwiegend große Mehrzahl derer, die ihr Leben, ihr Blut für die Revolution, für die Sache der Freiheit und der Rechte des Volkes eingesetzt hatten – es waren eben Handwerksgehilfen, Fabrikarbeiter, Tagelöhner. (Bravo auf der Linken) Sie werden ihnen das Recht, das sie für sich und ihren Stand auf den Barrikaden erkämpft haben, nicht durch die Annahme eines Paragraphen wieder nehmen, und wenn Sie es tun, dann werfen Sie die Saat aus zu einer neuen Revolution.

Q5a und b zit. nach: W. Lautemann/M. Schlenke, Geschichte in Quellen, München 1980, beide S. 207 f.

Q4 Sitzung der Nationalversammlung
Zeitgenössische Farblithografie.

159

DEBATTEN IN DER PAULSKIRCHE

Sprachen und Nationen in Mittel- und Osteuropa D1

Im Deutschen Bund gab es viele Nationalitäten, und viele Deutsche lebten außerhalb des Bundes. So gehörten Posen, West- und Ostpreußen zum Königreich Preußen, nicht aber zum Bund. Der Vielvölkerstaat Österreich musste bei einer Neuorganisation den Zerfall fürchten. Während die ungarischen, polnischen und italienischen Gebietsteile der Donaumonarchie nicht zum Deutschen Bund gehörten, brachte Österreich mit Tschechen, Slowenen, Polen, Kroaten und Italienern fast sechs Millionen Menschen anderer Nationalitäten ein.

Q6 Welche Grenzen soll Deutschland haben?

a) Der tschechische Historiker Palacký schrieb in einem Brief an die Nationalversammlung:

(…) Ich bin kein Deutscher – fühle mich wenigstens nicht als solcher – (…). Ich bin ein Böhme slawischen Stammes und habe mit all dem Wenigen, was ich be-
5 sitze und was ich kann, mich dem Dienste meines Volkes ganz und für immer gewidmet. Alle Welt weiß, dass (…) die ganze bisherige Verbindung Böhmens mit Deutschland als ein Verhältnis nicht von Volk zu Volk, sondern nur von Herrscher zu Herrscher aufgefasst
10 und angesehen werden muss. Fordert man aber, dass (…) das Volk von Böhmen selbst mit dem deutschen Volke sich verbinde, so ist das eine Zumutung, der ich für meine Person mich nicht berechtigt fühle.

Zit. nach: W. Lautemann/M. Schlenke, Geschichte in Quellen, Bd. 5. München 1980, S. 177.

b) Der Abgeordnete Arneth (Wien):

(…) Der Österreicher, meine Herren, ist deutsch, er will es bleiben; (…) er will aber auch Österreich nicht zerrissen (…) sehen, er will das Fortbestehen Österreichs in und mit Deutschland. (…) Wenn es sich darum handeln
5 wird, ganz Österreich samt seinen nichtdeutschen Provinzen Deutschland förmlich zu inkorporieren, dann würde es, (…), nur wenige Deutsch-Österreicher geben, welche einem solchen Aufgehen ihres Vaterlandes in Deutschland Widerspruch entgegensetzen würden. Wir glauben aber, (…) dass es in Deutschlands Interesse 10 liege, die aus einer Losreißung der nichtdeutschen Provinzen in Österreich unzweifelhaft hervorgehende Entstehung neuer selbstständiger, seien es Slawen-, seien es Magyarenreiche an der Ostgrenze Deutschlands zu [ver]hindern; dass aber (…) die Einführung einer reinen 15 Personalunion die Entstehung dieser neuen selbstständigen Reiche zur Folge haben dürfte.

c) Der Abgeordnete Waitz (Göttingen):

(…) [Ich meine], dass jene österreichische Monarchie 20 nicht mehr (…) Bestand haben wird. (…) Ich will, dass das, was deutsch ist und deutsch war seit Jahrhunderten von Österreich, dass das ganz deutsch bleibe, dass es ganz und völlig dem Gesamtbau mit angehöre, den wir nicht für einen Teil Deutschlands, sondern für das 25 Ganze zu gründen unternommen haben. (…) Deutschlands Bau würde leichter sein ohne Österreich, aber ich glaube, es ist niemand, niemand sage ich, in der Versammlung, der nicht den schwierigsten (…) Bau lieber will als den leichteren ohne Österreich. 30

Q6b u. c zit. nach: F. Wigard, Stenograph. Bericht, a. a. O., Bd. 4. S. 2779 ff.

WERKSTATT

Q7 Die Kaiserdeputation der Nationalversammlung im Berliner Schloß am 5. April 1849
Unter der Führung von Eduard Simson trägt die Delegation dem preußischen König die Kaiserkrone an. Zeitgenössischer Holzstich aus dem Neuruppiner Bilderbogen.

Die Ergebnisse der Paulskirche
- Zuerst wurde über die „Grundrechte des deutschen Volkes" diskutiert. Nach der langen Zeit der Unterdrückung wurde die Freiheit als wichtigstes Ziel angesehen. Der Grundrechtekatalog mit 14 Artikeln, der im Dezember verabschiedet wurde, ist für die Verfassung von 1919 und unser heutiges Grundgesetz wegweisend geblieben.
- Die Abgeordneten entschieden sich für die „kleindeutsche" Lösung: einen deutschen Staatsverband ohne Österreich unter preußischer Führung.
- Die Reichsverfassung, die am 27. März 1849 von der Nationalversammlung angenommen wurde, sah eine konstitutionelle Monarchie mit Erbkaisertum vor. Der Reichstag sollte aus zwei Kammern bestehen: einem Staatenhaus, in dem die Vertreter der deutschen Länder saßen, und einem Volkshaus, das aus allgemeinen, gleichen, geheimen und direkten Wahlen der Männer hervorgehen sollte. Der Kaiser sollte ein suspensives Vetorecht erhalten: Er hätte also Parlamentsbeschlüsse aufschieben, aber nicht verhindern können.
- Am 28. März 1849 wählte die Nationalversammlung Friedrich Wilhelm IV. von Preußen zum „Kaiser der Deutschen". Der allerdings lehnte die Krone ab.

Q8 Grundrechte des deutschen Volkes
Die Grundrechte wurden als Abschnitt VI, §130 bis §189 in die Reichsverfassung von 1849 aufgenommen:
§137 Vor dem Gesetz gilt kein Unterschied der Stände. Der Adel als Stand ist aufgehoben. (…) Die Deutschen sind vor dem Gesetz gleich. (…) Die Wehrpflicht ist für alle gleich.
§138 Die Freiheit der Person ist unverletzlich. Die Verhaftung einer Person soll, außer im Falle der Ergreifung auf frischer Tat, nur geschehen in Kraft richterlichen, mit Gründen versehenen Befehls.
§139 Die Todesstrafe, ausgenommen wo das Kriegsrecht sie vorschreibt (…), sowie die Strafen des Prangers, der Brandmarkung und der körperlichen Züchtigung sind abgeschafft.
§140 Die Wohnung ist unverletzlich. (…)
§142 Das Briefgeheimnis ist gewährleistet.
§143 Jeder Deutsche hat das Recht, durch Wort, Schrift, Druck und bildliche Darstellung seine Meinung frei zu äußern. (…)
§144 Jeder Deutsche hat volle Glaubens- und Gewissensfreiheit. (…)
§153 Das Unterrichts- und Erziehungswesen steht unter der Oberaufsicht des Staates. (…)
§161 Die Deutschen haben das Recht, sich friedlich und ohne Waffen zu versammeln.
§162 Die Deutschen haben das Recht, Vereine zu bilden. (…)
§164 Das Eigentum ist unverletzlich. (…)
§175 Die richterliche Gewalt wird selbstständig von den Gerichten ausgeübt.
Zit. nach: W. Lautemann/M. Schlenke, a.a.O. Bd. 4.2, S. 228 f.

Fragen und Anregungen

1. Vergleiche die ersten 20 Artikel des Grundgesetzes der Bundesrepublik Deutschland mit den Grundrechten des deutschen Volkes von 1849 (Q8).

2. Entwirf mithilfe der methodischen Schritte von Seite 28 ein Verfassungsschaubild für die Reichsverfassung von 1849 (VT auf S. 161).

161

7. Revolution in Baden

Die Offenburger Forderungen

Am 12. September 1847, also bereits fünf Monate vor Ausbruch der Julirevolution in Frankreich, trafen sich in Offenburg badische Liberale. Die Stadt galt als Hochburg der Opposition. Etwa 900 Zuhörer feierten lautstark Friedrich Hecker und seine „Forderungen des Volkes". Mit einem fast einstimmigen Ja-Schrei wurde die Resolution angenommen, in der die Liberalen die Regierung aufforderten, sich von den Karlsbader Beschlüssen (s. Seite 141) loszusagen. Sie verlangten darüber hinaus Volksvertreter auf Bundesebene und umfassende Reformen. Zum ersten Mal in Deutschland waren damit die Wünsche der Opposition in einem Programm (Offenburger Programm) gebündelt, das durch die Presse und Flugblätter innerhalb weniger Wochen im deutschsprachigen Raum verbreitet wurde.

Die liberale Bewegung in Baden

Woran lag es, dass ausgerechnet in Baden ein Zentrum der liberalen Opposition entstand? Baden gehörte zu den wenigen Staaten, die nach dem Wiener Kongress eine Verfassung einführten. Seit 1818 wählten die Stände Vertreter in den Landtag. Im Karlsruher Ständehaus, dem ersten Parlamentsgebäude auf deutschem Boden, wurde heftig diskutiert. Zwar blieb der konkrete politische Einfluss des Landtags gering, aber die öffentlichen Debatten trugen dazu bei, die badische Bevölkerung zu politisieren. Dabei war die liberale Bewegung keineswegs einheitlich, sie unterteilte sich in zwei Gruppen. Die Mehrheit der Reformer wünschte sich eine konstitutionelle Monarchie. Eine kleine Minderheit dagegen, zu der der Journalist Gustav Struve und Advokat Friedrich Hecker zählten, kämpfte für die Abschaffung der Monarchie und die Einführung einer Republik.

Der Hecker-Zug

Karl Mathy auf dem Balkon in Mannheim nach der Verhaftung Joseph Fricklers. Zeitgenössische Zeichnung.

Der Mannheimer Friedrich Hecker wurde 1842 zum Abgeordneten in den Landtag gewählt. 1848 setzte er große Hoffnungen auf das Frankfurter Vorparlament. Als er dort aber mit seinem Antrag scheiterte, die Versammlung solle permanent tagen und eine provisorische Regierung einsetzen, zog er die Konsequenz: „Hier in Frankfurt ist nichts zu machen, es gilt, in Baden loszuschlagen." Enttäuscht vor allem von den gemäßigten Liberalen, plante er gemeinsam mit Struve und dem Konstanzer Joseph Frickler einen Volksaufstand. Die gemäßigten Liberalen fürchteten jedoch, dass ein weiteres Vorantreiben der Revolution die bisherigen Errungenschaften gefährden könnte. Aus diesem Grund ließ Karl Mathy, ein liberaler Abgeordneter und ehemaliger Weggefährte Heckers, den Mitorganisator Joseph Frickler am 8. April 1848 verhaften. Nun sah Hecker sich zum Handeln gezwungen. Vom Bodensee aus wollte er an der Spitze einer bewaffneten Volksbewegung über Freiburg und Karlsruhe nach Frankfurt ziehen, um die Demokratie durchzusetzen. Aber Hecker sah sich bitter enttäuscht. Nicht zehntausende, sondern gerade einmal 100 Freischärler zogen am Bodensee los. Zwar wuchs die Schar in den folgenden Tagen auf 4000 bis 5000 an, eine Massenbewegung wurde es aber nicht. Auch militärisch konnten sie sich nicht gegen die übermächtigen Bundestruppen wehren und unterlagen am 20. April bei Kandern. Die Volksbewegung löste sich auf, Hecker floh in die Schweiz.

162

Q2 Revolution 1848
Die Revolutionäre Friedrich Hecker (links mit der Fahne) und Gustav Struve (rechts) an der Spitze eines Freischarenzuges. Zeitgenössische Darstellung.

Der Hecker-Aufstand war gescheitert. Nun versuchten die demokratischen Kräfte einen neuen Weg, um die Massen zu erreichen. Nachdem die Nationalversammlung im Dezember 1848 die „Grundrechte des deutschen Volkes" verabschiedet hatte, galt auch in Baden das Recht, sich zu versammeln und Vereine zu gründen. Daraufhin entstanden innerhalb weniger Monate über 500 Volksvereine, in denen etwa 46 000 Badener organisiert waren. Und nicht nur das: Diese Vereine gaben sich ein gemeinsames Programm, sie gliederten sich hierarchisch in Bezirks-, Kreis- und Landesvereine und verfügten über eine Parteipresse. Gemeinsam mit angeschlossenen Turn-, Gesangs- und auch Arbeitervereinen verfügten sie so über ein weit verzweigtes Kommunikationsnetz.

Volksvereine

Als der preußische König im April 1849 seine Wahl zum deutschen Kaiser ablehnte und die Revolution zu scheitern drohte, kam es in Baden – wie auch an anderen Orten in Deutschland – zu Aufständen. Nun profitierten die Liberalen von ihrer neuen Vereinsstruktur: Bereits am 12./13. Mai 1849 wurde bei der Offenburger Landesversammlung eine revolutionäre Regierung, der so genannte Landesausschuss der Volksvereine, gewählt. Gleichzeitig kam es in fast allen Kasernen zu Soldatenaufständen. Aufgeschreckt durch die meuternde Armee bat Großherzog Leopold um Truppenhilfe des Deutschen Bundes und floh auf die preußische Festung Ehrenbreitstein in Koblenz.
Am 14. Mai zog der Landesausschuss unter dem Jubel der Bevölkerung in Karlsruhe ein. Lorenz Brentano als erster und Amand Goegg als zweiter Vorsitzender des Ausschusses übernahmen die Regierungsgeschäfte. Zum ersten Mal in Deutschland wurde am 3. Juni 1849 ein Parlament nach dem allgemeinen, gleichen, geheimen und direkten (Männer-)Wahlrecht gewählt.

Baden 1849 – Herrschaft des Volkes

Doch nur wenige Wochen bestand in Baden ein demokratisch gewähltes Parlament, denn die von Großherzog Leopold zu Hilfe gerufenen preußischen Truppen siegten in der Entscheidungsschlacht bei Waghäusel. 6 000 Mann der badischen Revolutionstruppen und Freischärler aus Deutschland konnten sich in die Festung Rastatt zurückziehen. Nachdem die preußischen Truppen ganz Baden besetzt hatten, musste auch die Festung Rastatt am 23. Juli 1849 kapitulieren – damit war die deutsche Revolution endgültig beendet. 51 Todesurteile wurden vollstreckt, rund 1 000 Menschen zu Gefängnisstrafen verurteilt. Etwa 18 000 preußische Soldaten blieben als Besatzungsmacht im Land. Der Kriegszustand wurde bis zum 1. September 1852 aufrechterhalten.

Belagerung der Festung Rastatt

163

Q3 Rekrutierung von Freischärlern
Zeitgenössischer Holzstich.

Q4 Das Offenburger Programm der südwestdeutschen Demokraten (1847)

Art. 1. Wir verlangen, dass sich unsere Staatsregierung lossage von den Karlsbader Beschlüssen von 1831 und 1832 und von den Wiener Beschlüssen von 1834. Diese Beschlüsse verletzen gleichmäßig unsere unveräußerlichen Menschenrechte wie die deutsche Bundesakte und unsere Landesverfassung.

Art. 2. Wir verlangen Pressefreiheit: das unveräußerliche Recht des menschlichen Geistes, seine Gedanken unverstümmelt mitzuteilen, darf uns nicht länger vorenthalten werden.

Art. 3. Wir verlangen Gewissens- und Lehrfreiheit. Die Beziehungen des Menschen zu seinem Gott gehören seinem innersten Wesen an, und keine äußere Gewalt darf sich anmaßen, sie nach ihrem Gutdünken zu bestimmen. Jedes Glaubensbekenntnis hat daher Anspruch auf gleiche Berechtigung im Staat. Keine Gewalt drängt sich mehr zwischen Lehrer und Lernende. Den Unterricht scheide keine Konfession.

Art. 4. Wir verlangen Beeidigung des Militärs auf die Verfassung. Der Bürger, welchem der Staat die Waffen in die Hand gibt, bekräftige gleich den übrigen Bürgern durch einen Eid seine Verfassungstreue.

Art. 5. Wir verlangen persönliche Freiheit. Die Polizei höre auf, den Bürger zu bevormunden und zu quälen. Das Vereinsrecht, ein frisches Gemeindeleben, das Recht des Volks, sich zu versammeln und zu reden, das Recht des Einzelnen, sich zu ernähren, sich zu bewegen und auf dem Boden des deutschen Vaterlandes frei zu verkehren, seien hinfür ungestört.

Art. 6. Wir verlangen Vertretung des Volks beim deutschen Bund. Dem Deutschen werde ein Vaterland und eine Stimme in dessen Angelegenheiten. Gerechtigkeit und Freiheit im Innern, eine feste Stellung dem Ausland gegenüber gebühren uns als Nation.

Art. 7. Wir verlangen eine volkstümliche Wehrverfassung. Der waffengeübte und bewaffnete Bürger kann allein den Staat schützen. Man gebe dem Volk Waffen und nehme von ihm die unerschwingliche Last, welche die stehenden Heere ihm auferlegen.

Art. 8. Wir verlangen eine gerechte Besteuerung. Jeder trage zu den Lasten des Staats nach Kräften bei. An die Stelle der bisherigen Besteuerung trete eine progressive Einkommensteuer.

Art. 9. Wir verlangen, dass die Bildung durch Unterricht allen gleich zugänglich werde. Die Mittel dazu hat die Gesamtheit in gerechter Verteilung aufzubringen.

Art. 10. Wir verlangen Ausgleichung des Missverhältnisses zwischen Arbeit und Kapital. Die Gesellschaft ist schuldig, die Arbeit zu heben und zu schützen.

Art. 11. Wir verlangen Gesetze, welche freier Bürger würdig sind und deren Anwendung durch Geschworenengerichte. Der Bürger werde von dem Bürger gerichtet. Die Gerechtigkeitspflege sei die Sache des Volks.

Art. 12. Wir verlangen eine volkstümliche Staatsverwaltung. Das frische Leben eines Volks bedarf freier Organe. Nicht aus der Schreibstube lassen sich seine Kräfte regeln und bestimmen. An die Stelle der Vielregierung der Beamten trete die Selbstregierung des Volks.

Art. 13. Wir verlangen Abschaffung aller Vorrechte. Jedem sei die Achtung freier Mitbürger einziger Vorzug und Lohn.

Zit. nach: W. Hardtwig/H. Henze (Hg.), Vom Deutschen Bund zum Kaiserreich 1815–1871. Stuttgart 1997, S. 212 ff. Bearb. d. Verf.

PROJEKT

Die Revolution 1848/49
Untersucht die Revolution 1848/49 in eurer eigenen Stadt. Informiert euch mithilfe von Büchern und dem Internet über das Revolutionsgeschehen. Plant einen Besuch in eurem Stadtmuseum und eurem Stadtarchiv und fragt dort nach zeitgenössischen Zeitungen.

Erkundigt euch auch über Vereine, die Anfang des 19. Jahrhunderts gegründet wurden.
Verwandelt anschließend euer Klassenzimmer in ein Museum. Überlegt, welche Ereignisse und Personen von zentraler Bedeutung waren und gestaltet Wandtafeln dazu.

D1 Volksvereine in Baden 1849
Im Juli 1848 gab es 18 Volksvereine, ein halbes Jahr später waren es 542.

Q5 „Wir wollen ein einiges Deutschland"
Stellungnahme der Volksvereine vom 15. Februar 1849:
Nachdem einzelne Beschlüsse der deutschen Machthaber den Widerstand gegen die Beschlüsse der Nationalversammlung nicht ohne Erfolg versucht hatten, treten nun die beiden so genannten Großmächte Deutschlands mit ihren seither verheimlichten Gedanken hervor und stellen die Wiederherstellung des tot geglaubten deutschen Bundes in Aussicht, bestreiten die Souveränität des Volkes und bestreiten die konstituierende Macht der Nationalversammlung.
Aber so musste es kommen, wenn eine Versammlung, welche aus dem Krater der Revolution hervorgegangen, vom Volke mit der souveränen Gewalt ausgerüstet und zur alleinigen und unumschränkten Aufbauung des Verfassungswerkes berufen, ihre Mutter, die Revolution, verleugnet und sich statt auf die Kraft des Volkes auf die Bajonette der Gewalthaber stützt. So musste es kommen, wenn eine Versammlung, berufen, die Freiheit, Einheit und Größe des Vaterlandes zu begründen, mit lächerlichen Theorien eines deutsch-preußischen Kaisers die Zeit verdirbt, und statt die Macht der Fürsten auf Null herunterzubringen mit Belagerungszuständen und Reichstruppen das Volks an den Genuss der Freiheit gewöhnen will. Die Fürstengewalt droht nun, sich um das Machwerk der deutschen Volksvertretung nicht zu kümmern, und das Volk will von diesen seinen Vertretern nichts wissen. (…)
Wir wollen keinen Kaiser, wir wollen keinen Reichsrath, wir wollen keinen Bundestag, wir wollen ein einiges Deutschland, frei wie seine Lüfte. (…)
Zit. nach: Praxis Geschichte 2/1998. S. 26. Bearb. d. Verf.

Fragen und Anregungen

1 In diesem Kapitel sind dir einige badische Revolutionäre begegnet (VT, Q1, Q2). Wähle einen aus und informiere dich über ihn. Stelle ihn anschließend der Klasse in Form einer Ich-Erzählung vor. Lass deine Mitschüler raten, wer du bist.

2 Erkläre, warum das Offenburger Programm (Q4) auch die Grundlage für die Märzforderungen (S. 153) und die Grundrechte von 1849 (S. 161) genannt wird. Vergleiche die drei Quellen, erstelle dazu eine Tabelle.

3 Q1 zeigt Mathy auf dem Balkon in Mannheim nach der Verhaftung Fricklers. Was könnte er der aufgebrachten und wütenden Volksmenge gesagt haben, wie rechtfertigte er sein Handeln? Schreibe eine Rede, die Mathy gehalten haben könnte. Nutze dazu auch das Kapitel 6.

4 Beschreibe die Entwicklung der Volksvereine in Baden und erkläre ihre Bedeutung für die Revolution (D1). Erkundige dich, ob es in deiner Stadt ebenfalls einen Volksverein gab.

5 Liste auf, gegen wen sich die Volksvereine im Februar 1849 wenden. Welche Vorwürfe bringen sie vor (Q5)?

6 Erkläre das unterschiedliche Verhalten der badischen Bevölkerung im April 1848 und im Mai 1849 (VT, Q1–Q5, D1).

7 Das „Badische Wiegenlied" wird auch nach der Melodie „Schlaf, Kindlein, schlaf" gesungen. Begründe warum. Singt das Lied nach beiden Melodien und vergleicht (S. 167, Q6).

165

EIN LIED ALS HISTORISCHE QUELLE

Das „Badische Wiegenlied" erzählt vom Ende der Revolution

Die Revolution ist vor allem durch das kompromisslose Vorgehen Preußens in der Erinnerung der Bevölkerung noch lange gegenwärtig geblieben. Da Baden bis September 1852 unter preußischem Kriegsrecht stand, wurde beispielsweise in Liedern der Ereignisse gedacht. Sie konnten nur schwer verboten werden, zumal sich der politische Text oft hinter harmlosen, allen bekannten Melodien verbarg.

Außerdem konnten viele Menschen in der Mitte des 19. Jahrhunderts nicht lesen. Sie wurden über Bilder und Lieder in die politischen Ereignisse einbezogen. Politische Lieder wurden auf der Straße oder in Gesangvereinen und Liederkränzen gesungen. Sie sind wichtige historische Quellen, weil sie zum einen zeigen, dass die Menschen auch in Zeiten der Zensur nicht völlig zum Schweigen gebracht werden können, und weil sie uns zum anderen über ihren Protest und ihre Hoffnungen informieren.

Zur Interpretation eines Liedes sind Text und Melodie gleichermaßen wichtig. Für die Interpretation eines Liedtextes gelten die gleichen Schritte und Überlegungen wie für die Interpretation jeder normalen Textquelle. Da der Text in Strophen und Gedichtform geschrieben ist, sind jedoch weitere Fragen an den Text zu stellen, die etwa die Stropheneinteilung oder den Refrain betreffen.

Am Beispiel des „Badischen Wiegenliedes" kannst du üben, wie man ein historisches Lied zum Sprechen bringen kann.

Methodische Arbeitsschritte:

1. Fasse die zentrale Aussage jeder Strophe zusammen.
2. Ordne die Informationen des Liedes in ihren historischen Zusammenhang ein.
3. Stelle fest, wer das Lied geschrieben hat (Autor) und zu welcher Melodie es gesungen wurde. Ihr könnt in Büchern über historische Lieder nachsehen oder im Internet. Bei Informationen aus dem Internet ist es immer wichtig, dass man weiß, von wem sie kommen.
4. Überlege, welchen Standpunkt der Autor zu den besungenen Ereignissen hatte.
5. Charakterisiere die Sprache des Liedtextes.
6. Überlege, wer das Lied gesungen haben mag und welche politische Einstellung man mit dem Singen des Liedes zeigen wollte.
7. Überlege, ob sich die Stimmung des Liedes von der ersten bis zur letzten Strophe ändert. Benennt Merkmale, die die Stimmung beschreiben. Beziehe in deine Überlegungen auch den Refrain mit ein.
8. Hör dir das Lied an. Um die Wirkung des Liedes zu ermitteln, ist es hilfreich, ein „Polaritätsprofil" zu erstellen.
Dazu sollst du beim Hören die Fragen beantworten:

Ist das Lied eher:

	sehr	ziemlich	ein wenig	ein wenig	ziemlich	sehr	
froh							traurig
düster							sorglos
lebhaft							müde
beruhigend							anregend
gehemmt							schwungvoll
vergnügt							ernst
kräftig							gedämpft

9. Überlege nun, wie Text und Melodie zusammenpassen. Charakterisiere die musikalischen Mittel, die dazu dienen sollen, die Aussage des Textes zu unterstreichen.

GEWUSST WIE

2. Schlaf, mein Kind, schlaf leis,
dort draußen geht der Preuß!
Zu Rastatt auf der Schanz,
da spielt er auf zum Tanz,
da spielet er mit Pulver und Blei,
so machet er alle Badener frei.
Schlaf, mein Kind, schlaf leis,
dort draußen geht der Preuß!

3. Schlaf, mein Kind, schlaf leis,
dort draußen geht der Preuß!
Der Preuß hat eine blut'ge Hand,
die streckt er über's ganze Land.
Wir alle müssen stille sein,
als wie der Vater unterm Stein,
schlaf, mein Kind, schlaf leis,
dort draußen geht der Preuß!

Strophe 1 und 4: siehe links

Der „Preuß" hat die junge Familie zerstört. Der Vater wurde im Freiheitskampf getötet, wodurch der Ernährer der Familie ausfiel und Mutter und Kind in armen Verhältnissen leben müssen.

Die Aussage zusammenfassen

Die Aufständischen hatten sich in der Rastatter Festung verschanzt, wo das überlegene preußische Militär sie schließlich besiegte. Das Freiheitsversprechen der Märztage wurde nicht eingelöst, sondern die Freiheit bestand nun im Tod. Aus Furcht vor weiterer Gewalt müssen sich nun alle so still verhalten wie der Vater in seinem Grab. Es besteht jedoch die Hoffnung, dass die vorerst begrabene Freiheit eines Tages tatsächlich erlangt wird und dann wird auch der „Preuße" im Kampf besiegt werden.

In den historischen Zusammenhang einordnen

Autor des „Badischen Wiegenliedes" ist der Schwabe Ludwig Pfau. Pfau wurde 1821 in Heilbronn geboren. Er besuchte das Gymnasium und studierte in Paris, Heidelberg und Tübingen. Zur Zeit der Revolution von 1848 gab er das satirische Wochenblatt „Eulenspiegel" heraus. Württembergische Gerichte warfen ihm vor, den Umsturz anzustreben. Nach der gescheiterten Badischen Revolution im Juli 1849 emigrierte er in die Schweiz. Dort ist das Lied entstanden. 1863 kehrte Pfau nach Stuttgart zurück. Er starb 1894.

Informationen über den Autor finden

Pfau verurteilt deutlich die militärische Gewalt und Unterdrückung, die von Preußen ausging und zur Entstehungszeit des Liedes immer noch anhielt. In der Sprache spiegeln sich die Gegner des Konflikts wider: auf der einen Seite Stille, leiser, unschuldiger Schlaf und Tod, auf der anderen Seite blutige, todbringende Aggressivität, die zudem unter dem heuchlerischen Vorwand, etwas Gutes zu bringen (Tanz, Freiheit) daherkommt. Der Kontrast zu den Märzversprechungen wird hier aufgegriffen.

Den Standpunkt des Autors erkennen und die Sprache des Textes charakterisieren

Das Lied wird von allen gesungen worden sein, die wie Pfau Opfer der preußischen Politik waren und sich von der Revolution Freiheit erhofft hatten.
Allein in dem Text wird der Stimmungswechsel schon deutlich, laut und leise werden neu zugeordnet: Das Kind braucht nicht mehr leise zu sein, sondern darf, soll schreien, während der „Preuße" – besiegt – dem so gerächten toten Vater in das stille Grab folgen wird. Das spiegelt sich auch in der Melodie wider. Du kannst dir das Lied anhören unter: http://ingeb.org/Lieder/schlafms.html (12. 09. 2005)

Wer hat das Lied gesungen und welche Stimmung wurde damit zum Ausdruck gebracht?

8. Das Ende der Revolution: Bilanz und Ausblick

Dezember 1848	König Friedrich Wilhelm IV. zwingt Preußen eine Verfassung auf.
März 1849	Ministerpräsident Fürst Schwarzenberg zwingt Österreich eine Verfassung auf.
April 1849	Friedrich Wilhelm IV. von Preußen lehnt die Kaiserkrone der Paulskirche ab.
Mai 1849	Das Dreiklassenwahlrecht wird in Preußen eingeführt.
Mai 1849	Die Reichsverfassungskampagne scheitert.
Juli 1849	Die Festung Rastatt fällt, die Revolution ist zu Ende.

Die Reichsgründung scheitert

Deutschland sollte nach dem Wunsch der Abgeordneten der Paulskirche eine erbliche Monarchie werden mit dem preußischen König an der Spitze eines „kleindeutschen" Nationalstaates. Doch als Friedrich Wilhelm IV. es ablehnte, das Kaisertum aus der Hand des Volkes anzunehmen, war die Gründung eines deutschen Nationalstaates „von unten", durch ein vom Volk gewähltes Parlament 1848 gescheitert. Im Mai 1849 versuchte zwar eine Volksbewegung mit Hilfe von Versammlungen und Petitionen wenigstens die Anerkennung der Verfassung und der in ihr festgeschriebenen Grundrechte bei allen deutschen Regierungen zu erreichen, doch die so genannte Reichsverfassungskampagne blieb erfolglos. Nur 29 von 39 Staaten stimmten der Verfassung zu. Nach und nach verließen die Abgeordneten Frankfurt, aus Resignation oder weil sie von ihren Regierungen zurückgerufen wurden. Das so genannte „Rumpfparlament" aus den noch verbliebenen Parlamentariern, in dem die demokratische Linke den Ton angab, verlegte seinen Sitz nach Stuttgart. Dort wurde es am 18. Juni 1849 durch württembergisches Militär aufgelöst.

Kampf um die Verfassung

Die friedliche Bewegung für die Reichsverfassung schlug in einigen Staaten und Regionen, so beispielsweise in Sachsen, in der Pfalz und in Baden in gewaltsame Aufstände um. Das zu Hilfe gerufene preußische Militär ging gegen die Aufständischen hart vor. Die deutsche Revolution endete am 23. Juli 1849 mit der Kapitulation der in der Festung Rastatt eingeschlossenen Revolutionskämpfer. Nach 1849 wanderten hunderttausende Deutsche aus, die meisten in die USA. Enttäuscht suchten sie einen Neuanfang unter freiheitlicheren Bedingungen. Viele der „Forty-Eighters", wie z.B. Friedrich Hecker oder Gustav Struve, waren im amerikanischen Bürgerkrieg 1861–1865 (s. S. 32–36) wieder aktive Freiheitskämpfer. Carl Schurz, der führende Bonner Demokrat, wurde sogar Innenminister der Vereinigten Staaten.

Niederlage der Revolution in Österreich …

Im Oktober 1848 wurden die Aufstände in Wien durch das Militär niedergeschlagen und die führenden Revolutionäre hingerichtet. Darunter war auch Robert Blum aus Köln, ein Abgeordneter der Frankfurter Nationalversammlung, der den Wiener Aufständischen zu Hilfe geeilt war. Die Empörung war groß. Das Ereignis machte deutlich, wie ohnmächtig dieses Parlament war, das seinen Abgeordneten nicht retten konnte. Ungarn hatte im April 1849 seine Unabhängigkeit erklärt, wurde aber von Österreich mit russischer Unterstützung unterworfen. Im Juni wurden die Unruhen in Prag vom Militär erstickt und im Juli siegten die österreichischen Truppen in Italien.

168

Als in Paris das gemäßigte Lager der gebildeten und besitzenden Bürger wieder die Mehrheit in der Nationalversammlung erreichte, wurden die Nationalwerkstätten als unproduktive Einrichtungen und angebliche Brutstätten für revolutionäre Gefahren geschlossen. Ein Aufstand der Arbeiter im Juni wurde niedergeschlagen. Die Zweite Republik in Frankreich bestand keine zwei Jahre. Der Präsident Louis Napoléon, ein Neffe Napoleon Bonapartes, ließ sich nach einem Staatsstreich vom 2. Dezember 1852 vom Volk das Recht bestätigen, als Napoleon III. ein Kaiserreich zu errichten.

… und Frankreich

Nachdem die Revolution niedergeschlagen war, blieb zwar die Idee, einen deutschen Nationalstaat zu schaffen, lebendig, jedoch rückte das Ziel in weite Ferne. Wohl blieben in der Mehrzahl der deutschen Länder die Verfassungen bestehen, doch wurden 1851 die Frankfurter „Grundrechte des deutschen Volkes" außer Kraft gesetzt. Ein „politischer Ausschuss" erhielt den Auftrag, alle revolutionären Errungenschaften, vor allem die Pressefreiheit und das demokratische Wahlrecht dort, wo es gültig war, aufzuheben. Das Bundesvereinsgesetz ließ Vereine nur zu, sofern sie „die öffentliche Ordnung und Sicherheit" nicht gefährdeten. Die Bauernbefreiung als eine der wichtigsten sozialen Errungenschaften der Revolution wurde allerdings nicht mehr zurückgenommen.

Wie soll es weitergehen?

Um neue revolutionäre Erhebungen auszuschließen, suchten die Herrschenden nach Kompromissen. In Preußen wurden beispielsweise durch eine Verfassung einige liberale Forderungen erfüllt, doch wurde das allgemeine, gleiche und geheime Wahlrecht schon 1849 durch das bis 1918 gültige Dreiklassenwahlrecht ersetzt. Die Bevölkerung wurde in drei Klassen eingeteilt, von denen jede ein Drittel der Steuern aufbrachte und ein Drittel der Wahlmänner wählte, die dann die Abgeordneten wählten. Wenige Reiche (1849 gehörten 4,4 % der ersten Steuerklasse an) wählten also ebenso viele Abgeordnete wie die große Masse der dritten Steuerklasse, die 1849 82,6 % der Wähler ausmachte.

Kompromisse sollen die Herrschaft sichern

Q1 Europa im August 1849
Federlithografie von Ferdinand Schröder aus den Düsseldorfer Monatsheften von 1849.

169

Die Deputation der Kaiserlinge,

wie sie abfährt nach Berlin.

wie sie zurückkehrt nach Frankfurt.

Q2 "Die Deputation der Kaiserlinge"
Karikatur im satirischen Wochenblatt „Eulenspiegel", 1849.

Q3 „Die Krone ist ernstlich keine Krone"
Am 13. Dezember 1848, einige Monate, bevor ihm die Krone als „Kaiser der Deutschen" angeboten wurde, schrieb Friedrich Wilhelm IV. an seinen Freund Freiherr von Bunsen:

Ich will weder der Fürsten Zustimmung zu *der* Wahl noch *die* Krone. Verstehen Sie die markierten Worte? (…) *Die* Krone ist ernstlich [letztlich] keine Krone. Die Krone, die ein Hohenzoller nehmen dürfte, *wenn* die
5 Umstände es möglich machen *könnten*, ist (…) eine, die den Stempel Gottes trägt, die den, dem sie aufgesetzt wird, nach der heiligen Ölung von „Gottes Gnaden" macht. (…) *Die* aber, die Sie – leider meinen, verunehrt überschwänglich mit ihrem Ludergeruch der Revolution
10 von 1848, der albernsten, dümmsten, schlechtesten –, wenn auch, Gottlob, nicht bösesten dieses Jahrhunderts. Einen solchen imaginären Reif, aus Dreck und Letten gebacken, soll ein legitimer König von Gottes Gnaden und nun gar der König von Preußen sich geben
15 lassen? (…) Ich sage es Ihnen rund heraus: Soll die tausendjährige Krone deutscher Nation, die 42 Jahr geruht hat, wieder einmal vergeben werden, so bin ich es und meinesgleichen, die sie vergeben werden. Und wehe dem, der sich anmaßt, was ihm nicht zukommt.

W. Grab (Hg.): Die Revolution von 1848/49. Eine Dokumentation. Stuttgart 1998, S. 175.

Q4 Männer fürchten den Einfluss der Frauen
Nach §8 des preußischen Vereinsgesetzes von 1850 war es „Frauenspersonen, Schülern und Lehrlingen" verboten, Mitglieder in Vereinen zu sein oder an ihren Versammlungen teilzunehmen, „welche bezwecken, politische Gegenstände zu erörtern". W. Lüders veröffentlichte in der „Frauen-Zeitung" von Louise Otto-Peters im Mai 1850 einen Beitrag zum Thema „Die Frauen und das preußische Vereinsgesetz":

Dass das Ministerium (…) gute Gründe hatte, die Frauen von dem Besuche der Vereine auszuschließen, durch Unterdrückung der Menschenrechte der Frauen für die Staatsrettung zu wirken, liegt auf der
5 Hand. Ja, diese konstitutionell-preußischen Staatsretter fürchten den Einfluss, die Bedeutung, die Gewalt der Frauen über die Männer, sie fürchten die Begeisterung, den Enthusiasmus, die hingebende Aufopferung der Frauen. Die Geschichte sagt diesen preußi-
10 schen Staatsrettern, dass die Frauen aller Nationen bei ihrer leichten Empfänglichkeit für neue Ideen, bei ihrer Auffassungsgabe, bei der Begeisterung, deren sie fähig sind, in Revolutionen und weltbewegenden, das Alte umstürzenden Krisen von großem Einfluss
15 gewesen sind. So in der englischen und Französischen Revolution; (…) Die preußischen Staatsretter fürchten mit Recht dasselbe von den deutschen Frauen. Sie hoffen dies zu verhindern, indem sie die Frauen von der Teilnahme an dem öffentlichen Leben ausschließen,
20 sie aus den Vereinen verbannen, sie zu klösterlicher Abgeschiedenheit verdammen, in Küche und Kinderstube kasernieren. Durch diese Zurücksetzung, durch diese Misshandlung des schönen Geschlechts haben die preußischen Staatsretter im Grunde nur sich selbst
25 blamiert (…).

Zit. nach: U. Gerhard (Hg.), Dem Reich der Freiheit werb ich Bürgerrinnen. Die „Frauen-Zeitung" von Louise Otto. Frankfurt a. M. 1997, S. 256f.

Kontrovers: Ist die Revolution gescheitert?

D1 *Dieter Langewiesche vertritt die Ansicht:*
Die europäischen Revolutionen scheiterten, doch sie blieben nicht folgenlos. Die Bauernbefreiung überdauerte das Ende der Revolutionen und die Arbeiterschaft hatte einen Politisierungsprozess erfahren, der nicht mehr rückgängig zu machen war. (…) Zu den Lernerfahrungen (…), die die europäischen Arbeiter in den Revolutionsjahren machten, gehört auch die Erkenntnis, dass ihre Forderungen nach sozialen Reformen und nach voller staatsbürgerlicher Gleichberechtigung von großen Teilen des Bürgertums abgelehnt wurde. Und das Bürgertum nahm als prägende Erfahrung aus den Revolutionsjahren mit, dass sich die zu politischem Selbstbewusstsein erwachte Arbeiterschaft nicht mehr patriarchalisch lenken (…) ließ.

D. Langewiesche: Europa zwischen Restauration und Revolution. München 1985, S. 111.

D2 *Heinrich August Winkler urteilt 1998:*
Die Konstitutionalisierung [Einführung einer Verfassung] Preußens ist einer der Gründe, weshalb das gängige Urteil, die Revolution von 1848 sei rundum gescheitert, zu kurz greift. Gescheitert ist die Revolution gemessen an ihrem Doppelziel: der Freiheit und Einheit Deutschlands. Weder wurde Deutschland ein freiheitlicher Nationalstaat, noch konnte sich der Liberalismus in den Einzelstaaten behaupten. Doch seit 1848 war sehr viel klarer als zuvor, was „Deutschland" politisch und geografisch bedeutete. (…)
Die „Kleindeutschen", vor 1848 eine kleine Minderheit, hatten kräftig an Boden gewonnen. Die Erfahrungen von 1848 waren notwendig, um im gemäßigten Liberalismus ein einigermaßen realistisches Bild von den Grenzen eines deutschen Nationalstaates durchzusetzen.

H. A. Winkler: Der überforderte Liberalismus. Zum Ort der Revolution von 1848/49 in der deutschen Geschichte. In: W. Hardtwig (Hg.), Revolution in Deutschland und Europa 1848/49. Göttingen 1998, S. 197.

Q5 „Ich habe die Freiheitsluft geatmet"
Der Diplomat und Schriftsteller Karl August Varnhagen von Ense schrieb nach der Revolution:
Ich habe als Knabe die französische Freiheit erlebt, als Greis die deutsche, was will ich mehr? Den Trost kann mir nichts mehr nehmen, ich habe doch einmal in vollen Zügen die Freiheitsluft geatmet, die ganze Kräftigung empfunden, das war im vorigen Sommer, jeden Morgen erwacht ich mit diesem Gefühl der Freiheit; keine Behörde, keine Polizei, keine elenden Schereien, der Mensch galt als solcher, jeder sagte und tat, was er meinte und wie ordentlich, wie sittlich, wie zutraulich und wie freudig war alles! Ich hab es genossen und danke Gott noch jeden Tag dafür!

Zit. nach: L. Gall (Hg.), 1848 Aufbruch zur Freiheit. Ausstellungskatalog. Frankfurt a. M. 1998, S. 377.

Fragen und Anregungen

1. Liste in einer Tabelle Ziele, Ergebnisse und Errungenschaften der Revolution auf. Unterscheide dabei nach einzelnen Bevölkerungsgruppen.

2. Gib mit eigenen Worten wieder, wie Friedrich Wilhelm IV. auf seine Wahl zum deutschen Kaiser reagierte (VT, Q3). Vergleiche seine Haltung mit der Proklamation im März 1848 (Q6, S. 154).

3. Beschreibe und erkläre Q2. Beachte besonders Gesichtsausdruck und Haltung der dargestellten Personen. Vergleiche mit Q7, S. 161.

4. Fasse zusammen, aus welchen Gründen nach Ansicht der Autorin Frauen aus dem öffentlichen und politischen Leben ausgeschlossen wurden. Wie bewertet die Autorin diese Politik? Charakterisiere Sprache und „Ton" des Artikels (Q4).

5. Vergleiche den Umgang mit Frauen in der Revolution von 1848 mit dem in der Französischen Revolution (S. 156, Q5–Q6; S. 170, Q4; S. 63, Q10–Q11).

6. Werte die Karikatur Q1 aus. Beachte dabei Figuren, Handlungen und Gegenstände, die der Zeichner einzelnen europäischen Staaten zuordnet. Wie beurteilt der Zeichner die Situation? Gib der Karikatur einen treffenden Titel.

7. Lege dar, wie die Historiker Langewiesche und Winkler die Revolution einschätzen (D1, D2). Vergleiche ihre Aussagen mit der Einschätzung des Zeitzeugen Varnhagen von Ense (Q5).

8. Erstelle eine Fieberkurve der deutschen Revolution von 1848 und vergleiche sie mit der Fieberkurve der Französischen Revolution (s. S. 85).

171

9. Preußen erringt die Vorherrschaft in Deutschland

1850/51	Der Deutsche Bund wird wieder errichtet.
1862	Der preußische König ernennt Otto von Bismarck zum Ministerpräsidenten.
1866	Preußen besiegt Österreich und der Deutsche Bund wird aufgelöst.

Schützenscheibe aus Schwaben von 1867 Q1
Erkläre, was diese Darstellung über die Stimmung im deutschen Südwesten verrät.

Nach dem Scheitern der Revolution

Fast überall in Deutschland kam es nach 1849 zur Rückkehr der alten Ordnung. Adel und Militär gaben wieder den Ton an. Viele Liberale wanderten aus, um z.B. in den USA ein freieres Leben führen zu können. In Preußen entschloss sich der König, Zugeständnisse zu machen und erließ ohne parlamentarische Mitwirkung eine Verfassung, die daher „oktroyiert" (aufgezwungen) genannt wurde. Nun gab es zwar ein Abgeordnetenhaus, die Regierung wurde aber weiterhin allein vom König ernannt, und das Wahlrecht war an Einkommen und Vermögen gebunden. In Österreich wurde ein anderer Weg beschritten: Kaiser Franz Joseph hob die 1849 oktroyierte Verfassung 1851 ersatzlos auf und regierte in den folgenden Jahren absolutistisch.

Die Hoffnung auf ein vereintes Deutschland blieb jedoch lebendig. Österreich und Preußen verfolgten dabei immer stärker unterschiedliche Ziele: Ihr Dualismus (= Konkurrenzverhältnis) bestimmte die folgenden Jahre. 1850 scheiterte der Versuch Preußens, Deutschland als „Fürstenunion" zu einigen, am Widerstand Österreichs und Russlands, die mit Krieg drohten. Schließlich wurde der Deutsche Bund in alter Form wieder errichtet. Später versuchte Bayern, die Führung aller kleineren und mittleren deutschen Staaten zu übernehmen. So sollte ein „drittes Deutschland" ein Gegengewicht zu den beiden Großmächten bilden. Auch dieses Ziel wurde nicht erreicht, weil die Interessen zwischen den Klein- und Mittelstaaten zu verschieden waren.

Der Konfliktkurs Bismarcks

Seit 1861 hatte Preußen einen neuen König: Wilhelm I. Dieser kündigte zunächst eine liberalere Politik an. Doch dann kam es wegen einer notwendigen Reform des Heeres zum Konflikt mit dem Abgeordnetenhaus, in dem die Liberalen eine Mehrheit hatten. Diese forderten eine Verkürzung der Wehrdienstzeit von drei auf zwei Jahre. Wilhelm weigerte sich, dieser Forderung zuzustimmen. Lieber wollte er abdanken, als das Parlament über militärische Fragen bestimmen zu lassen. Auf Vorschlag seines Kriegsministers ernannte er den preußischen Gesandten in Paris, Otto von Bismarck, zum Ministerpräsidenten. Bismarck versprach dem König, die Heeresreform durchzuführen und dazu notfalls Geld ohne Zustimmung des Parlamentes auszugeben. Genauso kam es. Damit hatte die Regierung die Verfassung gebrochen.

Krieg mit Dänemark …

Unter Bismarcks Führung begann Preußen wie schon 1850 das Ziel einer kleindeutschen Einigung ohne Österreich zu verfolgen. Bismarck näherte sich hier den Forderungen nach einem deutschen Nationalstaat an. Dabei war es von Vorteil, dass Preußen mittlerweile zum führenden Industriestaat Deutschlands geworden war. Günstig war auch, dass Russland seit den 1850er-Jahren mit Österreich verfeindet und daher nicht mehr bereit war, zugunsten Österreichs einzugreifen. Zunächst arbeiteten die beiden deutschen Großmächte aber noch zusammen: Als der dänische König die Einverleibung des nur zum Teil von Dänen bewohnten Herzogtums Schleswig betrieb, griffen Österreich und Preußen 1864 gemeinsam ein. Sie zwangen Dänemark, die drei Herzogtümer Schleswig, Holstein und Lauenburg abzutreten.

1866 kam es zum Krieg zwischen Preußen und Österreich. Auslöser war ein Streit über die Zukunft Schleswigs und Holsteins. Die eigentliche Ursache war jedoch das verschärfte Ringen der beiden Großmächte um die Vorherrschaft in Deutschland. Der Krieg zersprengte den Deutschen Bund. Fast alle süddeutschen Bundesstaaten kämpften aufseiten Österreichs, während die kleineren norddeutschen Staaten, bis auf Hannover, für Preußen Partei ergriffen. England, Russland und Frankreich verhielten sich abwartend neutral. Überraschend schnell wurde Österreich am 3. Juli 1866 in der Schlacht von Königgrätz geschlagen. Nun betrieb Bismarck einen schnellen Friedensschluss, auch um ein Eingreifen Frankreichs oder Englands zu verhindern. Am 26. Juli 1866 einigten sich Preußen und Österreich: Österreich zog sich aus Deutschland zurück. Im Gegenzug verzichtete Preußen auf Gebietsabtretungen durch Österreich.

... und Österreich

Nach dem Friedensvertrag mit Österreich hatte Preußen nördlich der Mainlinie freie Hand. Hannover, Kurhessen, Nassau und Frankfurt a. M. wurden Teile des preußischen Staates. Nur Sachsen blieb verschont, weil sich Frankreich und Österreich für dessen Unabhängigkeit einsetzten. Der Deutsche Bund, der nur noch auf dem Papier existierte, wurde offiziell aufgelöst und Preußen gründete einen „Norddeutschen Bund". Die süddeutschen Staaten blieben zunächst unabhängig, schlossen aber geheime Schutz-und Trutz-Bündnisse mit Preußen. Die außenpolitischen Erfolge Bismarcks führten zur Spaltung der liberalen und nationalen Bewegung. Der nationalliberale Teil unterstützte Bismarck, der linksliberale Teil lehnte weiterhin die Politik Bismarcks ab und strebte eine parlamentarische Regierung an. Mit Hilfe der neu gegründeten „Nationalliberalen Partei" konnte Bismarck in Preußen nun auch den Verfassungskonflikt beenden: Das preußische Abgeordnetenhaus gestand der Regierung nachträglich „Indemnität" (Billigung) für die Jahre der Regierung ohne parlamentarische Zustimmung zu.

Deutschland wird neu geordnet

Q2 Schlacht bei Königgrätz
Gemälde von Christian Sell, 1866. In der Bildmitte Wilhelm I., rechts von ihm General von Moltke, hinter ihm Bismarck, links neben ihm Kronprinz Friedrich Wilhelm. Zum Sieg Preußens trug bei, dass man die Truppen mit der Eisenbahn schnell ins Aufmarschgebiet verlegen konnte. Hinzu kam die waffentechnische Überlegenheit durch Zündnadelgewehre. 25 000 Österreicher und 9000 Preußen fielen in der Schlacht.

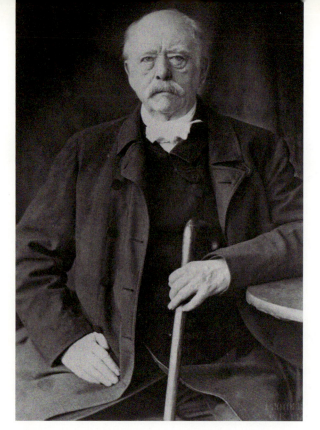

Q3 Bismarck als Privatmann auf Gut Friedrichsruh
Zeitgenössische Fotografie.

**Q6 „Kommt es unter einen Hut?
Ich glaube, es kommt eher unter eine Pickelhaube!"**
Österreichische Karikatur von 1870 aus dem „Kikeriki".

Q4 Im Interesse Preußens
Aus einem Privatbrief Bismarcks von 11. Mai 1857:
Ich würde, sobald man mir nachweist, dass es im Interesse einer (…) wohldurchdachten preußischen Politik liegt, unsere Truppen mit derselben Genugtuung auf die französischen, russischen, englischen oder österreichischen feuern sehen. In Friedenszeiten halte ich es für mutwillige Selbstschwächung, sich Verstimmungen zuzuziehen (…), ohne dass man einen praktischen politischen Zweck damit verbindet.

Zit. nach: Bismarck, Die gesammelten Werke, Bd. 14. Berlin, S. 464 ff.

Q5 Wie werden große Fragen der Zeit entschieden?
Nur eine Woche nach seiner Ernennung zum Ministerpräsidenten 1862 ließ sich Bismarck gegenüber Abgeordneten zu folgenden Aussagen hinreißen:
Nicht auf Preußens Liberalismus sieht Deutschland, sondern auf seine Macht: Bayern, Württemberg, Baden mögen den Liberalismus indulgieren [dulden, Nachsicht üben], darum wird ihnen doch keiner die Rolle Preußens anweisen; Preußen muss seine Kraft zusammenfassen und zusammenhalten auf den günstigen Augenblick, der schon einige Male verpasst ist; Preußens Grenzen nach den Wiener Verträgen sind zu einem gesunden Staatsleben nicht günstig; nicht durch Reden und Majoritätsbeschlüsse [Mehrheitsbeschlüsse] werden die großen Fragen der Zeit entschieden – das ist der große Fehler von 1848 und 1849 gewesen – sondern durch Eisen und Blut.

Zit. nach: L. Gall (Hg.), Bismarck. Die großen Reden. Berlin 1981, S. 62 f.

Q7 „Gegen die Revolution"
Berlin am 16. November 1881:
Ich bin als Junker geboren, aber meine Politik war keine Junkerpolitik. Ich bin [Königstreuer] in erster Linie, dann Preuße und ein Deutscher. Ich will meinen König, das Königtum verteidigen gegen die Revolution, die offene und die schleichende, und ich will ein gesundes, starkes Deutschland herstellen und hinterlassen. Die Parteien sind mir gleichgültig. Ich bin auch nicht konservativ im Sinne der konservativen Partei. Das beweist meine ganze Vergangenheit als Minister.

Zit. nach: H. D. Schmid, Fragen an die Geschichte, Bd. 3, Frankfurt a. M. 1984, S. 240.

D1 Deutschland 1866

D2 Deutschland nach 1866

Q8 Folgen der Annexionspolitik Bismarcks

Freiherr von Hodenberg, der letzte Kultusminister des von Preußen annektierten Königreichs Hannover, beschreibt 1867 seine Gefühle:

[Wir sind] antipreußisch, denn wir haben keinen anderen Feind als Preußen; Preußen ist uns die Revolution, hat uns unsern König, unsere Selbstständigkeit, unsere Verfassung, unsere Gesetze und Einrichtungen, unsere
5 blühenden Finanzen [geraubt…]. Wir sind durchaus in der Lage Preußens von 1806–1813 (…). Keine Einheit Deutschlands kann uns je wiederbringen, was wir verloren! (…) Wir sind aber auch welfisch royalistisch: Wir können nicht anders, die Welfen sind unsre Köni-
10 ge von Gottes Gnaden, wir sind ihnen Treue schuldig, gerade jetzt in der Zeit der Not. (…) Die Besten rüsten sich mit Geduld auf den langen Kampf, der mit der Befreiung enden muss.

Zit. nach: W. Lautemann/M. Schlenke (Hg.), Geschichte in Quellen, Bd. 5. München 1980, S. 348.

Q9 Wie soll die Einigung Deutschlands aussehen?

1861 gründeten demokratische und liberale Politiker die „Deutsche Fortschrittspartei" als Sammelbecken der liberalen Opposition. In ihrem Gründungsprogramm heißt es:

Wir sind einig in der Treue für den König und in der festen Überzeugung, dass die Verfassung das unlösbare Band ist, welches Fürst und Volk zusammenhält. Bei den großen und tief greifenden Umwälzungen in dem Staatensysteme Europas haben wir aber nicht minder 5 die klare Einsicht gewonnen, dass die Existenz und die Größe Preußens abhängt von einer festen Einigung Deutschlands, die (…) ohne gemeinsame deutsche Volksvertretung nicht gedacht werden kann. Für unsere inneren Einrichtungen verlangen wir eine feste libe- 10 rale Regierung, welche ihre Stärke in der Achtung der verfassungsmäßigen Rechte der Bürger sieht (…).

Zit. nach: Deutsche Geschichte in Quellen und Darstellung, Bd. 7. Vom Deutschen Bund zum Kaiserreich 1815–1871. Stuttgart 1997, S. 415.

Fragen und Anregungen

1 Entwickle Entwürfe für „Wahlplakate", mit denen für das Programm der Deutschen Fortschrittspartei geworben werden könnte (Q9).

2 Welche Ziele treten nach 1866 für die Nationalliberalen, die Bismarck unterstützen, in den Vordergrund, welche in den Hintergrund (VT, D1, D2)?

3 Formuliere mithilfe des VT eine Gegenrede zu Bismarcks Äußerungen (Q5). Beziehe dabei den Eindruck ein, den die Abgeordneten vom neuen Ministerpräsidenten haben mussten.

4 Beschreibe die Wirkung, die das Bild Q2 beim Betrachter erreichen konnte.

5 Interpretiere die Karikatur Q6 mithilfe der Arbeitsschritte von S. 142 (siehe dazu auch Q1, S. 176). Vergleiche anschließend die Aussage der Karikatur mit der Darstellung in Q9 und D1.

6 Begründe die antipreußische Einstellung von Hodenbergs (Q8).

10. Der Deutsch-Französische Krieg und die Gründung des Deutschen Reiches

1870/71   Krieg zwischen Deutschland und Frankreich.
18. Januar 1871   Das Deutsche Reich wird gegründet.

Preußischer Offiziershelm Q1
Die Pickelhaube wurde zum Symbol für die preußische Vorherrschaft.

Spannungen zwischen Preußen und Frankreich

Frankreich war seit längerem daran interessiert, die linksrheinischen Gebiete Deutschlands zu annektieren. Bereits 1840 hatte die französische Regierung die „Rheingrenze" gefordert (s. S. 147). Als 1866 nach dem preußisch-österreichischen Krieg der Deutsche Bund zerbrach, schien die Gelegenheit für die erneute Forderung günstig zu sein. Doch Preußen als neue Führungsmacht in Deutschland lehnte die französischen Ansprüche ab. Die Spannungen zwischen den beiden Staaten wuchsen. Im Sommer 1870 spitzte sich die Situation zu: Prinz Leopold von Hohenzollern-Sigmaringen aus einer Nebenlinie der in Preußen regierenden Hohenzollern war die verwaiste Krone Spaniens angeboten worden. Frankreich fühlte sich nun von „Preußen umzingelt" und drohte mit Krieg. Angesichts dieser Situation verzichtete Leopold auf die spanische Krone. Damit hatte Frankreich einen diplomatischen Erfolg erzielt.

Der Deutsch-Französische Krieg

Napoleon III. gab sich damit aber nicht zufrieden. Er beauftragte seinen Botschafter Benedetti nach Bad Ems zu fahren, wo sich der preußische König zur Kur aufhielt. Dort forderte Benedetti von Wilhelm I., sich für alle Zukunft zu verpflichten, niemals wieder der Kandidatur eines Hohenzollern für den spanischen Thron zuzustimmen. Dieses weitreichende Ansinnen lehnte der König ab. Bismarck provozierte Frankreich nun, indem er die französische Forderung und die Reaktion des Königs durch die Kürzung eines telegrafischen Berichts („Emser Depesche") so zuspitzte, dass sich Frankreich in seiner nationalen Ehre gekränkt sah und am 19. Juli 1870 Preußen den Krieg erklärte. Diese Kriegserklärung stieß bei den anderen europäischen Großmächten auf Unverständnis. England, Russland und Österreich erklärten sich für neutral. Gleichzeitig erwachte das deutsche Nationalbewusstsein. Alle süddeutschen Staaten sahen den Bündnisfall gegeben und unterstellten ihre Armeen der preußischen Führung.
Die Mehrzahl der Militärexperten rechnete mit einem Sieg Frankreichs. Es kam jedoch anders: Frankreich war schlecht gerüstet, und seine Generäle waren sich in vielen Fragen nicht einig. Die deutschen Truppen wurden sehr schnell offensiv und nutzten die Transportmöglichkeiten der Eisenbahn für den Einmarsch nach Frankreich. Mehrere französische Armeen wurden eingeschlossen und mussten schließlich kapitulieren. Kaiser Napoleon III. geriet in Kriegsgefangenschaft. In Frankreich wurde eine Republik ausgerufen, die den Krieg weiterführte.

Die Gründung des Deutschen Reiches

Der gemeinsame Krieg gegen Frankreich rief in Deutschland eine Welle nationaler Begeisterung hervor. Allerdings waren nicht alle süddeutschen Staaten bereit, ihre Unabhängigkeit aufzugeben. Zunächst schlossen sich Baden und Hessen dem Norddeutschen Bund an. Erst nachdem sie Sonderrechte ausgehandelt hatten, die ihrem eigenstaatlichen Bewusstsein entgegenkamen, folgten auch die Königreiche Bayern und Württemberg.

176

Doch wer sollte an der Spitze des neuen Staates stehen? Bismarck gelang es (auch mithilfe einer geheim gehaltenen „Finanzspende"), den bayerischen König Ludwig zu veranlassen, im Namen aller deutschen Fürsten einen Brief an den preußischen König zu schreiben und ihm darin die Kaiserwürde anzutragen. Am 18. Januar 1871 wurde Wilhelm I. im Spiegelsaal von Versailles zum deutschen Kaiser ausgerufen. Währenddessen ging der Krieg weiter. Die deutschen Truppen belagerten Paris. Schließlich musste sich Frankreich geschlagen geben. Im Friedensvertrag verpflichtete es sich, fünf Milliarden Francs als Kriegsentschädigung zu zahlen und das Elsass sowie große Teile von Lothringen an Deutschland abzutreten.

„Bismarcks Alptraum: Der Tod sagt danke" Q2
Französische Lithografie, 1870.

D1 Deutschland in den Grenzen von 1871

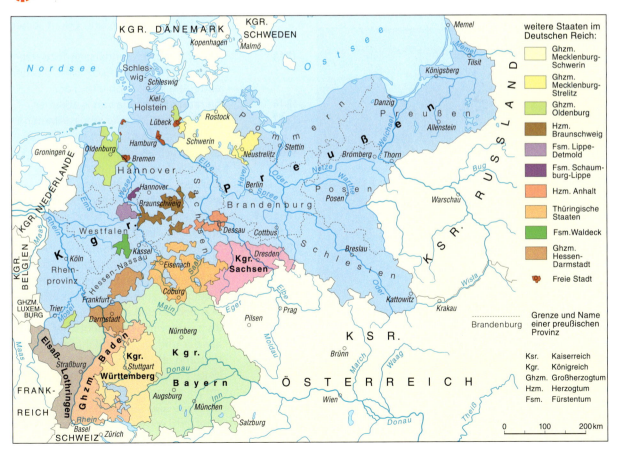

177

OTTO VON BISMARCK

Bismarck – ein Mann, der Geschichte machte?

Machen tatsächlich nur Männer Geschichte? Oder machen gar nur die so genannten „großen Männer" Geschichte? Kann man überhaupt Geschichte machen?

Nein, natürlich habt ihr längst gemerkt, dass nicht ein Einzelner im Mittelpunkt unseres Interesses steht. Die Historiker interessieren sich nicht nur für die Herrscher, sondern für alle Menschen, für Frauen und Kinder, Arbeiter und Bauern. Sie fragen, warum sich bestimmte Dinge zu bestimmten Zeiten ereignet haben und wie die Menschen gelebt haben, denn sie alle waren und sind Teil der Geschichte und nehmen somit Einfluss auf ihre Zeit. Und doch gibt es Persönlichkeiten, die ganz besonders prägend für ihre Epoche waren. Eine dieser Personen war zweifellos Otto von Bismarck, der gesagt haben soll: „Man muss den Mantel der Geschichte am Zipfel ergreifen, wenn er vorüberweht." War er also einer von denen, die Geschichte selbst gestalten wollten? Ist es ihm tatsächlich gelungen, den „Mantel der Geschichte" zu ergreifen und wenn ja, wie?

D 2 Bismarcks Lebenslauf

1815	Am 1. April wird Otto von Bismarck in Schönhausen (Pommern) geboren. Seine Mutter stammt aus einer Gelehrtenfamilie, sein Vater aus einem alten Adelsgeschlecht und Offiziersfamilie.
1832–1835	studiert er Rechtswissenschaft in Göttingen und Berlin.

(5)

Q 3 „Der Schmied der deutschen Einheit"
Postkarte nach einem Gemälde von Guido Schmitt, 1886.

1836–1838	ist er Regierungsreferendar zunächst in Aachen, wegen zahlreicher Urlaubsüberschreitungen, Liebschaften und Geldsorgen muss er nach Berlin wechseln.
1838	absolviert er seinen Militärdienst als „Einjährig-Freiwilliger".
1839	kehrt er der Beamtenlaufbahn den Rücken zu und bewirtschaftet erfolgreich die väterlichen Güter. Er genießt das ungebundene Leben und pflegt seinen Ruf als „toller Junker".
1844	will er seine Referendarszeit fortsetzen, bricht aber bereits nach zwei Wochen endgültig seine Ausbildung ab.
1846	heiratet er Johanna von Puttkamer.
1847	wird er Konservativer Abgeordneter im preußischen Landtag.
1848/49	zeigt er sich als Gegner der Revolution.
1849	entschließt er sich, „Berufspolitiker" zu werden, verpachtet seine Güter und zieht mit der Familie nach Berlin.
1851–59	Berufung zum Preußischen Gesandten am Frankfurter Bundestag
1859–1862	Gesandter in St. Petersburg
1862	Gesandter in Paris, infolge des Konflikts zwischen König und Abgeordnetenhaus Ernennung zum preußischen Ministerpräsidenten und Außenminister
1871	Bismarck wird erster deutscher Reichskanzler und im selben Jahr in den Fürstenstand erhoben.
1890	Bruch zwischen Wilhelm II. und Bismarck, am 20. März Entlassung Bismarcks
1894	Offizielle Aussöhnung mit Wilhelm II.
1898	stirbt Otto von Bismarck in Friedrichsruh.

vom Verf. zusammgestellt.

178

WERKSTATT

Q4 Bismarck als Konfliktminister
Karikatur aus der „Frankfurter Latern", 1863.

Q5 Liberale Kritik
Aus der Wochenschrift des Nationalvereins, einer führenden liberalen Zeitschrift, über Bismarck, 1862:
Mit der Verwendung dieses Mannes ist der schärfste und letzte Bolzen der Reaktion von Gottes Gnaden verschossen. Wenn er auch manches gelernt und verlernt haben mag, ein vollgültiger Staatsmann ist er keineswegs, sondern nur ein Abenteurer vom allergewöhnlichsten Schnitt, dem es lediglich um den nächsten Tag zu tun ist.
Zit. nach: W. Bußmann, Bismarck im Urteil der Zeitgenossen und der Nachwelt, Stuttgart 1973, S. 3.

Q6 Das Urteil des Kronprinzen
Aus dem Kriegstagebuch Kronprinz Friedrich Wilhelm am 31. Dezember 1871, Sohn Wilhelms I., der 1888 nach nur 99 Tagen Regierung starb:
Wohl sind wir unbestritten das erste Kulturvolk der Welt, aber zur Stunde will es scheinen, als seien wir weder geliebt noch geachtet, sondern lediglich gefürchtet. Man hält uns für jeder Schlechtigkeit fähig, und das Misstrauen gegen uns steigert sich mehr und mehr. Das ist nicht die Folge dieses (deutsch-französischen) Krieges allein – so weit hat uns die von Bismarck erfundene und seit Jahren in Szene gesetzte Theorie von Blut und Eisen gebracht! Was nützt uns alle Macht, aller kriegerischer Ruhm und Glanz, wenn Hass und Misstrauen uns überall begegnen, wenn man jeden Schritt uns argwöhnisch missgönnt, den wir in unserer Entwicklung vorwärts tun? Bismarck hat uns groß und mächtig gemacht, aber er raubte uns unsere Freunde, die Sympathien der Welt und – unser gutes Gewissen.
Zit. nach: W. Bußmann, Bismarck im Urteil der Zeitgenossen und der Nachwelt, Stuttgart 1973, S. 19.

Q7 Bismarck aus späterer Sicht
Der Historiker Erich Eyck (1944):
Wer immer sich in die Geschichte Deutschlands oder Europas während der zweiten Hälfte des neunzehnten Jahrhunderts vertiefte, musste zu Bismarck Stellung nehmen, und das Urteil über ihn durchläuft alle Schattierungen vom strahlendsten Weiß bis zum tiefsten Schwarz. Aber niemand, wo immer er steht, kann verkennen, dass er die zentrale und beherrschende Figur seiner Zeit ist (…).
Zit. nach: V. Ullrich, Otto von Bismarck. Reinbek bei Hamburg 1998, S. 148.

Fragen und Anregungen

1 Zeichne Bismarcks Karriere in Form einer Karriereleiter nach und notiere zu den jeweiligen Etappen Stichpunkte (D2, VT in Kap. 9 und 10).

2 Bringe das Bild Q3 zum Sprechen (s. Glossar).

3 Bismarck als „Schmied der deutschen Einheit": Ist dies eine zutreffende Charakterisierung? Untersuche die Jahre 1862–1871 genauer:
– Schreibe heraus, welche Handlungen Bismarcks zur Einigung der deutschen Staaten geführt haben (VT Kap. 9 und 10).
– Untersuche dann, was Bismarcks politische Prinzipien und Ziele waren. Charakterisiere seinen Politikstil. Überlege, inwieweit dieser durch seine Herkunft und gesellschaftliche Stellung geprägt war (D1; S. 174, Q4, Q5, Q7).
– Erich Eyck (Q7) spricht im Zusammenhang mit Bismarck von Weiß und Schwarz. Notiere, auf welche Personen(gruppen) Bismarck weiß bzw. schwarz wirkte und welche Züge Bismarcks den beiden Farben zugeordnet werden können (Q4–7).

4 Interpretiere die Karikatur Q4, (s. S. 142).

5 Erich Eyck (Q7) hält Bismarck für die zentrale Figur seiner Zeit. Wie sehen das die Zeitgenossen? Welchen Stellenwert misst du Bismarck bei?

Q8 Die deutsche Revolution?

Der britische Oppositionsführer Disraeli sagt am 9. Februar 1871 über den deutsch-französischen Krieg:
Dieser Krieg bedeutet die deutsche Revolution, ein größeres politisches Ereignis als die französische des vergangenen Jahrhunderts. (…) Das Gleichgewicht der Macht ist völlig zerstört; und das Land, welches am meisten darunter leidet und welches die Wirkungen dieses großen
5 Wechselns am meisten zu spüren bekommt, ist England.

Zit. nach: W. Lautemann/M. Schlenke (Hg), Geschichte in Quellen. Bd. 5, München 1980, S. 376 f.

Q9 Bismarck begründet die Annexion Elsass-Lothringens

Aus einer Reichstagsrede vom 2. Mai 1871:
Jedermann erinnerte sich, dass unter unseren Vätern seit dreihundert Jahren wohl schwerlich eine Generation gewesen ist, die nicht gezwungen war, den Degen gegen Frankreich zu ziehen. (…) Die Kriege mit Frank-
5 reich hatten im Laufe der Jahrhunderte, da sie vermöge der Zerissenheit Deutschlands fast stets zu unserem Nachteil ausfielen, eine geografisch-militärische Grenzbildung geschaffen, welche an sich für Frankreich voller Versuchung, für Deutschland voller Bedrohung war. (…)
10 [Die Annexion ist notwendig, um] diese Landstriche mit ihren starken Festungen vollständig in deutsche Gewalt zu bringen, (…) um den Ausgangspunkt etwaiger französischer Angriffe um eine Anzahl von Tagesmärschen weiter zurückzulegen, wenn Frankreich (…) uns den
15 Handschuh wieder hinwerfen sollte.

Zit. nach: Ebenda, S. 375 f.

D3 War die Annexion Elsass-Lothringens ein Fehler?

Das Urteil des Historikers Thomas Nipperdey, 1995:
Man kann dennoch fragen (…) ob die verhängnisvolle Folge der Annexion, die bleibende Vergiftung des deutsch-französischen Verhältnisses, bei Nicht-Annexion wäre vermieden worden. Das ist nicht mit Sicherheit
5 zu beantworten. (…) Der Historiker mag urteilen, dass im Zeitalter des Nationalismus und des nationalen Prestiges Ausgleich und Versöhnung (…) unwahrscheinlich waren, auch wenn es keine Territorialverschiebungen gegeben hätte. (…) Kurz, es ist nicht sehr wahrscheinlich, dass sich das deutsch-französische Verhältnis ohne Annexionen (…) anders entwickelt hätte, positiver (…). 10
In Europa war das wichtigste Kriegsereignis, die Reichsgründung, als legitim anerkannt, man konnte sich damit arrangieren. Beliebt war sie nicht, dazu hatte die Annexionsfrage das ihre beigetragen. Die ursprüngliche Hoffnung auf eine Stabilisierung des mitteleuropä- 15
ischen Unruheherdes (…) wurde von der Sorge vor den Ambitionen einer neuen Großmacht überlagert.

Th. Nipperdey: Deutsche Geschichte 1866–1918, Bd. 2, Machtstaat vor der Demokratie. München 1995, S. 73 ff.

Q10 Begeisterung über die Reichsgründung

Baronin von Spitzemberg notierte am 3. März 1871 in ihr Tagebuch:
Die Sonne ging strahlend am wolkenlosen Himmel auf; mittags fand die Verlesung der kaiserlichen Depesche vom Schlosse aus statt, Viktoria ward geschossen und mit allen Glocken geläutet. In der Stadt wogte die Menge auf und ab (…). Und was für ein Friede für uns Deut- 5
sche! Herrlicher und glorreicher als wir einen geschlossen! Vereint zu einem Reiche, dem größten, mächtigsten, gefürchtesten in Europa, groß durch seine physische Macht nicht allein, größere noch durch seine Bildung und den Geist, der das Volk durchdringt! Jedes deutsche 10
Herz hatte das erhofft, keines geahnt, dass seine Träume sich in dieser Weise, so bald und so herrlich erfüllen würden. Glücklich sind wir, dass wir (…) noch jung genug sind, um uns unter seinen Strahlen zu wärmen, um die, so Gott will, recht reichen und segensvollen Früchte zu 15
genießen, die aus dieser unter Blut und Tränen gesäten Saat hervorgehen. Möge Gott den Geist meines Volkes also lenken, dass seine Entwicklung eine friedliche und zivilisatorische bleibe, sein Reich ein Reich des Lichts, der Freiheit, der wahren, christlichen Gesittung sei! 20

Zit. nach: R. Vierhaus (Hg.), Am Hof der Hohenzollern. Aus dem Tagebuch der Baronin Spitzemberg 1865–1914. München 1965, S. 51 f.

Fragen und Anregungen

1. Wiederhole den Aufbau der Wiener Ordnung und erläutere dann, wovor Disraeli warnt (Q8).
2. Vergleiche die Gründe, die Bismarck für die Annexion Elsass-Lothringens angibt, mit der Bewertung durch Nipperdey (Q9, D3).
3. Beschreibe die Stimmung in Frankreich, die mit der Karikatur ausgedrückt wird (Q2).
4. Erkläre, warum die Baronin – trotz der Begeisterung über die Reichsgründung – auch Befürchtungen für die Zukunft Deutschlands hat (Q10).
5. Friedrich Wilhelm IV. lehnte die Kaiserkrone 1849 ab. Schreibe nun aus Sicht von Wilhelm I. einen Brief an einen Vertrauten, warum er die Krone annahm.

Eine Zeitleiste zur deutschen Einigung

Zeitleisten sind gut dafür geeignet, einen Überblick über einen längeren geschichtlichen Zeitraum zu bekommen, dabei wesentliche Ereignisse, Probleme und Zusammenhänge zu erkennen und sich einzuprägen.

- Du benötigst einen großen Bogen Papier oder eine Tapetenbahn und farbige Schreibstifte. Darauf schreibst du die Überschrift, z.B.: „Deutsche streben nach Freiheit und Einheit".
- Überlege nun, welche Hauptereignisse deine Zeitleiste markieren sollen, beispielsweise der Wiener Kongress mit der Gründung des Deutschen Bundes, die Revolution von 1848, die Gründung des Deutschen Reiches 1871.
- Nutze für die Gestaltung unterschiedliche Farben und vielleicht auch Schriftgrößen: Mit einer Farbe notierst du die wichtigsten Namen, Ereignisse und Ergebnisse zu den jeweiligen Jahreszahlen. (Tipp: Schreibe nicht zu viel auf, sondern nur, was du für wichtig hältst und du dir merken willst.) Mit anderen Farben kannst du nun Interpretationen, Deutungen und andere Bewertungen aufschreiben. (Tipp: Überlege dir, was von den einzelnen Ereignissen zu halten ist und welche langfristigen Folgen und Probleme sich ergaben.)
- Als Grundregel für die Textgestaltung gilt: Die Texte dürfen nicht zu lang sein. Formuliere möglichst alle Texte selbst, denn nur so ist alles verständlich und leichter zu lernen.
- Verbinde die einzelnen Texte und Jahreszahlen so miteinander, dass Zusammenhänge erkennbar werden. (Tipp: Zeichne auch längere Verbindungslinien, die du mit Stichworten erklärst.)
- Fehlt noch etwas? Weitere Zahlen und Ereignisse können eingefügt werden (notfalls kann weiteres Papier angeklebt werden). Aber aufgepasst: Der Gesamtüberblick darf nicht verloren gehen. Die Zeitleiste kann auch sehr gut mit Symbolen (z.B. für Kriege, Revolutionen oder Wirtschaftskrisen) und Bildern versehen werden.

LERNEN LERNEN

Diese Zeitleiste gestaltete Aleke Bode vom Albert-Schweitzer-Gymnasium in Hamburg

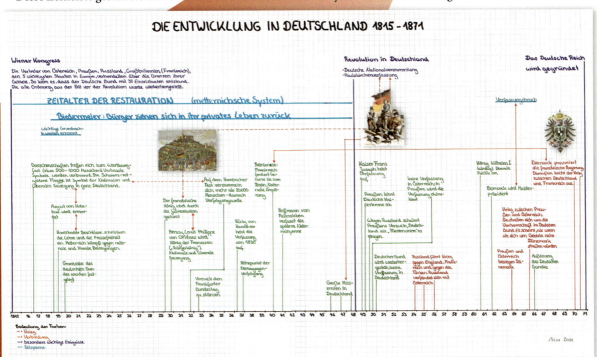

181

LEBEN IM DEUTSCHEN KAISERREICH

Das Kaiserreich wird häufig als die „gute alte Zeit" bezeichnet. Die Wirtschaft boomte, der Obrigkeitsstaat sorgte für Sitte und Ordnung, die Bürger fühlten sich sicher und konnten sich ihrem Privatleben widmen. Errungenschaften der Moderne wie das Telefon, Straßenbahnen oder das Kino machten das Leben leichter und spannender. War das wirklich so? Haben die Zeitgenossen das auch so gesehen? Befrage deine Eltern und Großeltern, was sie über diese Zeit wissen und ob sie dieser Einschätzung zustimmen können. Überprüfe, inwiefern die Antworten zu den Bildern auf dieser Seite passen könnten. Um herauszufinden, was die Zeitgenossen gedacht haben, könnt ihr in Zeitungen aus der Zeit des Kaiserreichs schauen. Das Stadtarchiv bewahrt die Zeitungen eures Wohnortes auf. Notiert euch vor dem Archivbesuch, welche Jahre und Tage besonders interessant sein könnten. Benutzt dazu bereits das folgende Kapitel. Am Ende dieser Einheit wird euch gezeigt, wie ihr euer Wissen über die Kaiserzeit selbst in einer Zeitung zusammenfassen könnt.

Berlin, Hochbahnhaltestelle Kottbusser Tor
Foto, um 1908.

Parade der Gardetruppen im Berliner Lustgarten 1909

„Aber ich bitt Sie, mit so einem lieben G'sichterl studiert man doch nicht!"
Karikatur zum Frauenstudium aus den „Fliegenden Blättern" von 1908/1909.

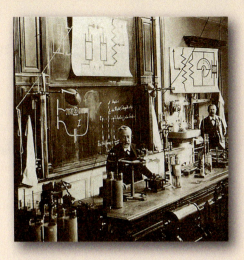

Der Physiker Karl Ferdinand Braun führt die Braunsche Röhre vor
Foto von 1897.

Auflösung einer Arbeiterversammlung
Anonyme Zeichnung, um 1890.

Kaiserproklamation in Versailles 1871
Gemälde von Anton von Werner, 1885.

„Gruß von der Musterung"
Antisemitische Postkarte, nach 1900.

1. Verfassung und Herrschaft

18. Januar 1871	Der preußische König Wilhelm I. wird zum „Deutschen Kaiser" ausgerufen.
16. April 1871	Die Verfassung des Deutschen Reiches tritt in Kraft. Der preußische Ministerpräsident Otto von Bismarck wird erster Reichskanzler.
1888	Nach dem Tod Kaiser Wilhelms I. besteigt sein Sohn Friedrich III. den Thron. Er ist schwer krank und stirbt bereits nach drei Monaten Regierungszeit. Nachfolger wird sein Sohn Wilhelm II.

Das Wappen des Deutschen Reiches

Reichsgründung „von oben"

Die Gründung eines deutschen Nationalstaats war das Ziel der demokratischen Bewegung von 1848/49 gewesen. Das neue Reich war allerdings keine Gründung „von unten", durch Volk und Parlament. Es wurde „von oben" verordnet: Nach dem Sieg über Frankreich einigten sich die deutschen Fürsten darauf, ihre Länder zu einem Kaiserreich zusammenzuschließen. Reichsgründung durch Krieg und als Fürstenbund und nicht durch Abgeordnete des deutschen Volkes – das neue Kaiserreich unterschied sich von Anfang an erheblich von dem Staat, der 1848/49 fast entstanden wäre. Bismarck und die deutschen Fürsten verfolgten andere politische Ziele als das Paulskirchenparlament. Dementsprechend erhielt das Kaiserreich eine andere Verfassung. Dem deutschen Volk und seinen Abgeordneten im Parlament wurden dabei wesentlich weniger Rechte zugesprochen als 1848/49. Grundrechte wurden in die Verfassung nicht aufgenommen.

Nationalstaat mit Einschränkungen

Ein reiner Nationalstaat war das Kaiserreich allerdings nicht: Österreich gehörte nicht dazu. Der neue Staat entsprach der schon 1848 bevorzugten „kleindeutschen Lösung". Es gab also einerseits zahlreiche Deutsche, die nicht im Deutschen Reich lebten. Andererseits umfasste es auch verschiedene nationale Minderheiten. Zahlenmäßig am stärksten waren die Polen mit etwa 2,4 Millionen (vgl. S. 160).

Das Reich als Bundesstaat

Das neue Deutsche Reich war ein Bundesstaat: ein Zusammenschluss einzelner Länder zu einem Gesamtstaat. Alle Länder entsandten Vertreter in den Bundesrat, der gemeinsam mit dem Reichstag über die Reichsgesetzgebung entschied. Unter den 25 Staaten nahm Preußen eine Vormachtstellung ein. Es umfasste nahezu zwei Drittel des Reichsgebiets, in denen drei Fünftel der Bevölkerung lebten. Im Bundesrat verfügte es über 17 von 58 Stimmen. Preußen bestimmte daher wesentlich die Entscheidungen des Bundesrates. In den einzelnen Bundesstaaten regierten weiterhin die Landesfürsten, sie hatten eigene Verfassungen und Verwaltungen. Für die meisten und wichtigsten Angelegenheiten wie z. B. die Außen- oder Wirtschaftspolitik war jetzt aber das Reich zuständig.

Das Wahlrecht

Die Abgeordneten des Reichstags wurden in allgemeiner, gleicher, direkter und geheimer Wahl bestimmt. Allerdings waren nur Männer über 25 wahlberechtigt, Frauen blieben bis zum Ende des Kaiserreichs ausgeschlossen. Gewählt wurde in Wahlkreisen, in denen zunächst ungefähr gleich viel Wahlberechtigte wohnten. Allerdings wuchs die Bevölkerung in den Städten viel stärker als auf dem Land, sodass in den Städten schließlich bis zu vier Mal so viele Wahlberechtigte in einem Wahlkreis lebten. Trotzdem durften auch sie nur einen Abgeordneten für sich wählen. Für den Sieg eines Kandidaten waren mindestens 50 Prozent der Stimmen in einem Wahlkreis erforderlich. Erreichte kein Kandidat die absolute Mehrheit, gab es eine Stichwahl. Einigten sich jetzt mehrere gleichgesinnte Parteien auf einen Kandidaten, konnte dieser die Stichwahl gewinnen. Die Verlierer in diesem Verfahren waren in der Regel die Kandidaten der SPD, da es keine Partei gab, mit der sie sich hätte verbünden können. Ganz anders sah das Wahlrecht für die Landtage in den meisten Einzelstaaten aus. In Preußen gab es das so genannte Dreiklassenwahlrecht. Nach ihrem Steueraufkommen wurde die Wahlbevölkerung in drei Gruppen eingeteilt, von denen jede ein Drittel der Abgeordneten wählte. Etwa fünf Prozent der Wähler gehörten der ersten Klasse an und wählten genauso viele Landtagsabgeordnete wie die 80 Prozent der dritten Klasse.

Die Parteien

Die wichtigsten Parteien waren die Liberalen, die Konservativen, das Zentrum und die Sozialdemokraten. Mit der Reichsgründung war ein wichtiges Ziel der Liberalen, die nationale Einheit, erreicht worden. Sie wollten jetzt den Rechts- und Verfassungsstaat weiter ausbauen. Die Konservativen setzten sich für den Erhalt der traditionellen Staats- und Gesellschaftsordnung ein und lehnten besonders das parlamentarische System und das allgemeine Wahlrecht ab. Das Zentrum war die Partei der Katholiken, die Sozialdemokratie die Partei der Arbeiter.

Kaiser, Kanzler, Parlament

An der Spitze des Reiches stand der Kaiser. Er hatte den Oberbefehl über die Streitkräfte, entschied über Krieg und Frieden und bestimmte die Außenpolitik des Reiches. Er allein ernannte und entließ die gesamte Regierung: den Reichskanzler und die Staatssekretäre. In Absprache mit dem Reichskanzler bestimmte der Kaiser die Richtlinien und Grundsatzentscheidungen der Politik, er konnte allerdings keine Gesetze erlassen. Offiziell gingen alle Gesetzesvorschläge vom Bundesrat oder vom Reichstag aus. Da der Reichskanzler aber den Vorsitz im Bundesrat führte und als preußischer Ministerpräsident auch preußischer Bundesratsbevollmächtigter war, konnte er alle Gesetzesvorhaben der Reichsleitung in den Bundesrat einbringen. Bundesrat und Reichstag mussten alle Gesetze beschließen. Außerdem hatte der Reichstag das Recht, jährlich den Staatshaushalt zu beraten und zu verabschieden. Allerdings war dabei der größte Ausgabeposten, der Militäretat, langjährig festgelegt und entzog sich deshalb der Kontrolle des Reichstags. Handelte der Reichstag nicht im Sinne der Reichsleitung, so konnte er aufgelöst und Neuwahlen angesetzt werden. Häufig reichte schon die Androhung der Auflösung um das Parlament einzuschüchtern.

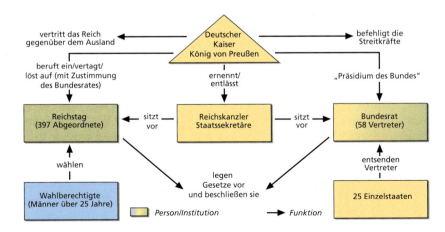

D1 Die Verfassung des Deutschen Reiches vom Jahr 1871

185

HISTORIENBILDER UNTERSUCHEN

Bilder über die Geschichte

Als Historienbild bezeichnen wir Bilder, die Ereignisse und Situationen aus der Geschichte darstellen. Im 19. Jahrhundert entstanden besonders viele Historienbilder, da im Zuge des Nationalismus das Interesse an der eigenen, nationalen Geschichte wuchs. Die Historienmalerei hatte die Aufgabe, die bedeutende Vergangenheit eines Volkes sichtbar festzuhalten. In Deutschland waren Motive aus der Zeit der Germanen oder des Mittelalters besonders beliebt. Natürlich konnten die Maler gar nicht wissen, wie sich die Ereignisse damals genau abgespielt hatten. Es ging ihnen auch nicht in erster Linie darum, wirklichkeitsgetreu zu malen. Sie wollten vielmehr die Geschichte so darstellen, wie sie im 19. Jahrhundert gesehen wurde: als die bedeutsame Vergangenheit einer großen Nation.

Q2: Die Kaiserproklamation vom 18. Januar 1871 im Spiegelsaal von Versailles
Öl auf Leinwand, 167 x 202 cm, Bismarck-Museum, Friedrichsruh (Ausschnitt). Der Maler Anton von Werner hat gleich drei Bilder von diesem Ereignis gemalt, bei dem er selber anwesend war. Das dritte ist hier abgebildet. Bismarck erhielt es 1885 zu seinem 70. Geburtstag von der Kaiserfamilie geschenkt („Friedrichsruher Fassung", benannt nach Bismarcks Wohnsitz).
1 Kaiser Wilhelm, 2 Kronprinz Friedrich, 3 Großherzog von Baden, 4 Bismarck, 5 Generalstabschef Moltke, 6 Kriegsminister Roon. In Wirklichkeit standen die drei Personen auf dem Podium weiter voneinander entfernt, Moltke stand hinter Bismarck, Roon war nicht anwesend.

Die Gegenwart – ein Motiv für Historienbilder?

Historienbilder stellen nicht immer nur Ereignisse aus weit zurückliegenden Epochen dar, sondern auch aus der jeweiligen Gegenwart des Malers. Ein beliebtes Motiv der Historienmaler im Kaiserreich war der deutsch-französische Krieg von 1870/71. Aber auch diese Bilder sollten nicht einfach nur zeigen, was passiert war. Man war überzeugt davon, dass viele Ereignisse später einmal zu den wichtigen Begebenheiten der Geschichte gehören würden. Deshalb wurde das Bild so gemalt, dass es die vermutete geschichtliche Bedeutung des Ereignisses ausdrückte. Dazu veränderten oder verfälschten die Maler häufig, was sie mit eigenen Augen gesehen hatten. Stellt ein Bild tatsächlich nur das wirklich Geschehene dar, dann sprechen wir nicht von Historien-, sondern von Ereignisbild.

GEWUSST WIE

Historienbilder sind daher in der Regel keine Quelle für die auf ihnen dargestellten Ereignisse, sondern viel mehr für die Zeit ihrer Entstehung: Welche Vorstellungen von der Vergangenheit hatten der Künstler oder sein Auftraggeber? Welche Ereignisse schienen ihnen bedeutsam? Wie wollten sie ihre eigene Zeit sehen?

Historienbilder als Quellen

Methodische Arbeitsschritte:

1. Der Künstler und sein Thema
– Aus welchem Grund hat der Künstler gerade dieses Thema gewählt?
– Hat der Künstler einen Auftrag für sein Werk erhalten und wie lautet dieser?
– Wie groß ist der zeitliche Abstand zwischen dem dargestellten Ereignis und der Entstehungszeit des Werks?
– Was wusste der Künstler über das historische Ereignis? Was hat er bei seiner Darstellung dazuerfunden, weggelassen oder verändert?

2. Die Art der Darstellung
– Welche Personen stehen im Mittelpunkt? Wie sind diese Personen dargestellt?
– Wie ist das Umfeld dieser Personen dargestellt? Welche Aspekte betont der Maler bei seiner Darstellung des Ereignisses besonders?

3. Vergangenheit und Gegenwart
– Wie deutet der Maler durch seine Darstellung das historische Ereignis?
– Welche Botschaft oder Lehre für die Gegenwart und Zukunft soll der Betrachter dem Bild entnehmen?

Q3 Die Kaiserproklamation

Anton von Werner hat selber darüber berichtet, wie er das Ereignis erlebt hat (1913):

Und nun ging in prunkloserster Weise und außerordentlicher Kürze das große historische Ereignis vor sich (…). [Ich] sah, dass König Wilhelm etwas sprach und dass Graf Bismarck mit hölzerner Stimme etwas Längeres vorlas, 5 hörte aber nicht, was es bedeutete, und erwachte aus meiner Vertiefung erst, als der Großherzog von Baden neben König Wilhelm trat und mit lauter Stimme in den Saal hineinrief: „Seine Majestät, Kaiser Wilhelm der Siegreiche, Er lebe hoch!" Ein dreimaliges Donnergetöse unter dem Geklirr der Waffen antwortete darauf (…). 10 Der Vorgang an sich war trotz des gewaltigen Eindrucks, den seine politische Bedeutung auf die Gemüter machen musste (…), in seiner äußeren Erscheinung keinesfalls seinem inneren Werte entsprechend, erschien vielmehr etwas vorschriftsmäßig. (…) Nichts von den phantastisch 15 lebhaften Gebärden, die der Maler gewöhnlich braucht, um in solchen Fällen Begeisterung auszudrücken.

A. v. Werner: Erlebnisse und Eindrücke 1870–1890. Berlin 1913, S. 33 ff. Bearb. d. Verf.

Fragen und Anregungen

1 Informiere dich über Anton von Werner (Internet, Bibliothek). Beantworte mit Hilfe deiner Ergebnisse und Q3 den ersten Teil der methodischen Arbeitsschritte (Q2).

2 Bearbeite den zweiten Teil der methodischen Arbeitsschritte (Q2). Beachte besonders Mimik und Gestik der Figuren, Bildaufbau (Vorder-, Mittel-, Hintergrund), Linienführung, Perspektive, Lichtverhältnisse, Farben.

3 Welche Vorstellung von dem historischen Geschehen will der Maler dem Bildbetrachter vermitteln? Prüfe, ob diese Vorstellung dem tatsächlichen Geschehen entspricht.

4 Nachdrucke der „Kaiserproklamation" waren im Kaiserreich ein beliebter Bildschmuck in bürgerlichen Wohnzimmern. Überlege dir Gründe dafür und setze diesen Satz eines Zeitgenossen fort: „Ich habe dieses Bild aufgehängt, weil …"

5 Suche Historienbilder anderer Nationen (zu den USA s. S. 23–36; zu Frankreich s. S. 38–85). Untersuche und vergleiche sie anhand deines Wissens zur deutschen Historienmalerei.

187

Q4 Kaiser Wilhelm II.
Ölgemälde von Max Koner, 1890. Über seiner weißen Kürassieruniform (Kürassiere = schwere Reiter) trägt der Kaiser den preußischen Königsmantel mit dem Stern des Schwarzen Adlers, über dem Brustharnisch das Band des Schwarzen Adlerordens, dessen Großmeister der preußische König war. In der rechten Hand hält er den preußischen Marschallstab. Neben ihm auf dem Tischchen liegen der Reichsapfel und die Krone von Preußen.

Q5 Kaiser Wilhelm II. über monarchische Herrschaft
In einer Rede vor dem ostpreußischen Provinziallandtag in Königsberg sagt Kaiser Wilhelm 1890:
[Königsberg hat besondere Bedeutung erhalten] dadurch, dass Seine Majestät der dahingegangene Kaiser Wilhelm I. das Königtum von Gottes Gnaden von Neuem hier proklamiert und dort in der Schlosskirche der gesamten Welt gegenüber zum Ausdruck gebracht hat; dieses Königtum von Gottes Gnaden, was ausdrückt, dass wir Hohenzollern Unsere Krone nur vom Himmel nehmen und die darauf ruhenden Pflichten dem Himmel gegenüber zu vertreten haben. Von dieser Auffassung bin auch ich beseelt, und nach diesem Prinzip bin ich entschlossen, zu walten und zu regieren.

J. Penzer (Hg.): Wilhelm II. Die Reden in den Jahren 1888 bis 1905, Bd. I. Leipzig o. J., S. 114.

Q6 Herrscher und Parlament
Der konservative Abgeordnete Elard von Oldenburg-Januschau erregte 1910 in einer Reichstagsrede mit dieser Äußerung Aufsehen:
Der König von Preußen und der Deutsche Kaiser muss jeden Moment imstande sein, zu einem Leutnant zu sagen: „Nehmen Sie zehn Mann und schließen Sie den Reichstag."

Zit. nach: Verhandlungen des Reichstages, VI. Legislaturperiode, Bd. 259, S. 898.

Q7 Gegen Absolutismus und „populäre Agitation"
Der Historiker und nationalliberale Abgeordnete Heinrich von Sybel meinte 1871:
Auch wenn eine Volksvertretung, wie in Deutschland und Nordamerika, nicht die Kraft besitzt, Minister ein- und abzusetzen, so ist schon ihr Dasein und ihre Debatte, ihre Kritik des Budgets [Haushalts] und ihre Befugnis, misslungene Gesetzentwürfe zu vernichten, eine höchst bedeutende Schranke gegen jeden willkürlichen Absolutismus der Regierung. Diese Regierung aber in fester Hand und den Wogen der unberechenbaren Stimmungsmache im Volk entzogen zu wissen, erscheint uns (…) als unschätzbarer Segen.

H. v. Sybel: Das neue Deutsche Reich. In: Vorträge und Aufsätze. Berlin 1874, S. 322 f. Bearb. d. Verf.

Q8 Das Reich, Preußen und der Bundesrat
Der Staatsrechtler Georg Jellinek beschreibt in einem Vortrag 1909 die Bedeutung des Bundesrates und die Rolle Preußens:
Man sieht und hört von ihm [dem Bundesrat] wenig. (…) Daher wird in der politischen Diskussion weiter Volkskreise der Bundesrat oft gänzlich ignoriert und vom Auslande wird sein Dasein oft entweder nicht gekannt oder missverstanden. (…) Weitaus der größte Teil der Gesetze entspringt seiner Initiative. (…) Der Bundesrat hat von seiner Befugnis, Gesetzesbeschlüssen des Reichstages die Sanktion [Zustimmung] zu verweigern, häufiger Gebrauch gemacht, als in den Einzelstaaten die Monarchen den Landtagen gegenüber. (…) Er erlässt wichtige Verordnungen, macht Vorschläge zur Besetzung von Reichsämtern, entscheidet Streitigkeiten, besorgt Verwaltungsgeschäfte mannigfaltigster Art. Das alles tut er gemäß den Instruktionen der ihn beschickenden Regierungen. (…) Der Einfluss Preußens im Bundesrate ist viel bedeutender als ihm nach seiner Stimmenzahl zukommt.

Zit. nach: G. A. Ritter (Hg.), Das deutsche Kaiserreich 1871–1914. Ein historisches Lesebuch. Göttingen 1992, S. 4 ff.

Reichstagswahlen von der Reichsgründung bis zum Ersten Weltkrieg *

Partei	1874		1884		1893		1903		1912	
Konservative	6,9	22	15,2	78	13,5	72	10,0	54	9,2	43
Zentrum	27,9	91	22,6	99	19,1	96	19,8	100	16,4	91
Nationalliberale	29,7	155	17,6	51	13,0	53	13,9	51	13,6	45
Sozialdemokraten	6,8	9	9,7	24	23,3	44	31,7	81	34,8	110

* jeweils 1. Spalte: Stimmenanteil in Prozent, 2. Spalte: Mandate

G. Hohorst / J. Kocka / G. A. Ritter: Sozialgeschichtliches Arbeitsbuch II. Materialien zur Geschichte des Kaiserreichs 1870–1914. München 1978, S. 173 ff.

 Wahlen zum preußischen Landtag 1908

Partei	Stimmenanteil (in % der Urwähler)	Abgeordnete
Konservative	14,15	152
Freikonservative	2,24	60
Zentrum	19,91	104
Nationalliberale	12,71	65
Freisinnige Volkspartei	3,93	28
Polen und Dänen	9,02	17
Sozialdemokraten	23,87	7

Zit. nach: G. A. Ritter (Hg.), Das deutsche Kaiserreich 1871–1914. Ein historisches Lesebuch. Göttingen 1992, S. 123.

Der Reichskanzler Otto von Bismarck als Raubtierbändiger im Reichstag
Ungarische Karikatur, 1879.

Fragen und Anregungen

1. Beschreibt arbeitsteilig in „Steckbriefen" die folgenden Verfassungsorgane: Kaiser, Kanzler, Reichstag, Bundesrat. Geht dabei auf Einsetzung bzw. Wahl, Aufgaben und Rechte, Handlungsweisen, Selbstverständnis und die Beurteilung durch andere ein (VT, D1, Q4–Q9).

2. Errechne, wie viel Prozent der Stimmen bei Reichstagswahlen und den preußischen Landtagswahlen auf die einzelnen Abgeordneten der jeweiligen Parteien entfielen (D2, D3). Wie viele Abgeordnete hätten die Parteien, wenn das Verhältnis von Stimmenanteil und Abgeordnetenzahl des Zentrums für alle Parteien gegolten hätte? Halte deine Ergebnisse in einer Tabelle fest. Erläutere, wie es zu den Ungleichheiten kam (VT).

3. Spielt eine Wahl im Kaiserreich nach. Informiert euch gut über die Parteien (VT, siehe „Industrialisierung und soziale Frage", „Deutsche streben nach Freiheit und Einheit", Internet, Lexikon). In einer Podiumsdiskussion stellen sich zunächst die Kandidaten der Parteien vor. Führt danach die Wahl für euren Wahlkreis durch. Prüft, ob ihr alle Schritte des Wahlverlaufs beachtet habt. Nach der Wahl äußern sich die Kandidaten zum Wahlverlauf sowie zu dem Wahlergebnis in ihrem Wahlkreis und im ganzen Reich. Wählt dazu die Ergebnisse einer Reichstagswahl aus D2.

4. Otto von Bismarck war der bedeutendste Reichskanzler des Kaiserreiches. Schreibt einen Zeitungsartikel anlässlich seines 80. Geburtstags am 1. April 1895, in dem seine Bedeutung für das Deutsche Kaiserreich gewürdigt wird (siehe auch „Deutsche streben nach Freiheit und Einheit").

189

2. Die Gesellschaft – Wandel und Beharrung

Der Adel

An der Spitze der Gesellschaft stand im Kaiserreich weiterhin der Adel. Er nahm die führenden Positionen bei Hof, in der Diplomatie, in der Verwaltung und im Militär ein. Zum Beispiel waren die Oberpräsidenten, die höchsten Verwaltungsbeamten in den preußischen Provinzen – so groß wie heutige Bundesländer – bis zum Ende des Kaiserreichs ausschließlich Adelige. Vor allem in den landwirtschaftlich geprägten Gebieten Nord- und Ostdeutschlands bestimmte die adelige Gutsherrschaft noch immer den Lebensalltag der bäuerlichen Bevölkerung. Aber der Adel passte sich auch den wirtschaftlichen Veränderungen der Zeit an. Die adelige Landwirtschaft arbeitete immer mehr mit modernen Methoden, z. B. mit Maschinen und Saisonarbeit. Dass Adelige zu industriellen Unternehmern wurden, war dagegen eher selten. Das bekannteste Beispiel ist der schlesische Fürst Henckel zu Donnersmarck, der mit seinen Hochöfen zu einem der reichsten Menschen des Kaiserreichs wurde. Es gab aber auch den verarmten Adel, der nur noch den Titel, aber kein Vermögen besaß – Adel war also nicht gleich Adel.

Bürgertum und „bürgerliches Zeitalter"

Tief greifende Veränderungen gab es im Bürgertum. Vor der industriellen Revolution bestand das alte Stadtbürgertum im Kern aus Kaufleuten und dem traditionellen Handwerk. Mit der Industrialisierung entwickelte sich das wirtschaftlich erfolgreiche Großbürgertum der Unternehmer, Bankiers und wohlhabenden Geschäftsmänner. Zu den besseren Kreisen zählte auch das Bildungsbürgertum. Es verdankte seine soziale Stellung nicht der Herkunft oder dem Vermögen, sondern seiner (Aus-)Bildung. Zum Bildungsbürgertum gehörten einerseits die an Gerichten, Universitäten oder in Ämtern und Ministerien tätigen höheren Beamten, andererseits freie akademische Berufe wie Ärzte, Rechtsanwälte, Architekten und Ingenieure. Wer nicht zu Vermögen gekommen war oder studiert hatte, zählte fortan zum Kleinbürgertum. Das waren vor allem Handwerker, kleine Gewerbetreibende, niedere Beamte und auch die neue gesellschaftliche Gruppe der Angestellten. Sie erledigten die Verwaltung und den Verkauf bei Banken und Versicherungen, im Handel und zunehmend auch in der Industrie. Obwohl das gesamte Bürgertum nie mehr als etwa 15 Prozent (1914) der Bevölkerung umfasste, spricht man doch vom Kaiserreich als dem „bürgerlichen Zeitalter". Denn das Bürgertum prägte mit seinen Arbeits- und Lebensformen, Verhaltensweisen und Werten allmählich die Mentalität der ganzen Gesellschaft. Die Erwerbsarbeit wurde allein Sache des Mannes, die Ehefrau und Mutter konnte sich ganz der Familie widmen. In der bürgerlichen Familie entwickelte sich das, was wir heute Privatsphäre nennen. Das Familienleben wurde vom Arbeitsleben strikt getrennt, Eltern und Kinder pflegten enge persönliche Beziehungen, in der Familie verbrachte man die „Freizeit". Das Bürgertum legte großen Wert auf Bildung, Kultur und „bürgerliche Tugenden" wie Fleiß, Disziplin, Sparsamkeit und gutes Benehmen. Es gab aber auch erfolgreiche Bürger, die sich den Adel zum Vorbild für ihre Lebensweise nahmen: Sie erwarben Rittergüter, wurden Reserveoffiziere, duellierten sich, strebten nach Orden und Titeln oder wollten sogar selbst geadelt werden.

Zwei Damen im Auto Q1
Foto, nach 1900.

Die Arbeiterschaft

Durch die Industrialisierung war die neue Gruppe der Arbeiter entstanden. Im letzten Drittel des 19. Jahrhunderts entwickelte sie sich zu einer weitgehend einheitlichen Klasse, geprägt durch gleiche Arbeits- und Lebensbedingungen. Die Arbeiter hatten gleiche politische Interessen und Ziele und wählten daher mehrheitlich die SPD. Ihre Verbundenheit zeigte sich aber auch außerhalb von Arbeit und Politik in einer eigenen Arbeiterkultur. Obwohl sich die Arbeiter dadurch bewusst vom Bürgertum absetzten, war der bürgerliche Lebensstil natürlich auch für sie sehr attraktiv.

So versuchten vor allem wirtschaftlich besser gestellte Arbeiterfamilien Kleidung und Wohnungseinrichtung dem bürgerlichen Stil anzupassen. Die große Masse der Arbeiterfamilien lebte allerdings stets am Rande des Existenzminimums.

Die Landbevölkerung

Die wirtschaftlichen und gesellschaftlichen Umbrüche veränderten auch das Leben auf dem Land, wenn auch deutlich langsamer als in den Städten. Eine Folge der Industrialisierung war die massenhafte Abwanderung der Landbewohner in die Städte. Der Anteil der Bauern an der Gesamtbevölkerung sank erheblich, Maschinen ersetzten die fehlenden Arbeitskräfte. Mehr Arbeiter brauchte man häufig nur noch zu Erntezeiten. Die bisher vom Gutsherrn abhängigen Bauern wurden dadurch zu Wander- und Landarbeitern, die für geleistete Arbeit wie Industriearbeiter entlohnt wurden. Die alten Traditionen der Dorfgemeinschaft und adeligen Gutsherrschaft lockerten sich allmählich und vermischten sich langsam mit städtischen Lebensformen. Doch bis heute werden im Dorf das gemeinsame Leben und traditionelle Bräuche oder Feste stärker gepflegt als in der Stadt.

Das Kaiserreich – eine Klassengesellschaft

Im Kaiserreich lösten sich die Traditionen der Ständegesellschaft weiter auf und es entstand eine Klassengesellschaft. Leistung, wirtschaftlicher Erfolg und Bildungsgang entschieden über die Zugehörigkeit zu einer Klasse und damit über die soziale Stellung. In den Klassen prägten sich besondere Lebensformen und eine eigene Kultur aus. Obwohl der soziale Aufstieg im Kaiserreich möglich war, entschied aber häufig immer noch die Geburt über die Chancen, in dieser Klassengesellschaft einen herausragenden Platz einnehmen zu können.

Q2 Karikatur aus dem Jahre 1895
„Um Gottes willen, Sie stehen ja auf dem Schatten seiner Durchlaucht."

Q3 Röntgenlabor um 1914
Ausbildung von Röntgenschwestern im Atelier für wissenschaftliche Fotografie.

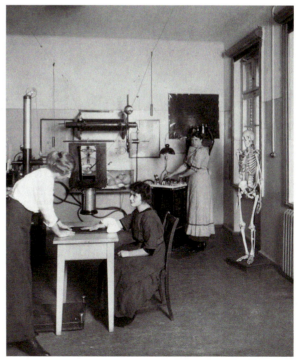

191

Q4 Adel, Militär und Bürgertum

Die beliebte Familienzeitschrift „Die Gartenlaube" druckte 1893 die Erzählung „Um meinetwillen" von Marie Bernhard ab. Der Auszug schildert eine Teegesellschaft adeliger Damen:

Die Damen hatten im Boudoir [Privatzimmer] der Generalin gespielt, im Salon war der Theetisch gedeckt worden, neben welchem Martin [der Diener] in dienstlicher Haltung wartend stand. Es war noch eine Excel‑
5 lenz [hier: Gattin eines Generals] vorhanden, aber eine von allerneuestem Datum, deren Adel zudem erst in der dritten Generation bestand – mit den Guttenbergs also gar nicht zu vergleichen! (…) Diese wünschte zu wissen, wo in aller Welt die liebe, teure Excellenz Gut‑
10 tenberg [die Generalin aus dem ersten Satz] diesen Neffen her habe. „Nicht wahr", fragte die Generalin (…) leise, „er kann sich immerhin sehen lassen? Ich versichere Sie, er wirkt sogar im Salon unter meinen Offizieren, er macht eine so gute Figur, und ich kann
15 es meiner verstorbenen Cousine noch heute nicht verzeihen, dass sie den hübschen, aufgeweckten Jungen nicht ins Kadettenhaus gab. Er hätte wirklich Anlagen zum Offizier gehabt und könnte jetzt in kurzer Zeit Major sein, wenn mein Vetter Guttenberg sich für ihn
20 interessiert hätte. Stattdessen nun (…) Gott ja, ein Professor ist nichts Schlechtes, es hätte schlimmer kommen können. (…)

Zit. nach: M. Zimmermann (Hg.), Die Gartenlaube als Dokument ihrer Zeit. München 1963, S. 242.

Q6 „Herrschaften" und „Spießbürger"

Der Landarbeiter Franz Rehbein, später Mitglied und Funktionär der SPD, schreibt 1911:

Übrigens gab es in der näheren Umgebung unseres Ortes eine ganze Anzahl adeliger Gutsherrn, die an den letzten Feldzügen teilgenommen hatten, als Herr Leutnant, Herr Hauptmann, Herr Rittmeister, Herr Major
5 oder auch als Herr Oberst. Häufig kamen diese Herren nach unserem Städtchen, jeder Zoll ein Edelmann. Im Sommer hoch zu Ross oder per Wagen, im Winter in eleganten Schlitten, in prächtige Pelze gehüllt, oft genug „viere lang" [mit vier Pferden bespannt] mit
10 zwei Vorreitern, Kutscher und Diener in reicher Livree. Honoratioren und Geschäftsleute standen dann nicht selten in ihren Haustüren und machten Bücklinge und Kratzfüße, und mancher zünftige Spießbürger rechnete es sich zur Ehre an, wenn er das Glück hatte, derartig
15 vornehme Herrschaften grüßen zu dürfen und gar – wieder gegrüßt zu werden. Die Herrschaften schienen diese ehrerbietigen Grüße der Einwohner als etwas ganz Selbstverständliches zu betrachten. (…)

F. Rehbein: Das Leben eines Landarbeiters. Unveränderter Nachdruck der 1911 von P. Göhre bearb. Ausgabe, hrsg. von U. J. Diederichs und H. Riedel. Hamburg 1997, S. 14.

Q7 Bürgerliche Pflichten und Tugenden

Julie, die Enkelin der berühmten Pianistin Clara Schumann, soll in deren Haus zur Klavierlehrerin ausgebildet werden. Ihre Tante Marie schreibt Julie 1891 in einem Brief, was man dort von ihr erwartet:

Du wirst bei uns einige Pflichten im Hause übernehme, u[nd] noch einigen wissenschaftlichen Unterricht erhalten. Um nun all dies zu ermöglichen, auch das Spazierengehen u[nd] einige kleine gesellige Freu‑
5 den nicht zu vernachlässigen gehört eine zweckmäßige Zeiteinteilung. Da werden wir nun einen festen Stundenplan machen, wenn er aber gemacht ist, so musst du ihn selbstständig, ohne dass man dir nachschaut, einhalten, ganz gewissenhaft. Du weißt, wir
10 haben alle zu tun den ganzen Tag. (…) Wie schon gesagt, ich erwarte das Beste von deinem guten Willen und deiner Einsicht, denn schließlich ist ja alles zu deinem Besten und dass du ein gutes Fortkommen in der Welt hast und dabei zufrieden und glücklich
15 bist, unser Streben für dich. Dazu kann man nur gelangen durch Arbeit und hast es dadurch scheinbar schwerer als viele junge Mädchen. Im Grunde ist es aber das Einzige was wahre Befriedigung gibt und wahre Freude.

C. Schumann: Mein liebes Julchen. Briefe von Clara Schumann an ihre Enkeltochter Julie Schumann. München 1990, S. 157.

Jung. vermög. Mann
28 Jahre alt, ev., Theilhaber eines flottgehenden Fabrikgeschäftes, mit jährlichem Einkommen von 5- bis 6000 ℳ, sucht die Bekanntschaft einer vermögenden jungen Dame zwecks Heirath zu machen. Bedingungen: Tadelloser Ruf, hübsche, schlanke Figur, Sinn für Häuslichkeit, Vermögen nicht unter 30 Mille. Gebildete junge Damen, die ein gl. Heim finden wollen, werden gebeten Ihre Adresse m. Photographie unter **K 752** an die Exp. dieses Blattes zu senden. Diskretion gegeben und verlangt.

Q5 Heiratsannonce
Hannoverscher Anzeiger vom 24. Januar 1900.

Q8 Das sozialdemokratische Milieu
Ein Sozialdemokrat berichtet über die Arbeit in einem Leipziger Arbeiterverein, nach 1890:

Nach den neu beratenen Statuten war der Zweck des Vereins: die Wohlfahrt seiner Mitglieder nach jeder Richtung zu fördern. Diesen Zweck suchte der Verein zu erreichen:
5 a) durch Abhaltung von Vorträgen, Unterrichtsstunden, Versammlungen zu gemeinschaftlichen Besprechungen, Pflege des Gesanges und des Turnens;
 b) durch Einrichtung und Unterhaltung von Lesezimmern und Bibliotheken;
10 c) durch Errichtung von Abteilungen zu besonderer Pflege menschlichen Wissens;
 d) durch Einrichtung von Auskunftsstellen über alles für den Arbeiter Wissenswerte;
 e) durch Pflege von volkstümlichen Festen und Unterhal-
15   tungen;
 f) durch Gründung und Unterhaltung von Vereinslokalen, welche so weit als irgendmöglich in allen Stadtteilen verbreitet sein sollen, und durch gemeinschaftliche Beschaffung von Speisen und Ge-
20   tränken. (…)

Im Geschäftsjahr 1891 bestanden bereits neun Vereinslokale. (…) Unterricht wurde erteilt in Buchführung, Schreiben, Rechnen, deutscher Sprache, englischer Sprache, französischer Sprache, Zeichnen, Stenografie, Volks-
25 wirtschaft und Geschichte. Der Gesang wurde in neun Männerchören und sechs gemischten Chören gepflegt. Dramatische Abteilungen bestanden in acht Vereinslokalen. Turnerabteilungen übten in allen neun Lokalen. Die Bibliothek war auf 2 084 Bände gebracht.

Zit. nach: G. A. Ritter/J. Kocka (Hg.), Deutsche Sozialgeschichte. Dokumente und Skizzen, Bd. II, 1879–1914. München 1974, S. 404 f.

Q9 Kleinbürgerliches Wohnzimmer. Foto von 1911.

Q10 Wohnküche einer Arbeiterfamilie. Foto von 1907.

Fragen und Anregungen

1. Charakterisiere Selbstverständnis und Rolle des Adels im Kaiserreich (Q2, Q4, Q6).

2. Liste in einzelnen Stichworten auf, was du über Grundwerte und Grundsätze sowie über Lebensformen des Bürgertums in Q5 und Q7 erfährst.

3. Beschreibe und vergleiche die Fotos Q1, Q3 und Q9. Welche Informationen über das Bürgertum kannst du diesen Bildern entnehmen? Ergänze deine Liste aus Aufgabe 2.

4. Ordne die Aktivitäten des Arbeitervereins (Q8) den Bereichen Politik, Bildung, Freizeitaktivitäten, Unterhaltung, Geselligkeit und Hilfe für den Alltag zu. Halte dein Ergebnis in einer Tabelle fest. Mehrfachnennungen sind möglich.

5. Du hast bereits Informationen zum Bürgertum gesammelt (Aufgabe 2 u. 3). Vergleiche das Leben der Arbeiter (Q8, Q10, s. „Industrialisierung und soziale Frage") mit dem des Bürgertums und halte deine Ergebnisse wieder stichwortartig in einer Liste fest.

6. Vergleiche deine Ergebnisse mit den Informationen des Verfassertextes. Ergänzt arbeitsteilig die einzelnen Abschnitte des Verfassertextes durch euer zusätzlich erworbenes Wissen. Arbeitet am besten am PC.

7. Du hast die verschiedenen Klassen des Kaiserreiches kennen gelernt. Untersuche, inwiefern auch unsere heutige Gesellschaft in Klassen eingeteilt werden kann. Beschreibe die verschiedenen Klassen.

3. Nationalismus und Militarismus

Von der nationalen Begeisterung zum Reichsnationalismus

Die Befreiungskriege gegen Napoleon 1813–1815 wurden für die Deutschen zum gemeinschaftsstiftenden Erlebnis. Der Krieg von 1870/71 führte dann zu einer neuen nationalen Hochstimmung: Der deutsche Nationalstaat war endlich Wirklichkeit geworden. Aus der Begeisterung über die nationale Einheit wurde schnell eine Begeisterung für das neu gegründete Kaiserreich, die das ganze deutsche Volk erfasste. Vor allem der Kaiser wurde für die Deutschen ein Sinnbild der neuen Einheit. Die ruhige, würdige und Respekt einflößende Art, in der der „alte Kaiser" Wilhelm I. (1871–1888) das Amt ausfüllte, trug viel zu dieser Entwicklung bei.

Der Nationalismus – eine wachsende Gefahr

Die Befreiungskriege gegen Napoleon trugen aber nicht nur zur nationalen Einigung bei, sie förderten erneut eine antifranzösische Haltung bei den Deutschen. Spätestens nach dem Deutsch-Französischen Krieg 1870/71 galt Frankreich als der „Erbfeind" Deutschlands. Auch gegenüber den anderen nationalen Großmächten in Europa wollte sich das neue Reich behaupten. Es wurde zu einer der führenden Militärmächte auf dem Kontinent. Der wirtschaftliche Erfolg Deutschlands zur Zeit des Kaiserreichs trug ebenfalls dazu bei, dass sich schließlich viele Deutsche anderen Völkern und Staaten überlegen fühlten. Überheblichkeit und Missachtung anderer kamen besonders unter Kaiser Wilhelm II. (1888–1918) immer deutlicher zum Ausdruck. Mit anmaßenden Reden und seiner Vorliebe für alles Militärische rief er im Ausland Verwunderung, Ablehnung und Misstrauen hervor. „Am deutschen Wesen soll die Welt genesen", so lautete ein viel zitierter Satz, der auf den Dichter Emanuel Geibel zurückging. Dieser übersteigerte Nationalismus („Chauvinismus") prägte die Mentalität weiter Bevölkerungskreise im Kaiserreich.

Feste, Feiertage und nationale Symbole

Der „vaterländische Gedanke", wie es damals hieß, wurde sowohl vom Volk als auch vom Staat gepflegt, gefestigt und gefördert. Am 2. September wurde jährlich der Sieg über die Franzosen 1870 bei Sedan, der Sedanstag, gefeiert. Zunächst sollte der Sedanstag als Buß-, Besinnungs- und Danktag begangen werden. Tatsächlich wurde aus ihm aber eine sich jährlich wiederholende, groß angelegte militärische Siegesfeier. Daneben war „Kaisers Geburtstag" zunächst am 22. März, dann am 27. Januar ein beliebter Festtag. Aber auch Kaiserbesuche, Denkmalenthüllungen, Vereinsfeste oder Grundsteinlegungen wurden als nationale Feste gefeiert.

Zu den klassischen Symbolen eines Nationalstaates gehören Hymne und Flagge. Eine offizielle Nationalhymne hatte das Kaiserreich aber nicht. Am Anfang wurde gerne die „Wacht am Rhein" oder „Heil dir im Siegerkranz" gesungen, in den 1890er-Jahren wurde das Deutschlandlied, dessen dritte Strophe auch heute wieder unsere Nationalhymne ist, immer beliebter. Die offiziellen Farben wurden nicht das Schwarz-Rot-Gold aus der Zeit des Vor-

Q1 Sedanfeier
der Abiturklasse eines Gymnasiums in Altona. Foto von 1891.

194

märz und der Revolution. Vielmehr setzte sich die schwarz-weiß-rote Trikolore des Norddeutschen Bundes durch, die aus den Farben Preußens, schwarz und weiß, und dem Rot der Hansestädte zusammengesetzt war.

Schule und Vereine

Die Schule hatte die Aufgabe, die deutsche Geschichte, das deutsche Volk und die deutschen Herrscher zu verherrlichen. Feiertage oder nationale Feste wurden entweder in der Schule öffentlich gefeiert oder es war schulfrei und Jung und Alt nahm gemeinsam an den festlichen Umzügen, Reden, Gesängen und Vorführungen teil. Die volkstümlich nationalen Vereine der Turner, Sänger oder Schützen, Kriegervereine und Burschenschaften hatten Millionen von Mitgliedern. In den 1880er- und 1890er-Jahren wurden verstärkt Vereine wie der „Alldeutsche Verband" oder der „Flottenverein" gegründet, die sich direkt für die Ausdehnung der deutschen Macht, koloniale Eroberungen oder die militärische Aufrüstung einsetzten. Der Flottenverein hatte 1913 1,125 Mio. Mitglieder.

Das Militär als erster Stand im Staat

Der Nationalismus war eng mit der Hochschätzung alles Militärischen verbunden. Schließlich hatte Deutschland seine Einheit in drei Kriegen mit Waffengewalt errungen; und militärische Stärke galt als Garantie für die Sicherung der neuen Vormachtstellung in Europa. Das Militär stieg zum angesehensten Stand im Reich auf – und Militär hieß in erster Linie auch wieder Adel. Denn bis zum Ende des Kaiserreichs blieben die hohen Offiziersränge vorwiegend von Adeligen besetzt. Parlament und Regierung hatten auf das Militär praktisch keinen Einfluss. Der Oberbefehl lag beim Kaiser, der Generalstab und das Militärkabinett – zuständig für Personalangelegenheiten – wurden immer mächtiger, das Militär hatte seine eigene Gerichtsbarkeit – es bildete gleichsam einen Staat im Staate.

Die Militarisierung der Gesellschaft

Die Offiziere waren durch besondere Privilegien, Ehrenvorstellungen und Lebensformen von der übrigen Bevölkerung abgehoben. Sie wurden bewundert und nachgeahmt. Auf den Bürgersteigen wich man ihnen als Zivilist aus und in den Restaurants wurden sie bevorzugt bedient. Gut gestellte Bürger strebten nach militärischem Aufstieg: Sie konnten – auf eigene Kosten – den so genannten einjährig-freiwilligen Militärdienst leisten und es dann bis zum Reserveoffizier bringen. Auch das Duellwesen wurde in Bürger- und Studentenkreisen vom Militär übernommen. Militärähnliche Uniformen für Zivilberufe – von der Eisenbahn bis zur Feuerwehr – standen hoch im Kurs. Weite Kreise der Bevölkerung eigneten sich die Hierarchievorstellungen, das Verhalten und die Redeweise des Militärs an. Auch im zivilen Leben bestimmte oft der militärische Rang den gesellschaftlichen Stellenwert eines Menschen. Zum Beispiel durfte an der kaiserlichen Tafel Reichskanzler Bethmann-Hollweg als Major erst hinter den Generalen und Obersten Platz nehmen.

Kaiser Wilhelm II. und seine Familie Q2
Ansichtskarte, 1906.

195

Q3 Programm zum Sedanstag 1912 am Alten Gymnasium in Bremen

Q4 Erneuerung des Kaisertums
Der Staatsrechtler Hermann Schulze Görmitz schreibt am Tag der „Kaiserproklamation" in einem Leitartikel für die „Schlesische Zeitung":
Seit Menschenaltern gilt uns das Kaisertum als das höchste Symbol nationaler Einheit. Aus den Sagen des Volkes, aus den Träumen unserer Jugend, aus den begeisterten Worten unserer Dichter hallt es wieder, „das Lied vom
5 deutschen Kaiser". Unsere größten Erinnerungen knüpfen sich an die markigen Gestalten unserer Kaiser, an die Heinriche und Ottone, an die Franken und Staufen. (…) Alles, was das alte Reich an großen nationalen Gedanken in sich trug, ist wieder lebendig geworden. Erst mit
10 „Kaiser und Reich" ist die Sehnsucht der Nation erfüllt, das „Wahrzeichen ihrer alten Herrlichkeit" hergestellt.
Zit. nach: M. Kramp (Hg.), Krönungen, Könige in Aachen – Geschichte und Mythos. Ausstellungskatalog. Aachen 2000, S. 795 f.

Q5 Die Wacht am Rhein
Lied von Max Schneckenburgen von 1840:

Es braust ein Ruf wie Donnerhall,
wie Schwertgeklirr und Wogenprall:
„Zum Rhein, zum Rhein, zum deutschen Rhein!
Wer will des Stromes Hüter sein?"
Refrain: Lieb Vaterland magst ruhig sein, 5
fest steht und treu die Wacht am Rhein!

Durch hunderttausend zuckt es schnell,
und aller Augen blitzen hell;
der deutsche Jüngling, fromm und stark, 10
beschirmt die heilge Landesmark.
(…)
Er blickt hinauf in Himmelsaun,
wo Heldengeister niederschaun,
und schwört mit stolzer Kampfeslust: 15
„Du Rhein, bleibst deutsch wie meine Brust!"
(…)
„Und ob mein Herz im Tode bricht,
wirst du doch drum ein Welscher nicht;
reich wie an Wasser deine Flut 20
ist Deutschland ja an Heldenblut."
(…)
„Solang ein Tropfen Blut noch glüht,
noch eine Faust den Degen zieht,
und hoch ein Arm die Büchse spannt, 25
betritt kein Feind hier deinen Strand!"
(…)
Der Schwur erschallt, die Woge rinnt,
die Fahnen flattern hoch im Wind
„Zum Rhein, zum Rhein, zum deutschen Rhein! 30
Wir alle wollen Hüter sein!"
Zit. nach: Wollfs Poetischer Hausschatz des Deutschen Volkes. Leipzig, o. J., S. 49.

Q6 Militär und Gesellschaft
Ein Artikel in einer Militärzeitschrift beschreibt 1888 die Bedeutung des Reserveoffizierswesens:
Der Wert, den die junge Männerwelt der höheren Stände, auch der bürgerlichen Berufszweige, auf den Reserve- bzw. Landwehr-Offizier legt, tritt in mannigfachen Merkzeichen auf. Keine private Kundgebung, Familien-Anzeige und dergleichen, die nicht mindes- 5
tens neben dem bürgerlichen Charakter [der Stellung] des Betreffenden auch den militärischen trüge, keine größere Festlichkeit, bei der nicht von den Berechtigten die Gelegenheit wahrgenommen würde, den Frack mit des Königs glänzendem Waffenkleide zu 10
vertauschen. So tritt auch im bürgerlichen Leben im

Menschen, wenn man so sagen darf, der Offiziers-Beruf stets früher in die Erscheinung als der, der sein tägliches Dasein durchs Leben geleitet, und wir verstehen vollkommen, wenn die deutsche Gesellschaft in Ausländern, wie dies tatsächlich der Fall, den Eindruck hervorruft, als werde in ihr wesentlich alles nach militärischen Gesichtspunkten beurteilt.

Zit. nach: B. Ulrich/J. Vogel/B. Ziemann (Hg.), Untertan in Uniform. Militär und Militarismus im Kaiserreich 1871–1914. Quellen und Dokumente. Frankfurt a. M. 2001, S. 135.

Q7 Die Kriegervereine

Viele ehemalige Soldaten schlossen sich Kriegervereinen an. 1903 hatten diese in Deutschland über zwei Millionen Mitglieder. In einem Rundschreiben des Vorstandes des Preußischen Landeskriegerverbandes aus diesem Jahr heißt es:

Wir erfüllen (…) die vaterländischen Aufgaben des Deutschen Kriegervereinswesens, indem wir unsere Liebe zu Kaiser und Reich, zum Landesfürsten und zum engeren Bundesstaat, unsere monarchische und nationale Gesinnung bekennen, sie in unseren Vereinen pflegen und in weitere Kreise hineintragen und sie betätigen, wenn wir unsere staatsbürgerlichen Rechte auszuüben haben. (…) Unsere Kameraden sind vollkommen frei, innerhalb der den monarchischen Staat anerkennenden bürgerlichen Parteien zu wählen, wen sie wollen. (…) Unsere Mitglieder dürfen aber, sofern sie dies bleiben wollen, unter keinen Umständen, auch nicht in der Stichwahl, dem Kandidaten einer Partei, welche Kaiser, Reich und den monarchischen Staat nicht anerkennt, welche die bestehende Gesellschaftsform umstürzen will, also einem Sozialdemokraten ihre Stimme geben.

Zit. nach: D. Fricke (Hg.), Dokumente zur deutschen Geschichte 1897/1898–1904. Frankfurt a. M. 1977, S. 83 f.

Q8 Parade der Berliner Feuerwehr. Foto von 1902.

Q9 Militär und Volkserziehung

Der Militärarzt Dr. Nütten führt 1867 in einem Vortrag vor Offizieren aus:

Die geregelte Lebensweise, welche der Soldat führen muss, hat aber nicht bloß auf seine körperliche Gesundheit einen wohltätigen Einfluss, auch seine moralischen Eigenschaften werden dadurch gebessert. Der nicht freigiebige Sold, die einfache Kost, die regelmäßige Verabreichung von Kleidungsstücken, die Sorge für deren Instandhaltung etc. wecken und erhalten frühzeitig sein Sinnen und Trachten zur Genügsamkeit, Vorsorge und Sparsamkeit. (…) Wir haben daher in unserer Armee nicht nur eine militärische Disziplin, sondern auch eine moralische, die nicht bloß Soldaten ausbildet, sondern auch den jungen Mann erzieht und den ausgebildeten Soldaten seinem bürgerlichen Lebensberufe mit dem moralischen Sinne für eine geregelte Lebensweise, für Ordnung und Gesetz zurückgibt.

Zit. nach: B. Ulrich/J. Vogel/B. Ziemann (Hg.), a. a. O., S. 63.

Fragen und Anregungen

1. Erläutere, warum gerade der Kaiser ein Symbol für das neue deutsche Reich wurde (VT, Q2, Q4).

2. Informiere dich zunächst über den Text des Deutschlandliedes (S. 149, Q7). Lege dann eine Tabelle mit drei Spalten an. Sammele Argumente, warum zunächst die „Wacht am Rhein" (Q5) gesungen wurde und halte sie in der ersten Spalte stichwortartig fest. Notiere in der zweiten Spalte Argumente dafür, warum das Deutschlandlied immer beliebter wurde (VT). Halte in der dritten Spalte Argumente dafür fest, warum heute nur noch die dritte Strophe des Deutschlandliedes Nationalhymne ist.

3. Erläutere, warum bei der Sedanfeier 1912 am Alten Gymnasium in Bremen gerade dieses Programm zusammengestellt wurde (VT, Q3). Überlegt, wie die Feier gestaltet worden sein könnte (Ort, Zeit, beteiligte Personen, Kleidung, Raumschmuck etc.) und schreibt einen Bericht über die Feier für die örtliche Zeitung (s. auch Q1).

4. Stelle dir vor, du seist Vater oder Mutter im Kaiserreich und möchtest deinen Sohn davon überzeugen, dass er eine militärische Laufbahn einschlägt. Was sagst du ihm? (VT, Q6–Q9). Wenn du selbst der Sohn wärest, wie würdest du antworten?

DENKMÄLER ERKUNDEN

Sichtbare Zeichen des nationalen Gedankens

Der nationale Gedanke zeigte sich in den unzähligen Denkmälern, die im 19. Jahrhundert errichtet wurden. In Städten und Dörfern, an beliebten Ausflugszielen oder an historischen Stätten erinnerten Denkmäler an die großen Persönlichkeiten und die bedeutenden Ereignisse der deutschen Geschichte. In ganz Deutschland treffen wir auch heute noch auf Standbilder, Gedenksteine, Kriegerdenkmäler, Brunnen, Türme oder Säulen aus der Zeit des Kaiserreichs.

Denkmäler werden wie Historienbilder in der Absicht geschaffen, der Nachwelt ein bestimmtes Geschichtsbild zu vermitteln: Im Kaiserreich wurde vor allem die Nation verherrlicht, heute sollen uns Mahnmale und Gedenkstätten auch an den kritischen Umgang mit unserer eigenen Geschichte erinnern. Die Auswahl von Motiv und Standort, die künstlerische Gestaltung und vor allem die Symbole geben Auskunft über die beabsichtigte Wirkung des Denkmals. Allerdings waren Denkmalbauten teuer und zogen sich oft über eine lange Zeit hin. Im Einzelfall muss daher immer geprüft werden, welchen Einfluss die Entstehungsgeschichte eines Denkmals auf die Gestaltung hatte, ob einzelne Details aus unterschiedlichen Zeiten stammen oder ob das Denkmal durch Umbau einer neuen Zeit angepasst wurde.

Das Hermannsdenkmal im Teutoburger Wald Q1

Das Denkmal zeigt den Cheruskerfürsten Arminius (lat.), auf Deutsch Hermann genannt. Von 1838 bis 1875 wurde es auf der Grotenburg, einem Berg im Teutoburger Wald, errichtet. Es sollte erinnern an die „Schlacht im Teutoburger Wald", in der 9 n. Chr. eine römische Armee mit drei Legionen (ca. 20 000 Soldaten) von germanischen Stämmen unter der Führung des Arminius vernichtet wurde. Heute hält man für wahrscheinlicher, dass die Schlacht bei Kalkriese, in der Nähe von Osnabrück, stattgefunden hat. Das Denkmal hat eine Höhe von ca. 54 m. Im Sockel befindet sich ein Bronzerelief Kaiser Wilhelms I., das aus einer erbeuteten französischen Kanone angefertigt wurde. Die Inschrift dazu lautet:

Der lang getrennte Stämme vereint mit starker Hand,
Der welsche Macht und Tücke siegreich überwand,
Der längst verlorne Söhne heim führt zum Deutschen Reich,
Armin, dem Retter, ist er gleich. (…)
Am 17. Juli 1870 erklärt Frankreichs Kaiser, Louis Napoleon, Preußen Krieg, da erstunden alle Volksstämme Deutschlands und züchtigten von August 1870 bis Januar 1871 immer siegreich französischen Übermut unter Führung König Wilhelms von Preußen, den das deutsche Volk am 18. Januar zum Kaiser erkor.

Q2 Barbarossafigur des Kyffhäuser-Denkmals

Nach dem Tod Kaiser Wilhelms I. am 9. März 1888 entstanden unzählige Denkmäler zu seinen Ehren. Eines der bedeutendsten wurde am 18. Juni 1896 auf dem Kyffhäuser, einem Bergrücken im Norden Thüringens, eingeweiht. Der Sage nach soll sich der Stauferkaiser Friedrich Barbarossa (1152–1190) im Kyffhäuser verborgen haben, um dort schlafend die Erneuerung seines Reiches abzuwarten. Im unteren Teil des Denkmals wird der gerade erwachende und sich aufrichtende Kaiser Barbarossa dargestellt, darüber erhebt sich das monumentale Reiterstandbild Wilhelms I.

198

WERKSTATT

Q5 Aufruf der Deutschen Studentenschaft an das deutsche Volk vom 3. Dezember 1898

Wie vor Zeiten die alten Sachsen und Normannen über den Leibern ihrer gefallenen Recken schmucklose Felsensäulen auftürmten, deren Spitzen Feuerfanale trugen, so wollen wir unserm Bismarck zu Ehren auf allen Höhen unserer Heimat, von wo der Blick über die herrlichen deutschen Lande schweift, gewaltige granitene Feuerträger errichten. Überall soll, ein Sinnbild der Einheit Deutschlands, das *gleiche* Zeichen erstehen, in ragender Größe, aber einfach und prunklos, auf massivem Unterbau eine schlichte Säule, nur mit dem Wappen und Wahlspruch des eisernen Kanzlers geschmückt. Keinen Namen soll der gewaltige Stein tragen, aber jedes Kind wird ihn dem Fremden deuten können: *Eine Bismarcksäule!*

Zit. nach: S. Seele/G. Kloss, Bismarcktürme und Bismarcksäulen. Petersberg 1997, S. 23f.

Q3 Bismarckturm in Stuttgart
Bereits zu Bismarcks Lebzeiten entstanden nach ihm benannte Türme. Nach seinem Tod 1898 rief die gesamte deutsche Studentenschaft zum Bau von Bismarcktürmen oder -säulen auf.

Q4 Reiterstandbild Kaiser Wilhelms I. in Karlsruhe aus dem Jahr 1897

PROJEKT

Denkmäler weit weg und vor Ort
Bestimmt gibt es auch in eurer Nähe Denkmäler aus der Zeit des Kaiserreichs. Bei Bedarf könnt ihr euch z. B. beim Stadtarchivar, im Stadt- oder Heimatmuseum oder im Rathaus darüber informieren. Untersucht Motive, Inschriften, Symbole und künstlerische Gestaltung. Informationen zur Baugeschichte findet ihr in den zeitgenössischen Zeitungen im Stadtarchiv oder in Veröffentlichungen zu eurer Gemeinde. Bereitet eine Denkmalführung für eure Mitschüler vor.
Vergleichend kann sich eine andere Gruppe im Internet über die bekannten Denkmäler der Kaiserzeit informieren. Außer dem Kyffhäuser- und Hermannsdenkmal sowie der Siegessäule kommen das Völkerschlachtdenkmal in Leipzig, das Bismarck-Denkmal in Hamburg oder Berlin oder das Niederwald-Denkmal bei Rüdesheim infrage. Haltet mithilfe der gefundenen Bilder einen Kurzvortrag über das von euch gewählte Thema.

DENKMÄLER ERKUNDEN

Q6 Die Enthüllung der Siegessäule am 2. September 1873

Bereits nach dem deutsch-dänischen Krieg hatte König Wilhelm von Preußen im Dezember 1864 die Errichtung eines Siegesdenkmals in Berlin angeordnet. Im April 1865 war die Grundsteinlegung. Doch bevor überhaupt mit dem Bau begonnen wurde, wurde das Denkmal noch zwei Mal umgewidmet. 1867 bestimmte der König, „dass das Denkmal, welches zur Erinnerung an den dänischen Krieg von 1864 errichtet werden sollte, dahin erweitert werde, dass dasselbe zugleich die glorreichen Kämpfe des Jahres 1866 ehren sollte". Und am 31. Dezember 1871 fügte man dem Grundstein eine dritte Urkunde zu. Jetzt wurde das Denkmal der deutschen Einigung gewidmet. Die Siegessäule wurde am Sedantag 1873 eingeweiht, wurde jedoch erst im April 1876 vollständig fertig gestellt.

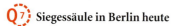

Q7 Siegessäule in Berlin heute

Q8 Die Siegesgöttin Victoria

Das Denkmal ist vierfach gegliedert. Auf dem Sockelunterbau erhebt sich die Säulenrundhalle, darüber die Säule selbst, die die Figur der Victoria trägt. In den Sockelunterbau sind vier etwa 2 x 12 m große Bronzereliefs eingelassen, die die Kriege von 1864, 1866 und 1870/1871 sowie den Einzug der siegreichen Truppen in Berlin zeigen. Die Säulenrundhalle schmückt ein Glasmosaik nach den Entwürfen von Anton von Werner, das dem Wunsch Wilhelms I. gemäß den Zusammenschluss der Deutschen im Kampf gegen Frankreich thematisiert. Auch die Kyffhäuser-Sage wird aufgegriffen: Während der Kaiserkrönung erwacht Barbarossa und zieht das Schwert. Die Säule ist mit vergoldeten Beutekanonen aus Dänemark, Österreich und Frankreich geschmückt. Als Krönung schwebt über allem die vierzig Tonnen schwere, 8,32 m hohe, vergoldete Siegesgöttin Victoria. Auf ihrem Haupt trägt sie den preußischen Adlerhelm, der sie auch als Borussia, die Personifikation Preußens, erscheinen lässt.

WERKSTATT

Q9 Deutsch-Französischer Krieg von 1870/71
Sockelrelief von Carl Keil an der Ostseite der Berliner Siegessäule nach einem Stich von 1873.

Q10 Der Königsplatz mit Siegessäule
Der Reichstag (rechts oben) wurde 1894 vollendet, das Bismarck-Nationaldenkmal (davor) 1901 enthüllt.

Q11 Der französische General Reille überreicht im Wald bei Sedan die Kapitulationsurkunde
Ausschnitt aus dem Sockelrelief an der Ostseite von Carl Keil.

Fragen und Anregungen

1. Erkläre, warum Arminius und Barbarossa als Motive für Denkmäler des Kaiserreichs gewählt wurden. Erkläre die Bedeutung des jeweiligen Standortes (Q1, Q2). Fasse in wenigen Sätzen zusammen, was diese beiden Denkmäler zum Ausdruck bringen sollen.

2. Stelle dir vor, du lebst im Kaiserreich, in deiner Nähe wird eine Bismarck-Säule eingeweiht und du sollst die Festrede halten. Überlege zunächst, welche Inhalte in einer solchen Rede vorkommen müssen und schreibe dann die Rede (Q3, Q5, Kapitel 3, auch S. 178–179).

3. Untersuche die Darstellung der Victoria in Bezug auf die künstlerische Gestaltung und die Symbole (Q8).

4. Untersuche die Darstellung der Kapitulation und des Einmarsches nach Paris 1871 auf dem Sockelrelief der Siegessäule (Q9, Q11). Beschreibe die Darstellung der Figuren, ihre Handlungen und ihr Verhältnis zueinander. Welche Dinge und Gebäudeteile kannst du erkennen?

5. Erläutere, welche Bedeutung der Aufbau des Denkmals hat (Q7, VT).

6. Vergleiche Q6 und Q7. Wie unterscheidet sich die Siegessäule auf beiden Abbildungen? Recherchiere im Internet, woher die Unterschiede kommen.

7. Stelle dir vor, du lebst im Berlin des Kaiserreichs und ein Besucher der Stadt möchte wissen, warum der Königsplatz so gestaltet ist (Q10). Was antwortest du ihm?

201

4. Vom Umgang mit Minderheiten und Andersdenkenden

Transparent, Berlin 1888 Q1

Das Sozialistengesetz gegen Sozialdemokraten

Wer im Kaiserreich nicht mit der Mehrheit der Gesellschaft übereinstimmte, wurde schnell zum „Reichsfeind" erklärt. Diese Andersartigkeit konnte religiös, national, politisch-sozial oder „rassisch" bedingt sein. Die gefährlichsten inneren Feinde des Reiches waren in Bismarcks Augen die Sozialdemokraten. Schließlich sahen ihre Programme eine grundlegende Umgestaltung von Staat und Gesellschaft vor. Zwei Attentate auf Kaiser Wilhelm I. boten 1878 den Vorwand, unter fälschlicher Beschuldigung mit gesetzgeberischen Maßnahmen gegen die Sozialdemokratie vorzugehen. Das so genannte Sozialistengesetz (1878–1890) verbot sozialdemokratische Organisationen; Schriften und Gelder wurden beschlagnahmt, aktive Mitglieder verfolgt, verhaftet und ausgewiesen. Die Partei wurde dadurch zwar schwer getroffen, blieb aber bestehen und erhielt allen staatlichen Maßnahmen zum Trotz immer stärkeren Zulauf.

Die Sozialgesetzgebung

Die von Bismarck ins Leben gerufene Sozialgesetzgebung sollte gleichfalls dem Kampf gegen die Sozialdemokratie dienen. Zwar wollte Bismarck auch aus sozialen Motiven die Lage der Arbeiterschaft verbessern, zugleich aber wollte er damit die Arbeiter für den Staat gewinnen und die Bedeutung der SPD für die Arbeiterschaft schwächen. Dafür freilich waren die Fortschritte doch zu bescheiden. Arbeiter und Staat standen sich weiterhin feindselig gegenüber. Die (sozialdemokratischen) Arbeiter galten bis zum Ende des Kaiserreichs als „vaterlandslose Gesellen". Umgekehrt sahen sie den „Klassenstaat" und das Kapital als ihre miteinander verbündeten Gegner an.

Der „Kulturkampf" gegen die Katholiken

Die Katholiken bildeten mit ca. 37 Prozent eine starke religiöse Minderheit im Reich. Ähnlich wie die Sozialdemokratie verfügten sie über ein Geflecht von eigenen Einrichtungen und Vereinen für alle Lebenssituationen. Bismarck sah im Katholizismus eine Bedrohung des Staates; er argwöhnte, die Katholiken fühlten sich eher ihren Priestern und vor allem dem Papst als der weltlichen Obrigkeit verpflichtet. Deshalb versuchte er in den 1870er-Jahren den Einfluss der katholischen Kirche einzudämmen. Priester durften nicht mehr von der Kanzel über politische Fragen reden, Geistliche sollten staatliche Prüfungen ablegen und die Ehe sollte nicht mehr kirchlich, sondern durch eine staatliche Einrichtung, das Standesamt, beurkundet werden. Aber dieser so genannte Kulturkampf rief erst recht den Widerstand der Kirche und der Gläubigen hervor und die Stimmenzahlen der katholischen Zentrumspartei stiegen steil an. In den 1880er-Jahren strebte Bismarck deshalb einen Ausgleich mit der Kirche an.

Die Unterdrückung der Polen

Im Osten Preußens lebten mehr als zwei Millionen Polen. In vielen Gegenden der Provinzen Posen und Westpreußen bildeten sie eine Mehrheit. Dass sie ihre traditionelle polnische Sprache und Kultur bewahren wollten, machte sie in den Augen der Obrigkeit verdächtig. Dazu kam ihr katholischer Glaube. Die Polen, so der Vorwurf, seien keine verlässlichen Staatsbürger, sie wollten ihre Gebiete von Preußen loslösen und einen eigenen Staat bilden. Die preußischen Behörden versuchten deshalb, das polnische Element mit Zwangsmaßnahmen zurückzudrängen: Polen durften auf Ämtern, vor Gericht und in der Schule nur noch deutsch sprechen.

Veranstaltungen polnischer Vereine wurden verboten. Polnische Landgüter wurden aufgekauft und deutsche Bauern dort angesiedelt. Letztlich aber war diese Germanisierungspolitik wenig erfolgreich und stärkte eher den Widerstandswillen der polnischen Bevölkerung.

Die Juden zwischen Gleichberechtigung ...

Die Juden machten im Kaiserreich etwa ein Prozent der Bevölkerung aus. Nach jahrhundertelanger Benachteiligung hatten sie in den 1860er-Jahren in einzelnen deutschen Staaten und anschließend dann im Reich die rechtliche Gleichstellung erhalten. In mancher Beziehung allerdings blieben sie Bürger zweiter Klasse. Vor allem im Staatsdienst – beim Militär, in der Verwaltung und an den Universitäten – hatten sie kaum Aufstiegschancen. In der Bevölkerung nahmen die Vorbehalte gegenüber dem Judentum sogar wieder zu. 1873 begann eine Wirtschaftskrise, die so genannte Gründerkrise. Viele Menschen machten dafür jüdische Finanziers verantwortlich – schon oft hatten die Juden in schweren Zeiten als Sündenböcke herhalten müssen. Ihr prominentester Gegner war der preußische Historiker Heinrich von Treitschke. Sein Ausspruch „Die Juden sind unser Unglück" wurde unter Gesinnungsgenossen zum geflügelten Wort und später von den Nationalsozialisten aufgegriffen.

... und Antisemitismus

Dass Juden wegen ihres Glaubens abgelehnt und verfolgt wurden, hatte eine lange, bis ins Mittelalter zurückreichende Tradition. Zu diesem religiösen Antijudaismus kam nun ein neuer rassischer Antisemitismus hinzu. Seine Vertreter waren der Überzeugung, es gebe verschiedene höher- und minderwertige Rassen. Die arische oder nordische Rasse sei wertvoller als die jüdische. Deshalb könnten Juden nicht zum deutschen Volk gehören und keine gleichen Rechte beanspruchen. Diese unwissenschaftliche Ideologie fand im Kaiserreich zwar nie massenhafte Verbreitung, gewann aber doch zahlreiche Anhänger. Auch einzelne Parteien und Verbände, z.B. auch der Alldeutsche Verband, vertraten antisemitische Positionen. Allerdings war das keine deutsche Besonderheit. Überall in Europa fasste der Antisemitismus Fuß. Die schlimmsten Auswirkungen hatte er in Russland. Dort kam es in den 1880er-Jahren zu Ausschreitungen und Verfolgungen, so genannten Pogromen, bei denen tausende von Juden vertrieben und getötet wurden.

Q2 „Gruß aus dem Kölner Hof" Werbe-Ansichtskarte eines Frankfurter Hotels, um 1897.

203

Q3 Durchsuchung bei einem politisch Verdächtigen
Ausschnitt aus einem Holzstich von 1895.

Q4 Wahlbehinderungen für die Sozialdemokraten
Ein Arbeiter berichtet nach der Reichstagswahl 1890 in einem Brief an den im Ausland lebenden Sozialdemokraten Eduard Bernstein:
In einigen Wahllokalen lagen die konservativen Stimmzettel im Lokal auf dem Tisch und niemand durfte sich einen Stimmzettel von draußen mitbringen [die Stimmzettel wurden von den Parteien selber gestellt]; man musste ihn im Lokal vom Tisch nehmen und dann dem Wahlvorsteher übergeben. An anderen Orten wurden Wählern unsere Stimmzettel aus der Hand genommen, zerrissen und ihnen andere mit den Worten gegeben: „Das ist der richtige für Kaiser und Reich." In einigen Dörfern haben Arbeiter sozialdemokratisch gewählt, bei der Auszählung fand sich aber kein sozialdemokratischer Stimmzettel vor – wahre Hexerei, nicht?

Zit. nach: E. Bernstein, Die Geschichte der Berliner Arbeiter-Bewegung, Bd. 2. Berlin 1907, Nachdruck Glashütten 1972, S. 298.

Q5 Verurteilungen von Sozialdemokraten
Der Oberstaatsanwalt in Hamm berichtet am 13. Juni 1878 über Gerichtsurteile gegen Sozialdemokraten nach einem Attentat auf Kaiser Wilhelm I.:
Der Fabrikarbeiter LUDWIG aus Essen äußerte am 2. Juni: „Meinetwegen können sie den Kaiser beschissen haben. Für 100 Mk. erschieße ich auch einen." Er ist heute zu 2½ Jahren Gefängnis verurteilt.
(…) Der Häusler WINNENFELD zu Essen äußerte am 3. Juni: „Es wäre gut gewesen, wenn die Kugel den Kaiser getroffen hätte. Er bedauere sehr, dass der Kaiser nicht totgeschossen sei." Er ist heute zu 2½ Jahren Gefängnis verurteilt.
(…) Ehefrau des Kutschers HOTZER aus Dortmund nannte am 5. d. Mts. zu Essen den Kaiser „so ein dummes Luder". Sofort angeklagt, ist sie bereits am 11. zu 2 Jahren Gefängnis verurteilt.

Zit. nach: G. A. Ritter/J. Kocka, Deutsche Sozialgeschichte. Dokumente und Skizzen, Bd. II: 1870–1914. München 2. Aufl. 1977, S. 392 f.

Q6 Feindbild Sozialdemokratie
In einem gegen die Sozialdemokraten gerichteten Flugblatt zu den Reichstagswahlen 1898 heißt es:
Die Sozialdemokratie will die militärische Kraft des Deutschen Reiches untergraben und damit den stärksten Schutz gegen äußere Feinde vernichten. Die Sozialdemokratie ist die geschworene Feindin der Monarchie. Sie will den Hohenzollernthron stürzen und das Herrscherhaus beseitigen, mit dem uns eine jahrhundertelange Geschichte in Glück und Unglück verbunden hat. Wer das nicht will, der stimme gegen den Sozialdemokraten. Denn die Sozialdemokratie ist der Feind!
Die Sozialdemokratie will jede Religion beseitigen. (…) Wer den Glauben seiner Väter sich nicht nehmen lassen will, wer den köstlichen Besitz seines Herzens und seiner Seele nicht preisgeben will, der stimme gegen den Sozialdemokraten!
Die Sozialdemokratie will das Eigentum vernichten. (…) Wer behalten will, was er besitzt, wer die Scholle sich nicht nehmen lassen will, auf der er und seine

Rassismus

Die Erkenntnisse des Naturforschers Charles Darwin (1809–1882), dass die natürliche Entwicklung von Tierrassen durch Konkurrenz und Durchsetzung der Überlebensfähigsten stattfinde, wurden in vereinfachter Form auf den Menschen übertragen. Von dem Franzosen Joseph Arthur Gobineau (1816–1882) stammte die Behauptung, die „Arier" seien eine Eliterasse, die über alle anderen herrschen müsse. Diese Vorstellungen machten sich später auch Hitler und die Nationalsozialisten zu eigen.

Vorfahren sich genährt haben, wer sein blühendes Geschäft sich und seinen Kindern erhalten will, wer sein Handwerk weiter betreiben, wer die Früchte seines Fleißes selbst mit den Seinen genießen will, der stimme gegen den Sozialdemokraten!
Die Sozialdemokratie ist die Feindin und Verderberin der Familie. Sie (…) bedroht den Frieden unseres Hauses. Sie will uns alles das nehmen, was außer der Berufsarbeit und den öffentlichen Pflichten uns bisher das Leben lebenswert gemacht hat. Der Mann, dem sein häusliches Glück, dem Weib und Kind ans Herz gewachsen sind, der stimme am 16. Juni gegen den Sozialdemokraten!

Zit. nach: D. Fricke (Hg.), Dokumente zur deutschen Geschichte 1897/98–1904. Frankfurt a. M. 1977, S. 30 f.

Q8 „Die Zukunft"
Ansichtskarten-Karikatur, um 1900.

Q7 Organisierter Antisemitismus

Aus der Satzung der Deutschen Antisemitischen Vereinigung, 1886:

Die Grundsätze und Ziele der Vereinigung gehen aus der Erkenntnis hervor, dass die Geschichte aller Zeiten die Unverbesserlichkeit der jüdischen Rasse erwiesen hat und dass hinsichtlich der Moral und Lebensauffassung eine unüberbrückbare Kluft zwischen Deutschtum und Judentum besteht. Die Juden haben von der ihnen unüberlegter Weise gewährten Gleichberechtigung den denkbar schlechtesten Gebrauch gemacht und die Judenfrage zu einer Existenz-Frage für das deutsche Volk gestaltet. Jüdischer Wucher hat in allen Kreisen der Bevölkerung, besonders im Beamtentum, unzählige Opfer gefordert; die Hauptstütze des Staates, der Bauernstand, ist durch Güterschlächterei und Wucher an den Rand des Ruins gebracht. In die Verwaltungs-, Kommunal-, Lehr- und Richter-Ämter sind Juden ungehindert eingedrungen und haben hier deutsche Sitte, deutsche Gesinnung und deutsches Recht verfälscht und untergraben. In den Parlamenten haben sie ein Jahrzehnt hindurch über Gebühr das Wort geführt, die Gesetzgebung zugunsten ihres Stammes beeinflusst und verderbliche Tendenzen in dieselbe hineingetragen. Was soll von deutschem Wesen noch übrig bleiben, wenn wir diesem Gebaren noch ferner müßig zusehen? Nirgends beteiligt sich der Jude an der ehrlichen produktiven Arbeit, aber durch Hausierhandel und Magazin-Wesen hat er das redliche Handwerk und den soliden Handel verdrängt und dem Untergang preisgegeben; durch Börsen-Jobberei und schwindelhaftes Gründertum hat er Industrie und Großhandel untergraben und in seinen Dienst gestellt. Durch internationale Verbündung beherrscht der Jude den Weltmarkt und so heimst er unverdientermaßen alle Früchte des Kulturfleißes der Nationen ein. (…) Von einer Verfolgung der Juden unsererseits kann nicht die Rede sein, sondern nur von einer Abwehr (…).

Zit. nach: M. Wolffsohn/U. Puschner, Geschichte der Juden in Deutschland. Quellen und Kontroversen. München 1992, S. 91 f.

Fragen und Anregungen

1. Stelle zusammen, welche Maßnahmen gegen die Sozialdemokraten ergriffen und welche Argumente gegen sie vorgebracht wurden. Prüfe, wie die Sozialdemokraten die staatlichen Maßnahmen gegen sie empfunden haben (Kapitel 1; Q1, Q3–Q6). Schreibe einen Artikel für eine sozialdemokratische Zeitung, in dem du über diese Maßnahmen berichtest und aus der Sicht eines Sozialdemokraten dazu Stellung nimmst.

2. Untersuche die Abbildungen Q2 und Q8 mithilfe der methodischen Arbeitsschritte von S. 142. Fasse zusammen, an welchen Merkmalen die Juden auf diesen Abbildungen erkannt werden sollen, und zeige, welche Vorurteile gegenüber Juden hier dargestellt werden.

3. Arbeite heraus, welche Meinung der Deutsche Antisemitische Verein von den Juden hatte (Q7). Diskutiert, warum der Verein sich in dieser Weise gegen die Juden aussprach. Wie kann man zu der Meinung gelangen, dass ein Prozent der Bevölkerung zur „Existenz-Frage für das deutsche Volk" (Z. 9) werden kann?

5. Frauen im Kaiserreich – der lange Weg zur Gleichberechtigung

„Zur Frauenbewegung" Q1
Karikaturistische Ansichtskarte, um 1900.

Wenig Rechte für Frauen

Frauen hatten im Kaiserreich weitaus weniger Rechte als Männer. Sie besaßen kein Wahlrecht, durften sich in der Öffentlichkeit nicht politisch betätigen und auch im Zivilrecht galten sie als nicht voll „geschäftsfähig". Sich mit solchen wichtigen und ernsthaften Dingen wie Politik oder Geschäft zu befassen, entspreche nicht dem weiblichen Charakter – darin waren sich fast alle Männer einig.

Die bürgerliche Frauenbewegung

Im Zuge der Revolution 1848/49 war auch die Frauenbewegung in Deutschland entstanden. Seit 1865 gab es den „Allgemeinen Deutschen Frauenverein" (ADF); seine Vorsitzende war Louise Otto-Peters. Ziele des ADF waren bessere Bildungs- und Berufschancen vor allem für bürgerliche Frauen. Nur eine Minderheit in der bürgerlichen Frauenbewegung forderte auch die völlige politische Gleichstellung und damit das Wahlrecht für Frauen.

Die proletarische Frauenbewegung

Um mehr Rechte und bessere Bildungsmöglichkeiten ging es auch der proletarischen Frauenbewegung. Sie wollte außerdem die Arbeitsbedingungen für Frauen in der Industrie verbessern. Ihr Endziel freilich war eine neue Gesellschaft von lauter Gleichberechtigten. Vorkämpferin der proletarischen Frauenbewegung war seit den 1890er-Jahren Clara Zetkin. Sie gab die sozialdemokratische Frauenzeitschrift mit dem bezeichnenden Titel „Die Gleichheit" heraus. Aber auch die Sozialdemokraten taten sich schwer damit, die Forderungen der Frauen anzuerkennen. Erst auf dem Erfurter Parteitag 1891 wurden diese ins Parteiprogramm aufgenommen.

Kleine Fortschritte

Erste Schritte in Richtung Gleichberechtigung gab es erst gegen Ende des Kaiserreichs. 1908 gab das neue Reichsvereinsgesetz den Frauen das Recht, sich zu versammeln und sich in Parteien und Vereinen politisch zu betätigen. Im selben Jahr wurden in Preußen Frauen zum Studium zugelassen und die höheren Mädchenschulen den Knabenschulen wenigstens annähernd gleichgestellt. Das Wahlrecht blieb Frauen bis zum Ende des Kaiserreichs vorenthalten; erst die Weimarer Verfassung von 1919 stellte sie darin den Männern gleich.

Der bürgerliche Haushalt

Das Reich der bürgerlichen Hausfrau – so die von Männern geprägte Idealvorstellung – war das Haus. Sie sollte den Haushalt führen und das Personal anleiten. Sie hatte den Mann in seiner Freizeit angenehm zu unterhalten und bei Geselligkeiten zu repräsentieren. Dieser Rollenvorstellung entsprachen auch Erziehung und Ausbildung der Kinder. Für die höhere Schul- und die Berufsausbildung der Söhne gaben bürgerliche Eltern viel Geld aus; bei der „höheren Tochter" stand die musische Erziehung für das Privatleben im Vordergrund: Literatur, Malen, Musizieren, Sticken.

Bürgerliche Frauenarbeit

Weibliche Berufstätigkeit galt im Bürgertum als nicht standesgemäß. Für unverheiratete Frauen ohne Vermögen gab es nur wenige angemessene Berufe, etwa Gouvernante oder Mädchenschullehrerin. Wo in Bürgerfamilien das Geld knapp war, übernahm die Frau – nach außen hin oft schamhaft verborgen – textile Hausarbeiten. Neue Arbeitsmöglichkeiten entstanden erst allmählich durch die Angestelltenberufe: Sekretärin, Stenotypistin oder Telefonistin wurden um die Jahrhundertwende zu typischen Frauenberufen. Arbeitsbedingungen und Einkommen waren nicht gerade glänzend und wie überall blieben die höheren Positionen Männern vorbehalten. Immerhin aber bildeten die Büroberufe, weil dort keine rein körperliche Arbeit geleistet werden musste, ein neues Berufsfeld auch für bürgerliche Frauen.

Frauenarbeit in der Arbeiterschaft

In der Arbeiterschaft war weibliche Berufstätigkeit viel weiter verbreitet als im Bürgertum. Viele Arbeiterfamilien waren auf ein zusätzliches Einkommen angewiesen. Die meisten Frauen arbeiteten in der Textilherstellung, entweder in der Fabrik oder in Heimarbeit. Frauen mit Familie und Beruf lebten fast ständig am Rande der Erschöpfung, denn auch in Arbeiterkreisen blieben ihnen nach dem damaligen Rollenverständnis ganz selbstverständlich Hausarbeit und Kinderversorgung überlassen.

Das Dienstbotenwesen

Noch um die Jahrhundertwende arbeiteten allerdings mehr als doppelt so viele Frauen in der Landwirtschaft wie in der Fabrik – als „mithelfende Familienangehörige". Vom Lande kamen auch die meisten Dienstmädchen, die im Kaiserreich geradezu zum Symbol bürgerlicher Repräsentation wurden: Mit der „Dienstbotenhaltung" zeigte man, dass man es nicht nötig hatte, anstrengende Handarbeit selber auszuführen. 1882 arbeitete fast ein Viertel aller berufstätigen Frauen als Dienstmädchen. Die Arbeit war hart; es gab wenig Geld, wenig Freizeit und wenig Rechte.

Q2 Frauendemonstration für Gleichberechtigung am 8. März 1911, dem Internationalen Frauentag.

Q3 Männer- und Frauenrechte

Aus dem „Bürgerlichen Gesetzbuch" (BGB) von 1900:

§ 1354. Dem Manne steht die Entscheidung in allen das gemeinschaftliche eheliche Leben betreffenden Angelegenheiten zu; er bestimmt insbesondere Wohnort und Wohnung. (…)

§ 1355. Die Frau erhält den Familiennamen des Mannes. (…)

§ 1357. Die Frau ist berechtigt, innerhalb ihres häuslichen Wirkungskreises die Geschäfte des Mannes für ihn zu besorgen und ihn zu vertreten. (…)

§ 1363. Das Vermögen der Frau wird durch die Eheschließung der Verwaltung und Nutznießung des Mannes unterworfen. (…)

§ 1627. Der Vater hat kraft der elterlichen Gewalt das Recht und die Pflicht, für die Person und das Vermögen des Kindes zu sorgen.

Zit. nach: A. Conrad/K. Michalik (Hg.), Quellen zur Geschichte der Frauen, Bd. 3: Neuzeit. Stuttgart 1999, S. 136 ff.

Q4 Forderungen der bürgerlichen Frauenbewegung

Aus dem Programm des „Allgemeinen Deutschen Frauenvereins" von 1905:

Die Frauenbewegung setzt sich somit das Ziel: den Kultureinfluss der Frau zu voller innerer Entfaltung und freier sozialer Wirksamkeit zu bringen. (…)

I. Bildung. (…)

b) eine Reorganisation der höheren Mädchenschule, durch welche diese, unbeschadet ihrer dem Wirkungskreise der Frau entsprechenden Besonderheit, den höheren Knabenschulen gleichwertig wird; (…)

c) unbeschränkte Zulassung ordnungsgemäß vorgebildeter Frauen zu allen wissenschaftlichen, technischen und künstlerischen Hochschulen.

II. Berufstätigkeit. Die Frauenbewegung betrachtet für die verheiratete Frau den in Ehe und Mutterschaft beschlossenen Pflichtenkreis als ersten und nächstliegenden Beruf. (…)

In Anbetracht der großen Zahl von Frauen, die unverheiratet bleiben, und der weiteren Zahl derer, die in der Ehe keine ausreichende wirtschaftliche Versorgung finden können, ist die Berufsarbeit der Frau eine wirtschaftliche und sittliche Notwendigkeit. (…)

IV. Öffentliches Leben, Gemeinde und Staat (…)

a) Zulassung der Frauen zu verantwortlichen Ämtern in Gemeinde und Staat, vor allem solchen, die zu den Interessen der Frauen in besonders naher Beziehung stehen. (…)

f) Teilnahme der Frauen am politischen Wahlrecht.

Zit. nach: G. A. Ritter/J. Kocka (Hg.), Deutsche Sozialgeschichte. Dokumente und Skizzen, Bd. II: 1870–1914. München 1974, S. 422 ff.

Q5 Das Frauenbild der Männer

Der Mediziner Professor Theodor von Bischoff äußert sich 1872 über die unterschiedlichen Charaktereigenschaften von Männern und Frauen:

[… Die Eigenschaften des Mannes:] mutig; kühn; heftig; trotzig; rau; verschlossen; Festigkeit; Handeln nach Überzeugung; Vernunft beherrscht das Gefühl; der Geist ist tiefer, weiter, dringt mehr in das Innere der Dinge; berücksichtigt das Wesen der Dinge; erforscht gründlicher und genauer; prüft ruhiger; urteilt unbefangen; schaffendes Prinzip.

[Die Eigenschaften der Frau:] furchtsam; nachgiebig; sanft; zärtlich; gutmütig; geschwätzig; verschmitzt; wandelbar; inkonsequent; Handeln nach Gefühl; Gefühl beherrscht die Vernunft; berücksichtigt das Äußere, den Schein; Urteil befangen, oberflächlich; Wille schwach; das Handeln ist unbestimmt; (…) größere Stärke des Gefühls und der Teilnahme für die Ihrigen und Notleidenden; schamhafter; erhaltendes Prinzip. (…)

Aus dieser Verschiedenartigkeit der Geschlechter in körperlicher und geistiger Hinsicht geht unwiderleglich hervor, dass das weibliche Geschlecht für das Studium und die Pflege der Wissenschaften und insbesondere der Medizin nicht geeignet ist.

Zit. nach: E. Glaser, „Sind Frauen studierfähig?" Vorurteile gegen das Frauenstudium. In: E. Kleinau/C. Opitz (Hg.), Geschichte der Mädchen- und Frauenbildung, Bd. 2. Frankfurt/New York 1996, S. 301.

Fragen und Anregungen

1. Stelle in Stichworten die rechtliche Stellung sowie die Aufgaben von Mann und Frau einander gegenüber (VT, Q3, Kapitel 2).

2. Erläutere die Karikatur Q1. Stelle dir vor, ein Mitglied des ADF trifft auf den Zeichner dieser Karikatur und spricht ihn darauf an. Stelle zunächst in Stichworten zusammen, wie jeder der beiden die Rolle der Frau beurteilt (Q1, Q4, VT). Formuliere dann das Gespräch der beiden über die Karikatur.

3. Untersuche das Frauenbild des Mediziners Bischoff aus dem Jahr 1872 (Q5). Diskutiert, wie es sein kann, dass ein Naturwissenschaftler zu dieser Ansicht kommt. Untersucht vergleichend das heutige Frauenbild. Welche „Beweise" haben wir für unsere Ansicht?

208

6. Aufbruch in die Moderne

Nach 1870	Die massenhafte Bevölkerungswanderung in die Städte beginnt.
1883	In Berlin wird die erste Vermittlungsanlage für Telefongespräche eingerichtet.
Ab 1890	Die elektrischen Straßenbahnen verbreiten sich in den deutschen Großstädten.
1900	Die ersten deutschen Kaufhäuser entstehen.
1910	Fast die Hälfte aller Einwohner Deutschlands lebt in Städten mit mehr als 5 000 Einwohnern.

Q1 Telefonapparat, 1907

Zeit des Wandels – die „Moderne"

Das Kaiserreich ist oft als „gute alte Zeit" bezeichnet worden: Es herrschte Frieden, die deutsche Nation hatte Weltgeltung erlangt und vor allem das Bürgertum prägte das Bild von persönlichem Glück, Ansehen und tugendhafter Wohlerzogenheit. Der Kaiser war das Sinnbild lang andauernder Sicherheit und Beständigkeit, die Welt sollte so bleiben. Tatsächlich trat eher das Gegenteil ein. Spätestens seit den 1890er-Jahren gerieten Gesellschaft, Wirtschaft und Kultur immer mehr in Bewegung. „Die Zeit ist aus den Fugen", schrieb der Berliner Theaterkritiker Alfred Kerr 1899. Die Zeitgenossen haben diese Veränderungen unterschiedlich wahrgenommen. Die einen bejahten das Neue als Verbesserung und Fortschritt. Die anderen beklagten den Verlust einer vertrauten Lebenswelt, sie fühlten sich verunsichert und überfordert. Dass viele Menschen das Gefühl hatten, in einer ganz neuen Zeit zu leben, zeigt der Begriff „Moderne". Er wurde zuerst (1887) für die Literatur geprägt und bürgerte sich dann seit der Jahrhundertwende als allgemeine Zeitbeschreibung ein.

Q2 **Das Kaufhaus Wertheim in Berlin**
Blick in die Strumpfabteilung. Warenhäuser wurden zum Symbol für neues Konsumdenken. Voraussetzung dafür war die industrielle Massenproduktion von Gütern und Waren. Das wiederum war die Grundlage für den Massenkonsum: Immer mehr Menschen hatten Zeit und Geld dafür, Dinge über den alltäglichen und unbedingt notwendigen Bedarf hinaus zu kaufen; allerdings traf dies nicht auf alle Schichten zu. Foto von 1906.

209

Deutschland wird Industriestaat

In den 1890er-Jahren wurde Deutschland endgültig zum Industrieland. Zum ersten Mal arbeiteten mehr Menschen in Industrie und Bergbau als in der Landwirtschaft. In die Industrie flossen die meisten Gelder und sie machte die höchsten Gewinne. Auch international wurde die deutsche Industrie immer stärker: Insgesamt nahm sie hinter den USA und England den dritten Platz ein; Elektro- und Chemieindustrie (Siemens, AEG, Bayer, Hoechst, BASF) waren sogar weltweit führend.

Wissenschaft und Bildung

Wie in keinem anderen Land trugen in Deutschland Wissenschaft und Bildung zur industriellen Entwicklung bei. Wo in England oft noch gelernte Handwerker mit ihrem Erfahrungswissen arbeiteten, wurden in Deutschland schon Fachkräfte eingestellt, die an Universitäten und vor allem Technischen Hochschulen ausgebildet worden waren. Neu war auch die wissenschaftliche Grundlagenforschung. In Firmen oder staatlichen Instituten entstanden die ersten Großlabore, die nicht sofort anwendbare neue Erfindungen entwickeln sollten, sondern grundlegende Probleme und Fragen der neuen Wissenschaften bearbeiten. Von 1901 bis 1918 erhielten deutsche Wissenschaftler sechs Mal den Nobelpreis für Physik, sieben Mal den für Chemie und vier Mal den für Medizin. Langfristig profitierte die deutsche Industrie natürlich von diesen Arbeitsergebnissen.

Die Volksschule

Auch die Volksschule, besucht von mehr als 90 Prozent aller Schüler, galt international als besonders weit entwickelt. Etwa um 1880 war die Schulpflicht in Deutschland durchgesetzt. Damit erhielten alle Kinder unabhängig von ihrer Herkunft wenigstens eine Grundlage an schulischer Bildung. Allerdings gab es klare Vorgaben. Die Schule erzog sie zu „Untertanen": Sie sollten dem Kaiser treu ergeben sein und die Verhältnisse im Staat nicht kritisieren. Das gleiche galt für die höheren Schulen, auch wenn dort natürlich eine breitere Bildung vermittelt wurde.

Verkehr, Kommunikation und Kultur

Die Eisenbahn war das erste Massenverkehrsmittel. Menschen und Waren konnten jetzt in Deutschland wesentlich schneller und billiger als zuvor transportiert werden. Als städtisches Massenverkehrsmittel kam ab 1890 die elektrische Straßenbahn hinzu. Mit dem Auto und dem Fahrrad begann sich in den 1840er-Jahren zugleich die individuelle Fortbewegung zu verändern – zunächst allerdings nur sehr zögernd. Auch das Telefon verbreitete sich erst allmählich, revolutionierte aber letztlich die private Kommunikation. Mit der Telegrafie konnte man Signale drahtlos über weite Entfernungen übertragen. Und schließlich ließ sich jetzt die Welt in Tönen und Bildern festhalten: durch Schallplatte und Grammofon, durch die Verbesserung der Fotografie und durch den Film. Damit wurden auch Kultur und Unterhaltung für viele zugänglich. Konzert, Schauspiel und Oper waren lange Zeit dem Adel vorbehalten gewesen, jetzt nahm auch das Bürgertum daran teil. Die ersten Kinos und Kabaretts fanden Zuspruch bei allen Bevölkerungsschichten. Allerdings konzentrierten sich all diese Veränderungen auf die großen Städte. Sie waren die „Vorreiter der Moderne" – auf dem Lande blieb noch lange vieles beim Alten.

Q3 Zeppelin

Seit der Jahrhundertwende begann auch die Eroberung der Luft mit Zeppelin und Flugzeug. Zum Massenverkehrsmittel wurde das Flugzeug allerdings erst im letzten Drittel des 20. Jahrhunderts.

Q4 Kritik an der industriellen Moderne

Im Mitteilungsblatt des Deutschen Bundes Heimatschutz heißt es 1904:

Immer mehr verwüstet im Zeitalter der Maschine die Herrschsucht der Industrie alles, was dem Einzelnen seit den Tagen der Kindheit traut und heimisch, was dem deutschen Volke die Grundlage seiner Stärke war.
5 (…) Die kleinen, freundlichen Städte, in denen überall eine harmlose und künstlerische Freude am Besitz nistete, sind entstellt, die Dörfer zu wüsten Steinhaufen geworden, die Berge an den schönsten Stellen durch Steinbrüche angetastet, der deutsche Laubwald durch
10 den Forstbetrieb seiner traulichen Waldschönheit beraubt. (…) Auf der einen Seite gewinnen wir dem Leben neue Wohltaten ab, verlängern das Leben selbst, erwerben Reichtümer und arbeiten mit steigender Anspannung aller Kräfte, auf der anderen Seite aber ver-
15 liert das Leben an seinem Inhalt und der Mensch wird zur reinen Arbeitsmaschine.

Zit. nach: K. Ditt, Die deutsche Heimatbewegung 1871–1945. In: Heimat. Analysen, Themen, Perspektiven, Bd. 1. Bonn 1990, S. 139.

Q5 Landwirte gegen Industrie

Die Zeitschrift „Korrespondenz des Bundes der Landwirte" veröffentlicht am 6. April 1898 einen Artikel mit dem Titel „Deutschland Industriestaat?":

Man braucht auch gar nicht weiter gelehrter Professor zu sein, sondern nur offene Augen und etwas gesunden Menschenverstand zu haben, um den Unterschied zwischen einem wettergebräunten Land-
5 mann und einem ausgemergelten Fabrikarbeiter, zwischen der kräftigen und frischen Land- und der blassen, hohläugigen Stadtjugend erkennen zu können. Selbst wenn der Landmann, was durchaus nicht der Wahrheit entspricht, sich schlecht nährte
10 wie der Industriearbeiter, so ist er dennoch infolge seiner gesunden Tätigkeit, des fortwährenden Aufenthaltes an der frischen Luft Letzterem körperlich weit überlegen, und dass er die geistige Nahrung des Fabrikarbeiters, die Lektüre sozial- und jüdisch-
15 demokratischer Hetz- und Schimpfblätter entbehren kann, gereicht ihm wahrlich auch nicht zum Nachteil. Der Jungbrunnen des deutschen Volkes ist und wird stets das platte Land sein, hier schöpft das deutsche Volk immer neue Kraft, von hier aus wird den in der
20 dumpfen Asphaltatmosphäre der Städte verkümmerten Generationen frisches Blut zugeführt. Die Industrie dagegen produziert nicht, sie konsumiert nur besonders wertvolle Volkskräfte.

Zit. nach: D. Fricke (Hg.), Dokumente zur deutschen Geschichte 1897/98–1904. Frankfurt a. M. 1977, S. 25.

Q6 Warnung vor Warenhäusern

In einem Zeitungsartikel von 1903 warnt der Verfasser vor den schädlichen Einflüssen der Warenhäuser:

Noch gefährlicher gestaltet sich dieses „Umherbummeln" in den Warenhäusern für die heranwachsende Jugend. Sie gewöhnen sich schon frühzeitig an dieses gewissermaßen so spielend vor sich gehende Einkaufen und werden wohl in neunzig von hundert Fällen
5 es vorziehen, ihre Einkäufe hier zu machen als in mittleren Geschäften, in denen es so ehrbar und demnach „langweilig" vor sich hergeht. Die Jugend, bei vernachlässigter Erziehung ohnehin zu Ausschreitungen leicht geneigt, wird hier systematisch zur „Oberfläch-
10 lichkeit" herangebildet. Tand und wertloser Flitter werden ihr auch für die Zukunft mehr imponieren als solide Ware, wenn dieser Tand nur in gefälligem glänzenden Gewande dargeboten wird.

Zit. nach: U. Spiekermann, „Hereinspaziert in die Welt Ihrer Träume!" Das Warenhaus als Ort des Konsums. In: Praxis Geschichte H. 4/1998, S. 38.

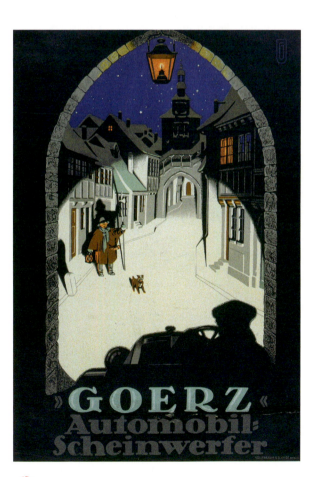

Q7 Werbeplakat
Entworfen von Carl Otto Gadau, vor 1914.

 **Das Berliner Union-Filmtheater**
Foto von 1912.

Q9 Warnung vor Kinos

Ein Erlass des preußischen Kultusministers warnt 1912 vor den Gefahren des Kinos:

Die Kinematografentheater haben neuerdings nicht nur in den Großstädten, sondern auch in kleineren Orten eine solche Verbreitung gefunden, dass schon in dem hierdurch veranlassten übermäßigen Besu-
5 che solcher Veranstaltungen, durch den die Jugend vielfach zu leichtfertigen Ausgaben und zu einem längeren Verweilen in gesundheitlich unzureichenden Räumen verleitet wird, eine schwere Gefahr für Körper und Geist der Kinder zu befürchten ist. Vor
10 allem aber wirken viele dieser Lichtbildbühnen auf das sittliche Empfinden dadurch schädigend ein, dass sie unpassende und grauenvolle Szenen vorführen, die die Sinne erregen, die Phantasie ungünstig beeinflussen und deren Anblick daher auf das empfängliche Gemüt der Jugend ebenso vergiftend einwirkt wie die 15
Schmutz- und Schundliteratur. Das Gefühl für das Gute und Böse, für das Schickliche und Gemeine muss sich durch derartige Darstellungen verwirren; und manches unverdorbene kindliche Gemüt gerät hierdurch in Gefahr, auf Abwege gelenkt zu werden. Aber auch 20
das ästhetische Empfinden der Jugend wird auf diese Weise verdorben; die Sinne gewöhnen sich an starke, nervenerregende Eindrücke. (…)

Zentralblatt für die gesamte Unterrichtsverwaltung in Preußen. Berlin 1912, S. 358 f.

Fragen und Anregungen

1. Bearbeitet arbeitsteilig Q4–Q6 und Q9: Mit welchen Argumenten werden die Entwicklungen der Moderne abgelehnt? Vergleicht eure Ergebnisse: Welche Missstände werden beklagt? Findet Oberbegriffe für diese Missstände und ordnet ihnen in einer Tabelle die passenden Argumente zu. Welchen Argumenten könnt ihr zustimmen, welchen nicht? Begründet!

2. Untersuche die Fotografien zur Moderne (Q1–Q3, Q8, ADS) sowie das Werbeplakat (Q7). Überlege, warum manche Menschen „das Neue als Verbesserung und Fortschritt bejahten, andere sich aber verunsichert und überfordert fühlten" (VT). Stell dir vor, du lebst während des Kaiserreichs in einer Großstadt und berichtest in einem Brief an Verwandte auf dem Land vom Leben in der Stadt. Bestimme zunächst, welchem Geschlecht, welcher Klasse oder welchem Stand du angehörst (vergleiche v. a. Kapitel 2 und 5), wie alt du bist und welche Meinung du aufgrund dieser Merkmale gegenüber der Moderne vertrittst. Schreibe dann den Brief. Lest die einzelnen Briefe in der Klasse vor und überlegt, welche „Person" ihn geschrieben haben könnte.

3. Die Stellungnahmen Q4–Q6 sind alle in Zeitschriften oder Zeitungen erschienen. Schreibe einen Artikel für eine große Tageszeitung, in dem du die Moderne verteidigst. Benutze dazu deine bisherigen Arbeitsergebnisse und den VT.

4. Entwerft ein Interview zu der Fragestellung, ob die heutige Zeit als fortschrittlich und „gut" bejaht wird oder eher Verunsicherung hervorruft und interviewt verschiedene Altersgruppen. Fasst eure Ergebnisse in einer Statistik (s. „Arbeiten mit Statistiken", S. 96 f.) zusammen.

Eine Geschichtszeitung zur Kaiserzeit

Eine gute Möglichkeit, wie ihr euer Wissen über eine Zeit zusammenfassen könnt, ist eine Geschichtszeitung: Ihr versetzt euch als Zeitgenossen in eine historische Situation und berichtet über die Ereignisse, die sich gerade abspielen. Handlungsreiche und dramatische Zeiten eignen sich dafür besonders gut. Jeweils drei bis vier Mitschülerinnen und Mitschüler können eine Redaktion bilden.

Arbeitsanleitung:

1. Denkt euch eine Zeitung aus: Titel, Erscheinungsort, Erscheinungszeit (ihr könnt, müsst aber keinen bestimmten Tag wählen), politische Ausrichtung.
2. Wählt einzelne Themen aus, über die ihr berichten wollt. Benutzt auch die Artikel, die ihr im Laufe der Unterrichtseinheit bereits geschrieben habt.
3. Informiert euch über verschiedene journalistische Textarten: Leitartikel, Bericht, Kommentar. Ihr könnt auch Leserbriefe und Anzeigen in eure Zeitung aufnehmen.
4. Sucht hier im Schulbuch oder in anderen Büchern Bilder, mit denen ihr eure Texte illustrieren könnt.
5. Gestaltet mit euren Texten ein oder zwei Zeitungsseiten (auf jeden Fall eine Titelseite). Dafür müsst ihr euch ein geeignetes Layout (Entwurf für die Seitengestaltung mit Spaltenbreite, Schriften usw.) ausdenken. Seht euch dazu eure Tageszeitung oder die Zeitungen im Archiv noch einmal an.
6. Wer sich technisch gut auskennt, kann seine Seiten am Computer gestalten. Ihr könnt eure Texte aber auch in der richtigen Anordnung auf ein Blatt Papier kleben. Allerdings müssen sie auch dafür auf dem Computer erfasst und in der richtigen Spaltenbreite ausgedruckt werden.

IMPERIALISMUS UND ERSTER WELTKRIEG

1994 wurde mit Nelson Mandela erstmals ein Schwarzafrikaner Präsident der Republik Südafrika. Zuvor hatte er als Freiheitskämpfer fast 30 Jahre lang im Gefängnis gesessen. Noch heute sind die ersten beiden Amtssprachen in Südafrika Englisch und das aus dem Niederländischen abgeleitete Afrikaans, obwohl fast 80 % der Bevölkerung Schwarzafrikaner sind, die afrikanische Sprachen wie Zulu, Xhosa, Sotho oder Tswana sprechen. Im Nachbarland Mosambik ist die Amtssprache Portugiesisch, in Kongo Französisch. Die Karte auf dieser Seite gibt dir erste Informationen, wie es dazu kommen konnte.

Nach dem Ersten Weltkrieg (1914–1918) sah die Weltkarte aber schon wieder ganz anders aus. Was ist passiert? Wie kam es zu diesem Krieg und welche Folgen hatte er?

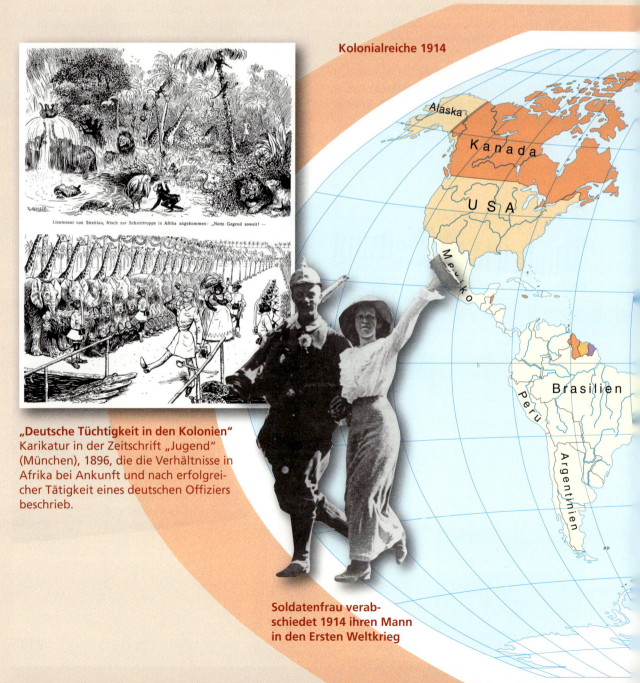

Kolonialreiche 1914

„Deutsche Tüchtigkeit in den Kolonien" Karikatur in der Zeitschrift „Jugend" (München), 1896, die die Verhältnisse in Afrika bei Ankunft und nach erfolgreicher Tätigkeit eines deutschen Offiziers beschrieb.

Soldatenfrau verabschiedet 1914 ihren Mann in den Ersten Weltkrieg

1. Die Vorherrschaft Europas in der Welt

Koloniale Erwerbungen des Deutschen Reiches:

1884/85	Südwest- und Ostafrika, Kamerun, Togo und einige Inseln im Pazifik werden unter deutschen Schutz gestellt.
1897/98	Deutschland erwirbt Kiautschou.
1899	Deutschland erwirbt einen Teil der Samoa-Inseln.
1903	Baukonzession für das deutsche Projekt „Bagdadbahn"
1911	Zweite Marokkokrise: Deutschland erwirbt Kolonialbesitz am Kongo.

Ägypten – ein Land wird abhängig

Im Herbst 1869 versammelten sich die führenden Repräsentanten Europas und anderer Staaten in Ägypten, um der feierlichen Eröffnung des Suez-Kanals beizuwohnen. Dieser verkürzte den Seeweg von Europa nach Asien um viele Wochen. Die Einwohner Ägyptens hatten hingegen keinen Anlass zum Feiern. Durch den Bau des Kanals hatte sich das Land bei ausländischen Banken hoch verschuldet. Das zwang die Regierung bald dazu, die Steuern immer weiter zu erhöhen. Die Schulden konnten auch durch den Verkauf der ägyptischen Suezkanalaktien an die britische Regierung im Jahr 1875 nicht ausreichend abgebaut werden. 1882 kam es daher zu einem Aufstand. Dieser richtete sich gegen die eigene Regierung, aber auch gegen die Fremden, die für das Elend der Masse der Bevölkerung verantwortlich gemacht wurden. Die englische Regierung entsandte daraufhin Kriegsschiffe und Soldaten, die den Aufstand niederschlugen. Damit wollte sie das in den Bau des Kanals investierte Kapital, aber auch den militärisch und wirtschaftlich wichtigen Seeweg nach Indien, der bedeutendsten englischen Kolonie, sichern. Für Ägypten war dieses Ereignis jedoch der Anfang einer Fremdherrschaft, die erst 1956 endete. Formell blieb das Land zwar unabhängig, englische Berater hatten in allen wichtigen Fragen jedoch ein Mitspracherecht.

Die Aufteilung der Welt

Nicht nur England war an Afrika interessiert. Bereits in der ersten Hälfte des 19. Jahrhunderts hatte Frankreich Algerien erobert und Einfluss im Senegal erworben. 1881 wurde Tunesien französische Kolonie. Das englische und französische Vorgehen leitete die endgültige Aufteilung des afrikanischen Kontinents unter den europäischen Großmächten ein. Der belgische König wurde 1885 mit Zustimmung der anderen Kolonialmächte Oberhaupt des Kongostaates. 1889 besetzte Italien Somaliland und errichtete ein Protektorat über Abessinien, wogegen sich Abessinien 1896 aber erfolgreich wehrte. Nur Eritrea verblieb unter italienischer Oberherrschaft. Ab den 1890er-Jahren richtete sich das Interesse der Europäer nicht nur verstärkt nach West- und Südafrika, sondern auch nach Ostasien. Hier stießen sie allerdings auf die Konkurrenz von Russland, Japan und den USA, die in China und im Pazifischen Raum Einfluss gewinnen wollten. Um die Jahrhundertwende war die koloniale Inbesitznahme der Erde im Wesentlichen abgeschlossen.

Q1 Deutsche Münze aus Ostafrika von 1891
Ab 1890 prägte die Deutsch-Ostafrikanische Gesellschaft Münzen, die Währung hieß Rupie. Die Inschrift lautet: GUILELMUS II IMPERATOR = Kaiser Wilhelm II.

Q2 Der Traum des Kolonialpioniers Cecil Rhodes
Englische Karikatur.

Q3 „Auf zum Angriff auf Asien!"
Umschlag eines französischen Jugendbuches, um 1902.

Internationale Spannungen

Die Expansion in Afrika und Asien machte die europäischen Großmächte zu Konkurrenten und Gegnern im Kampf um Kolonien. Die erste Phase des Imperialismus war vor allem durch den Einfluss und die Rivalität Englands und Frankreichs in Afrika geprägt. 1898 stießen bei Faschoda im Sudan französische und englische Truppen aufeinander, ein Krieg drohte. Da Frankreich einsehen musste, dass es der Übermacht der englischen Flotte nicht gewachsen war, gab es nach. Ein Jahr später wurde die Grenze zwischen dem englischen Sudan und Französisch-Äquatorialafrika vertraglich festgelegt. In Ostasien verschärfte sich die Konkurrenzsituation. Die Aneignung von Kolonien im Alleingang oder mit militärischen Mitteln war angesichts der Zahl und Stärke der Rivalen und Gegner nicht mehr möglich. Die Großmächte waren gezwungen, Kompromisse einzugehen und sich gegenseitig zu dulden, um ständige kriegerische Auseinandersetzungen zu vermeiden. Die Spannungen, die dadurch entstanden, hatten erheblichen Einfluss auf die Politik innerhalb Europas.

Fragen und Anregungen

1 Werte Q2 und Q3 aus. Welche Vorstellungen und Ziele der Europäer kommen zum Ausdruck?

2 Erstelle eine Zeitleiste zur Epoche des Imperialismus (Zeitleiste und VT). Vergleiche dein Ergebnis mit der Beschriftung einer historischen Karte zur Zeit des Imperialismus. Was fällt dir auf?

3 Stellt in der Klasse die Nachschlagewerke zur Epoche des Imperialismus eurer Schulbibliothek vor. Erläutert mithilfe dieser Lexika die in der Zeitleiste genannten Stationen des deutschen Imperialismus. Bestimmt jeweils, ob eine formelle oder informelle Herrschaft bestand (s. Grundbegriff S. 219).

2. Interessen der Europäer – Folgen für die Einheimischen

Ist die „weiße Rasse" überlegen?

„Es ist unser Ziel", erklärte der König von Belgien 1897, „zur materiellen und geistigen Erneuerung von Völkern beizutragen, deren Erniedrigung und Elend fast unvorstellbar sind." Damit umschrieb er in wenigen Worten die Rechtfertigungsversuche vieler Politiker und Gelehrter, Kaufleute und Kolonialpropagandisten, aber auch so genannter „kleiner Leute", die seit den 1870er-Jahren die Inbesitznahme von Gebieten in Übersee befürworteten oder sogar dorthin auswanderten. Sie hielten die „weiße Rasse" anderen Völkern gegenüber für kulturell überlegen. Viele glaubten daher, die „unterentwickelten Völker" in Afrika und Asien in deren eigenem Interesse zivilisieren und missionieren zu müssen. Zu diesen zählten sie selbst alte Hochkulturen wie Indien, China oder die der Aschanti in Westafrika.

Wirtschaftliche Interessen und Ausbeutung

Ein solches „Sendungsbewusstsein" war aber manchmal auch vorgeschoben. Dahinter standen wirtschaftliche Interessen von Industriellen, Kaufleuten und Politikern. Diese betrachteten Kolonien als billige Lieferanten von Rohstoffen für die einheimische Industrie oder Gebiete zur Abnahme der im eigenen Lande hergestellten Waren. Industrielle, Händler und Plantagenbesitzer versprachen sich davon hohe Gewinne. Politiker vieler Länder hingegen hofften, dadurch die von häufigen Krisen erschütterte heimische Konjunktur stabilisieren und so sozialen Unruhen im Innern vorbeugen zu können. Kaum eine dieser Hoffnungen erfüllte sich. Der Handel mit den Kolonien spielte im Vergleich zu dem mit industrialisierten Staaten nur eine untergeordnete Rolle. Die Kosten für den Bau von Verkehrsverbindungen, Verwaltung und militärische Besatzung sowie die Niederschlagung von Aufständen überwogen meistens die Einnahmen. Auch als Siedlungsgebiete für weiße Auswanderer waren die meisten Kolonien nicht geeignet.

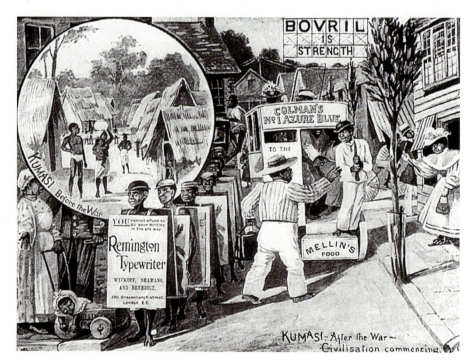

„Die Zivilisation hält ihren Einzug" Q1
Zeitgenössische Propagandapostkarte über die Zukunft von Kumasi (Ghana) nach dessen Eroberung durch Großbritannien.

Im Jahr 1872 erhob der spätere britische Premierminister Benjamin Disraeli den Imperialismus zur nationalen Aufgabe: „Meiner Meinung nach wird kein Minister in diesem Land seine Pflicht tun, der eine Gelegenheit versäumt, so weit wie möglich unser koloniales Weltreich wieder aufzubauen." Nachdem auf dem Kontinent neue Nationalstaaten entstanden waren, befürchtete England nicht nur wachsende Konkurrenz bei der Aufteilung der Welt, sondern auch ein Absinken seiner Macht in Europa selbst. Neben den wirtschaftlichen Gründen war das Verlangen nach Prestige und Großmachtstellung das zweite entscheidende Motiv für den Imperialismus aller europäischen Nationen. Stärke und Stellung der einzelnen Staaten in Europa hing zunehmend von ihrem Erfolg in der außereuropäischen Welt ab. Erst der Ausbruch des Ersten Weltkrieges beendete die Epoche des Imperialismus.

Macht und Ansehen

Das Schicksal der einheimischen Bevölkerung interessierte die Kolonialherren – von wenigen Missionaren oder Kritikern des Imperialismus abgesehen – in der Regel kaum. Soweit es ihren Interessen entsprach, versuchten sie das alltägliche Leben der Einheimischen zu bestimmen. Westliche Verwaltung und Gerichtsbarkeit, Grenzziehungen und militärische Besatzung dienten der Sicherung der Herrschaft, der Ausbeutung der Bodenschätze und dem Anbau von Produkten, die für die heimische Industrie und Bevölkerung wichtig waren. Durch Gesetze oder auch mit brutaler Gewalt wurden die Einheimischen gezwungen, in den Bergwerken oder auf den riesigen Plantagen zu niedrigsten Löhnen zu arbeiten. Die Entwicklung einer eigenen Industrie wurde hingegen ebenso wenig gefördert wie der Aufbau eines modernen Bildungswesens. Schwerwiegende Auswirkungen auf das Leben der Einheimischen hatte auch der Verlust überlieferter Moralvorstellungen und Lebensformen, die durch westliche Werte und Traditionen ersetzt wurden. Die eigene kulturelle Identität ließ sich gegen das Sendungsbewusstsein der Weißen sowie deren Wirtschafts- und Lebensformen nur schwer bewahren. Die Folgen dieser Entwicklung belasten noch heute das Verhältnis zwischen der so genannten „ersten" und „dritten" Welt.

Umgang mit den Einheimischen

Wie sich die Eroberer selbst sahen Q2
Titelbild einer zeitgenössischen Beschreibung von „Leben und Forschungsreisen" des britischen Afrikaforschers und Missionars Dr. David Livingstone (Ausschnitt).

Imperialismus

(von Imperium Romanum – Römisches Weltreich) Allgemein bezeichnet der Begriff das Streben nach Herrschaft über die Bevölkerung eines fremden Landes mit dem Ziel, ein möglichst großes (Welt-)Reich zu errichten. Heute bezeichnen wir mit diesem Begriff vor allem die Zeit von 1880–1914, in der die europäischen Großmächte sowie Russland, Japan und die USA ihren Machtbereich nach Afrika, Asien und Südamerika ausdehnten. Man unterscheidet zwei Formen imperialistischer Herrschaft: Als formellen Imperialismus bezeichnet man die direkte politische und militärische Kontrolle eines Territoriums. Der informelle Imperialismus zielte auf die wirtschaftliche Durchdringung eines Gebietes. Die wirtschaftliche und finanzielle Abhängigkeit sowie Handels- oder Schutzverträge führten zu einer indirekten Kontrolle des Landes, die sich manchmal aber nur noch unwesentlich von einer direkten politischen und militärischen Herrschaft unterschied. Vor allem ab 1890 wurden die Kolonialmächte durch die Konkurrenzsituation in Ostasien zu einem verstärkt informellen Vorgehen gezwungen.

Q3 Ausbeutung. Foto, 1907.
Einheimische im belgischen Teil des Kongo, denen die Hände abgehackt wurden, weil sie zu wenig Kautschuk abgeliefert hatten. Da die wachsende Elektro-, Auto- und Fahrradindustrie immer größere Mengen Gummi benötigte, war der Handel mit Kautschuk ein lohnendes Geschäft.

Q6 Zivilisation. Foto, 1906.
Das Bild zeigt eine Dorfschule in der französischen Kolonie Senegal. Schulen besuchten allerdings nur wenige Kinder.

Q4 Die Aufgaben der englischen Rasse
Der Kaufmann und Politiker Cecil Rhodes, 1877:
Ich behaupte, dass wir die erste Rasse der Welt sind und dass es für die Menschheit umso besser ist, je größere Teile der Welt wir bewohnen. (…) Darüber hinaus bedeutet es einfach das Ende aller Kriege, wenn der größere
5 Teil der Welt in unserer Herrschaft aufgeht. (…) Da (Gott) sich die Englisch sprechende Rasse offensichtlich zu seinem auserwählten Werkzeug geformt hat, (…) muss es auch seinem Wunsch entsprechen, dass ich alles in meiner Macht Stehende tue um jener Rasse so viel Spielraum
10 und Macht wie möglich zu verschaffen. Wenn es einen Gott gibt, denke ich, so will er daher eines gern von mir getan haben: Nämlich so viel von der Karte Afrikas britisch-rot zu malen wie möglich und anderswo zu tun, was ich kann um die Einheit der Englisch sprechenden Rasse
15 zu fördern und ihren Einflussbereich auszudehnen.

W. T. Stead (Hg.): The Last Will and Testament of Cecil J. Rhodes. London 1902, S. 58 ff. (Übersetzung von P. Alter)

Q5 Die Bedeutung von Kolonien für große Mächte
Der deutsche Historiker Heinrich v. Treitschke, 1890:
Alle großen Völker der Geschichte haben, wenn sie stark geworden waren, den Drang gefühlt, Barbarenländern den Stempel ihres Wesens aufzudrücken. Und heute sehen wir die Völker Europas drauf und dran,
5 weit über den Erdkreis eine Massenaristokratie der weißen Rasse zu schaffen. Wer bei diesem gewaltigen Wettkampf nicht mitwirkt, wird später einmal eine klägliche Rolle spielen. Es ist daher eine Lebensfrage für eine große Nation heute, kolonialen Drang zu
10 zeigen. Das erste Volk der Geschichte, das die Majestät des Welthandels erkannt hatte, die Phöniker, sind auch große Kolonisatoren gewesen. Dann folgt die Kolonisation der Griechen im östlichen und westlichen Becken des Mittelmeers, dann die Römer, im Mittelalter die Deutschen, Spanier und Portugiesen, schließlich 15
Holland und England. (…) Ganz ohne Zweifel ist eine große koloniale Entwicklung ein Glück für ein Volk.

Zit. nach: H. Gründer, Der Imperialismus von 1870 bis 1914. Paderborn 1982, S. 53 f.

Q7 Die russische Expansion
Der Außenminister Gortschakow erläuterte 1864:
Die Situation Russlands in Zentralasien ist die aller zivilisierten Staaten, welche sich in Kontakt mit nomadisierenden, halb wilden Völkerschaften ohne feste Organisation befinden. Die Sicherheit der Grenzen und des 5
Handels verlangt in solchem Falle, dass der zivilisierte Staat ein gewisses Übergewicht über seine Nachbarn ausübe. Zunächst sind ihre Einfälle und Plünderungen zurückzuweisen. Um demselben ein Ende zu machen ist man genötigt die Grenzbevölkerung zu einer mehr 10
oder minder direkten Unterwerfung zu zwingen. Ist dieses Resultat erreicht, so nehmen die Grenzbewohner ruhigere und sesshaftere Gewohnheiten an, dafür werden sie aber nunmehr von ferner lebenden Stämmen beunruhigt. Der Staat ist verpflichtet jene zu schützen, diese zu züchtigen. Daraus entspringt 15
die Notwendigkeit entfernter, kostspieliger, sich stets wiederholender Expeditionen gegen einen Feind, den seine Organisation eigentlich unangreifbar macht.

Zit. nach: O. Hoetzsch, Russland in Asien. Geschichte einer Expansion. Stuttgart 1966, S. 27.

220

Angriff der Dahomeer [Einwohner Benins] – abgeschlagen von einem französischen Kanonenboot
Französische Zeichnung, 1892.

Q9 Die Bedeutung von Kolonien für Frankreich
Der Ministerpräsident Jules Ferry am 28. Juli 1885:
Diese kluge und maßvolle Kolonialpolitik ist für Frankreich einfach lebensnotwendig zu einer Zeit, in der alle Länder sich gegen ausländische Erzeugnisse sperren, was jedes Land nötigt, sich die für seine
5 Landwirtschaft und seine Industrie unentbehrlichen Absatzmärkte zu sichern (…). Die überlegeneren Rassen haben außerdem ein Recht gegenüber den unterlegenen Rassen und in dieser Hinsicht sollte Frankreich sich nicht der Pflicht entziehen die Völker zu
10 zivilisieren, die mehr oder minder barbarisch geblieben sind (…). Wenn Frankreich verzichtet (…), werden andere seinen Platz einnehmen und während es auf den dritten oder vierten Platz herabfallen wird, werden sie auf den ersten gelangen.

Zit nach: L. Zimmermann, Der Imperialismus. Stuttgart 1971, S. 27.

Q10 Missbrauch der Macht
Der spätere französische Ministerpräsident Georges Clemenceau antwortet Ferry am 30. Juli 1885:
Überlegene Rassen! Minderwertige Rassen! Das ist leicht gesagt! Ich für meinen Teil bin da vorsichtig, seit ich erlebt habe, wie deutsche Gelehrte wissenschaftlich nachgewiesen haben, dass Frankreich den
5 Krieg gegen Deutschland verlieren musste, weil die Franzosen den Deutschen gegenüber eine minderwertige Rasse seien. Die Hindus – eine minderwertige Rasse (…)? Die Chinesen? (…) Nein! Nein, es gibt kein Recht für so genannte überlegene Natio-
10 nen gegenüber unterlegenen Nationen. Wir sollten nicht die Gewalt mit der heuchlerischen Bezeichnung Kultur verhüllen. Sprechen wir nicht von Recht oder Pflicht. Die Eroberung, die Sie propagieren, ist nichts anderes als der Missbrauch der Macht, die
15 die Wissenschaft unserer Kultur gegenüber zurückgebliebenen Kulturen gibt. Sie dient dazu, sich der Menschen zu bemächtigen, sie zu foltern oder alles aus ihnen herauszuholen zum Profit des angeblichen Kulturbringers. Das ist nicht das Recht, das ist seine
20 Negation. In diesem Zusammenhang von Kultur zu sprechen, bedeutet zur Gewalt noch die Heuchelei hinzuzufügen.

Zit. nach: K. Wohlt, Gloire à la plus grande France. Imperialismus – das französische Beispiel. In: Praxis Geschichte. 1/1993, Braunschweig 1993, S. 22.

Q11 Die Rolle der Vereinigten Staaten in der Welt
Aus einer Rede des Senators Beveridge im April 1898:
Amerikanische Fabriken stellen mehr her, als für die Versorgung des amerikanischen Volkes notwendig ist. Die amerikanische Erde erzeugt mehr, als es verzehren kann. Das Schicksal hat uns unsere Politik vorgeschrie-
5 ben: Der Handel der Welt muss und wird unser sein. (…) Wir werden in der ganzen Welt Handelsniederlassungen als Umschlagplätze für amerikanische Waren gründen. Unsere Handelsflotte wird bald über den ganzen Ozean fahren. Wir werden eine Kriegsmarine
10 aufbauen, die unserer Größe entspricht. Aus unseren Handelsniederlassungen werden Kolonien erwachsen, die sich selbst regieren, unsere Flagge führen und mit uns Handel treiben. Auf den Bahnen des Handels werden unsere Institutionen unserer Flagge folgen. Und
15 das amerikanische Recht, die amerikanische Ordnung, die amerikanische Zivilisation und die amerikanische Flagge werden an bis dahin blutigen und unkultivierten Ufern Fuß fassen, (…) die durch diese Werkzeuge Gottes aber von nun an schöner und zivilisierter wer-
20 den. (…) Wenn dies bedeutet, dass das Sternenbanner über dem Panama-Kanal (…), über Hawaii (…), über Kuba und der Südsee wehen wird, so lassen Sie uns dies mit großer Freude begrüßen. (…) Kuba muss in unsere Hände fallen; aber das kann erst geschehen, wenn
25 Spanien besiegt ist. (…) Im Pazifik liegt das eigentliche Feld unserer nächsten Aufgaben. (…) Die Philippinen müssen also logischerweise unser nächstes Ziel sein.

Zit. nach: W. J. Mommsen, Imperialismus. Seine geistigen, politischen und wirtschaftlichen Grundlagen. Hamburg 1977, S. 211.

221

Kontrovers: Wie beurteilen Afrikaner die Kolonialzeit?

D1 Die gleiche Sprache
Der Nigerianer Donald Ekong schrieb 1960:

[Frankreich und England] haben in der ganzen Welt das getan, was 2000 Jahre vorher die Römer in Europa gemacht haben. Sie haben ein Weltreich gegründet. Man darf nicht annehmen, dass es nur Ausbeutung war. Die Engländer haben in all diesen Ländern britische Verwaltung eingeführt. Und sie haben diese Gebiete nicht nur regiert, sondern haben auch einen erheblichen kulturellen Einfluss ausgeübt und sehr viel auf kulturellem Gebiet hinterlassen. (…) Wir schimpfen natürlich auf den Imperialismus. Aber wenn ich einen indischen Kollegen treffe oder einen Burmesen (…), finde ich es trotzdem angenehm, dass er die gleiche Sprache spricht wie ich, (…) dass wir gemeinsame Ideen haben.

Zit. nach: H.D. Schmid, Fragen an die Geschichte, Bd. 3. Frankfurt a. M. 1984, S. 245.

D2 Eine tiefe politische Leere hinterlassen
Der in Kenia geborene Politikwissenschaftler Ali A. Mazrui schrieb 1980:

Die Europäer zerstörten die afrikanischen Einrichtungen für die Ausübung von Autorität und Regierungsgewalt; sie hinterließen eine tiefe politische Leere. Die Regeln des Zusammenlebens, wie sie in der vorkolonialen Zeit bestanden, die Werte der indigenen Gesellschaften und die gemeinsam getragenen Verantwortlichkeiten für das Miteinanderauskommen wurden von künstlichen, aus Europa importierten Vorstellungen ersetzt. (…) Die Europäer unterschieden in den Kolonien einen so genannten „Stamm" vom anderen, während sie gleichzeitig die Stämme zwangen, in neuen staatlichen Grenzen zu leben. Eine koloniale Gesellschaft nach der anderen erlebte das Entstehen neuer sozialer Klassen, ohne dabei auch die Fähigkeit zu entwickeln, soziale Konflikte wirkungsvoll beizulegen. Und in jene Kolonien, die sich aufgrund ihrer klimatischen und sonstigen Bedingungen für Europäer besonders gut eigneten, ergoss sich ein Strom europäischer Siedler, die den Boden bereiteten für künftige Konflikte mit den indigenen Bewohnern. (…) Ebenfalls ein Produkt wechselseitiger Einwirkung zwischen Afrika und Europa ist das ganze Problem des Rassismus. Das Kreuz der Erniedrigung, das Afrika durch die Jahrhunderte getragen hat und noch immer trägt, gründet zu einem erheblichen Teil auf dem Rassismus und der kulturellen Arroganz der Europäer.

Zit. nach: P. Alter (Hg.), Der Imperialismus. Stuttgart 1991, S. 66f.

Q12 Keine Erfahrung mit den Weißen
Der Schriftsteller Cheikh Hamidou Kane aus Senegal schildert die Überlieferung seines Volkes an die Ankunft der Franzosen:

Einige (…) schwenkten ihre Schilde, senkten ihre Speere und zielten mit ihren Flinten. Man ließ sie herankommen, dann ließ man die Kanone donnern. Die Besiegten verstanden nichts. Andere wollten palavern [verhandeln]. Man schlug ihnen vor, zwischen Freundschaft und Krieg zu wählen. Sehr vernünftig wählten sie die Freundschaft: Sie hatten nicht die geringste Erfahrung. Das Ergebnis war nämlich überall das gleiche. Die gekämpft hatten und die sich ergeben hatten, die Verträge geschlossen und die stur geblieben waren, fanden sich am nächsten Tag gezählt, aufgeteilt, in Klassen eingeteilt, etikettiert, zur Armee eingezogen und verwaltet.

Ch. H. Kane: L'Aventure ambiguë. Paris 1961, S. 65. Dt. nach F. Ansprenger: Geschichte Afrikas. München 2002, S. 81 f.

Fragen und Anregungen

1. Mit welchen Gründen rechtfertigen Zeitgenossen den Erwerb von Kolonien (Q1, Q4–Q7, Q9, Q11)? Überlege, welcher Zusammenhang zwischen diesen Gründen und der Lehre von Charles Darwin (s. Grundbegriff S. 204) besteht.

2. Warum beurteilten Zeitgenossen damals und beurteilen wir heute das Zeitalter des Imperialismus sehr kritisch (VT, Q3, Q8, Q10, Q12)?

3. Wie beurteilen Ekong und Mazrui die Folgen des Imperialismus für die einheimische Bevölkerung in Afrika (D1, D2)?

4. Informiere dich über die weitere Entwicklung ehemaliger Kolonien. Überlege, welche heutigen Probleme zwischen Europa und der so genannten „Dritten Welt" auf historische Ursachen zurückgeführt werden müssen. Gestaltet arbeitsteilig zu den jeweiligen Ländern ein Informationsplakat.

222

3. „Kein Sonnenuntergang in unserem Reich" – das Deutsche Reich als Kolonialmacht

1884 wies Bismarck den Konsul in Kapstadt an, die von einem Bremer Kaufmann im Tausch für 200 alte Gewehre und 100 englische Pfund gekauften Gebiete im heutigen Südwestafrika unter den Schutz des Deutschen Reiches zu stellen. Der Wettlauf der anderen Mächte um Kolonien hatte auch in Deutschland den Ruf immer lauter werden lassen, sich daran zu beteiligen. Politiker, Kaufleute und Kolonialpropagandisten versuchten seit Beginn der 1880er-Jahre, die Öffentlichkeit und die politisch Verantwortlichen von deren Nutzen zu überzeugen. Im April 1884 veröffentlichte eine eigens gegründete „Gesellschaft für deutsche Kolonisation" einen Aufruf, in dem es hieß: „Die deutsche Nation ist bei der Verteilung der Erde, wie sie vom Ausgang des 15. Jahrhunderts bis auf unsere Tage stattgefunden hat, leer ausgegangen." Bismarck hatte bis dahin kein Interesse an Kolonialbesitz gezeigt. Wie ist sein Umdenken zu erklären?

„Deutschland ist zu kurz gekommen"

Bisher hatte Bismarck den Erwerb von Kolonien aus finanziellen, vor allem aber aus außenpolitischen Gründen abgelehnt. Die Sicherung des Deutschen Reiches in der Mitte Europas stand im Zentrum seiner Politik. Er befürchtete, eine deutsche Beteiligung am Wettrennen um Kolonien könnte Konflikte mit anderen Großmächten zur Folge haben. Um die anderen Großmächte, namentlich Frankreich, von Deutschland abzulenken, förderte er sogar deren Kolonialstreben. 1884/85 erschien ihm die außenpolitische Lage frei von Konflikten. Im Hinblick auf die bevorstehenden Reichstagswahlen und angesichts einer länger anhaltenden Konjunkturkrise sprachen auch innenpolitische und wirtschaftliche Gründe für eine Kursänderung in der Kolonialfrage. Die von Kaufleuten wie Adolf Lüderitz und Adolf Woermann, Forschungsreisenden wie Gustav Nachtigall und Abenteurern wie Carl Peters erworbenen Gebiete an der West- und Ostküste Afrikas erhielten nun den Schutz des Reiches. Hinzu kamen einige Inseln im Pazifik. Zur Enttäuschung vieler Zeitgenossen blieb Bismarck jedoch ein vorsichtiger Kolonialpolitiker. Die Gründe dafür erläuterte er einem Afrikaforscher 1888: „Ihre Karte von Afrika ist ja sehr schön, aber meine Karte von Afrika liegt in Europa. Hier liegt Russland, und hier (…) liegt Frankreich und wir sind in der Mitte; das ist meine Karte von Afrika." Viele seiner Zeitgenossen und führende Politiker mit dem jungen Kaiser Wilhelm II. an der Spitze teilten diese Auffassung jedoch nicht. Sie träumten von einem „Weltreich", ohne die damit verbundenen Gefahren realistisch einzuschätzen.

Bismarck und die Kolonien

Q1 Reichskolonialuhr mit der Inschrift „Kein Sonnenuntergang in unserem Reich", um 1900.

Die deutsche Kolonialherrschaft unterschied sich kaum von der anderer Mächte. Um die eigene Herrschaft zu sichern und die erworbenen Gebiete Gewinn bringend nutzen zu können, griff die Kolonialverwaltung massiv in das Alltagsleben der Einheimischen ein und veränderte es innerhalb kurzer Zeit. Wegen der oft ungerechten und willkürlichen Behandlung der Bevölkerung durch deutsche Beamte, Soldaten und Siedler kam es in fast allen Kolonien zu Aufständen. Diese wurden durch deutsche Truppen oft mit großer Brutalität niedergeschlagen. In Südwestafrika lebten nach einem Aufstand in den Jahren 1904–1907 von den ursprünglich ca. 80 000 Hereros nur noch 15 130; in Ostafrika verloren 75 000 Menschen ihr Leben, als die Kolonialherren eine Erhebung in den Jahren 1906/07 niederschlugen. Erst die öffentliche Kritik in Deutschland an der fast vollständigen Vernichtung des Stammes der Nama in Südwestafrika hatte eine Reform der Kolonialverwaltung zur Folge.

Aufstände der Einheimischen

„Züchtigung eines Eingeborenen" Q2
Diese Karte von 1913 wurde als Gruß verschickt.

Q3 Kolonialpolitik ist Ausbeutung

Der Führer der oppositionellen Sozialdemokratischen Partei August Bebel am 26. Januar 1889 im Reichstag:
Wo immer wir die Geschichte der Kolonialpolitik in den letzten drei Jahrhunderten aufschlagen, überall begegnen wir Gewalttätigkeiten und der Unterdrückung der betreffenden Völkerschaften, die
5 nicht selten schließlich mit deren vollständiger Ausrottung endet. Und das treibende Motiv ist immer, Gold, Gold und wieder nur Gold zu erwerben. (…) Ich gehe weiter und sage, dass sogar im Falle einer kolonialen Bearbeitung der ostafrikanischen Lände-
10 reien, wie sie unter die deutsche Schutzherrschaft gestellt sind, durch eine europäische oder deutsche Kolonialgesellschaft für die Einwohner der betreffenden Länder nicht einmal irgendein Vorteil erwächst. (…) Der Arbeiter ist selbst in den Augen
15 vieler unserer zivilisierten europäischen Unternehmer eigentlich nur ein Werkzeug, ein Arbeitsmittel, das nach Möglichkeit ausgenutzt werden muss. Dieses gilt noch in viel höherem Maße von den tiefer stehenden Rassen, die man als inferior (minderwer-
20 tig) betrachtet, und gegen die instinktiv eine gewisse Verachtung und ein großer Hass vorhanden ist. Man gewöhnt sich zu leicht, in dem Schwarzen einen Menschen inferiorer Rasse zu sehen, gegen den man sich alles erlauben dürfe, gegenüber dem
25 es in der Behandlung gar keine andere Grenze gebe als die des eigenen persönlichen Nutzens, des größten Vorteils für den Unternehmer.

Stenographische Berichte über die Verhandlungen des Reichstages. Bd. 105, Berlin 1889, S. 628.

Q4 Kolonialpolitik als Wirtschaftspolitik

Der deutsche Staatssekretär im Reichskolonialamt, Bernhard Dernburg, im November 1907:
1. Sie sichert der stetig wachsenden Bevölkerung unseres Vaterlandes, die (…) auf den Export angewiesen bleibt, zunächst große und sich steigernde Aufträge, also: Arbeit. (…)
2. Kolonien sichern der deutschen Produktion einen großen Teil derjenigen Rohstoffe, welche zum eigenen Gebrauch innerhalb der Nation und zum Zwecke der Veredelung des Arbeitsmaterials vieler Millionen deutscher Arbeiter dienen.
3. Sie sichert dem deutschen Fabrikanten, dem deutschen Arbeiter einen Einfluss auf die Preisgestaltung dieser Rohmaterialien gegenüber monopolistischen Tendenzen des Auslandes. (…)
4. Sie schützt und stärkt unsere nationale Zahlungsbilanz. (…) Das ist die Bedeutung einer deutschen kolonialen Wirtschaft im Lichte der gegenwärtigen handelspolitischen Weltlage. Ihre Ausführung bedeutet demnach nicht mehr und nicht weniger als die Frage der Zukunft der nationalen Arbeit, die Frage des Brotes vieler Millionen Industriearbeiter, die Frage der Beschäftigung der heimischen Kapitalien im Handel, im Gewerbe, in der Schifffahrt. Es wäre demnach nichts weniger als ein großes Vergehen an Deutschland und seiner industriellen Zukunft, wenn nicht alle ernsthaften kaufmännisch gebildeten Deutschen dieser Frage ihr allergrößtes Interesse zuwenden würden.

J. Hohlfeld (Hg.): Dokumente der deutschen Politik und Geschichte, Bd. 2. Berlin o. J. S. 167–169.

Q5 Der Häuptling von Balibe mit seinen zwanzig Frauen

Q6 **Arbeit ohne Unterlass**
Ein 85-jähriger Häuptling aus Togo erinnert sich an die deutsche Kolonialzeit:
Neben der harten Arbeit beim Straßen- und Brückenbau galt es, schwere Lasten (…) zu tragen. Baumwollsäcke und anderes Gepäck der Weißen. Nach dem Ende der festgesetzten Frist von zwölf Tagen wurde einem
5 ein Stück Papier oder eine kleine Aluminiummarke ausgehändigt. Das war die „Steuerbescheinigung". (…) Sie ließen die Menschen auf die Wege und Straßen (…) bringen, um die „Bayari" (Steuerarbeit) abzuleisten. Ha, ha! Wissen Sie, die „Bayari": eine Arbeit ohne
10 Pause. Wenn du dich bücktest, um Erde auszuheben oder mit der Kreuzhacke zu arbeiten, hattest du kein Recht, dich wieder aufzurichten. (…) Wer auch nur innehielt und sich eine Sekunde aufrichtete, erhielt von den rüden Wachsoldaten eine unbarmherzige Baston-
15 nade (Prügel). (…) Einige Leute starben davon! (…) Diejenigen, die es schafften, etwa durch Flucht, sich den harten, von den „Djama" (Deutsche) auferlegten Arbeiten zu entziehen, diese gewannen dadurch wahrlich nichts: Die Soldaten kamen und konfiszierten
20 all ihr Gut und trugen es weg.

Zit. nach: H. Gründer (Hg.), … da und dort ein junges Deutschland gründen. Rassismus, Kolonien und kolonialer Gedanke vom 16. bis zum 20. Jahrhundert. München 1999, S. 281 f.

Q7 Lehrer in Kamerun nach der Trauung. Foto 1902.

Fragen und Anregungen

1 Wie begründeten Befürworter und Gegner ihre Haltung hinsichtlich des Erwerbs von Kolonien (Q3, Q4)?

2 Erläutere Bismarcks Kolonialpolitik und seine Bemerkung, dass seine Karte von Afrika in Europa liege (VT). Wie ist der Umschwung seiner Politik 1884 zu erklären?

3 Erläutere anhand deiner Erklärungen zur Zeittafel aus Kapitel 1, wie sich die deutsche Kolonialpolitik nach der Entlassung Bismarcks 1890 änderte.

4 Welche Folgen hatte die deutsche Kolonisierung für die afrikanische Bevölkerung (VT, Q2, Q5–Q7)?

5 Sammle Informationen zu dem deutschen Kolonialpolitiker Carl Peters. Vergleiche Peters mit den Engländern Cecil Rhodes und David Livingstone. Welche Rolle haben einzelne Personen im Prozess der Kolonialisierung gespielt?

6 Gestaltet mit euren Arbeitsergebnissen aus den Kapiteln 1–3 den ersten Teil einer Ausstellung zu dem Thema „Imperialismus und Erster Weltkrieg" (S. 261, Lernen lernen).

SENSATIONEN AUS ÜBERSEE

Exotisches im deutschen Alltag

Im 19. Jahrhundert stieg das Interesse an der außereuropäischen Welt sprunghaft an. Zunächst waren es nur einzelne Forscher und Reisende gewesen, die Expeditionen nach Afrika und Asien unternahmen. Ab den 1880er-Jahren wuchs die Zahl derer, die als Militärs, Beamte, Wirtschaftsvertreter, Ingenieure, Siedler, Missionare oder Reisende mit fremden Kontinenten in Berührung kamen. In den Zeitungen um die Jahrhundertwende finden sich Werbeanzeigen für Nilfahrten, Reisen in den Orient oder nach Indien. Zur zweiten Orientreise Kaiser Wilhelms II. boten Reiseveranstalter ein touristisches Begleitprogramm an. In Deutschland selbst wurden zur Vermarktung der fremdländischen Produkte Kolonialhäuser gegründet, in Museen und Instituten wurde alles gesammelt, was Forscher und eigens dafür angestellte Ankäufer aus fremden Ländern mitbrachten. Die Deutsche Kolonialgesellschaft versorgte die Schulen mit Gratisinformationen, Wandkarten und einem Kolonialatlas. In so genannten Völkerschauen wurde den Arbeitern und Bürgern, die sich keine Reise an den Nil leisten konnten, die ganze Welt präsentiert. Besonderen Erfolg hatten die Reiseromane Karl Mays über Amerika und den Orient. Warum waren die fremden Kulturen so faszinierend? Und – war das immer richtig, was in Deutschland über die fernen Länder erzählt wurde?

Q1: Bibliothek von Karl May
in seiner 1895 erworbenen „Villa Shatterhand" in Dresden.

D1: Lebenslauf von Karl May

1842	Karl Friedrich May wird am 25. Februar in Ernstthal (Sachsen) als fünftes von 14 Kindern geboren. Neun seiner Geschwister sterben in frühester Kindheit. Der Vater ist Heimweber, die Mutter wird 1846 Hebamme. Karl May ist bis zum 5. Lebensjahr blind.
1848–1856	May besucht die Volksschule und erhält privaten Musik- und Fremdsprachenunterricht.
1856–1861	Ausbildung zum Lehrer, Hilfslehrer an der Armenschule in Glauchau, Fabrikschullehrer in Altchemnitz
1862–1865	May wird mehrmals straffällig und aus dem Schuldienst entlassen.
1865–1874	Mehrere Verurteilungen und Gefängnisaufenthalte wegen Diebstahl, Betrug und Fälschung. Während der Haft entstehen erste literarische Entwürfe.
1875	May wird Zeitschriftenredakteur in Dresden und beginnt zu schreiben.
1879	May wird ständiger Autor der Familienzeitschrift „Deutscher Hausschatz" in Regensburg. Erste Reiseromane erscheinen.
1881–1888	Die sechs Romane des Orientzyklus erscheinen.
1887	May wird Autor der Jugendzeitschrift „Der gute Kamerad" in Stuttgart.
1892–1910	In Freiburg erscheinen in 33 Bänden die „Gesammelten Reiseromane".
1893	May schreibt „Winnetou I".
1899–1900	Erste Reise in den Orient. Während seiner Abwesenheit beginnt wegen seiner Vergangenheit eine jahrelange Pressekampagne gegen ihn.
1908	Reise nach Nordamerika
1912	Karl May stirbt am 30. März in seiner „Villa Shatterhand" in Dresden.

Zusammenstellung d. Verf.

226

WERKSTATT

Q2 Karl May: Im Lande des Mahdi

a) *Von Oktober 1891 bis September 1893 erschien in der Familienzeitschrift „Deutscher Hausschatz" der Fortsetzungsroman „Der Mahdi" von Karl May. In ihm werden die Abenteuer eines deutschen Reisenden erzählt, der sich Kara Ben Nemsi nennt.*

Korosko! Ein berühmter, weit bekannter Name, und doch welch eine elende Ortschaft! Dieses nubische Dorf wird von Felsenbergen umgeben, deren nackte Abhänge wie Blechblenden die heißen Sonnenstrah-
5 len sammeln und niederwerfen. Kein Mensch würde hier wohnen; aber bei diesem Ort verlässt der Nil – aufwärts gerechnet – seine bisherige Richtung und windet sich in einem mächtigen Bogen durch die felsige
10 Gegend, welche Batn el Abschar, Bauch der Steine, genannt wird. In diesem Bogen gibt es mehrere Stromschnellen und Katarakte, welche die Schiffbarkeit des
15 Stromes wenn nicht unterbrechen, so doch sehr hemmen. Die Fahrzeuge müssen ausgeladen, an Seilen durch die Stromengen gezogen und dann wieder beladen
20 werden, was nicht nur große Mühe, sondern auch bedeutenden Zeitverlust verursacht. Darum pflegt man von Korosko aus den großen Bogen, anstatt ihn zu Wasser mitzumachen, zu Lande abzuschneiden und so die Reise um
25 ein Beträchtliches zu kürzen. Dieser Landweg ist ungefähr 400 Kilometer lang und führt durch die Atmur, wie die zwischen Korosko und Berber gelegene nubische Wüste genannt wird. Da der erstgenannte Ort der Ausgangspunkt dieser Wüstenreise ist, so hat man
30 dort sein Gepäck zu ordnen, Kamele zu mieten, die letzten Einkäufe zu machen und vieles andere mehr. Dies gibt dem Ort einige Bedeutung, und dennoch besteht er nur aus höchstens fünfzehn elenden Hütten und einem Khan, in welchem man übernachten
35 kann. Auch eine Moschee gibt es da, deren Minarett wie ein Taubenhaus gebaut ist.

Zit. nach: K. May, Im Lande des Mahdi, Bd. 1. Berlin 1991. S. 264 f.

b) *Kara Ben Nemsi hört folgendes Gespräch mit:*
„Ich sage dir, dass es auf der ganzen Erde und im ganzen Leben keine Fragen gibt, die er nicht beantworten kann. In seinem Kopf vereinigt sich die Gesamtheit aller Wissenschaften. Aber das ist noch nicht alles. Er scheint
5 auch ein großer Krieger zu sein."

„Wirklich?", vernahm ich eine andere Stimme, welche ich auch schon gehört hatte, ohne aber jetzt sagen zu können, wer der Sprecher war.
„Ja, wirklich! Er selbst hat es zwar nicht von sich behauptet, aber man muss es aus dem, was er gesagt 10 hat, schließen."
Darauf folgte die Erzählung des vorgestrigen Abenteuers, durch welche der Stallmeister beweisen wollte, dass ich ein furchtloser und geistesgegenwärtiger Mann war. Daran schloss sich ein Bericht meiner letzten Erlebnisse 15 in Kairo und Giseh. (…)
„Dennoch ist er fremd. Oder meinst du, daß ein Franke, wenn er drei oder vier Mal hier gewesen ist, die Verhältnisse so genau kennen kann wie einer, welcher hier 20 geboren ist?"
„Ja, das meine ich. Jeder dieser gelehrten Christen hat eine Menge Bücher über fremde Länder und Völker, und außerdem gibt es bei 25 ihnen große Bibliotheken, welche zwar dem Staat gehören, die aber ein jeder lesen darf. Ehe nun so ein Fremder ein fernes Land besucht, liest er alle Bücher, welche darüber geschrie- 30 ben sind, und dadurch lernt er es weit besser als selbst ein Eingeborener kennen."
„Woher weißt du das?"
„Ich bin mit vielen solchen Franken in Kahira und dann auch als Führer zusammengekommen und habe 35 es von ihnen gehört und gesehen. Sie reden die Sprache unseres Landes und haben so genaue Karten darüber, dass sie oft die Wege besser wissen als wir selbst. Dazu kommt, dass sie viel mehr gelernt haben und also auch viel klüger sind als wir. Darum finden sie sich 40 in jeder Lage zurecht, ohne sich, wie wir, auf Allah verlassen zu wollen. Wenn du nun bedenkst, dass dieser Effendi einer der Gelehrtesten und Vorzüglichsten von ihnen ist, so wirst du mir Recht geben, wenn ich behaupte, dass ich von ihm den richtigen Beistand er- 45 warten darf." (…)

Zit. nach: K. May, Im Lande des Mahdi, a.a.O. S. 208 f.

Q3 Karl May

ist einer der bis heute am meisten gelesenen deutschen Schriftsteller. Die deutsche Gesamtauflage beläuft sich auf etwa 100 Millionen Bände, seine Bücher wurden in 25 Sprachen übersetzt. Foto von 1908.

227

SENSATIONEN AUS ÜBERSEE

Die Hagenbeckschen Völkerschauen

Nachdem der vom Vater übernommene Tierhandel in den 1870er-Jahren nicht mehr genug Gewinn einbrachte, begann Carl Hagenbeck (1844–1913) neben den Tieren auch Menschen fremder Kulturen nach Deutschland zu holen. 1874/75 fand seine erste Völkerschau in Hamburg statt. Bis 1918 veranstaltete er fast 60 Völkerschauen, die in ganz Deutschland, London, Paris, Brüssel, Wien und weiteren Städten zu sehen waren. Während einer Völkerschau wurde das Dorf der jeweiligen Volksgruppe nachgebaut, sodass die Besucher die fremden Menschen in ihrem Alltagsleben beobachten konnten wie Tiere in einem Zoo. Außerdem fanden eigens einstudierte Auftritte statt. 1907 gründete Hagenbeck seinen Tierpark in Stellingen, in dem er einen ganzen Besucher-Rundgang einrichtete. Viele seiner Akteure starben in Deutschland, häufig ist die Todesursache nicht geklärt. 1878 starb eine ganze Gruppe Eskimos, weil sie nicht gegen Pocken geimpft war. Neben Hagenbeck gab es noch weitere Veranstalter von Völkerschauen.

Q4 „Das Amazonen-Corps"
Plakat für die Hagenbecksche Völkerschau, um 1890.

Q5 Die Anziehungskraft des „Amazonen-Corps"
Aus einem Zeitungsartikel:
Ihre Bewegungen sind sanft und weiblich, ihre glanzvollen Augen schimmern Milde und taubenhafte Gutmütigkeit; freundlich lächeln sie jeden an, der sie anredet oder neugierig-sinnlich seine Hand über ihre schöne, zarte
5 Haut gleiten lässt (…) Gumma voran, drängen sich nach jeder Vorstellung einige Amazonen durch die Zuschauer, mit bittenden Gebärden ihre Fotografien feilhaltend. (…) Die gewöhnlichen Bilder zeigen sie im Kranze ihrer Kriegerinnen, züchtig die Brust mit einem Gehänge von Muscheln und Perlen bedeckt. Sie besitzen aber noch 10 Einzelbilder von sich, wo die deckende Hülle fehlt. (…) Und schien vorher eine Mark unerschwinglich, diese doppelte Forderung ist einfach ein Spottpreis. Gumma kennt die weißen Herren der Schöpfung bereits gründlich und achtete sie auch dementsprechend. Sie wird ihr Konterfei spielend los. Kein Wunder, denn den „Blütenstaub" 15 ihrer Seele hat Europa längst abgewischt.
Zit. nach: Hilke Thode-Arora, Für fünfzig Pfennig um die Welt. Die Hagenbeckschen Völkerschauen, Frankfurt a. M. 1989, S. 115.

Q6 Die Wissenschaft übt Kritik
1913 schreibt F. E. Hellwig, Mitarbeiter des Hamburgischen Museum für Völkerkunde, an Hagenbeck:
Wie schon bei früheren Völkerschaustellungen, so bemerken wir auch bei der gegenwärtigen die krasse Unkenntnis des Publikums über das Herkunftsland der betr. Gruppe. Besonders in geographischer Hinsicht wäre eine praktische Aufklärung recht erwünscht und wäre es 5 Ihrer werten Firma sicher zum Verdienst anzurechnen, wenn sie die große Anziehungskraft, die diese Schaustellungen auf das Publikum ausübt, benutzte, um auch in angedeuteter Richtung belehrend zu wirken. Das Museum für Völkerkunde erlaubt sich daher, Ihnen die Anregung zu unterbreiten, auf zwei Seiten des Schauplatzes je eine große geographische Anschauungskarte des betr. Erdteiles mit dem Herkunftslande der ausgestellten Gruppe anzubringen, welche auch die Reiseroute nach Europa bzw. Hamburg, die Proportionen des Herkunfts- 15 landes zu Deutschland sowie einige wichtige Angaben wie über Rassenzugehörigkeit, Bevölkerungszahl, Religion usw. klar und deutlich enthält. (…)
Zit. nach: Ebenda. S. 134.

WERKSTATT

Q7 Feuerländer im Berliner Zoo
Die Norddeutsche Allgemeine Zeitung berichtet am 8. November 1881:
Schon im Laufe des Vormittags belief sich die Zahl der Besucher auf ca. 20 000 und stieg bis 5.15 Uhr abends, zu welcher Zeit die Kassen geschlossen werden, auf 37 163. Während vormittags alles ganz ruhig verlief, entwickel-
5 te sich dem „Tagblatt" zufolge nachmittags bei den Pescherähs ein furchtbares Gedränge, sodass einige vierzig Planken der Umzäunung eingedrückt wurden und die Aufseher alle Mühe hatten, einige Ordnung zu erhalten; als jedoch um 5.30 Uhr sich die Feuerländer in die
10 inneren Gemächer ihres Erdgelasses zurückzogen, nahm der Tumult bedenkliche Dimensionen an. „Feuerländer raus!", brüllte ein tausendstimmiger Chorus. Bänke und Stühle wurden zerbrochen und erst mithilfe herbeigerufener Schutzleute gelang es, die Ruhe wieder herzustel-
15 len, worauf sich gegen 7 Uhr das Publikum verlief.

Zit. nach: G. Eißenberger, Entführt, verspottet und gestorben. Lateinamerikanische Völkerschauen in deutschen Zoos. Frankfurt a. M. 1996, S. 153.

Q8 Hagenbecks Wild-West-Schau von 1910
Dies war Hagenbecks erfolgreichste Völkerschau, obwohl die Wild-West-Vorführungen schon durch andere Veranstalter bekannt waren.
Unserer Hamburger Jugend wird vor Freude das Herz höher schlagen; seit gestern haben in Hagenbecks Tierpark in Stellingen die Vorführungen von Indianern und Cowboys ihren Anfang genommen. Unseren armen
5 wackeren Jungens war in den letzten Tagen ein rechter Schmerz geworden; ihren vergötterten Carl May hatte man vor den Schranken des Gerichts als Charlatan und ehemaligen Räuberhauptmann entlarvt, und mancher Junge, der sich mit Old Shatterhand, Old Firehand und
10 Winneton, dem „Roten Gentleman", kongenial gefühlt hatte, war jählings aus einem Himmelreich gestürzt, weil der Held seiner Träume alles andere ist als ein Gentleman. Und der arme Junge war jetzt vielleicht gar dazu gekommen, an die Existenz von „wirklichen" Rothäuten und Cowboys überhaupt nicht mehr zu glau-
15 ben. Er mag sich bei Herrn Hagenbeck bedanken, dass ihm ein Stückchen seines frohen Knabenglaubens wiedergegeben wird.

Zit. nach: Th.-A. Hilke, Für fünfzig Pfennig um die Welt. a. a. O, S. 143.

Q9 Eine Gruppe Bambusartisten vor dem Nachbau eines südindischen Tempels in Hagenbecks Tiergarten

Fragen und Anregungen

❶ Untersuche, welches Bild von Europa und dem Orient der Roman vermittelt (Q2) und woher Karl May sein Wissen über den Orient hatte (D1, Q1, Q2).

❷ Untersuche, warum die Romane Karl Mays und die Völkerschauen eine so große Faszination auf die Gesellschaft des Kaiserreichs ausübten (Q2, Q4, Q5, Q7–Q9, vgl. „Leben im Deutschen Kaiserreich"). Stelle dir vor, du lebst um 1900, bist begeisterter Karl-May-Leser und Besucher von Völkerschauen. Gerade hast du die Bambusartisten gesehen und berichtest jetzt in einem Brief von deinen Eindrücken. Was schreibst du?

❸ Erläutere, warum weder Hagenbeck noch die Wissenschaft grundsätzliche Einwände gegen die Völkerschauen hatten (VT, Q6). Welche Meinung hast du zu den Völkerschauen?

229

4. Konkurrenz in der Welt – Frieden in Europa: Bismarcks Außenpolitik

1873	Der Dreikaiservertrag wird zwischen Deutschland, Österreich-Ungarn und Russland abgeschlossen.
1879	Der Deutsch-österreichische Zweibund wird geschlossen.
1881	Deutschland, Österreich-Ungarn und Russland erneuern das Dreikaiserbündnis.
1882	Deutschland, Österreich-Ungarn und Italien einigen sich über den Dreibund.
1887	Der Rückversicherungsvertrag zwischen Deutschland und Russland wird unterzeichnet.
1887	Großbritannien, Österreich-Ungarn und Italien schließen den Orientdreibund ab.

Das Deutsche Reich – Konkurrent der Großmächte?

Bismarcks Befürchtungen, das Streben Deutschlands nach Kolonien und Einfluss in der Welt könnte Konflikte mit den alten europäischen Großmächten zur Folge haben, waren nicht unberechtigt. Die Reichsgründung hatte zwar die Träume der großen Mehrheit der deutschen Bevölkerung erfüllt. Die Großmächte in Europa – Großbritannien, Russland und Österreich-Ungarn – begegneten dem Deutschen Reich hingegen nicht ohne Misstrauen. Sie befürchteten, dieses könnte die Vorherrschaft auf dem Kontinent anstreben und das bisherige Gleichgewicht zerstören. Die unerwarteten Siege der preußischen Armee in drei Kriegen, die Bevölkerungszahl und die Wirtschaftskraft des geeinten Reiches sowie Bismarcks Ruf, ein skrupelloser Machtpolitiker zu sein, ließen deren Sorgen berechtigt erscheinen. Bereits 1871 bezeichnete der Brite Benjamin Disraeli die Reichsgründung daher als „ein größeres politisches Ereignis als die Französische Revolution".

Deutschland ist „saturiert"

Bismarck war sich über das Misstrauen der anderen Großmächte von Anfang an im Klaren. Er lehnte deshalb nicht nur den Erwerb von Kolonien ab, sondern versicherte den europäischen Staaten immer wieder, das Deutsche Reich sei „saturiert", d.h. es habe keine Absicht, weitere Gebiete in Europa zu erwerben. Diese Haltung war zunächst Ausdruck kluger Außenpolitik. Da der Reichskanzler glaubte, dass jede französische Regierung nach der als demütigend empfundenen Niederlage „die Revanche als ihre Hauptaufgabe" betrachten würde, war er allerdings auch darauf angewiesen, das Vertrauen der anderen Mächte zu gewinnen. Nur wenn Frankreich keinen Bündnispartner fand, isoliert blieb, schien die Zukunft des Reiches sicher. Einen Zweifrontenkrieg konnte Deutschland nicht gewinnen.

Bismarck als „ehrlicher Makler"

Die Konflikte auf dem Balkan, die Europa seit der Mitte der 1870er-Jahre erschütterten und die Großmächte an den Rand eines großen Krieges brachten, gaben Bismarck Gelegenheit, die Leitgedanken seiner Außenpolitik unter Beweis zu stellen. Anlass dafür war das Unabhängigkeitsstreben der slawischen Völker Bulgarien, Rumänien, Mazedonien und Bosnien-Herzegowina. Diese wollten sich endgültig von der türkischen Herrschaft lösen und ihre eigenen Nationalstaaten gründen. Russland unterstützte diese Bestrebungen auch militärisch, rief dadurch aber den Widerspruch Österreich-Ungarns und Großbritanniens hervor. Beide Mächte hatten eigene Interessen auf dem Balkan und an den Meerengen von

230

Q1 „Verantwortlicher Posten. Europas Central-Weichensteller" Bismarck wurde häufig als „europäischer Weichensteller" bezeichnet oder abgebildet. Erläutere diese Charakterisierung anhand der nebenstehenden Karikatur. Karikatur im „Simplicissimus", 1887.

Konstantinopel. Als „ehrlicher Makler" trug Bismarck auf dem Berliner Kongress 1878 dazu bei, einen drohenden Krieg der Großmächte durch Verhandlungen zu verhindern.

Der Berliner Kongress war ein eindrucksvoller Beweis von Bismarcks Politik des Augenmaßes, der Mäßigung und des Verzichts auf weitere Expansion. Dennoch litt er weiterhin unter dem „Alptraum", andere Mächte könnten Koalitionen gegen das Reich schmieden: Der Balkankonflikt war nicht wirklich gelöst worden. Russland fühlte sich zudem um seinen Sieg über das schwache Osmanische Reich betrogen. Neue Krisen um das Erbe des „kranken Mannes am Bosporus", wie die Türkei genannt wurde, konnten unabsehbare Folgen haben. Auch war eine Entspannung der Beziehungen zu Frankreich keineswegs in Sicht. Seit 1879 errichtete Bismarck daher behutsam ein kompliziert erscheinendes System von Bündnissen. Diesem gehörten mit Russland, Österreich-Ungarn, Italien und indirekt auch Großbritannien bald alle europäischen Großmächte an – außer Frankreich. Ziel dieses Systems war es, einen großen europäischen Krieg zu verhindern und Frankreich weiterhin zu isolieren. Nur wenn einer der beteiligten Staaten angegriffen wurde, waren die anderen zur Unterstützung verpflichtet. Trotz neuer großer Krisen in den 1880er- Jahren trugen diese Bündnisse dazu bei, den Frieden in Europa zu bewahren. Mit Bismarcks Entlassung 1890 wechselte die deutsche Außenpolitik ihre Richtung. Das von ihm geknüpfte Bündnissystem zerfiel.

Europäische Bündnisse werden geschmiedet

Fächer mit den Unterschriften der Delegierten des Berliner Kongresses **Q2**

231

D1 Bündnisse zur Zeit Bismarcks

Karte mit Bündnissen:
- 1873 Dreikaiserbündnis
- 1879 Zweibund
- 1882 Dreibund
- 1887 Rückversicherungsvertrag
- 1887 Orient-Dreibund

Q3 Welche Folgen hätte ein Krieg?

Bismarck schrieb Kaiser Wilhelm I. vor einer Unterredung mit dem Zaren im November 1887:

In der Politik haben wir ebenso sehr mit den Parteien wie mit den Nationen zu rechnen. Der Kampf geht heute nicht so sehr zwischen Russen, Deutschen, Italienern, Franzosen wie zwischen der Revolution und der Monarchie. Die Revolution hat Frankreich erobert, England berührt; sie ist stark in Italien und Spanien. Nur noch die drei Kaiserreiche vermögen ihr Widerstand zu leisten. Das republikanische Frankreich bedroht in erster Linie Deutschland. Wenn es siegreich wäre, würde sein Sieg die demokratische und republikanische Partei in Deutschland stärken. Darf ein russischer Kaiser das republikanische Frankreich ermutigen, sein Vorschreiten gegen den Osten Europas vorbereiten und die deutschen Monarchien mit der französisch-russischen Allianz bedrohen? (…) Der Kaiser Alexander will den Frieden. Er hat Recht. Der Krieg, sei er nun siegreich oder nicht, wird die Revolution in mehr als einem Lande entfesseln.

Zit. nach: W. Bußmann, Die auswärtige Politik des deutschen Reiches unter Bismarck 1871–1890. Stuttgart 1973, S. 63.

Q4 Deutsche Interessen und Ziele

Die Grundlagen seiner Politik erläuterte Bismarck Kaiser Friedrich III. im März 1888:

Seit siegreiche Kriege zur Errichtung des Norddeutschen Bundes und demnächst des deutschen Reichs geführt hätten, sei die Politik Seiner Majestät [Kaiser Wilhelms I.] vornehmlich darauf gerichtet gewesen, den Frieden zu bewahren und Koalitionen auswärtiger Mächte gegen Deutschland vorzubeugen. Eine Koalition hätte (…) leicht (…) Russland, Frankreich und Österreich umfassen können. Es sei deshalb geboten gewesen, eine Versöhnung mit einer der beiden bekämpften Großmächte zu suchen und diese habe nur Österreich sein können. Diese Versöhnung sei geglückt und habe zu einem Bündnis geführt. Hierbei falle uns die Aufgabe zu, wenn der Widerstreit der Interessen Österreichs und Russlands einen schärferen Charakter annehme, auf die Kriegslust der befreundeten Macht – auf die Gefahr hin, dort russenfreundlich zu erscheinen – mäßigend einzuwirken, denn ein für Österreich unglücklich verlaufender Krieg zwischen jenen nötige uns, selbst über die vertragsmäßige Pflicht hinaus Österreich Hilfe zu leisten, da dessen ungeschwächte Großmachtstellung für uns ein Bedürfnis des europäischen Gleichgewichtes sei. Wir hätten keine eignen Interessen auf der Balkanhalbinsel, die den russischen entgegenständen. (…) Englands Bestand sei uns ebenso wichtig wie die Erhaltung Österreichs. (…) Frankreich allein sei uns nicht gewachsen. Nur als Verbündeter Russlands sei Frankreich gefährlich und von dort drohe überhaupt die größte Gefahr. Er könne nur befürworten, dass die deutsche Politik nach wie vor die Aufrechterhaltung des Friedens zum Ziele nehme, ohne Voreingenommenheit für die eine oder andere auswärtige Macht (abgesehen von unseren Bündnisverträgen).

Zit. nach: M. Stürmer (Hg.), Bismarck und die preußisch-deutsche Politik 1871–1890. München 1970, S. 251 f.

Fragen und Anregungen

1. Stelle in Stichworten die Grundprinzipien von Bismarcks Außenpolitik zusammen (Q3, Q4, VT).

2. Vergleiche Bismarcks Außenpolitik vor und nach 1871 und erkläre die Unterschiede.

3. Erläutere anhand der Zeittafel und D1, warum die genannten Verträge gerade so geschlossen wurden. Überlege, warum Bismarck keinen direkten Vertrag mit England schloss.

232

5. Das Weltmachtstreben Wilhelms II. – Die deutsche Außenpolitik verändert Europa

1897/98	Das Deutsche Reich beginnt Weltpolitik zu treiben.
1904	Großbritannien und Frankreich bereinigen ihre kolonialen Differenzen und schließen sich zur „Entente Cordiale" zusammen.
1907	Großbritannien und Russland einigen sich über eine Aufteilung ihrer Interessensphären in Asien.
1912	Versuche, das deutsch-englische Wettrüsten zur See durch Verhandlungen zu beenden, scheitern.
1912/13	Das internationale Wettrüsten zu Lande beschleunigt sich.

Kurswechsel – Deutschland beerbt Großbritannien

„Die leitenden deutschen Staatsmänner und allen voran Kaiser Wilhelm", so berichtete der österreichische Botschafter in Berlin am 21. Mai 1900, „haben den Blick in die ferne Zukunft geworfen und streben danach, die in letzter Zeit mit großen Schritten heranwachsende Stellung Deutschlands als Weltmacht zu einer dominierenden zu machen und rechnen hierbei darauf, seinerzeit auf diesem Gebiet die lachenden Erben Englands zu werden." War dieses Urteil berechtigt?

Warum will Deutschland Weltmacht werden?

In der Mitte der 1890er-Jahre schlugen die verantwortlichen deutschen Politiker einen neuen Kurs in der Außenpolitik ein. Deutschland sollte nicht mehr nur eine führende Rolle auf dem Kontinent spielen, sondern wie Großbritannien, Russland, Frankreich und die Vereinigten Staaten auch eine bedeutende Welt- und Kolonialmacht sein. Wichtigster Repräsentant dieser Strömung war Kaiser Wilhelm II. Bei öffentlichen Auftritten verkündete er, „ohne Deutschland und ohne den Deutschen Kaiser [dürfe] keine große Entscheidung mehr fallen". Ausgelöst wurde dieser Kurswechsel durch die Sorge, bei dem Wettrennen um die letzten noch „freien" Gebiete der Erde – den „Platz an der Sonne", wie es der spätere Reichskanzler Bülow 1897 im Reichstag ausdrückte – erneut zu spät zu kommen. Um das Erreichte zu sichern und die weitergehenden Ziele zu verfolgen, erschien der Bau einer mächtigen Kriegsflotte notwendig. Diese war ein weithin sichtbares Symbol der Stärke. Notfalls konnte sie die eigenen Ansprüche auch militärisch durchsetzen. In weiten Kreisen der Bevölkerung stieß diese Politik auf große Zustimmung. Das zeigte sich auch in der Mode: Viele Jungen und Mädchen aus bürgerlichen Familien trugen voller Stolz den Matrosenanzug. Mehr als eine Million Menschen waren bald auch Mitglieder des Deutschen Flottenvereins und anderer „nationaler" Verbände. Diese warben mit modernen Mitteln – Vorträgen, Diaschauen, Flottenschauspielen und Plakaten – für die Politik der Regierung. Sie versprachen sich davon mehr Macht und Prestige, Einfluss und Reichtum für das Deutsche Reich. Allein die Anhänger der Sozialdemokratischen Partei und einige Linksliberale beobachteten den Übergang von der Kontinental- zur Weltpolitik mit großer Sorge.

Q1 „L'enfant terrible" Englische Karikatur aus dem Jahre 1890.

Das Deutsche Reich – eine „nervöse Großmacht"

Diese Sorgen sollten sich sehr bald als berechtigt erweisen. Um seinen Weltmachtanspruch deutlich zu machen, mischte sich das Deutsche Reich seit der Mitte der 1890er-Jahre immer wieder in internationale Konflikte ein: 1896 gratulierte Wilhelm II. in der berühmten Krüger-Depesche dem Präsidenten des ostafrikanischen Transvaal zum erfolgreichen Widerstand gegen die Engländer. Damit griff er Großbritanniens Politik in Südafrika in unnötig scharfer Form öffentlich an. 1897 besetzte das Deutsche Reich Kiautschou, im Pazifik stritt es mit den Regierungen in Washington und London viele Jahre um die Aufteilung der Samoa-Inseln. Im Osmanischen Reich schließlich belastete der Bau der Bagdadbahn das deutsch-englische Verhältnis. England sah in der Bahn eine Bedrohung seiner strategischen und politischen Interessen in Indien, da sie bis zum Persischen Golf führen sollte. Diese Ungeduld der Reichsleitung bei der Verwirklichung ihrer Ziele weckte zunehmend das Misstrauen der anderen Großmächte. Vergeblich klagte der deutsche Botschafter in London bereits 1901: „Wenn man in Deutschland doch nur stillsitzen könnte, dann würde die Zeit kommen, wo uns die gebratenen Tauben in den Mund fliegen." Historiker bezeichnen das Deutsche Reich daher heute auch als „nervöse Großmacht", die nicht berechenbar und daher äußerst gefährlich erschien.

Wettrüsten zur See

Großbritannien fühlte sich durch das deutsche Auftreten in der internationalen Politik und den Bau einer starken Flotte besonders bedroht. Seine Stellung als führende Weltmacht beruhte auf der Überlegenheit der eigenen Flotte gegenüber möglichen Konkurrenten. Verhandlungen über eine Begrenzung der Flottenrüstung lehnte die Regierung in Berlin mehrfach ab. Sie hoffte, nach Fertigstellung der Flotte für ihr Entgegenkommen einen viel höheren Preis erzielen zu können. Die Folge war ein gefährliches und kostspieliges Wettrüsten zur See. Ab 1905/06 begann die englische Regierung ihrerseits neue und stärkere Kriegsschiffe bauen zu lassen. Obwohl auch Deutschland seine Flotte mehrfach verstärkte, konnte Großbritannien die Vorherrschaft zur See wahren.

Q2 Zeitgenössischer Einband einer Publikation über die deutsche Flottenpolitik, 1896
„Deutschlands Zukunft liegt auf dem Wasser", behauptete Kaiser Wilhelm II., der sich selbst mit der Planung der Flotte beschäftigte.

234

Q3 Die Welt wird aufgeteilt
Den Kampf um die besten „Stücke" bei der Verteilung der Welt illustriert diese Postkarte der Zentrumspartei anlässlich des Reichstagswahlkampfes 1912.

Der deutsch-englische Rüstungswettlauf war auch maßgeblich für Veränderungen in den Beziehungen zwischen den Mächten verantwortlich. Großbritannien hatte bereits um die Jahrhundertwende begonnen, sich mit seinen Rivalen – den USA (1901) und Japan (1902) – in Mittel- und Südamerika sowie in Asien zu einigen. Von besonderer Bedeutung für die Stellung Deutschlands unter den Mächten waren jedoch die Abkommen Großbritanniens mit Frankreich (1904) und Russland (1907) über die Beilegung kolonialer Streitfragen. Diese Abkommen entwickelten sich bald zu bündnisähnlichen Vereinbarungen. Durch aggressives und ungeschicktes Verhalten festigte das Deutsche Reich die Verbindungen dieser Mächte weiter: In den Marokkokrisen der Jahre 1905 bzw. 1911 hatte die Reichsleitung versucht, mit einer Politik der Stärke und der Androhung von militärischer Gewalt die deutschen Ansprüche bei der Verteilung der noch „freien" Gebiete gegenüber Frankreich deutlich zu machen. Die englische Regierung stellte sich jedoch schützend hinter Frankreich. Dadurch wiederum wuchs in Deutschland das Gefühl, von der „Triple-Entente" – wie dieser bündnisähnliche Zusammenschluss genannt wurde – „eingekreist" zu werden.

Einkreisung Deutschlands?

Seit der diplomatischen Niederlage in der zweiten Marokkokrise rüstete das Deutsche Reich daher neben der Flotte nun auch die Armee in großem Umfang auf. Unterstützt wurde dies von den nationalistischen Agitationsvereinen des Kaiserreichs wie dem Deutschen Flottenverein oder dem Alldeutschen Verband, die sich lautstark für die Wahrung deutscher Interessen einsetzten. Die anderen Mächte beantworteten die deutsche Aufrüstung ebenfalls mit Aufrüstungen. Dadurch entstand ein allgemeines Wettrüsten, das die Spannungen zwischen der Triple-Entente und dem Dreibund (Deutschland, Österreich-Ungarn und Italien) weiter verschärfte. Zwar reiste der englische Kriegsminister Haldane im Februar 1912 nach Berlin, um das Wettrüsten durch Verhandlungen zu beenden. Doch diese Bemühungen scheiterten am gegenseitigen Misstrauen. Viele Menschen hatten daher das Gefühl, Europa stünde am Rande einer Katastrophe.

Allgemeines Wettrüsten

235

D1 Rüstungsausgaben (in Millionen Mark):

	1905	1910	1913
Frankreich	991	1 177	1 327
Russland	1 069	1 435	2 050
England	1 263	1 367	1 491
Deutschland	1 064	1 377	2 111
Österreich-Ungarn	460	660	720

Nach: Reichsarchiv (Hg.), Kriegsrüstung und Kriegswirtschaft. Anlagenband. S. 530.

D2 Der Bau schwerer Kampfschiffe

	1889–1900	1900–1910	1910–1913
England	38	36	20
Deutschland	12	25	13
Frankreich	15	11	11
Russland	15	6	4

Nach: W. Kleinknecht/H. Krieger (Hg.), Handbuch des Geschichtsunterrichts, Bd. 5. Frankfurt a. M. 1965, S. 119 f.

Q4 „Der Herrgott ist bei den Starken"
Der nationalliberale Reichstagsabgeordnete Gustav Stresemann zur Flottenpolitik, 1907:
Man klagt in sozialdemokratischen Kreisen über das Geld für Heer und Flotte. Man sagt, Milliarden steckt ihr hinein, was könntet ihr damit tun für die Kultur, für die Geisteswissenschaften und Armenfürsorge. Zu-
5 nächst sind wir aber in der Technik so weit, dass das Geld zum größten Teil in die Taschen des deutschen Volkes zurückkommt. Die Schiffe, die wir bauen, konstruiert der deutsche Techniker und baut der deutsche Arbeiter, die Kasernen baut der deutsche Maurer, die
10 Kleider machen deutsche Fabriken; man kann nicht sagen, dass das deutsche Nationalvermögen um Milliarden ärmer wird. Diese Beträge fließen durch eine große Reihe von Kanälen an das deutsche Volk. Aber selbst wenn wir Ausgaben machten, die wir nicht zu-
15 rückbekämen, dann muss man doch zugeben, dass wir durch unser starkes Heer, durch unsere Rüstungen zu Lande 35 Jahre dem deutschen Volke den Frieden erhalten, jedem Einzelnen die Möglichkeit gegeben haben, für sich und seine Familie zu schaffen und zu
20 wirken und dadurch erst den Untergrund für unsere wirtschaftliche Entwicklung gelegt haben. So haben wir auch dadurch sehr viel für die Kultur getan, und zwar mehr, als wir jemals auf anderem Wege dafür hätten tun können. Auf diesem Boden stehen wir (…), wenn wir die Anschauungen hinaustragen in das Volk: Bitter 25
Not ist uns eine starke Flotte. Wenn wir den Nachdruck auf das Wort „starke" legen, so ist es deshalb, weil wir sehen, dass in der Weltgeschichte immer ein Volk an die Stelle des anderen tritt und schließlich der Herrgott im Kampfe bei den starken Bataillonen ist. 30

Zit. nach: D. Fricke (Hg.), Dokumente zur deutschen Geschichte 1905–1907. Frankfurt a. M. 1977, S. 74 f.

Q5 Englands Haltung zur deutschen Flottenpolitik
Der deutsche Botschafter nach einem Treffen mit den britischen Ministern Grey (Außenminister) und Lloyd George (Schatzkanzler), Sommer 1908:
Beide Minister waren der Ansicht, dass die Situation zwischen England und Deutschland sich um die Flottenfrage drehe. Die Auslagen für die englische Flotte würden infolge des deutschen Flottenprogramms und des beschleunigten Flottenbaues dermaßen in die 5
Höhe gehen und das Gefühl von der deutschen Gefahr würde damit dermaßen an Intensität zunehmen, dass die Beziehungen zwischen den Ländern sich nicht bessern könnten, solange sie sich in der Flottenkonkurrenz gegenseitig in die Höhe schraubten. Jeder Engländer 10
würde seinen letzten Pfennig daransetzen, um sich die Überlegenheit zur See zu wahren, von welcher nicht nur die Weltstellung Englands, sondern auch seine Existenz als unabhängiger Staat abhänge. Die ruinösen Ausgaben, zu denen die Flottenkonkurrenz triebe, 15
könnten vertrauensvolle Beziehungen zwischen beiden Nationen nicht aufkommen lassen. Wer auch nur einigermaßen England kenne, wisse, dass hier nicht die Absicht bestehe, Deutschland mit der englischen Flotte zu bedrohen oder gar Deutschland anzugreifen. 20
Eine Landung sei schon in Anbetracht der englischen Armeeverhältnisse gänzlich ausgeschlossen. (…) Für England dagegen sei eine mächtige deutsche Flotte mit einer noch mächtigeren Armee im Hintergrund eine reale Gefahr. 25

Zit. nach: J. Lepsius u. a. (Hg.), Die Große Politik der europäischen Mächte Bd. 24. Berlin 1925, S. 99 f.

Q6 „Kämpfen oder ehrenvoll untergehen?"
Aufzeichnung über eine Rede von Admiral von Tirpitz vom 9. Oktober 1913:
Unser Auswärtiges Amt kommt seit Jahren den englischen Bestrebungen offenkundig entgegen. Dort

236

treibt man Augenblickspolitik und arbeitet für den Schein der Gegenwart anstelle große Ziele ins Auge zu fassen und an die zukünftige Gestaltung der Dinge zu denken. Die Verbrüderung mit England – deren Vorbedingung das Fallenlassen des Flottengesetzes ist – scheint dort als das bequemste Mittel, billige Erfolge einzuheimsen. (…) Die Frage, (…) ob Deutschland seine Weltstellung wenn nötig England gegenüber erkämpfen soll – mit dem großen Einsatz, den dieser Kampf in sich schließt – oder ob es sich auf die Stellung als europäische Kontinentalmacht zweiter Ordnung von vornherein beschränken soll, diese Frage ist letzten Endes Sache des politischen Glaubens. Schließlich scheine es einer großen Nation würdiger, um das höchste Ziel zu kämpfen und vielleicht ehrenvoll unterzugehen als ruhmlos auf die Zukunft zu verzichten.

Bundesarchiv-Militärarchiv, Nachlass Tirpitz N 253/423.

Q7 Neue nationalistische Welle in Frankreich
Der englische Botschafter über die französische Aufrüstung, Februar 1913:
Die Gründe für vermehrte Rüstungen wurden der Öffentlichkeit mit großer Überzeugungskraft und Geschicklichkeit dargelegt, namentlich vom „Temps", der seit einiger Zeit durch eine Reihe von Artikeln über deutsche Politik und Rüstungen (…) einer neuen Entwicklung der Militärpolitik den Weg bereitet hat. Der bemerkenswerteste Umstand in der inneren Lage Frankreichs während der letzten zwölf Monate war das Wiederaufleben eines Geistes willensstarker Vaterlandsliebe. Monsieur Poincarés (Ministerpräsident und Außenminister) Ministerium und insbesondere Monsieur Millerand als Kriegsminister haben viel zur Förderung dieses Geistes getan. Eins der ersten Anzeichen der „nationalistischen" Welle, die jetzt über Frankreich hinwogt, war die außerordentliche Begeisterung der Volksmassen bei den (…) wiedereingeführten wöchentlichen Zapfenstreichen durch die Straßen von Paris. Man betrachtet Monsieur Poincaré, mit Recht oder Unrecht, als Verkörperung des neuen Geistes in Frankreich, und seine derzeitige große Beliebtheit ist in hohem Grad diesem Umstand zuzuschreiben. Die Öffentlichkeit wird häufig daran erinnert, dass er aus Französisch-Lothringen stammt, und man sagt von ihm, er teile die Gefühle seiner lothringischen Landsleute, die für die patriotischsten aller Franzosen gelten.

Zit. nach: E. Hölzle (Hg.), Quellen zur Entstehung des Ersten Weltkrieges. Internationale Dokumente 1901–1914. Darmstadt 1978, S. 145.

Q8 „Im Dreadnought-Fieber"
Die deutsche Karikatur von 1909 bezieht sich auf das Wettrüsten. Dreadnought war ein britisches Schlachtschiff.

Q9 „Krieg sei uns heilig"
Der Vorsitzende des Alldeutschen Verbandes, 1912:
Wie die Gebildeten in unserem Volke, die Leute mit etwas politischem Blicke, allmählich erkannt haben, dass die Politik der Saturiertheit unserer wirklichen Lage nicht mehr entspricht, so ist es geboten, dass alle am öffentlichen Leben Interessierten umdenken lernen und verlangen, dass wir tätige äußere Politik treiben, sagen wir ruhig aggressiv. (…) Der Krieg sei uns heilig wie das läuternde Schicksal; wie dieses das Leben des Einzelnen oder eines Geschlechtes bessern kann oder vernichten, so denke man sich den Krieg und glaube daran, dass nur der im Sinne der Ewigkeit Schlechte und Unbrauchbare unterliegen wird. Heilig sei uns der Krieg wie das läuternde Schicksal, denn er wird alles Große und Opferbereite, also Selbstlose wecken in unserem Volke und seine Seele reinigen von den Schlacken der selbstischen Kleinheit. Wert sei er uns als der Prüfstein der Kraft und Tüchtigkeit und aller männlichen Tugenden. Willkommen sei er uns als der Arzt unserer Seelen, der mit stärksten Mitteln uns heilen wird.

D. Frymann (= Heinrich Claß): Wenn ich Kaiser wär. Politische Wahrheiten und Notwendigkeiten. Leipzig 1912, S. 137, 182 f.

237

Q10 Gegen die imperialistische Rüstungspolitik

Aus dem Manifest der Sozialdemokratischen Partei Deutschlands und der Sozialistischen Partei Frankreichs vom 1. März 1913:

Die französische und die deutsche Sozialdemokratie erheben einmütig und einstimmig Protest gegen die unaufhörlichen Rüstungen, die die Völker erschöpfen, sie zur Vernachlässigung der wichtigsten Kulturaufgaben
5 zwingen, das gegenseitige Misstrauen steigern und, statt den Frieden zu sichern, Konflikte heraufbeschwören, die zu einer Weltkatastrophe führen mit Massenelend und Massenvernichtung im Gefolge. (…) Die herrschenden Klassen hüben und drüben sind es, die die
10 nationalen Gegensätze, statt sie zu bekämpfen, künstlich verschärfen, die gegenseitige Feindseligkeit schüren und dadurch die Völker von ihren Kulturbestrebungen und ihrem Befreiungskampf im Innern ablenken. Um den Frieden, die Unabhängigkeit der Völker und den
15 Fortschritt der Demokratie auf allen Gebieten in beiden Staaten zu sichern, fordert die Sozialdemokratie, dass alle Streitigkeiten zwischen den Völkern schiedsgerichtlich geschlichtet werden. (…) Sie fordert weiter die Beseitigung des stehenden Heeres, das eine stete Be-
20 drohung der Nationen bildet, und an dessen Stelle die Einführung einer Volkswehr auf demokratischer Grundlage, die nur der Landesverteidigung zu dienen hat.

D. Fricke (Hg.): Dokumente zur deutschen Geschichte 1910–1914. Frankfurt a. M. 1977, S. 101.

Q12 SPD-Plakat zu den Reichstagswahlen 1912

Q11 Soll Deutschland einen Präventivkrieg führen?

Der Staatssekretär des Auswärtigen Amts, Jagow, nach einem Gespräch mit dem Chef des Generalstabs, General Moltke, Ende Mai/Anfang Juni 1914:

Die Aussichten in die Zukunft bedrückten ihn (Moltke) schwer. In 2–3 Jahren würde Russland seine Rüstungen beendet haben. Die militärische Übermacht unserer Feinde wäre dann so groß, dass er nicht wüsste,
5 wie wir ihrer Herr werden könnten. Jetzt wären wir ihnen noch einigermaßen gewachsen. Es bleibe seiner Ansicht nach nichts übrig als einen Präventivkrieg zu führen um den Gegner zu schlagen, solange wir den Kampf noch einigermaßen bestehen könnten. Der Generalstabschef stellte mir demgemäß anheim unse-
10 re Politik auf die baldige Herbeiführung eines Krieges einzustellen.

Zit. nach: W. Baumgart (Hg.), Die Julikrise und der Ausbruch des Ersten Weltkriegs 1914. Darmstadt 1983, S. 30.

Fragen und Anregungen

1. Fasst die wichtigsten Inhalte des Verfassertextes stichwortartig auf Plakaten in einer tabellarischen Übersicht zusammen. Hängt die Plakate in der Klasse aus und vergleicht eure Ergebnisse. Woran zeigt sich eine gelungene Stichwortliste?

2. Erstellt eine historische Karte der neuen Bündnisse (VT, vgl. Kapitel 4, D1).

3. Bereitet in drei Gruppen eine Fishbowl-Diskussion zu folgendem Thema vor: Führt die Weltpolitik Deutschland zu Größe und Erfolg? Die erste Gruppe vertritt die deutschen Befürworter der Weltpolitik (Q2, Q3, Q4, Q6, Q9). Die zweite Gruppe vertritt die deutschen Gegner der Weltpolitik (D1, D2, Q8, Q10–12). Die dritte Gruppe vertritt das Ausland (VT, Q1, Q5, Q7). Bezieht euer Vorwissen zur Epoche des Imperialismus und zur deutschen Außenpolitik in die Diskussion mit ein. Haltet die Argumente der drei Gruppen während der Diskussion in einer Tabelle fest.

6. Der Balkan – ein „Pulverfass" für Europa?

1912/13 – Krieg auf dem Balkan

Anfang Oktober 1912 erklärten Serbien, Montenegro, Bulgarien und Griechenland der Türkei den Krieg. Innerhalb weniger Wochen verdrängten sie diese in blutigen Kämpfen aus ihren restlichen europäischen Besitzungen. Bereits am 20. Oktober verabschiedeten Anhänger der deutschen Sozialdemokraten eine Resolution. Darin protestierten sie gegen das „Völkermorden" auf dem Balkan und forderten die Reichsleitung auf, neutral zu bleiben und „in dieser Hinsicht auch bei den übrigen Großmächten ihren Einfluss" geltend zu machen. Anlass für diese Resolution war die Sorge, die „Kriegsfackel auf dem Balkan" könnte „in dem waffenstarrenden Europa einen Weltbrand entzünden". War diese Sorge berechtigt?

Nationale Bestrebungen

Seit Beginn des 19. Jahrhunderts war der Balkan ein „Pulverfass". Der „nationale Gedanke" hatte auch die Menschen in dieser Region Europas erfasst. Wie die Deutschen, Italiener und Polen strebten sie danach, ihre Völker, die teilweise weit verstreut über Staatsgrenzen hinweg wohnten, in einem Staat zu vereinen. Das hatte eine Reihe von Konflikten untereinander über die bestehenden Staatsgrenzen hinaus zur Folge. Jede Verschiebung der Gewichte auf dem Balkan berührte direkt oder indirekt auch die Großmächte, was sich bereits in den Konflikten vor dem Berliner Kongress 1878 gezeigt hatte. Regionale Unruhen waren daher im 19. und zu Beginn des 20. Jahrhunderts immer auch eine Gefahr für den allgemeinen Frieden.

Balkan bleibt Krisenherd

Es war aber nicht nur das Osmanische Reich, gegen das sich der Nationalismus der Balkanvölker richtete. Auch Österreich-Ungarn, das seit dem Berliner Kongress über Bosnien und die Herzegowina herrschte und zu dem Kroatien und Slowenien gehörten, war davon betroffen. So wollte z.B. Serbien alle Serben in einem Großserbischen Reich vereinen. Dazu sollten auch die in der Donaumonarchie lebenden Serben gehören. Da Russland sich als Beschützer aller Slawen, also auch der Serben, betrachtete, waren häufige Spannungen zwischen beiden Großmächten die Folge. So auch 1912: Um den serbischen Nationalismus zurückzudrängen, lehnte Österreich-Ungarn serbische Gebietsforderungen ab. Da Serbien jedoch auf die Unterstützung Russlands vertraute, drohte eine große europäische Krise. Auf einer internationalen Konferenz in London gelang es den nicht unmittelbar betroffenen Großmächten unter Führung Deutschlands und Großbritanniens, diese zu entschärfen und den Balkan neu zu ordnen.

Diese Neuordnung war jedoch nicht von Dauer. Im Streit um die Beute, in den auch Rumänien eingriff, bekämpften sich bereits im Sommer 1913 alle Balkanstaaten untereinander. Nur mit großer Mühe gelang es den europäischen Großmächten, diesen Krieg zu beenden. Von einer Entspannung auf dem Balkan konnte dennoch keine Rede sein. Österreich betrachtete die großserbische Bewegung weiterhin als ernsthafte Bedrohung für seinen Vielvölkerstaat. Gegen Serbien militärisch vorzugehen konnte allerdings unabsehbare Konsequenzen haben, denn hinter diesem stand Russland. Würde es noch einmal gelingen, einen „Weltbrand" zu verhindern?

Q1 „Der vereinigten europäischen Feuerwehr gelang es nicht, den Brand zu löschen"
Zeitgenössische Karikatur.

239

D1 Der Balkan 1908–1913

Q2 Österreichs Haltung gegenüber Serbien
Der österreichische Generalstabschef am 20.1.1913:
Die Entwicklung eines selbstständigen großserbischen Staates ist eine eminente Gefahr für die Monarchie, sie liegt darin: dass (…) die Slawen der Monarchie (…) ihren Hort in diesem neuen, von Russland unterstützten Staatswesen suchen, dass vor allem die Serben der Monarchie die Angliederung an dasselbe anstreben werden; damit droht der Monarchie der Verlust der wichtigsten Gebiete für ihre Großmachtstellung und ihr wirtschaftliches Gedeihen (…). Eingekeilt zwischen Russland, dann einem mächtig gewordenen Serbien und Montenegro und einem auf die Dauer kaum verlässlichen Italien wird die Monarchie zur politischen Ohnmacht und damit zum sicheren Niedergang verurteilt sein (…). Die Monarchie muss durch eine militärische Kraftäußerung (…) ihre politische Geltung wiederherstellen (…). Es ist (…) auch für Deutschland nur von Vorteil, wenn die Kraftprobe zwischen Dreibund und Tripel-Entente möglichst bald zum Austrag kommt.

Zit. nach: F. Conrad v. Hötzendorff, Aus meiner Dienstzeit 1906–1918, Bd. 3. Wien 1922, S. 12 f.

Q3 Serbien und die „zweite Türkei"
Die serbische Zeitung „Piemont" schrieb am 8. Oktober 1913, dem Jahrestag der Annexion Bosniens und der Herzegowina durch Österreich:
Den Schmerz, der an diesem Tage dem serbischen Volke zugefügt wurde, wird das serbische Volk noch durch Jahrzehnte fühlen. (…) Das Volk legt das Gelübde ab, Rache zu üben, um durch einen heroischen Schritt zur Freiheit zu gelangen. Serbische Soldaten (…) legen heute das Gelübde ab, dass sie gegen die „zweite Türkei" ebenso vorgehen werden, wie sie (…) gegen die Balkan-Türkei vorgegangen sind. (…) Der Tag der Rache naht. Eine Türkei verschwand. Der gute serbische Gott wird geben, dass auch die „zweite Türkei" verschwindet.

Nach: W. Kleinknecht/H. Krieger (Hg.), Materialien für den Geschichtsunterricht in den mittleren Klassen, Bd. 5. Frankfurt a. M. 1965, S. 140.

Q4 Warnung vor einem Krieg
Aus einem Brief des deutschen Reichskanzlers an den österreichischen Außenminister im Februar 1913:
Man [muss] bei objektiver Prüfung zu dem Ergebnis kommen, dass es für Russland bei seinen traditionellen Beziehungen zu den Balkanstaaten beinahe unmöglich ist, ohne einen ungeheuren Verlust an Prestige einem militärischen Vorgehen Österreich-Ungarns gegen Serbien tatenlos zuzusehen. Die Vertreter einer friedlichen Richtung (…) würden von dem Sturm der öffentlichen Meinung einfach fortgeweht werden, falls sie versuchen sollten, sich ihm entgegenzustellen. Die Folgen eines russischen Eingreifens liegen aber offenbar zu Tage. Sie würden auf einen kriegerischen Konflikt des von Italien voraussichtlich nicht mit großem Enthusiasmus unterstützten Dreibundes gegen die Mächte der Tripelentente hinauslaufen, bei dem Deutschland das ganze Schwergewicht des französischen und englischen Angriffes zu tragen hätte. (…) Ich möchte nicht unterlassen, bei dieser Gelegenheit auf ein Symptom hinzuweisen, das (…) die allerernsteste Betrachtung verdient: Ich meine die Haltung der englischen Politik in der letzten Zeit. (…) Heute bildet England ein vermittelndes Element, durch welches wir immer wieder vermocht haben, einen beruhigenden und hemmenden Einfluss auf Russland auszuüben. (…) Die englische Haltung gesellt sich den mancherlei Anzeichen zu, die darauf hindeuten, dass die Ententepolitik ihren Höhepunkt überschritten hat. (…) Eine gewaltsame Lösung aber, selbst wenn manche Interessen der österreichisch-ungarischen Monarchie auf eine solche hindrängen sollten, in einem Augenblick herbei-

Q5 „Die Friedensglocke am Balkan will gar nicht recht klingen – sollten zu viele daran ziehen?"
Karikatur aus „Der wahre Jacob", 1909.

Q6 Kriegsstimmung in Frankreich
Aus einem Brief des englischen Politikers Sir Joseph Austen Chamberlain vom 1. März 1913:
Wir waren gestern Abend in Paris auf einer sehr netten Gesellschaft und hatten ein ausgezeichnetes Essen. Le Bon, früherer Kolonialminister, und Noetzlin, Direktor der „Banque de Paris et des Pays Bas", waren die hervorragendsten Gäste. Jedermann bespricht den Vorschlag zur dreijährigen Dienstzeit zurückzukehren, zu der, wie man sagt, die jungen Leute durchaus bereit sind. Man sagte mir, der Kammer [dem Parlament] werde die längere Dienstzeit von der öffentlichen Meinung aufgezwungen werden. (…) Ich finde, die Franzosen sind der ständigen Nadelstiche Deutschlands und dessen ständigen Drohungen und Einschüchterungen müde.
„Nun, mein Herr, wann kommt der Krieg?", waren Le Bons erste Worte, als wir die Damen allein gelassen hatten. „Dieses Mal nicht, mein Herr, wie ich jedenfalls glaube." „Meiner Ansicht nach je eher, je besser", erwiderte er. Ich frug weshalb, und er sagte, einmal wegen des wachsenden Missverhältnisses der Bevölkerungszahlen in Frankreich und Deutschland und der fallenden französischen Geburtenziffer. Zum anderen, weil die öffentliche Meinung sich ändere. Sie sei jetzt in der richtigen Verfassung, aber das sei vielleicht nicht immer so. Schließlich: Hätte die augenblickliche Lage zum Krieg geführt, so würde Russland, das durch sie unter allen Ententemächten am stärksten berührt wurde, bestimmt sofort und mit Kraft gehandelt haben. Überdies sei Österreich durch die Volksbewegung unter seinen eigenen Slawen und durch die Furcht vor möglichen Rückschlägen auf seinem Balkanbesitz lahm gelegt; Italien habe (…) weitgehende militärische Schwäche gezeigt.

Zit. nach: W. Lautemann/M. Schlenke (Hg.), Geschichte in Quellen. Das bürgerliche Zeitalter. München 1980, S. 739f.

zuführen, in dem sich uns eine wenn auch nur entfernte Aussicht eröffnet, den Konflikt unter für uns wesentlich günstigeren Bedingungen auszutragen, würde ich für einen Fehler von unermesslicher Tragweite halten.

W. Baumgart (Hg.): Die Julikrise und der Ausbruch des Ersten Weltkrieges 1914. Darmstadt 1983, S. 16f.

Fragen und Anregungen

1 Die Karikaturen Q1 und Q5 beschreiben die Situation auf dem Balkan Anfang des 20. Jahrhunderts. Welche Informationen kannst du diesen Karikaturen entnehmen?

2 Vergleiche die Informationen des Verfassertextes mit den Informationen der historischen Karte (D1). Erläutert euch in Partnerarbeit gegenseitig die Situation auf dem Balkan. Schreibt dann für Serbien, Österreich-Ungarn, die Türkei und Russland einen „Steckbrief" mit folgendem Inhalt: Eigene Situation/Interessen, Bündnispartner, geführte Kriege, erreichte Ziele/offene Fragen. Erörtert, wie die „offenen Fragen" gelöst werden könnten.

3 Fasst stichwortartig die Positionen Österreichs, Deutschlands und Frankreichs zur Balkanfrage zusammen (Q2, Q4, Q6). Geht arbeitsteilig vor und stellt euch eure Ergebnisse gegenseitig mithilfe einer Folie vor.

4 Versuche die Haltung Serbiens zu erklären (Q3). Vergleiche die Situation der Serben mit der deutschen Geschichte des 19. Jahrhunderts. Findest du Parallelen?

7. Europa im „Juli 1914" – Wie ein „Weltbrand" entsteht

28. Juni 1914	Der österreichisch-ungarische Thronfolger wird in der bosnischen Stadt Sarajewo ermordet.
5./6. Juli 1914	Deutschland versichert Österreich-Ungarn seiner Bündnistreue.
23. Juli 1914	Wien stellt Serbien ein Ultimatum.
28. Juli 1914	Österreich erklärt Serbien den Krieg.
30. Juli 1914	Russland verkündet die Generalmobilmachung.
1./3. August 1914	Deutschland erklärt Russland und Frankreich den Krieg.
4. August 1914	Großbritannien erklärt Deutschland den Krieg.

Germania Q1
Ausschnitt aus einem Gemälde von Friedrich August von Kaulbach, 1914.

In Europa gehen die Lichter aus

„In Europa gehen die Lichter aus. Wir werden es nicht mehr erleben, wenn sie wieder angehen." Mit diesen Worten beschrieb der englische Außenminister Grey am Abend des 4. August 1914 die Zukunft Europas, nachdem Großbritannien als letzte europäische Großmacht in den Krieg zwischen dem Deutschen Reich und Österreich-Ungarn auf der einen, Russland und Frankreich auf der anderen Seite eingetreten war. Wie konnte es dazu kommen?

Krieg statt Diplomatie

Am 28. Juni hatte ein serbischer Nationalist in der bosnischen Hauptstadt Sarajewo den österreichisch-ungarischen Thronfolger Franz Ferdinand und seine Frau erschossen. Für die Regierung in Wien war dieser Mord ein geeigneter Anlass, mit Serbien abzurechnen. Das Deutsche Reich versicherte wenige Tage später seine uneingeschränkte Bündnistreue. Dieser später so genannte „Blankoscheck" war erstaunlich. Auch Reichskanzler Bethmann Hollweg war sich darüber im Klaren, dass ein lokaler Krieg auf dem Balkan aufgrund der Bündnisverpflichtungen aller Mächte einen „Weltkrieg" auslösen könnte. Er hoffte aber, dass die russische Regierung Serbien dieses Mal nicht unterstützen würde. Sollte Russland aber dennoch als Beschützer aller Slawen der Regierung in Belgrad beistehen, war er dennoch bereit,

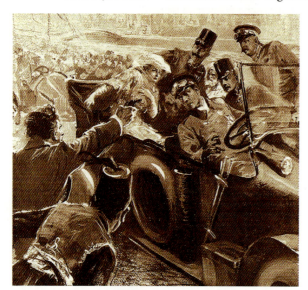

Q2 Das Attentat von Sarajewo
Zeichnung nach Schilderungen eines Augenzeugen. Der serbische Nationalist Gavrilo Princip wollte damit die Unterdrückung der bosnischen Serben durch Österreich rächen.

diesen „Sprung ins Dunkle" zu wagen. Nur so glaubte er, den „Ring" um Deutschland sprengen und das durch den serbischen Nationalismus bedrohte Österreich als Bündnispartner erhalten zu können. Er vertraute dabei auf die Zusagen der militärischen Führung, einen Krieg gegen Frankreich und Russland gewinnen zu können.

Am 23. Juli stellte die Regierung in Wien Serbien ein Ultimatum. Darin verlangte Österreich unter anderem die Untersuchung des Mordes durch österreichische Beamte, was Serbien als Eingriff in seine Souveränität ablehnte. Am 28. Juni erklärte Österreich daher Serbien den Krieg. Als Russland daraufhin seine Armee zu dessen Unterstützung mobilisierte, machte Deutschland ebenfalls mobil. Englische Vorschläge, durch gemeinsame Vermittlung zwischen den Großmächten den Frieden zu erhalten, lehnte die Regierung in Berlin ab. Deutschland wollte eine Schwächung Russlands und des russisch-westlichen Bündnisses erreichen. Eine gemeinsame Vermittlung hätte Russland und das Bündnis aber gestärkt. Zudem hoffte die Regierung, dadurch auch die wachsende Zahl der Kritiker im „nationalen Lager" zum Schweigen bringen zu können. Am 1. August erklärte das Deutsche Reich daher zunächst dem Zarenreich, dann am 3. August auch Frankreich den Krieg. Als deutsche Truppen am 4. August in das neutrale Belgien einmarschierten, um Frankreich militärisch schneller zu besiegen, trat auch Großbritannien in den Krieg ein. Der „Weltbrand", den Reichskanzler Bethmann Hollweg befürchtet hatte, war damit Wirklichkeit geworden.

Ein „Weltbrand" entsteht

An das Deutsche Volk.

Seit der Reichsgründung ist es durch 43 Jahre Mein und Meiner Vorfahren heißes Bemühen gewesen, der Welt den Frieden zu erhalten und im Frieden unsere kraftvolle Entwickelung zu fördern. Aber die Gegner neiden uns den Erfolg unserer Arbeit.

Alle offenkundige und heimliche Feindschaft von Ost und West, von jenseits der See haben wir bisher ertragen im Bewußtsein unserer Verantwortung und Kraft. Nun aber will man uns demütigen. Man verlangt, daß wir mit verschränkten Armen zusehen, wie unsere Feinde sich zu tückischem Überfall rüsten, man will nicht dulden, daß wir in entschlossener Treue zu unserem Bundesgenossen stehen, der um sein Ansehen als Großmacht kämpft und mit dessen Erniedrigung auch unsere Macht und Ehre verloren ist.

So muß denn das Schwert entscheiden. Mitten im Frieden überfällt uns der Feind. Darum auf! zu den Waffen! Jedes Schwanken, jedes Zögern wäre Verrat am Vaterlande.

Um Sein oder Nichtsein unseres Reiches handelt es sich, das unsere Väter neu sich gründeten. Um Sein oder Nichtsein deutscher Macht und deutschen Wesens. Wir werden uns wehren bis zum letzten Hauch von Mann und Roß. Und wir werden diesen Kampf bestehen auch gegen eine Welt von Feinden. Noch nie ward Deutschland überwunden, wenn es einig war.

Vorwärts mit Gott, der mit uns sein wird, wie er mit den Vätern war.

Berlin, den 6. August 1914.

Wilhelm.

 Aufruf Kaiser Wilhelms II.
Mit welchen Argumenten will Wilhelm II. die Zustimmung des deutschen Volkes erreichen? Gehe bei deiner Antwort nach den methodischen Arbeitsschritten vor (einen öffentlichen Aufruf interpretieren).

Q4 „Abrechnung mit Serbien"

Der österreichische Ministerpräsident Stürgkh erläuterte am 7. Juli 1914 die Politik der Regierung:

Die Besprechungen in Berlin hätten zu einem sehr befriedigenden Resultate geführt, indem sowohl Kaiser Wilhelm als auch Herr von Bethmann Hollweg uns für den Fall einer kriegerischen Komplikation mit Serbien die unbedingte Unterstützung Deutschlands mit allem Nachdrucke zugesichert hätten. (…) Er sei sich klar darüber, dass ein Waffengang mit Serbien den Krieg mit Russland zur Folge haben könnte. Russland treibe aber gegenwärtig eine Politik, die, auf lange Sicht berechnet, den Zusammenschluss der Balkanstaaten, inbegriffen Rumänien, zum Zwecke hat, um dieselben sodann im geeignet scheinenden Momente gegen die Monarchie ausspielen zu können. Er sei der Ansicht, dass wir uns darüber Rechenschaft geben müssen, dass unsere Situation sich einer solchen Politik gegenüber immer mehr verschlechtern müsse (…). Die logische Folge, die sich aus dem Gesagten ergebe, wäre, unseren Gegnern zuvorzukommen und durch eine rechtzeitige Abrechnung mit Serbien den bereits in vollem Gange befindlichen Entwicklungsprozess aufzuhalten, was später zu tun nicht mehr möglich sein würde.

Zit. nach: W. Baumgart (Hg.), Die Julikrise und der Ausbruch des Ersten Weltkrieges 1914. Darmstadt 1983, S. 66.

Q5 „Wir dürfen nicht kneifen"

Am 18. Juli 1914 erläuterte der deutsche Außenminister Jagow dem Botschafter in London die Politik der Reichsleitung:

Österreichs Erhaltung, und zwar eines möglichst starken Österreichs, ist für uns aus inneren und äußeren Gründen eine Notwendigkeit. (…) Wir müssen sehen, den Konflikt zwischen Österreich und Serbien zu lokalisieren. Ob dies gelingen kann, wird zunächst von Russland und in zweiter Linie von dem mäßigenden Einfluss seiner Ententebrüder abhängen. (…) In einigen Jahren wird Russland nach aller kompetenten Annahme schlagfertig sein. Dann erdrückt es uns durch die Zahl seiner Soldaten, dann hat es seine Ostseeflotte und seine strategischen Bahnen gebaut. Unsere Gruppe wird inzwischen immer schwächer. (…) Ich will keinen Präventivkrieg, aber wenn der Kampf sich bietet, dürfen wir nicht kneifen. Ich hoffe und glaube auch heute noch, dass der Konflikt sich lokalisieren lässt. Englands Haltung wird dabei von großer Bedeutung sein.

Zit. nach: Ebenda. S. 100 f.

Q6 Diplomatie

Am 27. Juli 1914 warnte der deutsche Botschafter in London, Max Fürst von Lichnowsky, nach einem Gespräch mit dem englischen Außenminister:

Die britische Regierung, ob liberal oder konservativ, sieht in der Erhaltung des europäischen Friedens auf Grundlage des Gleichgewichts der Gruppen ihr vornehmstes Interesse. (…) Der Eindruck greift hier immer mehr Platz (…), dass die ganze serbische Frage sich auf eine Kraftprobe zwischen Dreibund und Dreiverband (Triple-Entente) zuspitzt. Sollte daher die Absicht Österreichs, den gegenwärtigen Anlass zu benutzen um Serbien niederzuwerfen (…) immer offenkundiger in Erscheinung treten, so wird England, dessen bin ich gewiss, sich unbedingt auf die Seite Frankreichs und Russlands stellen um zu zeigen, dass es nicht gewillt ist, eine moralische oder gar militärische Niederlage seiner Gruppe zu dulden. Kommt es unter diesen Umständen zum Krieg, so werden wir England gegen uns haben.

Zit. nach: I. Geiss (Hg.), Juli 1914. München 1980, S. 235.

Q7 Beschützer der Balkanstaaten

Der russische Außenminister Sasonow sagte am 8. August 1914 vor dem Parlament:

Durch innere Unruhen zerrissen suchte Österreich einen Schlag zu führen, der gleichzeitig seine Kraft beweisen und uns demütigen sollte. Dafür musste Serbien herhalten (…), mit dem uns die Bande der Geschichte sowie gemeinsame Abstammung und Glauben vereinigen. Sie kennen die Umstände, unter welchen das Ultimatum an Serbien gerichtet wurde. Hätte sich Serbien diesen Bedingungen unterzogen, so wäre es Österreichs Vasall geworden. Ein gleichgültiges Verhalten unsererseits hätte die Aufgabe unserer jahrhundertealten Rolle als Beschützer der Balkanstaaten bedeutet.

Zit. nach: Berliner Monatshefte 8 (1930), S. 7670.

Q8 Soldatenpuppen

244

Kontrovers: Wer trägt die Schuld am Kriegsausbruch?

Über diese Frage ist viel geschrieben worden. Hier die Meinung zweier deutscher Historiker.

D1 *Thomas Nipperdey, 1992:*
Die deutsche Regierung hat (…) ihren erheblichen Anteil am Kriegsausbruch gehabt. Ihre Planungen und Aktionen haben, vom „Blankoscheck" angefangen, das Kriegsrisiko von vornherein einkalkuliert und insoweit schon objektiv die Zuspitzung der Krise zum Krieg mitbewirkt: Aus der Möglichkeit, wenn es sie denn gab, die Krise durch Vermittlung friedlich zu lösen, ist auch wegen des Verhaltens der deutschen Regierung nichts geworden. Sodann gilt (…): Die Reichsleitung ist nicht der alleinige Urheber des Weltkrieges gewesen, nicht auch der Hauptverantwortliche. Die russische Mobilmachung ist so entscheidend wie der Blankoscheck. Im deutschen Fall, wie in den Fällen der andern, greifen Schuld und Verhängnis ineinander. (…) Der Krieg kam, weil alle oder einige am Frieden verzweifelten, nicht weil alle oder einige zum Krieg unter allen Umständen entschlossen waren.

Th. Nipperdey: Deutsche Geschichte 1866–1918, Bd. 2. München 1992, S. 695ff.

D2 *Sönke Neitzel, 2002:*
Nachdem sich im Sommer 1914 (…) der Handlungsspielraum des Deutschen Reiches weiter verringert hatte, war der Mord von Sarajewo das Signal zu einer Risikopolitik (…). Wenngleich die deutsche und die österreichisch-ungarische Politik in der Juli-Krise einer defensiven Grundhaltung entsprangen, trugen sie doch die Hauptverantwortung für den Ausbruch des Ersten Weltkriegs. Gewiss darf die Rolle der anderen Mächte, insbesondere diejenige Russlands, nicht außer Acht gelassen werden. Tatsache bleibt jedoch, dass Berlin und Wien gleichermaßen zum Krieg drängten. Für den heutigen Betrachter mutet ihr Handeln, in Kenntnis der Folgen, als unverantwortlich an. In der Tat muss der entscheidende Vorwurf lauten, dass sich weder der österreichische Ministerrat noch die deutsche Reichsleitung ausreichende Gedanken zur Gestalt eines großen Krieges gemacht haben. Beide verließen sich allzu blauäugig auf die optimistischen Versprechungen der Militärs. Insofern kommt diesen eine bedeutende Mitschuld am Ausbruch des Ersten Weltkrieges zu.

S. Neitzel: Kriegsausbruch. Deutschlands Weg in die Katastrophe 1900–1914. München/Zürich 2002.

Q9 Europa trauert
Ein ausländischer Student schrieb in Dresden über die österreichische Kriegserklärung an Serbien: „Das Uhrwerk Europas ist so vollständig zum Stehen gekommen, und diese Zivilisation, die ich so sehr bewunderte, reißt nun offensichtlich sich selber in Stücke, dass ich an Europa überhaupt nicht mehr denken mag." Schweizer Postkarte, 1914.

Fragen und Anregungen

1. Vergleiche die Politik der österreichischen, der englischen und der russischen Regierung in der Julikrise mit der deutschen Haltung (VT, Q1, Q4–Q7).
2. Vergleiche die Stellungnahmen der beiden Historiker miteinander (D1, D2).
3. Vergleiche die deutsche Politik im Juli 1914 mit der Haltung während der Balkankriege 1912/13 (Kapitel 6, Q4).
4. Schreibe einen Lexikoneintrag zum Stichwort „Julikrise 1914" (Q1–Q9, D1, D2).

8. Von der Kriegsbegeisterung zum Massentod

Jubel bei Kriegsausbruch

In vielen Städten Europas jubelten Menschen bei der Nachricht über den Ausbruch des Krieges. Unzählige Männer meldeten sich freiwillig an die Front. Wie der Dichter Thomas Mann empfanden sie den Krieg nach den vielen Krisen und der sich immer schneller drehenden Rüstungsspirale als „Reinigung, Befreiung … und ungeheure Hoffnung". Auch die Arbeiter der am Krieg beteiligten Staaten, die zuvor noch gemeinsam für den Frieden demonstriert hatten, eilten ohne Zögern zu den Waffen, um ihr Vaterland zu verteidigen. Im Zeitalter der Geheimdiplomatie hatten sie nicht erkennen können, wie der Krieg herbeigeführt worden war.

Kriegsziele

Der Ausbruch des Krieges verleitete viele Staatsmänner, Generäle und Industrielle in allen Krieg führenden Ländern bereits in den ersten Wochen dazu, weitreichende Kriegszielkataloge aufzustellen. Je länger der Krieg dauerte und je größer die Opfer wurden, umso schwieriger wurde es daher, ihn durch Verhandlungen zu beenden.

Materialschlachten und Stellungskrieg

Verantwortlich dafür war auch der gewandelte Charakter des Krieges. Entgegen den ursprünglichen Erwartungen war dieser nicht innerhalb weniger Wochen zu Ende. Nachdem der deutsche Vormarsch auf Paris am Widerstand der alliierten Armeen zum Stehen gekommen war, erstarrte die Front im Westen in einem Netz von Schützengräben und Stacheldraht, das sich von der Schweizer Grenze bis zum Ärmelkanal zog. Neue Waffen wie Giftgas und Flammenwerfer, Panzer und Flugzeuge machten das Leben in diesen Gräben zur Hölle. Zugleich zeigte sich, dass Industrialisierung und Technik die Kriegführung grundlegend verändert hatten. In grausamen „Materialschlachten" versuchten die Generäle bald, die Entscheidung zu erzwingen. In sinnlosen Angriffen opferten sie bei Verdun und an der Somme allein 1916 eine Million deutsche und alliierte Soldaten.

Nur im Osten konnten deutsche Truppen größere Erfolge erringen, bevor auch hier die Front zum Stehen kam. Erst der Zusammenbruch des Zarenreiches 1917 ermöglichte ein Vordringen in weite Teile Russlands. Zuvor hatte die englische Blockade in der Nordsee die Reichsleitung veranlasst, alles auf eine Karte zu setzen. Da sich die Hochseeflotte militärisch als weitgehend nutzlos erwiesen hatte, wollte sie durch rücksichtslosen Unterseebootkrieg gegen feindliche und neutrale Handelsschiffe diese Blockade brechen und den alliierten Nachschub an Waffen und Lebensmitteln unterbinden. Der erhoffte Erfolg blieb jedoch angesichts der ungebrochenen englischen Seeherrschaft aus. Stattdessen traten nun aber die Vereinigten Staaten in den Krieg ein und stärkten damit die Alliierten in entscheidender Weise.

Q1 Frontabschnitt bei Boesinghe in Belgien
Neue Waffen verwüsteten weite Landstriche in Belgien und Frankreich, Foto.

Q2 Alle sind zu Opfern bereit
Gedicht von Martha Lewertott in einer großen Berliner Zeitung im August 1914:

Gebet der deutschen Frau 1914

Nun streift den Goldring von der Hand,
Als Deutsche Euch zu weisen,
Die Ehe binde nun ein Band,
5 Ein schlichtes Band von Eisen!
Denn eisern ist die Not der Zeit,
Was soll uns Putz am Kleide?
Zu opfern sind wir gern bereit –
Fort, fort mit dem Geschmeide!
10 Mit tapferm Mut und stolzem Sinn
Im Feld stehn unsre Söhne,
Wir geben freudig alles hin,
Wir weinen keine Träne.
Für unser heißgeliebtes Land
15 Woll'n leben wir und sterben,
Zum Schwüre heben wir die Hand:
Du brichst niemals in Scherben.
Ein Siegesmorgen flammt heran!
Fort mit dem Leid, der Trauer.
20 Wir kämpfen bis zum letzten Mann,
Wir stehn wie eine Mauer.
Hoch fliegt, mein Deutschland, dein Panier,
Es lodern die Flammenzeichen –
Gott schütze dich, Kaiser, so beten wir,
25 Gott schütze die deutschen Eichen!

Zit. nach: Berliner Geschichtswerkstatt (Hg.), August 1914. Ein Volk zieht in den Krieg. Berlin 1989, S. 247.

Q3 Jubelnde Freiwillige in Berlin
Unter den Linden, Foto von 1914.

Q4 Unsere Sache ist gerecht
Die Stimmung in Deutschland beschreibt ein Gutsbesitzer aus Ostwestfalen Mitte August 1914 seinem Sohn an der Front:

Welche Wendung durch Gottes Fügung ist eingetreten, seit ich dir zuletzt am Sonntag, dem 26. Juli, ausführlich nach Lockstedt schrieb. Wenn auch schon damals die Kriegsgewitterwolken sich auftürmten, so hoffte man doch allgemein, dass man noch zu einer friedlichen 5 Lösung kommen würde, ja, groß war unsere Hoffnung, ja noch als wir am 1. August nachmittags zusammen (…) saßen. Nun ist schon seit 14 Tagen der grausame Krieg über uns hereingebrochen und du (…) hast gewiss schon allerlei Schreckliches erlebt 10 und dich hoffentlich schon etwas an die Strapazen, Entbehrungen und die Gräueltaten einer Schlacht gewöhnt. (…) Nach allen Nachrichten ist es aber gut, dass der Krieg jetzt, wo man bestimmt annehmen darf, dass unsere Feinde noch nicht ganz gerüstet 15 sind, ausgebrochen ist, denn er war nach kurzer Zeit unausbleiblich. Betrübt ist es, wie alles über Deutschland herfällt, aber unsere Sache ist gerecht und wir dürfen zuversichtlich hoffen, dass uns der liebe Gott zum Siege verhilft. 20

Zit. nach: Der Landkreis Lübbecke und der 1. Weltkrieg. Alltagserfahrungen in einem ländlichen Raum Ostwestfalens. S. 247.

D 1 Der Erste Weltkrieg 1914–1918

Q 5 Es lebe Frankreich

Über die Abfahrt aus Paris berichtet ein französischer Offizier Anfang August 1914:

Um sechs Uhr morgens dampfte der Zug, ohne irgendein Signal, langsam aus dem Bahnhof. In diesem Augenblick stieg ganz spontan – wie ein schwelendes Feuer, das plötzlich in prasselnden Flammen auflodert – ein gewaltiger Schrei auf und tausend Kehlen stimmten die Marseillaise an. Alle Männer standen an den Zugfenstern und winkten mit ihren Käppis. Vom Gleis, von den Bahnsteigen und den Nachbarzügen winkten die Menschenmassen zurück. (…) Auf jedem Bahnhof, hinter jeder Schranke und an jedem Fenster entlang der Bahnstrecke standen zahllose Menschen. Überall ertönten Rufe „Vive la France! Vive l'armee!", dabei winkten die Menschen mit ihren Taschentüchern und Hüten. Die jungen Männer riefen: „Au revoir! A bientôt!" [Bis bald!]

Zit. nach: J. Keegan, Der Erste Weltkrieg. Eine europäische Tragödie. München 2000, S. 114.

Q 6 Frankreichs Kriegsziele

Der russische Botschafter im September 1914:

Für sich suche Frankreich in Europa keine Gebietserwerbungen, natürlich mit Ausnahme der Rückgabe Elsass-Lothringens. In Afrika strebe es ebenfalls nach keinen neuen Erwerbungen (…). Sodann sei das Hauptziel Frankreichs – und darin seien alle drei verbündeten Mächte völlig solidarisch – die Vernichtung des Deutschen Reiches und die möglichste Schwächung (…) Preußens. (…) England suche ebenfalls keine Eroberung in Europa, werde aber kolonialen Zuwachs auf Kosten Deutschlands verlangen, wogegen Frankreich nichts einzuwenden habe. Was Russland betreffe, so seien seine territorialen Forderungen in großen Zügen festgesetzt, und es verstehe sich von selbst, dass Frankreich im Voraus mit ihnen einverstanden sei. Außerdem werde Russland natürlich die Freiheit der Meerengen und genügende Garantien in dieser Hinsicht fordern, und hier werde Russland volle Unterstützung bei Frankreich finden.

Zit. nach: W. J. Mommsen (Hg.), Imperialismus. Seine geistigen, politischen und wirtschaftlichen Grundlagen. Hamburg 1977, S. 238.

Q7 Italienische Postkarte aus dem Jahr 1915
1915 tritt auch Italien an der Seite der Alliierten in den Krieg ein. Ebenso wie die anderen Mächte will es ebenfalls umfangreiche Kriegsziele verwirklichen.

„Das Sprungbrett" Q8
offenbart bereits im Herbst 1914 deutsche Kriegsziele. Aus: 12. Kriegsnummer der „Lustigen Blätter", Oktober 1914.

Q9 Deutsche Kriegsziele
Aus dem geheimen „Septemberprogramm" vom 9. September 1914:
Das allgemeine Ziel des Krieges: Sicherung des Deutschen Reiches nach West und Ost auf erdenkliche Zeit. Zu diesem Zweck muss Frankreich so geschwächt werden, dass es als Großmacht nicht neu erstehen kann, Russland von
5 der deutschen Grenze nach Möglichkeit abgedrängt und seine Herrschaft über die nichtrussischen Vasallenvölker gebrochen werden. Die Ziele des Krieges im Einzelnen:
1. Frankreich. Von den militärischen Stellen zu beurteilen, ob die Abtretung von Belfort, des Westabhangs der Vogesen, die Schleifung der Festungen und die Abtretung des Küstenstrichs von Dünkirchen bis Boulogne zu fordern ist. (…)
2. Belgien. Angliederung von Lüttich und Verviers an Preußen. (…) Jedenfalls muss ganz Belgien, wenn es auch als Staat äußerlich bestehen bleibt, zu einem Vasallenstaat herabsinken, in etwa militärisch wichtigen Hafenplätzen ein Besatzungsrecht zugestehen, seine Küste militärisch zur Verfügung stellen, wirtschaftlich zu einer deutschen Provinz werden.

Zit. nach: W. Basler, Deutschlands Annexionspolitik in Polen und im Baltikum 1914–1918. Berlin 1962, S. 383 f.

Fragen und Anregungen

1. Versuche die Begeisterung der Soldaten wie auch der Bevölkerung in der Heimat zu Beginn des Krieges zu erklären (VT, Q2–Q5).

2. Beschreibe die deutschen und die alliierten Kriegsziele (Q6–Q9). Stelle dir vor, Wilhelm II. würde im September 1914 einen weiteren Aufruf an das deutsche Volk richten, in dem er das Volk von den Kriegszielen Deutschlands überzeugen will. Dabei geht er natürlich auch auf die Kriegsziele der Feinde ein. Schreibe diesen Aufruf.

3. Stelle dir vor, ein Soldat führt bei seinem Einsatz im Westen oder bei dem Vormarsch im Osten ein Tagebuch, in dem er die wichtigsten Ereignisse und Erlebnisse festhält. Schreibe einige Einträge. Gehe dabei auf den Kriegsbeginn und auf spätere Jahre ein (VT, Q1, D1).

4. Sammelt Informationen über Fritz Haber. Welche Rolle spielte er für den Ersten Weltkrieg? Gestaltet ein Plakat über ihn, das ihr auch für die Ausstellung verwenden könnt.

FELDPOST AUSWERTEN

Welche Botschaft enthalten Briefe von der Front?

Im Ersten Weltkrieg wurden täglich 9,9 Millionen Feldpostbriefe von der Heimat an die Front und 6,2 Millionen von der Front in die Heimat geschickt. Viele dieser Briefe sind erhalten geblieben. Sie sind entweder noch im Besitz der Familien oder lagern in Archiven. 15 000 liegen allein in der Bibliothek für Zeitgeschichte in Stuttgart. In ihren Briefen schilderten jene Männer den Krieg, die ihn Tag für Tag sahen und erlebten. Deshalb sind diese Briefe wichtige Quellen. Aber es ist für uns heute schwierig, die Informationen der Briefe richtig zu deuten. Das hat mehrere Gründe. Von Beginn des Krieges an wurde die Feldpost zensiert. Zuerst musste der rangnächste

Vorgesetzte die Briefe lesen, ab April 1916 gab es zentrale Postüberwachungsstellen. Die Weitergabe militärischer Informationen und zum Teil auch kritischer Äußerungen wurde bestraft. Da Fremde die Post lasen, wurde aber auch über viele private Dinge nicht offen gesprochen. Eine weitere Schwierigkeit ist, dass Briefe häufig auf Sachverhalte Bezug nehmen, die zwar Schreiber und Empfänger kennen, der fremde Leser aber nicht. Der Historiker muss dann versuchen, sich die Zusammenhänge zu erschließen. Darüber hinaus haben Entstehungszeit und -ort, der Empfänger sowie die Person des Schreibers Einfluss auf den Inhalt eines Briefes.

Methodische Arbeitsschritte:

Zunächst musst du wie bei jeder Quelle den Inhalt erfassen (s. Arbeitsschritte 1–4, Textquellen auswerten, Glossar). Bei der Untersuchung und Deutung (Arbeitschritte 5–8, Textquellen auswerten, Glossar) von Feldpost ist Folgendes besonders zu beachten:

1. **Die Entstehungsbedingungen:**
   - Enthält der Brief Informationen zu Entstehungszeit und -ort, zur Situation, in der er geschrieben wurde oder zur Zensur?
   - Informiere dich unabhängig vom Brief über die genannte Zeit und den Ort sowie über die Zensur.

2. **Der Adressat des Briefes:**
   - An wen ist der Brief gerichtet?
   - In welchem Verhältnis stehen Schreiber und Empfänger zueinander?

3. **Der Verfasser:**
   - Enthält der Brief Informationen zu politischer Überzeugung, Bildungsgrad oder bereits gemachten Erfahrungen im Krieg?
   - Geben Sprache und Wortwahl Hinweise auf die oben genannten Punkte?
   - In welcher Gefühlslage wurde der Brief geschrieben?

4. **Zur Deutung:**
   - Mit welcher Absicht wurde der Brief geschrieben?
   - Werden Inhalte bewusst verschwiegen, betont oder nur versteckt angesprochen?
   - Wie bewertet der Schreiber selbst die geschilderten Ereignisse?
   - Wie bewertest du die Informationen des Briefes?
   - Was zeigt der Brief darüber, wie der Verfasser seine Kriegserlebnisse bewältigt?

Q1 „ ... in ganz vorzüglich ausgebauten Stellungen"
Der Gymnasiallehrer Dr. Jenthe, Leutnant der Reserve, schreibt am 6. November 1915 nach längerem Kriegseinsatz an seinen ehemaligen Schüler Paul Hilbig:
(...) Meine Verwundung durch einen Gewehrschuss in den Oberschenkel ist gut verheilt. Zunächst kam ich, als ich das zweite Mal ausrückte, nach Russland. Mein Regiment gehörte zur Armee von Gallwitz, und hier habe ich
5 den großartigen Siegeszug bis tief in das Innere Russlands hinein mitgemacht. Es gab fast jeden Tag Gefechte, Zahl und Ort kann ich nicht mehr vollständig nennen. (...)

Wir marschierten auf der großen Heerstraße, die ganz ausgezeichnet war, über die berühmt gewordenen Orte Lida und Grodno zurück. Ungefähr 14 Tage sind wir 10 da stramm marschiert, bis wir wieder an die deutsche Grenze kamen. Hier wurden wir entlaust, unzählige Milliarden von diesen edlen und überaus anhänglichen Tierchen haben da in dem Ofen ihr Ende gefunden. Dann ging es quer durch den nördlichen Teil unseres lie- 15 ben Vaterlandes, nicht nach Serbien, sondern nach dem Westen. Hier sind wir nun in eine ganz andere Art des Krieges hineingekommen. Im Osten hieß es andauernd:

250

GEWUSST WIE

„Vorwärts! Vorwärts!". Hier liegen wir unbeweglich in ganz vorzüglich ausgebauten Stellungen und halten Wache, um die Franzosen nicht hereinzulassen. Ab und zu überschütten uns diese mit einem Hagel von Geschossen, vor einigen Tagen innerhalb von ¾ Stunden sandten sie auf einen kleinen Abschnitt unserer Stellung über 200 Granaten, und das taten sie scheinbar nur zum Spaß. Angegriffen haben sie bis jetzt noch nicht. Das kann aber jeden Augenblick kommen, vor allem rechnen wir hier mit der Möglichkeit von starken Gasangriffen.
Nun lasse es Dir recht gut gehen, grüße die Kameraden schön.
Von Eurem Dr. Jenthe
Zit. nach: Praxis Geschichte 3/1995, S. 32.

Q2 „Wie mir zu Mute ist, kannst du dir denken"
Robert Pöhland, engagiertes Mitglied der SPD, schreibt am 17. Oktober 1916, mitten in der Sommeschlacht, diesen Brief an seinen ältesten Sohn:
Mein lieber teurer Sohn Robert!
Wir müssen in einigen Stunden marschbereit stehen, um in den Schützengraben zu gehen. Soviel man vernehmen kann, geht es mehr nach der Somme zu. Dass es eine sehr gefährliche Gegend sein muss, beweist mir die Tatsache, daß wir für 4 Tage mit „eisernen Portionen" versorgt wurden. Diese bestehen aus Keksen, Büchsenfleisch und einigen Flaschen Wasser. Also, wir bekommen kein Mittagessen mehr, weil die Feldküche, wegen der Gefahr beschossen zu werden, nicht ran kann. Wie mir zu Mute ist, kannst du dir denken. (…)
Wir sollten erst heute morgen schon ¾ 6 Uhr marschbereit stehen. Dies wurde aber wieder umgeändert in heute mittag. Jetzt ist es 10 Uhr vormittags: ein wunderbarer Herbstmorgen; der Nebelschleier läßt das goldene Sonnenlicht noch nicht recht durch, aber die liebe Sonne will mir doch das Herz noch einmal erwärmen, und so drängt und drängt sie (…), dass mir eigentlich nicht so zu Mute ist, als sollte ich dem Tod entgegen gehen. Sogar eine Lerche trillert so sehnsuchtsvoll über mir, dass ich aufjauchzen möchte vor Freude über diesen prächtigen Morgen –, aber ein mächtiger Alp liegt mir auf der Brust, und ich kann nur seufzen. (…) Aber ein Gedanke macht mir den schrecklichen Gang leichter, und das ist der, dass ich weiß, dass du mich bald vertreten kannst.
Teurer Robert, sollte ich nicht wiederkehren, du kannst mich wirklich nicht besser in Ehren halten, als dass du, gleich mir, für deine Mutter und deine noch so hilfsbedürftigen Geschwister sorgst. Du bist der Älteste. Dir liegt diese schöne Aufgabe ob, erfülle sie mit Stolz und Kraft.
Anmerkung: Nur wenige Tage später wird Robert Pöhland bei einem Angriff durch eine Granate getötet.
Zit. nach: Praxis Geschichte 3/1995, S. 33.

Q3 Feldpoststation
in einem deutschen Unterstand im Argonner Wald.
Foto, 1915.

Fragen und Anregungen

1. Untersuche die Feldpostbriefe Q1 und Q2 anhand der methodischen Arbeitsschritte.

2. Überlege, warum Robert Pöhland an seinen Sohn und nicht an seine Frau geschrieben hat (Q2). Wann hätte er eher an seine Frau geschrieben? Was hätte er an seine Frau geschrieben?

3. Diskutiert, warum Dr. Jenthe in seinem Brief so viele Einzelheiten über den Krieg nennt (Q1). Wie wirken diese Einzelheiten auf dich? Ist es möglich eindeutig zu bestimmen, mit welcher Absicht der Brief geschrieben wurde?

4. Wertet eure Erfahrungen im Umgang mit der Quellengattung Feldpost aus. Lassen sich daraus Rückschlüsse auf allgemeine Schwierigkeiten im Umgang mit Quellen ziehen?

251

9. Totaler Krieg und gesellschaftlicher Wandel

Not und Elend

Lebensmittelkarte

Obwohl auf deutschem Boden nicht gekämpft wurde, erfasste der „totale Krieg" alle Teile von Wirtschaft und Gesellschaft. Die Versorgungslage der Bevölkerung in der Heimat verschlechterte sich drastisch. Es herrschte Arbeitskräftemangel, wichtige Rohstoffe konnten nicht mehr importiert, defekte Maschinen und Geräte nicht ersetzt werden, die Verkehrswege waren überlastet. Die Konsumgüterindustrie wurde zugunsten der Rüstungsgüterindustrie immer weiter abgebaut. Auch in der Landwirtschaft fehlten Arbeitskräfte, Maschinen und Düngemittel. Die Agrarproduktion ging um ein Drittel zurück. Der Import von Getreide und Fleisch entfiel ganz. Lebensnotwendige Waren gab es oft nur noch auf dem Schwarzmarkt. Ab 1916 erhielt man Lebensmittel nur noch gegen Lebensmittelkarten. Die festgelegten Rationen deckten aber nur 50 bis 60 % des Kalorienbedarfs eines erwachsenen Menschen. Häufig waren die zugeteilten Waren überhaupt nicht verfügbar. Im „Steckrübenwinter" 1916/17 blieben sogar die Kartoffellieferungen aus. Die Menschen hungerten. Die Sterblichkeitsrate vor allem bei Kindern stieg deutlich an. Auch Kohle gehörte zu den Mangelgütern. Im Winter 1917 mussten öffentliche Wärmestuben eingerichtet werden, um die Not der frierenden Menschen zu lindern.

Der Krieg verändert die Gesellschaft

Die soziale Stellung einzelner Gesellschaftsgruppen wurde durch den Krieg schwer erschüttert. Während Unternehmer der Rüstungsgüterindustrie hohe Kriegsgewinne erwirtschafteten, mussten andere Betriebe schließen oder gingen bankrott. Der Arbeitskräftemangel führte zu einer deutlich verbesserten Lage der Arbeiter. Die Löhne stiegen und die Gewerkschaften erkämpften sich Mitspracherechte in Unternehmen und Reichsbehörden. Die Reallöhne der Angestellten und Beamten sanken dagegen um die Hälfte. Gerade von der Beamtenschaft wurde eine erhöhte Opferbereitschaft „im Dienste des Vaterlandes" erwartet. Das mittelständische Bürgertum gehörte damit zu den großen Verlierern des Krieges. Die Folge waren tiefe Frustration und Erbitterung, die zu einer schroffen Ablehnung der Sozialdemokratie und einer Verstärkung extremer nationalistischer Ideologien führte. Die Landwirtschaft litt zunehmend unter den schlechten Produktionsbedingungen. Nach dem Krieg war sie auf den internationalen Märkten nicht mehr konkurrenzfähig.

Frauen und Kinder

Die daheim gebliebenen Frauen und Kinder wurden von der Grausamkeit des Krieges nicht verschont. Nicht nur in den Feldlazaretten hinter der Front versorgten Frauen die große Zahl von schwer verwundeten und sterbenden Soldaten, Verletzte wurden auch in die städtischen Krankenhäuser eingeliefert. Verkrüppelte und Kriegsinvaliden gehörten bald zum Kriegsalltag in der Heimat. Jede Familie litt unter dem Tod von Ehemännern, Vätern, Söhnen und Freunden. Die Frauen mussten nicht nur sich und ihre Kinder selbst versorgen, sie ersetzten auch die fehlenden Arbeitskräfte. Gleichzeitig wurde von den Frauen verlangt, durch weitere Geburten die „zukünftige Wehrfähigkeit des deutschen Volkes" zu erhalten. Der deutlich geringere Verdienst zwang die Frauen zu überlangen Arbeitszeiten und Nachtschichten. Sie trauten sich häufig nicht einmal, den achtwöchigen Mutterschutz einzuhalten. Die Rolle der Frau änderte sich durch den Krieg nicht. Von Anfang an bestand kein Zweifel daran, dass Frauenarbeit nur eine vorübergehende Funktion haben sollte. Nach Kriegsende mussten die Frauen ihre Arbeitsplätze für die heimkommenden Männer wieder räumen.

Q2 Georg Ebert. Foto, 1915.

Q3 **Das Leid in einer Familie**
beschreibt die 17-jährige Amalie Ebert, Tochter des SPD-Vorsitzenden Friedrich Ebert, in ihrem Tagebuch:
10. Dezember 1916
Weihnachten steht vor der Tür, es wird ein trauriges Weihnachten werden. Mutter wünscht, wenn nur erst die Festtage vorüber wären. Ich wollte heimlich mit Karl einen Baum kaufen und ihn dann Heiligabend in die Stube stellen. Wenn unsere lieben Eltern dann am Weihnachtsmorgen mit traurigen Gedanken in die Stube treten, wo Jahre hindurch alle ihre Lieben zu dem Fest der Freude und der Liebe vereint waren, um zu beglücken und um beglückt zu werden, dann sollen sie sich an diesem Bäumchen erfreuen. Ich fragte unsere liebe Mutter heute noch einmal, ob sie denn keinen Baum haben möchte, der Baum sei doch gerade das Rührende und Erhebende an dem Fest, da lehnte sie ganz entschieden ab. Mit Tränen in den Augen antwortete sie mir: Ich will kein Fest. (…)

3. Januar 1917
(…) Weihnachten war niemand von unseren Feldgrauen [Heinrich Ebert, 19, und Georg Ebert, 20 Jahre alt] auf Urlaub. Unsere lieben Eltern haben doch ein Bäumchen gekauft, und es war ganz schön an den Festtagen. Neujahr waren wir auch allein. (…) Um 12 Uhr, als wir draußen Geschrei und Gejohle hörten, unterbrachen wir das [Karten]spiel. Meine Mutter weinte bitterlich, und Vater versuchte sie zu trösten. (…)

12. Februar 1917
Nach langer, langer Zeit habe ich in der Schule geweint. An drei Tagen hintereinander. Heinrich ist am 26. [Januar] schwer verwundet worden. Ein Granatsplitter drang in den Rücken und verletzte die Lunge. Nun liegt er so mutterseelenallein in der weiten Ferne, vielleicht bei unsäglichen Schmerzen. Das hat mich so furchtbar bedrückt, dass ich förmlich krank wurde. (…)

15. Februar 1917
Heute Morgen erhielten wir ein Telegramm. Ich beachtete es gar nicht und legte es fort. Da stand meine Mutter auf. Plötzlich hörte ich einen Schrei; sie hat das Telegramm geöffnet. Unser guter Heinrich ist gestorben. Ich kann es nicht glauben, ich kann nicht weinen, denn ich begreife das Wort gestorben nicht. (…) Warum soll er gestorben sein. Er, der keinem Menschen etwas zu Leide getan hat; der so sprühte vor jugendlicher Lebenskraft. Wer weiß, was er sich vorgenommen hatte. (…) Schon lange Wochen freuten wir uns auf die Wiederkehr. Es sollte so schön werden. Wir wollten ihn pflegen und mit Liebe umgeben. Und er selbst schrieb: Liebe Mutter! Es wird schon wieder werden, nur Kopf hoch!

Zit. nach: W. Mühlhausen/B. Braun (Hg.), Friedrich Ebert und seine Familie. Private Briefe 1909–1924. München 1992, S. 95ff.

Fragen und Anregungen

1. Beschreibe ausgehend von Q2 und Q3 die Auswirkungen des Krieges auf die daheim gebliebenen Menschen.
2. Stelle dir vor, nach dem Krieg berichtet ein Zeitzeuge über das Leben im Kaiserreich und im Ersten Weltkrieg. Lege fest, welcher Gesellschaftsgruppe der Zeitzeuge angehört, wie alt er ist und ob eine Frau oder ein Mann berichtet. Schreibe dann den „Zeitzeugenbericht" (VT, vgl. Kapitel „Leben im Kaiserreich").

ÜBERLEBEN AN DER HEIMATFRONT

Überleben an der Heimatfront

1915 erklärte der preußische Innenminister von Loebell: „Es gilt, jeden Haushalt in Kriegszustand zu versetzen. Jeder Deutsche, vor allem jede Frau sei Soldat in diesem wirtschaftlichen Krieg; was Todesmut und Tapferkeit vor dem Feind ist, das ist Sparsamkeit und Entsagung daheim." Gleichzeitig wurde die Bevölkerung immer wieder zu Spenden aufgerufen um die Soldaten an der Front oder die Kriegsproduktion zu unterstützen. Schulkinder wurden zu großen Sammelaktionen herangezogen. Obstkerne, Haare, Gummi, Knochen und Altwaren aller Art sollten die fehlenden Rohstoffe ersetzen, Wildgemüse und Waldfrüchte die Lücken im Speiseplan füllen. Die allgegenwärtige Kriegspropaganda drängte die Menschen dazu durchzuhalten, um den Soldaten an der Front, den eigenen Männern und Söhnen, „nicht in den Rücken zu fallen". Kannst du dir ein solches Leben überhaupt vorstellen?

Q1 „Ein fleischloser Tag in Berlin"
„Nur wer die Sehnsucht kennt, weiß, was ich leide."
Karikatur aus „Der wahre Jacob", 1915.

Q2 Aus dem Tagebuch einer Bonnerin
Anna Kohns (1883–1977, Ehefrau eines Steinbildhauers) zeichnete von 1914 bis 1920 ihre Eindrücke und Beobachtungen in einem kleinen Schulheft auf, das nach ihrem Tod auf einer Müllkippe gefunden wurde.

Weihnachten 1914
Welch ein trauriges Fest! Kein Ende zu sehen, noch immer alles beim Alten. Immer weiter. Alle, Deutsche u(nd) Franzosen, sind gut verschanzt. An ein Weiterkommen ist nicht zu denken. Die Franzosen haben gestern vor den hohen Tagen die Offensive ergriffen, Gott sei Dank erfolglos. Aber wie viele tausende Opfer hat diese gekostet, von beiden Seiten. (…)

14. Sept(ember) 1915
Jetzt werden die dauernd Untauglichen gemustert, das wird wohl das Ende sein, denn wen wollen sie dann holen. Ich glaube, wenn alle fort sind, ist der unselige Krieg von selbst zu Ende. Man könnte verzweifeln darüber. (…)

1. Oktober 1916
Ist das ein Jammer, Elend und Not! Wir haben nicht genug zum Leben u(nd) zu viel zum Sterben. Eier gibts alle 14 Tage 1 Ei für die Person. Fleisch alle 8 Tage 100–150 g, Fett gar keins mehr. Butter 30 gr. die Woche. Dazu schon mal 6 o(der) 8 Pfd. Kartoffeln und 1 Brot für die Woche, davon soll man leben. (…) Ich weiß wirklich nicht, wie wir im Winter leben sollen und wovon. Das ist mir ein Rätsel. Aber die Noblesse der Reichen, die haben alles in Hülle und Fülle und können auch drankommen. Es ist eine Schande, wenn man die Ungerechtigkeit sieht.

10. Februar 1917
Jetzt fängt Amerika durch den verschärften U-Boot-Krieg auch noch an. Wie mag das eigentlich enden. Wir essen jetzt Steckrüben oder Knollen u(nd) alle essen diese und sind zufrieden, dass etwas da ist, womit der Hunger gestillt werden kann. In Friedenszeiten hat man die Dinger dem Vieh gefüttert, heute sind die Städter froh, dass sie welche zum essen haben.

Zit. nach: Journal für Geschichte, 1980/5, S. 28 ff.

WERKSTATT

Q3 Frauen in Rüstungsbetrieben
Für die Arbeit in Rüstungsbetrieben erließ die Armeeleitung strenge Richtlinien:
Von den Betrieben der Kriegsindustrie werden zur Erfüllung des jetzigen Rüstungs-Programms ganz erheblich gesteigerte Leistungen gefordert. (...) Über die Frauenarbeit enthalten die Richtlinien folgende Ausführung:
5 (...) Durch übertriebene Vorsicht dürfen die dringenden Aufgaben der Kriegswirtschaft nicht gefährdet werden. Wo jeweils die richtige Grenze liegt zwischen den Bedürfnissen der Industrie einerseits, den unumgänglichen Forderungen der Gesundheit und guten Sitte andererseits, ist im Einzelfalle von der zuständigen Gewerbeaufsicht zu prüfen. (...) In besonderen Notfällen kann Frauen-Arbeit, deren Verwendung möglichst zu fördern ist – auch vor dem Dampfkessel, im Fuhrbetrieb, bei der Montage und Installation – vorübergehend noch weiter
15 [über 11 Stunden hinaus] ausgedehnt werden. Ausreichende Sitzgelegenheit ist für Frauen besonders wichtig. Arbeit in Arbeitshose ist zu gestatten.
Zit. nach: Stahl und Steckrüben. Beiträge und Quellen zur Geschichte Niedersachsens im Ersten Weltkrieg (1914–1918), Bd. 1–2. Hameln/Hannover, S. 63 ff.

Q4 Hunger und Krankheit
Die Frau eines Soldaten bittet 1917 um offizielle Unterstützung:
Meine älteste Tochter Sophie, 15 Jahre alt, ist lungenkrank, muss aber, um nur einigermaßen durchzukommen, mitarbeiten und verdient wöchentlich 9 Mark. Einen Antrag auf Zuweisung von mehr Fett, Eier und
5 Fleisch für meine Tochter habe ich nicht gestellt, weil ich die Ausgaben hierfür nicht bestreben kann. Dies kann ich umso weniger, da ich nur 12 Mark monatlich Mietsunterstützung erhalte, während die ganze Miete (...) 17 Mark beträgt. Durch die mangelhafte Ernährung
10 und das unaufhörliche Mitarbeiten trotz meines großen Haushaltes (5 Kinder) bin ich nun vollständig entkräftet und bettlägerig krank und werde auch wohl nie wieder Erwerbsarbeit treiben können. Meine traurige Lage ermöglicht es nicht, Arzt und Apotheke selbst zu bezahlen. Ferner ist es mir nicht möglich, die gekauften
15 20 Zentner Kohlen sowie 40 Mark Rest von den gekauften Kartoffeln bezahlen zu können. Infolge der Schweineseuche musste ich 2 Schweine schlachten, wovon mir wegen der Hitze ein großer Teil verdorben ist. Mittel zum Ankauf eines neuen Schweins habe ich nicht. Dies
20 alles macht mich völlig hoffnungslos, dazu der stete Gedanke, dass mein Mann immer in Lebensgefahr ist und ein Verschulden unsererseits nicht vorliegt.
Zit. nach: H.-U. Kammeier, Der Landkreis Lübbecke und der 1. Weltkrieg. Leidorf 1998, S. 29.

Q5 Frauen in einer Geschossdreherei

Fragen und Anregungen

① Erarbeitet aus den Quellen Q1–Q5 eine Liste, welche Entbehrungen die Bevölkerung im Krieg hinnehmen musste und welchen zusätzlichen Belastungen Frauen und Kinder ausgesetzt wurden.

② Stellt euch vor, die Frau eines Soldaten schreibt ihrem Mann an der Front. Was schreibt sie ihm?

③ Informiert euch im Stadtmuseum oder im Stadtarchiv über die Zeit des Ersten Weltkriegs bei euch zuhause. Gestaltet einen weiteren Teil der Ausstellung zu dem Unterthema „Kriegsalltag und Heimatfront in ..." (s. S. 225 und S. 261 Lernen lernen).

255

10. Der lange Weg zum Frieden

Gibt es eine Friedensbewegung?

Bereits in den ersten Kriegsmonaten wurden neben jenen Stimmen, die den Krieg als ein „reinigendes Gewitter" betrachteten, auch solche laut, die darin eine menschliche Katastrophe erblickten. Um den Siegeswillen an der Front und in der Heimat nicht zu gefährden, unterdrückten die Regierungen aller am Krieg beteiligten Staaten jegliche Kritik durch eine strenge Pressezensur und Demonstrationsverbote. Bürgerliche Pazifisten wie der Nobelpreisträger Albert Einstein und Vertreter sozialistischer Parteien machten dennoch vom neutralen Ausland aus Vorschläge, den Krieg zu beenden und den Frieden sicherer zu machen.

Friedensdemonstrationen und Friedensangebote

Auch in den Krieg führenden Staaten kam es vereinzelt zu Protesten gegen den Krieg. 1915 demonstrierten Berliner Frauen erstmals trotz Verbot vor dem Reichstag gegen die Fortdauer des Krieges. Nach den blutigen Materialschlachten des Jahres 1916 erkannten auch Regierungen die Notwendigkeit, den Krieg zu beenden. Doch wie die deutsche Regierung, die nach dem Sieg über Rumänien Weihnachten 1916 Frieden anbot, wollten auch die Alliierten nur aus einer Position der Stärke heraus verhandeln, um einen Teil der „Kriegsbeute", Gebietsgewinne oder Aussichten auf Reparationszahlungen, zu behalten. Vergeblich bot auch der Papst 1917 seine Bereitschaft zur Vermittlung von Friedensverhandlungen an.

Frieden ohne Gegenleistung?

Die verantwortlichen Politiker der Mittelmächte (Deutsches Reich und Österreich-Ungarn), in deren Ländern die Kriegsmüdigkeit angesichts großer Verluste und schlechter Versorgung inzwischen zugenommen hatte, waren daher alarmiert, als im März 1917 russische Revolutionäre einen Frieden ohne Gebietsforderungen (Annexionen) und ohne Reparationen forderten. In Russland hatte inzwischen die materielle Not und die Forderung nach Beendigung des Krieges zum Sturz des Zaren geführt. Seit dem Frühjahr 1917 demonstrierte auch ein immer größer werdender Teil der deutschen Bevölkerung für einen Frieden ohne Annexionen.

Q1 Deutsches U-Boot
Bis zuletzt wurden die Matrosen in dem längst verlorenen Krieg sinnlos geopfert. Gemälde von Claus Bergen, 1917.

Doch solche Forderungen verhallten ungehört. Der Zusammenbruch Russlands stärkte vielmehr die Anhänger weitreichender Kriegsziele. Im „Diktatfrieden" von Brest-Litowsk zwangen sie Russland zur Abtretung großer Gebiete im Osten. Dennoch rückten deutsche Truppen bis ans Schwarze und Kaspische Meer vor. Die Forderungen der Alliierten erschwerten einen Verhandlungsfrieden jedoch ebenfalls. Im Januar 1918 verkündete der amerikanische Präsident Wilson in seinen „14 Punkten" Vorschläge für eine dauerhafte Sicherung des Friedens. Für die Regierungen der Mittelmächte waren diese aber nicht annehmbar.

Das „Diktat" von Brest-Litowsk und Wilsons 14 Punkte

Nach dem Sieg über Russland wollte die Oberste Heeresleitung auch im Frühjahr 1918 im Westen einen entscheidenden Sieg erringen. Nach anfänglichen Erfolgen scheiterte die neue Offensive jedoch. Die deutschen Truppen mussten sich im Laufe des Sommers immer weiter aus Frankreich und Belgien zurückziehen. Sie waren kriegsmüde und wollten nicht mehr kämpfen. Die Verbündeten, Österreich-Ungarn, Bulgarien und das Osmanische Reich standen ebenfalls am Rande der Niederlage und baten um Frieden. Ende September forderte die militärische Führung daher die Reichsleitung zum baldigen Abschluss eines Waffenstillstands und zu politischen Reformen auf.

Die Niederlage steht bevor

Anfang Oktober 1918 wurde die Regierung umgebildet. Selbst ehemalige „Reichsfeinde" wurden nun Minister im Kabinett von Prinz Max von Baden. Dieses nahm Verhandlungen mit den Alliierten über einen Waffenstillstand auf. Die Änderung der Verfassung, die das Kaiserreich Ende Oktober in eine parlamentarische Monarchie umwandelte, kam jedoch zu spät. Die Menschen hatten nach der Ankündigung der bevorstehenden Niederlage kein Vertrauen mehr in die Monarchie.

Ist die Revolution noch zu vermeiden?

Das Misstrauen der Bevölkerung war berechtigt. Ohne Wissen der neuen Regierung befahl die Führung der Marine Ende Oktober weiterzukämpfen, um die Ehre der Offiziere zu retten. Die Matrosen weigerten sich jedoch auszulaufen und verbündeten sich mit unzufriedenen Arbeitern. Soldaten, die die Meuterei und die Demonstrationen unterdrücken sollten, schlossen sich diesen an. Am 9. November 1918 erreichte diese „Revolutionswelle" auch Berlin. Reichskanzler Max von Baden verkündete die Abdankung Kaiser Wilhelms II. und übergab die Regierung dem Führer der SPD, Friedrich Ebert. Zwei Tage später unterzeichnete eine deutsche Delegation in einem Wald bei Paris den Waffenstillstandsvertrag. Der Erste Weltkrieg war zu Ende.

Revolution und Zusammenbruch

Am 9. November 1918 brach nicht nur das Kaiserreich zusammen. So wie es der englische Außenminister vorausgesehen hatte, war der Erste Weltkrieg auch eine menschliche und politische Katastrophe für ganz Europa: Das Deutsche Reich hatte 1,8 Millionen, Russland 1,7 Millionen, Frankreich 1,4 Millionen, Österreich-Ungarn 1,2 Millionen und Großbritannien 1 Million tote Soldaten zu beklagen. Mehr als 20 Millionen waren im Laufe der Kämpfe verwundet, teilweise für den Rest ihres Lebens verkrüppelt worden. Große Landstriche waren verwüstet. In Frankreich und Belgien waren allein 350 000 Häuser zerstört. Hinzu kamen die Veränderungen der politischen Landkarte Europas vor allem auf dem Balkan und im Osten. Die Zeit der Kaiserreiche – Russland, Österreich, Deutschland und das Osmanische Reich – war endgültig vorbei. Neue Nationalstaaten traten an die Stelle alter Großreiche. Zugleich begann damit aber auch ein Jahrhundert der Instabilität und der Revolutionen. Der Eintritt der Vereinigten Staaten in den Krieg signalisierte zudem, dass Europa seine führende Rolle in der Welt verloren hatte.

Eine Katastrophe für Europa

„Herr! Lass es genug sein, gib uns Frieden" Q2
Postkarte, 1917.

Q3 „Aufruf an die Europäer"

Bürgerliche Pazifisten, zu denen u. a. Albert Einstein gehörte, unterschrieben im Oktober 1914 diesen Aufruf:
Während Technik und Verkehr uns offensichtlich zur faktischen Anerkennung internationaler Beziehungen und damit zu einer allgemeinen Weltkultur drängen, hat noch nie ein Krieg die kulturelle Gemeinschaftlich-
5 keit des Zusammenleben so intensiv unterbrochen wie der gegenwärtige. Vielleicht kommt es uns allerdings auch nur deshalb so auffällig zum Bewusstsein, weil eben so zahlreiche Bande vorhanden waren, deren Unterbrechung wir schmerzlich verspüren. (…) Der heute
10 tobende Kampf wird kaum einen Sieger, sondern wahrscheinlich nur Besiegte zurücklassen. Darum scheint es nicht nur gut, sondern auch bitter nötig, dass gebildete Männer aller Staaten ihren Einfluss dahin aufbieten, dass (…) die Bedingungen des Friedens nicht die Quel-
15 le künftiger Kriege werden, dass vielmehr die Tatsache, dass durch diesen Krieg alle europäischen Verhältnisse in einen gleichsam labilen (…) Zustand geraten sind, dazu benutzt werde, um aus Europa eine organische Einheit zu schaffen. (…) Wir (…) betonen, dass wir fest
20 davon überzeugt sind, dass die Zeit da ist, in der Europa als Einheit auftreten muss, um seinen Boden, seine Bewohner und seine Kultur zu schützen. Zu diesem Zwecke erscheint es vorerst notwendig, dass sich alle diejenigen zusammentun, die ein Herz haben für die europäische
25 Kultur, die also das sind, was Goethe einmal vorahnend gute Europäer genannt hat.

Zit. nach: D. Fricke (Hg.), Dokumente zur deutschen Geschichte 1914–1917. Frankfurt a. M. 1977, S. 53.

Q4 „An die Völker der ganzen Welt"

Appell des Petrograder Sowjets (revolutionärer Rat aus Soldaten und Arbeitern) vom 27. März 1917:
Genossen – Proletarier und Werktätige aller Länder! Die russische Demokratie hat den alten Despotismus des Zaren gestürzt und tritt nun ebenbürtig in eure Familie ein, um ihre ganze Kraft in dem Kampf für un-
5 sere allgemeine Befreiung einzusetzen. Unser Sieg ist ein großer Sieg für die Freiheit und Demokratie der ganzen Welt. (…) Wir rufen euch zu: Befreit euch vom Joch eures halbautokratischen Regimes, wie sich das russische Volk von der zaristischen Autokratie befreit
10 hat. Weigert euch, zum Werkzeug der Eroberung und Gewalttätigkeit in den Händen von Königen, Grundbesitzern und Bankiers zu werden, und wir werden in gemeinsamer Anstrengung der fürchterlichen Schlächterei ein Ende bereiten, die eine Schande für die
15 Menschheit ist und den Anbruch der russischen Freiheit verdüstert.
Arbeiter aller Länder! Wir reichen euch brüderlich die Hand über Berge von gefallenen Brüdern, über Ströme von Tränen und unschuldigem Blut, über die rauchen-
20 den Ruinen der Städte und Dörfer, über die Schutthaufen der Kultur und fordern euch auf, die internationale Einigkeit wiederherzustellen und zu stärken. Darin liegt die Garantie unserer zukünftigen Siege und der völligen Befreiung der Menschheit. Proletarier aller
25 Länder, vereinigt euch!

Zit. nach: M. Hellmann (Hg.), Die russische Revolution 1917. Von der Abdankung des Zaren bis zum Staatsstreich der Bolschewiki. München 1977, S. 182.

Öffentl. Volksversammlung

am Dienstag, 20. November, abends 8 Uhr im CASINO, Häfen 106.

Reichstagsabgeordneter Herr **Fritz Ebert** spricht über

Sozialdemokratie, Verständigungsfriede, Volksrechte!

Freie Aussprache!

Männer und Frauen, erscheint zahlreich zu dieser Versammlung!

Der Einberufer: L. Waigand.

Q 5 Ankündigung einer Veranstaltung mit dem Vorsitzenden der SPD, Friedrich Ebert, am 20. November 1917 in Bremen.

Q 6 Argumente gegen Friedensverhandlungen

Der Abgeordnete Kuno Graf von Westarp (Deutschkonservative Partei) im Reichstag am 19. Juli 1917:
Auf das Urteil unserer Heerführer gestützt, erwarten wir mit unerschütterlicher Zuversicht den vollen Sieg unserer Waffen. Ihm allein werden wir den Frieden verdanken. Bis er eintritt, muss, will und kann unser Volk aller Entbehrungen, aller Schwierigkeiten unserer wirtschaftlichen Lage Herr werden. Zu Friedensverhandlungen wird Deutschland bereit sein, sobald die Feinde unter uneingeschränktem Verzicht auf ihre Forderungen zwangsweiser Gebietserwerbungen und Entschädigungen sie anbieten. Dann wird es die Aufgabe sein, den Frieden so zu gestalten, dass er Deutschland und seinen Verbündeten Dasein, Zukunft und Entwicklungsfreiheit wirksam sichert. Unsere Grenzmarken müssen für alle Zeiten besser geschützt sein; Ostpreußen darf nicht wieder den Gräueln eines Russeneinfalls ausgesetzt werden.

Zit. nach: H. Michaelis/E. Schraepler (Hg.), Ursachen und Folgen. Vom deutschen Zusammenbruch 1918 und 1945 bis zur staatlichen Neuordnung Deutschlands, Bd. 1. Berlin 1959, S. 40 f.

Q 7 Denkschrift für den Frieden

Vorstände und Reichstagsfraktion der SPD, 28. 06. 1917:
Die Stimmung der Bevölkerung ist durch die anhaltenden Entbehrungen aufs Tiefste herabgedrückt. (…) Auch bei den Truppen greift die Kriegsmüdigkeit um sich. (…) Der Glaube an die Möglichkeit eines entscheidenden Sieges ist mehr und mehr erschüttert. (…) Durch das offene Bekenntnis der Reichsleitung zu einem allgemeinen Frieden ohne Annexionen und Kontributionen würde in allen Ententeländern die (…) Friedensströmung (…) sehr gestärkt werden. Auch die Wirkung einer solchen Erklärung auf die nach Frieden verlangenden Massen unseres Volkes würde die denkbar beste sein. Die Überzeugung würde allgemein und fest begründet werden, dass wir nicht um Eroberungen willen, sondern lediglich zur Verteidigung unserer eigenen Lebensrechte den Krieg führen, dass unsererseits einem baldigen Frieden der Verständigung nichts im Wege steht und dass, wenn trotzdem kein solcher Friede zu erlangen ist, die Schuld lediglich auf der Seite der Gegner ist.

Zit. nach: Ebenda. S. 211 ff.

Q 8 Die Spannungen wachsen

Aus der Chronik eines westfälischen Dorfes 1916/1917:
Klagebriefe aus der Front ließen die Stimmung sinken. (…) Die politischen Parteien waren sich in den Zielen über das Kriegsende nicht mehr einig. Das wirkte sich ungünstig auch in unserm Dorfe aus. Hier die Kriegsverlängerer, wie der Pfarrer und sein Anhang bezeichnet wurden, dort die Kriegsmüden, wie man die Anhänger des sofortigen Kriegsendes nannte. Was erreicht werden sollte durch die gewaltsamen Versuche bzw. durch das Friedensangebot, wurde nicht erreicht. Das Jahr ging zu Ende, ohne dass die Friedensglocken erklangen.

Zit. nach: H.-U. Kammeier, Der Landkreis Lübbecke und der 1. Weltkrieg. Leidorf 1998, S. 264.

Q9 **Gefallene deutsche Soldaten an der Westfront**
Englisches Foto, das während des Krieges nicht veröffentlicht werden durfte.

Q10 **Ist der Krieg noch zu gewinnen?**
Oberst v. Thaer schrieb nach einem Gespräch mit General Ludendorff vom 1. Oktober 1918 in sein Tagebuch:
Furchtbar und entsetzlich! Es ist so! In der Tat! Als wir versammelt waren, trat Ludendorff in unsere Mitte, sein Gesicht von tiefstem Kummer erfüllt, bleich, aber mit hoch erhobenem Haupt. Eine wahrhaft schöne germanische Heldengestalt! Ich musste an Siegfried denken mit der tödlichen Wunde im Rücken von Hagens Speer. Er sagte ungefähr Folgendes: Er sei verpflichtet uns zu sagen, dass unsere militärische Lage furchtbar ernst sei. Täglich könne unsere Westfront durchbrochen werden. Er habe darüber in den letzten Tagen S(eine)r M(ajestät) zu berichten gehabt. Zum 1. Mal sei der O(bersten) H(eeres)l(eitung) von S(eine)r M(ajestät) bzw. vom Reichskanzler die Frage vorgelegt worden, was sie und das Heer noch zu leisten im Stande seien. Er habe im Einvernehmen mit dem Generalfeldmarschall geantwortet: „Die O.H.L. und das deutsche Heer seien am Ende; der Krieg sei nicht nur nicht mehr zu gewinnen, vielmehr stehe die endgültige Niederlage wohl unvermeidlich bevor. Bulgarien sei abgefallen. Österreich und die Türkei am Ende ihrer Kräfte, würden wohl bald folgen. Unsere eigene Armee sei leider schon schwer verseucht durch das Gift spartakistisch-sozialistischer Ideen. Auf die Truppen sei kein Verlass mehr. (…) Er habe sich nie gescheut von der Truppe Äußerstes zu verlangen. Aber nachdem er jetzt klar erkenne, dass die Fortsetzung des Krieges nutzlos sei, stehe er nun auf dem Standpunkte, dass schnellstens Schluss gemacht werden müsse, um nicht noch unnötigerweise gerade noch die tapfersten Leute zu opfern, die noch treu und kampffähig seien. (…) Es sei ein schrecklicher Augenblick für den Feldmarschall und für ihn gewesen, dieses S(eine)r M(ajestät) und dem Kanzler melden zu müssen. Der Letztere, Graf Hertling, habe in würdiger Weise S(eine)r M(ajestät) erklärt, er müsse daraufhin sofort sein Amt niederlegen." (…) Exc(ellenz) Ludendorff fügte hinzu: „Zur Zeit haben wir also keinen Kanzler. Wer es wird, steht noch aus. Ich habe aber S(eine) M(ajestät) gebeten jetzt auch diejenigen Kreise an die Regierung zu bringen, denen wir es in der Hauptsache zu danken haben, dass wir so weit gekommen sind. Wir werden also diese Herren jetzt in die Ministerien einziehen sehen. Die sollen nun den Frieden schließen, der jetzt so geschlossen werden muss. Sie sollen die Suppe jetzt essen, die sie uns eingebrockt haben!"

A. v. Thaer: Generalstabsdienst an der Front und in der O.H.L. Göttingen 1958, S. 234f.

Fragen und Anregungen

1. Erarbeitet in Stammgruppen, mit welchen Argumenten Einstein, der Petrograder Sowjet und die SPD den Frieden fordern und Graf von Westarp ihn ablehnt (Q3, Q4, Q6, Q7). Erläutert, wie die jeweiligen Forderungen umgesetzt werden sollen. Wie stellen sich die Autoren bzw. Redner die Welt nach dem Krieg vor? Stellt euch in Expertengruppen gegenseitig eure Ergebnisse vor. Welcher Argumentation hättet ihr euch angeschlossen?

2. Erläutere, mit welchen Mitteln man die Diskussion über Krieg und Frieden der Öffentlichkeit zugänglich machen wollte (Q2–Q7). Welche Mittel waren deiner Ansicht nach am wirksamsten?

3. Erarbeite, welche Gründe General Ludendorff für den verlorenen Krieg anführt (Q10). Beurteile Ludendorffs Aussagen.

4. Der Erste Weltkrieg wird oft als „Urkatastrophe des 20. Jahrhunderts" bezeichnet. Diskutiert diese Meinung.

260

Eine Ausstellung gestalten

Ausstellungen sind Stätten der Erinnerung, die vergangene Epochen und das Leben bedeutender Persönlichkeiten, soziale und wirtschaftliche Entwicklungen oder den Alltag der „kleinen Leute" veranschaulichen. Wir finden sie in der Regel in Museen. Daneben gibt es Wanderausstellungen zu besonderen Themen von allgemeinem Interesse oder Sonderausstellungen, die zumeist an Jahrestagen zur Erinnerung an bedeutende Ereignisse präsentiert werden. Eine solche Sonderausstellung – beispielsweise über die Geschichte eurer Stadt während des Ersten Weltkrieges – könnt auch ihr im Unterricht entwickeln, um sie anschließend in der Schule euren Mitschülerinnen und Mitschülern, aber auch euren Eltern und der Öffentlichkeit in eurer Stadt zu präsentieren. Das Entwickeln und Präsentieren einer Ausstellung ist auch eine Form des Lernens. Nur wer das Gelernte „beherrscht" und sicher anwendet, kann anderen Menschen Neues „beibringen".

Um dieses Thema zu bearbeiten, müsst ihr eine Gliederung entwickeln. Dabei solltet ihr zunächst allgemein bedeutende Aspekte der Zeit des Weltkrieges berücksichtigen. Das Schulbuch wird euch dabei helfen. Von besonderem Interesse ist aber die Geschichte eurer Stadt und der dort lebenden Menschen in dieser Zeit. Konkret bedeutet das beispielsweise zu untersuchen, wie diese auf den Kriegsausbruch reagierten, wie der Alltag aussah, was die Soldaten von der Front berichteten und wie die Revolution in eure Stadt „kam". Zur Recherche besorgt ihr euch am besten Lokalgeschichten aus der Stadtbibliothek sowie Zeitungen, Chroniken und andere schriftliche Quellen aus dem Stadtarchiv. Ihr solltet euch aber auch nicht scheuen, in der Presse über euer Projekt zu berichten und um Mithilfe zu bitten. Viele Menschen haben heute noch Briefe und Fotos, Plakate und Erinnerungsstücke wie Orden, Lebensmittelmarken, Soldatenarmbinden, Fahnen und Urkunden, Münzen und Geldscheine usw. zuhause, die sie gerne zeigen und die eine Ausstellung interessant machen. In vielen Städten und Dörfern gibt es auch heute noch Denkmäler, die an die Gefallenen erinnern.

Wenn ihr die Recherche beendet habt, schreibt ihr die Texte zu den einzelnen Themen. Sie sollten verständlich und anschaulich sein. Fotos und Zitate aus Briefen, Zeitungsausschnitte und Plakate sind wichtige Formen der Illustration. Interessante Objekte solltet ihr in Vitrinen legen und mit erläuternden Texten versehen.

Zur Präsentation eignen sich einfache Holztafeln. Um je nach Thema einen besonderen Eindruck zu vermitteln, könnt ihr diese auch in unterschiedlichen Farben streichen. Größere Objekte könnt ihr frei aufstellen, kleinere in Vitrinen anordnen. Zur Eröffnung solltet ihr – eventuell in einer kleinen Gruppe – das Thema eurer Ausstellung in einem Vortrag vorstellen. Der Lernerfolg, aber auch der Applaus eurer Mitschülerinnen und Mitschüler, Lehrer und Eltern wird nicht ausbleiben.

VOM ZARENREICH ZUR SOWJETUNION

Die Geschehnisse im Oktober 1917 in Russland prägten für die nächsten sieben Jahrzehnte die Weltgeschichte nachhaltig. Gewaltsam wurde ein Staat aus der Taufe gehoben, der jahrhundertealte Traditionen hinwegfegte und sich selbst als erste Verwirklichung einer Alternative zum bürgerlichen Kapitalismus verstand. Viele glaubten an eine glücklichere und gerechtere Zukunft, andere warnten von Beginn an vor einer Diktatur, die das Volk in Elend und Verderben führen werde. Die Bilder dieser Seiten zeigen dir Facetten des ersten sozialistischen Staates der Welt, der bis zu seinem Untergang 1991 zu den großen politisch-geistigen Kräften des 20. Jahrhunderts zählte.

Lenin auf der Tribüne
Gemälde von Alexander Gerassimow, 1930.

Zar Nikolaus II.
Nach der Gefangennahme durch die Roten Garden 1917.

Im GULag. Zeichnung eines unbekannten Häftlings.

Wettbewerbsentwurf für den Palast der Sowjets in Moskau von Boris Iofan, 1933.

Arbeiter und Kolchosbäuerin Skulptur der Bildhauerin Vera Muchina für die Pariser Weltausstellung 1937.

Alles für den Aufbau Plakat von Kogout, 1921.

Opfer der Hungersnot im Wolgagebiet, 1921/22.

1. Russland zwischen Erstarrung und Reform

1861	Zar Alexander II. (1855–1881) leitet ein umfangreiches Reformprogramm zur Modernisierung Russlands ein, das mit der Aufhebung der Leibeigenschaft (Bauernbefreiung) beginnt.
1903	Die Sozialdemokratische Arbeiterpartei Russlands spaltet sich auf ihrem Parteitag in London in revolutionäre Bolschewiki und reformerische Menschewiki.
1905	Mit dem „Petersburger Blutsonntag" beginnt die erste russische Revolution. Zum ersten Mal bilden sich Arbeiterräte (Sowjets).
1906	Russland erhält erstmals eine Verfassung, die erste Duma wird gewählt.
1911	Ministerpräsident Stolypin leitet Agrarreformen zur Schaffung eines mittelständischen Bauerntums ein.

Q1 Verbannung
In einem Gefängnis auf der Insel Sachalin werden einem Verbannten Ketten angelegt. Foto von 1890.

Russland und Europa

Während auf den Schlachtfeldern Westeuropas noch der Erste Weltkrieg tobte, war in Russland die jahrhundertelange Zarenherrschaft fast ohne nennenswerten Widerstand beseitigt worden. Das riesige Land wurde in einer bis dahin unvorstellbaren Weise verändert und schickte sich an, in den folgenden Jahren und Jahrzehnten den Lauf der Geschichte entscheidend mitzuprägen. Was waren das für Umwälzungen? Wie kam es dazu, warum fanden sie gerade in Russland statt?

Wirtschaftliche und soziale Situation

Obwohl bereits Zar Peter der Große (1689–1725) die Rückständigkeit Russlands erkannt hatte und sie durch eine Öffnung Russlands nach Westeuropa beseitigen wollte, lebte die Masse der russischen Bevölkerung bis ins 20. Jahrhundert hinein als Bauern in Analphabetentum, Aberglauben, Rechtlosigkeit und unvorstellbarer Armut. Die Einstellung zur Arbeit war seit alters her nicht auf Profit, sondern aufs Überleben ausgerichtet. In Russland fehlte ein gewachsenes europäisches Stadtrecht mit den typischen Selbstverwaltungsorganen der Bürger. Ein breites, selbstbewusstes Bürgertum westlicher Prägung, das als Motor für eine kapitalistische und demokratische Entwicklung hätte wirken können, suchte man in Russland vergebens. Rechtlich war die Stadtbevölkerung mit der Landbevölkerung gleichgestellt. Die Bauern waren meistenteils Leibeigene und an die Scholle gebunden, die Produktivität der russischen Landwirtschaft war gering. Dennoch bildete die russische Dorfgemeinde (russ. Mir) bis ins 20. Jahrhundert hinein eine relativ geschlossene, konservative und zarentreue Welt, die der Stadt und ihren Eliten ablehnend gegenüberstand.

Koloss auf tönernen Füßen

Nach dem Wiener Kongress (1814/15) baute Russland seine Stellung als europäische Großmacht zunächst aus. Als Russland in den Folgejahren im Südosten Europas sich auf Kosten des Osmanischen Reiches ausdehnen wollte, geriet es in Konflikt mit Großbritannien. In Überschätzung der eigenen Kräfte brach Russland 1853 den Krimkrieg vom Zaun, in dessen Verlauf sich die Rückständigkeit des Zarenreiches auf den Gebieten des Militärs, der Industrialisierung, der Verkehrswege und der Ausbildung seiner Untertanen offenbarte.

Als Konsequenz aus diesem verlorenen Krieg nahm Zar Alexander II. (1855–1881) weitreichende Reformen in Angriff: 1861 beseitigte er die Leibeigenschaft der Bauern. Allerdings ergriff er keine weiteren unterstützenden Maßnahmen zugunsten der Bauern, sodass eine durchgreifende und nachhaltige Verbesserung ihrer Lebensverhältnisse ausblieb. 1864 wurden erstmals lokale Ämter geschaffen, die für die eigenständige Verwaltung von Sozialfürsorge, Straßen, medizinischer Versorgung und Elementarschulen zuständig waren. Eine Justizreform führte nach 1864 nach europäischem Vorbild rechtsstaatliche Prinzipien ein, 1874 folgte eine Militärreform mit der allgemeinen Wehrpflicht. Die Wirtschaftspolitik des Finanzministers Sergej Witte (1892–1904) gab der Industrialisierung Russlands wichtige Impulse: Zwischen 1891 und 1904 wurden die transsibirische Eisenbahn gebaut und weitere Bahnprojekte gefördert, ein Bankwesen entstand, Auslandskapital wurde beschafft und die aufkeimende russische Industrie wurde gegen ausländische Industrie geschützt. Dennoch blieb Russland ein Agrarland, in dem noch 1914 fast 85 % der Einwohner zur ländlichen Bevölkerung zählten. Da sich die Reformen und die Industrialisierung im Rahmen der hergebrachten politischen Ordnung vollzogen, verstärkten sich die schon bestehenden Widersprüche zwischen gebildeten Eliten sowie wohlhabenden Gruppen einerseits und Unterschichten andererseits, zwischen Stadt und Land, zwischen Aristokratie und neuer Öffentlichkeit sowie zwischen Russen und nichtrussischen Völkern.

Reformen verstärken die Widersprüche innerhalb der Gesellschaft

Örtlich begrenzte Rebellionen gegen die Leibeigenschaft gab es schon immer. Jedoch wurde bei derartigen Aufständen die Herrschaft des Zaren niemals grundsätzlich in Frage gestellt. Mit seinen politischen Gegnern angemessen umzugehen, blieb dem Zaren fremd: Statt wohlmeinende Kritiker zu integrieren, reagierte der autokratische Zarenstaat (Autokratie = Alleinherrschaft) fast ausnahmslos mit Verfolgung und Verbannung nach Sibirien. Trotzdem bildete sich im 19. Jahrhundert aus Publizisten, Schriftstellern, Künstlern und Studenten eine radikale „Intelligenzija". Sie idealisierte die alte russische Dorfgemeinde, die mit ihren genossenschaftlichen Organisationsregeln als Vorbild für den Weg in den Sozialismus galt. Allerdings scheiterten in den 1870er und 1880er Jahren noch alle Versuche dieser radikalen „Intelligenzija", die Bauern zum Aufstand gegen den Zaren zu bewegen.

Opposition gegen die Zarenherrschaft

Q2 Unerwartete Rückkehr
Ausschnitt aus einem Gemälde von Ilja Repin, gemalt 1884–1888. Zar Alexander III. (1881–1894) begnadigte zu Beginn seiner Regierungszeit eine Reihe politischer Gefangener aus der Verbannung.

Petersburger Blutsonntag Q3
Am 9. Januar 1905 zogen ca. 140 000 Menschen in einem Protestzug zum Zarenpalast in St. Petersburg. Die Demonstranten trugen Zarenbilder, Ikonen und russische Fahnen.

Gegenspieler dieser Oppositionsgruppe waren die marxistischen Sozialdemokraten, die auf das städtische Industrieproletariat als revolutionäre Masse setzten. Sie hielten 1898 ihren ersten geheimen Kongress ab. Die Gruppe spaltete sich 1903 in die Fraktion der reformorientierten „Menschewiki" (Minderheitler) und der von Lenin geführten revolutionären „Bolschewiki" (Mehrheitler). Weitere politische Oppositionsgruppen waren die „Kadetten", die für eine konstitutionelle Demokratie kämpften, und die gemäßigten Liberalen, die sich „Oktobristen" nannten. Auch die gebildeten Eliten der nichtrussischen Völker gründeten zahlreiche nationale Bewegungen mit kulturellen, politischen und sozialen Forderungen. Insgesamt gab es eine Vielzahl von unterschiedlichen Trägern und Schauplätzen des Widerstandes gegen das autokratische Zarensystem.

Die Revolution 1905

Wegen gegenseitiger Gebietsansprüche im Fernen Osten brach 1904/05 zwischen Russland und Japan ein Krieg aus. Abermals war das russische Militär waffentechnisch hoffnungslos unterlegen und das Ansehen der Regierung verfiel zunehmend. Am 9. Januar 1905 (nach Julianischem Kalender) versammelten sich in St. Petersburg Männer, Frauen und Kinder zu einem friedlichen Demonstrationszug. Sie wollten dem von ihnen noch verehrten Zaren eine Petition mit sozialen und politischen Forderungen übergeben. Eine Elitetruppe des Zaren schätzte die Situation falsch ein und schoss in die Menge. An diesem sog. „Petersburger Blutsonntag" wurde der Mythos vom guten Zaren endgültig zerstört. Es folgten landesweit zahlreiche Streiks der Industriearbeiter und Bauernerhebungen auf dem Lande. In dieser krisenhaften Situation bildeten sich die ersten Sowjets (Räte), die aus Arbeiterausschüssen in den Fabriken hervorgingen und sich nun zu politischen Führungsorganen entwickelten.

Russlands erste Verfassung

Um die Zarenherrschaft zu retten, wurden im April 1906 Reichsgrundgesetze erlassen, die erstmals bürgerliche Grundrechte und -freiheiten garantierten, politische Parteien legalisierten und eine politische Öffentlichkeit schufen. Die Gesetzgebung übernahmen nun ein vom Zaren ernannter Reichsrat und die Reichsduma, deren Abgeordnete in allgemeinen, aber nicht gleichen Wahlen bestimmt wurden. Der Zar blieb aber weiterhin zuständig für Armee und Außenpolitik, ernannte die Regierung, berief das Parlament ein, hatte ein Veto-Recht gegen Duma-Beschlüsse und konnte mit Notverordnungen das Parlament umgehen. Unter der Regierung von Ministerpräsident Stolypin setzte sich die Industrialisierung fort, die Alphabetisierung der Bevölkerung stieg weiter. Die 1911 eingeleitete Agrarreform löste die obligatorische Bindung der Bauern an ihre Dorfgemeinde auf und schuf die Voraussetzungen für ein breites Mittelbauerntum. Der Erste Weltkrieg unterbrach jedoch alle Reformen.

266

Q4 Die Regierung muss sich an die Spitze stellen

Aus der Denkschrift des Grafen Witte an den Zaren vom 22. Oktober 1905. Sergei J. Graf Witte war zunächst Finanzminister und 1905/06 russischer Ministerpräsident.

Die momentane Freiheitsbewegung ist nicht neueren Datums. Sie wurzelt in Jahrhunderten russischer Geschichte. (…) „Freiheit" muss ein Schlagwort der Regierung werden. Es gibt keine andere Möglichkeit für
5 die Rettung des Staates. Der Marsch des Fortschritts in der Geschichte lässt sich nicht aufhalten. Der Gedanke bürgerlicher Freiheit wird siegen, wenn nicht durch Reformen, dann durch eine Revolution. Sollte letzterer Fall eintreten, so würde der Traum von der Freiheit
10 nur aus der Asche der zerstörten tausendjährigen russischen Vergangenheit emporsteigen können. (…) Die Gräuel dieser russischen Insurrektion [Aufstand] werden möglicherweise alles bisher in der Geschichte Bekannte übersteigen. Eine eventuelle Intervention von
15 außen könnte das Land zerstückeln. (…) Der Versuch, die Ideale eines theoretischen Sozialismus zu verwirklichen – (es wird ihnen nicht gelingen, aber der Versuch wird gemacht werden) – wird die Familie zerstören, die Kirche und die Grundlage aller Rechtsbegriffe vernichten.
20 Die Regierung muss bereit sein, nach konstitutionellen Richtlinien vorzugehen. Die Regierung muss sich aufrichtig und offen für das Wohl des Landes einsetzen und darf nicht versuchen, die eine oder die andere Art der Regierung vorzuziehen. Entweder muss sich die Re-
25 gierung an die Spitze der Bewegung, die das Land ergriffen hat, stellen, oder sie muss es den elementaren Kräften, die es in Stücke reißen werden, überlassen.

Zit. nach: Geschichte in Quellen. Das bürgerliche Zeitalter. Bearb. v. G. Schönbrunn, München 1980, S. 670.

Q5 Die Ereignisse in Petersburg 1905 und die Folgen

Aus der Petition der St. Petersburger Arbeiter vom 9. (22.) Januar 1905:

Herrscher! Wir, die Arbeiter der Stadt Petersburg, unsere Frauen, Kinder und hilflosen, greisen Eltern sind zu Dir, Herrscher, gekommen, um Wahrheit und Schutz zu suchen. Wir sind verelendet, wir werden unterdrückt, mit unsagbar schwerer Arbeit belastet, man 5 höhnt uns, sieht in uns keine Menschen, man geht mit uns um wie mit Sklaven, die ihr bitteres Los tragen und schweigen müssen. (…)
Hier suchen wir die letzte Rettung. Versage Deinem Volke nicht die Hilfe. Führe es aus dem Grabe der Recht- 10 losigkeit, der Armut und der Unwissenheit, gib ihm die Möglichkeit, selbst über sein Schicksal zu entscheiden, nimm von ihm das unerträgliche Joch der Beamten. Zerstöre die Scheidewand zwischen Dir und Deinem Volke und lass es zusammen mit Dir das Land regieren. (…) 15
Wenn Du uns auf unser Flehen nicht antwortest, so sterben wir hier auf diesem Platz vor Deinem Palais. Wir sehen keinen Ausweg mehr, und alles ist sinnlos. Wir haben nur zwei Wege: Freiheit und das Glück oder das Grab. 20

Zit. nach: S. Kumpf-Korfes, Blutsonntag 1905 – Fanal der Revolution. Berlin (Ost) 1976, S. 3.

Julianischer und Gregorianischer Kalender

Bis Februar 1918 galt in Russland der Julianische Kalender, der im 20. Jahrhundert 13 Tage hinter dem im übrigen Europa geltenden Gregorianischen Kalender zurückblieb.

Q6 Picknick der Petersburger Gesellschaft, 1913

Q7 Suppenküche für Arbeitslose, St. Petersburg, 1914

Q8 Russlands Gesellschaft

Im Ausland veröffentlichtes Flugblatt der „Union russischer Sozialisten" (um 1900). Übersetzung der Legenden (von oben nach unten links): „Wir sind die Herrschaft über euch", „Wir lenken euch", „Wir schießen auf euch", „Wir arbeiten für euch";
(von rechts unten nach oben) „Wir ernähren euch", „Wir essen für euch", „Wir streuen euch Sand in die Augen". Die hier nicht lesbare Unterzeile des Flugblatts lautet: „Es wird eine Zeit kommen, wo das Volk sich erheben wird, und es wird seine Ausbeuter auseinander jagen."

D1 Bevölkerungsschichten im Zarenreich

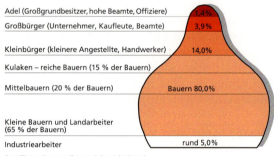

Adel (Großgrundbesitzer, hohe Beamte, Offiziere) — 1,4 %
Großbürger (Unternehmer, Kaufleute, Beamte) — 3,9 %
Kleinbürger (kleinere Angestellte, Handwerker) — 14,0 %
Kulaken – reiche Bauern (15 % der Bauern)
Mittelbauern (20 % der Bauern) — Bauern 80,0 %
Kleine Bauern und Landarbeiter (65 % der Bauern)
Industriearbeiter — rund 5,0 %
(Intelligenzija aus allen sozialen Schichten)

	1810	1840	1860	1880	1900
Großbritannien	140	175	200	235	225
Frankreich	70	115	145	140	155
Deutschland		75	105	145	220
Italien	–	40	50	60	60
Russland		70	75	70	90
USA	–	215	225	290	310

D2 Niveau der landwirtschaftlichen Entwicklung in verschiedenen Ländern.
(100 = jährliche Nettoproduktion von 10 Mill. Kalorien auf pflanzlicher Grundlage pro männlichen Erwerbstätigen in der Landwirtschaft)

	1840	1850	1860	1870	1880	1888	1896
Großbritannien	620	1290	2450	4040	7600	9200	13700
Frankreich	90	270	1120	1850	3070	4520	5920
Deutschland	40	260	850	2480	5120	6200	8080
Italien	10	40	50	330	500	830	1520
Russland	20	70	200	920	1740	2240	3100
USA	760	1680	3470	5590	9110	14400	18060

D3 Kapazität aller Dampfmaschinen
(in tausend Pferdestärken)

Fragen und Anregungen

1. Ermittle die Bereiche, in denen im zaristischen Russland des 19. Jahrhunderts Modernisierungsbedarf bestand. Finde heraus, wodurch tief greifende Reformen behindert und welche Reformen durchgesetzt wurden (VT, D2 und 3).

2. Stell dir vor, du bist Journalist im zaristischen Russland und sollst für eine Zeitung berichten. Verfasse einen Artikel zum Thema „Die Bevölkerung Russlands und ihre soziale Lage" (Q6–8, D1).

3. Kennzeichne die politische Situation im Russischen Reich am Ende des 19. Jahrhunderts (VT, Q1–3).

4. Bringe das Bild Q2 zum Sprechen, indem du den abgebildeten Personen Gedanken und Worte zuordnest.

5. Inwiefern waren die Ereignisse von St. Petersburg im Januar 1905 eine Chance für den Zaren, seine Herrschaft zu retten (VT, Q4 und 5)?

2. 1917 – ein Jahr, zwei Revolutionen

2. März 1917	Februar-Revolution: Zar Nikolaus II. dankt ab. Ein Duma-Komitee bildet die „Provisorische Regierung"; daneben bilden sich Arbeiter- und Soldatenräte.
3. April 1917	Lenin kehrt aus dem Schweizer Exil nach Petrograd zurück.
24./25. Oktober 1917	Oktober-Revolution: Aufständische Truppen unter der Führung von Bolschewisten verhaften die Provisorische Regierung, Lenin wird am Tag darauf Vorsitzender des „Rates der Volkskommissare".
5./6. Januar	Bolschewistische Truppen sprengen die gewählte Verfassungsgebende Versammlung.

Die Unzufriedenheit wächst

Im Verlauf des Ersten Weltkriegs beschleunigte sich der Autoritätsverlust der Zarenherrschaft dramatisch. Mit den Niederlagen an der Front, den Versorgungsengpässen und der starren Politik von Zar und Regierung wuchs die Unzufriedenheit und Protestbereitschaft der Bevölkerung. Während es auf dem Lande zunächst noch ruhig blieb, kam es in den Städten, allen voran in der Hauptstadt St. Petersburg (seit 1914: Petrograd), immer häufiger zu Massenstreiks und Demonstrationen. Die hauptsächlichen Ursachen dafür waren, dass der kriegsbedingten Mehrarbeit sinkende Reallöhne gegenüberstanden und die Versorgung der Städte im dritten Kriegsjahr bis an die Hungergrenze gefallen war. Auch das gewaltsame Vorgehen der Regierung gegen die Arbeiterproteste förderte die Streikbereitschaft der großen Anzahl von Frauen und Jugendlichen, die anstelle der zum Militär eingezogenen Männer in den Fabriken arbeiteten.

Die Februarrevolution 1917 und das Ende der Zarenherrschaft

Als am 23. Februar 1917, dem Internationalen Frauentag, sich in einer der Petrograder Vorstädte ein spontaner Protestzug aus Arbeiterinnen der Textil- und Munitionsfabriken formierte, wurde daraus schnell eine Massendemonstration gegen Hunger, Krieg und Zarenherrschaft. Nach wenigen Tagen war das ganze Land erfasst. Während die überwiegend frisch rekrutierten Bauernsöhne der Petrograder Garnison in Scharen zu den Aufständischen überliefen, weigerten sich die Generäle, zarentreue Einheiten von der Front abzuziehen, um die Monarchie zu retten. Am 2. März 1917 unterzeichnete Zar Nikolaus II. die Abdankungsurkunde. Fast lautlos und ohne Gegenwehr war das alte Regime zusammengebrochen.

Provisorische Regierung und Petrograder Sowjet

Zu zögerlich begann die aus der letzten Duma hervorgegangene Provisorische Regierung das entstandene Machtvakuum zu füllen. Sie fühlte sich nicht ausreichend legitimiert und wollte nur bis zur Einberufung einer Verfassungsgebenden Versammlung im Amt bleiben. Weil die Provisorische Regierung wusste, dass sie in diesen Tagen nicht ohne die Zustimmung der revolutionären Massen bestehen konnte, tolerierte sie die sich überall im Lande bildenden Sowjets (Räte) neben sich. Überregionale Bedeutung kam dabei dem Petrograder Sowjet zu, der bald die Rolle einer zentralen Vertretung übernahm. Die Sowjets verstanden sich als revolutionäre Vertretung der Arbeiter, Soldaten und Bauern. Ihre Abgeordneten wurden meist in offener Abstimmung gewählt, konnten jederzeit abberufen werden und waren der entsendenden Versammlung verantwortlich. In diesen Sowjets stellten die Sozialrevolutionäre, die die Interessen der Bauern vertraten, und die Menschewiki durchweg die Mehrheit, während die Bolschewiki fast überall in der Minderheit waren.

Q1 Die Erste Provisorische Regierung im Marienpalais, 1917

Q2 Der Petrograder Sowjet, März 1917 im Taurischen Palais

Doppelherrschaft

Die Doppelherrschaft von Provisorischer Regierung und Sowjet verhinderte den Aufbau einer starken Zentralgewalt. Beide Institutionen stimmten darin überein, die bürgerlichen Grundrechte und die Gleichberechtigung aller Nationen und Religionen zu gewähren sowie eine Verfassungsgebende Versammlung einzuberufen. Uneinigkeit zwischen ihnen herrschte vor allem über die Fortsetzung des Krieges gegen Deutschland. Die Provisorische Regierung hatte sich die Duldung der zaristischen Generäle dadurch erkauft, dass sie versprach, die Bündnisverpflichtungen gegenüber den Alliierten einzuhalten und damit den Krieg fortzusetzen. Demgegenüber forderte der Petrograder Sowjet mit dem richtigen Gespür für die Sehnsucht der kriegsmüden Bevölkerung einen sofortigen Friedensschluss. Es zeigte sich von Anfang an, dass es der neuen Regierung nicht gelingen würde, ihre Autorität durchzusetzen. Das Reich zerfiel und Anarchie begann sich auszubreiten.

Lenin

Q3 Lenin, 1870–1924

In dieser Situation trat Wladimir Iljitsch Uljanow, genannt Lenin, in Erscheinung. In Simbirsk als Sohn eines in den Adel aufgestiegenen Schulinspektors und einer Gutsbesitzertochter geboren, erlebte Lenin 1887 die Hinrichtung seines von ihm bewunderten Bruders Alexander wegen eines geplanten Attentats auf den Zaren. Lenin schloss sich daraufhin der revolutionären Bewegung an. Nach dem Jura-Studium arbeitete er in Samara als Rechtsanwalt, siedelte 1883 nach St. Petersburg über, wo er 1895 eine Vorläuferorganisation der Sozialdemokratischen Arbeiterpartei Russlands (SDAPR) gründete. Wegen politischer Agitation wurde er nach Sibirien verbannt und gelangte 1900 ins Exil nach Westeuropa. 1903 betrieb er die Spaltung der SDAPR in die Menschewiki und die von ihm geführten Bolschewiki, die er zu einer straff organisierten Partei von Berufsrevolutionären entwickelte. Während des Ersten Weltkrieges lebte Lenin in der Schweiz. Um den Kriegsgegner Russland im Innern zu schwächen, organisierte die deutsche Regierung 1917 Lenins Rückkehr in seine Heimat und unterstützte ihn mit großen Geldzahlungen.

Lenins Aprilthesen

Kurz nach seiner Rückkehr forderte Lenin, die Provisorische Regierung rücksichtslos zu bekämpfen und zu stürzen, um baldmöglichst den Übergang in eine sozialistische Revolution einzuleiten. Stand Lenin anfangs mit seiner Position noch alleine, so wendete sich ab Juni das Blatt. Auf dem Land kam es zu wilden Enteignungen. Als sich die Versorgungslage in den Städten erneut dramatisch verschlechterte, flammten Massenstreiks und Demonstrationen wieder auf. Weitere Niederlagen an der Kriegsfront und ein fehlgeschlagener konservativer Putschversuch bewirkten, dass die Bolschewisten immer mehr Zulauf bekamen.

Die Doppelherrschaft konnte kein Dauerzustand bleiben. Lenin wusste, dass die Bolschewiki bei allgemeinen Wahlen zur Verfassungsgebenden Versammlung keine Chancen hatten, die Mehrheit zu erringen. Deswegen organisierte er gemeinsam mit Leo Trotzki einen Staatsstreich. In der Nacht zum 25. Oktober 1917 (7. November) besetzten die von Trotzki geführten bolschewistischen Roten Garden die strategisch wichtigen Punkte in Petrograd, ohne dass sie auf nennenswerten Widerstand stießen. Sie verhafteten die Provisorische Regierung, Ministerpräsident Kerenskij gelang die Flucht ins Exil. Zur gleichen Zeit tagte in Petrograd der Allrussische Sowjetkongress. Auch dort hatten die Bolschewiki keine Mehrheit. Von den 670 Delegierten entfielen auf sie nur 300 Mandate. Auf der Eröffnungssitzung verlangten Menschewiki und rechte Sozialrevolutionäre eine Koalitionsregierung zu bilden, an der sie entsprechend der Zusammensetzung des Kongresses beteiligt sein wollten. Als die Bolschewiki diese Forderung ablehnten, verließen Menschewiki und rechte Sozialrevolutionäre den Kongress. Nun wurde unter Lenins Vorsitz die neue Regierung gebildet, die sich „Rat der Volkskommissare" nannte. Sie erließ am folgenden Tag ein „Dekret über den Frieden" und legalisierte im Dekret über „Grund und Boden" alle bereits vollzogenen Enteignungen auf dem Land nachträglich. Es folgte das Versprechen, in den Fabriken die „Arbeiterkontrolle" einzuführen und alle Völker Russlands gleichzustellen. Am 12. November fanden Wahlen zur Verfassungsgebenden Versammlung statt. Da die Bolschewisten auch diesmal in der Minderheit waren, trieben sie die Versammlung im Januar 1918 gewaltsam auseinander. Der von den Bolschewisten beherrschte Rat der Volkskommissare koppelte sich nun schleichend von den gewählten Sowjets im Lande ab, in denen die Bolschewisten oft in der Minderheit waren. Räumlich wurde die Trennung vollzogen, als die Hauptstadt im März 1918 nach Moskau verlegt wurde.

„Alle Macht den Räten"

Q4 „Der Bolschewik" (unter ihm die Stadt Moskau), Gemälde von Boris M. Kustodjew aus dem Jahr 1920, Öl auf Leinwand, 101x141 cm.

271

Q5 Lenins Ankunft am 3. April 1917 in Petrograd

Q6 Was sind die nächsten Aufgaben der Regierung?
Aus Proklamationen der Provisorischen Regierung, 6. März 1917:
Die Regierung wird alle Anstrengungen machen, unsere Armee mit allem Nötigen zu versorgen, um den Krieg zu einem siegreichen Ende zu bringen. Die Regierung wird die Bündnisse, die uns mit anderen Mächten verbinden, als geheiligt ansehen und unerschütterlich die mit den Alliierten getroffenen Vereinbarungen ausführen.
19. März 1917:
Das erste und dringlichste Problem ist die Landfrage. (…) Es gibt keinen Zweifel, dass sie auf die Tagesordnung der Konstituierenden [Verfassungsgebenden] Versammlung gesetzt wird. Die Landfrage kann nicht durch willkürliche Inbesitznahme gelöst werden. Gewalt und Raub sind die schlimmsten und gefährlichsten Mittel im Bereich der ökonomischen Beziehungen.

Zit. nach: H. Linke, Die russischen Revolutionen 1905/1917. Zusammenbruch der zaristischen Herrschaft und Machtergreifung der Bolschewiki. Stuttgart 1991, S. 58.

Q7 Antworten auf wichtige Fragen der Zeit
Erklärung der Provisorischen Regierung, 1917:
Bei seiner Tätigkeit wird sich das Kabinett von folgenden Prinzipien leiten lassen:
1. Vollständige und sofortige Amnestie aller politischen und religiösen Vergehen einschließlich terroristischer Angriffe, militärischer Revolten, Verbrechen in der Landwirtschaft usw.
2. Freiheit der Rede, der Presse, Vereins-, Versammlungs- und Streikfreiheit und Ausdehnung der politischen Freiheit auf Personen, die im Militärdienst stehen, soweit es die militärische Technik zulässt.
3. Abschaffung aller benachteiligenden Unterschiede infolge der Zugehörigkeit zu bestimmten Ständen, Religionsgemeinschaften und Nationalitäten.
4. Sofortige Vorbereitung zur Einberufung einer Konstituierenden [Verfassungsgebenden] Versammlung auf der Grundlage des allgemeinen, gleichen, geheimen und direkten Wahlrechts, welche die Verwaltungs- und Verfassungsform des Landes bestimmen soll.
5. Ersetzung der Polizei durch eine Volksmiliz mit gewählter Leitung, die den Organen der lokalen Selbstverwaltung untersteht.
6. Wahlen zu den Organen der lokalen Selbstverwaltung auf der Grundlage allgemeiner, direkter, gleicher und geheimer Wahlen.
7. Die militärischen Einheiten, die an der revolutionären Bewegung teilgenommen haben, nicht zu entwaffnen und aus Petrograd zu entfernen.
8. Unter Aufrechterhaltung strenger militärischer Disziplin an der Front und im Militärdienst Befreiung der Soldaten von allen Beschränkungen allgemeiner Rechte, deren sich die anderen Bürger erfreuen.

Die Provisorische Regierung erachtet es als ihre Pflicht, zu betonen, dass sie nicht beabsichtigt, militärische Umstände zu einer Hinausschiebung der oben angedeuteten Reformen und anderen Maßnahmen auszunützen.

Zit. nach: M. Hellmann (Hg.), Die russische Revolution 1917. München 1964, S. 152 f.

Q8 Lenin legt das Vorgehen der Bolschewisten fest
Am 7. April 1917 veröffentlichte Lenin in der Zeitung „Prawda" („Die Wahrheit") seine Vorstellungen von der Machtübernahme. Diese Schrift wurde unter der Bezeichnung „Aprilthesen" bekannt.
1. In unserer Stellung zum Krieg, der (…) ein räuberischer imperialistischer Krieg bleibt, sind auch die geringsten Zugeständnisse an die „revolutionäre Vaterlandsverteidigung" unzulässig. (…)
2. Die Eigenart der gegenwärtigen Lage in Russland besteht im Übergang von der ersten Etappe der Revolution, die infolge des ungenügend entwickelten Klassenbewusstseins und der ungenügenden Organisiertheit des Proletariats der Bourgeoisie die Macht gab, zur zweiten Etappe der Revolution, die die Macht in die Hände des Proletariats und der ärmsten Schichten des Bauerntums legen muss. (…)
3. Keinerlei Unterstützung der Provisorischen Regierung (…).
4. Anerkennung der Tatsache, dass unsere Partei in den meisten Sowjets (…) in einer schwachen Minderheit ist gegenüber dem Block aller kleinbürgerlichen opportunistischen Elemente, die dem Einfluss

der Bourgeoisie erlegen sind und diesen Einfluss in das Proletariat hineintragen. (…)
5. Keine parlamentarische Republik (…), sondern eine Republik der Sowjets (…) im ganzen Lande, von unten bis oben. Abschaffung der Polizei, der Armee und der Beamtenschaft. Entlohnung aller Beamten, die durchweg wählbar und jederzeit absetzbar sein müssen, nicht über den Durchschnittslohn eines guten Arbeiters hinaus.
6. (…) Im Agrarprogramm (…) Konfiskation [Beschlagnahmung] aller Gutsbesitzerländereien. Nationalisierung des gesamten Bodens im Lande; die Verfügungsgewalt über den Boden liegt in den Händen der örtlichen Sowjets der Landarbeiter- und Bauerndeputierten.

W. I. Lenin, Werke. Band 24. Berlin 1959, S. 1 ff.

Demonstration der Arbeiterinnen von Petrograd, 1917 Q9
Aufschrift auf dem Transparent: „Genossen, Arbeiter und Soldaten! Unterstützt unsere Forderungen!"
Die Frauen forderten Wahlrechte und eine Vergrößerung der Verpflegungsration für Soldaten.

Q10 Diktaktur des Proletariats

Lenin über die Methode der Machtergreifung durch das Proletariat:
Nur Schufte und Idioten können sich einbilden, dass das Proletariat erst die Mehrheit haben muss durch Wahlen, die unter dem Bourgeoisie-Joch stattfinden, unter dem Joch der Lohnsklaverei, und nur dann versuchen kann die Macht an sich zu reißen. (…) Nachdem das Proletariat genügend starke politische und militärische „Stoßtruppen" gesammelt hat, muss es die Bourgeoisie stürzen und ihr die Staatsgewalt entreißen, um sie ihren eigenen Klasseninteressen dienstbar zu machen. Die Opportunisten reden dem Volk ein, dass es zuerst eine Mehrheit gewinnen müsse mit Hilfe des allgemeinen Wahlrechts; nachdem es diese Mehrheit gewonnen habe, müsse es die Staatsgewalt übernehmen und schließlich aufgrund dieser „folgerechten" (oder „reinen", wie man heutzutage sagt) Demokratie sich anschicken den Sozialismus zu organisieren. Wir dagegen behaupten, dass das Proletariat erst die Bourgeoisie stürzen und die Macht an sich reißen und dann die Macht, das heißt die Diktatur des Proletariats als Instrument seiner Klasse so gebrauchen muss, dass es die Sympathie der Mehrheit der Werktätigen für sich gewinnt.

W. I. Lenin, Ges. Werke, Bd. XVI. S. 336, Bearb. d. Verf.

Q11 Innerparteiliche Kritik an Lenins Vorgehen

Stellungnahme der führenden Parteifunktionäre Sinowjew und Kamenew zu Lenins Aufstandsplänen in der Sitzung des bolschewistischen Zentralkomitees am 10. Oktober 1917:
Man sagt: 1. für uns ist schon die Mehrheit des Volkes in Russland, und 2. für uns ist die Mehrheit des internationalen Proletariats. Leider ist weder das eine noch das andere wahr und das ist der springende Punkt. In Russland ist die Mehrheit der Arbeiter und ein ansehnlicher Teil der Soldaten für uns. Aber alles andere ist zweifelhaft. Wir sind z. B. alle überzeugt, dass, wenn es jetzt zu Wahlen zur Konstituierenden [Verfassungsgebenden] Versammlung kommt, die Bauern in ihrer Mehrheit für die Sozialrevolutionäre stimmen werden. (…)
Die Partei des Proletariats wird wachsen, ihr Programm wird immer breiteren Massen klar werden. (…) Und nur durch eins kann sie ihre Erfolge hemmen, und zwar dadurch, dass sie unter den jetzigen Umständen die Initiative der Aktion auf sich nimmt und so das Proletariat den Schlägen der vereinigten (…) Konterrevolution aussetzt. Gegen diese verhängnisvolle Politik erheben wir die Stimme der Warnung.

Zit. nach: M. Hellmann (Hg.), Die russische Revolution 1917. Von der Abdankung des Zaren bis zum Staatsstreich der Bolschewiki. München 1984, S. 295, 297.

273

Kontrovers: Das Epochejahr 1917 im Urteil von Historikern

Die Bewertung der Ereignisse des Jahres 1917 haben sich im Laufe der Zeit gewandelt:

D1 *Der Historiker Valentin Gitermann (1949):*
Dass sich die bürgerliche Demokratie in Russland so bald nach ihrer Geburt als lebensunfähig erwies, lässt sich nicht etwa durch taktische Fehler erklären, die Kerenskij oder andere Politiker begangen hätten. Es resultierte vielmehr die Machtergreifung des Bolschewismus aus den gegebenen Verhältnissen mit unabwendbarer Zwangsläufigkeit. Die antibolschewistischen Koalitionsparteien mussten immer deutlicher erkennen, wie ihr Einfluss auf die Massen des Volkes sank. Das Volk verlangte Frieden und Land und diesem Verlangen kamen nur die Parolen des Bolschewismus entgegen. Daraus erklärt sich, dass die Parteien der Regierungskoalition von der Befürchtung gequält wurden, durch eine bolschewistische Erhebung hinweggefegt zu werden.

V. Gitermann, Geschichte Russlands, Band 3. Frankfurt a. M. 1965, S. 487.

D2 *Der Historiker Manfred Hildermeier (1989):*
Die Tendenz ist zweifellos gewachsen dem Februarregime einen größeren Teil der Verantwortung für die Möglichkeit des Oktober zuzuweisen als bisher. Übergroße äußere Lasten und gravierende eigene Versäumnisse haben das einzige echte Experiment des Parlamentarismus in Russland zu Fall gebracht. Gewiss bleibt der Putsch Lenins ein denkwürdiges Ereignis mit weltgeschichtlichen Folgen. Aber er bildete nicht das Bravourstück, das man oft in ihm gesehen hat. Die Macht lag auf der Straße und die Februarregierung sah gebannt zu, wie die Bolschewiki sie vor aller Augen auflasen.

M. Hildermeier, Die Russische Revolution 1905–1921. Frankfurt a. M. 1989, S. 300.

D3 *Der Historiker Eric Hobsbawm (1995):*
Wer die Forderungen der Massen übernahm – „Brot, Friede, Land" – fand sofort Unterstützung und das waren vor allem Lenins Bolschewiken. Lenins einzig wirkliche Leistung war, dass er zu erkennen in der Lage war, was die Massen wollten, und dementsprechend eben auch wusste, dass er führen musste, indem er ihnen folgte. Auf der anderen Seite war der Provisorischen Regierung und ihren Sympathisanten nicht bewusst geworden, wie unfähig sie war Russland dahin zu bringen, ihre Gesetze und Dekrete zu befolgen. Die radikale Grundströmung in ihrer Gefolgschaft drängte die Bolschewiken unaufhaltsam zur Machtübernahme. Als der Augenblick dann da war, musste die Macht nur noch übernommen werden. Die Provisorische Regierung hatte sich schlichtweg in Luft aufgelöst, nachdem niemand mehr zu ihrer Verteidigung übrig geblieben war.

E. Hobsbawm, Das Zeitalter der Extreme. München 1995, S. 86 f.

Q12 „Genosse Lenin säubert die Erde von Unrat" Plakat eines unbekannten Künstlers, 1920.

Fragen und Anregungen

1. Stelle die politischen Forderungen und Programme der Provisorischen Regierung und der Bolschwiki unter folgenden Gesichtspunkten gegenüber: Wege zur Macht, Formen der Machtausübung, Haltung zu demokratischen Rechten, zum Krieg und zur Agrarfrage (Q5–Q10).

2. Lege dar, auf welche Machtbasis sich Lenins Pläne stützten und welche Chancen Sinowjew und Kamenew den Plänen einräumten (VT, Q5, Q9–11).

3. Deute anhand des Bildes „Der Bolschewik", wie der Künstler die Machtergreifung der Bolschewiki interpretiert und vergleiche dies mit den dir bekannten Sachverhalten (VT, Q1, 2 und 4).

4. Vergleiche die Aussagen Gitermanns, Hildemeiers und Hobsbawms (D1–D3). Wie beurteilen sie die Machtübernahme der Bolschwiki?

5. Interpretiere die Aussage des Plakats Q12.

3. Die Bolschewisten sichern ihre Macht

1918–1921	Die Rote Armee besiegt im Bürgerkrieg die Weiße Armee.
1921	X. Parteikongress der Kommunistischen Partei Russlands beschließt die Neue Ökonomische Politik (NEP) und verbietet die Bildung von Fraktionen innerhalb der Partei.
1922	Die Union der Sozialistischen Sowjetrepubliken (UdSSR) wird gegründet.
1924	24. Januar: Lenin stirbt.

Staatswappen der UdSSR Q1

Die Gegner werden ausgeschaltet

Als die radikale Minderheit der Bolschewiki unter der Führung ihrer beiden entschlossenen Führer Lenin und Trotzki die Macht an sich gerissen hatte, war noch keineswegs sicher, ob die neuen Verhältnisse von Bestand sein würden. Deswegen setzten die Bolschewiki nun alles daran, ihre Macht unter allen Umständen zu erhalten.

Um Gegner einzuschüchtern und aus dem Weg zu räumen, befürworteten Lenin und Trotzki ausdrücklich die Gewalt der Straße und den roten Terror als eine neue Form von Klassengerechtigkeit. Schon lange schwelende soziale Spannungen und die anwachsende Unzufriedenheit wurden als politisches Mittel ausgenutzt: Es wurde toleriert, wenn wohlhabende Bürger oder Adelige ihres Besitzes beraubt, misshandelt oder gar umgebracht wurden. Zudem gründeten die Bolschewisten eine politische Polizei, die Tscheka, die für die willkürliche Ermordung von tausenden von vermeintlichen Klassenfeinden verantwortlich ist. Im Juli 1918 erschoss ein Kommando der Tscheka bei Jekaterinenburg den ehemaligen Zaren und seine gesamte Familie.

Der Bürgerkrieg

Außenpolitisch lösten die Bolschewisten ihr Friedensversprechen ein und schlossen bei Brest-Litowsk am 3. März 1918 einen für Russland mit großen Gebietsverlusten verbundenen Frieden. Gleichzeitig formierten sich unter Führung ehemals zaristischer Generäle die Gegner der Bolschewisten zur so genannten „Weißen Armee". Anfangs kämpften auch Truppen aus Großbritannien und Frankreich aufseiten der Weißen, unterstützt wurden sie von Japan und den USA. Während sich das Lager der Weißen aber nicht auf eine einheitliche Strategie und ein konkretes Regierungsprogramm einigen konnte, errang die von Trotzki geformte Rote Armee in dem erbittert geführten Bürgerkrieg den Sieg.

Widerstände und Reaktionen

Der Bürgerkrieg vernichtete auch noch die letzten Werte der russischen Volkswirtschaft. Die Industrieproduktion betrug nur noch ein Drittel der Vorkriegsproduktion, die Landwirtschaft war zerrüttet und für den Winter 1921/22 kündigte sich eine Hungersnot an. Erste Protestzüge, Widerstandsaktionen der Bauern und vor allem der Aufstand der Matrosen auf der Petrograder Inselfestung Kronstadt im Februar und März 1921 bedrohten die Herrschaft der Bolschewisten. In dieser Situation traf der X. Parteikongress der Kommunistischen Partei im März 1921 auf Lenins Geheiß zwei weitreichende Beschlüsse. Fortan war es verboten, innerhalb der Kommunistischen Partei eine andere Meinung als die Führung zu vertreten. Dieses Verbot, Fraktionen zu bilden, verhinderte in den Folgejahren jegliche innerparteiliche Opposition.

275

 Auf dem Smolensker Markt in Moskau interessiert sich ein Parteifunktionär für einen Pelzschal, 1920

Opfer der Hungersnot 1921/22 an der Wolga

Zugeständnisse

Die andere Veränderung des Jahres 1921 betraf die Wirtschaft: Hatte die Bolschewistische Partei zuvor alle wichtigen Produktions- und Verteilungsfunktionen übernommen, die großen Industriebetriebe und die Banken verstaatlicht sowie die Versorgungsengpässe durch gewaltsame Beschaffung von Getreide und eine Ablieferungspflicht gelöst, so verkündete Lenin jetzt einen taktischen Rückzug.

Bauern erhielten das Recht, die Überschüsse ihrer Produktion auf dem freien Markt zu verkaufen. Das Kleinhandwerk durfte in Betrieben bis zu 20 Mann auf eigene Rechnung produzieren. Andererseits blieb die Verstaatlichung der Großbetriebe und Banken ausdrücklich bestätigt, ebenso die zentrale Lenkung und Planung. Diese „Neue Ökonomische Politik" (russ. NEP) ließ Marktwirtschaft im Kleinen zu, setzte aber im Großen weiterhin auf Planung und Lenkung. Keineswegs verfolgte Lenin mit der NEP eine Kehrtwendung, sondern gönnte der maroden Volkswirtschaft lediglich eine Erholungspause. Tatsächlich zeigten sich bald erste Erfolge und die Versorgungslage entspannte sich.

Nationalitätenpolitik und die Gründung der UdSSR

Im Russischen Reich lebte eine Vielzahl unterschiedlichster Völker, deren Gebiete infolge der kolonialen Politik der Zaren zwangsweise angegliedert worden waren. In den Revolutionen von 1905 und 1917 lebten auch Nationalbewegungen auf und nach dem Zusammenbruch des Zarenreiches strebten viele nichtrussische Völker in die Unabhängigkeit. Nach dem Bürgerkrieg versuchten die Bolschewisten, diese Völkerschaften durch umfangreiche Zugeständnisse an sich zu binden. Es wurden Sowjetrepubliken gegründet, die jeweils das Siedlungsgebiet einzelner Nationalitäten umfassten. Den dort lebenden Völkern wurde zugestanden, ihre inneren Angelegenheiten selbst zu regeln.

Ende 1922 schlossen sich die Russische Sozialistische Föderative Sowjetrepublik (RSFSR), das eigentliche russische Kernland, sowie die ukrainische, die weißrussische und die transkaukasische Sowjetrepublik zur Union der Sozialistischen Sowjetrepubliken (UdSSR) zusammen. Bis 1936 stieg die Zahl der in der UdSSR vereinigten Sowjetrepubliken auf elf, nach dem Zweiten Weltkrieg auf fünfzehn. Obwohl die Sowjetunion eine föderative Struktur hatte und die einzelnen Republiken formal unabhängig blieben, wurden sie von der kommunistischen Zentralgewalt in Moskau beherrscht. Die Rechte der nichtrussischen Völker wurden unterlaufen und systematisch beschnitten. In den 1930er-Jahren setzte eine aggressive

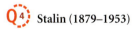

Die Union der Sozialistischen Sowjetrepubliken
Stand: 30. Dezember 1922

Russifizierungspolitik ein, die nationalen Sprachen wurden zugunsten des Russischen zurückgedrängt, die Religion verfolgt. Nomaden wurden zwangsweise sesshaft gemacht, Enteignungen wurden vorgenommen, nationale Eliten verfolgt und ermordet. Mit all diesen Maßnahmen wurden die nichtrussischen Völker nicht nur ihrer traditionellen Wurzeln beraubt, auch ihre wirtschaftlichen und sozialen Grundlagen wurden zerstört. Dennoch zeigte sich beim Zerfall der UdSSR in den 1990er-Jahren, dass der nationale Gedanke lebendig geblieben war.

Unbemerkt von der Öffentlichkeit gelang es einem zunächst wenig in Erscheinung getretenen Bolschewisten, in der Kommunistischen Partei ein neues Amt des Generalsekretärs zu schaffen, das er für seinen unaufhaltsamen Aufstieg skrupellos ausnutzte. Josef Wissarionowitsch Dschugaschwili, genannt Stalin, wurde als Sohn eines Schuhmachers und einer Waschfrau 1879 in Gori in Georgien geboren. Er besuchte von 1884–1899 das orthodoxe Priesterseminar in Tiflis, aus dem er wegen der Beteiligung an revolutionären Aktionen ausgeschlossen wurde. Seit 1898 war er Mitglied der Sozialdemokratischen Arbeiterpartei Russlands (SDAPR) und ging 1903 auf die Seite der Bolschewisten. Stalin wurde mehrfach verhaftet und nach Sibirien verbannt. Während der Oktoberrevolution gehörte er zwar zum Führungskader, fiel aber nicht besonders auf. Im Rat der Volkskommissare war er Nationalitätenkommissar. 1922 wurde Stalin Generalsekretär der Partei und hatte damit das Recht, alle Kandidaten für Parteiämter vorzuschlagen. Mithilfe dieser Machtstellung und skrupellos geschlossener Allianzen brachte Stalin seine Anhänger in die wichtigen Positionen und schaltete seine Konkurrenten nacheinander aus. Stalin wurde als listig, verschlagen, misstrauisch und rücksichtslos charakterisiert. Bis zu seinem Tode 1953 stand er an der Spitze der UdSSR.

Stalin betritt die politische Bühne

Q4 Stalin (1879–1953)

277

FOTOGRAFIEN ALS HISTORISCHE QUELLE

Nur scheinbar objektiv – Fotografien auswerten

Am 5. Mai 1920 hielt Lenin auf dem Swerdlow-Platz vor dem Bolschoi-Theater in Moskau vor Einheiten der Roten Armee eine Rede. Auf der Treppe, die zu dem Holzpodest hinaufführt, stehen Leo Dawidowitsch Bronstein, genannt Trotzki, und dahinter Lew Borissowitsch Rosenfeld, genannt Kamenew. Der Fotograf G. P. Goldstein hielt diese Rede im Bild fest. Kurz danach machte ein anderer unbekannter Fotograf eine nahezu identische Aufnahme. Beide Fotos wurden als Fotoabzüge oder Postkarten bis 1927 weit verbreitet. Danach ließ die Kommunistische Partei nur noch ein retuschiertes Foto verbreiten, auf dem Trotzki und Kemenew durch fünf Holzstufen ersetzt worden waren. Was war der Hintergrund? Trotzkis politische Zielsetzung einer „permanenten Revolution", die von Russland aus auf andere Länder übergreifen sollte, widersprach Stalins These, den Sozialismus zunächst im eigenen Land zu verwirklichen. Widerspruch duldete Stalin nicht. 1925 wurde Trotzki als Kriegskommissar abgesetzt, zwei Jahre später wurde er aus der Partei ausgeschlossen, 1929 musste er die UdSSR verlassen. 1940 wurde er in Mexiko auf Geheiß Stalins ermordet. Auch Kamenew wurde 1927 aus der Partei ausgeschlossen und 1936 im 1. Moskauer Schauprozess zum Tode verurteilt und hingerichtet.

Obwohl das retuschierte Foto eine Fälschung ist, gibt es einen wichtigen Einblick in die Geschichte – allerdings nur im Vergleich mit dem Original. Dieser Vergleich zeigt eindrucksvoll, wie die Parteiführung um Stalin mit politischen Gegnern umging. Sie wurden nicht nur verfolgt und ausgeschaltet, sondern sie sollten auch für immer aus dem öffentlichen Gedächtnis verschwinden.

Q1 Ein Ereignis – drei unterschiedliche Fotos
Links oben: Foto des Fotografen G. P. Goldstein;
rechts oben: Foto des unbekannten Fotografen;
unten links: das auf Stalins Anordnung retuschierte Foto.

GEWUSST WIE

Methodische Arbeitsschritte:

Vieles, was du bereits aus der Bildinterpretation kennst, ist auch auf die Interpretation von Fotos übertragbar:

1. Wer hat das Foto gemacht? Wer hat den Auftrag gegeben?
2. Ist es ein Pressefoto, eine Amateuraufnahme oder ein bestelltes Foto?
3. Wer und was ist abgebildet?
4. Wo und wann wurde es aufgenommen?
5. Was kam absichtlich und was unabsichtlich ins Bild?
6. Welche Perspektive, welchen Ausschnitt hat der Fotograf gewählt?
7. Welchen Zweck soll das Foto erfüllen?

Der allgemein verbreitete Glaube, Fotos zeigen, wie es wirklich war, verführte immer wieder dazu, Fotos zu manipulieren oder zu fälschen. Bereits die Wahl des Motivs, des Bildausschnitts und die Perspektive beeinflussen den Betrachter. Vor allem aber die Möglichkeiten der Bildbearbeitung entwerten ein Foto als objektive Quelle. Während früher ein Negativ mühevoll retuschiert werden musste, eröffnen die modernen Bildbearbeitungsprogramme der digitalen Welt jede nur denkbare Möglichkeit der Manipulation. Auch die offiziellen Bildunterschriften lenken dann die Wahrnehmung des Betrachters noch einmal in dem gewünschten Sinn. Um ein Foto zu interpretieren, braucht es stets zusätzliche Informationen, die nicht aus dem Foto selbst gewonnen werden können. Ein Glücksfall ist es, wenn zu einem Foto eine große Serie weiterer motivgleicher Fotos vorliegt, dann kann man leichter Typisches vom Zufälligen unterscheiden.

Das Foto als historische Quelle

Das methodische Vorgehen bei der Analyse und Interpretation eines Fotos gleicht in vielen Punkten dem Verfahren der Bildbeschreibung. Zunächst einmal geht es darum, sich zu vergewissern, was dargestellt ist. Dazu dient die Beschreibung der beiden vorliegenden Originalfotos. Im Bildzentrum Wladimir Iljitsch Lenin, der auf einer errichteten Holztribüne stehend in einer für ihn typischen Pose eine Rede hält. Es ist eine Menschenmenge zu erkennen, die ihm zuhört, einige sind durch den Fotografen allerdings abgelenkt und blicken direkt in die Kamera. Auf der Treppe, die zu dem Holzpodest hinaufführt, stehen Trotzki und Kamenew. Der Hauptunterschied zwischen beiden Fotos besteht darin, dass die beiden Mitrevolutionäre Lenins einmal in die Kamera blicken, im anderen Fall im Profil zu sehen sind. Die Identität der abgebildeten Personen herauszufinden ist nicht immer einfach. Manchmal kennt man die Dargestellten, manchmal hat man eine Vermutung, wer es sein könnte, dann muss man ein Porträt suchen, um seine Vermutung zu überprüfen.

Bildbeschreibung

Lenin sprach vor bunt zusammengewürfelten Einheiten der Roten Armee, bevor diese während des Bürgerkriegs ins Feld zogen. Die bolschewistischen Soldaten waren keineswegs kampfbegeistert und siegesgewiss, sodass Lenin versuchte, sie in seiner Rede zu motivieren. Diese Informationen sind nicht dem Foto zu entnehmen, dazu benötigt man zusätzliche Literatur.

Aussage der Originalaufnahmen

Fragen und Anregungen

❶ Stelle Vermutungen darüber an, weshalb die Originalaufnahmen (Q1 oben) als Postkarten verbreitet wurden.

❷ Versuche, ein beliebiges Foto durch Beschneiden oder Bearbeiten am Computer in seiner Aussage zu verändern.

279

Q5 Wie soll das Land modernisiert werden?

Lenin berichtete auf dem 8. Gesamtrussischen Sowjetkongress, der vom 22. bis 29. Dezember 1920 tagte, über die Tätigkeit des Rats der Volkskommissare. In seiner Rede legte er das Modernisierungsprogramm der Bolschewisten dar:

Kommunismus – das ist Sowjetmacht plus Elektrifizierung des ganzen Landes. Sonst wird das Land ein kleinbäuerliches Land bleiben, und das müssen wir klar erkennen. Wir sind schwächer als der Kapitalismus, nicht nur im Weltmaßstab, sondern auch im Innern unseres Landes. Das ist allbekannt. Wir haben das erkannt, und wir werden es dahin bringen, dass die wirtschaftliche Grundlage aus einer kleinbäuerlichen zu einer großindustriellen wird. Erst dann, wenn das Land elektrifiziert ist, wenn die Industrie, die Landwirtschaft und das Verkehrswesen eine moderne großindustrielle technische Grundlage erhalten, erst dann werden wir endgültig gesiegt haben.

Wir haben bereits einen vorläufigen Plan für die Elektrifizierung des Landes ausgearbeitet. (…) Gewiss, für die parteilose Bauernmasse ist das elektrische Licht ein „unnatürliches" Licht, für uns aber ist es unnatürlich, dass die Bauern und Arbeiter jahrhunderte-, jahrtausendelang in solcher Finsternis, in Elend, in Unterdrückung durch die Gutsbesitzer und Kapitalisten leben konnten. Dieser Finsternis kann man nicht so schnell entrinnen. Aber wir müssen es jetzt dahin bringen, dass jedes Kraftwerk, das wir bauen, wirklich zu einem Stützpunkt der Aufklärung wird, dass es sozusagen die elektrische Bildung der Massen fördert. (…) Man muss jedoch wissen und darf nicht vergessen, dass die Elektrifizierung nicht mit Analphabeten durchzuführen ist. Es genügt nicht, dass unsere Kommission bemüht sein wird, das Analphabetentum zu liquidieren. Sie hat viel geleistet im Vergleich zu dem, was vorher war, aber wenig im Vergleich zu dem, was Not tut. Wir brauchen Menschen, die nicht nur des Lesens und Schreibens kundig sind, sondern kulturell hochstehende, politisch bewusste, gebildete Werktätige; es ist notwendig, dass die Mehrheit der Bauern eine bestimmte Vorstellung von den Aufgaben hat, vor denen wir stehen. Dieses Programm der Partei muss das wichtigste Lehrbuch werden, das in allen Schulen eingeführt werden sollte. (…) Wir müssen es dahin bringen, dass jede Fabrik, jedes Kraftwerk zu einer Stätte der Aufklärung wird, und wenn Russland sich mit einem dichten Netz von elektrischen Kraftwerken und mächtigen technischen Anlagen bedeckt haben wird, dann wird unser kommunistischer Wirtschaftsaufbau zum Vorbild für das kommende sozialistische Europa und Asien werden.

Lenin, Werke, Bd. XXXI. Berlin 1959, S. 513ff.

Q6 „Dorflesestuben"
Plakat aus dem Jahr 1919 zur Alphabetisierung.

	Stadt		Land		ges.		
	m	w	m	w	m	w	ges.
1897	66,1	45,7	35,5	12,5	40,3	16,6	28,4
1920	80,7	66,7	52,4	25,2	57,6	32,3	44,1
1926	88,0	73,9	67,3	35,4	71,5	42,7	56,6
1939	97,1	90,7	91,6	76,8	93,5	81,6	87,4

D2 Lese- und Schreibfähigkeit der Bevölkerung Russlands bzw. der UdSSR (in Prozent)

Zugrunde gelegt wurden alle Einwohner im Alter von 9 bis 49 Jahren. Es ist unterschieden zwischen männlichen und weiblichen Bevölkerungsanteilen.

	1913	1920	1925/26	1940
Erdöl	9,2	3,8	8,5	31,1
Steinkohle	29,8	8,4	25,6	165,9
Eisenerz	9,2	0,2	3,3	29,9
Roheisen	4,2	0,1	2,2	14,9
Stahl	4,2	–	–	18,3

D3 Produktionsziffern der UdSSR (bzw. Russlands) 1913–1940 (in Mio. Tonnen)

Angaben zusammengestellt nach H. Raupach, Geschichte der Sowjetwirtschaft. Reinbeck 1964.

Q7   Die Wirtschafts- und Versorgungslage

Ein Sozialdemokrat (Menschewik) erinnert sich an die Stimmungslage im Frühjahr 1921:

Die Wirtschafts- und Versorgungslage Petrograds war zu dieser Zeit hoffnungslos. Im November/Dezember waren entsprechend dem „Wirtschaftsprogramm" viele Fabriken und Betriebe in Gang gesetzt worden. Es wurden Energie und Rohstoffe „freigegeben", aber es vergingen keine zwei Monate, bis sich – wie gewöhnlich – herausstellte, dass im „Programm" ein „kleiner Fehler" unterlaufen war, die „freigegebenen" Roh- und Brennstoffe für etwas anderes bestimmt waren und ihre Lieferung folglich gestoppt werden musste. Es gab sie nur auf dem Papier. Die Betriebe veranstalteten „Brennstoffwochen", doch sie allein konnten das Problem nicht lösen: Sie machten nur die Arbeiter wütend, die man (…) in den Wald hinausjagte, ohne warme Kleidung, ohne Brot, ohne Äxte und Sägen, ohne Hoffnung, das Wenige, was sie kleinmachten, auch herauszubringen. Die Versorgungslage verschlechterte sich ebenfalls von Tag zu Tag. Brot (je ein halbes bis ein ganzes Pfund) und selten genug etwas Streuzucker – das war alles, was auf Karten ausgegeben wurde. Auch dieses Brot gab es längst nicht jeden Tag. Die Arbeiter hungerten. Es hungerten auch die Rotarmisten. Ich musste bei meinem Gang zum Dienst an einer Kaserne vorbei. Und jedes Mal wurde ich auf den angrenzenden Straßen zehnfach von Rotarmisten angehalten, die buchstäblich um ein „Stückchen Brot" bettelten oder im Austausch gegen Brot ein Paar Zuckerstücke aus ihrer bescheidenen Lebensmittelration anboten.

In Fabriken und Betrieben erhob sich dumpfe Unruhe. Die Arbeiter versammelten sich zur Besprechung der Lage und alle ihre Forderungen drehten sich um die Frage einer Aufhebung der Sperrketten und die Zulassung des freien Handels mit Mundvorräten. Die Kommunisten, die in Fabriken und Betrieben auftraten, wollte man nicht hören. Auf den Straßen holte man sie aus Automobilen. Einigen drohte man Prügel an. Im letzten Drittel des Februar nahm die Bewegung die Form eines Generalstreiks an. Die bolschewistische Presse war sorgsam bemüht, die Bewegung anfangs totzuschweigen, danach ihr tatsächliches Ausmaß und ihren Charakter zu verbergen. Anstatt einen Streik zu nennen, kreierte man irgendwelche neuen Termini (Bezeichnungen): Windmacherei, Krakeelen und dergleichen. Die Zeitungen druckten Protestresolutionen gegen die Bewegungen ab, die von „Roten Kriegsschülern" ausgingen. (…)

Freilich, diese staatliche Lüge konnte die Bewegung nicht zum Stehen bringen und sie begann (…) auf die Straße zu gehen: Riesige Scharen von Arbeitern versammelten sich, vermischt mit Matrosen von den Kriegsschiffen, die an der Neva vor Anker gegangen waren (…), und mit Rotarmisten. Zufallsredner gaben Stellungnahmen ab, die Masse ging zu denen, die noch in den Fabriken arbeiteten, um sie abzuziehen. Zusammen mit der Forderung nach freiem Handel begannen sich Schritt für Schritt auch andere Losungen herauszuschälen: Beseitigung der kommunistischen Zellen in den Fabriken und Betrieben, die eine rein polizeiliche Rolle spielten und von den Arbeitern den Spitznamen kommunistischer Spürhund erhalten hatten; Freiheit des Wortes; freie Wahlen in die Sowjets usw. Die Bewegung hatte einen solchen Massencharakter, dass sie sich in der ganzen Stadt bemerkbar machte. Auf dem Nevskij begannen sich, wie in den vergangenen Tagen der Revolution, kleine Gruppen zu bilden, in denen mit bis dahin nicht gezeigtem Mut lautstark das bolschewistische Regime kritisiert wurde. Expansive Leute glaubten sogar, dass etwas von „Februar 1917" in der Luft läge.

Zit nach: H. Altrichter, H. Haumann (Hg.), Die Sowjetunion, Bd. 2. München 1987, S. 124 ff.

Q8   „Hilf den Hungernden!"

Aufruf während der Hungersnot im Winter 1921/22.

Q9 **Plünderung eines Klosters.** Foto, um 1922.

Q10 **Lenins Haltung zur orthodoxen Kirche**
Aus einem geheimen Rundbrief Lenins an die Mitglieder des Politbüros vom 19. März 1922:
Für die Mitglieder des Politbüros. Streng geheim.
Es wird gebeten, auf keinen Fall Kopien herzustellen. (…)
Für uns ist gerade der jetzige Zeitpunkt der einzige, wo wir mit 99 %iger Erfolgschance unserem Feind aufs Haupt schlagen und unsere Positionen auf viele Jahrzehnte hinaus sichern können. Gerade jetzt, da es in den Hungergebieten zur Menschenfresserei kommt und die Leichen zu hunderten, wenn nicht zu tausenden auf den Straßen herumliegen, können (und müssen) wir die Konfiszierung (Beschlagnahmung) der kirchlichen Wertgegenstände auf härteste und schonungsloseste Weise durchführen. Um jeden Preis müssen wir diesen Fonds von einigen hundert Millionen Goldrubeln in unsere Hand bekommen. (…) Aller Wahrscheinlichkeit nach wird es oder kann es sich aufgrund der internationalen Lage Russlands ergeben, dass harte Maßnahmen gegen die Geistlichkeit später politisch unzweckmäßig, vielleicht sogar äußerst gefährlich sein werden. Jetzt aber ist der Sieg über die reaktionäre Geistlichkeit völlig sicher. Daher komme ich zu dem zwingenden Schluss, dass wir gerade jetzt der reaktionär gesonnenen Geistlichkeit die erbittertste und schonungsloseste Schlacht liefern und ihren Widerstand mit einer Grausamkeit brechen müssen, die sie jahrzehntelang nicht vergessen wird. (…) Je größer die Zahl von Vertretern der reaktionären Bourgeoisie und Geistlichkeit ist, die es uns bei dieser Gelegenheit zu erschießen gelingt, desto besser. Gerade jetzt muss diesen Leuten eine solche Lektion erteilt werden, dass sie auf Jahrzehnte hinaus nicht wagen, an einen Widerstand auch nur zu denken.
Zit. nach: G. Stricker, Religion in Russland. Gütersloh 1993, S. 84 f.

Fragen und Anregungen

1 Inwieweit bleibt Lenin mit seinen politischen Handlungen nach 1917 den eigenen theoretischen Vorstellungen über den Ausbau der Macht treu (VT, vergl. auch Kap. 2)?

2 Decke die Grundgedanken von Lenins Wirtschaftspolitik auf und lege dar, welche Ergebnisse diese hervorbrachte (VT, Q2, 3, 5, 7, 8 und D3).

3 Erläutere den Zusammenhang von Wirtschaft, Politik und Alphabetisierung (Q5 und D2). Untersuche in diesem Zusammenhang auch die Aussagen des Plakates Q6.

4 Vergleiche die Grenzen der Russischen Föderation von heute mit dem Gebiet der UdSSR von 1922 und 1945 (VT, D1). Liste auf, welche ehemaligen Sowjetrepubliken unabhängig geworden sind.

5 Setze dich mit der Nationalitätenpolitik der Bolschewisten auseinander und beurteile deren Auswirkungen bis in die heutige Zeit. Informiere dich dazu über gegenwärtige nationale Konflikte auf dem Gebiet der ehemaligen UdSSR.

6 Erkläre und beurteile die Haltung Lenins gegenüber der Kirche (Q9 und 10).

4. Die Diktatur Stalins

1928	Die kommunistische Partei lenkt fortan die Industrie durch Fünfjahrespläne und forciert die Kollektivierung der Landwirtschaft.
1932/33	In der Ukraine, im Nord-Kaukasus und Kasachstan fordert eine Hungerkatastrophe hunderttausende von Toten.
1934–1938	Stalin schaltet weitere seiner Gegner in der „großen Säuberung" aus.
1941–1945	Die UdSSR besiegt im „Großen Vaterländischen Krieg" die Deutschen.
1953	Stalin stirbt. Allmählich beginnt die Phase der Entstalinisierung.

Seit 1927 ging Stalin daran, sein Konzept vom Sozialismus in einem Land durchzusetzen. Eine Grundvoraussetzung für dieses Experiment war, eine leistungsfähige Wirtschaft zu schaffen. Nach Stalins Überzeugung konnte dies nur gelingen, wenn alle privaten Unternehmen verstaatlicht sowie Staat und Partei sämtliche Produktionsprozesse zentral kontrollieren würden. So beschloss der XV. Parteikongress im Dezember 1927 die Kollektivierung der Landwirtschaft und die Ausarbeitung eines Fünfjahresplans für die Wirtschaft. Am 1. Oktober 1928 trat dieser Plan in Kraft.

Weichenstellung für die Wirtschaft

Kernpunkt der Wirtschaftspolitik Stalins war der Ausbau der Schwerindustrie, die absoluten Vorrang vor der Konsumgüterindustrie erhielt. Es entstanden riesige Großprojekte wie der Dnepr-Staudamm, das Stahlzentrum Magnitogorsk im Südural, die südsibirische Eisenbahn, der Weißmeer-Ostsee-Kanal oder das Traktorenwerk bei Stalingrad. Diesen Projekten kam nicht nur eine wirtschaftliche Schlüsselstellung zu, sondern sie galten auch als Symbol für den sozialistischen Aufbau, der frei von kapitalistischer Ausbeutung erfolgte und angeblich allen zugute kam. Tatsächlich lockten solche Großbaustellen Arbeitskräfte aus weiten Teilen des Landes, aber auch aus dem Ausland an. Dort fand das Modell einer antikapitalistischen Industrialisierung durchaus seine Anhänger, zumal große Teile der westlichen Welt von der Weltwirtschaftskrise erschüttert wurden. Mit den Arbeitskräften kam auch technisches Know-how in die Sowjetunion.

Die Industrialisierung wird vorangetrieben

Die Industrialisierung war aufs Engste mit der rücksichtslosen Ausbeutung von Menschen und der Natur verbunden. Um den Arbeitskräftemangel zu beheben, drängte die Kommunistische Partei unausgebildete Landarbeiter in die Städte. Diese Massen waren die Arbeitsdisziplin einer modernen Fabrik nicht gewohnt und wurden oft auch nicht hinreichend angelernt. Strenge Kontroll- und Strafmaßnahmen regelten den Arbeitsalltag. Die Arbeitszeit wurde von sieben auf acht Stunden heraufgesetzt, gearbeitet wurde an 6 Tagen in der Woche und an 306 Tagen im Jahr.
Ein anderer Weg, die Arbeitsproduktivität zu erhöhen, war das System des „sozialistischen Wettbewerbs". Es beruhte darauf, diejenigen durch öffentliche Anerkennung und bessere Bezahlung zu belohnen, die besonders leistungsfähig waren. 1935 schaffte es der Bergmann A. G. Stachanow, auf einer vorbereiteten Strecke in einer einzigen Schicht 102 Tonnen Kohle abzubauen und damit seine Arbeitsnorm um 1457 % zu übertreffen. Der „Held der Arbeit" wurde zum Symbol des Aufbruchs, der neuen Moral und der neuen Zeit. Die so genannte Stoßarbeiter-Bewegung war für die einfachen Leute allgegenwärtig.

Disziplin und „sozialistischer Wettbewerb"

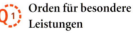
Q1 Orden für besondere Leistungen

283

„Tag der Ernte und der Kollektivierung" Q2
Plakat von 1930.

Eine neue Elite entsteht

Da für den wirtschaftlichen Aufbau Fachkräfte benötigt wurden, ergaben sich vor allem für die Jugend neue Bildungs- und Aufstiegschancen. Junge Männer und Frauen, deren Eltern oft noch nicht einmal lesen und schreiben konnten, besuchten nun Fach- und Hochschulen. So wuchs eine neue Sowjetintelligenz heran, die vor allem stark ingenieurtechnisch und naturwissenschaftlich geprägt war. Viele dankten Stalin durch Loyalität für diese Entwicklungsmöglichkeiten.

Das sozialistische Frauen- und Familienbild

Auch die Frauen sollten für den Bolschewismus gewonnen werden. In der UdSSR erhielten sie die formale rechtliche Gleichstellung, die Scheidung wurde erleichtert, die Abtreibung vorübergehend legalisiert. Weil nach Welt- und Bürgerkrieg, Zwangskollektivierung, Deportation und Hungersnot vor allem männliche Arbeitskräfte fehlten, wurden Frauen gedrängt, sich in den Arbeitsprozess einzugliedern. Das bedeutete zwar ökonomische Selbstständigkeit und berufliche Entwicklungschancen, aber auch Mehrfachbelastung. Denn die vorbildliche Sowjetbürgerin sollte sich nicht nur für die sozialistische Sache engagieren, sondern auch aufopfernde Mutter sein. In politischen Führungsorganen waren Frauen allerdings kaum vertreten.

Zwangskollektivierung und Liquidierung der Kulaken

Der Landwirtschaft fiel die Aufgabe zu, die steigende Zahl der in Städten lebenden Industriearbeiter mit billigen Lebensmitteln zu versorgen. Als es im Winter 1927/28 erneut zu einer Getreidekrise kam, empfahl Stalin die Neue Ökonomische Politik Lenins aufzugeben und die Bauern zur Abgabe aller Erzeugnisse zu zwingen. Gleichzeitig sollte auch die landwirtschaftliche Produktion zentral gelenkt und kontrolliert werden. Dazu sollten die Bauernhöfe zu großen Kolchosen (Genossenschaften) oder Sowchosen (Staatsgüter) zusammengeschlossen werden.
Der Appell an die Bauern, sich freiwillig zusammenzuschließen, stieß auf wenig Resonanz. Es waren überwiegend die armen Bauern, die in die Kolchosen gingen. Bauern, die es mindestens zu einem bescheidenen Besitz gebracht hatten, zogen es weiterhin vor, als Einzelbauern zu wirtschaften. Seit Ende 1929 wurde gegen diese als „Kulaken" bezeichneten Bauern ein erbarmungsloser Kampf geführt mit dem Ziel, sie als Klasse zu vernichten. Ein Dreierausschuss aus dem örtlichen Parteivorsitzenden, dem Sprecher des lokalen Sowjets und dem Leiter der lokalen politischen Polizei

legte willkürlich fest, wer in einem Dorf als Kulak einzustufen war. Viele von ihnen wurden mit ihren Familien in Viehwaggons verladen und in Sibirien, im Ural oder im hohen Norden mittellos wieder ausgekippt, wo viele den Tod fanden. Andere wurden von Haus und Hof vertrieben, des Eigentums beraubt und in näherem Umkreis ihres alten Dorfes umgesiedelt. Wer Widerstand leistete, wurde von den Kommunisten sofort ermordet. Alles in allem waren wohl 5–6 Millionen Menschen betroffen. Vorsichtige Schätzungen gehen bei der Aktion gegen die Kulaken von 500 000 bis 600 000 Toten aus.

Das rücksichtslose Vorgehen gegen die Bauern führte zu ernsthaften Versorgungsengpässen in den Städten. Bauern verbrannten lieber ihr Getreide und schlachteten das Vieh, als es dem kommunistischen Staat abzuliefern. Als dann im Winter 1932/33 brutale Beschaffungskampagnen den Bauern auch das letzte Korn für die neue Aussaat nahmen, kam es zu einer Hungerkatastrophe, der 6–7 Millionen Menschen zum Opfer fielen.

Mit der Diktatur Stalins verschärfte sich auch die Disziplinierung der Gesellschaft. Gegen Missliebige fanden 1928 erste Schauprozesse statt. Eine weitere große Terrorwelle begann 1934 nach der Ermordung des Leningrader Parteichefs Sergej M. Kirow. Es folgten weitere Schauprozesse gegen prominente Altbolschewisten und Militärs. Alle Angeklagten spielten in den Prozessen die ihnen auferlegte Rolle mit: Sie legten Geständnisse ab – auch für Taten, die sie niemals begangen hatten – und verzichteten darauf, sich zu verteidigen. Die schlimmste Verhaftungswelle ging nach einem entsprechenden Beschluss der Parteiführung vom November 1938 zu Ende.

Massenterror und Schauprozesse

Niemand konnte sich vor dem Terror sicher fühlen. Wer in die Hände des Volkskommissariats des Inneren (NKWD) fiel, musste mit einem Todesurteil, zumindest aber mit langen Haftstrafen in einem Arbeitslager rechnen. Die über das gesamte Land verteilten Straflager waren unter dem GULag (russ. Glawnoe Uprawlenije Lagerei/„Lagerhauptverwaltung") zusammengefasst. In ihnen herrschten Willkür und Gewalt und die Häftlinge mussten unter unmenschlichen Bedingungen Schwerstarbeit leisten, viele kamen dort um. Die stalinistische Diktatur hielt nicht nur aus Gründen der Herrschaftssicherung am Lagersystem fest, sondern auch aus ökonomischen Überlegungen. In der Anfangsphase des Industrialisierungsprozesses glich erzwungene Arbeit bei der Rohstoffgewinnung, bei verkehrstechnischen Projekten und auf Großbaustellen das fehlende Kapital aus. Der stalinistischen Gewaltherrschaft fielen schätzungsweise 20 Millionen Menschen zum Opfer.

Die Arbeitslager

Neben dem Terror trug ein fast grenzenloser Personenkult zum Machterhalt Stalins bei. Mit den Feiern zu seinem 50. Geburtstag erhielt Stalin offiziell den Titel „Führer" (russ. Vožd). Er galt als unfehlbar und nahezu allwissend. Dieses Bild verfestigte sich während des Zweiten Weltkrieges. Der deutsche Überfall im Juni 1941 mobilisierte enorme Widerstandskräfte im sowjetischen Volk. Der unter gewaltigen Opfern errungene Sieg in diesem „Großen Vaterländischen Krieg" wurde zu großen Teilen Stalins genialer Führung zugeschrieben und trug wesentlich zur Legitimierung des Sowjetsystems und zur Integration der Gesellschaft bei. 1945 stand Stalin ohne Zweifel auf dem Gipfel seiner Macht.

Personenkult

Als Stalin am 5. März 1953 starb, hofften viele Menschen auf ein Ende von Terror, Gewalt und Zwang. Aus dem folgenden Machtkampf ging Nikita Chruschtschow als Sieger hervor. Er rechnete 1956 mit den Auswüchsen des Personenkults und Terrors öffentlich ab, ohne allerdings die Grundlagen des von Lenin und Stalin geschaffenen politischen Systems in Frage zu stellen.

Entstalinisierung

285

KUNST IN DER DIKTATUR

Künstler zwischen Auftrag und Verfolgung

Josef Stalin war Förderer, Auftraggeber und Gegenstand zahlloser Kunstwerke. Derselbe Stalin scheute aber auch nicht davor zurück, Künstler, Schriftsteller und Intellektuelle mit Berufsverbot zu belegen, nach Sibirien in ein Arbeitslager zu verbannen oder sie sogar töten zu lassen. Niemand war sicher. Es traf nicht nur bürgerliche Künstler oder Avantgardisten, sondern gleichermaßen auch altbolschewistische und ehemals parteikonforme Künstler.

Auf diesen beiden Seiten kannst du einerseits die Indienstnahme eines Teils der Kunst für die Kommunistische Partei ermitteln, andererseits erfährst du, dass es auch avantgardistische Kunst gab, die Freiräume nutzte und eine neue Kunstrichtung entwickelte.

Sozialistischer Realismus

Eine gewaltige Propagandamaschinerie begleitete Stalins Konzept vom Aufbau des Sozialismus in einem Land. Die künstlerische Massenware hatte vor allem einprägsam, reproduzierbar und ideologisch korrekt zu sein. Avantgardistische Künstler, die die Oktoberrevolution zunächst euphorisch begleitet hatten, aber ihre künstlerische Eigenständigkeit nicht aufgeben wollten, wurden bald auf Linie getrimmt. Die sowjetischen Kunstschaffenden wurden seit 1934 in staatlichen Zwangsverbänden zusammengeschlossen. 1936 wurde das Komitee für Kunst eingerichtet, die Theorie der einheitlichen Schaffensmethode war erstellt, wurde verkündet und umgesetzt. Kunst sollte ausschließlich den Vorgaben des Staates folgen und für den Aufbau des Sozialismus werben. Sozialistischer Realismus hatte nicht zu zeigen, was ist, sondern wie es werden soll und diesen Traum als Wirklichkeit auszugeben. Der sowjetische Held war von Anfang an seiner selbst gewiss und musste sich nicht erst nach einem Weg voller Selbstzweifel mühsam finden wie die Helden in der Kunst der westlichen Welt. In dem Maße, in dem sich der Parteiapparat ausbildete und aktiviert wurde, entartete der Sozialistische Realismus von einer relativ freien Kunstrichtung zu einem Instrument der Propaganda und Agitation der herrschenden Partei.

Ausblenden des politischen Hintergrunds?

Dennoch wäre es zu einfach, diese Kunst entweder als Opfer oder Helfer des System zu betrachten. Selbstverständlich gab es viele Künstler, die sich bedingungslos in den Dienst der Partei stellten, andererseits hatten zahlreiche Künstler des Sozialistischen Realismus das innovative Schaffen der Avantgarde durchlaufen und führten diese Technik weiter. Bei der Betrachtung der Bilder des Sozialistischen Realismus stellt sich immer wieder die Frage, ob man ihren politischen Hintergrund ausblenden und sich nur auf die künstlerische Qualität konzentrieren darf. Neben den unzähligen feierlich kitschigen Gemälden lassen sich nämlich auch großartige Talente entdecken, die die künstlerischen Vorgaben der Bolschewisten zwar aufnahmen, aber in Schönheit umsetzten.

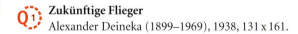

Q1 Zukünftige Flieger
Alexander Deineka (1899–1969), 1938, 131 x 161.

WERKSTATT

Q2 Staffellauf am Gartenring
Alexander Deineka (1899–1969), 1947, 199 x 299. Deineka erhielt zahlreiche Auszeichnungen, u. a. den Leninpreis, den Ehrentitel Verdienter Kunstschaffender der RSFSR, Volkskünstler der UdSSR und Held der Sozialistischen Arbeit.

Q3 Schnitterinnen
Kasimir Malewitsch (1879–1935), 1928, 29,71 x 103,2 cm. Eine der ersten Aktionen des 1936 gegründeten Komitees für Kunst war die Entfernung sämtlicher Arbeiten Malewitschs und seiner Schule aus der Tretjakow-Galerie.

Q4 Stalin und Woroschilow im Kreml
Alexander Gerassimow (1881–1963), 1938. Gerassimow engagierte sich auch politisch. Er war von 1947–1958 Abgeordneter des Obersten Sowjets der RSFSR. Für das Bild von Stalin und Verteidigungskommissar Woroschilow wurde der Künstler 1941 mit dem Stalinpreis ausgezeichnet.

Q5 Intouristen in Leningrad
Iwan Wladimirow (1869–1947), 1937. Während der Zarenherrschaft waren seine Bilder unter Zensur gestellt, der Künstler wurde verhaftet. Später malte er zahlreiche Bilder zum Thema revolutionärer Kampf und Agitationsplakate. Dafür erhielt er hohe staatliche Auszeichnungen.

Fragen und Anregungen

1. Informiere dich über die Lebensläufe der hier vorgestellten Künstler.
2. Wähle dir eines der Bilder Q1–5 aus und erstelle eine Bildinterpretation. Du kannst dich dabei auf Anregungen im Methodenglossar stützen.
3. Überlege, warum Diktaturen eine freie Kunst nicht ertragen können.
4. Ermittle, warum die Arbeiten Malewitschs 1936 aus der Tretjakow-Galerie entfernt wurden. Entwirf eine Verteidigung des Künstlers.

Q3 Arbeiter in Magnitogorsk. Fotografie, um 1930.

D1 Industriewachstum unter Stalin

	UdSSR	Deutschland	Frankreich	Großbritannien	USA	Japan
Kohlenförderung in Mio. t						
1929	41,8	177,0	53,8	262,0	552,3	34,3
1937	122,6	154,5	44,3	244,3	448,4	45,3
1938	232,9	186,2	46,5	230,7	355,3	33,0
Roheisenerzeugung in Mio. t						
1929	4,3	15,3	10,4	7,6	42,6	1,1
1937	14,5	16,0	7,9	8,6	37,7	2,6
1938	14,7	18,6	6,2	6,9	19,5	0,7
Index der gesamten Industrie-Produktion						
1929	100,0	100,0	100,0	100,0	100,0	100,0
1937	372,0	117,2	81,9	123,6	102,7	168,9
1938	413,0	126,1	76,1	115,5	80,0	74,5

nach: H. Raupach, Wirtschaft und Gesellschaft Sowjetrusslands 1917–1977. Wiesbaden, 1979, S. 77.

Q4 Schwerindustrie oder Massenbedarfsartikel?

Stalins Bericht über die Ergebnisse des ersten Fünfjahresplans, Januar 1933:

Die Wiederherstellung und Entwicklung der Schwerindustrie ist aber, besonders in einem so rückständigen und armen Lande, wie es unser Land zu Beginn des Fünfjahresplans war, die schwierigste Sache, denn
5 die Schwerindustrie erfordert bekanntlich gewaltige finanzielle Aufwendungen und das Vorhandensein eines gewissen Minimums an erfahrenen technischen Kräften, ohne die, allgemein gesprochen, die Wiederherstellung der Schwerindustrie unmöglich ist. Wusste
10 dies die Partei und hat sie sich darüber Rechenschaft gegeben? Ja, sie wusste es. (...) Sie rechnete darauf, dass wir, die wir die Sowjetmacht haben und uns auf die Nationalisierung des Grund und Bodens, der Industrie, des Verkehrswesens, der Banken und des
15 Handels stützen, das strengste Sparsamkeitsregime durchführen können, um genügend Mittel zu akkumulieren (anzuhäufen), die für die Wiederherstellung und Entwicklung der Schwerindustrie notwendig sind. Die Partei erklärte offen, dass dieses Werk große
20 Opfer erfordern wird und dass wir, ohne etwas zu verhehlen, bewusst zu diesen Opfern bereit sein müssen, wenn wir unser Ziel erreichen wollen. (...) Man sagte uns, all das sei recht schön, es seien viele neue Betriebe gebaut und die Grundlagen der Industrialisierung
25 geschaffen worden. Es wäre jedoch weitaus besser gewesen, auf die Politik der Industrialisierung, auf die Politik der Erweiterung der Erzeugung von Produktionsmitteln zu verzichten oder wenigstens diese Aufgabe in den Hintergrund zu rücken, um mehr
30 Kattun (Baumwollstoff), Schuhe, Kleider und andere Massenbedarfsartikel herzustellen. Es sind tatsächlich weniger Massenbedarfsartikel erzeugt worden als benötigt werden, und das schafft gewisse Schwierigkeiten. Aber man muss wissen und sich Rechenschaft
35 darüber ablegen, wohin uns eine Politik, die die Industrialisierungsaufgaben in den Hintergrund rückt, geführt hätte. (...) Wir hätten dann weder eine Traktorenindustrie noch eine Automobilindustrie, hätten keine einigermaßen bedeutende Eisenhüttenindus-
40 trie, wir hätten kein Metall für den Maschinenbau und stünden der mit moderner Technik ausgerüsteten kapitalistischen Umwelt wehrlos gegenüber.

J. W. Stalin, Werke, Band 13.

Q5 „Geliebter Stalin – Glück des Volkes" Plakat aus dem Jahr 1930.

Q6 Stalin zum Umgang mit Kulaken

Im April 1933 schrieb der Schriftsteller Michail Scholochow zwei Briefe an Stalin, in denen er Einzelheiten berichtete, wie die lokalen Behörden unter Anwendung von Foltermethoden den Kolchosebauern ihre Vorräte abpressen und sie so dem Hunger aussetzen. Stalin antwortete am 6. Mai 1933:

Lieber Genosse Scholochow, ich habe Ihre beiden Briefe erhalten. (…) Sie decken eine leichte Erkrankung unseres Apparates auf und zeigen, dass einige unserer Parteifunktionäre zwar der Sache dienen, d. h. unsere
5 Feinde entwaffnen wollen, dabei aber unsere Freunde angreifen und sogar regelrecht sadistisch werden können. Aber das bedeutet nicht, dass ich IN ALLEM mit Ihnen einverstanden bin. Sie sehen einen Aspekt der Dinge, und den sehen Sie durchaus richtig. Aber es ist
10 nur ein Aspekt der Dinge. Damit man sich in der Politik nicht irrt – denn bei Ihren Briefen handelt es sich nicht um Literatur, sondern um reine Politik –, muss man auch den anderen Aspekt der Realität sehen können. Und der andere Aspekt ist die Tatsache, dass die geschätzten
15 Bauern Ihres Distrikts – und nicht nur diese – gestreikt und sabotiert haben und auch bereit waren, die Arbeiter und die Rote Armee ohne Brot zu lassen! Die Tatsache, dass es eine stillschweigende und offensichtlich friedliche Sabotage (ohne Blutvergießen) war – ändert
20 nichts an der grundsätzlichen Angelegenheit, nämlich dass Ihre geschätzten Bauern einen Zermürbungskrieg gegen die Sowjetmacht geführt haben. Einen Kampf auf Leben und Tod, lieber Genosse Scholochow! (…)
(E)s liegt klar auf der Hand, dass unsere geschätzten Bauern keine Unschuldslämmer sind, wie man beim 25 Lesen Ihrer Briefe glauben könnte.
Also, halten Sie sich gut. Ich drücke Ihnen die Hand.
Ihr J. Stalin.

Zit. nach: Das Schwarzbuch des Kommunismus. München, Zürich 1998, S. 187.

Q7 Die Folter wird eingeführt

Ein Augenzeuge berichtet, wie im Gefängnis von unschuldigen Menschen „Geständnisse" erpresst wurden:
Er lag auf dem Boden. Seine Hosen waren aufgetrennt, die Beine verbunden. Er hatte viereinhalb Tage „Stoika" hinter sich. Stoika ist die erschwerte Form von „Fließband". Fließband bedeutet pausenloses Verhör mehrere Tage hindurch (…). Bei der Stoika wird der 5 Untersuchungshäftling gezwungen, die ganze Zeit zu stehen. Wenn er sich nicht mehr auf den Beinen halten kann, stützen ihn zwei Polizisten unter den Achseln. Fließband und Stoika wurden damals systematisch angewandt. Kurz ehe der [Mann] das Bewusstsein verlor, 10 fühlte er, dass im Bein etwas platzte – eine Vene. Die Beine waren wie Holzklötze angeschwollen, um sie zu verbinden, mussten die Hosen aufgeschnitten werden.

P. Jakir, Kindheit in Gefangenschaft. Frankfurt a. M. 1972, S. 6.

Q8 „Beim Studium an der Werkbank, im gesellschaftlichen Leben
– ein Netz aus Kindergärten und Gemeinschaftskantinen werfen wir weit aus – machen Millionen Frauen frei für den sozialistischen Aufbau." Plakat von Lodygin, 1933.

Q9 Das neue Frauen- und Familienideal
John Scott, ein junger Amerikaner, verlässt als 20-Jähriger 1932 die USA, um beim Aufbau des Kommunismus in der Stadt Magnitogorsk mitzuarbeiten. Er wird dort Werkführer und verbringt mit seiner russischen Frau Mascha die Aufbaujahre in Magnitogorsk 1935–1938:
Mascha und ich lebten ein arbeitsames, glückliches und einfaches Leben. Im Herbst 1935 trat jedoch ein Ereignis ein, das unser Dasein bedeutend komplizierter machte. Unsere erste Tochter wurde geboren. Keiner von uns wusste, wie man einen Säugling behandelt und, was noch mehr ins Gewicht fiel, wir waren beide ungeheuer an unserer Arbeit interessiert. Es gelang uns, ein ideales Mädchen zu finden, das sich unseres etwas verwahrlosten Haushaltes annahm, sodass alles schließlich wie am Schnürchen ging. (…)
Einige Monate nach Elkas Geburt legte Mascha das Abschlussexamen ab und erhielt einen Platz als Mathematiklehrerin. (…) Sie unterrichtete im Durchschnitt fünf Stunden am Tag und erhielt ein Monatsgehalt von 500 Rubel, ungefähr gerade so viel, wie ich verdiente. Sie fühlte sich sehr wohl in ihrer Arbeit und hatte gute Erfolge. (…) Mascha hatte nicht nur zu unterrichten. Sie war auch persönlich verantwortlich für eine Gruppe von etwa 25 Kindern. Wenn diese schlechte Zeugnisse erhielten, zu spät oder überhaupt nicht in die Schule kamen, wenn sie sich schlecht aufführten, so war es Maschas Pflicht, die Gründe zu untersuchen und die Verhältnisse zu ordnen. (…)
Mascha war typisch für eine ganze Generation junger Sowjetfrauen, die die umfassenden Ausbildungsmöglichkeiten, die ihnen geboten wurden, ausnutzten und gebildete Berufsfrauen wurden, während ihre Eltern nur gerade lesen und schreiben konnten.
Diese Gruppe (…) war unter dem Schlagwort „Gleiche Möglichkeiten für Männer und Frauen" geformt worden. Sie waren in den zwanziger Jahren mit Propaganda über die Beseitigung der bürgerlichen Familie als Institution überschüttet worden. Mit Kochen, Abwaschen und Nähen wollten sie sich so wenig wie möglich befassen. Solche Aufgaben waren für die Dienstboten da, die nicht genügend Intelligenz besaßen oder nicht genug Schulung hatten, um einen anderen Beruf auszuüben. (…)

J. Scott, Jenseits des Ural. Die Kraftquellen der Sowjetunion. Stockholm 1944, S. 155 ff.

Fragen und Anregungen

1 Beschreibe die wirtschaftlichen Veränderungen in der Sowjetunion unter Stalins Herrschaft und decke die Ursachen für den Wandel auf (VT, Q1–4, D1).

2 Charakterisiere und beurteile Stalins Methoden der Machtausübung. Informiere dich insbesondere über das System GULag (VT, Q6 und 7).

3 Überprüfe, inwieweit die stalinistische Frauen- und Familienpolitik einen Beitrag zur Emanzipation leistete (Q8 und 9).

4 Welche Eigenschaften Stalins und welche Ziele seiner Politik sollten mit dem Bild Q5 zum Ausdruck gebracht werden?

Ein Rollenspiel entwerfen

Das in diesem Kapitel Gelernte könnt ihr wiederholen, indem ihr selbst ein Rollenspiel entwickelt und es aufführt.

Die Spielsituation

Nach der Oktoberrevolution entwickelte sich Berlin zum bevorzugten Ziel für russische Emigranten. Bald lebten in der deutschen Hauptstadt 400 000 Russen. Darunter waren Ärzte, Lehrer, Juristen, Journalisten, Künstler, Schriftsteller – also all jene, die vom bolschewistischen Regime nichts Gutes erwarteten oder sogar um ihr Leben fürchteten. Neben vielen Unbekannten waren auch Berühmtheiten wie der Schriftsteller Maxim Gorki oder Vladimir Nabokov darunter.

Die meisten dieser Emigranten lebten in engen Wohnungen und billigen Pensionen, denn das mitgebrachte Geld war bald aufgebraucht und Arbeit war im Berlin der 1920er-Jahre kaum zu bekommen. Die russischen Emigranten mochten Berlin und die Berliner nicht sonderlich, was übrigens auch umgekehrt galt. Für einige war Berlin nur eine Durchgangsstation, andere lebten schon Monate oder gar Jahre in der Stadt. Die Russen blieben meist unter sich, trafen sich im Romantischen Café, der Prager Diele am Hohenzollernplatz oder im Café Leon am Nollendorfplatz. Zuweilen mischten sich bolschewistische Agenten und deutsche Kommunisten unter die Diskutierenden, die oftmals stundenlang die unübersichtliche politische Lage in Russland analysierten, darüber spekulierten, wann sie in ihre Heimat zurückkehren konnten und darüber in Streit gerieten, ob und wann die Weltrevolution ausbrechen würde. Aber auch über persönliche Erfahrungen, Alltagsnöte und schlechte Unterkünfte wurde in diesen Cafés und Kneipen diskutiert.

Die Spielgestaltung

Um das Spiel zu strukturieren müsst ihr euch in Gruppen darauf einigen, in welchem Jahr und an welchem Ort das Geschehen spielen soll. Ein Café oder eine Kneipe bieten sich an, aber auch andere Plätze sind vorstellbar.

Dann ist abzusprechen, wie viele Personen auftreten und wen sie darstellen sollen. Hierbei ist darauf zu achten, dass ein repräsentativer gesellschaftlicher Querschnitt und die historische Wahrscheinlichkeit berücksichtigt ist.

Für jede der beteiligten Personen ist sodann eine Rollenkarte zu erstellen. Auf dieser Karte werden die personenbezogenen Daten, die soziale Herkunft, prägende Charaktereigenschaften, wichtige Lebensstationen und weitere Ziele angegeben. Diese Rollenkarte legt den Handlungs- und Argumentationsrahmen für die jeweilige Person fest.

Überzeugender gelingt die Aufführung des Rollenspiels, wenn es gelingt, eine passende Kulisse und angemessene Kostüme zu beschaffen.

Tochter eines ausgebürgerten Schriftstellers

- Du bist 19 Jahre alt und vor wenigen Wochen mit deinem verwitweten Vater in Berlin angekommen. Ihr lebt zu zweit in einem möblierten Zimmer.
- 1903 wurdest du in St. Petersburg geboren. Dort bewohntet ihr eine geräumige, mit einigem Wohlstand eingerichtete Wohnung nahe dem Zentrum der Stadt.
- Du hast eine höhere Schule besucht, dort auch etwas Deutsch gelernt und nach der Schule hast du ein Medizinstudium begonnen. Politik hat dich nie interessiert. Nach der Revolution verboten dir die Bolschewisten dein Studium fortzusetzen.
- Dein Vater war von den Bolschewisten mit einem Publikationsverbot belegt worden, weil seine Romane und Gedichte als „bourgeoise Kunst" eingestuft wurden.
- Im Herbst 1922 wurden du und dein Vater von den Bolschewisten für kurze Zeit verhaftet. Ihr wurdet ausgebürgert mit einem Dampfer über die Ostsee nach Deutschland geschafft.
- Mitnehmen durftet ihr ein wenig Handgepäck. Es gelang euch etwas Geld und Schmuck an den Kontrollen vorbeizuschmuggeln.
- Solltet ihr zurückkehren droht euch laut neuem Gesetz die Todesstrafe.

Der **Absolutismus** hat sich in Europa als vorherrschende Regierungsform durchgesetzt. Einer der bedeutendsten Vertreter ist der französische **König Ludwig XIV.**, der **1661–1715 regiert.**

1649 wird der englische König Karl I. hingerichtet, England wird vorübergehend Republik, ab **1660** ist England eine konstitutionelle Monarchie. **1689** besteigt Wilhelm von Oranien den Thron und anerkennt die „Bill of Rights".

Am **4. Juli 1776** erklären die Vereinigten Staaten von Amerika ihre Unabhängigkeit. Die Verfassung wird **1789** unterzeichnet.

Am **14. Juli 1789** beginnt mit dem **Sturm auf die Bastille** die Französische Revolution. Im August verabschiedet die Nationalversammlung die **Menschen- und Bürgerrechte**. **1792** wird Frankreich Republik, Ludwig XVI. wird **1793** hingerichtet. 1793/1794 üben die Jakobiner ihre Schreckensherrschaft auf.

1804 krönt sich **Napoleon** zum **Kaiser von Frankreich**. In Eroberungskriegen lässt er große Teile Europas besetzen.

Auf Druck Napoleons löst sich **1806 das Heilige Römische Reich Deutscher Nation auf.**

1813 enden die Befreiungskriege gegen Napoleon mit dessen Sturz.

1815 wird Europa auf dem **Wiener Kongress** neu geordnet; u. a. entsteht der Deutsche Bund.

● 1650 ● ● ● ● ● ● 1800 ● ● ● ● ● ● ● ●

Die **europäische Aufklärung** bricht sich Bahn.
Friedrich II. von Preußen regiert 1740–1786 als „aufgeklärter Herrscher".

Der **Merkantilismus** setzt sich als Wirtschaftsform des Absolutismus durch.

1807–1814 werden in Preußen Reformen eingeführt, die das Land modernisieren.

Die **industrielle Revolution** beginnt ab 1780 in England und breitet sich dann auf dem europäischen Kontinent und in den USA aus:
1764 – Spinnmaschine „Spinning Jenny"
1782 – Dampfmaschine von James Watt, die andere Maschinen antreibt
um **1800** – mechanischer Webstuhl

1835 – Die erste deutsche Eisenbahnlinie zwischen Nürnberg und Fürth wird eröffnet.

ZEITTAFEL
GESCHICHTE
GESCHEHEN

Absolutismus – Antisemitismus – Arbeiterbewegung – Aufklärung – Dualismus

Imperialismus – Industrialisierung – Kapitalismus – Klassengesellschaft – Kolonialismus – Kommunismus

1848/49 erschüttern Revolutionen Europa.

1848 tritt in der Frankfurter Paulskirche das erste deutsche Parlament zusammen. Es beschließt 1849 die erste gesamtdeutsche Verfassung, die aber nie in Kraft tritt.

Am **18. Januar 1871** wird nach dem deutsch-französischen Krieg in Versailles das Deutsche Kaiserreich proklamiert.

Das imperialistische Machtstreben der Großmächte führt zur Aufteilung der Welt – große Kolonialreiche entstehen.

Das **Attentat von Sarajewo** am **28. Juni 1914** löst den Ersten Weltkrieg aus, der im August beginnt.

Im November **1918** endet der Erste Weltkrieg.

● ● **1850** ● ● ● ● ● **1900** ● ● ● **1920** ●

Bürger ringen um einen demokratischen deutschen Nationalstaat:
1817 – Wartburgfest
1832 – Hambacher Fest
Die Restauration unterdrückt die liberalen Bestrebungen:
1819 – Karlsbader Beschlüsse schränken Lehre und Pressefreiheit ein.

Frauen fordern gleiche Bildungs- und Berufschancen wie Männer sowie politische Mitbestimmung. Die **bürgerliche und die proletarische Frauenbewegung** entsteht.

Übersteigerter **Nationalismus, Militarismus und Antisemitismus** beeinflussen die Gesellschaft im Deutschen Kaiserreich.

In Europa und den USA setzt die **Hochindustrialisierung** ein. Die Elektrotechnik und Chemieindustrie tritt ihren Siegeszug an, Massenproduktion führt zu Massenkonsum und bringt die Massengesellschaft hervor (Fließbandarbeit, Warenhäuser, Lichtspieltheater usw.).

Verschiedene **Anstrengungen zur Lösung der sozialen Frage** werden unternommen:
– Gewerkschaften werden gegründet.
– Die Arbeiterbewegung organisiert sich (1875 Gründung der Sozialistischen Arbeiterpartei Deutschlands, 1890 der Sozialdemokratischen Partei Deutschlands).
– In den 1880er-Jahren werden in Deutschland Sozialversicherungen eingeführt.
– Unternehmer lassen Arbeitersiedlungen errichten.
– Kirchen unterbreiten Hilfsangebote (z. B. Kolpingwerk).

Legitimität – Liberalismus – Menschen- und Bürgerrechte – Moderne – Nation – Nationalismus

Nationalstaat – Privilegien – Proletariat – Rassismus Restauration – Revolution – soziale Frage – Verfassung

Die Französische Revolution

ZUSAMMENFASSUNG

Ursachen der Revolution

Obwohl die französische Wirtschaft im 18. Jahrhundert ständig wuchs, kam es immer wieder zu Versorgungskrisen. Ein geringes Angebot an Arbeitsplätzen und rapide steigende Preise verschärften die Gegensätze zwischen Reichen und Armen. Auch der Staat selbst befand sich in einer katastrophalen Situation: Verlustreiche Kriege und eine verschwenderische Hofhaltung hatten Frankreich an den Rand des Staatsbankrotts geführt. Alle Reformversuche König Ludwigs XVI. scheiterten aber unter anderem daran, dass der Erste und der Zweite Stand auf ihrer Steuerfreiheit beharrten. Kritik an diesen Zuständen wurde vor allem von gebildeten Bürgern formuliert, die von der Aufklärungsphilosophie beeinflusst waren.

Verlauf der Revolution

Am 5. Mai 1789 berief König Ludwig XVI. die Generalstände ein, um Steuerbewilligungen zu erreichen. Nach Auseinandersetzungen über das Abstimmungsverfahren erklärten sich die Abgeordneten des Dritten Standes am 17. Juni 1789 in einem revolutionären Akt zur Nationalversammlung und damit zur alleinigen Vertretung des Volkes. Ihr Ziel war eine grundlegende Reform des Ancien Régime auf der Basis einer Verfassung. Auch „auf der Straße" fanden revolutionäre Ereignisse statt: Der Sturm auf die Bastille, das verhasste Pariser Staatsgefängnis und Symbol absolutistischer Willkürherrschaft, am 14. Juli 1789 gilt als Beginn der „eigentlichen" Revolution. Die Nationalversammlung nahm in die „Erklärung der Menschen- und Bürgerrechte", die am 26. August 1789 feierlich verkündet wurde, wesentliche Ideale der Aufklärung auf. Die Menschen- und Bürgerrechte wurden der Verfassung von 1791 vorangestellt. Mit dieser ersten Verfassung war aus Frankreich eine konstitutionelle Monarchie geworden. Durch das Zensuswahlrecht wurden die ärmeren Schichten allerdings benachteiligt. Versorgungsengpässe, ein gescheiterter Fluchtversuch des Königs und der Aufmarsch ausländischer Truppen begünstigten eine Radikalisierung der Revolution, deren spektakulärer Auftakt die Hinrichtung des Königs im Januar 1793 bildete. Sie markiert den Beginn der Schreckensherrschaft der Jakobiner (1793–94), die sich als das politische Sprachrohr der Sansculotten verstanden.

Der diktatorisch regierende Wohlfahrtsausschuss unter seinem Vorsitzenden Robespierre überzog das Land mithilfe von Ausnahmegesetzen mit Terror. Angesichts des Krieges mit dem Ausland und dem Bürgerkrieg im Innern glaubten die Jakobiner, die Revolution nur so retten zu können. Der alles und jeden bedrohende Terror führte schließlich zu einem Stimmungsumschwung. Am 28. Juli 1794 wurde Robespierre selbst hingerichtet, die Schreckensherrschaft war beendet. Die neue bürgerliche Direktorialverfassung von 1795 kehrte wieder zu den Anfängen der Revolution zurück. Die Gewaltenteilung wurde wiederhergestellt, und ein Zensuswahlrecht bevorzugte erneut die besitzenden Schichten.

Das Ende der Revolution

1799 wurde das Direktorium von Napoleon Bonaparte, einem erfolgreichen General, gestürzt. Dieser übernahm als Erster Konsul die Macht und erklärte die Revolution für beendet. 1804 krönte sich Napoleon selbst zum Kaiser. Innenpolitisch bemühte sich Napoleon mit der Einführung des Code Civil und einer straff organisierten Verwaltung um Stabilität und Ordnung. Napoleons große Popularität beruhte außerdem auf seinen militärischen Erfolgen: Er zwang Europa unter französische Vorherrschaft. Die süddeutschen Staaten nötigte er, sich als Vasallenstaaten Frankreichs im so genannten Rheinbund zusammenzuschließen, und er besiegte Preußen und Österreich. 1806 musste der Habsburger Franz II. die Kaiserkrone niederlegen: Das Heilige Römische Reich deutscher Nation wurde aufgelöst. Erst der verlustreiche Russlandfeldzug leitete 1812 Napoleons Ende ein. 1815 schließlich konnten sich die europäischen Völker mit vereinten Kräften von Napoleon befreien.

Auch wenn am Ende der Französischen Revolution das Kaisertum Napoleons stand, waren ihre Auswirkungen auf die Entstehung der modernen Nationalstaaten erheblich. Die Französische Revolution und ihre Ideen waren Vorbild für die Freiheitsbewegungen in ganz Europa. Der Code Civil wurde als bürgerliches Gesetzbuch auch außerhalb der Grenzen Frankreichs wirksam. Viele Staaten führten moderne Verwaltungen ein. In Deutschland wurde außerdem die „napoleonische Flurbereinigung" nicht mehr rückgängig gemacht: Baden und Württemberg etwa behielten die durch Säkularisation und Mediatisierung hinzugewonnenen Gebiete.

Die Industrialisierung

Die Industrialisierung in England

Die Industrialisierung begann im 18. Jahrhundert in England. Die Produktion von Baumwollstoffen in Handarbeit konnte mit der weltweit steigenden Nachfrage nicht mehr Schritt halten. Mit Schlüsselerfindungen wie der „Spinning Jenny" und Webmaschinen begann die Mechanisierung und damit eine massenhafte, schnelle und billige Produktion von Garnen und Stoffen in Fabriken. Zunächst wurden die Maschinen mit Wasserkraft angetrieben, dann – nach der Weiterentwicklung der Dampfmaschine durch James Watt 1782 – mit Wasserdampf. Um 1780 setzte in England eine Beschleunigung der Industrialisierungsprozesse ein, die industrielle Revolution genannt wird. Die Verbreitung von Maschinen und Dampfmaschinen hatte eine große Nachfrage nach Kohle und Stahl zur Folge, die durch den Beginn des Eisenbahnbaus noch verstärkt wurde. Neue Techniken wie die Eisenverhüttung durch Steinkohle trieben die Industrialisierung immer weiter voran. Da die Textilindustrie den Anstoß für die Industrialisierung gegeben hatte, bezeichnet man sie als Schrittmacherindustrie.

In England waren die Voraussetzungen für den Industrialisierungsprozess besonders günstig. Hier gab es Bodenschätze und Rohstoffe, die Insellage ermöglichte einen unkomplizierten Warentransport über den Seeweg und es herrschte Handels- und Gewerbefreiheit. Eine größere Zahl von Privatpersonen war durch den Handel mit den Kolonien und die Modernisierung der Landwirtschaft zu Vermögen gekommen.

Die Industrialisierung in Deutschland

Deutschland war zu Beginn des 19. Jahrhunderts kein einheitliches Wirtschaftsgebiet. Viele Zollschranken trennten die einzelnen deutschen Länder. Die Aufhebung der Grundherrschaft und die Gewerbefreiheit setzten sich in den einzelnen Ländern erst allmählich durch. Der Transport der Waren über Land oder Flüsse war schwieriger als in England. Daher wurde die ab 1830 einsetzende Industrialisierung maßgeblich durch den Eisenbahnbau angestoßen. Waren konnten jetzt schneller und billiger transportiert werden. Außerdem stieg der Bedarf an Eisen und Kohle, sodass Eisenbahn, Kohle und Stahl die Schrittmacherindustrien der deutschen Industrialisierung wurden. 1835 fuhr die erste deutsche Eisenbahn von Nürnberg nach Fürth. Bereits 1834 war der Deutsche Zollverein gegründet worden. 1850 setzte die industrielle Revolution in Deutschland ein. Gegen Ende des 19. Jahrhunderts kam es zu einer so genannten zweiten industriellen Revolution, in der Chemie- und Elektroindustrie die Führungsrolle übernahmen.

Die soziale Frage

Durch die industrielle Produktion konnte zwar die Massenarmut der 1830er-Jahre überwunden werden, doch die meisten Arbeiter lebten weiter am Rande des Existenzminimums. Um die Versorgung zu sichern, mussten Frauen und Kinder einer Familie mitarbeiten. In Fabrikordnungen wurden die Pflichten der Arbeiter und Strafen bei Verstößen auf das Strengste geregelt. Die Arbeiterfamilien lebten zusammengedrängt in den kleinen Wohnungen der dunklen Mietskasernen. Kirchen, der Staat, Unternehmer und Einzelpersonen suchten nach Lösungen für die „soziale Frage". Der Bau von Wohnungen und Versorgungseinrichtungen oder Hilfsvereine für einzelne Gesellschaftsgruppen sollten die Not der Arbeiter lindern. Der Staat richtete Sozialversicherungen ein und beschränkte die Kinderarbeit. Karl Marx entwickelte die Theorie des Kommunismus, nach der die Arbeiter die Unternehmer enteignen und die Produktion selbst gemeinschaftlich übernehmen sollten. Die Arbeiter griffen auch zur Selbsthilfe und gründeten Unterstützungskassen, Gewerkschaften und Arbeiterparteien.

Die Folgen der Industrialisierung

Die Industrialisierung führte vor allem in Gebieten mit Rohstoffvorkommen und in der Nähe von großen Märkten und guten Transportwegen zu einem rapiden Städtewachstum. In kürzester Zeit änderte sich nicht nur das gesamte Stadtbild, sondern auch die Lebensbedingungen in der Stadt. Auch in die Natur griff die Industrialisierung in einem bis dahin unvorstellbaren Maß ein. Umweltverschmutzung und Klimaerwärmung sind Probleme, die bis heute nicht gelöst sind.

Die Revolution von 1848/1849

ZUSAMMENFASSUNG

Der Wiener Kongress

Nach Napoleons Sturz trafen sich im Frühjahr 1814 Fürsten und Diplomaten in Wien, um Europa neu zu ordnen und die Errungenschaften der Französischen Revolution wieder rückgängig zu machen. Neue Grenzziehungen sollten ein Gleichgewicht zwischen den europäischen Mächten schaffen, das einen dauerhaften Frieden garantierte. Hauptergebnis des Kongresses war die Gründung des Deutschen Bundes. Dies war ein loser Staatenbund von 27 Fürstentümern und vier freien Reichsstädten. Viele Deutsche waren von der Neuordnung Deutschlands und der Restauration der vorrevolutionären Verhältnisse enttäuscht. Die liberale Opposition hatte auf die Gründung eines Nationalstaates und die Einführung von Verfassungen gehofft. Im Oktober 1817 trafen sich unzufriedene Studenten und Professoren zu einer Kundgebung auf der Wartburg und forderten dort die nationale Einheit und die Freiheit der Bürger. Der österreichische Kanzler Metternich reagierte darauf mit den Karlsbader Beschlüssen, die massiv die Freiheitsrechte der Bürger einschränkten.

Vormärz

Als 1830 in Frankreich die so genannte Julirevolution ausbrach, erhielt auch die deutsche Nationalbewegung starken Auftrieb. Immer wieder kam es zu Unruhen. Verfassungen und Pressefreiheit wurden gefordert. Im Mai 1832 versammelten sich mehr als 20 000 Menschen zu einer Protestdemonstration auf dem Hambacher Schloss. Da im März 1848 die Revolution ausbrach, wird diese Zeit rückblickend als Vormärz bezeichnet.

Revolution in Deutschland

Die Ausrufung der zweiten Republik in Frankreich im Februar 1848 war das Signal für den Ausbruch der Revolution 1848/49 mit den so genannten Märzereignissen in Deutschland. Bürger versammelten sich und forderten Freiheit und Einheit. Häufig blieb es nicht nur bei diesen Märzforderungen, sondern es kam zu Barrikadenkämpfen. Die Fürsten sahen sich zu Zugeständnissen gezwungen: Die Landesherren beriefen liberale „Märzminister" in ihre Regierungen. Auch der preußische König versprach für einen deutschen Bundesstaat und eine Verfassung einzutreten.

Auf dem Land kam es 1848 zu teilweise gewalttätigen Aufständen. Die Bauern forderten die Abschaffung von alten Abhängigkeiten und die Bauernbefreiung. Mit der Aufhebung der Leibeigenschaft gehörten die Bauern zu den Gewinnern der Revolution.

Die Nationalversammlung in der Paulskirche

Im Mai 1848 trat die erste deutsche Nationalversammlung in der Frankfurter Paulskirche zusammen, um eine Verfassung für einen deutschen Nationalstaat auszuarbeiten. Nach langwierigen Verhandlungen verständigten sich die Abgeordneten im März 1849 auf die so genannte kleindeutsche Lösung, ein demokratisches Wahlrecht und einen Reichstag bestehend aus zwei Kammern. Der neue Nationalstaat sollte eine konstitutionelle Monarchie mit einem Erbkaisertum sein. Zum „Kaiser der Deutschen" wurde der preußische König Friedrich Wilhelm IV. gewählt, der jedoch die Krone ablehnte.

Das Scheitern der Revolution

Damit war die Gründung eines deutschen Nationalstaates „von unten" gescheitert. Die Nationalversammlung löste sich auf. Doch nicht überall wurde das Scheitern der Revolution widerstandslos akzeptiert. Ende April 1849 setzte eine breite Volksbewegung zugunsten der Reichsverfassung ein, die sich zur so genannten Reichsverfassungskampagne ausweitete.

In Sachsen, der bayrischen Pfalz und in Baden wurde versucht, gewaltsam demokratische Regierungen aufzubauen. Doch die preußische Führung war auf die Niederwerfung der revolutionären Erhebungen vorbereitet. Nach erbittertem Kapmf gegen die preußischen Truppen mussten sich die Aufständischen letztlich geschlagen geben. Mit der Kapitulation der Festung Rastatt am 23. Juli 1849 endete die Reichsverfassungskampagne und mit ihr die Revolution.

Das Deutsche Kaiserreich

Die Gründung des Deutschen Reiches

Nach der gescheiterten Revolution kämpften Österreich-Ungarn und Preußen um die Vormachtstellung in Deutschland. Der preußische Versuch, Deutschland als Fürstenunion zu einigen, scheiterte jedoch und der alte „Deutsche Bund" wurde 1850 wiedererrichtet.
Unter Bismarck, der seit 1862 preußischer Ministerpräsident war, begann Preußen das Ziel einer kleindeutschen Einigung erneut zu verfolgen. 1866 kam es im Streit um Schleswig und Holstein zum Krieg zwischen Österreich und Preußen, den Preußen gewann. Der deutsche Bund wurde aufgelöst und Preußen gründete den „Norddeutschen Bund".
Ein weiterer Krieg schuf die Voraussetzungen einer Reichsgründung „von oben". Die bereits bestehenden Spannungen zwischen Frankreich und Preußen verschärften sich 1870, als Frankreich von Preußen forderte, für alle Zeiten auf eine Thronkandidatur in Spanien zu verzichten. Preußens Antwort, Bismarcks provokante „Emser Depesche", kränkte die französische nationale Ehre, sodass Frankreich Preußen den Krieg erklärte. Mithilfe der süddeutschen Staaten konnte Frankreich in der Schlacht von Sedan geschlagen werden. Der gemeinsame Kampf löste nationale Hochgefühle aus. Nach Verhandlungen mit den süddeutschen Staaten entstand nun ein deutscher Nationalstaat: Mit der Ausrufung des preußischen Königs Wilhelm I. zum „Deutschen Kaiser" im Spiegelsaal von Versailles am 18. Januar 1871 wurde das Deutsche Reich gegründet.

Staat und Gesellschaft

Obwohl die Verfassung das allgemeine Männerwahlrecht vorsah, blieb das Kaiserreich ein Obrigkeitsstaat. Der Kaiser bestimmte in Absprache mit dem Kanzler die politischen Richtlinien und die wesentlichen Entscheidungen im Bundesrat. Das Parlament konnte jederzeit aufgelöst werden. In der Verfassung wurden weder die Mitbestimmung der Parteien noch Grundrechte festgeschrieben. Dementsprechend behielt der Adel seine traditionelle Führungsrolle in Deutschland. Allerdings führte die wachsende Bedeutung von Bildung und Wirtschaft in der Zeit der Industrialisierung zum Aufstieg des Bürgertums. Die Lebensformen des Bürgertums prägten das Kaiserreich so stark, dass wir diese Zeit heute auch das bürgerliche Zeitalter nennen. Die Arbeiter und Landbevölkerung, die große Mehrheit der Bevölkerung, waren zwar durch eine eigene Kultur geprägt, orientierten sich jedoch auch am bürgerlichen Lebensstil.

Nationalismus und Militarismus

Die Reichsgründung 1871 löste eine Welle nationaler Begeisterung aus. Die nationale Einheit wurde durch die Verehrung des Kaisers, Festtage, Vereine, nationale Symbole und die Schule gepflegt, gefördert und gefestigt. Die Übersteigerung dieses Nationalismus führte dazu, dass viele Deutsche sich anderen Völkern und Nationen überlegen fühlten. Da Deutschland seine Einheit durch Kriege gewonnen hatte, genoss das Militär hohes Ansehen. Die Bevölkerung übernahm zunehmend militärische Wertvorstellungen und Verhaltensweisen. Dazu gehörten Gehorsam und Obrigkeitshörigkeit, die Freude an Uniformen und Paraden, das Denken in Rangordnungen und der Wunsch nach einem wehrhaften Nationalstaat.

Reichsfeinde

Wer die Ideen von Nationalismus und Militarismus im Kaiserreich nicht übernahm, wurde schnell zum Reichsfeind erklärt. Da die Sozialdemokraten eine Umgestaltung von Staat und Gesellschaft zugunsten der Arbeiter forderten, sah Bismarck in ihnen die größte Gefahr für das Kaiserreich. 1878 erließ er das so genannte Sozialistengesetz, durch das sozialdemokratische Organisationen verboten, Schriften und Gelder beschlagnahmt und aktive Mitglieder der SPD verfolgt, verhaftet und ausgewiesen werden konnten. Auch gegen die Katholiken ging Bismarck vor, da er argwöhnte, sie seien eher der Kirche als dem Staat verbunden. Im so genannten Kulturkampf in den 1870er-Jahren wurden von Geistlichen staatliche Prüfungen verlangt und Predigten über politische Fragen verboten. Durch den Kulturkampf stellten sich die Gläubigen erst recht hinter ihre Kirche, sodass Bismarck in den 1880er-Jahren den Ausgleich mit der Kirche suchen musste. Die neuen Lehren des Rassismus und Sozialdarwinismus verschärften den alten religiösen Antisemitismus. Auch nationale Minderheiten wie die Polen wurden zu den Reichsfeinden gezählt.

Imperialismus und Erster Weltkrieg

ZUSAMMENFASSUNG

Imperialismus

In der Epoche des Imperialismus (1880–1914) teilten die europäischen Großmächte, Japan und die USA den Rest der Welt unter sich auf. Auf der Suche nach Rohstoffen, Absatzmärkten, günstigen Handelswegen und militärisch vorteilhaften Positionen eigneten sie sich in Afrika, Asien und Südamerika Kolonien an. Entweder unterwarfen sie die einheimischen Völker mit militärischer Gewalt (formeller Imperialismus) oder das Land wurde durch Handels- und Schutzverträge finanziell und wirtschaftlich von der Kolonialmacht abhängig (informeller Imperialismus). Die Kolonialmächte glaubten, die „weiße Rasse" sei den Einheimischen überlegen und daher berechtigt, über sie zu herrschen. In ihren Kolonien kontrollierten die Europäer Politik, Gesetzgebung und Verwaltung. Die Einheimischen wurden gezwungen, sich den Forderungen der Besatzer anzupassen. Sie mussten Verkehrswege bauen oder auf Plantagen und in Bergwerken harte Arbeit verrichten. Die Kolonialherren führten auch ihre westlichen Moralvorstellungen, Rechtsnormen und ihre Kultur ein. Dadurch gingen den Einheimischen zunehmend ihre eigene kulturelle Identität und ihre traditionelle Lebensweise verloren.

Die deutsche Außenpolitik

Nach dem Deutsch-Französischen Krieg von 1870/71 versicherte Bismarck, Deutschland sei „saturiert": Es wolle seinen Machtbereich nicht weiter ausdehnen. Zur Friedenssicherung errichtete er ein System von Bündnissen, dem Russland, Österreich-Ungarn, Italien und indirekt auch Großbritannien angehörten. Der deutsche „Erbfeind" Frankreich wurde isoliert. Um keine neuen Konflikte zu provozieren, zögerte Bismarck den Erwerb von Kolonien trotz öffentlichen Drucks bis 1884 hinaus. Unter Kaiser Wilhelm II. änderte sich die Richtung der deutschen Außenpolitik. Um die eigene nationale Bedeutung und Stärke zu zeigen, sollte Deutschland zur bedeutenden Welt- und Kolonialmacht aufsteigen. Wegen des weit verbreiteten Nationalismus stieß die kaiserliche Politik auf breite Zustimmung in der Bevölkerung. Mit der Flottenpolitik Wilhelms II. setzte der deutsch-englische Rüstungswettlauf und die europäische Aufrüstung ein. Das aggressive Verhalten des Deutschen Reiches führte zur Auflösung des Bismarckschen Bündnissystems und zum Zusammenschluss von England, Frankreich und Russland gegen Deutschland und Österreich-Ungarn.

Der Erste Weltkrieg

Seit Beginn des 19. Jahrhunderts war der Balkan ein „Pulverfass". Die nationalen Interessen der Balkanvölker führten 1912 und 1913 zu blutigen Kriegen. Da Österreich keine Gebiete für einen Großserbischen Staat abtreten wollte, geriet es in Konflikt mit Russland, das sich als Beschützer der Serben sah. Als der österreichisch-ungarische Thronfolger Franz Ferdinand am 28. Juni 1914 in Sarajewo von einem serbischen Nationalisten erschossen wurde, versicherte Deutschland Österreich seine uneingeschränkte Bündnistreue. Daraufhin erklärte Österreich am 28. Juli 1914 Serbien den Krieg. Russland und Deutschland machten mobil. Am 1. und 3. August erklärte Deutschland Russland und Frankreich den Krieg. Als Deutschland am 4. August in das neutrale Belgien einmarschierte, trat auch England in den Krieg ein.

Die Mehrheit der deutschen Bevölkerung bejubelte den Kriegsausbruch. Das übersteigerte Gefühl nationaler Stärke führte zu einer großen Siegesgewissheit. Durch den Krieg sollte die Großmachtstellung Deutschlands gefestigt werden. Doch schon nach wenigen Wochen kam der deutsche Vormarsch zum Erliegen. Industrialisierung und Technik hatten die Kriegführung grundlegend verändert. Der Erste Weltkrieg (1914–1918) war gekennzeichnet durch grausame Materialschlachten. Giftgas, Panzer, Flugzeuge und schließlich U-Boote machten den Krieg zu einem totalen Vernichtungskrieg, in den auch die Heimat einbezogen wurde. Alle verfügbaren Rohstoffe kamen der Rüstungsindustrie zugute, in der Frauen und Kinder die fehlenden Männer ersetzten. Die Bevölkerung konnte nicht mehr ausreichend ernährt werden.

Als Deutschland den Krieg militärisch nicht mehr gewinnen konnte, führte die Reichsleitung die parlamentarische Monarchie ein, um einer Revolution durch die aufgeriebenen Soldaten und die unzufriedene Bevölkerung zuvorzukommen. Am 9. November 1918 musste Deutschland kapitulieren. Eine Revolution hatte die Reichsleitung jedoch nicht mehr verhindern können. Am Tag der Kapitulation musste Wilhelm II. unter dem Druck meuternder Matrosen und demonstrierender Arbeiter abdanken.

Die Russische Revolution

Russland vor der Revolution

Russland war bis ins 20. Jahrhundert ein Agrarstaat. Die Bauern waren in der Regel Leibeigene, die in der traditionellen russischen Dorfgemeinde, dem Mir, zusammenlebten. Die rückständige Landwirtschaft war nicht in der Lage, Überschüsse zu produzieren. Ein selbstbewusstes städtisches Bürgertum wie in anderen europäischen Staaten hatte sich in Russland nicht entwickelt. Daher fehlten in Russland die Voraussetzungen für eine breite industrielle oder demokratische Entwicklung.

Trotzdem gehörte Russland seit den napoleonischen Kriegen zu den europäischen Großmächten. Zar Alexander II. erkannte, dass sein Land nur durch eine Modernisierung als Großmacht Bestand haben würde. Er leitete ab 1861 die Bauernbefreiung und Reformen in der Justiz und Verwaltung ein. Die allgemeine Wehrpflicht sollte das Militär stärken. Der Staat begann die Industrialisierung zu fördern. Die bittere Armut des größten Teils der Bevölkerung wurde dadurch jedoch nicht gelindert.

Das Russland der Revolutionen

Im Russisch-Japanischen Krieg von 1904/05 war Russland trotz der Reformmaßnahmen hoffnungslos unterlegen. Nachdem das Militär im Januar 1905 bei einer Demonstration der unzufriedenen Bevölkerung in St. Petersburg hunderte von Demonstranten getötet hatte („Petersburger Blutsonntag"), brachen in den Großstädten revolutionäre Unruhen aus. Arbeiterräte (Sowjets) entwickelten sich zu politischen Führungsorganen. Der Zar wollte die Situation mit weiteren Reformmaßnahmen beruhigen. Er gewährte Grundrechte und richtete eine Volksvertretung, die Duma, ein. Allerdings behielt er durch ein Veto-Recht und die Möglichkeit, mit Notverordnungen zu regieren, immer die letzte Entscheidungsgewalt.

Im Ersten Weltkrieg stiegen Hunger und Elend der Bevölkerung sowie die Unzufriedenheit mit dem Zaren erneut. Nach Meutereien, Massenstreiks und Demonstrationen dankte der Zar am 2. März 1917 ab (Februarrevolution). Eine von der Duma gebildete Provisorische Regierung übernahm die Staatsgeschäfte. Gleichzeitig gewann der Petrograder Sowjet an Einfluss, der im Gegensatz zur Provisorischen Regierung die Beendigung des Krieges forderte. Als Lenin, der Führer der revolutionär-sozialistischen Bolschewiki, im April aus dem Exil nach Russland zurückkehrte, verschärfte er die Forderungen nach einem baldigen Kriegsende. Außerdem forderte er den Aufbau einer sozialistischen Gesellschaft. Schließlich wagte Lenin den Staatsstreich. In der Nacht vom 24. auf den 25. Oktober 1917 gingen die Bolschewisten unter der Führung Leo Trotzkis in Petrograd gewaltsam gegen die Regierung vor (Oktoberrevolution). Nachdem die anderen Oppositionsgruppen den Allrussischen Sowjetkongress verlassen hatten, bestätigte dieser den „Rat der Volkskommissare" unter dem Vorsitz von Lenin als neue Regierung. Lenin begann sofort mit der sozialistischen Umgestaltung Russlands. Außerdem beendete er mit dem Frieden von Brest-Litowsk am 3. März 1918 für Russland den Ersten Weltkrieg. Als die Bolschewiki bei den Wahlen zur Verfassungsgebenden Versammlung keine Mehrheit gewannen, wurde die Versammlung gewaltsam aufgelöst.

Bürgerkrieg und Gründung der Sowjetunion

Lenin und Trotzki sicherten ihre Macht mit Terror. Sie gründeten mit der Tscheka eine politische Polizei, die jede Opposition gewaltsam unterdrücken sollte. Im Juli 1918 ermordete die Tscheka die Zarenfamilie. Den Bürgerkrieg von 1918–1921 zwischen der „Roten Armee" Trotzkis und der gegenrevolutionären „Weißen Armee" konnten die Bolschewiki gewinnen. Während des Bürgerkrieges festigte Lenin die Partei der Bolschewiki, die sich fortan „Russische Kommunistische Partei" nannte. Im März 1921 verbot Lenin jede von der Führung abweichende Meinung in der Partei. Nachdem der Bürgerkrieg Landwirtschaft und Industrieproduktion weitgehend zerstört hatte und die Bevölkerung einer furchtbaren Hungersnot ausgesetzt war, schaffte Lenin 1921 mit der Neuen Ökonomischen Politik wieder Anreize zur Überschussproduktion und zum Verkauf von Waren. Allerdings wurde das sozialistische Wirtschaftssystem nur vorübergehend gelockert.

Im Zarenreich lebte seit jeher eine Vielzahl unterschiedlichster Völker. Jeder Nation wurde nach dem Bürgerkrieg die Gründung einer eigenen Sowjetrepublik zugestanden. Ende 1922 wurde mit dem Zusammenschluss mehrerer Sowjetrepubliken die Union der Sozialistischen Sowjetrepubliken (UdSSR) gegründet. Obwohl die Teilrepubliken formal unabhängig waren, wurden sie von der kommunistischen Zentrale in Moskau beherrscht.

DIE FRANZÖSISCHE REVOLUTION

Revolutionäre Propaganda

Auch in früheren Zeiten war man sich der psychologischen Wirkung von Bildern bewusst. Bildliche Darstellungen aus der Revolutionszeit enthalten oft wohlüberlegte Aussagen über die angestrebte politische und gesellschaftliche Ordnung. Sie sollten für den neuen revolutionären Staat werben.

Das Gemälde „Freiheit oder Tod" von Jean-Baptiste Regnault war ein Beitrag zur jakobinischen Revolutionspropaganda und bietet zahlreiche Möglichkeiten, um sich wichtige Ereignisse, Forderungen und Streitpunkte der Französischen Revolution ins Gedächtnis zu rufen.

Q1 Jean-Baptiste Regnault, Freiheit oder Tod (La Liberté ou la mort), Öl auf Leinwand, 1794/95. Dieses jakobinische Gemälde stellt die revolutionäre Parole von 1793 dar: Freiheit, Gleichheit, Brüderlichkeit – oder der Tod. Der Genius Frankreichs schwebt über der Erdkugel zwischen den Gestalten der Freiheit und des Todes.

WENDE DEIN WISSEN AN

So kommst du zum Ziel

Du hast inzwischen gelernt, wie man bei der Interpretation historischer Bilder vorgeht. Du weißt, dass einer Deutung stets die genaue Beschreibung der einzelnen Bildelemente, des Bildaufbaus, der Lichteffekte usw. vorausgeht. Die Bildbeschreibung ist in diesem Fall zu einem Großteil erledigt: Auf der Skizze findest du Erklärungen zu den einzelnen Bildelementen und ihrer Bedeutung.

❶ Betrachte zunächst das Gemälde von Regnault (Q1). Wie wirkt es auf dich? Notiere deine ersten Eindrücke.

❷ Falls du die Bedeutung einzelner Symbole kennst, hältst du diese ebenfalls fest.

❸ Lies nun die Erläuterungen zur Skizze (D1); im Folgenden findest du die dazugehörigen Aufgaben:
– *Personifikation Republik:* Die Französische Revolution verwandelte das bisher absolutistisch regierte Frankreich nicht sofort in eine Republik. Skizziere die wichtigsten Stationen auf dem Weg von der absolutistischen Monarchie zur Republik.
– Die Personifikation der Republik schmückt sich mit den Attributen *„Freiheit"* (Jakobinermütze) und *„Gleichheit"* (Winkelmaß). Belege anhand revolutionärer Ereignisse und Errungenschaften, dass diese beiden Begriffe eine wichtige Rolle in der Revolution spielten. Zeige, dass Freiheit und Gleichheit immer wieder bedroht waren.
– *Aufklärung:* Die Personifikation der Republik trägt das Licht der Aufklärung in Form eines Sternes auf dem Kopf. Weise den Zusammenhang zwischen den Idealen der Aufklärungsphilosophie und der Revolution nach.
– *Personifikation des Todes:* Zeige anhand bestimmter Ereignisse der Revolution, dass der Tod eine große Rolle in der Revolution gespielt hat.
– *Genius Frankreichs:* Mit „Genius" ist die menschliche Schöpferkraft gemeint. Der Genius setzt sich über Regeln und Konventionen hinweg, sein Weg gehört ihm allein. Die allegorische Darstellung des Genius Frankreichs war daher in der Phase der Schreckensherrschaft besonders häufig. Erkläre diesen Zusammenhang.

Gib abschließend eine Gesamtdeutung des Gemäldes. Vergleiche diese mit deinen ersten Eindrücken, die du aufgeschrieben hast.

Nachzeichnung des Gemäldes von Jean-Baptiste Regnault, Freiheit oder Tod D1

1 *Jakobinermütze* als Symbol der Freiheit 2 *Stern* als Zeichen und Bringer des Lichts und damit der Aufklärung 3 *Personifikation der Republik* 4 *Winkelmaß* als Zeichen für Gleichheit während der Revolution und für gerechte Ordnung 5 Der *Genius Frankreichs.* Seine Nacktheit erinnert an eine antike Skulptur, die ausgebreiteten Arme an einen Märtyrer. 6 *Trikolore* 7 *Personifikation des Todes,* gestützt auf eine Sense 8 *Eichenkranz* als Zeichen der Verdienste ums Vaterland 9 Mit Trikoloren gebundene *Fasces* (= Rutenbündel), waren im antiken Rom Zeichen der Amtsgewalt hoher Beamter, während der Französischen Revolution Symbol für das Recht der Revolutionäre, Verhaftungen und Hinrichtungen anzuordnen. Die Bündelung der Ruten könnte für die Einheit und Unteilbarkeit (unité et indivisibilité) der Republik stehen.

301

DIE INDUSTRIALISIERUNG

Der Umbruch von Wirtschaft und Gesellschaft

Wer von uns kann sich heute schon noch ein Leben ohne Industrie vorstellen? Die allermeisten Gegenstände, die wir ständig benutzen, sind industriell gefertigt. Dinge des täglichen Bedarfs sind in jedem Laden vorrätig. Noch vor gut 200 Jahren mussten Stoffe, Kleider, Schuhe, Seife, Papier oder Wagenräder mühevoll in Handarbeit gefertigt werden. Mit der Industrialisierung änderte sich aber nicht nur die Wirtschaftsweise. Rufe dir ins Gedächnis zurück, wie das ganze menschliche Leben in dieser Zeit einem radikalen Wandel unterworfen wurde.

D1 Der Aufstieg des Sir Robert Peel

Der englische Historiker Eric J. Hobsbawm beschreibt das Leben des englischen Baumwollfabrikanten Sir Robert Peel (1750–1830):

Der größte der ersten Baumwollfabrikanten war Sir Robert Peel (1750–1830), ein Mann, der bei seinem Tod fast anderthalb Millionen Pfund – für die damalige Zeit eine ungeheure Summe – hinterließ sowie einen Sohn,
5 der sich gerade anschickte, Premierminister von Großbritannien zu werden. Die Peels waren eine mittelständische Freibauernfamilie, die, wie andere, in den Hügeln von Lancashire die Landwirtschaft mit häuslicher Textilherstellung verbanden, jedenfalls seit der Mitte des
10 17. Jahrhunderts. Sir Roberts Vater (1723–1795) ging noch mit seinen Waren über Land hausieren und zog erst 1750 in die Stadt Blackburn. Selbst zu dieser Zeit hatte er die Landwirtschaft noch nicht ganz aufgegeben. Er besaß ein wenig – nichttechnische – Bildung, ein
15 wenig Begabung für einfache Erfindungen sowie Land im Wert von vielleicht 2000 bis 4000 Pfund, auf das er zu Beginn der 1750er-Jahre eine Hypothek aufnahm.
Damit gründete er eine Baumwolldruckereifirma, zusammen mit seinem Schwager Haworth und einem
20 gewissen Yates, der die gesamten Ersparnisse seiner Familie aus der Gastwirtschaft „Zum Schwarzen Stier"

ins Geschäft einbrachte. Die Familie Peel besaß einige Erfahrung in Geschäften: Mehrere ihrer Mitglieder arbeiteten in der Textilbranche, und die Aussichten für Baumwolldruckerei, bis dahin hauptsächlich eine Londoner Besonderheit, schienen ausgezeichnet. Sie waren 25 es auch. Drei Jahre später – Mitte der sechziger Jahre – war der Bedarf der Firma an unbedruckter Baumwolle so gestiegen, dass sie auch mit der Herstellung von Stoffen begann, ein Umstand, der, wie ein Lokalhistoriker 30 später feststellte, den Beweis erbringt für die Leichtigkeit, mit der damals Geld zu machen war.
Das Geschäft gedieh und wurde geteilt: Peel blieb in Blackburn, während seine beiden Teilhaber nach Bury gingen, wo sich ihnen 1772 der künftige Sir Robert 35 als Teilhaber anschloss, zu Beginn mit beträchtlicher, später mit nur noch geringfügiger finanzieller Unterstützung seines Vaters. Die wurde auch kaum gebraucht. (…) Da der Druckereibetrieb der Firma allein regelmäßige Gewinne von 70000 Pfund pro Jahr über 40 längere Zeit erbrachte, gab es keinen Kapitalmangel.
Um die Mitte der 1780er-Jahre hatte er ein äußerst ansehnliches Geschäft, das sich die Anschaffung aller neuen, nützlichen und arbeitssparenden Geräte wie z.B. Dampfmaschinen leisten konnte. 1790 – im Alter von 45 40 Jahren und erst 18 Jahre, nachdem er selbst ins Ge-

D2 Der Anteil der wichtigsten Länder an der Weltindustrieproduktion 1830–1913 (in Prozent)

	1830	1860	1880	1900	1913
Deutschland	3,5	4,9	8,5	13,2	14,8
Vereinigtes Königreich	9,5	19,9	22,9	18,5	13,6
Russland	5,6	7,0	7,6	8,8	8,2
Frankreich	5,2	7,9	7,8	6,8	6,1
Österreich-Ungarn	3,2	4,2	4,4	4,7	4,4
USA	2,4	7,2	14,7	23,6	32,0

Zit. nach: Wolfram Fischer (Hg.), Europäische Wirtschafts- und Sozialgeschichte von der Mitte des 19. Jahrhunderts bis zum Ersten Weltkrieg, Stuttgart 1985, S. 150.

WENDE DEIN WISSEN AN

schäft eingetreten war – war Robert Peel zum Baronet ernannt, Parlamentsmitglied und anerkannter Vertreter der neuen Klasse der Industriellen. Von anderen nüchter-
50 nen Unternehmern seiner Art in Lancashire, einige seiner Geschäftspartner eingeschlossen, unterschied er sich da-durch, dass er sich nicht mit Reichtum und Bequemlich-keit begnügte und sich zur Ruhe setzte – was er spätes-tens 1785 hätte tun können –, sondern dass er mit seinen
55 Möglichkeiten und Talenten wucherte.

Zit. nach: Zeiten und Menschen, Neue Ausgabe G, Band 2. Pader-born 1986. S. 276f.

Q1 Das Leben der Arbeiter

Julius Vahlteich beschreibt in seinen Erinnerungen den Alltag von Arbeitern und Handwerkern um die Mitte des 19. Jahrhunderts:

Es war nur ein sehr kleiner Teil der Arbeiter, welcher die allernotwendigsten Lebensbedürfnisse einigermaßen befriedigen konnte, die ungeheure Mehrzahl war tat-sächlich auf das Niveau der Arbeitstiere herabgedrückt.
5 In den Fabriken wurde in der Regel von früh sechs bis abends acht Uhr gearbeitet. Es gab eine Mittagspause von einer halben Stunde und halbstündige Pausen für Frühstück und Vesper. Der Lohn reichte für den geschick-testen, bestbezahlten Arbeiter nicht aus, um, sofern er

unverheiratet war, ein eigenes Zimmer zu mieten. Die 10 Gesellen schliefen in Bodenkammern unmittelbar unter dem Dach. Mochten sie bei ihrem Meister „wohnen" oder in irgendeiner armen Familie für wenige Pfenni-ge eine „Schlafstelle" innehaben, sie waren überall im Weg. (…) Die Lage der Verheirateten war natürlich noch 15 schlechter als die der Ledigen. Frau und Kinder mussten arbeiten, um nur die kümmerliche Existenz zu sichern. Männliche Fabrikarbeiter waren wenig geachtet, weib-liche unterlagen einer vorurteilsvollen Verachtung, womit nicht gesagt sein soll, dass sich die Handwerksge- 20 sellen einer besonderen Wertschätzung erfreut hätten. Gesetzgebung, Gerichte und Polizei behandelten die Gesellen als ein notwendiges Übel, einen Gemeinscha-den, ein Versuchsobjekt, kurzum als ein Geschöpf ohne Rechte, das man nach Belieben reglementieren konnte. 25 (…) Die Pflege des Körpers wurde genauso vernachläs-sigt wie die des Geistes. Die Nahrung war schlecht. Der Genuss von vielem trockenen Brot verursachte außer anderen Umständen besonders Sodbrennen, das man durch Kreideessen bekämpfte. Zur Reinlichkeit fehlte 30 jede Gelegenheit; es waren keine 25 Pfennig wöchent-lich übrig, um regelmäßig ein Bad zu nehmen. Es war vielfach Gebrauch, zu zweien in einem Bett zu schlafen.

Zit. nach: Geschichte betrifft uns. Nr. 6, 2001: Deutscher Alltag zwi-schen napoleonischer Besatzung und Reichsgründungszeit. S. 20.

So kommst du zum Ziel

1 Lies dir D1 aufmerksam durch. Überlege, in wel-chen Etappen sich der wirtschaftliche Aufstieg der Familie Peel vollzog. Teile den Text gemäß dieser Etappen in einzelne Abschnitte ein. Über den Aufstieg der Unternehmerfamilie Peel wird gesagt, an ihr zeigten sich typische Merkmale der englischen Industrialisierung. Erläutere zu jedem der von dir eingeteilten Abschnitte, inwiefern sich in der Geschichte der Familie Peel allgemeine Voraussetzungen und Merkmale der englischen Industrialisierung widerspiegeln.

2 Die Industrialisierung verlief in den verschiede-nen Ländern Europas unterschiedlich. Übertrage die Tabelle D2 in ein Säulendiagramm und in ein Liniendiagramm und untersuche die Statistik mit-hilfe der methodischen Arbeitsschritte. Erläutere anhand deines Diagramms den unterschiedlichen Verlauf der Industrialisierung in den genannten Ländern. Erkläre auch, welche Darstellung du am sinnvollsten findest. Begründe, warum Deutsch-

lands Anteil an der Weltindustrieproduktion 1830 weit unter dem Anteil Englands lag und wie es dazu kam, dass Deutschland England 1913 ein-geholt hatte.

3 Die wenigsten Menschen hatten wie Robert Peel die Möglichkeit, in der Zeit der Industria-lisierung als Unternehmer Karriere zu machen. Überlege ausgehend von der Biographie Robert Peels, welche Voraussetzungen jemand brauch-te um Unternehmer zu werden und vergleiche die Lebenschancen und Lebensbedingungen der Unternehmer mit denen der Arbeiter (Q1). Suche zu den von dir gefundenen Vergleichspunkten Oberbegriffe und halte deine Ergebnisse in einer Tabelle fest.

4 Stelle dir vor, ein Politiker, ein Unternehmer, ein Pfarrer, ein Anhänger von Karl Marx und ein Ar-beiter diskutieren darüber, wie die soziale Frage gelöst werden könnte. Schreibe dieses Gespräch.

303

DIE REVOLUTION VON 1848/1849

Bilder und Karikaturen verbreiten Neuigkeiten

Heutzutage beziehen wir unsere Nachrichten wie selbstverständlich durch Fernsehen oder Internet, durch Radio oder Zeitungen. Doch wie informierten sich die Menschen im 19. Jahrhundert? Damals wurden Neuigkeiten durch Zeitungen, aber auch durch Flugblätter und Bilderbögen verbreitet. Die Revolutionsereignisse 1848/49 wurden schon von den Zeitgenossen als außerordentlich bedeutsam empfunden. Umso größer war daher das Interesse an Informationen. In einer Zeit, in der viele Menschen nicht schreiben und lesen konnten, spielten dabei bildliche Darstellungen eine große Rolle. Versuche einen Bilderbogen und eine Karikatur von damals zu „lesen" und dabei dein Wissen über die 1848er-Revolution zusammenzufassen.

Q1 „Kampf zwischen Bürgern und Soldaten in der Straße"
Die Bilderbögen, die man wie eine Zeitung für wenige Groschen kaufen konnte, illustrierten wichtige Ereignisse. Handkolorierter Bilderbogen von Gustav Kühn, 1848.

WENDE DEIN WISSEN AN

So kommst du zum Ziel

1. Stell dir vor, du wärst der Auftraggeber dieses Bilderbogens (Q1). Beim Abholen des Bildes besprichst du die Darstellung mit dem Maler. Du wiederholst noch einmal, welche Aspekte des Bildes dir besonders wichtig waren. Der Maler erklärt dir, warum er es so gemalt hat. Schreibe diesen Dialog zwischen Auftraggeber und Maler. Betrachte dazu das Bild genau und überlege, welche Gegenstände eine zentrale Bedeutung haben, welche Personen an den Barrikadenkämpfen teilnahmen und welche Ziele die Aufständischen mit den Kämpfen verfolgten.

2. Wiederhole die Forderungen, die die Revolutionäre im März 1848 stellten.

3. Die Bildunterschrift lautet „Europäische Freiheitskämpfe". Erkläre, inwieweit die Ereignisse im März 1848 in Deutschland Teil einer europäischen Freiheitsbewegung waren.

4. Interpretiere die Karikatur (Q4):
   – Betrachte zunächst die Karikatur genau.
   – Fertige nun eine Umrissskizze der Karikatur in deinem Heft an. Zeichne an die sprechenden Figuren Sprechblasen und fülle sie mit den richtigen Teilen des Dialogs.
   – Ordne den beiden Männergestalten die Bilder Q2 und Q3 zu.
   – Beschrifte die Figuren und Gegenstände auf der Skizze (mindestens zehn). Beschreibe genau, welche Personen und Gegenstände du erkennen kannst und wie sie gezeichnet sind. Notiere auch diese Besonderheiten.
   – Ergänze daraufhin, welche Bedeutung die Personen und Gegenstände haben.
   – Erkläre nun, warum der „Kleene" die Krone ablehnt.

5. Mit der Ablehnung der Kaiserkrone war die Revolution gescheitert. Nenne Gründe für das Scheitern.

6. Stell dir vor, du bist ein Historiker und wirst gebeten anlässlich des 160-jährigen Jubiläums der Revolution einen Artikel zu schreiben. Das Thema lautet: Welche Bedeutung hatte die Revolution trotz ihres Scheiterns?

7. 1849 lehnt Friedrich Wilhelm IV. die Kaiserkrone ab. Erkläre, wie es 1870 dennoch zu einer Reichsgründung unter preußischer Oberherrschaft kommen konnte.

Q2 Wilhelm Heinrich von Gagern (1799–1880)

Q3 Friedrich Wilhelm IV., König von Preußen (1795–1861)

Q4 Heinrich von Gagern und Borussia
„Wat heulst'n, kleener Hampelmann?" – „Ick hab Ihr'n Kleenen ne Krone jeschnitzt, nu will er se nich!"
Lithographie von Ferdinand Schröder, April 1849.

305

DAS DEUTSCHE KAISERREICH

Leben im Obrigkeitsstaat

Zur Zeit des Kaiserreichs setzte in Deutschland die Hochindustrialisierung ein. Die Städte wuchsen und mit der Verbreitung von Strom, Kinos, Kaufhäusern, U-Bahnen und nicht zuletzt Autos begann das Zeitalter der Moderne. Auf der anderen Seite blieb das Kaiserreich aber ein konservativer Macht- und Obrigkeitsstaat, dem die militärische und nationale Stärke mehr galt als Grundrechte und Mitbestimmung für alle Bevölkerungsgruppen. Wer die nationalistische Politik des Kaiserreichs nicht vorbehaltlos unterstützte, wurde zum Reichsfeind erklärt. Arbeite heraus, wie Bürger und Arbeiter in diesem Staat lebten und überprüfe dabei dein Wissen zum Kaiserreich.

Q1 **Bürgerlicher Salon**
Gemälde von Hans Temple, 1895.

Husar in Ausgehuniform Q2
Husaren waren schnelle und exzellente Reiter, die zuerst in den ungarischen Heeren eingesetzt wurden. Ihre Uniform entwickelte sich aus der ungarischen Nationaltracht und ähnelte sich daher in allen europäischen Husarenregimentern.

WENDE DEIN WISSEN AN

Q3 Das Erfurter Programm der SPD

Nach dem Ende des Sozialistengesetzes verabschiedete die SPD auf einem Parteitag im Oktober 1891 in Erfurt ein neues Parteiprogramm:

1. Allgemeines, gleiches, direktes Wahl- und Stimmrecht mit geheimer Stimmabgabe aller über 20 Jahre alten Reichsangehörigen ohne Unterschied des Geschlechts für alle Wahlen und Abstimmungen. (…) Gesetzliche
5 Neueinteilung der Wahlkreise nach jeder Volkszählung. Zweijährige Gesetzgebungsperioden. Vornahme der Wahlen und Abstimmungen an einem gesetzlichen Ruhetag. (…)

2. Direkte Gesetzgebung durch das Volk vermittelst
10 des Vorschlags- und Verwerfungsrechts. Selbstbestimmung und Selbstverwaltung des Volks in Reich, Staat, Provinz und Gemeinde. Wahl der Behörden durch das Volk, Verantwortlichkeit und Haftbarkeit derselben.

3. Erziehung zur allgemeinen Wehrhaftigkeit. Volks-
15 wehr anstelle der stehenden Heere. Entscheidung über Krieg und Frieden durch die Volksvertretung. Schlichtung aller internationalen Streitigkeiten auf schiedsgerichtlichem Wege.

4. Abschaffung aller Gesetze, welche die freie Meinungsäußerung und das Recht auf Vereinigung und 20 Versammlung einschränken oder unterdrücken.

5. Abschaffung aller Gesetze, welche die Frau in öffentlich- und privatrechtlicher Beziehung gegenüber dem Manne benachteiligen.

6. Erklärung der Religion zur Privatsache. (…) Die 25 kirchlichen und religiösen Gemeinschaften sind als private Vereinigungen zu betrachten, welche ihre Angelegenheiten vollkommen selbstständig ordnen.

7. Weltlichkeit der Schule. Obligatorischer Besuch der öffentlichen Volksschulen. Unentgeltlichkeit des 30 Unterrichts, der Lehrmittel und der Verpflegung in den öffentlichen Volksschulen sowie in den höheren Bildungsanstalten für diejenigen Schüler und Schülerinnen, die kraft ihrer Fähigkeiten zur weiteren Ausbildung geeignet erachtet werden. (…) 35

R. v. Bruch/B. Hofmeister (Hg.): Deutsche Geschichte in Quellen und Darstellung, Bd. 8. Kaiserreich und Erster Weltkrieg 1871–1918. Stuttgart 2002, S. 223 f.

So kommst du zum Ziel

1 Beschreibe das Bild Q1 sehr genau. Orientiere dich dabei an dem zweiten Punkt der methodischen Arbeitsschritte zur Interpretation von Historiengemälden (S. 187). Beachte auch die Anhaltspunkte in Aufgabe 2 auf der gleichen Seite.

2 Erläutere, warum man dieses Bild als ein Idealbild des bürgerlichen Lebens bezeichnen kann. Gehe dabei vor allem auf die Wohnung, die Personen und deren Kleidung, ihre Handlungen und möglichen Berufe sowie die abgebildete Situation ein.

3 Erläutere, welche Gründe es dafür geben könnte, dass der sitzende junge Mann Uniform trägt. Vergleiche dazu auch Q2. Überlege, welche Einstellung dieser junge Mann wahrscheinlich zum Kaiserreich hat. Stelle dir vor, er erläutert diese Einstellung gerade seinen Zuhörern. Was sagt er?

4 Die Sozialdemokratische Partei wurde zu den Feinden des Kaiserreichs gezählt, da sie andere politische Ziele als der Obrigkeitsstaat verfolgte.

1891 hielt die SPD ihre Ziele im Erfurter Programm (Q3) fest. Untersuche zu jedem angeführten Punkt die tatsächliche Situation im Kaiserreich und erläutere, welche Ziele der Staat mit seiner Politik und welches Ziel die SPD mit ihrer Forderung verfolgte. Halte dein Ergebnis in einer Tabelle fest.

5 Das Erfurter Programm enthält auch Forderungen „zum Schutze der Arbeiterklasse". Formuliere die Forderungen, die deiner Meinung nach in dem Programm stehen müssten.

6 Fasse in einem Text zusammen, warum die Sozialdemokratie zum Reichsfeind erklärt wurde und welche Maßnahmen gegen sie verhängt wurden. Es waren jedoch nicht immer nur politische Gründe, weshalb eine Bevölkerungsgruppe benachteiligt und bekämpft wurde. Beschreibe in zwei weiteren Texten die Situation der Katholiken und der Juden.

7 Verfasse einen Lexikonartikel zur Gesellschaft im Kaiserreich und deren Lebensbedingungen im nationalistischen Obrigkeitsstaat.

IMPERIALISMUS UND ERSTER WELTKRIEG

Umstrittene Flottenpolitik

Mit dem Bau einer großen Kriegsflotte wollte Kaiser Wilhelm II. den Anspruch des Deutschen Reiches auf einen „Platz an der Sonne" durchsetzen. Außerdem sollte sie das weithin sichtbare Zeichen für die Stärke Deutschlands sein. Im Zuge von Nationalismus und Militarismus unterstützten weite Teile der Bevölkerung die Flotten- und Weltmachtpolitik Wilhelms II. Es gab aber auch scharfe Kritiker des deutschen Imperialismus, die sowohl die Folgen für die Einheimischen als auch für das Deutsche Reich selbst mit großer Sorge und Ablehnung betrachteten. Lies zwei Stellungnahmen zur Flottenpolitik und ordne sie in dein Wissen über den Imperialismus ein.

Q1 Man muss uns fürchten

1899 veröffentlichte der Historiker Dietrich Schäfer einen Aufsatz zur „Weltlage und Flottenverstärkung":
Eine selbstbewusste, zukunftsfrohe Tatkraft und Unternehmungslust schwellt unverkennbar die Herzen unseres Volkes. (…) Es sind die industriellen und merkantilen Betriebe, die sich vor allen anderen empor-
5 heben. Sie sind angewiesen auf den Verkehr über See. Dorthin geht ein großer, stets wachsender Teil unserer Ausfuhr, von dort beziehen wir einen fortgesetzten steigenden Teil der unentbehrlichen Rohprodukte. Unsere Handelsflotte, die diesen Verkehr in
10 zunehmendem Maße vermittelt, hat sich zur zweiten der Welt emporgearbeitet. Sie besitzt die schönsten und größten Schiffe, die überhaupt auf dem Ozean schwimmen. (…) Es ist gar nicht auszudenken, welche Not über unser Volk hereinbrechen würde, wenn
15 uns einmal die See gesperrt werden sollte. (…) Wir haben aber noch einer anderen Gefahr zu begegnen. Bei einem Angriffe Englands würde unsere erste und wohl einzige Aufgabe sein, unsere Küstengewässer vom Feinde reinzuhalten. (…) Unser starkes Landheer
20 ist notorisch der Bürge und Hüter des europäischen Friedens. Was wäre aus diesem (Frieden) geworden, wenn wir nach 1870 abgerüstet hätten! Und die gleichen Erfahrungen werden wir zur See machen. Muss man uns fürchten, so werden wir nicht angegriffen.
25 Nur wenn ein Angriff auf uns gefahrlos scheint, wird man ihn wagen. Dass wir die Angreifenden sein könnten, ist ausgeschlossen. Aber wir wollen unseren Platz an der Sonne. Und den wird man uns wohl lassen, wenn man weiß, dass wir entschlossen und imstande
30 sind, ihn zu behaupten. (…) Die endgültige Verteilung der Plätze an der Sonne vollzieht sich rascher, als erwartet werden konnte. Sollten wir uns abdrängen lassen, wir, die wir doch das Recht haben, nicht minder stolz auf unser Volkstum zu sein als Engländer
35 und Franzosen, Russen und Amerikaner?

Zit. nach: Hans Fenske (Hg.), Unter Wilhelm II. 1890–1918. Freiherr vom Stein-Gedächtnisausgabe, Bd. 7. Darmstadt 1982. S. 179 ff.

Q2 Ein verbrecherisches Unternehmen

1905 forderte die Reichsleitung deutlich mehr Geld für den Flottenbau. Daraufhin bezog Rosa Luxemburg (1871–1919) in der sozialdemokratischen Parteizeitschrift „Vorwärts" Stellung zur Kolonial- und Flottenpolitik der Regierung.
Die neue ungeheure Vermehrung der Ausgaben für eine abenteuerliche Welt- und Kolonialpolitik wird dem deutschen Volke gerade in einem Augenblick zugemutet, wo neue grauenhafte Enthüllungen über die wilde Rohheit der kapitalistischen Koloni- 5
alpolitik in den französischen wie den belgischen Kolonien jede Unterstützung dieses barbarischen Treibens nicht nur zu einem wirtschaftlich und politisch verhängnisvollen, sondern auch zu einem verbrecherischen Unternehmen stempeln. Noch mehr: 10
der neue Sturmlauf einer unverantwortlichen und kopflosen Flottenraserei wagt sich gerade in dem Moment hervor, wo ein kaum abgeschlossenes blutiges Drama der Weltpolitik im fernen Osten auch dem Blödesten die Augen darauf öffnet, wie sehr 15
die Sozialdemokratie mit ihren Warnungen vor den furchtbaren Gefahren des weltpolitischen (Wahns) Recht hatte. Jeder halbwegs zurechnungsfähige Politiker muss sich darüber im Klaren sein, dass der Ausgang des russisch-japanischen Krieges nicht etwa 20
ein Abschluss, sondern umgekehrt bloß der Beginn eines neuen Kapitels weltpolitischer Händel und Kämpfe im Osten ist, die je weiter, je unübersehbarer, je gewaltiger werden. Sich in diesen todbringenden Strudel durch maß- und endlose Rüstungen zu 25
stürzen, zugleich aber in der ohnehin gespannten internationalen Lage, nach dem jüngsten Marokkokonflikt, durch provokatorische Flottenvermehrungen neue Konfliktsmomente schaffen, das ist ein frevelhaftes Spiel mit den Schicksalen der Millionen, 30
wie es davon sogar in Preußen-Deutschland nicht viele Beispiele gibt.

Zit. nach: Hans Fenske (Hg.), Unter Wilhelm II. 1890–1918. Freiherr vom Stein-Gedächtnisausgabe, Bd. 7. Darmstadt 1982. S. 228.

WENDE DEIN WISSEN AN

So kommst du zum Ziel

❶ Stelle dir vor, du musst den Inhalt dieser beiden Texte (Q1, Q2) jemandem erklären, der über kein Wissen zum Zeitalter des Imperialismus verfügt.

– Lies dir die Texte genau durch und halte zu jedem Text in wenigen Sätzen fest, um welches Ereignis es geht und welche Meinung der Autor dazu hat.

– Untersuche dann, mit welchen Argumenten Schäfer und Luxemburg ihre Meinung begründen. Unterstreiche zunächst die entsprechenden Textstellen und stelle dann die jeweiligen Argumente in einer Liste mit kurzen Stichworten zusammen. Überprüfe, ob deine erste Einschätzung zur Meinung der Autoren richtig war. Korrigiere gegebenenfalls deinen ersten Text.

– Vielleicht fallen dir bei der Arbeit bereits Textstellen auf, die für jemanden, der über kein Wissen zum Zeitalter des Imperialismus verfügt, nicht verstanden werden können. Markiere alle diese Stellen. Schreibe in einem kurzen Stichwort an den Rand, welches Thema diese Stellen jeweils behandeln, z. B. „Imperialismus aus wirtschaftlichen Gründen", „Imperialismus des Auslands", „Flottenpolitik", „Umgang mit der einheimischen Bevölkerung" usw.

– Erkläre alle von dir gefundenen Stichworte sowie das Thema „Imperialismus" in jeweils einem kurzen Text. Dabei musst du natürlich über die vorliegenden Texte hinausgehen.

– Untersuche, wie Schäfer und Luxemburg zu so unterschiedlichen Einstellungen kommen können. Bestimme, welche Gesellschaftsgruppen Schäfers und welche Luxemburgs Meinung vertreten haben.

Jetzt müsstest du alle Fragen zum Inhalt und zur Haltung der Autoren der beiden Texte beantworten können. Lasse beide Texte jemanden lesen, der kein Experte ist wie du. Beantworte dann alle Fragen, die derjenige zu den Texten hat. Ihr könnt euch auch gegenseitig befragen. Prüft, ob ihr gegenseitig erklären könnt, was ihr markiert und erarbeitet habt.

❷ Sowohl Schäfer als auch Luxemburg gehen von einer Kriegsgefahr aus. Erläutere den Zusammenhang zwischen Imperialismus und Erstem Weltkrieg. Gehe dabei auch auf Q3 ein. Beschreibe Entstehung, Verlauf und Besonderheiten des Ersten Weltkrieges sowie die Auswirkungen auf Soldaten und Zivilbevölkerung.

Q3 Kaiser Wilhelm II. Bildpostkarte von 1900.

309

DIE RUSSISCHE REVOLUTION

Sichtweisen der Russischen Revolution

Sozialistischer Realismus sollte nicht nur zeigen, wie die Zukunft werden soll, sondern auch, wie die Vergangenheit angeblich gewesen ist. Vor allem die Oktoberrevolution und Lenin wurden in der Epoche des Sozialistischen Realismus' im Sinne Stalins und der Bolschewiken verklärt. Dabei ging es den Künstlern wie bei jedem Historienbild nicht darum, die Ereignisse wirklichkeitsgetreu darzustellen, sondern um eine bestimmte Deutung der Geschichte. Welche Informationen lassen sich sowjetischen Darstellungen zur Russischen Revolution entnehmen? Wie sehen dagegen Kritiker die Oktoberrevolution?

Q2 Russische Bauern während einer Versammlung des Mir

Arbeiter in einer Petersburger Munitionsfabrik um 1900 Q3

310

WENDE DEIN WISSEN AN

So kommst du zum Ziel

1. Interpretiere Q1 mithilfe der methodischen Arbeitsschritte zur Interpretation von Historienbildern (S. 187). Beschreibe genau, welche Gesellschaftsgruppen auf dem Bild vertreten sind. Dabei helfen dir Q2 und Q3.

2. Stelle dir vor, Lenin hält eine längere Rede, in der er auf die Ereignisse seit seiner Rückkehr nach Russland und auf die Vorgehensweise und Ziele der Bolschewiken eingeht. Schreibe diese Rede.

3. Wähle aus jeder von dir genannten Gesellschaftsgruppe einen Vertreter aus. Untersuche genau die Mimik und Gestik dieser Einzelperson und überlege dann, welche Gedanken dieser Person während der Rede Lenins durch den Kopf gehen könnten. Gehe dabei auch auf die Geschichte und die Situation der jeweiligen Gesellschaftsgruppe ein.

4. Überlege, ob alle Vertreter dieser Gesellschaftsgruppe der gleichen Ansicht waren wie die auf dem Bild dargestellte Person.

5. Im Ausland hat man die Russische Revolution teilweise ganz anders bewertet als in der späteren Sowjetunion. Interpretiere die Karikatur (Q4) mithilfe der methodischen Arbeitsschritte zur Deutung von Karikaturen (S. 142).

6. Untersuche, auf welchen Zeitabschnitt der russischen Geschichte sich die Karikatur bezieht. Liste die wichtigsten Ereignisse dieses Zeitabschnittes stichwortartig auf. Vergleiche diese Liste mit der Rede Lenins. Bist du da auf die gleichen Ereignisse eingegangen? Suche Gründe für Abweichungen und Übereinstimmungen.

7. Überlege, wie die von dir aufgelisteten Ereignisse durch die Karikatur bewertet werden. Schreibe dann einen zusammenfassenden Text zu dieser Zeit aus der Sicht des Karikaturenzeichners.

8. Wie bewertest du selbst den Ablauf der Russischen Revolution? Konnte die Mehrheit der Oppositionellen und Revolutionäre ihre Ziele umsetzen? Wurden die Hoffnungen des Volkes erfüllt? Welche Folgen hatte der Umbruch des politischen Systems von der Zarenherrschaft zur Sowjetherrschaft für die Bevölkerung der späteren Sowjetunion? Stelle deine Meinung in einem Bild, einer Karikatur oder in einem Text dar.

Q1 „Lenin verkündet die Sowjetmacht"
Obwohl das Bild sehr realistisch wirkt, hat es die dargestellte Szene nie gegeben, sie wurde vom Künstler erfunden. Gemäldeausschnitt von Vladimir Serov, 1947.

„Russland" Q4
„Wenn sie an den Knochen nichts mehr finden, müssen sich die Würmer untereinander auffressen."
Deutsche Karikatur, 1917.

311

METHODENGLOSSAR

In den einzelnen Kapiteln dieses Buches, aber auch schon in Band 1 und 2 von „Geschichte und Geschehen" wurden dir Methoden vorgestellt, die dir helfen, in Geschichte selbstständig und erfolgreich zu arbeiten.

Alle methodischen Arbeitsschritte aus den Bänden 1, 2 und 3 sind auf den nächsten Seiten noch einmal zusammengestellt, damit du sie übersichtlich und auf einen Blick jederzeit nachschlagen kannst. Zunächst findest du die Methoden zur Untersuchung von Text-, Bild- und Sachquellen. Das allgemeine Vorgehen steht jeweils am Anfang, dann folgen Hinweise für spezielle Quellentypen. Im hinteren Teil des Glossars sind die Methoden aufgeführt, mit denen du verschiedene Darstellungen von Geschichte (Schaubilder, Geschichtskarten u. a.) auswerten kannst. Ganz am Ende findest du eine Arbeitsweise, mit der du die Informationen aus Quellen und Darstellungen zusammenfassen und ordnen kannst: den historischen Vergleich.

Eine Textquelle auswerten
(Band 1, S. 80/81)

Texte, die die Menschen im Lauf der Geschichte hinterlassen haben, sind wichtige Quellen, aus denen du viel über die Geschichte erfahren kannst.

1. Lies den Text sehr genau, am besten auch einmal laut, und stelle fest, worum es überhaupt geht. Beachte, welche Orte, Personen oder Gruppen genannt werden.
2. Kläre alle dir unbekannten oder nicht verständlichen Wörter und Wendungen. Benutze dafür ein Wörterbuch oder frage deine Lehrerin/deinen Lehrer.
3. Unterteile den Text in Sinnabschnitte, die jeweils einen einzelnen Gedanken ausdrücken. Schreibe für jeden Abschnitt eine kurze Überschrift.
4. Fasse mit deinen eigenen Worten zusammen, was in dem Text mitgeteilt wird.
5. Stelle fest, wer den Text verfasst hat (Autor), an wen er sich damit wandte (Publikum) und mit welchem Ziel der Text geschrieben wurde.
6. Kläre, mit welchem zeitlichen Abstand vom Geschehen der Autor schrieb und woher er seine Kenntnisse darüber hatte.

7. Suche im Text nach Hinweisen dafür, ob der Autor Stellung zum Sachverhalt bezieht oder persönliche Wertungen deutlich zur Geltung bringt. Hilfreich ist es, den Text mit anderen Quellen zu vergleichen.
8. Ordne die Aussagen der Textquelle in dein bisheriges Wissen ein und stelle fest, welche Fragen der Text aufwirft. Informiere dich in anderen Darstellungen über diese offenen Fragen.

Textquellen vergleichen
(Band 2, S. 22/23)

Beim Vergleich verschiedener Textquellen zu einem Thema lernst du verschiedene Sichtweisen (Perspektiven) auf ein historisches Ereignis kennen und kannst dir am Ende eine eigene Meinung bilden.

Bevor du die Quellen miteinander vergleichen kannst, musst du jede Quelle für sich untersuchen (eine Textquelle auswerten). Dann erst kommt der eigentliche Vergleich:
1. Finde Aspekte des Vergleichs. Liste alle Fragen auf, die du an die Quellen stellen kannst.
2. Lege eine Tabelle an. Trage in die mittlere Spalte deine Fragen des Quellenvergleichs ein.
3. Sammle Informationen. Finde heraus, welche Antworten die Quellen auf die Fragen geben und trage sie in die entsprechenden Spalten ein.
4. Ordne die Informationen. Halte fest, welche Gemeinsamkeiten, vor allem aber welche Unterschiede du zwischen den Informationen zu ein und demselben Gesichtspunkt erkennst. Markiere mit einem Fragezeichen, wenn eine Quelle einen Aspekt einer historischen Erscheinung übergeht.
5. Lies die Quellen gegeneinander. Berücksichtige die verschiedenen Positionen und Sichtweisen der Quellen bei deiner „Rekonstruktion von Geschichte". Zu einer solchen „Multiperspektivität" sind Geschichtswissenschaftler verpflichtet.

Öffentliche Aufrufe interpretieren
(Band 2, S. 138/139)

In manchen Texten, zum Beispiel öffentlichen Aufrufen oder politische Reden, vertreten die Verfasser sehr einseitige Ansichten. Darum solltest du diese Textquellen sehr kritisch hinterfragen und die Absichten des Verfassers klären.

312

GEWUSST WIE

1. Mache dir klar, was im Text steht (Arbeitsschritte 1–4, eine Textquelle auswerten).
2. Zeige auf, inwiefern es sich bei dem Text um einen öffentlichen Aufruf oder eine politische Rede handelt. Stelle dazu fest, wer der Autor ist, an wen er sich wendet und in welchem Rahmen und warum er das tut.
3. Gibt der Autor Tatsachen wieder, die jeder anerkennen kann, oder Meinungen, die mit seinen Überzeugungen zusammenhängen?
4. Welche Absichten verfolgt der Autor mit seinen Aussagen? Ordne jede Aussage einem oder mehreren der folgenden Begriffe zu: „etwas rechtfertigen", „unerwünschte Ansichten/Verhaltensweisen tadeln", „erwünschte Ansichten/Verhaltensweisen loben", „Ängste/Hoffnungen/Wünsche wecken".
5. Welche Gedanken und Gefühle könnten die Aussagen bei einem Anhänger ausgelöst haben?
6. An welchen Stellen würde ein Gegner wohl protestiert haben?
7. Welche Aussagen würdest du als zweifelhaft, übertrieben oder Schwarz-Weiß-Malerei bezeichnen? Wenn möglich, solltest du zur Lösung Vergleichsmaterialien heranziehen.

Feldpost auswerten
(Band 3, S. 250/251)

Zunächst musst du wie bei jeder Quelle den Inhalt erfassen (s. Arbeitsschritte 1–4, Textquellen auswerten). Bei der Untersuchung und Deutung (Arbeitsschritte 5–8, Textquellen auswerten) von Feldpost ist Folgendes besonders zu beachten:

1. Die Entstehungsbedingungen: Enthält der Brief Informationen zu Entstehungszeit und -ort, zur Situation, in der er geschrieben wurde oder zur Zensur? Informiere dich unabhängig vom Brief über die genannte Zeit und den Ort sowie über die Zensur.
2. Der Adressat des Briefes: An wen ist der Brief gerichtet? In welchem Verhältnis stehen Schreiber und Empfänger zueinander?
3. Der Verfasser: Enthält der Brief Informationen zu politischer Überzeugung, Bildungsgrad oder bereits gemachten Erfahrungen im Krieg? Geben Sprache und Wortwahl Hinweise auf die oben genannten Punkte? In welcher Gefühlslage wurde der Brief geschrieben?

4. Zur Deutung: Mit welcher Absicht wurde der Brief geschrieben? Werden Inhalte bewusst verschwiegen, betont oder nur versteckt angesprochen? Wie bewertet der Schreiber selbst die geschilderten Ereignisse? Wie bewertest du die Informationen des Briefes? Was zeigt der Brief darüber, wie der Verfasser seine Kriegserlebnisse bewältigt?

Eine Urkunde entschlüsseln
(Band 2, S. 36/37)

Aus Urkunden erfährst du viel über wichtige Handlungen, Rechte, Beschlüsse oder Besitzveränderungen, die wahrheitsgetreu überliefert werden sollten. Um Informationen aus Urkunden zu entnehmen, musst du ihre besondere Form untersuchen.

Aufbau einer Urkunde
Eine Urkunde ist in drei Teile gegliedert: In der Einleitung findet man meist die Anrufung Gottes, den Aussteller und den Adressaten. Eine allgemeine Begründung des Rechtsakts leitet über zum Hauptteil, der in der Regel aus der Vorgeschichte, dem Rechtsakt selber und Strafandrohungen bei Zuwiderhandlung besteht. Der Schlussteil umfasst die Ankündigung des Siegels, die Unterschriftszeile mit Monogramm, die Beglaubigung durch den Notar oder Zeugen, das Beglaubigungszeichen des Notars, das Datum und den Schlusswunsch.

Text und Schriftbild untersuchen
1. Markiere die einzelnen Bestandteile der Urkunde. Gliedere die Urkunde in die drei Hauptteile: Einleitung, Hauptteil, Schlussteil.
2. Untersuche, wie der Schreiber die Gliederung und die einzelnen Elemente gestaltet hat. Erläutere warum er das so gemacht hat.
3. Stelle die Informationen zusammen, die du der Quelle entnehmen kannst: über den Aussteller der Urkunde und den Schreiber, über den Adressaten und die ihm verliehenen Rechte und über die praktischen Umstände der Rechtshandlung.
4. Fasse die Gesamtaussage der Quelle zusammen und äußere dich zu deren Bedeutung.

313

METHODENGLOSSAR

Lieder als historische Quelle auswerten
(Band 3, S. 166/167)

Lieder sind zum einen Textquellen, denn der Liedtext spricht genau so zu uns wie andere Texte. Zum anderen bringt auch die Melodie viel über die Zeit oder das Ereignis, in der sie entstand, zum Ausdruck.

1. Fasse die zentrale Aussage jeder Strophe zusammen.
2. Ordne die Informationen in den historischen Zusammenhang ein.
3. Stelle fest, wer das Lied getextet und komponiert hat.
4. Überlege, welchen Standpunkt der Textdichter zu den besungenen Ereignissen hatte.
5. Charakterisiere die Sprache des Liedtextes.
6. Überlege, wer das Lied gesungen haben mag und welche politische Einstellung man mit dem Singen des Liedes zeigen wollte.
7. Hör dir das Lied an und ermittle die Wirkung des Liedes. Benenne die Merkmale, die die Stimmung des Liedes beschreiben. Beantworte dabei solche Fragen wie: Ist das Lied eher traurig, schwungvoll, vergnügt, düster usw.?
8. Achte darauf, ob die Stimmung des Liedes von der ersten bis zur letzten Strophe gleich bleibt oder sich ändert.
9. Lege dar, wie Text und Melodie zusammenpassen. Charakterisiere die musikalischen Mittel, die dazu dienen sollen, die Aussage des Textes zu unterstreichen.

Bilder zum Sprechen bringen
(Band 1, S. 66/67; Band 2, S. 78/79)

Bilder liefern wertvolle Informationen über historische Ereignisse, Sachverhalte oder Personen. Du kannst auch Hinweise darüber erhalten, wie die Schöpfer der Bilder gedacht und was sie mit ihren Werken beabsichtigt haben.

1. Erfasse das Bild als Ganzes: Welches Thema, welches Ereignis, welcher Gegenstand usw. ist dargestellt? Welche Wirkung hat das Bild auf dich?
2. Beschreibe die Einzelheiten des Bildes, z.B.: Welche Personen, Tiere, Gegenstände usw. sind zu sehen? Was machen die dargestellten Figuren gerade? Wie sind die Personen dargestellt (Kleidung, Körperhaltung, Gesichtsausdruck, Gesten usw.)?

3. Untersuche den Bildaufbau: Was steht im Mittelpunkt? Gibt es besonders wichtige Szenen? Welche Verbindungen gibt es zwischen den dargestellten Personen?
4. Finde heraus, welche Gestaltungsmittel der Künstler oder die Künstlerin eingesetzt hat: Welche Perspektive wurde gewählt? Welche Originalgröße hat das Bild? Wie sind Größenverhältnisse auf dem Bild genutzt? Welche Farben wurden verwendet? Welche Bildelemente sind symbolisch gemeint?
5. Untersuche die Entstehungsgeschichte des Bildes: Wer hat das Bild gemalt? Wann und zu welcher Gelegenheit ist es entstanden? Für wen wurde das Bild gemalt? Wer hat es in Auftrag gegeben? Wo wurde bzw. wird es ausgestellt? Bei der Beantwortung dieser Fragen können dir in vielen Fällen die Bildunterschrift oder ein Ausstellungskatalog weiterhelfen.
6. Deute die Aussage des Bildes: Was sollte damit erreicht werden? Was erzählt es dir über die dargestellten historischen Sachverhalte?

Herrscherbilder interpretieren
(Band 2, S. 238/239)

Herrscherbilder entstehen in der Regel im Auftrag des Herrschers selbst und geben so einen Einblick in dessen Vorstellung von Herrschaftsausübung.

Bei der Beschreibung, Untersuchung und Deutung (vgl. Arbeitsschritten 1–6, ein Bild zum Sprechen bringen) eines Herrscherbildes solltest du folgendermaßen vorgehen:
1. Notiere erste Eindrücke vom Bild.
2. Stelle Fragen an das Bild und notiere sie ebenfalls.
3. Stelle eine Liste mit Bilddetails (Einzelheiten) zusammen. Denke an
   – Mimik des Herrschers
   – Gesten des Herrschers
   – Körperhaltung und Position des Herrschers
   – Kleidung und Schmuck des Herrschers
   – das Gleiche für weitere Personen im Bild
   – Umgebung
   – Gegenstände
   – Farben
   – Perspektive (Blickwinkel)
   – Bildkomposition (Aufbau des Bildes)

GEWUSST WIE

4. Informiere dich über Maler, Entstehung, Größe, Format, Material und Verwendung des Bildes.
5. Notiere, wie die Bilddetails auf den Betrachter wirken. Entschlüssele dann ihre Bedeutung. Dabei können das Geschichtsbuch, Lexika oder das Internet weiterhelfen.
6. Formuliere zusammenfassend die Aussagen, die das Bild des Herrschers für den Betrachter haben sollte.
7. Vergleiche deine Ergebnisse mit deinen ursprünglichen Eindrücken und Fragen.

Karikaturen verstehen und deuten
(Band 3, S. 142/143)

Karikaturen oder Spottbilder sind für uns wichtige Quellen, weil sie sich immer mit bestimmten Ereignissen oder Erscheinungen in der jeweiligen Entstehungszeit kritisch auseinandersetzen.

1. Beschreibe die gezeichneten Personen, Tiere und Gegenstände sorgfältig. Achte dabei auch auf die Größendarstellungen und verbindende Elemente.
2. Wenn eine Beschreibung oder Beschriftung vorhanden ist, stelle eine Beziehung zwischen dem Abgebildeten und dem Text her.
3. Oft ist es schwierig, die Dinge zu verstehen, die für die Menschen zur Entstehungszeit der Karikatur selbstverständlich waren. Finde daher so viel wie möglich über den geschichtlichen Hintergrund, über die abgebildeten Personen oder wichtige Gegenstände, über das Entstehungsjahr, den Ort der Veröffentlichung (bei einer Zeitung oder Zeitschrift auch, wer diese gelesen hat) heraus.
4. Entschlüssele die dargestellten Personen und Gegenstände und versuche zu klären, auf welche Ereignisse oder Zustände sich der Karikaturist bezogen hat. Welche persönliche Meinung wollte der Zeichner mit der Karikatur verbreiten?
5. Fasse zusammen, was die Karikatur aussagt. Beziehe Stellung zu dieser Aussage.

Historienbilder untersuchen
(Band 3, S. 186/187)

Historienbilder stellen Ereignisse und Situationen aus der Geschichte dar. Allerdings geht es den Künstlern meist nicht darum, die Ereignisse möglichst objektiv festzuhalten, sondern ihre Sicht der Dinge darzustellen. So erfährt man meist wenig über die dargestellte Vergangenheit selbst, dafür viel über die Zeit, in der das Bild entstand.

1. Der Künstler und sein Thema: Aus welchem Grund hat der Künstler gerade dieses Thema gewählt? Hat der Künstler einen Auftrag für sein Werk erhalten und wie lautet dieser? Wie groß ist der zeitliche Abstand zwischen dem dargestellten Ereignis und der Entstehungszeit des Werks? Was wusste der Künstler über das historische Ereignis? Was hat er bei seiner Darstellung dazuerfunden, weggelassen oder verändert?
2. Die Art der Darstellung: Welche Personen stehen im Mittelpunkt? Wie sind diese Personen dargestellt? Wie ist das Umfeld dieser Personen dargestellt? Welche Aspekte betont der Maler bei seiner Darstellung des Ereignisses besonders?
3. Vergangenheit und Gegenwart: Wie deutet der Maler durch seine Darstellung das historische Ereignis? Welche Botschaft oder Lehre für die Gegenwart und Zukunft soll der Betrachter dem Bild entnehmen?

Fotografien als historische Quelle auswerten
(Band 3, S. 278/279)

Fotos gelten im Allgemeinen als objektive historische Bildquelle, geben sie doch scheinbar die Wirklichkeit zum Zeitpunkt des Auslösens der Kamera wieder. Doch die Wahl des Motivs, des Bildausschnitts und die Perspektive beeinflussen den Betrachter, und die Möglichkeiten der Bildbearbeitung können ein Foto als objektive Quelle entwerten.

1. Wer hat das Foto gemacht? Wer hat den Auftrag gegeben?
2. Ist es ein Pressefoto, eine Amateuraufnahme oder ein bestelltes Foto?
3. Wer und was ist abgebildet?
4. Wo und wann wurde es aufgenommen?

315

METHODENGLOSSAR

5. Was kam absichtlich und was unabsichtlich ins Bild? Gibt es Hinweise auf eine Bearbeitung des Bildes?
6. Welche Perspektive und welchen Ausschnitt hat der Fotograf gewählt?
7. Welchen Zweck soll das Foto erfüllen. Welche Aussage entnimmst du ihm?

Sachquellen untersuchen
(Band 1, S. 34/35)

Überreste wie Münzen, Werkzeuge oder Kleidung verraten viel über den Alltag oder die technischen Fertigkeiten von Menschen in der Vergangenheit.

1. Schaue dir zuerst den Gegenstand genau an: Aus welchem Material ist er? Sind Gebrauchsspuren oder Zerstörungen zu erkennen? Notiere alles, was dir auffällt – auch Fragen!
2. Sachquellen sind unmittelbare Überreste aus der Vergangenheit. Sie müssen zeitlich eingeordnet werden. Mithilfe von Lexika, Sachbüchern und dem Internet kannst du zusätzliche Kenntnisse und Informationen erhalten.
3. Versuche herauszubekommen, wie die Menschen die Gegenstände damals benutzt haben, welche Bedeutung sie für das tägliche Leben der Menschen hatten. Waren sie im Alltag wichtig oder spielten sie bei einem konkreten Ereignis eine besondere Rolle? Welchen Wert wird der Gegenstand wohl für die Menschen besessen haben?
4. Überlege, welche heutigen Gegenstände die Funktionen dieser Funde übernommen haben könnten.
5. Fasse zusammen, was der Gegenstand über Leben und Arbeit der Menschen zur Entstehung- und Nutzungszeit aussagt.

Ein Bauwerk untersuchen
(Band 2, S. 124/125)

Aus der Anlage und dem Baustil von Gebäuden wie Kirchen, Burgen oder Rathäusern kannst du mehr über das Leben und Arbeiten in früheren Zeiten erfahren.

Aussehen und Erscheinungsbild
1. Bestimme die Länge, Breite und Höhe des Gebäudes. Stelle fest, aus welchen Materialien es erbaut wurde.

2. Untersuche die Lage des Bauwerks in der Stadt und das Größenverhältnis zu anderen Gebäuden. Suche eine Erklärung für die Lage bzw. Platzwahl.
3. Beschreibe die einzelnen Teile des Bauwerks und stelle anhand einzelner Merkmale fest, in welchem Baustil es erbaut wurde.
4. Finde heraus, ob das Bauwerk in späteren Zeiten erweitert, umgebaut oder renoviert wurde.

Verwendung und Funktion
5. Stelle die Daten zur Bauzeit und -dauer zusammen.
6. Informiere dich, wer das Bauwerk errichten ließ und ob es einen bestimmten Anlass dazu gab.
7. Erkundige dich, wer die Bauarbeiten bezahlte und wie sie organisiert waren.
8. Bestimme die Funktion (Aufgabe, Zweck) des Bauwerkes, evtl. mithilfe eines Grundrisses.
9. Finde heraus, ob sich die Verwendung und Nutzung des Bauwerks geändert hat.
10. Diente das Bauwerk über die reine Nutzung hinaus anderen Absichten der Erbauer?

Historische Karten untersuchen
(Band 2, S. 190/191)

Historische Karten geben Auskunft darüber, wie die Menschen in vergangenen Zeiten die Welt gesehen haben, was sie von ihr wussten und welche Vorstellungen sie von der Gestalt der Erde besaßen.

1. Welches Thema behandelt die Karte und wann entstand sie?
2. Welcher Raum und welche Zeit sind dargestellt?
3. Welche geografischen Kenntnisse enthält die Karte?
4. Was wird hervorgehoben bzw. weggelassen? Vergleiche mit einem heutigen Atlas.
5. Welche religiösen, kulturellen oder politischen Vorstellungen lassen sich aus der Karte ablesen?
6. In welcher Absicht, zu welchem Zweck ist die Karte angefertigt?
7. Welches Weltbild wird in der Karte deutlich?
8. Welche Bedeutung hat der Raum/die räumliche Darstellung für den Kartenhersteller besessen?

GEWUSST WIE

Einen Grundriss auswerten
(Band 2, S. 56/57)

Grundrisse sind stark vereinfachte Pläne von Bauwerken oder Parks und Gärten. Aus einem Grundriss lässt sich ablesen, wie Gebäude und Anlagen ursprünglich aussahen und wie sie genutzt wurden.

1. Kläre, was auf dem Grundriss dargestellt ist. Handelt es sich um ein einzelnes Gebäude oder eine große Anlage mit verschiedenen Teilen?
2. Informiere dich, aus welcher Zeit der Grundriss stammt und evtl. wer ihn angefertigt hat. Handelt es sich um einen Entwurf oder wurde die Anlage tatsächlich nach diesem Plan erbaut? Oder handelt es sich um die Nachzeichnung eines bestehenden Gebäudes?
3. Um dich orientieren zu können, musst du die „Sprache" der Grundrisszeichnung entziffern: Wie sind Mauern dargestellt, woran erkennst du, wo sich Eingänge oder Türen befinden? Wie werden verschiedene Stockwerke markiert, wie Türme usw.?
4. Nun kommt die Auswertung: Welche Gebäude oder -teile kannst du auf Anhieb erkennen? Welche Teile erscheinen besonders wichtig? Unterscheide z.B. Haupt- und Nebengebäude, Wege.
5. Beschrifte auf einer Nachzeichnung des Grundrisses die verschiedenen Bestandteile.
6. Untersuche, ob der Grundriss Auskunft über die Größe der Anlage oder die Abmessungen einzelner Teile gibt.
7. Nun kannst du die Bedeutung der Anlage erschließen: Wie wurden die einzelnen Teile des Gebäudes genutzt? Welche Funktion erfüllte die Gesamtanlage? Erkläre, welche Bedeutung die Anlage für die Menschen in der damaligen Zeit hatte.

Zeitzeugen befragen
(Band 1, S. 14/15)

Um etwas über den Alltag in einem geschichtlichen Zeitraum zu erfahren, der noch nicht so lange zurückliegt, kann man Menschen befragen, die damals schon gelebt haben. Allerdings solltest du bei einem Zeitzeugeninterview einige Punkte beachten.

1. Überlege, welche Person etwas über ein von dir gewähltes Thema berichten kann.
2. Formuliere deine Fragen und überlege, in welcher Reihenfolge du sie stellen willst.
3. Sollen Tonband oder Kamera mitlaufen oder reichen Stichwortnotizen? Wer soll mitschreiben?
4. Bleibe während des Interviews freundlich und ruhig. Ihr könnt das Gespräch auch zu zweit oder zu dritt führen; mit einer größeren Gruppe solltet ihr einen Zeitzeugen aber nicht „überfallen".
5. Auf viele Fragen kann man nur „Ja" oder „Nein" antworten. Formuliere darum lieber offene Fragen, z.B.: „Wie waren die Aufgaben in Ihrer Familie früher verteilt?"
6. Manchmal kommen Zeitzeugen „ins Erzählen". Oft sind „Abschweifungen" interessant. Versuche jedoch immer die Erzählenden durch deine Fragen zum Thema zurückzuführen.
7. Wenn du die Reihenfolge deiner Fragen ändern musst oder nicht alle Fragen stellen kannst: Überlege, welche Fragen am wichtigsten sind.
8. Ordne deine Aufzeichnungen und ergänze, was du nicht mitschreiben konntest und welche neuen Fragen sich aus dem Gespräch ergeben haben.
9. Vergleiche die Interviewaussagen mit Darstellungen in Geschichtsbüchern oder auf alten Fotos.
10. Nun solltest du die Ergebnisse deinen Mitschülern präsentieren. Finde dafür eine geeignete Form.

Jugendbücher kritisch lesen
(Band 1, S. 40/41)

Historische Romane vermitteln lebendige Vorstellungen über das Leben der Menschen früher. Beim Lesen ist aber wichtig, die ausgedachte Handlung und historische Informationen auseinanderzuhalten.

1. Wer sind die Hauptfiguren? Charakterisiere sie mit passenden Adjektiven. Lassen sie sich bestimmten gesellschaftlichen Gruppen zuordnen?
2. Aus wessen Sicht wird die Handlung geschildert? Warum hat der Autor diese Figur(en) gewählt?
3. Welche Konflikte stehen im Mittelpunkt der Handlung? Was scheinen die Ursachen dieser Konflikte zu sein? Liegen sie eher im Charakter der Figuren begründet oder in den unterschiedlichen Lebensweisen?
4. Wird die Geschichte zeitlich genau eingeordnet? Welche Informationen geben Hinweise auf die historische Zeit, in der sie spielt?

317

METHODENGLOSSAR

5. Woher hat der Autor seine Informationen über die Epoche? Belegt er seine historischen Kenntnisse? Dazu findest du häufig auch Informationen in den Texten auf dem Umschlag, im Vorwort, Nachwort oder der Einleitung.
6. Was sagt die Erzählung über die Zeit aus, in der sie spielt? Was für ein Bild will der Autor von dieser Zeit vermitteln?

Fachliteratur auswerten
(Band 3, S. 66/67)

Wenn man sich über Geschichte informieren will, kann man nicht immer alle Quellen aus der betreffenden Zeit studieren. In der Regel greift man zu Darstellungen, d.h. zu Büchern oder Aufsätzen, die von Historikern über eine zurückliegenden Epoche geschrieben wurden. Dort findet man Fakten, Erläuterungen über Zusammenhänge und auch Beurteilungen. Vor allem diese Beurteilungen sind aber oft strittig, so dass man häufig mehrere Darstellungen lesen und miteinander vergleichen muss.

1. Gib mit deinen Worten wieder, welche Position der Autor oder die Autorin vertritt.
2. Erläutere, wie die Auffassungen begründet werden. Find heraus, ob dabei Pro- und Contra-Argumente abgewogen werden.
3. Beachte, wie die Wertung stilistisch dargelegt wird. Schreibt er/sie sachlich oder polemisch?
4. Überprüfe, welche Interessen, Standpunkte oder Überzeugungen des Autors/der Autorin in die Beurteilung mit einfließen.
5. Lege dar, ob der Autor/die Autorin dich überzeugen kann bzw. nenne Gründe, warum du seine/ihre Auffassung nicht teilst.
6. Formuliere nun, welche Position du selbst vertrittst.

Ein Schaubild erklären
(Band 1, S. 56/57)

Schaubilder stellen geschichtliche Informationen übersichtlich und auf einen Blick dar. Hier ein paar Tipps, wie du ein Schaubild auswerten kannst:

1. Stelle fest, welches Thema das Schaubild behandelt. Die Legende gibt dazu Informationen.

2. Untersuche, warum einzelne Teile des Schaubildes in verschiedenen Farben bzw. größer oder kleiner dargestellt werden.
3. Arbeite heraus, an welchen Stellen Pfeile/Linien verwendet werden. Was sagen sie über die Beziehungen zwischen Personen und Gruppen aus?
4. Welche Form wurde gewählt? Überlege welchen Zusammenhang es zwischen dem Thema und der Form des Schaubildes gibt.

Verfassungsschaubilder auswerten
(Band 3, S. 28/29)

Um einen schnellen Überblick über den Aufbau von Staaten zu vermitteln, wird deren Verfassung häufig in Schaubildern dargestellt. Auch wenn ein solches Schema die Verhältnisse nur ganz grob wiedergeben kann, so gibt es doch wichtige Anhaltspunkte dafür, wie die Verfassung funktioniert.

1. Stelle fest, wer wählen und wer gewählt werden darf und wie oft Wahlen erfolgen.
2. Finde heraus, wie die drei staatlichen Teilgewalten jeweils aufgebaut sind.
3. Beschreibe, welche Beziehungen zwischen dem Volk und den Teilgewalten soviel unter den Teilgewalten selber bestehen. Pfeile helfen dir dabei.
4. Erfasse, worüber das Schema keine Auskunft gibt und informiere dich darüber in weiterführender Literatur.

Statistiken analysieren
(Band 3, S. 96/97)

Manche historischen Zusammenhänge, z.B. Wirtschaftsdaten oder Wahlergebnisse, lassen sich in Zahlen ausdrücken, die in Tabellen oder Diagrammen präsentiert werden. Obwohl diese Darstellungsform sehr sachlich und objektiv wirkt, muss sie wie jede andere Darstellung hinterfragt werden. Zunächst solltest du die Arbeitsschritte 1-3 (ein Bild zum Sprechen bringen) erledigen und dann die folgenden Fragen beantworten.

1. Überprüfe nach Möglichkeit, wer die Statistik erstellt hat und wie die Daten erhoben und verrechnet wurden.

GEWUSST WIE

2. Notiere, welche Fragen und Probleme sich im Umgang mit der Statistik in Bezug auf historische Ereignisse oder Erkenntnisse ergeben könnten.

3. Beschreibe die Statistik möglichst genau: Auf welche Frage will die Statistik antworten? Welche Darstellungsform wurde gewählt? Fallen bei der Darstellung Unregelmäßigkeiten auf? Welche Zahlenwerte, Mengen- oder Zeitangaben sind miteinander in Beziehung gesetzt? Wie umfassend sind die gemachten Angaben?

4. Interpretiere die Statistik: Welche Aussagen lassen sich der Statistik entnehmen? Kannst du Auffälligkeiten, Schwerpunkte, regelhafte Verläufe oder Entsprechungen feststellen? Welche Rolle spielen die von dir in Schritt 2 festgehaltenen Fragen und Schwierigkeiten bei der Bewertung der Aussagen? Vergleiche die Statistik mit anderen Statistiken, Quellen- oder Informationsmaterial.

Geschichtskarten verstehen
(Band 1, S. 96/97)

Eine besondere Form der Darstellung ist die Geschichtskarte. Aus ihr kannst du schnell Informationen darüber bekommen, wann und wo sich historische Ereignisse, Entwicklungen und Beziehungen abspielten.

1. Über welches Thema informiert die Karte? Beachte dabei die Unterschrift und die Kartenlegende.

2. Welcher Raum wird dargestellt? Welche Orte werden hervorgehoben? Vergleiche mit dem Geografie-Atlas, um welches heutige Gebiet es sich handelt.

3. Stelle fest, welchen Zeitraum die Karte umfasst. Bezieht sie sich auf einen bestimmten Zeitpunkt oder auf einen Zeitabschnitt?

4. Mache dich mit der Legende vertraut. Welche Bedeutung haben die Farben, Zeichen und Beschriftungen?

5. Suche die Zeichen oder farbig markierten Räume auf der Karte und stelle fest, welche Informationen zur Geschichte du damit erhältst.

Ein historischer Vergleich
(Band 1, S. 162/163)

Du kannst einen Vergleich anstellen, wenn du Gemeinsamkeiten und Unterschiede historischer Ereignisse, Personen oder Prozesse (z. B. Revolutionen, Kaiser oder Wirtschaftsweisen) herausarbeiten willst.

1. Lege fest, welche historischen Ereignisse, Personen oder Prozesse du vergleichen willst.

2. Finde Aspekte des Vergleichs. Überlege, mit welchen Fragen sich Gemeinsamkeiten und Unterschiede der zu vergleichenden historischen Erscheinungen aufzeigen lassen.

3. Lege eine Tabelle an. Trage in die mittlere Spalte deine Fragen des Vergleichs ein.

4. Sammle Informationen. Finde die Antworten zu den einzelnen Fragen und trage sie in die entsprechenden Spalten ein.

5. Ordne die Informationen. Jetzt kannst du festhalten, welche Gemeinsamkeiten, vor allem aber welche Unterschiede du zwischen den jeweiligen Informationen zu einem Aspekt erkennst.

6. Schäle den Kern der Sache heraus. Um das Wesentliche einer historischen Erscheinung zu erfassen, ist es wichtig, aus dem Vergleich den wichtigsten Unterschied zu benennen. In dieser Gewichtung muss man nicht einig sein. Du besitzt aber damit die Grundlage, um darüber mit anderen zu diskutieren. Geschichtswissenschaftler machen das auch so.

319

Verzeichnis der Namen, Sachen und Begriffe

Abb. = Abbildungen, amerik. = amerikanisch, bolschew. = bolschewistisch, bosn. = bosnisch, brit. = britisch, bürgerl. = bürgerlich, demokrat. = demokratisch, dt. = deutsch, elektr. = elektrisch, engl. = englisch, europ. = europäisch, frz. = französisch, griech. = griechisch, imp. = imperialistisch, indust. = industrielle, intern. = international, ital. = italienisch, Jh. = Jahrhundert, kathol. = katholisch, ländl. = ländlich, landw. = landwirtschaftlich, marxist. = marxistisch, monarch. = monarchisch, österreich. = österreichisch, polit. = politisch, preuß. = preußisch, prolet. = proletarisch, republik. = republikanisch,

revolut. = revolutionär, russ. = russisch, schles. = schlesisch, schott. = schottisch, schwed. = schwedisch, schweiz. = schweizerisch, serb. = serbisch, sowjet. = sowjetisch, sozialdemokrat. = sozialdemokratisch, sozialist. = sozialistisch, techn. = technisch, ungar. = ungarisch, wirtschaft. = wirtschaftlich, zarist. = zaristisch

▷ Verweis auf ein Stichwort
Halbfett gesetzt sind historische Grundbegriffe, die im Buch in einem Kastentext erläutert werden.

Abessinien 216
Abgeordnete 14, 26, 59, 157; -nhaus 20, 172
Absolutismus 12, 41, 42, 43, 44, 49, 188, 292
Abwasser 131; -entsorgung 131; Industrie- 131
Adams, John Q. (1767–1848; 6. Präsident der USA) 34
Adel/Adlige 17, 19, 26, 38, 42, 44, 46, 48, 49, 70, 75, 140, 145, 172, 190, 192, 193, 195, 210, 275; -sherrschaft 190; -sprivilegien 43, 59, 72; -srat (▷ engl. Parlament) 12
AEG (Allgemeine Elektrizitäts-Gesellschaft) 104, 123, 210
Afrika/Afrikaner 18, 216, 217, 218, 219, 222, 223, 225, 226, 298; -forscher 219, 223, 225; Ost- 216, 223; Schwarz- 21; Süd- 214, 234; Südwest- 216, 223; ~, Aufteilung 216; Afroamerikaner 33
Agrar/land 265; -produktion 252; -programm 273; -staat 299
Ägypten 68, 216
Alexander II. (1855–1881 russ. Zar) 264, 265, 299
Alldeutscher Verband 195, 203, 235, 237
Allgemeiner Deutscher Frauenverein (ADF) (1865) 206, 208
Alliierte 246, 256, 257, 270
Allrussischer Sowjetkongress 271, 299
Alphabetisierung 266, 280 (Statistik), 282
Amazonen-Corps 228 (Abb.)
Amerika 10, 13, 18, 43, 125, 226; Mittel- 235; Nord- 17, 20, 21, 22, 23, 24, 25, 32; Süd- 219, 235, 298
Analphabetentum 264, 280
Ancien Régime („das alte Regime", der frz. Staates vor der ▷ Frz. Revolution) 42, 46, 47, 50, 59, 68, 294
Anglikanismus (engl. Staatskirche) 13, 14, 21
Anneke, Friedrich (1818–1872; Herausgeber der „Neuen Kölnischen Zeitung") 155
Anneke, Mathilde Franziska (1817–1884; Frauenrechtlerin) 155 (Abb.)
Annexion 180, 256; -spolitik Bismarcks 175
Antisemitismus 203, 205, 292, 293, 297
Aprilthesen (1917 durch Lenin veröffentlicht) 270, 272
Arbeit 101, 110, 114, 264, 283; -salltag 283; -saufwand 88; -sbedingungen 88, 118, 190, 206, 207; -sdisziplin 283; -skämpfe 118, 121; -skraft/-kräfte 93, 110, 114, 191, 252, 283, 284; -slager 285, 286; -slosigkeit 69; -sleben 110; -sniederlegung 118; -splätze 131, 147, 294; -sproduktivität 283; -sprozess 284; -sverdienst 112 (Statistik); -sverhältnisse 113, 150; -szeit 107, 110, 111 (Statistik), 120, 252, 283, 303; Fließband- 293; Frauen- 115, 207, 252, 295; Schwerst- 285
Arbeiter 104, 106, 107, 108, 109, 110–113, 114, 115, 116, 118–122, 150, 152, 155, 157,

168, 190, 202, 246, 257, 263 (Abb.), 269, 281, 288 (Abb.), 289, 295, 297, 298, 303; -ausschüsse 266; -bewegung 118, 292, 293; -deputation 153 (Abb.); -familie 110, 191, 193 (Abb.), 207, 295; -klasse 307; -kontrolle 271; -kultur 110, 118, 190, 297; -parteien 118, 295; -proteste 269; -schaft 190, 202, 207; -siedlungen 293; -versammlung 183 (Abb.); -wohnsiedlung „Altenhof" bei Essen 115 (Abb.); -wohnung 107; -zeitung 155; Fabrik- 150; Heim- 100, 207; Industrie- 191, 266, 284; Land- 93, 191, 283; Lohn- 33, 43; Wander- 191; ~, Wohnverhältnisse 113; ~, in einer Petersburger Munitionsfabrik 310 (Abb.)
Ärmelkanal 14, 246
Armenfürsorge 77, 80; Armut 80, 102, 114, 122, 150, 264
Arnsberg 102
Aschanti (Hochkultur in Westafrika) 218
Asien 18, 216, 217, 218, 219, 226, 233, 235, 280, 298; Ost- 216, 217, 219
Assignaten (frz. Papiergeld) 58
Attentat 202; ~, von Sarajewo (26. Juni 1914) 242 (Abb.), 293, 298
Aufklärung (geistige Bewegung des 17./18. Jh.) 40 (Abb.), **41**, 47, 72, 140, 292, 294; -sphilosophen 40, 43
Aufstand 100, 150, 162, 163, 168, 216, 218, 223, 265; ~, antirevolutionärer 58; ~, royalistischer (1795) 68; ~, in Wien (März 1848) 150
Ausbeutung 218, 220 (Abb.), 222, 224, 283
Auswanderung 102, 103, 218; ~, aus Europa 20
Auto 86, 123, 190 (Abb.), 210, 306; -industrie 220
Autokratie (Alleinherrschaft) 265, 266

Bad Ems 176
Baden 77, 78 (Karte), 79, 80, 122, 123, 137, 140, 151, 152–167, 168, 176, 294, 296
Bad- und Waschhaus (1869; in Kuchen/ Württemberg) 109 (Abb.)
Badische /Landesgewerbehalle (1865) 123; ~ Revolution (1849) 162–167; ~ Wiegenlied 165, 166–167
Bagdadbahn 216, 234
Balkan 230, 232, 239, 240 (Karte), 241, 257, 298; -konflikt 230, 231, 239; -kriege (1912/13) 239–241, 245, 298; -staaten 239, 244; -völker 298
Ballhausschwur (Le Serment du Jeu de Paume 20. Juni 1789) 48 (Abb.), 49, 55
Bambusartisten 229 (Abb.)
Barbarossa, Friedrich (1152–1190; ▷ Kyffhäuser-Denkmal) 198 (Abb.), 201
Barrikaden 146; -bau 151 (Abb.), 152; -kämpfe 150, 152, 155, 296; Berliner ~kämpfe (März 1848) 135 (Abb.), 150, 154

Bassermann, Friedrich (1811–1855; Abgeordneter der dt. ▷ Nationalversammlung) 159
Bastille (Gefängnis in Paris) 39; ~, Sturm auf die (1789; Beginn der ▷ Frz. Revolution) 38, 39 (Abb.), 48, 49 (Abb.), 292, 294
Bauern 46 (Abb.), 72, 93, 99, 110, 150, 152, 154, 155, 157, 191, 269, 275, 280, 284, 285, 296, 299, 310 (Abb.); -befreiung (Aufhebung der Erbuntertänigkeit) 73, 296; -befreiung (1848/49) 152, 154, 169, 296; -befreiung (1861 in Russland) 265, 299; -erhebung 152, 266; -hof 110; Kolchos- 263 (Abb.), 289
Baumwoll/e 21, 33, 82; -fabrik 112; -garn 88; -industrie 90; -produkte 88; -spinnerei 90, 100, 112, 123, 124; -stoff 288, 295
Bayern 77, 140, 172, 176
Bebel, August (1840–1913; dt. Politiker u. Sozialdemokrat) 224
Befreiungskrieg (gegen ▷ Napoleon) 75, 82, 140, 141, 194, 292, 294; ~, span. 81, 82, 83
Begas, Karl Joseph (19. Jh.; Maler) 148 (Abb.)
Belgien 146, 243, 249, 257, 298
Belgrad 242
Benedetti, Vincent Graf von (1817–1900; frz. Diplomat u. Botschafter) 176
Benedikt XV. (1914–1922; Papst) 256
Benz, Carl Friedrich (1844–1929; Ingenieur/ Erbauer de 4-Takt-Motors) 123
Berg/bau 101, 210; -mann 91 (Abb.); -reviere 89; -werk 219, 298
Berlin 72, 74 (Abb.), 104, 126, 152, 182 (Abb.), 209, 235, 245; Berliner Kongress (1878) 231, 239
Bernstein, Eduard (1850–1932; sozialdemokrat. Theoretiker) 204
Bernstorff, Graf von (19. Jh.; preuß. Außenminister) 144, 145
Beschwerde/briefe 45, 46, 47; -hefte 44; -schriften 44 (Abb.), 152
Bethel (Behindertenanstalt) 115
Bethmann Hollweg, Theobald von (1856–1921; dt. Reichskanzler) 195, 242, 243, 244
Beust, Fritz (19. Jh.; Mitherausgeber der „Neuen Kölnischen Zeitung") 155
Beveridge, Albert J. (1862–1927; amerik. Senator) 221
Biedermeier 147, 148, 149
Bildung 190, 210, 297; -schancen 284, 293; -smöglichkeiten 155; -sreform 73; -swesen 219
Bill of Rights (1689, engl. Grundgesetz) 14, 16, 31, 145, 292
Bill of Rights (1791, amerik. Grundrechtekatalog) 31
Bischoff, Prof. Theodor von (19. Jh.; Mediziner) 208
Bismarck, Otto von (1815–1898; dt. Staatsmann) 172, 173, 174 (Abb.), 176, 177

320

(Abb.), 178 (Abb.), 179 (Abb.), 184, 189 (Karikatur), 202, 223, 230, 231 (Karikatur), 232, 297, 298; ~, Denkmal 199 (Abb.)

Blenker, Elise (19. Jh.: Ehefrau von ▷ Ludwig Blenker) 155 (Abb.)

Blenker, Ludwig (1812–1863; Oberst d. Revolutionstruppe 1848/49) 155 (Abb.)

Blum, Robert (1807–1848; Abgeordneter der dt. ▷ Nationalversammlung) 168

Bodelschwingh, Friedrich von (1831–1910; Pastor und Theologe) 115

Bodmer, Johann Georg (1786–1864; schweiz. Maschinenbauer und Erfinder) 123, 124

Bolschewiki („Mehrheitler"; rev. Mehrheit der Mitglieder der ▷ SDAPR um Lenin) 264, 266, 269, 270, 271 (Abb.), 272, 274, 275–281, 284, 299, 310, 311

Bosch, Robert (1861–1942; dt. Industrieller) 109, 123, 125; Bosch-Zündung 109

Bosnien-Herzegowina 230, 239, 240

Boston Tea Party (1773) 24 (Abb.)

Braun, Karl Ferdinand (1850–1918; dt. Physiker) 183 (Abb.)

Braunschweig 146

Bremen 131

Brentano, Lorenz (1813–1891, liberaldemokratischer Politiker) 163

Brest-Litowsk (Diktatfrieden von ~) 257, 275, 299

Bruderhaus in Reutlingen 114, 115 (Abb.)

Brüssel 228

Büchner, Georg (1813–1837; dt. Dichter) 60, 148

Budapest 150

Büffeljagd 35 (Abb.)

Bulgarien 230, 239, 257

Bülow, Bernhard Fürst von (1849–1929; dt. Reichskanzler) 233

Bundes/rat 184, 185, 188, 189; -staat 26, 137, 140, 141, 146, 152, 184, 296; -vereinsgesetz (1851) 169; -verfassung (1789; amerik., erste demokrat. Verfassung) 23, 26–31, 292; -versammlung 137

Bündnis 176, 230, 232 (Karte); -system 231, 298; -treue 242, 298; -verpflichtungen 270

Bunsen, Robert Wilhelm Freiherr von (1811–1899; dt. Chemiker) 170

Bürger 78, 146, 155, 169, 182, 275, 293; -krieg, engl. (1642–1648) 12–14; -krieg, frz. 68, 294; -krieg, amerik. (1861–1865) 32–37, 168; -krieg, russ. (1918–1921) 275, 276, 284, 299; -recht/e 10; -wehr 155; Klein- 150, 190; Staats- 202

Bürgerliches Gesetzbuch (BGB) (1900) 208

Bürgertum 118, 140, 141, 145, 146, 190, 192, 193, 209, 210, 252, 264, 297; Bildungs-190; Groß- 68, 190; Stadt- 190, 299

Burschenschaften 140, 141, 195

Calvin, Johannes (1509–1564; Genfer Reformator) 93

Campe, Friedrich (1777–1846; Nürnberger Buchhändler) 74

Camphausen, Gottfried Ludolf (1803–1890; preuß. Politiker u. Bankier) 152

Castlereagh, Henry Robert Stewart (1769–1822; brit. Außenminister) 137 (Abb.)

Centralstelle für Handel und Gewerbe(1848) 122, 124

Chamberlain, Sir Joseph Austen (1863–1937; brit. Staatsmann u. Außenminister) 241

Chamberlayne, John 18

Chauvinismus (übersteigerter Nationalismus) 194, 292

Chemie 210; -industrie 104, 105, 210, 293, 295

China 216, 218

Clemenceau, Georges (1841–1929; frz. Ministerpräsident) 221

Coalbrookdale Shropshire am Severn (Hüttenregion im Westen Englands) 90

Code Civil (Bürgerliches Gesetzbuch 1804) 70, 71, 72, 75, 79, 294

Commonwealth (Staaten des ehem. brit. Weltreiches) 14

Corday d`Armont, Marie 1768–1793; frz. Adlige) 61

Crimmitschau (Ort in Sachsen) 120

Cromwell, Oliver (1599–1658; engl. Politiker) 11 (Abb.), 12, 14 (Abb.), 15, 16 (Abb.), 17

Chruschtschow, Nikita (1894–1971; soz. Politiker) 285

Dahomeer (Einwohner Benins) 221 (Abb.)

Daimler, Gottlieb (1834–1900; Ingenieur) 87 (Abb.), 123

Dampf/dreschmaschine 103 (Abb.); -hammer 108 (Abb.); -lokomotive 91; -maschine 89, 90 (Abb.), 99, 101, 104, 107, 268 (Statistik), 292, 295; -pflüge 101

Dänemark 172

Danton, Georges Jacques (1759–1794; frz. Rechtsanwalt u. Revolutionär) 60 (Abb.), 62

Darwin, Charles (1809–1882; Naturforscher) 204

Das Kapital (1850; Hauptwerk von ▷ Karl Marx/Friedrich Engels) 114

Defoe, Daniel (1660–1731; engl. Schriftsteller) 19

Deineka, Alexander (1899–1969; russ. Maler) 286, 287

Dekret über den Frieden (1917) 271

Dekret über Grund und Boden (1917) 271

Demokratie 10, 26, 28, 37, 56, 238, 273, 274, 299; ~, amerik. 32; ~, konstitutionelle 266

Dernburg, Bernhard (1865–1937; dt. Bankier u. Kolonialpolitiker) 224

Desmoulins, Camille (1760–1794; Führer der ▷ Frz. Revolution; Jakobiner) 62

Despotismus (Gewaltherrschaft) 60, 65; Despotismus der Freiheit 58–67

Deutsche Antisemitische Vereinigung (1886) 205

Deutsche Edison Gesellschaft (1883) 104

Deutsche Fortschrittspartei (1861) 175

Deutsche Industrie-Zeitung (Organ des Zentralverbandes Deutscher Industrieller) 120

Deutscher Bund (1815) 99, 136, 137, 138, 139 (Abb.), 140, 146, 147, 150, 151, 160, 163, 172, 173, 176, 292, 296, 297

Deutscher Bund Heimatschutz (1904) 211

Deutscher Flottenverein 195, 233, 235

Deutscher Zollverein (1834) 99, 295

Deutsches Reich 77, 182–213, 216, 223–225, 230–238, 245, 256, 297, 298, 308; ~, Gründung (1871) 134, 176–180, 230, 293, 297, 305

Deutschland 20, 22, 41, 72–76, 99–105, 118, 134–181, 194, 195, 228, 230–238, 239, 240, 242–260, 270, 295, 298, 303 Nord- und Ost- 190; Süd- 150, 151, 294; Südwest- 122–125; ~, (1866) 175 (Karte); ~, (nach 1866) 175 (Karte); ~, (1871) 177 (Karte); ~, vor und nach der Neuordnung durch Napoleon 73 (Karte); ~, wirtschaft. Einigung 102 (Karte); ~, Grenzen 160; ~, Kleinstaaterei 44, 72, 102; ~, Neuordnung 137, 296

Deutsch-österreichischer Zweibund (1879) 230

Disraeli, Benjamin (1804–1881; brit. Staatsmann) 180, 219, 230

Dix, Otto (1891-1969; dt. Maler) 215

Dnepr-Staudamm 283

Dorf 285; -gemeinde (russ.) 264, 265, 266, 299, 310; -gemeinschaft 191; -lesestube 280 (Abb.)

Drei/bund (Deutschland/Österreich-Ungarn/Italien; 1882) 230, 235, 240, 244; -kaiserbündnisvertrag (1873) 230–232; -klassenwahlrecht 168, 169, 185

Dreißigjähriger Krieg (1618–1648) 17

Dritter Stand (▷ Ständeordnung in Frankreich) 42, 43, 44, 46, 47, 48, 49, 141, 294

Dualismus (Konkurrenzverhältnis) 172, 292

Duma (russ. Volksvertretung) 266, 269, 270, 271, 299; -Komitee 269

Ebert, Amalie (20. Jh.; Tochter von ▷ Friedrich Ebert) 253 (Abb.)

Ebert, Friedrich (1871–1925; dt. Staatsmann/Reichskanzler) 257, 259

Ebert, Georg (20. Jh.; Sohn von ▷ Friedrich Ebert) 253 (Abb.)

Ebert, Heinrich (20. Jh.; Sohn von ▷ Friedrich Ebert) 253

Edison, Thomas Alva (1847–1931; amerik. Ingenieur u. Erfinder) 104

Einhegung 93, 94

Einheit 296; ~, Streben nach nationaler 134–181, 189

Einstein, Albert (1879–1955; Physiker) 256, 258, 260

Eisen 89, 101, 122, 295; -erz 92, 122; -erzverhüttung 89, 90; -hüttenindustrie 101, 288; -produktion 98 (Statistik); -verhüttung 91, 101, 295; -walzwerk (Hagen) 87 (Abb.)

Eisenbahn 32, 86, 89, 94, 100–101, 103, 105, 122, 176, 210; -bau 104, 107, 295; -linie (1. dt.) 94, 100, 292, 295; -netz, dt. 1850–1870 100 (Karte); -netz, europ. 1850–1914 (Statistik) 97; -netz durch das Rheintal 123; Südsibirische ~ 283; Transsibirische ~ 265; ~, badische 122 (Abb.)

Elba (Verbannungsort ▷ Napoleons) 82

Elektrifizierung 104, 280; Elektrizität 105; -swerke 104, 123; Elektro/industrie 104, 105, 210, 220, 295; -chemie 123; -lokomotiven 104; -technik 293

Elisabeth II. (engl. Königin) 13 (Abb.)

Elsass-Lothringen 177, 180

Emser Depesche (1870) 176, 297

Energie 123; -bedarf 130; -träger, fossile 130; ~- u. Wasserversorgung 131

Engels, Friedrich (1820–1895; dt. Philosoph u. polit. Ökonom) 113 (Abb.), 114, 117

England/Engländer 10–25, 37, 41, 81, 88–98, 99, 100, 118, 141, 146, 173, 176, 210, 217, 219, 222, 233, 234, 236, 240, 244, 292, 295, 298, 303; Neu- 20

Ense, Karl August Varnhagen von (19. Jh.; dt. Diplomat u. Schriftsteller) 171

Entstalinisierung 283, 285

Entente Cordiale (1904; Bündnis Frankreich/Großbritannien) 233, 235

Erfurter Parteitag/Programm der SPD (1891) 206, 307

Eritrea 216

Erklärung der Menschen- und Bürgerrechte (26. August 1789 in Frankreich) 39 (Abb.), 48, 50, 52 (Abb.), 56, 145, 292, 294

Erklärung der Rechte der Frau und Bürgerin (1791 von ▷ Gouges veröffentlicht) 50, 53, 55

Erste Navigationsakte (1651) 17, 18

Erster Stand (▷ Ständeordnung in Frankreich; ▷ Klerus) 47, 49, 294

321

Erster Weltkrieg (1914–1918) 214, 219, 242–260, 264, 266, 269, 270, 284, 293, 298, 299, 308–309; ~, Verlauf 248 (Karte)

Europa/Europäer 20, 21, 24, 41, 52, 58, 72, 81–85, 134, 148, 150, 169 (Abb.), 216, 217, 128, 219, 220, 222, 223, 230, 239, 246, 257, 264, 280, 292, 293; Mittel- (1815) 138 (Karte); West- 264, 270; ~, unter napoleon. Herrschaft (bis 1812) 81 (Karte); ~, Neuordnung 136–139, 239; ~, Sagengestalt 245 (Abb.)

Exekutive (vollstreckende Gewalt im Staat) 28–29, 51

Eyck, Erich (Hist.) 179

Fabrik 88, 91, 94, 99, 100, 110, 114, 118, 126, 131, 207, 266, 269, 271, 280, 281, 295; -arbeiter 110; -direktoren (heute: Manager) 106; -eigentümer/besitzer 106; -hallen 101; -ordnung 110, 111, 113, 295; Textil- und Munitions- 269

Februarrevolution (1917 in Russland) 256, 269–274, 299; ~, (1848 in Frankreich) 150

Feld/post 250–251; -poststation 251 (Abb.); -zug 81

Ferry, Jules (1832–1893; frz. Ministerpräsident) 221

Festung Ehrenbreitstein (Koblenz) 163

Feudalismus 50

Flotte/n 81, 233, 234, 235, 236; -bau 234, 236; -politik 234 (Abb.), 236, 298, 308; -programm 236; -rüstung 234, 235; Hochsee- 246; Ostsee- 244

Flugblatt 162, 204, 304

Frankfurt a. M. 137, 150, 162, 173; ~, Bundestag 146, ~, Paulskirche 135 (Abb.), 157 (Abb.), 158–161, 168, 184, 293, 296

Franklin, Benjamin (1706–1790; amerik. Politiker u. Schriftsteller) 30

Frankreich/Franzosen/französisch 14, 20, 23, 24, 41, 42–71, 72, 77, 81–85, 123, 136, 141, 146, 173, 176–179, 184, 194, 217, 221, 222, 223, 230–232, 233, 235, 236, 237, 241, 242, 243, 248, 249, 257, 275, 292, 294, 297, 298

Franz Ferdinand (1863–1914; österreichisch-ungarischer Thronfolger) 242

Franz Joseph (1848–1916; österreich. Kaiser) 172

Franz (1768–1835; österreich. Kaiser) 72, 294

Französische Revolution 38–76, 114, 134, 136, 139, 140, 141, 171, 230, 292, 294, 296, 300–301

Frauen 13, 46, 63, 71, 110, 170, 171, 252, 266, 293, 295, 298; -berufe 46, 155, 206, 207; -bewegung 206, 208, 293; -bild 208; - und Familienbild (soz.) 284; -clubs (frz.) 38 (Abb.), 53, 63 (Abb.), 65; -demonstration 207 (Abb.), 256; - und Familienideal 290; -recht/e 70, 155, 208; -studium 183 (Karikatur), 206; -versammlung 155 (Abb.); ~, bürgerl. 206; ; ~, prolet. 206; ~, streikende 120 (Abb.); ~ beim sozialist. Aufbau in Russland 290 (Abb.); ~ im dt. Kaiserreich 206–208; ~ in Rüstungsbetrieben 255, 298; ~ und Politik 155–156; ~, Marsch nach Versailles 53 (Abb.)

Freiburg 80, 162

Freiheit 59, 70, 71, 79, 267, 296; -sbewegung 294; Streben nach ~ 134–181; Freiheit, Gleichheit, Brüderlichkeit (Losung der ▷ Frz. Revolution) 38, 48, 50, 58, 60, 114

Freischärler 162, 163, 164 (Abb.)

Freiwillige 141, 247 (Abb.); -nregiment 141

French and Indian War (1763) 23

Frickler, Joseph (bad. Revolutionär der Märzrevolution) 162, 165

Frieden 13, 136, 185, 230, 236, 239, 244, 245, 246, 256–260, 274, 296, 307; -sangebote 256; -sbewegung 256; -sdemonstrationen 256; -sglocke 241 (Karikatur), 259; -sprogramm Wilsons (1919) 257; -ssicherung 298; -sstaat (▷ Deutscher Bund) 138; -sverhandlungen (▷ Erster Weltkrieg) 256, 257, 259; -sverhandlungen (▷ Napoleon) 84; -sversprechen 275; -svertrag (Deutschland/Frankreich 1871) 177; -svertrag (Preußen/Österreich 1866) 173; -sverträge (▷ Napoleon) 81; Verhandlungs- 257

Friedrich II. (der Große) (1740–1786; preuß. König) 292

Friedrich III. (dt. Kaiser) 184, 232

Friedrich Wilhelm IV. (1795–1861; preuß. König) 152 (Abb.), 157, 163, 168, 170, 171, 173, 180, 296, 305 (Abb.); Proklamation (März 1848) 152, 154

Front 81, 246; -abschnitt (Belgien) 246 (Abb.); Heimat- 254–255; West- 260

Fürst/en 10, 77, 136, 157, 184, 296; -haus 136, 184; -tum 72, 137, 150, 296; -union 172, 297; Landes- 184

Gagern, Heinrich Freiherr von (1799–1880; 1. Präsident der dt. ▷ Nationalversammlung) 144, 157, 305 (Abb.)

Gaxotte, Pierre (1895–1982; frz. Hist.) 66

Geibel, Emanuel (1815–1884; dt. Dichter) 194

Geistlichkeit (Klerus) 38, 42, 43, 44, 49, 145, 297

Generalmobilmachung 242, 243, 245, 298

Generalstände (frz. Versammlung der drei ▷ Stände) 42, 44, 45 (Abb.), 47, 294

Gentry/Gentleman (engl. Oberschicht) 17, 19

George III. (engl. König) 25

Gerassimow, Alexander (1881–1963; russ. Maler) 262, 287

Gericht 202; -sbarkeit 195, 219; -shof 15; Oberstes ~ 12

Germania (Göttin) 135 (Abb.), 242 (Abb.)

Germanisierungspolitik 202–203

Gesellschaft 190–193, 196, 202, 209, 252, 297; -sgruppen 252; ~, engl. 17; ~, frz. 47, 69; ~, indigene 222; ~, moderne 38; ~, russ. 268 (Abb.); ~, sozialistische 299; ~, Disziplinierung der 285

Gesellschaft für deutsche Kolonisation (1884) 223, 226

Gesellschaft zur Beförderung der Gewerbe 122

Gesetz über die Verdächtigen (17. September 1793; Beginn der frz. ▷ Schreckensherrschaft) 58, 60, 62, 65

Getreidekrise (1927/1928) 284

Gewalt 58, 235, 275, 285; -enteilung 294; -herrschaft 285; Zentral- 270, 276

Gewerbe 122; -ausstellung (Berlin 1878) 104; -förderung 123; -freiheit 99, 122, 295; -schule 123; -treibende 21; ~, und Eisenbahn in Baden und Württemberg 125 (Karte)

Gewerkschaft 118, 252, 293, 295

Gironde bei Bordeaux (frz. Landschaft) 59

Girondist/en (gemäßigte ▷ Jakobiner) 58, 59

Gitermann, Valentin (Hist.) 274

Gleichberechtigung 40, 203; ~, Frauen 53, 55, 58, 70, 206–208, 307; ~, Nationen 270; ~, Religionen 270

Gleichgewicht, europ. Großmächte 136, 137, 139, 230, 296; ~, ökol. 130

Gneisenau, Wilhelm von (1760–1831; preuß. Generalfeldmarschall) 73

Gobineau, Joseph Arthur Comte de (1816–1882; frz. Schriftsteller) 204

Goede, Chr. August Gottlieb (19. Jh.; Jurist u. Schriftsteller) 95

Goegg, Amand 163

Görmitz, Hermann Schulze (19. Jh.; Staatsrechtler) 196

Gortschakow, Alexander M. Fürst (1798–1883; russ. Außenminister) 220

Gothaer Programm (Programm der ▷ SAP) 119

Göttinger Sieben (Professorenvereinigung, u. a. Gebrüder Grimm) 134 (Abb.), 148, 149

Gouges, Olympe de (1748–1793; frz. Frauenrechtlerin) 50, 53 (Abb.), 55

Gouverneur (Statthalter) 20; königlicher ~ 20

Grey, Sir Edward (1862–1933; brit. Staatsmann/Außenminister) 236, 242

Griechenland 239

Großbritannien (▷ England) 12, 34, 81, 136, 230–232, 233, 234, 235, 242, 243, 264, 275, 298

Große Säuberung (1934–1938) 283

Großer Vaterländischer Krieg (1941–1945) 283, 285

Großherzog Leopold von Baden (1790–1852) 163

Großserbisches Reich 239, 298

Großsiegel von England (1651) 17 (Abb.)

Grotenburg (Berg im Teutoburger Wald) 198

Gründerkrise (1873; ▷ Wirtschaftskrise) 203

Grundgesetz der Bundesrepublik Deutschland (23. Mai 1949) 52, 57, 161

Grundgesetz des Deutschen Bundes (▷ Wiener Schlussakte) 139

Grund/herren 49, 93, 99, 150, 152; -herrschaft 99, 295

Grundrechte 137, 140, 158, 184, 266, 270, 297, 299, 306; ~ des deutschen Volkes (▷ Reichsverfassung 1849) 134 (Abb.), 158, 161, 163, 165, 168, 169

Guerilla/krieg (▷ span. Befreiungskrieg 1808–1813) 81, 82; -taktik 82

GULag (sowjetisches Zwangsarbeitslager) 262 (Abb.), 285, 290

Guyancourt (frz. Dorf) 45

Habeas-Corpus-Akte (1679; engl. Grundgesetz, sichert den Schutz der Freiheit jedes Untertanen) 12, 14

Haber, Fritz (1868–1934; Chemiker, Nobelpreisträger) 249

Habsburger Monarchie 150, 152

Haftpflichtversicherung 115

Hagenbeck, Carl (1844–1913) 228; Hagenbecksche Völkerschau 228 (Abb.), 229 (Abb.)

Haldane, Richard Burdon (1856–1928; brit. Kriegsminister) 235

Halske, Johann Georg (1814–1890; Mechaniker u. Unternehmer) 104

Hambacher Schloss 146, 147 (Abb.), 148, 296; Hambacher Fest (1832) 146, 293

Hamburg; „Rauhes Haus" bei ~ 117 (Abb.)

Handel/Händler 13, 17, 21, 27, 43, 71, 82, 88, 92, 93, 99, 190, 218, 220, 288; -sflotte 17, 221, 308; -sgesellen 303; -snation 18; -sniederlassung 221; -sverträge 298; -swege 298; Zwischen- 20; Handels- und Gewerbefreiheit 93, 295; Handels- und Schutzverträge 298

Handwerk/er 13, 21, 42, 43, 47, 88, 99, 101, 104, 106, 110, 146, 150, 157, 190, 210; -sbetriebe 123; -sgesellen 117, 303; Klein- 276

Hannover 146, 173

Hansemann, David (1790–1864; dt. Wirtschaftspolitiker) 152

Hardenberg, Karl August Freiherr (1750–1822; preuß. Staatskanzler) 73, 137 (Abb.)

Harkort'sche Fabrik (Maschinenfabrik in Wetter an der Ruhr) 99 (Abb.)

Hatchett, Charles (1765–1811; Chemiker) 90

Hechingen 151

Hecker, Friedrich (1811–1881; bad. Revolutionär der Märzrevolution) 162, 163 (Abb.), 168

Hecker-Aufstand 163; Hecker-Zug 162

Heer 68, 81, 82; -esreform 73, 172; ~, preuß. 82; Koalitions- 72, 81

Heeren, Ludwig (1760–1842; Göttinger Hist.) 138

Heilige Allianz 136

Heiliges Römisches Reich Deutscher Nation 72, 292, 294

Heinrich VIII. 13

Henckel von Donnersmarck, Guido (1830–1916; schles. Fürst) 190

Hereros (Stamm in Südwestafrika) 223

Hermannsdenkmal im Teutoburger Wald 198 (Abb.)

Herrschaft/Herrscher 188, 219; Doppel- 270; ~, absolut. 40; ~, europ. 216–219

Herzog von Braunschweig 51, 55

Herzog von Wellington 137 (Abb.)

Hessen 176

Hessischer Landbote (Flugschrift 1834) 148, 149

Hildermeier, Manfred (Hist.) 274

Hinrichtung /des frz. Königs 51 (Abb.), 294; ~ Aufständischer im ▷ spanisch. Guerillakrieg 83 (Abb.)

Historienbilder 186 (Abb.), 187

Hitler, Adolf (1889–1945; dt. Diktator) 204

Hobsbawm, Eric (engl. Hist.) 274, 302

Hodenberg, Hermann Freiherr von (1862–1946; letzter Kultusminister d. Königreiches Hannover) 175

Hoffmann von Fallersleben, Heinrich (1798–1874; dt. Dichter u. Germanist) 146, 149

Hohenzollern 78 (Karte), 151, 176

Holland 17–19, 20, 22

Holstein (Herzogtum) 173, 297

Hübsch, Carl (20. Jh.; führender Funktionär der ▷ dt. Gewerkschaften) 120

Humboldt, Wilhelm von (1767–1835; dt. Gelehrter) 73

Hunger 122, 150, 255, 269, 283, 289, 299; -aufstände 68; -katastrophe 285; -snot 147, 263 (Abb.), 275, 276 (Abb.), 281 (Abb.), 284, 299

Husar 306 (Abb.)

Identität, kulturelle 219, 298

Imperialismus (Streben nach wirtschaft., polit. und militär. Vorherrschaft) 214–218, **219**, 220–261, 292, 298, 308–309; formeller vs. informeller ~ 219, 298

Indianer (Ureinwohner Amerikas) 21, 32

Indien 218, 234; Seeweg nach ~ 216

Industrialisierung 86–93, **94**, 95–133, 189, 190, 191, 193, 246, 264, 265, 266, 285, 288, 292, 295, 297, 298, 299, 302–303; Hoch- 129, 293, 306; ~, antikapitalistische 283; ~, in Europa (1870–1914) 95 (Karte)

Industrie 106, 132, 147, 157, 190, 206, 210, 211, 219, 280, 283, 288; -betriebe 130, 276; -förderung 122; -gebiete 95, 130; -gesellschaft 99; -länder 131; -produktion 98 (Statistik), 100, 275, 299, 302 (Statistik); -staat 72, 210; -stätte 90; -unternehmen

93; -wachstum unter Stalin 288 (Statistik); -zweige 131; ~, brit. 92 (Karte); ~, russ. 265; Kali- 131; Konsumgüter- 252, 283; Papier- 123; Schrittmacher- (Leitsektor) 89, 94, 100, 105, 122, 123, 295; Schwer- 283, 288; Textil- 88, 89, 94, 120, 295; Uhren- 123

Industrielle 93, 218; ~ Moderne 211

Industrielle Revolution 54, **94**, 104, 190, 292, 295; Zweite ~ 295

Intelligenzija (russ. Gesellschaftsschicht) 265

Invalidität 252; ~- u. Altersversicherung (1889) 116

Irland 13, 14

Italien/Italiener 68, 152, 168, 216, 230–232, 239, 240, 298

Jäckel, Hermann (1869–1928; Gewerkschaftsführer aus Crimmitschau) 120

Jagow, Gottlieb von (1863–1935; Staatssekretär/dt. Außenminister) 238, 244

Jakob I. (1566–1625; engl. König) 12 (Abb.), 15, 16

Jakob II. (1633–1701; engl. König) 14

Jakobiner (Mitglieder eines polit. ▷ Clubs frz. ▷ Revolutionäre) 50, 58, 59, 60, 68, 294; -clubs 50, 59, 68; -diktatur 60; -herrschaft 58, 65, 66–67; -kloster 50

Japan 216, 219, 253, 266, 275, 298

Jefferson, Thomas (1743–1826; 3. Präsident der USA) 10 (Abb.), 23 (Abb.), 25

Jellinek, Georg (1851–1911; dt. Staatsrechtler) 188

Jena 141; Schlacht bei ~ (1806) 72

Johann, Erzherzog (1782–1859; Reichsverweser) 157

Juden 203, 205; -emanzipation 73; -tum 203

Judikative (richterliche Gewalt im Staat, Gewaltenteilung) 28–29

Julianischer und Gregorianischer Kalender 266, **267**

Julirevolution (1830 in Frankreich) 146–149, 162, 296

Julikrise (1914) 242–245

Kadetten (russ., demokrat. Oppositionsgruppe) 266

Kaiser 10, 136, 189, 194, 197, 209, 297; -deputation der Nationalversammlung (1849) 161 (Abb.); -geburtstag (Festtag) 194, 297; -krone 168, 170, 305; -krönung Napoleons (1804) 69 (Abb.), 71, 294; -proklamation (1871 in Versailles) 177, 183 (Abb.), 186 (Abb.), 196; -reich 169, 257; -reich (dt.) 182–213, 257, 293, 297, 306–307; -tum 71, 196, 294

Kalm, Pehr (schwed. Naturforscher) 22

Kamenew, Lew Borissowitsch (1883–1936; russ. Politiker) 273, 274, 278 (Abb.), 279

Kamerun 216, 225

Kanada 23

Kandern, Schlacht bei ((20. April 1848) 162

Kane, Cheikh Hamidou (geb. 1928; senegalesischer Schriftsteller) 222

Kant, Immanuel (1724–1804; Philosoph) 40

Kapital 92, 106, 123, 202, 216; -bedarf 106; -ismus 114, 262, 280, 292; Auslands- 265

Karikatur (ital. caricare = überladen) 16 (Abb.), 142 (Abb.), 143, 145 (Abb.), 149 (Abb.), 150 (Abb.), 170 (Abb.), 174 (Abb.), 191 (Abb.), 205 (Abb.), 233 (Abb.), 237 (Abb.), 239 (Abb.), 254 (Abb.), 304

Kärnten

Karl I. (1625–1649; engl. König) 12, 13, 14, 292

Karl II. (1630–1685; engl. König) 14

Karl X. (1824–1830; frz. König) 146

Karl Friedrich von Baden (1728–1811; Markgraf/Großherzog von Baden) 79

Karlsbader Beschlüsse (1819) 140, 141, 144, 145, 162, 293, 296

Karlsruhe 123, 162, 163

Karlsruher Gewerbeverein 123

Karlsruher Ständehaus (bad. Landtag) 162

Kasachstan 283

Kaspisches Meer 257

Katholizismus/Katholiken/katholisch 13, 14, 70, 185, 202, 297

Kaufhaus 209 (Abb.)

Kaukasus 283

Kaunertal (Tirol) 130 (Abb.), 131 (Abb.)

Kautschuk 220

Kerenskij, Alexander (1881–1970; russ. Politiker) 271, 274

Kerr, Alfred (1867–1948; Berliner Theater- u. Musikkritiker) 209

Kessler, Emil 122

Kiautschou (ehem. dt. Kolonie in China) 216, 234

Kinder 113, 146, 190, 207, 252, 266; -arbeit 110 (Abb.), 112, 115, 295, 298; -erziehung 207

Kirche 77, 114, 293, 295; ~, kathol. 70, 117; ~, orthodox 282

Kirow 285

Klages, Ludwig (1872–1956; Philosoph u. Psychologe) 132

Klassen 238, 273, 284, -feind 275; -gerechtigkeit 275; -gesellschaft 191, 292; -kampf 114; -staat 202; ~, soziale 222

Klimaerwärmung 295

Kohle 86, 89, 94, 101, 105, 122, 252, 295; -bergwerke, engl. 89; Holz- 89, 90, 122, 130; Stein- 89, 90, 92, 122, 130, 295

Kolchose (landwirtschaftl. Genossenschaft) 284

Kokarde (Abzeichen der ▷ frz. Revolutionäre) 59 (Abb.)

Koks 89, 91; -hochofen 90

Köln (1848) 153

Kolonial/beamte 223; -besitz 223; -handel 99; -häuser 226; -herren 219, 223, 298; -herrschaft 223; -isierung 225; -ismus 292; -macht/mächte 23, 219, 223-225, 298; -politik/er 221, 223, 224, 225, 298, 308; -propagandisten 218, 223; -reich 17, 214–215 (Karte), 219, 293; -streben 223; -verwaltung 218, 219, 222, 223; -zeit 225; Kolonie 18, 19, 26, 82, 88, 92, 93, 214 (Karikatur), 216–225, 230, 266, 298, 308; ~, engl. 19, 20, 21 (Karte), 22, 23, 24, 25, 43

Kolping, Adolf (1813–1865; Priester u. Vereinsgründer) 117; -werk 117, 293

Kommunismus 285, 292, 295; Kommunistische Partei Russlands 274, 283, 285, 286, 299; ~ Manifest (▷ Karl Marx u. Friedrich Engels 1848) 114, 116

Konfiszierung 282

Konföderierte Staaten von Amerika (Abspaltung der Südstaaten von den USA 1861) 33

Kongo 216, 220

Kongress (amerik. ▷ Legislative) 26, 27, 28–29, 33

König 10, 12, 13, 16, 38, 44, 48, 136, 148, 218; -sgewalt 42; - smacht 10, 13; -tum 152

Königgrätz, Schlacht von ~ (1866) 173 (Abb.)

Königsberg 188

Konkordat (Vertrag zwischen Kaiser und Kirche) 70

Konservative 59; Konservative Partei 185

Konstantinopel 231

323

Konsul 68, 294; ~ auf Lebenszeit (▷ Napoleon) 69
Kontinental/mächte 136; -politik 233; -sperre 81, 82; -kongress in Philadelphia (1774–1776) 10 (Abb.), 23 (Abb.), 24, 27
Kotzebue, August von (1761–1819; dt. Dichter) 140, 141, 145
Kreml (Moskau) 262–263
Krieg 13, 43, 136, 184, 185, 215 (Abb.), 230, 231, 232, 237, 238, 240, 242, 245, 246, 248, 249, 252, 266, 269, 294, 307; -salltag 252, 255; -sausbruch 245, 246, 298; -begeisterung 246, 247; -sbeute 256; -sende 299; -sentschädigung 177; -sflotte 17, 233, 308; -sführung 81, 246, 298; -sgefahr 309; -sindustrie 255; -smüdigkeit 256, 259; -spropaganda 254; -srecht 166; -sschiff 216, 234; -sschulden 27; -szahlungen (Reparationen) 256; -sziele 246, 248, 249; -szielkatalog 246; -szustand 163; Präventiv- 238, 244; Stellungs- 246; Unabhängigkeits-, amerik. (1776–1783) 24; Totaler ~252–255; ~, Dt.–Frz. (1870/1871) 176–180, 194, 201, 293, 297, 298; ~, preuß.–österreich. (1866) 176; ~, russ.–japanisch (1904/1905) 266, 299, 308; Kriegerverein, dt. 197
Kristallpalast (London) 86 (Abb.)
Kroatien 239
Krüger-Depesche (1896) 234
Krupp, Alfred (1812–1887; dt. Industrieller) 107, 108, 109
Krupp, Hermann (Bruder von Alfred Krupp) 107
Krupp (Firma) 106 (Abb.), 107 (Abb.); -werke 101 (Abb.)
Kuba 221
Kulaken (russ. Bauern) 284, 285, 289
Kumasi (Ghana) 218 (Abb.)
Kunst/Künste 13, 70, 71, 107; ~, der Diktatur 286–287
Kurhessen 146, 173
Kyffhäuser-Denkmal 198 (Abb.)

La Terreur (frz. ▷ Schreckens- und Terrorherrschaft) 58–67
Landesausschuss der Volksvereine (demokratisches Parlament in Baden 1849) 163
Landtag 138; ~, Wahlen zum preußischen (1908) 189 (Statistik)
Landwirtschaft 18, 33, 92, 94, 99, 101, 103, 114, 122, 147, 190, 207, 210, 252, 264, 275, 280, 284, 299; ~, Entwicklung 268 (Statistik); ~, Kollektivierung, russ. 283, 284 (Abb.); ~, Zwangskollektivierung 284; ~, Modernisierung 93, 101, 295
Langewiesche, Dieter (Hist.)171
Lanz, Heinrich (1838–1905; Erfinder, Unternehmer) 123
Lauenburg (Herzogtum) 173
Lebens/bedingungen 88, 110, 118, 150, 190, 295, 303; -führung 88; -haltungskosten 46 (Abb.); -situation 32, 202; -verhältnisse 20, 46, 88, 113; -weise 219
Lebensmittel 68, 93, 246, 252, 284; -industrie 101; -karten 252 (Abb.); -nachschub 82; -ration 281
Legien, Karl (1861–1920; Funktionär der ▷ dt. Gewerkschaften) 120
Legitimität 136, **139,** 292
„Le grande peur" (Die große Angst) 48 (Abb.), 49
Leibeigenschaft 50, 264, 265, 296, 299
Leipziger Arbeiterverein 193
Lenin (1870–1924; Wladimir Iljitsch Uljanow) 262 (Abb.), 266, 269, 270 (Abb.), 271, 272 (Abb.), 273, 274 (Abb.), 275, 278

(Abb.), 279, 280, 282, 285, 299, 310 (Abb.), 311
Leo XIII. (Papst) 117
Leopold von Hohenzollern-Sigmaringen (1835–1905; Prinz) 176
Lewertott, Martha (Verfasserin eines patriotischen Gedichtes 1914) 247
Liberalismus/Liberale/liberal 140, 141, **145,** 157, 162, 163, 172, 173, 185, 292, 296; Links- 233
Lichnowsky, Max Fürst von (1860–1928; Diplomat) 235
Lincoln, Abraham (1809–1865; 16. Präsident der USA) 33, 35, 36
List, Friedrich (1789–1846; dt. Volkswirtschaftler) 102
Livingstone, Dr. David (1813–1873; Afrikaforscher u. Missionar) 219 (Abb.), 225
Lloyd, George David (1863–1945; brit. Schatzkanzler) 236
Locke, John (1632–1704; engl. Philosoph) 17, 43
Loebell (preuß. Innenminister) 254
London 20, 24, 228; Londoner Weltausstellung (1862) 107 (Abb.)
Lord (hoher engl. Adelstitel) 12; -Protector 14
Lothringen 51, 177, 237
Ludendorff, Erich (1865–1937; preuß. General) 260
Lüderitz, Adolf (1834–1886; dt. Kaufmann) 223
Ludwig II. (1864–1886; König von Bayern) 177
Ludwig XIV. (1643–1715; frz. König, „Sonnenkönig") 14, 47, 292
Ludwig XVI. (1774–1793; frz. König) , 42 (Abb.), 47, 51 (Abb.), 59, 62 (Karikatur), 292, 294
Luxemburg, Rosa (1871–1919; Vertreterin der europ. Arbeiterbewegung) 308, 309

Macht/Mächte 14, 82, 233, 274; -missbrauch 221; -monopol 285; -staat 306; -streben 293; -verteilung in Europa 82, 136, 293; Groß- 172, 173, 176, 194, 216, 217, 219, 223, 230, 234, 239, 243, 249, 264, 293, 298, 299; Militär- 194; Sieger- 136
Magdeburg 131
Magna Charta Libertatum (1215; „Großer Freiheitsbrief") 12
Magnitogorsk (russ. Stadt 290; ~, Stahlzentrum 283
Mailand 150
Malewitsch, Kasimir (1879–1935; russ. Maler) 287
Manchester 90, 113
Mandela, Nelson (geb. 1918; ehem. Präsident Südafrikas) 214
Mann, Thomas (1875–1955; dt. Schriftsteller) 246
Mannheim 123; Mannheim-Planken 126 (Abb.); Mannheimer Gewerbeverein 123
Manufaktur 18, 43
Marat, Jean-Paul (1744–1793; radikaler frz. republ. Schriftsteller) 61 (Abb.), 65
Maria II. von Oranien (1662–1694; engl. Königin) 11 (Abb.), 12, 14
Marie Antoinette (1755–1793; frz. Königin) 51
Markt 93, 126, 295; -wirtschaft 93, 94, 276; Absatz- 298; Auslands- 107; Binnen- 93; Schwarz- 58, 252
Marokkokrise; Zweite ~ (1911) 216, 235; Erste ~ (1905) 235
Marseillaise (frz. Nationalhymne) 58

Marx, Karl (1818–1883; dt. Philosoph) 114 (Abb.), 117, 295
März/forderungen 151, 152, 154, 165; -minister 151, 157, 296; Vor- (Revolution in Deutschland 1848) 146–156, 194, 296
Maschinen 86, 88, 89, 93, 110, 118, 252, 295; -bau 288; -fabrik Esslingen 122, 123 (Abb.); -stürmer 118; Werkzeug- 89
Mason, George (1725–1792; US-amerik. Politiker) 30
Materialschlacht 246, 256, 298
Mathiez, Albert (1874–1932; frz. Hist.) 67
Mathy, Karl 162 (Abb.), 165
Matrosenaufstand (1918) 257, 298; ~; Kronstadt (1921) 275
Max Prinz von Baden (1867–1929; dt. Reichskanzler) 257
May, Karl (1842–1912; Reiseschriftsteller) 226, 227 (Abb.), 229
Maybach, Wilhelm (1846–1929; Konstrukteur/Erbauer des ▷ Benzinmotors) 123
Mazedonien 230
Mazrui, Ali A. (20. Jh.; kenianischer Politikwissenschaftler) 222
Mediatisierung (Besitzungen der Landeshoheit unterwerfen) 72, 77, 80, 294
Medizin 210; ~, Versorgung 265
Meinungsfreiheit 56, 140, 307
Melito, Miot de (18./19. Jh.; Diplomat) 71
Menschenrechte 52, 56–57
Menschenrechts/erklärung 56–57; -verletzungen 52, 56–57
Menschewiki („reformerische Minderheit der ▷ SDAPR) 264, 266, 269, 270, 271, 281
Merkantilismus (Form der frz. Wirtschaftspolitik zur Zeit des ▷ Absolutismus) 43, 292
Metall/erze 89; -erzeugung 89; -reviere 89; -verarbeitung 89
Metallwarenfabrik Straub & Schweizer (▷ WMF) 124 (Abb.)
Metternich, Klemens Fürst von (1773–1859; österreich. Staatsmann) 84, 136, 137 (Abb.), 140 (Abb.), 141, 150, 152, 296
Militär 150, 152, 168, 172, 176, 190, 192, 194, 195, 196, 203, 245, 264, 269, 297, 299; -dienst 272; -etat 185; -reform 265; -regiment 14; -hospital 36 (Abb.); Militarismus 194–197, 293, 297, 308; Militarisierung 195
Millerand, Alexandre (1859–1943; frz. Kriegsminister) 237
Minderheit 202–205; ~, nationale 184, 202–205, 297; ~, religiöse 202–205
Missernte 122, 147, 150
Mississippi 23, 32, 34
Missouri 32
Mitbestimmung 140, 306; -srecht 12, 140; ~, demokrat. 37
Moderne 182, 209–212, 293; -r Staat 77, 293; Modernisierung 77, 79, 80, 268, 299
Moltke, Hellmuth Graf von (1800–1891; dt. Generalstabschef) 173 (Abb.), 238
Monarch (Alleinherrscher) 40, 77, 139; -ie 12, 14, 58, 60, 73, 157, 188, 240, 257; -isten; ~, absolute 16; ~, absolutistische 40; ~, erbliche 168; ~, konstitutionelle 14, 16, 48, 50, 51, 157, 162, 292, 294, 296; ~, österreich.-ungar. 240; ~, parlament. 257, 298
Montagnards („Bergpartei", radikale ▷ Jakobiner) 58, 59
Montenegro 239, 240
Montesquieu, Charles Louis de Secondat (1689–1755; frz. Schriftsteller u. Philosoph) 41, 43
Mosambik 214

Moskau 82, 271, 276, 278, 299; Smolensker Markt (1920) 276 (Abb.)
Motor 123; -kutsche 87 (Abb.); -rad, erstes (1885) 124 (Abb.); Benzin- 293; Diesel- 293; 4-Takt- 293
Muscadin („Stutzer"; Jugendliche aus reichen frz. Elternhäusern) 70 (Abb.), 71
Mutterland (Kolonialmacht) 20, 22, 26

Nachtigall, Gustav (19. Jh.; dt. Forschungsreisender) 223
Nama (Stamm in Südwestafrika) 223
Napoleon Bonaparte (1769–1821) 39 (Abb.), 68–85, 134, 136, 292, 294, 296; (Karikatur) 83, 84
Napoleon III. (Louis; Neffe ▷ Napoleon Bonapartes) 169, 176
Napoleon, Jérôme (18./19. Jh.; König von Westfalen, Bruder v. ▷ Napoleon Bonaparte) 72, 75
Nassau 173
Nation/en 35, 140, **141,** 209, 238, 293, 299; ~ in Mittel- und Osteuropa 160 (Karte)
National/bewegung 140, 141, 147, 276, 296; -bewusstsein 73, 82, 146, 176; -feiertag, frz. 38 (Abb.), 49, 55; -garde, frz. 49; -hymne, dt. 146, 147, 149 (Liedtext), 194, 197; **Nationalismus 141,** 194–197, 239, 243, 293, 297, 298, 308; -itätenpolitik, russ. 276, 282; -konvent, frz. (▷ Konvent) 51, 58, 59 (Abb.), 60, 64, 65, 68; -liberale Partei 173; **Nationalstaat** 134, **141,** 146, 147, 169, 172, 219, 230, 257, 293, 294, 296; ~, dt. 103, 140, 168, 184, 194, 293, 297; -versammlung, dt. 151, 152, 157–161, 163, 168, 296; ~, frz. 48, 49, 50, 51, 53, 54, 59 (Abb.), 65, 67, 141, 169, 292, 294; -werkstätten, frz. 150, 169; -sozialismus 149, 203, 204
Neitzel, Sönke (20. Jh.; dt. Hist.) 245
Nesselrode, Karl Robert Graf von (1780–1862; Politiker/russ. Graf) 137 (Abb.)
Neue Ökonomische Politik (NEP) 275, 276, 284, 299
New Netherlands 17
New Orleans 35
New York 17
Niederlande 146; Niederländische Ostindien-Gesellschaft 17
Nikolaus II. (1894–1918; letzter russ. Zar) 262 (Abb.), 269, 275
Nipperdey, Thomas (1927–1992; dt. Hist.) 180, 245
Nomaden 277
Norddeutscher Bund 173, 176, 194, 232
Norfolk 94

Oberhaus („House of Lords"; Kammer des ▷ engl. Parlaments) 12, 13
Oberschlesien 101
Offenburger Forderungen (▷ Badische Revolution) 162; Offenburger Programm 162, 164, 165
Offiziershelm, preuß. („Pickelhaube") 176 (Abb.)
Oktoberrevolution (1917 in Russland) 54, 269–274, 277, 286, 299, 310, 311
Oktobristen (russ., liberale Oppositionsgruppe) 266
Ohio 32
Oldenburg-Januschau, Elard von (1855–1937; konservativer Abgeordneter) 188
Orient 226; -dreibund (1887) 230
Osmanisches Reich 231, 234, 239, 257, 264
Österreich/er 51, 82, 99, 136, 137, 140, 146, 160, 168, 172, 173, 176, 184, 240, 244, 294,

297, 298: Österreich-Ungarn 230, 231, 232, 239, 240, 241, 242, 243, 256, 257, 297, 298
Ostindienkompanie, brit. 17, 24
Otto-Peters, Louise (1819–1895; dt. Schriftstellerin, Begründerin der dt. bürgerl. ▷ Frauenbewegung) 155, 156 (Abb.), 206

Palacký (tschechischer Hist.) 160
Palast der Sowjets 263 (Abb.)
Palästina 214
Palm, Johann Philipp (1766–1806; Augsburger Buchhändler) 74, 76
Paris 49, 50, 51, 55, 58, 68, 82, 146, 177, 228, 246; Pariser Friedensverträge (1919) 257
Parlament/Parlamentarier 20, 68, 78, 118, 139, 140, 146, 168, 172, 184, 188, 195, 266, 293; -sgebäude 11 (Abb.); -sheer 14; ~, engl. 10, 12–16, 18, 24
Pauperismus (Massenarmut) 100, 102, 114, 295
Pazifik 216, 221, 223, 234
Pazifist 256, 258
Peel, Sir Robert (1750–1830; engl. Baumwollfabrikant) 302
Persischer Golf 234
Personenkult 285
Peter I. (der Große) (1689–1725 russ. Zar) 264
Peters, Carl (1856–1918; Afrikaforscher u. Kolonialpolitiker) 223, 225
Petersburger Blutsonntag (1905; Beginn der ersten russ. Revolution) 266 (Abb.), 299
Petition 151, 168, 266, 267; ~ of Right (1628, engl. Grundgesetz) 12, 13
Petrograd 269, 271, 273, 281; Petrograder Sowjet 260, 269, 270 (Abb.), 299; ~, Appell 258
Pfalz 168, 296
Pfau, Ludwig (1821–1894; Autor des „badischen Wiegenliedes") 167
Pfeiffer, August E. (19. Jh.; Abgeordneter der dt. ▷ Nationalversammlung) 159
Philadelphia 22, 27
Philippe von Orléans, Louis (1773–1850; „Bürgerkönig") 146, 150, 152
Philippinen 221
Picasso, Pablo 57
Pilgrim Fathers (▷ Puritaner; 1620 in ▷ Plymouth gegründet) 20, 21
„Pionierzeit" (1790–1890 in den USA) 32, 36
Plakat 238 (Abb.); Werbe- 87 (Abb.), 105 (Abb.)
Plantagen 21, 35, 219, 298; -besitzer 218
Plymouth (Stadt in den USA) 20
Pogrom (Ausschreitungen gegen einen Bevölkerungsteil, hier: Juden) 203
Poincaré, Raymond (1860–1934; frz. Ministerpräsident u. Außenminister) 237
Polen 136, 202, 203, 239, 297, Kongress- 146
Politik 40, 206, 218, 223, 233, 234, 282; Außen- 185, 230–232, 233–238, 266, 298; ~, europäische 217
Popp, Adelheid (1869–1939; österreich. Sozialdemokratin) 121
Portugal 17
Posen 160, 202
Prag 168
Prärie 32
Presbyterianische Kirche (evangelische Kirche in England und Amerika) 13
Presse 142 (Abb.); -freiheit 31, 60, 140, 144, 145, 146, 151, 169, 272, 296; -gesetz 152; -zensur 70, 141, 144, 146, 151, 152, 256 293
Preußen 72, 73, 82, 84, 99, 103, 136, 140, 146, 150, 152, 160, 163, 166, 168, 172–175, 176, 184, 185, 188, 206, 292, 294, 297, 308; Ost-

259; West- 202; Preußischer Landeskriegerverband 197; Preußisches Vereinsgesetz (1850) 170
Princip, Gavrilo (1894–1918; bosn.-serb. Nationalist) 242 (Abb.)
Privilegien 44, 293
Produktion 106, 114, 295; -sbedingungen 252; -smittel 114, 288; -sprozess 114, 283; -stechniken 99; -sverfahren 92; -sweise 115, 130; -sziffern der UdSSR bzw. Russlands 280 (Statistik)
Proletarier/Proletariat 114, 258, 272, 273, 293; ~, Industrie 266
Puddel- und Walzwerk 99 (Abb.)
Puritanismus/Puritaner (streng calvinistische Glaubensrichtung im England des 16./17. Jhs.) 13, 14, 20, 93

Quäker (engl. Glaubensgemeinschaft) 13, 91
Quebec 20

Rasse/n 203, 204, 218, 220; -theorie 203; Überlegenheit der ~ 203, 204, 218, 298
Rassismus 204, 222, 293, 297
Rastatt (Kapitulation der Festung 23. Juli 1849) 163, 168, 296
Rat der Volkskommissare 269, 271, 277, 280, 299
Rathenau, Emil (1838–1915; erster Präsident der ▷ AEG) 104, 105
Reform 44, 72, 73, 79, 99, 151, 264, 265, 266, 299; -programm 44, 264; Agrar- 266
Regierung 185, 195, 256; ~, engl. 216; ~, französische 147; ~, preußische 144, 172; ~, Provisorische 157, 269, 270 (Abb.), 271, 272, 274, 299; ~, russ. 266, 269
Regnault, Jean-Baptiste (frz. Maler) 300–301
Rehbein, Franz (20. Jh.; SPD-Funktionär) 192
Reichs/behörde 252; -deputationshauptschluss 72, 80; -feind 202, 257, 297, 306; -gesetzgebung 184; -grundgesetze, russ. 266; -gründung 184; -kanzler 184, 189; -leitung 257, 298, 308; -oberhaupt 157; -rat, russ. 266; -städte 77, 137, 296, -stände 72; -tag 118, 184, 185, 189, 224, 256, 296; -tagswahl 184, 189 (Statistik), 204, 223, 235; -vereinsgesetz (1908) 206; -verfassung (1849) 157-161, 168; -verfassungskampagne 168, 296
Religion 46, 60, 93, 277; -sfreiheit 18, 56, 79, 140, 307; -sgemeinschaft 272; -kriege 21
Renten- u. Krankenversicherung 115
Repräsentantenhaus (Kammer des amerik. Kongresses) 28–29
Republik 70, 162; ~, engl. 12, 14; ~, frz. 48, 64, 150
Republikanische Partei (USA) 33
Reservat (Lebensraum der Indianer) 32
Restauration 136, 137, **139,** 142, 152, 293, 296
Revolution 54, 55, 146, 150–154, 257, 293, 296; -sausschuss 59 (Abb.); -skalender 60; -stribunal 60; -swelle 257; Konter- 273; ~ in Deutschland (1848) 134, 147, 150–171, 206, 293, 296, 304–305; ~ in Deutschland (1918) 257, 298; ~ in Österreich (1848) 152; ~, in Russland (1905) 266, 267, 310; ~, „Glorreiche" (England 1688/1689) 14; ~, permanente (These Trotzkis) 278; ~, sozialist. 270; „~ von oben" 78
Revolutionäre 311; Berufs- 270; Sozial- 271; ~, frz. 38, 59, 70; ~, russ. 256; ~ Propaganda 300; ~, Spaltung 59
Rhein 123; -bund 72, 294; -grenze 147, 176; -land 100

325

Rheinfelden (Industriegemeinde in Baden) 123

Rheinische Bundesstaaten 77

Rhodes, Cecil (1853–1902; brit. Kolonial-pionier u. Kaufmann) 217 (Karikatur), 220, 225

Robespierre, Maximilien (1758–1794; frz. Revolutionär) 55, 58, 60, 64 (Abb.), 65 (Abb.), 66 (Abb.), 67, 68, 294

Roh/baumwolle 88; -materialien 106; -stoff 92, 126, 130, 218, 252, 254, 281, 295, 298; -stoffgewinnung 285; -stoffvorkommen 295

Röntgenlabor 191 (Abb.)

Rote Armee 275, 281, 289, 299

Rote Garde 271

Rousseau, Jean-Jacques (1712–1778; schweiz.-frz. Philosoph) 41, 43

RSFSR (Russische Sozialistische Föderative Sowjetrepublik) 276

Rückversicherungsvertrag (1887) 230

Ruhrgebiet 101

Rumänien 230, 239, 244, 256

Russifizierungspolitik 277

Russische Revolution 310–311

Russland 82, 84, 136, 172, 173, 176, 203, 216, 219, 223, 230–232, 233, 235, 238, 239, 240–249, 256, 257, 262, 264–274, 275, 282, 298, 299, 311 (Karikatur); ~, Modernisierung 264, 280; -feldzug (▷ Napoleons; 1812) 81, 82 (Abb.), 83, 294

Rüstung 234, 235, 236, 237, 238, 298, 308; -sausgaben 236 (Statistik); -sbetriebe 255, -s(güter)industrie 252, 298; -spolitik, imp. 238; -sspirale 246; Wettrüsten, dt.-engl. 233, 235, 298; Wettrüsten, intern. 233, 235; Wettrüsten, zur See 234

Saarland 101

Sachsen 100, 136, 146, 168, 173, 296

Säkularisation (Einziehung geistlicher Besitzungen; Verweltlichung) 72, 77, 80, 294

Samoa-Inseln 216, 234

San Francisco 32

Sankt Helena (Insel im Atlantik; Verbannungsort ▷ Napoleons) 81, 82

Sansculotten (Vertreter der ärmeren Stadtbevölkerung von Paris) 50, 51, 58, 59, 60, 61, 65, 294

Sarajewo 245

Sasonow, Sergej (1860–1927; russ. Außenminister) 244

Saturiertheit 230, 237, 298

Schäfer, Dietrich (Hist.) 308, 309

Scharnhorst, Gerhard von (1755–1813; preuß. General) 73

Scheffler, Karl (20. Jh.; dt. Schriftsteller)

Schleswig (Herzogtum) 173, 297

Schloss Waldenburg (Zerstörung 1848) 154 (Abb.)

Schmuggel 24, 82

Schneckenburgen, Max (Autor des Liedes „Wacht am Rhein") 196

Scholochow, Michail (1905–1984; russ. Schriftst.) 289

Schottland 13, 14

Schreckensherrschaft (▷ Jakobiner) 58–67, 68, 294

Schriftsteller 40

Schul/e 107, 114, 195, 307; -pflicht, allgemeine 185, 210; -unterricht 77; -wesen 71; Dorf- 41 (Abb.), 220 (Abb.); Elementar-265; Fach- und Hoch- 284; Volks- 210

Schulenburg, Graf von der (19. Jh.; Stadtkommandant von Berlin) 75; Aufruf des ~ 75 (Abb.)

Schumann, Julie (1874–1955; Enkelin von Clara Schumann) 192

Schurz, Carl (1829–1906; amerik. Innenminister) 168

Schwarzenberg, Felix Fürst von (1800–1852; Ministerpräsident) 168

Schwarzes Meer 257

Schweden 20

Schweiz 123, 269, 270

Scott, John (amerik. Autor) 290

Sedan/stag 194, 196 (Abb.), 297; -sfeier 194 (Abb.); ~, Schlacht von 194, 201 (Abb.)

See/handel 17, 18; -herrschaft 136, 246; -kriege England/Niederlande (1652–1654 und 1665–1667) 18; -macht 17–19, 20; -schlacht bei Chatham 18 (Abb.); -sieg (1805 England über Frankreich) 81; Nord- 246; ~- und Handelsmacht 17, 136; ~- und Kolonialmacht 88

Sektion (Aufteilung der Stadt Paris) 58

Selbstbestimmung, nationale 150, 152, 307; -srecht 20

Selbstverwaltung 307; -sorgane 264; -srecht 23

Senat (Kammer des amerik. Kongresses) 28–29

Senegal 216, 220

Septemberprogramm (1914; dt. Geheimapier) 249

Serbien/Serben 239, 240, 241, 242, 243, 244, 298

Sezession (Abfall der nordamerikanischen Südstaaten) 10 (Abb.)

Sibirien 265, 270, 284

Sieburg, Friedrich (1893–1964; dt. Schriftsteller, Literaturkritiker u. Journalist) 67

Siedler 20, 23, 24, 32, 222, 223; Siedlungsgebiete 276

Siegessäule (Denkmal in Berlin) 200 (Abb.), 201 (Abb.)

Siemens, Werner von (1816–1892; dt. Erfinder) 104

Sigmaringen 151

Sinowjew, Grigori (1883–1936; russ. Politiker) 273, 274

Sklaven/Sklaverei 10 (Abb.), 21, 29, 32, 33, 35, 36; -markt 35; -verkauf 35; Vertrags-21, 22

Slowenien 239

Smith, Adam (1723–1790; schott. Wirtschaftswissenschaftler) 93, 94, 95

Soboul, Albert (1914–1982; frz. Hist.) 67

Soldat/en 33, 82, 152, 197, 215 (Abb.), 216, 223, 246, 252, 254, 257, 260 (Abb.), 269, 309; -aufstände 163; ; -frau 214 (Abb.), 255; -lied 76 (Liedtext); -puppen 244 (Abb.); ~ (Kriegskrüppel) 252, 257

Somaliland 216

Souveränität (Nationen) 243

Sowjet (revolut. Rat aus Soldaten u. Arbeitern in Russland) 266, 269, 270, 284, 299; -intelligenz 284; -republiken 276, 282, 299; -union 262, 275–281, 283–290, 299, 311

Sozial/darwinismus 293, 297; -demokratie 185, 202, 204, 205, 206, 238, 239, 252, 266, 297, 308

Sozialdemokratische /Arbeiterpartei Russlands (SDAPR) 264, 270, 277; ~ Partei Deutschlands (SPD) 118, 190, 202, 233, 238, 260, 293, 297

Soziale Frage 86, 114–117, 189, 193, 293, 295

Sozialgesetzgebung 202

Sozialismus 265, 267, 273, 283, 293

Sozialistengesetz (1878–1890) 115, 202, 297

Sozialistische Arbeiterpartei Deutschlands (SAP) 118, 293; ~ Partei Frankreichs 238

Sozialistischer /Realismus 286–287, 310; ~ Wettbewerb 283

Sozialversicherung, dt. (1913) 86 (Abb.), 293, 295; -ssystem, dt. 116 (Abb.)

Sowchose (landwirtschaftl. Staatsgut) 284

Spanien 17, 20, 24, 34, 81, 82, 141, 232; ~, Krone von 176, 297

Spinnen, maschinelles 88 (Abb.); ~, traditionelles 88 (Abb.); Spinning Jenny (engl. Spinnmaschine) 88, 91, 292, 295

Spißler, Josef (Vormärz-Revolutionär) 151

Sprache/n 277; ~, in Mittel- und Osteuropa 160 (Karte)

Staat 94, 100, 118, 194, 202, 283, 294, 295, 297; -bund 26, 27, 296; -system 136; Einzel- 99; Klein- und Mittel- , dt. 172

Staats/ämter 52; -bankrott 42, 43, 294; -dienst 203; -finanzen 69; -form 52, 157, 159; -haushalt 185; -haushalt (Frankreichs 1774) 47 (Abb.); -ordnung 60; -streich 68; -wesen 78

Stachanow, A. G. (russ. „Held der Arbeit") 283

Stachelberg, Graf (19. Jh.; Bevollmächtigter d. russ. Zaren) 137 (Abb.)

Stadt/Städte 88, 126–129, 130, 191, 270, 283, 285; -wachstum 295, 306; Groß- 130, 209; Industrie- 147; ~, modern. 126–129

Stahl 89, 94, 105, 107, 295

Stalin (1879–1953; Josef Wissarionowitsch Dschugaschwili) 277 (Abb.), 283–286, 287 (Abb.), 289 (Abb.), 310; ~, Diktatur 283–290

Stalingrad 283

Stände 44, 45, 162; -gesellschaft 191; -ordnung 44

„stamp act" (Stempelgesetz; 1765) 23

Staub, Arnold (Unternehmer) 109

Steckrübenwinter (1916/1917) 252

Stein, Freiherr Heinrich vom und zum (1757–1831; preuß. Politiker) 73, 138, 139

Steinbeis, Ferdinand von 122

Steuer 12, 13, 24, 42, 69, 131, 140, 151, 152, 155, 169, 216; -abgaben 43; -aufkommen 185; -bewilligung 12, 15, 294; -einnahmen 23, 27; -freiheit 294; -gesetze 23; -system 69

Stimmrecht 150, 307

Stolypin, Pjotr (1862–1911; russ. Ministerpräsident) 266

Stoßarbeiter-Bewegung 283

St. Petersburg (▷ Petrograd) 266, 269; ~, Picknick (1917) 267 (Abb.)

Straßen 265; -bahn 182, 209, 210; -beleuchtung 104; -kämpfe 304 (Abb.); -netz (Ausbau) 69

Streik/Streikende 118, 120, 121 (Abb.), 266, 281; -bereitschaft 269; Massen- 269, 270, 299

Stresemann, Gustav (1878–1929; dt. Politiker, nationalliberaler Reichstagsabgeordneter) 236

Strom 86, 104, 306; -versorgung 127

Struve, Amalie (19. Jh.; Ehefrau von ▷ Gustav Struve; Frauenrechtlerin) 155, 156

Struve, Gustav (1805–1870; dt. Politiker) 155, 162, 163 (Abb.), 168

Student/en 140, 141, 146, 150, 152, 199, 265

Stürgkh, Karl Reichsgraf von (1859–1916; österreich. Ministerpräsident) 244

Stuttgart 126, 168; ~, Bahnhof 129 (Abb.); ~, Lindenhof (Wohn- und Geschäftshaus) 127 (Abb.)

Sudan 217

Suez-Kanal (Eröffnung 1869) 216

Suppenküche (in St. Petersburg 1914) 267 (Abb.)

Sybel, Heinrich von (1817–1895; dt. Hist.) 188

Talleyrand, Charles Maurice de (1754–1838; frz. Politiker) 137 (Abb.)
Technische Hochschule 99, 106, 123, 210
Telefon 104, 182, 210; -apparat 209 (Abb.); -vermittlungsanlage 209
Terror 58, 59, 62, 67, 140, 275, 285, 294; -herrschaft 58, 60; -welle 285; Massen- 285
Teutoburger Wald 198
Textil/fachschule 122; -gewerbe 123
Thaer, A. von (20. Jh.; Oberst im ▷ Ersten Weltkrieg) 260
Tirpitz, Admiral von (1849–1930; dt. Politiker) 236
Togo 216, 225
Transvaal (Provinz in Ostafrika) 234
Treitschke, Heinrich von (1834–1896; preuß. Hist.) 203, 220
Triple-Entente (bündnisähnlicher Zusammenschluss) 235, 240, 244
Trotzki, Leo (1879–1940; russ. Revolutionär) 271, 275, 278 (Abb.), 279, 299
Tschechien 152
Tscheka (bolschew. Geheimpolizei) 275, 299
Tübingen 126–127 (Abb.)
Tuilerien (frz. Schloss) 51, 55
Tunesien 216
Turgot (1727–1781; frz. Staatsmann und Ökonom) 44
Türkei/Türken 239, 240, 241

UdSSR (Union der Sozialistischen Sowjetrepubliken) 275, 276, 277 (Karte), 283, 284, 299
Ukraine 283
Umwelt 130–132; bewusstsein 130; -probleme 295; -verschmutzung 130, 295
Unabhängigkeitserklärung der USA (4.7.1776) 10 (Abb.), 23, 24, 25, 31, 145, 292
Unfall 114; -gefahr 110; -versicherung 116; ~ in der Maschinenfabrik 116 (Abb.)
Ungarn 152, 168
UNO-Menschenrechtserklärung (vom 10.12.1948) 52, 56–57
Unterhaus („House of Commons"; Kammer des ▷ engl. Parlaments) 12, 13, 15, 25
Unternehmen 93, 106–109; -sleitung 106, 107; Groß- 101, 106; Unternehmer 110, 113, 115, 122, 252, 295
Unterseeboot 256 (Abb.), 298; -krieg 246
Unterstützungskassen 295
Urban, Wolfgang (Hist.) 80
USA (United States of Amerika) 10, 24, 32–37, 168, 172, 210, 216, 219, 221, 233, 235, 246, 257, 275, 292, 293, 298; ~, territoriale Entwicklung 34 (Karte); ~,Nord- und Südstaaten 33

Vahlteich, Julius 303
Vaterland 73, 252
Verbannung; ~ auf die Insel Sachalin 264 (Abb.); ~ nach Sibirien 265, 270, 277, 286
Verdun, Schlacht bei (1916) 246
Vereine 146, 163, 169, 194, 202, 206; -sfreiheit 151, 272; Arbeiter- 118; Turner- 195
Verfassung 10, 31, 37, 50, 52, 71, 75, 79, 140, 146, 147, 150, 151, 152, 162, 168, 257, 293, 294, 296; -sreformen 151, 272; -sstaat,

liberal. 147, 185; Direktorial- (1795) 294; Länder- 137; ~, Deutsches Reich (1871) 184, 185 (Abb.); ~, 1. gesamtdeutsche 293; ~, frz. (3.9.1791) 48, 50, 54 (Abb.), 55, 60, 294; ~, oktroyierte 172
Vergniaud, Pierre Victurnien (1753–1793; frz. Girondist) 60
Verkehr 210; -smittel 210; -verbindungen 218; -swege 123, 130, 252, 264, 298; -swesen 280, 288
Versailles (Schloss bei Paris) 42, 43, 49, 177
Verstaatlichung 283
Verwaltung 70, 72, 184, 190, 203, 218, 265, 294, 298; -sbeamte 190; -sbezirke 79; -sreform 272, 299
Victoria (Siegesgöttin) 200 (Abb.), 201
Völkerschlacht (1813 bei Leipzig) 81, 82, 84, 140, 141
Volk 26, 184, 194; -sabstimmung 69; -sbefragung 44; -sbewegung 162, 168; -skommissariat des Inneren (NKWD) 285; -ssouveränität 26, 40, 136, 139; -svereine 163, 165 (Karte); -sversammlung 150, 151; -svertretung 68, 71, 307; Völker 239, 299; -mord 239
Voltaire (1694–1778; eigtl. Francois Marie Arouet, frz. Schriftsteller u. Philosoph) 43

Waffen 246; -stillstand 257; -stillstandsvertrag 257
Waghäusel, Schlacht bei ~ 163
Wahl 150, 157, 266; -berechtigte 44; -männer 28, 169; -recht 28, 33, 68, 150, 152, 159, 163, 169, 184, 185, 272, 296, 297, 307; Präsidenten- 28; ~, frz. 44; ~recht für Frauen 206, 207
Wappen (der UdSSR) 275 (Abb.)
Waren 20, 23, 88, 92, 93, 100, 101, 114, 210, 218, 252, 295, 299; -ausfuhr 24; -ein- und ausfuhr 20; -häuser 211, 293; -menge 88; -transport 295
Wartburgfest (1817) 140, 141 (Abb.), 145, 293, 296
Wartenburg, Johann Graf Yorck von (1759–1830; preuß. Generalfeldmarschall) 75 (Abb.)
Washington, George (Präsident der USA) 24, 27 (Abb.)
Wasser/dampf 89, 295; -kraft 88, 89, 295; -kraftwerk 123; -leitungsbau 128 (Abb.); -wege 92; Brauch- 131; ~, verunreinigtes 131
Waterloo (Schlacht bei ~ in Belgien 1815) 81, 81
Watt, James (1736–1819; brit. Ingenieur u. Erfinder) 89, 90, 292, 295
Web/maschinen 118, 295; -schule (Reutlingen) 122; -stuhl, mechan. 89 (Abb.), 123, 292
Weberaufstand (Schlesien 1844) 100
Wehr/dienstzeit 172; -pflicht 58, 73, 265, 299
Weimarer Verfassung (1919) 207
Weiße Armee 275, 299
Weißmeer-Ostsee-Kanal 283
Welt/geschichte 262; -macht 233, 234, 293, 308; -machtstreben 233–238; -politik, dt. 233–238, 308; -reich 222; -wirtschaft 130; ~- und Kolonialmacht 233, 298; ~, Aufteilung 216, 219, 235 (Abb.); ~, Neue 20–22
Werner, Anton von (1843–1915; preuß. Historienmaler) 186, 187, 200

Westarp, Kuno Graf von (1864–1945; dt. Politiker) 259, 260
Westfalen (Königreich) 72, 75, 76
Wien 136, 140, 168, 228, 242, 243, 245; Wiener Kongress (1814/1815) 134, 136, 137 (Abb.), 138, 139, 140, 162, 264, 292, 296; Wiener Schlussakte (1820; Bundesakte) 138, 140
Wilhelm I. (1797–1888; erster dt. Kaiser/König von Preußen v. 1861–1888) 172, 176, 177, 179, 180, 184, 194, 198, 200, 202, 204, 232, 233, 297; ~, Denkmal in Karlsruhe 199 (Abb.)
Wilhelm II. (1888–1918; dt. Kaiser u. König von Preußen) 184, 188, 194, 195 (Abb.), 223, 226, 234, 244, 249, 257, 298, 308, 309 (Abb.); ~, Aufruf „An das deutsche Volk" (1914) 243 (Abb.)
Wilhelm III. von Oranien (1689–1702; engl. König) 11 (Abb.), 12, 14, 292
Wilson, Woodrow (1856–1924; amerik. Präsident) 257
Winkler, Heinrich August (geb. 1938; dt. Hist.) 171
Wirth, Johann August (1798–1848; dt. Publizist) 148
Wirtschaft 69, 82, 88, 90, 94, 100, 157, 182, 209, 252, 282, 283, 297; -sboykott (▷ Kontinentalsperre) 81, 82; -sentwicklung Europas 1850–1873 96 (Statistik); -sförderung 124; -skraft 230; -skrise 51, 58, 147, 203, 283; -sleben 99; -spolitik 224, 282, 283; -sprogramm 281; -sräume 99; -ssystem 88, 299; -stheorie 93, 85; -swachstum 94, 100, 114; -sweise 88, 93; -szweig 21, 94, 104, 114; Dreifelder- 93, 94; Fruchtwechsel- 93, 94; Volks- 275, 276; ~, Fünfjahresplan 283, 288
Wissenschaft 13, 70, 71, 228; Natur- 40
Witte, Sergej (1892–1904 russ. Finanzminister) 265, 267
Wladimirow, Iwan (1869–1947; russ. Maler) 287
Woermann, Adolf (1847–1911; dt. Kaufmann) 223
Wohlfahrtsausschuss 58, 60, 67, 294
Würth, Karl (Vormärz-Revolutionär) 151
Württemberg 77, 78 (Karte), 79, 80, 122, 124, 125, 137, 140, 151, 176, 294; Neu- 78

Young, Arthur (18. Jh.; Agrarwissenschaftler) 94

Zar/en 136, 256, 265, 266, 269; -bilder 266; -herrschaft 264, 265, 269, 311; -palast 266; -reich 243, 262–274, 299; -system 266
Zeit/alter, bürgerl. 190, 297; -kontrollapparat (1898) 86 (Abb.); -tafel 292–293
Zentrumspartei 185, 202
Zeppelin 122, 123, 128 (Abb.), 210 (Abb.)
Zetkin, Clara (1857–1933; dt. Politikerin; Hrsg. der sozialdemokrat. Frauenzeitschrift „Die Gleichheit") 206
Zoll 23, 99, 102; -abfertigung 19 (Abb.); -grenzen 103; -schranken 295; -verein 103
Zunft/Zünfte 93, 99, 122; -zwang 72
Zweite Republik (Frankreich 1848) 150, 168, 296
Zweiter Stand (▷ Ständeordnung in Frankreich; ▷ Adel) 42, 47, 49, 294
Zweiter Weltkrieg 276, 285

Bildnachweis

Umschlagbild: AKG, Berlin
AKG, Berlin: **3.2**; **3.4**; **3.5**; **4.3**; **4.4**; **5.1**; **5.3**;
5.4; **10.3**; **10.4**; **11.1**; **14.**Q3; **16.**Q8; **19.**Q5;
23.Q1; **24.**Q2; **27.**Q3; **35.**Q6; **38.1**; **38.2**;
39.1; **39.2**; **39.4**; **40.**Q1; **43.**Q2; **48.**Q2;
49.Q3; **50.**Q4L; **52.**Q6; **59.**Q2; **61.**Q6;
62.Q8; **65.**Q15; **66.**Q1; **69.**Q1; **70.**Q4;
74.Q1; **75.**Q5; **83.**Q2; **86.3**; **86.4**; **91.**Q6;
99.Q1; **101.**Q2; **108.**Q3; **113.**Q6; **114.**Q1;
117.Q6; **132.**Q4 (Archiv für Kunst und
Geschichte, Berlin, VG Bild-Kunst, Bonn
2004); **134.1**; **134.2**; **134.3**; **135.1**; **140.**Q1;
141.Q2; **145.**Q8; **147.**Q1; **149.**Q6; **150.**
Q1; **151.**Q2; **153.**Q4; **155.**Q3; **157.**Q1;
161.Q7; **169.**Q1; **177.**Q2; **178.**Q1; **179.**
Q4; **182.1**; **184.**Q1; **186.**Q2; **200.**Q6; **204.**
Q3; **209.**Q2; **210.**Q3; **215.1**; **221.**Q8; **227.1**;
233.Q1; **237.**Q8; **239.**Q1; **241.**Q5; **242.**
Q1; **252.**Q1; **261.1**; **262.2**; **262.3**; **263.1**
(A.W.Schtschussew); **263.5**; **264.**Q1; **265.**
Q2; **270.**Q2; **271.**Q4; **277.**Q4; **278.**Q1L;
281.Q8; **286.**Q1; **287.**Q3; **287.**Q4; **292.1**;
292.3; **292.4**; **293.2**; **294.1**; **294.3**; **296.2**;
296.3; **296.5**; **297.3**; **298.2**; **298.3**; **305.**Q3;
305.Q4;
Angermann Internationale Vermietung,
München: **36.**Q9;
Archiv Gerstenberg, Wietze: **193.**Q10;
Artothek, Weilheim: **41.**Q5; **148.**Q3;
Basler Mission, Johannes Leimenstoll: **225.**
Q7; **298.1**;
Bibliothèque nationale de France, Paris: **6.3**;
274.Q12;
BPK, Berlin: **3.3**; **4.5**; **11.3**; **41.**Q2; **42.**Q1;
75.Q6; **76.**Q8; **82.**Q1 (Knud Petersen);
84.Q5; **86.1**; **86.2**; **87.3**; **88.**Q2; **89.**Q3; **103.**
Q5; **116.**Q4; **137.**Q1; **142.**Q3; **159.**Q4; **164.**
Q3; **173.**Q2; **174.**Q6; **182.2**; **182.3**; **183.1**;
188.Q4; **189.**Q1; **191.**Q2; **195.**Q2; **201.**
Q9; **201.**Q10 (Luftbild Berlin); **211.**Q7
(Dietmar Katz); **214.2**; **225.**Q5; **242.**Q2;
255.Q5; **272.**Q5; **290.**Q8; **296.1**; **300.**Q1
(Hamburger Kunsthalle/H. Moschkowitz);
304.Q1; **306.**Q1; **311.**Q4 (BPK, Berlin, VG
Bild-Kunst Bonn 2005);
Bridgeman Art Library, London: **17.**Q1;
45.Q4 (Giraudon); **50.**Q4R; **53.**Q8 (Musee
Carnavalet); **53.**Q9 (Giraudon); **83.**Q4
(Giraudon); **287.**Q2; **294.2**;
Bundesarchiv, Koblenz: **214.3**;
Corbis, Düsseldorf: **33.**Q1; **39.3** (Edimedia);
59.Q1; **174.**Q3; **270.**Q1;
DaimlerChrysler, Stuttgart: **87.1**; **123.**Q2
(DaimlerChrysler Classic, Konzernarchiv);
124.Q6; **293.4**;
Deutsches Museum, München: **104.**Q1; **121.**
Q6; **135.3**; **135.4**; **156.**Q4; **176.**Q1; **183.4**;
202.Q1; **209.**Q1; **244.**Q8; **293.3**; **297.1**;
297.3;
E-Lance Media GmbH, München: **38.3**
(Reuters/Langsdon);
ERES EDITION Horst Schubert, Lilienthal:
196.3;
Ets J. E. Bulloz, Paris: **292.2**;
f1 online digitale Bildagentur, Frankfurt:
263.3;
Friedrich-Ebert-Gedenkstätte, Heidelberg:
215.3; **253.**Q2; **259.**Q5;
Gesellschaft für ökologische Forsch,
München: **130.**Q1; **131.**Q2 (Sylvia
Hamberger);
Getty Images, München: **219.**Q2 (Hulton
Archive); **288.**Q3 (Time Life Pictures/M);
Hachette Livre/Photothèque, Paris: **220.**Q6;

Heimatmuseum Reutlingen, Reutlingen: **115.**
Q2;
Heritage-Images, London: **88.**Q1;
Historisches Archiv Krupp, Essen: **106.**Q1;
107.Q2;
Historisches Museum, Frankfurt: **216.**Q1
(Fotoarchiv/Frank Berger);
Horst Rudel, Stuttgart: **199.**Q3;
Interfoto, München: **3.6** (Archiv Friedrich);
6.4 (Archiv Friedrich); **12.**Q1; **60.**Q3;
183.3; **262.1** (Archiv Friedrich); **275.**
Q1 (Archiv Friedrich); **278.**Q1U (Archiv
Friedrich); **299.2** (Archiv Friedrich);
Karl-May-Museum, Radebeul: **226.**Q1;
Karl Stehle, München: **119.**Q1; **205.**Q8; **224.**
Q2; **235.**Q3; **245.**Q9; **258.**Q2;
Klett-Archiv, Stuttgart: **133**; **181**; **301.**D1;
Kreisarchiv, Göppingen: **109.**Q3 (T. Uhland-
Clauss);
Kulturamt/Stadtarchiv, Ravensburg: **80.**Q4;
128.Q5;
Landesbildstelle, Berlin: **201.**Q11;
Landesmedienzentrum Baden-Württemberg,
Stuttgart: **129.**Q8;
Margit Kern, Schwäbisch Hall: **172.**Q1;
Mary Evans Picture Library, London: **77.**Q1;
Mauritius, Mittenwald: **297.**2;
Musee d'Art et d'Histoire, Saint-Denis: **57.**Q3
(Irène Andréani, Succession Pablo Picasso,
VG Bild-Kunst, Bonn 2005);
Museen der Stadt Nürnberg, Nürnberg: **87.2**
(Museum Industriekultur, Nürnberg);
Museum für Hamburgische Geschichte,
Hamburg: **112.**Q4 (Paul Wutcke);
Museum für Kunst und Gewerbe, Hamburg:
228.Q4 ;
Otto-von-Bismarck-Stiftung, Friedrichsruh:
231.Q1; **231.**Q2;
Picture-Alliance, Frankfurt: **13.**Q2 (dpa);
51.Q5; **198.**Q2 (akg-images); **200.**Q8 (dpa/
ZB/Hubert Link);
Punch Library, London: **10.**2;
RMN, Paris: **30.**Q6; **46.**Q7 (Bulloz); **70.**Q3;
Robert Bosch GmbH, Stuttgart: **105.**Q3;
ROSIZO State Museum and Exhibition,
Moskau: **287.**Q5
SPIEGEL-Verlag, Hamburg: **234.**Q2;
Staatliche Kunsthalle, Karlsruhe: **122.**Q1;
Stadtarchiv, Mannheim: **126.**Q1; **162.**Q1;
Stadtarchiv, Tübingen: **127.**Q4;
Stadtarchiv Freiburg, Freiburg im Breisgau:
79.Q2;
Stadtarchiv Karlsruhe, Karlsruhe: **166**; **199.**
Q4;
Stöckle, Wilhelm, Filderstadt: **203.**Q2; **206.**
Q1; **249.**Q7; **309.**Q3;
Süddeutscher Verlag, München: **212.**Q8
(Scherl); **247.**Q3 (Scherl);
ullstein bild, Berlin: **6.1**; **110.**Q1; **115.**Q3; **120.**
Q3 (ADN); **154.**Q8; **155.**Q2; **191.**Q3; **193.**
Q9; **200.**Q7 (Hiss); **207.**Q2; **215.2**; **220.**
Q3; **251.**Q3; **256.**Q1 (ullstein-bild, Berlin,
VG Bild-Kunst, 2004); **266.**Q2; **270.**Q3;
293.1 (ullstein-bild, Berlin, VG Bild-Kunst,
2005); **295.2**; **299.3**; **305.**Q2; **310.1**;
Victoria & Albert Museum, London: **310.**Q2
(GJ10163);
Wehrgeschichtliches Museum, Rastatt: **223.**
Q1;
Werner Otto, Oberhausen: **198.**Q1;
Wirtschaftsarchiv Baden-Württemberg,
Stuttgart: **111.**Q2; **128.**Q7;
Wisconsin Historical Society, Madison: **155.**
Q1 (Wisconsin Historical Society, 7882);
WMF, Geislingen: **124.**Q3;

www.bilderbox.com, Thening: **11.**2;
Zeitenspiegel Barth, Weinstadt: **163.**Q2;
aus: Günther Drommer: Im Kaiserreich.
Alltag unter den Hohenzollern 1871-1918,
Faber & Faber, Leipzig 2003, S. 207: **3.5**;
6.2; **214.1**;
aus: Hermann Glaser/Walter Pützstück, Ein
deutsches Bilderbuch 1870-1918: **7**; **306.**
Q2;
aus: Geschichte lernen, Heft 60/1997,
Friedrich Verlag, Velber 1997, S. 1: **44.**Q3
aus: Kurt Holzapfel (Hrsg.): Die Große
Französische Revolution 1789-1795:
47.Q8;
aus: Die Französische Revolution in Wort
und Bild. hrsg. von Wilhelm Preusse,
Hamburg, o.J.: **63.**Q11; **64.**Q14;
aus: Chronik des 19. Jahrhunderts, Chronik-
Verlag, Gütersloh, 1997, S.103: **70.**Q2;
S.376: **135.**2;
aus: Johanna Petersmann, 140 Jahre Gas, 100
Jahre Strom, Tübingen 2002: **126.**Q2; S.20:
128.Q6
aus: Bernd Langner, Gemeinnütziger
Wohnungsbau um 1900, Stuttgart 1994,
Klett-Cotta, S. 216 Abb. 111: **127.**Q3;
aus: Andreas M Räntzsch, Stuttgart und seine
Eisenbahnen, Heidenheim 1987: **129.**Q4;
aus: Gilhaus, Ulrike: „Schmerzenskinder der
Industrie", Schöningh, Paderborn 1995:
131.Q3;
aus: Ludwig Pfau Blätter (LPB), Stadtbücherei
Heilbronn, Heilbronn 1992: **170.**Q2; **296.4**;
aus: Hamburger Anzeiger vom 24.01.1900:
192.Q5;
aus: Festschrift „Zweihundert Jahre
Christianeum", Hamburg 1938: **194.**Q1;
aus: Niall Ferguson: Empire. How britain
made the modern world. Penguin: **217.**Q2;
aus: Lawrence James: The rise and fall of the
British Empire, First St.: **218.**Q1;
aus: H. Thode-Arora „Für fünfzig Pfennig
um die Welt – Die Hagenbeckschen
Völkerschauen", Frankfurt/M.; New York,
Campus Verlag 1989, S. 112: **229.**Q9;
aus: H. Strachan: Der Erste Weltkrieg. Eine
illustrierte Geschichte: **246.**Q1; **261.3**;
aus: Chronik 1914. Tag für Tag in Wort und
Bild, Chronik Verlag, 2. Aufl: **249.**Q8;
aus: Udo Achten (Hrsg.): Der wahre Jacob.
Ein halbes Jahrhundert in Faks.: **254.**Q1;
aus: Rainer Rother (Hrsg.) im Auftrag
des Deutschen Historischen Museums
Weltkrieges, Nicolai, Berlin 1994, S. 186:
260.Q9;
aus: R. Spiker/B. Ulrich (Hrsg.): Der Tod als
Maschinist, Der industrialisierte Krieg
1914-1918. Rasch Verlag, Bramsche 1998,
S. 200: **261.2**;
aus: Geo Epoche Nr. 6 „Im Reich der Zaren",
S. 16/17: **267.**Q6; S.20/21: **267.**Q7
aus: Orlando Figes,Die Tragödie eines Volkes.
München: Goldmann 2001: **276.**Q2; **282.**
Q9
aus: Stéphane Courtois u.a.: Das
Schwarzbuch des Kommunismus, Piper-
Verlag, Zürich, 1998: **276.3**
aus: Informationen zur Politschen Bildung,
Nr. 235/1992, S. 39: **289.**Q5;

Nicht in allen Fällen war es uns möglich, den
Rechteinhaber der Abbildungen ausfindig
zu machen. Berechtigte Ansprüche werden
selbstverständlich im Rahmen der üblichen
Vereinbarungen abgegolten.